アラン・ブルーム

アメリカン・マインドの終焉

文化と教育の危機

菅野盾樹訳

みすず書房

THE CLOSING OF THE AMERICAN MIND

by

Allan Bloom

教え子たちに

First published by Simon & Schuster Inc., New York, 1987

Japanese translation rights arranged with
Simon & Schuster Inc. through
Japan UNI Agency, Inc., Tokyo

目次

第三部　大学

まえがき

ブルーム教授は彼一流のやり方で仕事をする。アメリカにおける高等教育について書くに際して、彼はいわゆる学界（ふつう学者たちはそう呼ぶ）のさまざまな形式や作法や儀式を遵守しない。とはいえ、彼は申し分のない学業を修めている。シェイクスピアの政治学に関するすぐれた本の著者であり、プラトンの『国家』とルソーの『エミール』を翻訳もしている。いらいらさせられた教師仲間が彼を軽く一蹴しようとしても、それは難しいだろう（それでも多くの者はどうしてもそうしたがっているが）。というのも、彼には学識があるばかりか、鋭くて元気旺盛であり、メンケン〔アメリカの著述家・編集者。一八八〇－一九五六〕なら意地悪くそう呼んだだろう「高等な学問教育」の偉大なる遵奉者だからである。

だが、ブルーム教授は、嘘のあばき手でも諷刺家でもない。むしろ、ほんとうに真剣なものを考えるあまり、彼は、象牙の塔に住む学者の態度からはるか遠い場所に運ばれてゆく。彼にしても、本来教授たちに向かって語りかけているのではない。彼らが耳を傾けることは歓迎である。それに、彼らは批判の砲火を浴びているから、傾聴するだろう。だが、ブルーム教授は、もっとひろい交わり（共同体）に身を置いている。その際彼は、我らの同時代人よりもしばしばソクラテス、プラトン、マキアヴェリ、ルソー、カントに加護を求めるのである。「自己矛盾をはらんだ数あるまやかしの交わりのなかで、真実の人間の交わりとは、真理を求める者との、潜在的な知者との、……知ることを欲するかぎりすべての者との交わりである。しかし実際は、そうした交わりに入れる真の友人は少数しかいないものだ。たとえばプラトンはアリストテレスに対して、善の本性に関して意見の不一致をきたした折りにさえ友人であった。……彼らは問題を見ているときにまったくひとつの魂になっていた。これが、プラトンによると、唯一の真の友情であり、唯一の真の共通の善である。ここにこそ、人々がそんなにも絶望的になって捜しもとめている触れ合いが発見される。……これが、ありそうにもない哲人王という謎の意味にほかならない。彼らは他のすべての交わりの模範である、真実の交わりに入っているのである」。

こうした文体は、現代の読者には、「真理」、「知者」、

「善」、「人間」といったこちこちな古典的概念によって、台無しにされているように映るだろう。しかし、そのようなことば遣いにわれわれが反対する背後には、「価値」に関するわれわれ現代人の語り方が軽薄だという罪の意識、しばしばそうした価値がくず同然だという罪の意識があることを、決して否定できないのである。

　右の文はブルームの本の結論の箇所から抜いたものだ。本書の読者と別れるに際して、彼はこのうえなく真剣である。職業的エコノミストの権力、現代科学に先立つ「自然哲学」からの科学の分離、「文化相対主義」と呼ばれる現象、あるいは経営管理学修士号の真の、露骨な意味、これらの問題を論じるときに、彼は異なった語調で書いている。彼はしばしば、人を怒らせる意地悪い仕方で、かっとなって書く。大学における人文科学の位置について語るとき、彼は人文科学を「海に没した古きアトランティス」と呼んでいるが、そこは他のすべての人が捨ててしまった自分というものをいまわれわれが発見しようとしてふたたび戻る場所なのである。「人文科学は、パリの古くから栄えたノミの市のようなものだ。そこは目のきく人々が、ガラクタの山のなかから宝をよりわけた所である」。あるいは、「人文科学は難民キャンプのようなもので、敵意にみちた政体によって仕事や祖国から追放されたあらゆる天才たちが、無為に暮らしているところである。……大学の他の二部門〔自然科学、社会科学〕は過去には用がないのである」。せっせと善の本性の探究に取り組まないでもよい折りには、大学教授の最も優れた者（あるいは最悪の者というべきか）を、彼はひどくこきおろす。一人の学者として、彼はわれわれを啓蒙するつもりでいる。だが一人の作家として、彼はアリストパネスやその他の模範とすべき人物から、啓蒙もまた楽しみであるべきだ、ということを学んだのである。

私から見て、これは教授の本ではない。作家は時に危険を引き受けるものだが、これは、作家よりも頻繁にすすんで危険を引き受けようとする思想家の本である。肉声で語ることは思想の本では危険だが、こよなく信頼のおける真理は必ずや深く個人的であることを、この本は思い出させてくれる。ブルームはこう述べる、「本書をつうじて、私はプラトンの『国家』をたえず参照した。これは私にとって教育に関する唯一の書物なのだ。というのは『国家』は、一人の人間であり教師である私が経験するものを、私に実際に説明してくれるからである」。自らを実存主義者と形容する人々でさえ、とかく大学教師というものは、個人としての、あるいは人間としての自分を公衆に向って率直に差し出すことがあまりにも少ない。こうしてブルームは現代の精神的戦いの前線で闘う兵士であり、そうした資格の者として、とくに私と同じ精神の持ち主である（彼が個人として語ることをなしえているのだから、私が匿名の注釈者にとどまらなくてはならない理由はないというものだ）。

ブルームは結末の部分である学生の話をしている。その学生は『饗宴』を読んで、アテナイの不思議な雰囲気を今日想像するのはむずかしいと言ったという。「そこでは和気藹々とむつまじい人々、教育のある、にぎやかな、たがいに対等な、教養はあっても気取らない人々が集まって、自分たちの憧れの意味に関するすばらしい物語をするのである。しかし――と、ブルームは付け加える――そのような経験はいつでも手にいれることができる。実際、この愉快な議論は、アテナイ市民が敗れる運命にあったひどい戦争のさなかにおこなわれたのであり、宴に集まった人々のうち少なくともアリストパネスとソクラテスは、これがギリシア文明の崩壊を意味することを見越していた。だが彼らは二人とも、文化に絶望しはしなかった。このおそるべき政治的状況において、彼らが自然に根ざした愉悦にふけったことは、さまざまな出来事や状況から独立した、人間のうちにある最善のものの生命力の証しであった。われわれは自分たちが、歴史と文化にあまりにも依存しすぎていると感じている。……プラトンのどの対話篇に関しても……その眼目はほとんどあらゆる時代と場所でよみがえらせることができる。……対話篇の眼目は、いっしょに考えるということである……。まさにそこで、われわれはつまずきはじめる。しかし、そうした思索はわれわれのつい目と鼻の先に、実現しにくいが、つねに現前しているのだ」。

私はこの言明に私の人生の種子を見出して、これをとても真剣に理解しているし、つよく心を動かされる。なぜなら私は中西部人であり移民の両親をもつ息子であったので、私の人生コースの決定に、私がユダヤ人の生まれであること、私の環境（たまたま私はシカゴに住んでいた）、私の受けた学校教育をどの程度立ち入らせるべきか、自分一人で決めなければならないことが、幼い頃からわかっていたからだ。私には歴史と文化に全面的によりかかってしまうつもりはなかった。全面的な依存は、私がだめになってしまうことを意味するにちがいない。現代文明世界の最もありきたりな教えを、簡単にこう述べることができる。「あなたがどこの出身かを言ってみたまえ、そうすればあなたが何者かを教えよう」と。もし私の属する、熱心にアメリカナイズしつつある拡張家族〔核家族のほかに近親を含むもの〕が同意したとしても、シカゴがそのイメージどおりに私を形成するチャンスなどはまったくなかった。はっきりした考え方ができるようになる以前から、シカゴの物質的な影響力に対する私の抵抗は、片意地のかたちをとった。なぜ私が自分に環境の所産になることを許さなかったのか、その理由はわからなかった。だが、金もうけ、功利性、倹約、事業は、私に対しては無力だった。母は私がヴァイオリン奏者か、それがだめならラビ〔ユダヤ教の宗教的指導者〕になることを望んでいた。私はパーマーハウスで晩餐のための音楽演奏をするか、シナゴーグの主宰者になるか、どちらかだと思っていた。伝統的なユダヤ教正統派の家族では、小さな男の子は『創世記』と『出エジプト記』を訳すことを教えられた。だから私は、もし大いなる外部世界、雑踏の世界がそんなに魅力的でなかったなら、簡単にラビ職になっていただろう。そのうえ、しきたりに従う敬虔な生活は私には向いていなかった。ともかく早くから、私はあれもこれもと読み始めていた。すぐに、私は古代の宗教から遠ざかってしまった。私が十七歳のとき、父は私が大学にはいるのを不承不承許してくれた。大学では私は熱狂的な（何に対しても興味をそそられた）学生だったが、しかし一貫性がなく依怙地であった。〈経済学二〇一〉の講義に参加登録しながら、私はきまってイプセンとショーを読むのに全時間を費やすのだった。詩の講義に登録したのに、すぐに私は歩格だのスタンザだのにあきて、クロポトキンの『ある革命家の思い出』やレーニンの『何をなすべきか』へ注意を移した。私の好みや気質は作家のそれだった。私は行中休止《シジューラ》に関する講義の恩恵をかえりみず、一人で詩を読むほうが好きだった。本で緊張した眼を休めるために、町の大衆的クラブで玉突きや卓球をした。

やがて私は気がついた。進んだ見方をするヨーロッパの思想家の意見では、シカゴというこの粗暴な物質主義の中心地出身の若者の文化的期待など、失望させられるにきまっているのである。屠殺場、製鋼工場、貨物置場、都市を構成する産業地域の旧式なバンガロー風の平屋、金融地区の暗がり、野球場とボクシングの懸賞試合、組織政治家、禁酒法下のギャングの抗争——これらすべてが寄せ集まって、文化の光が透過できない「社会ダーウィニスト的」暗黒の硬いおおいをなしていた。高度に洗練された英国人、フランス人、ドイツ人、イタリア人などの、最も進んだ現代的形態における芸術の代弁者の判断では、私のいた状況はどうしようもないものだった。しかし彼ら外国の観察者にとって、アメリカにはヨーロッパにまさる多くの利点もあった。生産力でまさり、ずっと活力があり、自由で、病んだ政治や破滅的な戦争を大幅に免れていた。だが芸術に関するかぎり、ウィンダム・ルイス〔イギリス（アメリカ生まれ）の小説家、批評家、画家。一八八二－一九五七〕にいわせれば、画家になりたい者は、ミネソタの長老教会信者よりもエスキモーに生まれたほうがましだった。洗練されたヨーロッパ人は、しばしば例外的に自国の階級的偏見からは自由だったが、自分たちの必ずしも十分に征服してはいない先入主を、好都合なことに、入場自由なアメリカ合衆国に持ち込むことができたのである。すべての開化された国々は共通のコスモポリタニズムに傾斜する運命にあり、文明のより古い枝流が衰弱するのは嘆かわしいにせよ、この衰弱が新鮮な機会をもたらし、われわれを歴史と文化への依存から解放するだろう（これが没落に秘められた利益である）――このことはだれ一人予見できなかった。たしかにさまざまに野卑な現象がおきたが、新しいタイプの独立の可能性もあったのだ。

この意味で私は、矛盾した状況に置かれていたのである。ヨーロッパの観察者はときに私を、全面的にアメリカ人でもなく十分にヨーロッパ人でもない雑種の珍種と分類する。私の頭は、中西部の古巣で手当たり次第に消化した、哲学者、歴史家、そして詩人への言及でいっぱいになっているというのだ。もちろん私は現代作家の例にもれず独学者である。あの元気のよい新来の者、十九世紀の小説家は大胆に推測し、挑み、憶測したものだ。独立した知性の主は自らの総合をおこなった。バルザックは宣言した、「世界は私のものだ、なぜなら、私はそれを理解するから」と。独学者がそんなにもゆたかに学んだ世界という本が、世界を閉めだすために意見の壁をたてている「識者」によって閉じられつつあるのではないか。ブルーム教授の本はこうした恐れを私にいだかす。

違う観点から、アメリカの読者は、ときどき私の本における一種の外国風に文句をいう。私が旧世界の作家を引き合いにだすとか、インテリぶっているとか、気取っているとかいうのだ。私の書くものがおそらくところどころ読みにくいこと、公衆の無学の度がつのるに応じて読みにくくなることは、私も喜んで認めよう。読者の知的水準をはかるのは決して容易な仕事ではない。もし人々がいやしくも本を読むなら、彼らが知らなくてはならないさまざまなことがあるものだ。人は、読者への尊敬の念から、あるいは体裁を繕うために、読者の側が二〇世紀の歴史に通暁しているという仮定を、客観的に正当化される以上になしがちである。そのうえ、作家は、読者とのあいだにある種の精神の統一性が当然あるとつねに思っている。「二、三の些細な違いはともかく、他人は本質的に私に似ているし、私は基本的に彼らと似ている」。一編の著作は捧げ物にひとしい。作家はそれを祭壇にはこび、受け容れられるようお願いする。彼は少なくとも、拒絶されても自らが激怒にかられカイン〔アダムとイヴの長子で、ねたみから弟アベルを殺した〕へ転身することがないように、と祈っている。おそらく素朴に、作家は気にいった宝をたくさん作りだし、それをつみあげて乱雑な山にする。いま宝の価値がわからない者も、やがてわかるようになるかもしれない。だから作家は、だれか自分の同時代人のために書いているというふうには必ずしも思わない。彼の真の読者はまだいないのかもしれないし、彼の本によってこれから真の読者が出現するかもしれないのだ。

教養あるアメリカ人をからかって楽しむ時が、私にはある。

たとえば『ハーツォグ』は喜劇小説を狙ったものだった。アメリカの優秀な大学で博士号を取得したある男が、妻が別の男のもとへ去ったとき精神に動揺をきたす。彼は手紙を書く発作に捉えられ、友人や知り合いばかりか、彼の精神を形成した偉人や思想的巨人へも、悲痛で辛辣で皮肉な、そして無法な手紙を書くのである。こうした危機の瞬間に、本棚からアリストテレスやスピノザをひっぱりだし、慰めと忠告を求めて荒れ狂ったように頁を繰る以外に、彼には何ができるだろうか。うちひしがれたこの男は、もう一度考えをまとめ、彼がなめた経験を解釈し、人生を理解しようとするにつれ、そのような努力が馬鹿げていることにはっきりと気づく。自らが置かれた状態の不条理に負けた彼は、とうとうこう記す、「この国に必要なのは、良質の五セントの総合だ」と。これは、ウッドロー・ウィルソン〔二八代大統領、国際連盟の創設に尽力。一八五六－一九二四〕の副大統領マーシャル氏が、第一次大戦のころ「この国に必要なのは良質の五セントの煙草だ」といったのをまねて繰り返しているのだ。『ハーツォグ』の読者のなかには、この本が難解だと文句をいう向きがあった。読者は、不幸で喜劇的な歴史学教授におおいに同情したといっていいのだが、主人公の長たらしい学識にあふれた手紙にはときたまうんざりしたのである。一部の読者は、まるで〈思想史〉の概説講義で難しい試験を受けろと言われているように感じた。そして同情と機知を不明瞭さと知ったかぶりに混ぜ合わせたのは、私の才能の乏しさだと考えた。

だが私は、知ったかぶりをからかっていたのだ。

人はこう答えるだろう。「もしそれが作者の目的なら、まったく成功していない。読者のなかには、作者が挑戦をしかけているのだ、障害物競技のコースのようなもの、あるいはメンサ〔知能テストで上位二〇％を占める人々のクラブ〕むけのインテリぶったクロスワード・パズルをしかけているのだ、と考えるものがいた」と。私の小説は少数の読者をうれしがらせたかもしれないが、その他は試されて憤ったのである。人々は自分が専門とする職業のために最善の考えをとっておく。その次には、油断怠りのない市民にふりかかる真面目なことがら――経済、政治、核廃棄物の処理など――のためにとっておく。一日の仕事が終われば、人々は楽しみたいと思う。彼らはなぜ自分たちの娯楽が単純に娯楽であってはならないのか、わからない。私もある意味で賛成だ。というのは、私自身モンテーニュをときどき読む折りに、古典から彼がする長い引用をとばしたくなるからだ。そんな箇所は高校時代習った私のラテン語では重荷であり、だれしも高校へ連れ戻されるのは愉快なことではない。

もう一言で『ハーツォグ』のことは切りあげようと思う。私がこの小説で示そうとしたのは、「高等教育」が苦しむ人間にほんのわずかな力しか与えることができなかったということである。結局のところ、ハーツォグは人生における身の処し方についての教育をまったく受けなかったのに気づく（大学で彼にエロティックな欲求、女性、家族の問題をいかに扱うかを教えた者がいただろうか）。そして彼は、すごろくの用語で言えば「振り出し」に戻る――あるいは私がその本を書きながら自分で言い表わしたように、初めの平衡点のようなものへ戻るのである。ハーツォグの混乱は粗野なものである。そのとおりだが、他にしようがあるだろうか。だが、彼が自分の喜劇的センスに助けられながら、しっかりと自分の手に摑むことのできる一点がある。これ以上ひどい混乱はないというときでも、なおも魂へ通じる開かれた水路が存在しているのだ。それを発見するのは難しいかもしれない。なぜなら中年になるまでに、生い茂る草がそれを覆ってしまうからであり、水路を取り巻くこのうえなく荒れた茂みのいくつかが、われわれが教育と称するものから生育するからである。しかしこの水路はつねにある。それを開放しておくこと、われわれ自身の最奥の深部――より高い意識を意識しているわれわれの部分、それを用いてわれわれが最後の判断をおこない、すべてをひとまとめにするわれわれの部分――への接近を保つことが、われわれの任務なのだ。この意識の独立は、歴史の雑音や直接われわれを取り巻くものに気を散らされることがないという強さをもつ。そしてこの独立を勝ち取るためにこそ、われわれは人生を戦わねばならない。魂は敵対する諸力（これらは、魂そのものの存在をたびたび否定し、たいていの場合、魂をまるごと廃棄しようと努めているかに見える思想にときとして具現している）にさからいつつ自らの根底を発見し、それを保持しなくてはならない。

ロマン派の詩人や十九世紀のその他の啓発的な理論家は誤解したのだ――詩人や小説家は、決して人類の立法者や人類の教師にはなれないだろう。もし芸術家の企ての目的とは何かを説明しなくてはならないとしたら、私はこう言いたい。詩人――芸術家――は、人間に世界をちがったふうに見るようにしむけ、彼らを固定した経験の様式から改心させることによって、新しくものを見る眼を人間に与えるべきである。だが、これは野望といっても過言ではない。この企てを著しく困難にしているのは、教育が植え付けた無知と悪しき思想ががっかりするほどひろまっているからである。というのも、ごく簡単に言えば、われわれは思想の世界に住むのに、ものを考える力がとてもひどい状態になってしまったからだ。したがって芸術家は、自分を知識人だと見るかどうかにはかかわらず、思想の戦いに巻き込まれているのである。けれども、たんなる思索が彼の悩みを癒すことは決してないだろうし、芸術家ならだれしも、ああでもないこうでもないと推論する必要を免除してくれる素朴な優美さを、ありがたく思うはずである。私にとって大学は、ずっと、いわば脱衣の場所である。つまり、私が悪しき思想を放棄するという骨の折れる仕事をするにあたり、助けを発見できる場所なのである。資本主義的なものもマルクス主義的なものも含めた現代イデオロギー、それに哲学（論理実証主義、自然主義、実存主義など）はもとより、心理学の諸学説、社会や歴史の諸理論を私がすこしずつ学び始めたのは大学においてであった。自分の精神が呼吸する能力を取り戻せるように、私は余計なものをふり捨て、生活の根本をなす単純さを守ってはきたが、大学を「外の世界」から隔てられた聖域、ないし隠れ家と見なしたことは一度もない。騒然とした大都会から孤立したしかつめらしい学者の村で生きるのは、私にとって拷問であったろう。だから私は、ある中央ヨーロッパ出身の「過激派の」小説家が私を称して呼んだように、「大学キャンパスの作家」であったことはまったくない。むしろ私は自分を訓練して、過激派と右翼の両方の主題に基づいた際限のない変奏をなしうるようになった。その結果、私は一世紀におよぶ革命的修辞学がたれ流した未処理の下水の臭いを検出できるようにもなった（これは羨むべき技術ではない）。ちがう角度から言えば、いわゆる「独創的」地政学からほとばしったゴア・ヴィダル〔アメリカの小説家、劇作家。一九二五–〕の近作に、『ハースト』紙日曜版のまさに「黄禍」の主題、三〇年代より現在ではもっと不快になっている臭気を割りだすことができるようになったのである。こうした煽動的で「積極行動主義の」作家の熱烈なジェスチャーに、新しいものは何もない。もし彼らが独特なものを作りだせたなら、大学は知的生活で独占を維持しはしなかっただろう。

ブルーム教授の議論の核心は次の点にある。世論が支配する社会において、大学は、すべての見解が制限なしに探求される、知的自由の島であるべきだったということ。寛大な、自由主義的民主主義がこれを可能にした。だが、社会における能動的ないし「積極的」役割、社会参加の役割を大学が果たせ、という求めに同意することによって、大学は社会「問題」の逆流で水浸しになり、それらで溢れるようになった。健康、性、人種、戦争などの問題で余念ないおかげで、大学教授は名声と富を得ている。大学はしばしば有害な影響をおよぼす概念を社会に送りだす卸し問屋になったのである。一般教養教育（liberal education）の改革案は、大学を合衆国全体と衝突させる懸念があるなら、どんなものでも問題外である。大学「内部の」人々の欲求や動機はますます大学「外部の」人々のそれらと同じになっている。私は、これがブルームの言っていることだと思う。そして彼が本書でたんに論争のための言明をしているのなら、それを無視するのはまことにやさしいことだろう。彼の言明をあなどりがたく真剣なものにしているのは、その議論にぴったりと歴史的背景がともなっているという事実である。彼は政治理論を見事に使いこなして、どうして万事がこうなったのか、どのように現代民主主義が始まったか、マキアヴェリ、ホッブズ、ロック、ルソー、その他の啓蒙の哲学者たちが、どうするつもりだったのか、そして彼らの意図がどのように成功したか、あるいは失敗したか、これらのことを説明している。

　左翼と右翼の論争の熱はここ十年のあいだに非常に激しくなったので、礼儀にかなった言説という習慣は焼け焦げてしまった。敵対者はもうたがいに耳を傾けないように見える。もし聡明な反対者たちが、ブルームの本を私心を離れて注意深く読まないなら、それは残念なことだ。この本は重要な言明をおこなっており、慎重な検討に値する。その結論に賛成かどうかはともかく、この本は議論への不可欠の案内を提供しているのだ。これは、伝統のたんなるうわずみを掬《すく》ったものではない。民主主義の国アメリカ合衆国で高等な精神生活がどのように発達したか、この点を徹底して明確に語っている精確な歴史的要約であり、信頼のおけるレジュメなのである。

ソウル・ベロー

序文

この試論——われわれの魂の、とくに若者の魂の状態に関する省察——は教師の見方から書かれている。重大な制約があり、危険な誘惑がつきまとっているにもかかわらず、しかしそれは特権的な見方である。教師は、とくに一般教養教育(liberal education)に専念する教師は、前方に人間の完成という目的を望み、後ろには現在目のあたりにする学生たちの本性を見ようと絶えず試みなくてはならない。その際、教師はたえずこの目的を理解しようと努め、また人間的完成へ達しようとする学生の潜在能力を評価しようと努める。若者へ注意を注ぐこと、彼らが何に飢えているか、何を消化できるかを知ること、これが教師という職業の本質である。若者の飢えをかぎ出し、光のもとに引き出さなくてはならない。なぜなら、自覚された欲求に答えないような教育は、真の教育ではないからである。教育から得られるものが他にあったとしても、それはつまらぬ見せかけにすぎない。おのおのの世代の本質は、人類の恒久的な関心事へその世代がいかにかかわったかという点に最も明確に見出される。逆に、そうした関心事は各世代の嗜好、楽しみ、とりわけ怒りのうちに、最も明確に見出される(とくに静かな自己認識を誇りとする年齢の世代の場合、これは真実である)。若者にアピールすることを生業《なりわい》とするさまざまな山師たちは、とくにわれわれを啓発する。なぜなら、彼ら文化の行商人は、若者の欲求を発見することにかけては、このうえなく強い動機を感じているからである——彼らは、時代精神の迷宮へ立ち入るに際して、役に立つ案内人なのだ。

教師の立場は自由勝手なものではない。教師の立場は、学生がいまここで自分でそうでありたいと欲しているもの、たまたまそうであるのだと考えているものには単純には依存しないし、ある個別社会の要求や市場の気まぐれが教師に押しつけるものでもない。教師はいつでもそうした社会や市場の力の代行者であることを証明しようとして、多くの努力が費やされてきた。だが実際、好むと好まざるとにかかわらず、教師を導くものは、人間には本性が存在するのであって、自らの仕事はその充足であるという自覚、あるいは勘にほかならない。彼はこの自覚に、抽象や入りくんだ推論によって到達したのではない。教師は教えている学生の眼でそれを見る。学生はたんに可能性であるにすぎないが、可能性はそれ自身を超えたものを指し示す。そしてこれは、たいていは失望させられるがたえず復活する希望の源である。つまり、人間が、特定の洞窟で生まれそこで形成されそこに繋がれたたんなる偶然の創造物であって欲しくない、という希望の源なのだ。助産術——すなわち、助産婦ではなく自然が原因となって本物の赤ん坊を出産させること——という言い方は、社会化という用語よりももっと適切に教職の特徴を述べている。手助けした産婆から独立にたくましい子が誕生することは、教師の真の喜びであり、どんな私心のない道徳的義務にもまさって教師に動機づけを与える効果的な快楽であり、どんな行動よりも満足を与える、彼の目論みの最初の経験である。生徒が慣習や偏見のあらゆる歪みをもたらす力に逆らって、人間性を充足する手助けをするのが教師の仕事だということ、この点を本物の教師が疑うことはありえない。人間性とは何かに関するヴィジョンに影がさすことがあるかもしれない。教師の力には多少とも制約があるかもしれない。だが教師の活動は、彼の一存ではどうすることもできない何かによって請い求められているのだ。同時にこの何ものかが、彼に学生の能力と達成とを判断する基準を提供する。しかも、本物の教師なら誰でも、魂の存在、ないしはことばによって魂に働きかける魔術を実地の経験から信じている。だから教師は、魂の活動を促すために、教育を開始した当初には魂には外からの賞罰が必要である、と考えるにちがいない。だが最終的には、魂の活動はそれ自体がほうびであり、それだけで充足しているのだ。

　成人と交わるより若者との交わりを好む大人のあまのじゃくを説明してくれるのは、このような理由である。彼は現在の不完全な「なにである」より、末頼もしい「なになにになるかもしれない」のほうを好む。そのような大人は多くの誘惑の——とくに虚栄心と、教えるより教義を宣伝したいという欲望の——餌食になる。そして教育活動には、危険がともなう。それは、知ることより教えることを好む危険、学生が学びうること、あるいは学びたいと思うことへ自らを適合させる危険、学生だけによって自己を知るという危険である。

　だから、教えることは哲学にとって脅威かもしれない。というのは、哲学の営みは孤独な探求であり、それに従うものは決して聴衆を求めてはならないからだ。しかし、教師に哲学者たれと要求するのはゆきすぎであり、自らの聴衆に少しばかり愛着するのは、ほとんど避け難いことである。もしそれに巧みに抵抗するなら、まさにこの悪徳は一種の美徳に転じて、哲学の営みを励ますことができる。自分の学生に魅せられることが機縁となって、教師は、さまざまな魂があるのだということ、そして魂が学習はもとより真理や誤謬のさまざまな能力をもつこと、こうしたことに気づく。そのような経験は、彼の低級なふつうの要求に対立するこよなく高貴な熱望にかかわる問い、「人間とは何か」という最大の問題を探求する条件のひとつなのだ。

一般教養教育とは、正確にいって、学生を助けてこの問いを自分で立てられるようにすることを意味する。答えは明らかではないが、かといって見出せないわけでもないこと、真剣な人生では必ずこの問いが絶えず関心の的になること、学生にこれらのことを気づかせるのは、一般教養教育である。それを横道へ逸らそうというあらゆる努力にもかかわらず（その二、三の例は本書で議論されるだろう）、すべての青年は「私は誰なのか」と尋ね、われわれ各人のなかには、デルポイの神託の「汝自身を知れ」という命令に従おうとするやむにやまれぬ欲求が生まれる。この問いや欲求は、まずもって「人間とは何か」を意味する。どのみち正解はないのだから、その問いは、結局、複数のありうべき答えを知ること、それらについて省察することに帰着する。これらの代替可能な解答を手に入れさせる役目をするのが一般教養教育であるが、われわれの本性や時代の意にそわない解答も多い。一般教養教育をうけた者とは、安直で好まれやすい解答に抵抗できる者のことである。それは彼が頑固だからではなく、その他の解答も省察に値することを知っているからである。書物を学ぶことが教育のすべてであるかのように信じるのは愚かであるが、読書はつねに必要であり、自分にもなれる高貴な人間類型の生きた見本が乏しい時代においては、とくに必要である。そして本を学ぶことは、教師が与えうるもののほとんどを占める。ただしそのためには、読書と人生の関係が自然に保たれた雰囲気のなかで、適切な読書指導がなされねばならない。やがて彼の学生は否応なしに人生を経験するだろう。教師の望みうる最大のものは、自分が与えうるものが学生の人生に生気を吹き込むということである。たいていの学生は、現状が重要だと見なすもので満足するようになるだろう。他の者は、いまは家族と野心が彼らに別の関心の対象を与えているせいで、表面にはあらわれていない熱狂の精神を、やがてもつことになるだろう。少数の者は、自立する努力のうちに彼らの人生を送るだろう。一般教養教育は、とりわけこの最後の者のためにある。彼らの行為ではなくむしろ彼らの存在によって、彼らは最も高貴な人間能力を使用するための模範になる。それゆえ彼らは、われわれ全員にとっての恩人なのである。彼らがいなくては（彼らが尊敬できるのでなければ、と付け加えなくてはならない）、社会は――どんなに裕福でも、快適でも、どんなに技術に精通していても、やさしい気持ちに溢れていても——文明をもつ、とは呼べないのだ。

このように解された教師の観点から、私は三〇年以上のあいだ、このうえなく強い興味をいだいて、学生を見つめ、彼らのことばに耳を傾けてきた。彼らが一般教養教育へ持ち込むもの——熱情、好奇心、憧れ、とくに社会にでる前の経験などは変わってしまった。それとともに、彼らを教育する仕事も変わった。本書で私は、この新たな世代の理解に貢献したいと思っている。私には道徳を説くつもりはない。私はエレミアのような悲観的な預言者でもないし、ポリアナ〔米国の少女小説家エレノア・ポートの小説のヒロイン〕のような底抜けの楽天家でもない。この本はなによりもまず最前線からの報告書と解しうる。読者は自ら、われわれが置かれた容易ならざる状況を判断することができる。どの年代も問題をかかえているのであって、私は過去はすばらしかったと主張する者ではない。現在の状況を記述するのが私の意図である。この状況を讃えたり非難したりする根拠に使うために過去との比較をおこなうつもりはない。比較の目的は、たんにわれわれにとって重要なことと現在の状況の特殊な点を明確にすることにすぎない。

この研究における私の「標本」について一言。それは比較的高い知性をもち、特権を行使して過ごす数年の在学中に、物質的にも精神的にも、そうしたいと思うほとんどのことを自由におこなえる何千という学生——手短かに言うと、二〇校ないし三〇校を数える最良の大学に入った若者からなる。言うまでもなく、なにか周囲の事情で一般教養教育をうけるのに必要な自由が妨げられているような種類の学生もいる。彼らには彼らなりの欲求があり、彼らが本書で私が記述するのとは別の性格の持ち主かもしれないということは、おおいにありうる。私の標本には、もちろん制約がある。だがそれには、一般教養教育を利用する可能性の最も高い人々、最大の道徳的・知的影響を国家に与える可能性の最も高い人々に集中するという長所がある。これらの恵まれた若者にわれわれの注意と財源を振り向ける必要はあまりない、彼らはすでに十分なものをもっているではないかと、時に評されることがある。しかし、このうえなく大きな天賦の才は仕上げるのに最も難しく、本性が複雑になればなるほど、それはますます濫用されがちになる。このかぎりで、なによりも教育を最も必要とするのは彼らなのだ。

教育の重要性を証明するにはおよばない。しかし過去のどんな国家にもまして、さまざまに使用される理性に自らの基礎を置いた現代国家にとり、理性の故郷である大学の危機は、おそらく国家の直面する最も深甚な危機である点を注意すべきである。

この本を書くあいだ、ずっと私は、教えるという生涯の経験に思いをこらしていた。私が経てきた道は並はずれて幸せだったので、回顧にあたって喚び起こされる主だった感情は感謝ばかりである。したがって、私の謝辞には、この一冊の本が受けた恵みではなく、私のすべての経験が受けた恵みが反映している。なかでも私は、ありがたいことに、三〇年以上のあいだ古典を教えたすべての学生たち、とくに私が深く知るようになった人々、そしてここで議論した問題について、たいへん多くを教えてくれた方々に感謝しなくてはならない。

そのなかにはかつての学生でいまは立派に独立した思想家や友人がいる。彼らは私に自分たちの経験や意見を語ってくれ、私が自分の経験や観察を解釈するのを助けてくれた。クリストファー・J・ブリュエル、ヒレル・G・フレイドキン、ジェームズ・H・ニコルズ＝ジュニア、クリフォード・オーエン、トマス・L・パングル、エイブラム・N・シュルスキー、ナサン・タルコフとスーザン・タルコフに感謝したい。とくにデイヴィッド・S・ボロティンは私の主張に意見を述べ、ついでその重要性を私に納得させてくれた。彼らはめいめい独特な仕方で私の意気込みを助けたり和らげたりした。マイケル・Z・ウーは鋭い洞察と批判で並はずれた援助をしてくれた。

私と会話をかわした同僚や学生のなかで、私はソウル・ベローとウェルナー・J・ダンハウザーの名をあげたいと思う。前者は稀にみる寛大な態度で、私の思想をよく理解し勇気づけて、以前には通ったこともない道を歩ませてくれた。後者は、私が成人してからずっと私の知的仲間であり、いつもながら原稿を読むことを引き受けてくれ、ゆきとどいた配慮と誠実さを恵んでくれた。

原稿を書き進める途中、ジュディ・シャーニック、テレーズ・デノフ、エリカ・アロンソンは、全面的に信頼のおける忠実な友人として作業してくれた。そのおかげで、本の製作過程で最も退屈な段階も面白く感じることができた。私は編集にあたった、サイモン・アンド・シュスター社のロバート・アサヒナ、エディスィョン・ジュリァード社のベルナール・ドゥ・ファロアとのかかわりをとくにうれしく思う。彼らの後押しで私は本を書くことになり、以後彼らは私の想像できなかったほど多くの時間をそれに費やした。エアハート基金とジョン・M・オウリン基金は、長いあいだ教師や学者としての私を支えてくれた。それら機関の職員に謝意をあらわしたい。

最後に、私にとり私心無き大学人の典型でありつづけているアラン・P・シンドラーに私の賞賛を表わしたい。彼の生涯にわたる行動は、企てがまだ可能でありその価値があることを証明している。

以上の人々の名をあげたのは決して彼らが私の見解に裏書きを与えているという意味ではない。このことは、たんなる常套句としてではなく、ここに明言しなければならない。

一九八六年五月、シカゴにて

アラン・ブルーム

序論——われわれの徳

大学教授がこれは絶対に確実だと言えることがひとつある。大学に入ってくるほとんどすべての学生は、真理は相対的だと信じていること、あるいはそう信じている、と言うということ。もしこの信念が正しいかどうかには検証の余地がある、という異論がでた場合、学生の反応は予期に違わないものである。すなわち、学生は異論を理解しようとしないだろう。誰かが真理は相対的なりという命題を自明ではない、と見なしてもしようものなら、あたかも2＋2＝4に疑問を差しはさまれているかのように、学生は驚く。どちらも考えるまでもないことなのだ。学生の置かれた背景は、アメリカが用意できるかぎり多種多様である。ある者は宗教を信じているし、ある者は無神論者である。ある者は左翼に属し、ある者は右翼である。科学者を志す者、人文研究を志す者、職業人や実業家を志す者もいる。ある者は貧しく、ある者は豊かである。彼らはそれぞれが相対主義を信じ平等に対して忠誠を示すという点でのみ、ひとまとまりをなす。そしてこの二つは道徳的意図においてむすびつく。真理の相対性は理論的な洞察ではなく道徳的要請なのだ。それは自由な社会の条件であり、少なくともそう彼らは解している。彼らは皆この枠組みを早くから身につけている。かつて譲渡できない自然権は、伝統的なアメリカにおいて自由社会の基礎であった。この枠組みは、自然権の現代における代替物なのである。それが学生にとって道徳的問題であることは、自分の信念を問い糾された場合の、彼らの返答の性格が暴露している。それは不信と憤慨のまざった「あなたは絶対主義者なんですか」というもので、彼らが知っているこれに匹敵する返答には、おなじ調子で発言される「あなたは君主主義者なんですか」とか「あなたはほんとうに妖術を信じているんですか」があるにすぎない。後の返答は憤慨に変わってゆく。なぜなら妖術を信じる者は、魔女狩りに手を貸す者やセーレム〔一六九二年に魔女裁判がおこなわれたマサチューセッツ州の港町〕の魔女裁判の判事になるかもしれないからだ。彼らが教えられた恐るべき絶対主義の危険は、誤りではなく不寛容である。相対主義は寛大（openness）にとって不可欠なのである。寛大は徳であり、五〇年以上のあいだ、初等教育をあげて教え込むことに専心してきた唯一の徳である。寛大——

そしてそれを、さまざまな真理の主張やさまざまな生活の様式、さまざまな人間たちを前にして、人がとりうる道理のありそうなただ一つの態度に変える相対主義——は、現代の偉大なる洞察なのである。ほんとうに危険なものとは、心から何かを信じる者である。歴史や文化の研究は、世界中が過去において狂っていたことを教えている。人間はいつでも自分たちが正しいと考えたが、これが戦争、迫害、奴隷、外国人《ゼノフォー》嫌悪《ビア》、人種差別、それに排外主義を生んだのだ。大切な点は、誤りを正すことや実際に正しいことではなく、そもそも自分が正しいとは思わないことである。

　もちろん学生は自分の意見を議論によって擁護することはできない。それは彼らに教え込まれてしまったものである。彼らにできることはせいぜい、いままでに存在したあらゆる意見や文化を指し示すことである。私にせよ他の誰にせよ、どんな権利があってあるものが他のものより良いと言えるのか、と彼らは訊ねる。もし私が彼らを論駁するつもりで、たとえば「もし君がインド在住のイギリス行政官だったら、君の管轄下の現地人に、死亡した夫の葬式で未亡人を焼くことを許しただろうか」といったおきまりの質問を提出して、むりやり彼らに考えさせた場合、彼らはそのまま黙っているか、それともイギリス人がそもそもインドにいるのがおかしい、と答えるかする。ほんとうを言えば、彼らは他国、あるいは自国についても多くを知らないのだが、それは問題ではない。彼らを教育する目的は彼らを学者にすることではなく、ある徳目——寛大を授けることである。

　どんな教育制度にも道徳的目標がある。教育制度はこの目標に到達しようとしており、この目標は教育課程に浸透している。教育制度はある種の人間を生みだそうと望んでいる。この意図はある程度明らかであり、ある程度熟考の結果である。だが読み書き算術のような中立の学科でさえ、〈教育ある人物〉像のなかに、特定の場所を占めている。ある国家では目標は敬虔な人物であったし、別の国家では好戦的な人物、また別の国家では産業にいそしむ人物であった。しかし、いつの場合も重要なのは政体であり、政体はその根本原則に合致する市民を必要とする。貴族政治は紳士を、寡頭政治は金銭を尊び追い求める人間を、民主政治は平等を愛する者を欲する。民主主義教育は、そう自認するかどうかはともかく、民主主義的政体を支える嗜好、知識、性格をもつ男女を生みだそうと欲しているし、そうする必要がある。アメリカという共和国の歴史を通じて、この政体にとってどのような人間が最善かについては、明らかにいくたびも見解の変化があった。われわれは当初、正直で、法を守り、家族（彼の家族——衰退した形態では核家族とあだ名される）に献身する、理性的で働き者の人間、という模範をもっていた。なによりも、彼は権利の教理を、それを具体化した憲法を、そして「自由を土台に構想され、すべての人は平等に創られているという命題に捧げられた」国家の創設をえがき祝福するアメリカ史を知ることができた。諄々と教えられ、各人の理性へ訴える、独立宣言の文字と精神に深く愛着することは、民主的人間の教育がめざす目標だった。これは伝統的な共同体に求められた愛着とはきわめて異なるものを要求した。伝統的な共同体では、厳しい訓育や権威とならんで神話や熱情が、そして拡張家族が、本能的で歯止めのない、狂信的でさえある愛国心を生んだのである。こうした愛国心は、合衆国で要求される忠誠心とはまるで別だった。合衆国は、内省をともなない、理性的で静かな、利己的でさえある忠誠心——それは国家よりも政府の形態とその理性的原則に向けられていた——を要求したのである。このことは政治におけるまったく新しい経験だったし、それにともない新しい教育が始まった。この教育は過去半世紀に、民主的人間(democratic man)の教育から民主的パーソナリティ(democratic personality)の教育へと発展してきたのである。

この二者のあいだの明らかな違いは、アメリカ人であるということが何を意味するか、その理解に生じた変化のうちに簡単に認めることができる。古い見解は、人間の自然権を認めそれを受け容れることによって、人間は協調と同等性のための根本的な基礎を見出す、というものであった。人々に共通の利害を与え彼らを真の同胞にする自然権の光に照らされるとき、階級、人種、国の起源、文化のすべては、消えるか霞んでしまうかする。移住者は、新たな教育が容易に身につくように、旧世界のさまざまな要求を忘れなくてはならなかった。これは必ずしも古い日常の習慣や宗教を放棄することではなく、それらを新しい原理へゆだねることを意味していた。人間本性そのものを均質化する——必然性とは言わないが——傾向があったのである。

近年の寛大の教育はそうしたすべてを捨て去った。この種の教育は、自然権やわれわれの政体の歴史的起源には注意をはらわない。それらは元来欠陥に満ち、後ろ向きなものだったといまでは見なされている。最近の教育は進歩的で前向きである。それは意見が根本で一致するようにとか、自然な信念を選んで新旧の信念を放棄するようにとかを要求しない。それはあらゆる人間に、あらゆるライフスタイルに、あらゆるイデオロギーに開かれて(open)いる。敵は、ただひとり、万事に開かれていない人間である。しかし共通の善(公益)という目標やヴィジョンが共有されていない場合、社会契約はそれでも可能なのだろうか。

自由主義思想のごく初めの頃から、無差別な自由へ向かう傾きがあった。ホッブズとロック、そして彼らに続くアメリカの建国者たちは、国内に争いを惹き起こす過激な信念、とくに宗教的信念をやわらげようとした。それぞれの宗派の成員は、法に従い憲法に忠節を誓わなくてはならなかった。もし彼らがそのとおりにするなら、たとえ彼らの信念がどんなに不快であっても、他の人々は彼らを黙認しなくてはならなかった。逆に、この取り決めを円滑にするために、たとえ暗黙裡なものであれ、宗教的信念を弱める意識的努力がはらわれた。そのやり方の一端をいえば、宗教を「知識」(knowledge)とは対立する「意見」(opinion)の領域に位置づけることであった（そのために、膨大な認識論的努力が払われた）。しかし宗教的自由の権利は、知識の領域に属していた。そのような権利は意見の問題ではない。この領域では確信の弱さはいっさい禁物であった。まったく逆に、権利の領分は民主主義における道徳的熱情の闘技場《アレーナ》にならざるをえなかったのである。

適法な社会的・政治的規制から免れた空間は、この間にそうとう拡張することができたが、それはただ、道徳や政治にかかわる知識への要求を制限することによってだった。好むままに生きる自由を求める飽くなき欲求は、現代民主主義思想のこうした一面から養われている。最後には、完全な自由はそのような知識がすっかりなくなった場合にのみ獲得できるような外観を呈しはじめる。圧政者の牙を抜く効果的な方法は、彼らが善について何も知らないと確信させることである。過激になった民主主義理論に誘発されたぴりぴりするような感受性は、しまいにはどんな制限も、気紛れで専制的なものとして経験するようになる。絶対的な規範や概念は存在しない。ただ自由だけが絶対的である。もちろんこの結果として、一方では自由を正当化する論証が消え去った。そして他方では、はじめは宗教的信念だけのものだと考えられた弱められた性格を、すべての信念がもちはじめたのである。

権利から寛大への徐々なる移動は、たとえば次の場合にはっきり見てとれた。オリヴァー・ウェンドル・ホームズ〔アメリカの法律家、最高裁判事。一八四一—一九三五〕は、どんな言論や行為が民主主義社会で許容しうるかを決める原理の探求を諦めた。彼は、その代わりに、事実上、公共の秩序維持をただひとつの共通の善と見なす基準——明白かつ現在の危険——に訴えたのである。この基準は、不明確で実践的には意味がない。彼の意見のうしろには、進歩に関する楽天的な見方があった。民主主義的原理が完全に崩壊して野蛮へ後戻りすることはありえないし、孤立無援の真理でさえ、最後には観念の市場で凱歌を奏するだろう、というのだ。この楽天主義はアメリカの建国者たちには抱かれてはいなかった。彼らは、民主主義的統治の諸原則には立ち帰らねばならないし、それらを斟酌しなくてはならない、と主張した。たとえその結果が——あるものはただ許されているだけで重んじられてはいなかったり、他のものは公然と禁じられたりで——ある観点からすると目障りだとしても。彼らの考え方に従えば、不寛容な人に対して寛容であってはならないのだ。もしホームズの言うように、自由な表現は、もしそれが明らかな目の前の危険だという証明がつく場合にかぎり制約されるべきだ、と考えたならば、リンカーンの主張は不可能になっていただろう。すなわちリンカーンは、平等の原理にはいかなる妥協もありえないこと、この原理は人々の選択や選挙に基づくものではないのであって、そもそも人々が選挙をおこなう条件であること、黒人奴隷問題に関する大衆支配〔准州の人々の意志により自由州たるか、奴隷州たるかを決定するというダグラスの主張〕は、たとえ血にまみれた内乱という明らかな目の前の危険を回避できるとしても、許されないことを主張したのである。

　しかしながら、一部は理論的批判により、また一部は自然が最終的に制約となることに対する政治的反乱により、寛大はついに自然権を凌駕した。市民教育は建国へ専心することから、歴史や社会科学に基づく寛大へ専心することに転じた。建国のまやかしを暴き、建国はじめの頃が誤りを犯していたことを証明しようとする一般的な傾向さえあったが、これは新しいものに対してより多くの寛大を認めるためであった。チャールズ・ビアード〔アメリカの歴史学者。一八七四―一九四八〕のマルクス主義とカール・ベッカー〔アメリカの歴史学者、政治学者。一八七三―一九四五〕の歴史主義というかたちで始まったものが、その後に決まり文句になった。建国者たちは人種差別主義者であるとか、インディアンの殺害者であるとか、階級的利益の代表だとかいう罪を負わされるのを、われわれはよく耳にした。私は大学で最初に教わった歴史の教授でとても有名な学者にこう訊ねた。彼が学生たちに描きだしたジョージ・ワシントンの人物像は、われわれが現在の政体を軽蔑せざるをえなくなるような効果をもつのではないか、と。「それは全然ない」と彼は答えた。「個人がどうこうではなく、われわれが良き民主主義的価値をもっているかどうかが問題です」。私は言い返した、「でも先生は、ワシントンがヴァージニア州の地主階級の階級的利益を促進するためにだけそうした価値を使っていたと、いましがた授業で示されたわけですが」。彼は怒ってしまい、それで話は終わりになった。民主主義の諸価値は歴史の運動の一部であり、彼が解明したり弁護したりする必要はないという慎ましい自信が、彼を慰めた。彼は自分の歴史研究がさらに寛大を、したがってさらに民主主義を促進することに通じるのだと道徳的に確信しながら、研究に従事することができた。ファシズムや民主主義の脆さという教訓は、当時全員が経験したところであったのに、彼に何の影響も与えなかった。

　ジョン・スチュワート・ミルやジョン・デューイに見られる類いの、自然権を欠いた自由主義から、われわれは次のことを教えられていた。すなわち、われわれが直面する唯一の危険は、突発する出来事、新しいもの、さまざまな現われ方をする進歩から目を閉ざされていることなのである。人々が生活の指針とする気になるような根本的原理や徳目に注意を払ってはならないとされた。現在ひろまった言い方を用いるなら、市民文化《シヴィック・カルチャー》は無視されたのである。こうした見解を助長しそれにいっそうの知的重みを与えるように思われたのは、文化相対主義と事実と価値の区別であったが、これらをわれわれに準備したものも、自由主義におけるこの傾向である。

歴史と社会科学が偏見を克服するためにさまざまな仕方で利用された。われわれは「自民族中心主義」に与してはならない。これは人類学から抜きだした用語であるが、寛大の意味について、人類学はわれわれにさらに多くを教えてくれる。われわれは自分のやり方が他のやり方より良いと考えるべきではない、という。こうした見解の意図は、学生に別の時代と別の場所について教えることであるより、むしろ、彼らが優先的に選ぶものが、彼らの時代と場所がもたらした偶然にすぎないと気づかせることなのである。そう信じている以上、個人としての彼らに、あるいは集合としての国家たる彼らには、自分たちが他者に優っていると考える権利はないことになる。ジョン・ロールズ〔米国の哲学者。一九二一—〕はこうした傾向のほとんどパロディだといってよい。彼は人々を説得するために数百頁を費やして、彼らに誰も侮蔑しないように強制する統治の概要を提案している。『正義論』で彼は、物理学者や詩人だからといって、葉っぱを数えるとかその他の取るに足らぬ活動や不正な活動を遂行することで生涯をすごす人を見下すべきではない、と書いている。実際、その人は尊敬されてしかるべきだ。というのは、他者から重んじられることは、自尊とは異なり、あらゆる人々の基本的欲求だからだ。したがって差別の撤廃は、それに反対することが差別にほかならないがゆえに、道徳が命令するところである。この愚かな考えにしたがえば、人は人間の自然の〔本性の〕善を捜し求めてはいけないし、それが発見された場合に賞賛してもいけないことになる。というのも、そうした善の発見は、悪の発見と悪に対する軽蔑と同一時点に属するからだ。本能と知性を教育により抑制しなくてはならない。自然な魂は、人工的な魂に置き換えなくてはならない。

道徳におけるこの変化の根には、アメリカ合衆国にきわめてさまざまな民族、宗教、人種の男女が存在するという事実と、そうした集団に属しているために多くの人がひどい扱いをうけているという事実がある。フランクリン・ルーズベルト〔第三二代大統領。一八八二—一九四五〕は「われわれは唯の一人も無視しない社会」を望んでいる、と宣言した。もしこれらはみ出し者《アウトサイダー》が自然権を厳守する（すなわち、自然権を厳守することによって内《イン》部の者《サイダー》になる）なら、われわれの政体に内在する自然権はこうした問題の解決に完全に有効である。だが、われわれの教育に影響力をもつ思想家はこれでは満足しなかった。というのは、投票権その他の政治的権利は、社会への仲間入りを自動的に生むわけではなかったからである。法律により等しく守護されているからといって、ユダヤ人だ、イタリア人だ、黒人だという軽蔑や嫌悪から人は護られるわけではなかったのだ。

この問題への反応はどうだったかというと、それは第一に、はみ出し者は彼らの「文化的な」個性を捨てて、自然権を有する普遍的で抽象的な存在に自分たちを作りかえるか、さもなければ周縁で生きることに甘んじるか、どちらかでなくてはならない、という考えに抵抗することであった。第二にそれは、憲法には何の規定もないのに、国家へある「文化的」生活を押し付ける多数派への怒りだった。これらの「グループ」や「少数派」にりっぱな場所を提供するために――場所を与えようとしない人々からそれをもぎ取るために――そして優位を占める多数派（近ごろ、ワスプ〔WASP、米国の支配的特権階級を構成するアングロ・サクソン系新教徒の白人、White Anglo-Saxon Protestant〕とあだ名される人々、この名の成功は、社会学が国民意識の再解釈にいわば成功したことを示している）の優越感を弱めるために、寛大が引き合いにだされたのである。優位を占める多数派はこの国に優位な文化をもたらした。この文化には彼らの伝統、文学、趣味、彼らの言語を解し管理しようとする特殊な要求、そして新教系の諸宗教がともなっていた。二〇世紀アメリカの政治思想と社会科学の知的装置の多くは、この多数派を攻撃する目的で組み立てられた。それは建国を推進した原理を障害と見なし、われわれがひきついだ別の政治的遺産である多数決主義も克服しようとした。こうして、てんでにおのれの信念と傾向にしたがう少数派と諸グループからなる国家が好遇されたのである。とくに少数派の知識人は、すべての者を弁護し代弁する者の役割を演じることによって、自らの立場を強めることを期待した。

建国期の意図が少数派に関してこのように逆転したことは、はなはだ注目すべきことである。建国者たちにとって、少数派は概して悪しきものであり、ほとんど分派、つまり共通の善（公益）をまるで気遣わない利己的なグループに等しい。彼らは古い政治思想家とはちがって、分派を抑圧して人々を一体化し、等質的な市民に教育しようという望みをまったく抱かなかった。かわりに彼らは手の込んだ装置を作りあげて、そこに含まれた分派が相殺され、彼らが共通の善の追求を考慮するようにしたのである。古典的な政治思想のようにそれほど直接的にではなく、彼らの場合、分派を寛容に扱うことによって善に達するのだとしても、善は依然として彼らの思想を引っ張ってゆく役目を果たしている。建国者たちは、基本的権利に関して国民的な多数派の支持を得ようとしたし、その後には、多数派が権力をつかってこれら基本的権利を覆すのを阻止しようとした。しかし、二〇世紀の社会科学においては、共通の善は消え、それと共に少数派を否定的にみる見方も消えてしまった。多数――これはいまや利己主義と解されている――という観念そのものも、少数派を擁護するために除かれた。こうして憲法の思想に盛られた多数派と少数派の微妙なバランスが壊される。共通の善が存在しないこのような見方に立つ場合、少数派はもはや困った問題ではなくなり、彼らの保護が政府の中心的機能として出現する。その挙げ句どういうことになるかは、たとえばロバート・ダール〔アメリカの政治学者。この本は一九五六年刊、政治的多元論を導入〕の『民主主義理論序説』にはっきりと出ている。なまぬるい感情の連中とは違って、ものごとを真剣に考えている集団や個人は、理性にかかわる新たな政治的有効性である彼らの「激烈さ」や「傾倒《コミットメント》」のゆえに特別な配慮ないし権利に値するという。建国の父たちは狂信的行動を鎮めてその牙を抜くことを欲したのに、ダールはそれをけしかけるのである。

少数派に対するこの信条は、憲法が命じる政治的解決を二〇年代ないし三〇年代にはまだ受け入れていなかった――反動的か進歩的かを問わず――すべての人々に、たいへんに訴えた。反動主義者は階級的特権と既成の宗教組織が抑制されるのを好まなかった。さまざまな理由で、彼らはまったく平等を受け容れなかった。南部の人は憲法の眼目が平等への道徳的傾倒であることを十分によく知っていて、それだから黒人の差別待遇を非難した。憲法はたんに一組の統治の規則ではなかった。それは合衆国のどこででも遵守しなくてはならぬ道徳的命令を含んでいた。これは従来十分に注意されないできたが、アメリカ人が自己の歴史に関して抱く見方へ南部の作家や歴史家が及ぼした影響は、いまなお力をもっている。彼らは自分たちの「独特な制度」を、(憲法が無関心どころかもっとひどい対し方をした)文化の魅力ある多様性と個性の一部として特徴づけることに、著しい成功をおさめた。寛大という理想、すなわち自民族中心の態度を払拭するという理想は、故国の人々と同等の権利を要求してつぎつぎに割り込んでくる部外者から自らの生活様式を現代にあって守る、という彼らの必要に、まさにぴったりのものだった。南部の人による、憲法の欠点と称するもののロマンティックな特徴づけと、科学技術、貯金に励む生活様式、利己的個人、またこれに付随して、有機的で伝統に根ざした共同体の破壊など、こうしたものをともなう「大衆社会」への彼らの敵意とは、政治色のいかんを問わず、あらゆる不平分子の気にいった。憲法に記された権利、ならびにこれら権利を強制する連邦政府の権力によって南部の人間の実際行動へ脅威がつきつけられた。彼らはこの脅威から自分たちを守るために、ある種のイデオロギーを展開したが、六〇年代に新左翼は、これとまったく同じイデオロギーを表現した。それは自由主義的な民主主義を「ブルジョア社会」というパロディに仕立ててそれに反対する、左翼と右翼のあの旧式な同盟なのである。

二〇年代と三〇年代の進歩的な人々は、憲法によって私有財産を保護したり、多数派の意志や好みどおりの生活を制限することを嫌った。彼らにとっては、平等はまだ十分に行き渡っていなかった。またスターリン主義者も、民主主義を寛大として定義することが役立つのを発見した。憲法はソ連の理論や実践と真正面から衝突した。しかしもし民主主義が状況に応じた無原則な修正を意味し、異文化の尊重がソ連における現実の原理的断罪、自然権を根拠にした断罪を不可能にするなら、いつか彼らのやり方がわれわれのやり方になるかもしれないのだ。私はきれいな光沢の紙に新しく印刷された小学校の歴史の教科書を思い出す。そこには、農夫たちが利益という動機によらず、共同で暮らしながら働いている集団農場の、興味をそそる写真が示されていた（子供たちに論争を理解させることはできないが、宣伝するのは容易である）。それはわれわれの生活様式とはひどく異なっていたが、それを見ないでいることはわれわれ子供には許されなかったし、たんに自分の文化的偏見を土台にしてそれに反応することも許されなかった。

マーガレット・ミード〔米国の女性人類学者。一九〇一－七八〕その他の、性の慣習に興味をもつ冒険者たちは、アメリカがあまりに狭いことを見出してわれわれにこう語った。われわれは異文化を知ってそれを尊重することを学ばなければならないが、またそれから利益をえることもできるのだ、と。アメリカ人の守っているタブーはたんなる社会的制約などではない、という意見から解放されることによって、異文化をお手本にして規制をゆるめることができた。さまざまな文化をひさぐバザールに出掛けて、新教徒的な罪の感情に圧し潰された、あれもこれもやって見たいという気持ちを、強めることもできた。寛大を教える教師はこぞって独立宣言と憲法には何の関心も抱かなかったか、もしくはそれらにさかんな敵意を抱いたか、このいずれかであった。

公民権運動の考え方はこうした変化の格好な例を提供している。運動の初期には、重きをなした指導者のほとんどすべてが、戦術の違いや気質の違いにもかかわらず、独立宣言と憲法に依拠していた。彼らは白人を非道きわまる不正のせいばかりでなく、白人自身の聖なる原則に背いたというかどでも告発できたのである。自然権と政治的権利によって人間である彼らに属する平等を要求した点で、黒人は真のアメリカ人であった。この態度には自然権に由来するさまざまな原則が真理であり、これら原則が憲法の伝統のもとで基本的に有効である、という堅い確信が含まれていた。この伝統は色あせたとはいえ、長い目でみればこれらの原則を実現する方向へ向かっている。それゆえにこれらの原則は、議会や大統領、とりわけ司法に浸透していたのである。これとは反対に、以前の公民権運動に取って代わったブラックパワー運動の核心には――そのゆきすぎは話にならないし、それが自尊心を強調し、白人に受け容れてもらいたいと懇願するのを拒否したこと（これらはまったくよく理解できる）も別にすれば――憲法の伝統ははじめから腐敗しており、奴隷制の擁護のために築かれたにすぎない、という見解が横たわっていた。運動の要求したのは黒人の同一性《アイデンティティ》であり、普遍的権利ではなかった。それは黒人を黒人として――たんに人間としてではなく――尊重せよ、と迫ったのである。

だが憲法は黒人、白人、黄色人種、カトリック、プロテスタント、ユダヤ人などの尊重を約束してはいない。憲法が保証するのは個々人の権利である。しかし、いまやおそらくアメリカ人の多数派となった人々から見れば、これではまだ不十分なのである。

アメリカの若者の教育にとって、すべてこうしたことからある結末がもたらされた。すなわち、若者はアメリカ史とその英雄と見なされた人々についてごくわずかしか知らなくなってしまったのである。この知識はかつて彼らが大学へやって来る際携えていた、彼らの生活とかかわりのある数少ないもののひとつだった。ところが今や、別の国や文化に関して学んだ生かじりの事実や二、三の社会科学の公式が、それに取って代わった。ところで、そんなものはどれも彼らにとってたいした意味をもたない。なぜならそれは一部分、別の場所や時代の精神を若者に、あるいは若者とはかぎらぬ誰かに、どうしたら正しく伝達できるかという問いにあまり注意が払われてこなかったからだし、またそれは一部分、学生がそうした精神のうちにやがて自分たちが送るはずの生活や自分たちの支配的な熱情との関連を、少しも認めないからである。中国やローマ人やユダヤ人についてすべてを知りたいという憧れを、このような教育によって掻き立てられた若者は滅多にいない。

教育はまったく正反対の結果を生んだ。若者は他国や他の時代へは無関心である。というのは相対主義が善き生活の探求という教育のほんとうの動機を消してしまったからである。アメリカの若者が見知らぬ場所に関してもつ知識や関心はますます少なくなりつつある。過去には、イギリス、フランス、ドイツ、イタリアなどについて実際に何かを知り、愛する多くの学生がいた。そこで生活することを夢みたり、あるいはその国の言語や文学に通じることによって自分たちの人生がいっそう興味深いものになる、と考えたからだ。そうした学生たちはほとんど姿を消し、強いて言えば、第三世界に属する諸国の政治的問題やそれらの国の近代化の手助けに関心をもつ学生が彼らに取って代わった。もちろん学生はそれらの国々の古い文化にしかるべき尊敬を払っている。だがこれは他者から学ぶことではなく、恩を着せること、偽装された新しい帝国主義である。それは平和部隊〔ケネディ大統領の提唱で開発途上国に派遣された産業・農業・教育などの援助者たち〕の精神であり、学ぶことではなく功徳をなすことの世俗版に拍車をかける精神にすぎない。

実際、寛大（openness）はアメリカ的同調主義《コンフォーミズム》を生んだのである。つまり、アメリカ以外の世界の国にはたんに価値が相対的であることを教えているだけの、単調で面白くもない多様性が存在するだけだが、ここアメリカでわれわれは、どんなライフスタイルでも創ることができる、というわけだ。われわれの言う寛大とはわれわれには他者が要らない、という意味なのである。だから偉大な始まり（opening）として宣伝されたものは、実は偉大な終わり（closing）にすぎない。人生の真実を明かしうるような偉大な賢人が別の場所や時代にいるとはもはや望めない。代わりに残されたのは、仲間の指導者《グールー》から即効性の麻薬注射を打ってもらいたがっている少数の若者たちである。「王侯にふさわしい優雅な衣服をつけ、古代の人々の宮廷にはいり、彼らと話を交わすために」多忙な一日の数時間を費やしたマキアヴェリがもっていたような、ほんとうの歴史感覚は失われてしまった。

こうしたことは新しい教育課程を推進している人々の関心をなんらひいていない。彼らの主眼点はさまざまなやり方が容認されるということの宣伝であって、やり方の本当の内容に無関心であってもお構いなしである。旧教徒と新教徒がたがいに猜疑心と嫌悪を抱いていた頃は、必ずしもアメリカ最良の時代ではなかった。しかし少なくとも彼らは真面目に信仰していた。彼らの働きで作り出された多少とも満足すべき生活の便宜は、自分の魂の状態に関して彼らが無感覚《アパシー》になった結果では決してなかった。実際、アメリカの若者が今日知っているのは、たかだか多くの文化があるという事実にすぎない。これには、われわれは皆仲良くしなければならない、という意識から引き出された甘ったるい道徳がともなう。「なぜ闘うの？」――一九八〇年のイラン危機のさなか、ある人質の母親は現行の教育原理をきわめて適切に表現した。人質の救助が企てられたまさにその週、彼女はイランにゆき、アメリカ政府の明確な意志に反して、息子の釈放を相手側に懇願した。母親には息子の救助を試みる権利、そしてまた新しい文化を知る権利があるのだ、ということを説いて、彼女は自分の行動を正当化した。これらは二つの基本的権利であり、その旅は彼女に一石二鳥を叶えさせてくれたのである。

実際、四〇年前ならここアメリカでは、文化の違いの問題をもっと簡単に目の前に見ることができただろう。私の大学時代にヴァージニア大学の討論チームが訪れたが、その一員である若いミシシッピ州人がチーム訪問中の数日間、寮の私の部屋に滞在したことがあった。知性的で教育のある南部人と出会ったのは、私には初めてだった。彼は黒人が劣っていること、俗に「ジム・クロウ」という黒人隔離政策の理由、どういう意味でこれらすべてが南部の独特な生活法の一部なのか、などを私に説明した。彼は魅力ある、生き生きした、愛想のよい、健康そうな若者だった。しかし、私はまだ自民族中心的であったから、彼にはひどく反感をおぼえた。私は北部人の信念を普遍的だと解していたのだ。「人が変われば心臓の鼓動も変わる」という哲学はまだ十分に確立していなかった。さいわい、その後生じたアメリカ文化の等質化によって、われわれはこのような厭わしい対面を避けることができる。いまでは明らかに病理的な下層階級タイプの人だけが、私のかつての若き訪問客と同じ人種主義的な見解を抱いているにすぎない。南部人はわれわれが文化に関する理論的見解を形づくる手助けをしたわけだが、彼らが擁護しようとした南部文化は失われたのである。

若い人を寛大にするひとつのやり方は、非西欧文化を主題にした科目を大学の授業で必修にすることである。そうした科目を教える人間の多くは本物の学者、自分の研究分野を愛する者であるにもかかわらず、私がこれまで見てきたのは、こうした必修化に——他にも、学べるし学ぶべきであるのに必修ではない多くの科目があり、哲学と宗教がもう必修ではないという事情のもとで——例外なく煽動的意図がともなうことだった。その狙いは、さまざまな別の考え方があること、西欧の方法がより良いわけではないことを、学生に無理に認めさせることである。大切なのはまたしても授業の内容ではなく、そこから引き出される教訓である。必修化は世界共同体を樹立し、その成員、つまり偏見のない人物を養成する努力の一部なのだ。しかしもし学生が——現実には学んでいない——どれか非西欧文化の精神について何かを本当に学ぶことができれば、彼らはそれら文化がどれも自民族中心的であることを見出すだろう。非西欧文化の人々はすべて、自分たちのやり方が最善で別のやり方はみな劣っていると考えている。ヘロドトス〔ギリシアの歴史家。紀元前四八四？–四二五？〕の語っているところでは、ペルシャ人は彼らが最善であり、彼らと境を接する国々が次善で、またこの国々と境を接する国々は三番目に善く、以下同様にしてこれらの国々は、同心円のようにペルシャの中心から遠ざかるにつれてその価値を減じる、と考えていた。これこそ自民族中心主義の定義である。このような思想は、母と子の近親相姦の禁止と同じように、至るところに存在する。

西欧の国々、すなわちギリシア哲学の影響をうけた国々だけに、自らのやり方を善と同一視することを進んで疑おうとする態度というものがある。非西欧文化の研究からは、次のような結論が導かれるはずである。すなわち、自分のやり方を優先させるばかりか、それが別のどんなやり方にも優る最善のものだと信じる態度は、基本的で自然でさえあるということ。これは、学生に非西欧文化研究という科目を要求することによって意図されたこととはまさに正反対である。だが、われわれが現実におこなっているのは、ある西欧的偏見——われわれはこれを密かに自文化の優越を指すものと解している——の適用であり、その妥当性を立証するためにこれら異文化の証拠を歪曲することなのである。異文化の科学的研究はほとんど西欧特有な現象であり、その起源は、明らかに、新しくてより良いやり方の探求——少なくとも、自文化がほんとうにより良いやり方であって欲しいという希望の妥当性、別の文化ではその必要を感じていない妥当性の探求——と結びついていた。もしわれわれがこれらの文化から学ぶべきだとすれば、このような科学的研究を考えつくのが良いことかどうかを不審に思わなくてはいけないところだ。寛大を説く教授たちに対し、彼らが至る所で発見する自民族中心主義や排他性（closedness）を尊重するよう要求するのが、すじの通ったやり方というものだろう。しかしながら、寛大を説く教授たちが自民族中心主義を攻撃する場合、彼らが現実におこなっているのは何かといえば、自らの科学的理解の優越性、それを認めないと同時にそもそもそうした優越性の主張をすべて退ける異文化の劣等性、この二つを知らず知らず断言しているにすぎない。彼らは自らの科学の優秀さを、肯定しかつまた否定する。彼らが直面するのは、パスカルが理性と啓示の相克に見出したのと似た問題である。ただし彼らには、信仰のためにパスカルに学問を捨てさせた知性の非妥協的態度はない。

非西欧社会の排他性や自民族中心主義の理由は明らかである。人は家族と同胞を保護するために、彼らを愛し、忠実を示さねばならない。自らの所有するものが善だと考える場合にのみ、人はそれに満足できる。父は他人の子より自分の子を、市民は他国より自国を選ばねばならない。神話の存在理由はここにある。つまり神話はこうした愛着を正当化するのだ。そして人にはその身を処するための場所や意見が必要である。精神的故郷《ルーツ》の重要性を云々する人たちは、このことを強く主張している。よそ者と仲良くするという問題は、内部世界、同胞、文化、生活様式を所有することに対して二次的であり、ときにはこれらと対立する。甚だしい狭隘さは個人や民族の健康とあながち両立しないものでもないが、しかるに著しい寛大はどうかといえば、それがもたらす変質は避けがたいものである。善を自分のもつ善に固く結びつけること、これら二つの差を認めるのを拒否すること、宇宙には自民族のための特別な場所があるというヴィジョン――これらは文化の条件のように思われる。学生向けに提案された非西欧文化研究からは、実際にこうした帰結が導かれる。そうした研究は学生にふたたび彼ら自身の善に熱烈な愛着を抱くよう、そして彼らをそれから遊離させる科学を捨てるように指示する。科学はいまや文化の脅威であり精神的故郷を破壊する危険な魅惑として現われる。要するに、学生は知ることの善さと文化の善さとのあいだの無人の境をさ迷うのだ。そこに彼らを置きざりにしたのは、彼らを導く算段をもはやもたない教師である。どこかに助けを捜さねばならない。

ギリシアの哲学者は、われわれの知るかぎり、自民族中心主義の問題を提起した最初の者だった。善そのものと自分のもつ善、自然（本性）としきたり、正義と適法性との区別は、そうした思想の動きを示す兆候である。彼らは善を人間の本性にそなわるあらゆる潜在性が実現されることに結びつけたが、それを実現するための手段をもつ人々の国は、あるとしても少ないことに気づいていた。彼らは善を拒まなかった。彼らは自分のもつ善ではない善を自分のもつ善を判断するために使わねばならなかった。これは危険な仕事だった。なぜならそれは、自分のもつ善へのひたすらな愛着を弱め、したがって家族、友人、同国人の怒りへ我が身を曝し、同時に自民族を弱くすることにつながるからである。忠節と善の要求との葛藤は、生活に解消しがたい緊張を持ち込んだ。しかし善そのものの自覚とそれを得たいという欲望は、人間が人間になるために獲得した計り知れないほど貴重な特性である。

他のそれほどしっかりしない多くの動機があるなかで、これはわれわれが理解する寛大に含まれたまっとうな動機である。もし完全に人間となるべきなら、人々は自分の文化から得たものに甘んじることはできない。これはプラトンが『国家』において、洞窟の比喩を使い、われわれをその中の囚人として表わすことによって示そうとしたことである。文化は洞窟にほかならない。プラトンの提唱しているのは、洞窟のもつさまざまな制限を解消するために、他の諸文化を巡歴してみよ、というようなことではない。われわれが自分および諸民族の生活を判断する基準は自然（本性）であるべきだ。歴史や人類学ではなく、哲学が最も重要な人文科学である理由はそこにある。現代の教育者たちは、異文化の研究こそが時代と場所の制約から逃れる唯一の道だと信じている。彼らにそう確信させるものは、思想は文化に縛られており本性は存在しない、という独断的なきめつけにすぎない。ギリシア人の理解では、歴史と人類学は、過去と他民族が本性の発見にとって果たすはずの貢献を探り当てた場合にだけ役立つのだった。ソクラテスが個人を問答によって吟味したように、歴史家と人類学者は人々と彼らのしきたりを吟味し越えてゆかねばならなかった。これらの学科にたずさわる学者たちは彼らの研究対象に優っていた。なぜなら彼らは、他人が見るのを拒むところに問題を見、その解決の探求に従事したからである。彼らの望みは、自分と他人をへだてなく評価できるということだった。

こうした観点、とくに基準を設けるために本性を知る必要は、困ったことに、いまの人文科学では――学者がそれを好むと好まざるとにかかわらず――覆い隠されている。そして、この観点は、私がこれまで指摘してきた曖昧さや矛盾を説明する。人文科学はわれわれを文化的存在にしようとするのだが、そのためにわれわれを文化から解放するのに創られた道具を使う。かつては寛大という徳があればこそ、われわれは理性を用いて善を求めることができた。ところが寛大はいまや、なんでも受け入れること、理性の力を否定することを意味する。寛大の無制限で思慮のない追求は、寛大を無意味にしてしまった。寛大という概念には政治的、社会的ないし文化的問題がともない、この問題はむしろ本性を目標とする、という認識が欠けていたためである。文化相対主義は文化の同一性と善の両方を破壊する。西欧に最も特徴的なものは科学である。とくにそれは自然を知る要求としての科学であり、人間であるかぎりすべての人が彼らに共通する特有の能力である理性によって理解しうるものの尊重と、逆にしきたり（つまり文化、ないし文化として解された西欧）の軽視――こうしたものとして理解される科学である。科学が最近になって企てた、人間の条件を把握する試み――文化相対主義、歴史主義、事実と価値の分割――は、科学の自殺にひとしい。文化が、それゆえ排他性が君臨している。われわれが現に学生に教えているのは、排他性に対する寛大（openness to closedness）なのである。

西欧をたんにひとつの文化として位置づけることによって、文化相対主義は、西欧の普遍的ないし知的帝国主義的な主張を破壊することに成功を収めている。こうして、文化の共和国には平等がゆきわたっている。不幸なことに西欧は、自分のやり方や価値を正当化する欲求、本性を発見したいという欲求、哲学と科学に対する欲求によって規定されている。これは西欧を縛る文化的命法である。それがないと、西欧は崩壊するだろう。合衆国は、本性に従う善なる生活を理性的に求め、それを叶えた、最高で最先端の成果のひとつである。その政治構造を可能にしている条件は、民族を興すために自然権にともなう理性的原則を使うこと、したがって自らの善と善そのものとを結びつけることである。別の言い方をすれば、ここアメリカに樹立された政体は、何ものにも縛られない自由を理性のために約束した。もちろんその自由は、あらゆることを無差別に認める自由ではなく、理性の自由である。それは他者の自由を正しいと考え、他者の自由を基礎として、またその自由のために、多くの逸脱も寛容に受け入れる本質的自由なのである。理性のこの独特な要求を否定する寛大は、こうした政体の機構を動かしつづける大事なバネを壊してしまう。あらゆる反対意見にもかかわらず、私はこの政体が自民族中心主義の克服のために始められたのであり、自民族中心主義は社会科学が発見したのでは決してない、と考えている。

学生たちが彼らの勉学から引き出している教訓がまるで真実ではない、と強調するのは重要なことである。歴史と文化研究は価値や文化が相対的であることを教えているわけではないし、それを証明もしない。むしろ逆に、そうした考えはわれわれがいま歴史や文化研究に持ち込んだひとつの哲学的前提にすぎない。この前提は主として政治的な理由から、証明のないまま独断的に主張されている。歴史と文化はこの前提の光のもとで解釈されているのに、この前提を証明するのは歴史や文化だと言われている。しかし、善悪について時代や場所の違いによってさまざまな意見があったという事実は、どの意見も真ではないとか、他のものより優れていないとか、そうしたことの証明にはぜんぜんならない。それが証明になると言うのは、大学の自由討議で多様な観点を表明することが真理は存在しないことの証明である、と言うのと同じくらいばかげている。意見の違いは、明らかに、意見などはやめてしまえということではなく、どの意見が真なのかあるいは正しいかに関して問題を提起することであるように思われる。この場合の自然な反応は、違いを解消しようと試み、各意見の主張と理由を吟味することである。

このようなスリリングな活動の企ての邪魔をするのは、意見は理由もないのに抱かれるという、非歴史的で非人間的な信念だけだ。個人や民族はいつでも自分には理由があると考える。そしてこれら理由を明らかにし、検証することは、歴史家と社会科学者の最も重要な責任である、と解してもよいだろう。善に関しては多くの対立意見があること、これら意見を体現する多くの民族があることは、古くから知られた事実であった。ヘロドトスは少なくともわれわれ同様、文化の豊かな多様性を知っていた。しかし彼はこの観察を各文化を探究する誘いと受けとめた。それは、おのおのの文化の何が善くて何が悪いかを見、それらから善悪について何を学びうるかを見極めるためであった。現代の相対主義者はこのおなじ観察を、そのような探究が不可能であり、われわれがすべての文化を尊重しなくてはならないことを証明しているのだ、と解する。こうして学生から、そしてわれわれと意見を異にする人々から、多様性を発見したときに生じる原初的な興奮、ダンテに言わせれば、オデュッセウス〔トロイア戦争におけるギリシア軍の大将〕を人間の美徳と悪徳を見るために世界の旅へ駆り立てた衝動が奪われる。歴史と人類学には答えを提供する力はない。これらにできるのは、それに基づいて判断をなしうる材料の提供にすぎない。

人は自分の偏見にすぎないものを異国の人々の判断へ持ち込みがちだということを私は知っている。それを避けることが教育の主たる目的のひとつである。しかし人々の理性から権威を奪うことによってそれを防ごうとするのは、彼らの偏見を正しうる道具の効力を失わせることである。真の寛大は知る欲望に、それゆえ無知の自覚に、必ず付随するものだ。善悪を知る可能性を否定すれば、真の寛大が抑えられてしまう。もし適切な歴史的態度を身につけるならば、人は歴史主義（あらゆる思想は本質的にその時代に結びつけられていて、それを越えられないという見解）を疑い、それを現代史に特有な現象として扱う気になるだろう。歴史主義と文化相対主義は、実は、われわれの偏見を吟味するのを避ける手段、たとえば人はほんとうに平等なのか、そうした意見は民主主義的偏見にすぎないのか、などと問わないようにさせる手段なのだ。

現代の歴史や人類学の知見は、まさにロマン派のディレンマが姿を変えいくらか支離滅裂になった現代版ではないか。——人がこう怪しんだのも無理はない。十九世紀初めに、このディレンマはひどくやむにやまれぬ悲劇的なものに映り、遠い過去やエキゾティックな見知らぬ国への憧れとこの憧れを満たす芸術とを生んだ。ロマン派の議論によれば、科学の継承者として、われわれは非科学的な偏見や幻想を抱いた他の時代や場所の人々より多くのものごとを知っているが、しかし彼らのほうが過去、現在、未来においてより幸福であるという。素朴《ナイーヴ》芸術と情感芸術の区別はこのディレンマを表現している。レヴィ＝ストロース〔フランスの文化人類学者。一九〇八―〕は、自身が明言しているのではないが、私の仮説に対する証人である。最善の文化は人が、自然状態を捨て、たいした私有財産もなく〈利己心《アムール・プロプル》〉の激発もなしに単純な共同体で共に生きるまさにその時に見出されると、生半可に消化したルソー主義のせいで彼は考える。このような見解が唱えられるのはそもそも科学が出現したからである。だが逆に科学が出現するためには、発展し堕落した社会が必要である。科学はそれ自身〈利己心〉の変形のひとつであり、不平等への愛なのである。そこでこの見解は同時に科学に関してわれわれを憂鬱な思いにする。しかしこのディレンマがひどく強制力をもつのは、われわれが多くのものごとを確実に知っている場合にかぎられる。しかしこれが確実かどうかも科学次第なのである。そのような確実性は捨てよう。そうすれば、われわれより幸福な人々がわれわれの知らないものを知るかどうかを見るために、われわれは喜んで彼らの信念を吟味するだろう。おそらくホメロスの天才はシラー〔ドイツの詩人・批評家。一七五九－一八〇五〕が考えたほど素朴ではなかったのだ。もしわれわれが自分たちの知識のこの誇り（それは謙遜のふりをする）を捨てるなら、議論は新たな次元に移行する。こうしてわれわれは二つの方向のうちの一方に進むことができるだろう。科学の放棄か、可能であるばかりかそれ自体が自己充足的な幸福を生む理論的生活の復興か、この二方向である。ロマン派の態度とはこれらの両極を直視しないやり方であって、その態度を英雄的忍耐と偽っているのだ。われわれは科学と文化のあいだをどっちつかずでいるが、これはロマン派の態度の凡庸化にすぎない。

こうして、寛大には二種類がある。一つは無関心さの寛大。それは、われわれの知的誇りを卑しめること、われわれが知者となることを欲しなければ、そのかぎりでわれわれがなりたいと思うものにはなんでもなることを許すこと、この二つの目的で促進される。二つは知識と確実性の探究へわれわれをいざなう寛大。歴史とさまざまな文化は、この種の寛大を考察するために赫々たる多数の実例を提供している。この第二の寛大は、一人ひとりの真面目な学生の欲望――「私にとって善とは何か、私を幸せにするのは何かを、私は知りたい」――を助長する。第一の寛大がこの欲望が育つのを妨げるのに反して、これは学生たちを活気づけ、彼らの興味を呼び起こすのである。

いま世間で考えられているような寛大は、きわめて有力なものに対する屈服、あるいは立身出世崇拝をいかにも原則に基づくかのように見せるやり口にすぎない。すでに世論が支配している今日という時代に、歴史とは世論を意味するのであって、歴史主義は奸計をめぐらして、歴史に対するいっさいの抵抗を除去しようとする。語学や哲学や科学を学生に必修させることの廃止を寛大の前進として称賛する声を、どれほどしばしば聞いたことだろう。ここで二種類の寛大が衝突する。知ることに対して寛大であるためには、たいていの人がわざわざ習得しようとしなかったり、退屈でつまらないものに映ったりするある種のものごとがあるのを知らなくてはならない。彼らには理性的な生活さえしばしば魅力に欠けている。役に立たない知識、すなわち仕事には一見して有益ではない知識は、学生がイメージした教育課程には含まれていない。こうして、人文研究を妥協せずに支持する大学は、必ず排他的で厳格な姿をとらざるをえないのである。もし寛大が「流れのままに進む」ことを意味するなら、必ずそれは現在への順応になる。この現在は、自らが踏まえる諸原則の進歩にはずみをつける多くのことがらを疑うことについては、とても閉鎖的である。それゆえ、現在に対する無条件な寛大は、現在に替わりうるものを軽んじ、忘却することを意味するだろう。だが、代替物を知ることによって、われわれは現在における疑わしいものに気づかせられる。真の寛大とは、現在をわれわれにとって居心地良くしているあらゆる魅力を排する、という意味での排他性のことである。

私がコーネル大学の若き教師であった頃、ある心理学教授と教育をめぐって議論を戦わせたことがあった。学生の側の偏見を除くことが自分の務めだと、彼は言った。彼はボウリングのピンのように学生をなぎ倒した。彼はそうした偏見を何と取り替えるのだろうかと、私は不審に思いはじめていた。偏見の反対は何なのかについて、彼にそれほどの考えがあるようには見えなかった。彼のことばは私に、私が四歳のとき、サンタクロースはいないんだ、と厳かに教えてくれた少年のことを思い出させた。少年は私に真理の輝かしい光に浴してもらいたかったのだ。この教授はそうした偏見が学生にとって何を意味するのか、学生からそれらを除くことがどんな効果を生じるかを知っていたのだろうか。学生の生活を彼らの偏見が導くように、彼らの生活を導きうる真理が存在することを、彼は信じていたのか。偏見を交えぬ信念を求めるのに必要な真理への愛をどのように学生に与えたらよいか、彼はそれまでに考えたことがあっただろうか。それとも彼は学生を、受け身で、欝々として、無関心な者、また彼自身のような権威者や最良の現代思想に従順な者にしたいのだろうか。サンタクロースのことを私に教えてくれた者は、ただ知識をひけらかして私への優越を証明したにすぎない。反駁されるために存在しなくてはならなかったサンタクロースは、彼が創造したわけではなかった。サンタクロースのようなさまざまな存在を人々が信じているということから世界についてわれわれが学んだあらゆること、そうした存在を信じる人々から魂について学んだあらゆることを考えてみよう。これにひきかえ、洞窟の壁に神々と英雄たちを投射する想像力を、魂からたんに方法論的に切除するのでは、魂の知識を推し進めることはできない。それはこの魂を誤って手術して、その力を損なうだけなのである。

私は心理学教授にこうやり返していた。個人的に私は学生に偏見を教えるように努めている、というのは、あなたの方法がひろく成功をおさめた今日では、学生は何かを信じもしないうちから、すでに信念を疑うことを習得しているからだ、と。私のような者がいないと、彼は失業するだろう。デカルトが体系的で過激なあの懐疑をまさにはじめる前には、彼には古い信念からなる驚異すべき世界、科学以前の経験ともののごとの秩序立った結合、断固として狂信的にさえ抱かれた信念からなる世界、こうした世界のすべてがあった。解放の身震いが体験できるためには、それ以前にほんとうに信じるという経験をしなくてはならない。そこで私は、私が畑で花を育てるのを助け、彼は育った花を刈り取ってもいい、という分業を提案した。

偏見、それも強い偏見はものごとの在り方についての見方《ヴィジョン》である。それはものごと全体の秩序を予見するものであり、そうした全体の知へ至る道は、全体に関する誤った意見を通ってゆく。誤りはもちろんわれわれの敵であるが、それのみが真理を指し示す。それゆえ、誤りを丁重に扱わなくてはならない。はじめから偏見のまったくない精神は空虚である。偏見を偏見として認めることがいかに難しいかを自覚しない方法だけが、そのような精神を作り上げることができたのである。絶え間ない努力の生涯ののちに自分が無知であることを知ったのは、一人ソクラテスだけである。いまではどんな高校生もそれを知っている。どうしてそんなに安易になったのだろうか。われわれの驚くべき進歩を説明するのは何か。われわれの経験は多種多様な方法（寛大はその最近の一例にすぎない）によってたいそう貧しくされてしまい、批判に耐えうる実質的なものは何も残されていないし、それゆえもうほんとうの意味で、われわれに無知な世界は残っていない。こうした事態がどうして起こったのか。われわれは魂を単純化してしまったので、それを説明するのはもう難しいことではないというのだろうか。独断的な懐疑論者の眼には、その溢れるように豊かな表現をともなう自然そのものが一個の偏見と映るかもしれない。自然の占める場所に、われわれは批判的概念という灰色の網状組織をおいた。それは自然現象を解釈するために創られたのだが、自然現象を窒息させ、かくして概念そのものの〈存在理由《レゾン・デートル》〉を破壊したのである。おそらくこれらの現象の蘇生が、われわれの最初の仕事なのだろう。問いが投げかけられ哲学的に探究される世界を、われわれがふたたびもつことができるように。私には、これがわれわれの教育へ課せられた挑戦だと思われる。

第一部　学生

真白なノート

以前の私は、アメリカの若者は十八歳から本格的な教育を受けられるようになると考えていた。それまでの彼らの精神生活といえば空虚そのものであり、彼らはより深い自己とかうわべの経験を超えた世界については何も知らずに大学へやってくるのだ、だから大学は〈真白なノート〉のようなものだ、と思っていた。彼らと同世代のヨーロッパの若者との著しい違いを、われわれは大学ではじめて体験するヨーロッパの小説や映画からはっきりと教えられた。ヨーロッパ人は、自分たちが身につける文化の大半を、家庭やパブリックスクール、リセ、ギムナジウムで身につけた。彼らの魂はこうした場所でその国に固有の文芸の伝統に組み込まれていた。またそうした家庭や学校にしても、民族が自分たちの伝統を表現しているのと同じようにその伝統を表現しているばかりか、その創始者でさえあったのである。それはたんに、そうしたヨーロッパの学童たちが人間の心についてアメリカの子供にふつうに見出されるよりもはるかに洗練された知識をもっている——その点では大人のアメリカ人と較べてみても同様だろう——ということにつきる問題ではなかった。また、ここに主要な違いがあるというわけでもなかった。何よりも、彼らの自己認識が読書体験に媒介されていることが大きかった。書物ではじめて出会うお手本たちが、日常生活で出会う人々と同じように、彼らの野心の形成に与っていたのである。日常生活において書物が実質的な存在感をもち、社会全体から尊重されるもののかなりの部分が書物から生まれていた。アメリカの子供が芸能界や実業界での出世を望むように、ヨーロッパのいわゆる良家の子供たちが、本格的な文芸や思想の分野で名をなしたいという希望で胸をふくらますことは決して珍しくなかった。しかも、彼らはこうしたことをすべて幼い時期から与えられていた。十代の終わりの頃にはそれはすでに彼らの魂に組み込まれていた。彼らはあらゆるものをこのレンズを通して眺め、彼らのその後の学習や経験はすべてその影響を受けた。彼らが大学へ行くのは専門の勉強をするためであった。

　これに較べると、大学に入学してくるアメリカの若者はまるで未開の自然児のように見えた。大西洋の向こう側の若者なら誰でも知っている著作家の名前も、彼らはまず聞いたことがなかった。まして、そうした著作家が自分と関係があるかもしれないなどとは考えも及ばなかった。「この学生にとってヘカベー〔ギリシア神話。トロイア王プリアモスの第一后〕がどんな意味をもつのか、ヘカベーにとってこの学生は何なのか」と、私は自問せずにはいられなかった。彼らは全世界の住人であって、万人に共通する事態を自らの理性を用いて眺め、また、生活にともなう諸問題を自らの理性を用いて解決した。この地球上には、自分たちの拠り所を身体的特徴の一様性ではなく、祖父伝来の神々や英雄に求めるさまざまな民族や国家が存在する。しかし、学生たちの無邪気さと無知は、そうした人々にとって神聖な祭壇をいつも踏みにじった。アメリカ人のこうした知的鈍感さを、恐るべきもの、いかにも粗野なものと見る向きもあったかもしれない。それは人間性が成熟する妨げであり、美を享受する能力の欠如ではないか、文明世界で目下おこなわれている話題にアメリカ人はまったく参加できないのではないか、そう思わせるほどだった。

しかし私にとって、そして私よりすぐれた多くの識者にとっても、これはアメリカの学生がもつ魅力の大きな部分をなしていた。生まれながらの好奇心と知識愛がやっと花開いて、その本領を発揮する光景がしばしば見られた。伝統に縛られることもなければ伝統に励まされることもなく、社会的な賞罰とも無関係に、さらには俗物趣味や排他主義に陥ることもなく、一部のアメリカ人は深遠な認識に対する限りない渇望を自分自身のなかに見出した。魂のどこかに自分では気づかないが充塡を求めている空間がある、と彼らは知ったのである。なるほど私が教えたヨーロッパの学生たちは、ルソーやカントについて誰もが何でも知っていた。しかし、そうした著作家たちの思想は子供の頃から鳴り物入りで教え込まれたもので、戦後の新しい世界では新鮮味のないお決まりの文句、半ズボンのような子供向きの御仕着せの一部にすぎず、もはやインスピレーションの源泉とはいえなくなっていた。そこでヨーロッパの学生は、何か新しいもの、経験的なものを求める乳飲み子となっていった。しかしアメリカ人は違った。彼らにとって偉大な著作家たちの作品は、外部の世界をはじめて眺望しうる陽光に満ちた高台といえたし、この本で私が訴えたい真の解放を秘めていた。こうしたアメリカの学生にとって、古いものは新しかった。その点では彼らは正しかったのだ。古人の貴重な洞察はどれも決して新鮮さを失わないからである。それぞれの国の文化の中枢ともいうべき思想や芸術における偉業となると、たしかにアメリカ人にはしっかりした直接の結びつきがこれまで欠けていたかもしれない。しかしそうした作品に近づこうとする態度には、彼らが自由意志に基づいてそれを選択していることが物語られていた。

人間が人間として、すなわち時代、場所、身分、財産の違いにかかわらず、このうえなく高貴なものに与ることができる、という人間の潜在的な力が示されていた。かりに、人間どうしの縁《えにし》は人間のうちのきわめて低級な部分に基づくが、より高い教養《カルティヴェーション》を身につけるにはたがいに隔絶された「文化《カルチャーズ》」が必要だとすれば、これは人間の条件に関する悲しむべき注釈であろう。ところがこの頃、アメリカ人気質は、肉体と魂に関する二つの普遍が同時に可能であり、最善に至る道は運の問題ではない、という楽天的な信念を証拠だてたのである。アメリカの若者、少なくとも一部のアメリカの若者は、伝統を伝統として受けとめなかったがゆえに、伝統に対して衰えることのない活力を約束した。

アメリカの学生がもたらしたこの魅惑的な将来への展望は、スプートニク〔ソ連の人工衛星、一号は一九五七年〕打ち上げ直後の年度、私が最初にこの国の優秀な学部学生を教えはじめたときにとくに強く感じられた。一九六五年に私は次のように書いている。

> いまの学生は様変わりした。考え方も教師たちとはまったく違う。断っておくが、私が言っているのは一流大学の優秀な学生たちのことである。主に一般教養教育を受けている学生、最高の人材を予想した訓練の対象である学生である。この若者たちは、物質的幸福に関するかぎり、親たちが大恐慌の折りに経験したような不安を一度も経験したことがない。彼らは豊かな環境で育った。しかも、その環境はますます豊かになるだろうと予想されていた。そのため、彼らはこの豊かさにまず関心を示さない。自分たちが享受している豊かさを自慢にも思わないし、豊かさを得るのに必要な、けちで時にはいやらしくさえ思える俗事には手を出したことがない。さらには特別の関心がないので、高邁な理想の名の下にこれを進んで手放そうとさえする——もっとも彼らがそうしたがるのは、実のところ、自分が豊かさに執着せず、より高貴な使命をいつでも受け容れる用意のあることを見せてやりたい、という気持ちの現われなのであるが。要するに、こうした学生たちは民主主義社会における一種の貴族階級である。過去二〇年続いた繁栄のおかげで、食べるくらいは何でもないという自信がうえつけられた。そこで、どんな仕事や冒険も深刻に思われさえすれば、彼らはいつでも快く引き受ける。伝統、家族、経済的責任——こうしたものの束縛は弱い。こうして、これらいっさいの事情とともに、寛大で気前のよい性格ができあがった。彼らはおおむね優秀な学生となり、何を学んでも極端なほどの感謝を示す。こういう一部の学生を眺めていると、この国が今後とも道徳的にも知的にも健康でありつづけるという期待に、大いに見込みがあるという気が

する。

当時は精神が何かをしきりに求め、魂が激しく緊張していた時期で、大学の雰囲気もそれだけ敏感になっていた。宇宙進出でソ連に遅れをとったのは国民にはショックだった。そのため教育の平等化の動きも開始直後で一時頓挫してしまった。そんなつまらないことに費やす無駄な時間はないと思われた。より優れた教育を俊才たちに施すことにアメリカの存亡がかかっていた。こうして、外的事情から生じた緊急事態が、気の緩んだ教育界に本来あるべき緊迫感を注入する結果となった。あっという間に資金が調達され、到達基準が設定された。目標は、巨大な外圧に翻弄される惨めな状態からわれわれを救い出してくれる科学技術者の養成にあった。ハイスクールは数学と物理学にとくに力を入れた。これらの科目で優秀な成績をあげた生徒は表彰され、輝かしい将来を約束された。ＳＡＴ（大学進学適性試験）が幅をきかせるようになった。知的研鑽が国家あげての慰み事となった。日頃使わない弛緩した筋肉を動かすだけでも健康にはよいものだ。国をあげてのこの研鑽は精神を鍛え、奮い立たせた。優秀な学生ほど勉学意欲がたかまった。

そのうち私は、奇妙な光景に気づきはじめた。たとえば、学生たちは本気で外国語を学ぶようになったが、こんなことはアメリカでははじめてのことだった。しかもそこには、現状とは違ったものに対する憧れが芽ばえかけている兆しがあった。科学はすでに供給過剰となっていた。そもそも真の科学的素質などめったにあるものではないし、ハイスクールの科学の授業もやたら細かいだけで退屈なものだった。見た目には、学生たちは学ぶべく要求されたものを学んでいたが、その退屈さとなると、将来に大いに期待をかけることで十分に埋合わせられるものではなかった。しかし、何かをやりとげたいという精神の新鮮なときめきと欲望は、その対象をまだはっきりとは見出していなかった。最も優秀な学生たちの多くでさえ、科学に対する情熱はほとんど薄れかけていた。近代自然科学が抱える理論的大難問――自然科学がなぜ優れているのか、その理由を自然科学自身は説明できない、という問い――が実際的な帰結をもちはじめてきたのだ。なぜという問いが表面に浮上してきた。その結果、官僚たちの関心はもっぱら自然科学にあったとはいえ、社会科学と人文科学も（大学側がこれらの学問も重要と言わざるをえないかぎりで）同様に有用となりはじめた。そして、教養科目を少しでも学ぶと、秀才の多くがすぐにこれに魅せられて自然科学から離れていった。彼らは別の道がこれまで隠されていたように感じたのだ。こうして大学に入ってはじめて、――これが自由な国家の証しでもあるが――彼らは科学の他にも何かがあることを発見して、関心を別の方向に向けることができたのだった。それは、まだ目標をはっきりとは見定められない精神的渇望に満ちた緊張の一瞬であった。

六〇年代のはじめに、私はいま必要なのは一般教養教育であると確信した。上記のような学生たちに、自分の生活を考え直し自分の潜在力を測るための手段を、ぜひとも与えてやらなければならないと思った。しかしこうした教育は、制度上の不備もあって大学が学生に提供するのを渋るもののひとつだ。学生たちのあてどない気まぐれなエネルギーはついに政治にはけ口を見出した。六〇年代の中頃には、どの大学も教育問題を除くあらゆる面で学生に譲歩するようになった。しかし迎合したのは失敗だった。まもなく秀才教育の試みそのものが姿を消し、跡形もなくなったからだ。さまざまな解放運動のなかで以前の素晴らしいエネルギーと緊張感はすり減ってしまい、残ったのは学生たちの魂の消耗と弱体化だけだった。打算にはたけても、情熱的な洞察力は失われてしまった。

もちろん、私の判断が誤っていなかったと言うつもりはない。六〇年代のはじめに高まりつつあったのは、最後まで残っていた社会的抑圧に対する最終的攻撃にすぎなかったのかもしれない。また知的な憧れと思われたのは、実のところ、現代人のさまざまな憧れのなかで最も強い憧れ——欠乏、緊張、葛藤を克服し、魂を永遠の放浪から救い出して休息させてやりたいという気持ち——が装いを変えたものにすぎなかったのかもしれない。しかし私は、いまでもこう考えている。真の意味での知的な憧れが多分に含まれていたのに、育てる機会をわれわれが逃したために、結局はその憧れも弛緩してしまったのだ。

ところが、自分の確信——〈偉大なる書物〉〔古典のこと。古典の普及のためにM・アドラーによって編集された叢書 The Great Books への示唆〕に寄せる確信——が正しいのかどうかやがて私は怪しく思わざるをえなくなった。五〇年代の終わりから六〇年代のはじめにかけては、専門家と素人を問わず、文化に群がる蛭どもが精神の生き血を大量に吸い取りはじめた時代であったが、この世代の後に続く学生たちが私の確信を揺がしたのである。その確信とはこうだった——教育において唯一重きをなすのは本性である、人間の知識欲は永久に変わらない、本当に必要なのは適切な滋養を施すことであり、教育とは食卓に御馳走を並べることにすぎない。——いまの私にははっきりしているが、せいぜいのところ、本性が十分に花を開くには慣習の協力を必要とする、というくらいのことだろう。それは、人間の本性が完全になるための条件である政治的秩序を築き上げるには人間の技巧を必要とする、というのとまったく同じことである。しかし下手に手を加えれば精神のエントロピーは増大し、魂は次第に血をわきたたせる力を失いかねない。私の覚えるこうした懸念は、ニーチェが正当と見なし、彼の全思想の中心に据えた懸念に通じる。かつてニーチェは、精神の弓が張りを失い、永久に緩んだままとなる危険について論じた。彼の信じるところ、精神の活動は文化に由来し、文化の衰退はその文化の人間の衰退だけではなく、人間そのものの衰退を意味している。ニーチェが決然と立ち向かおうとした危機こそ、この衰退であった。人が人間として存在する、すなわち高貴な存在者として存在する、というまさにこの事実は、その人自身に依存すると同時に彼と似かよった人々に依存している――彼はこう考えた。ニーチェの考えは正しくなかったということもありうるだろう。しかし、彼の説く事態はその後ますます顕著になってきているように思われる。いずれにしても、アメリカ人が与える未開の自然児という印象はまやかしだった。ヨーロッパ人が与える印象と比較したかぎりでの印象にすぎなかった。今日のエリート学生たちは昔よりもはるかに知識が貧しく、伝統からさらに切り離され、知的にずっと沈滞していて、昔の学生たちが文化の天才に見えるほどだ。土壌はますますやせ衰える一方である。私は、もっと大きな草木を今後育てることができるかどうか怪しく思う。

こうしたアメリカの現状と対照をなすものとして、現代ではかなり稀薄化しているが、依然としてフランスで生き残っている教育について考えてみよう。少しばかり大げさに言えば、フランスには教養あるフランス人の精神を二つのタイプのどちらかに形づくり、限界づけている、二人の著作家がいる。すなわち、どのフランス人もデカルト主義者かパスカル主義者のいずれかとして生まれる、あるいは少なくとも幼い時期にいずれか一方になる（これと似たことが、イギリス人の教育者としてのシェイクスピア、ドイツ人ならゲーテ、イタリア人ならダンテとマキアヴェリについて言えるだろう）。デカルトとパスカルはフランスを代表する著作家である。それぞれがフランス国民にどういう選択肢があるかを教え、人生の永遠の問題に対する独特で力強い視点を提供している。彼らは魂という生地の織り手なのだ。先だってフランスを旅した折りに、私は一人のウェイターが同僚のことを「デカルト君」と呼ぶのを聞いた。別に気取った感じはなかった。このウェイターは、彼にとって人間のひとつの類型であるものを指していただけだった。このように、デカルトとパスカルはフランス人が原理を引き出す源泉であるというよりは、むしろ精神の鋳型を作り上げている。理性か啓示か、科学か信仰か、この両者のあいだの選択を二人は代表しており、他のいっさいはこの選択のいかんに左右される。フランス人が自分自身のことや自分の抱える問題について考えるとき、この二つの全面的なものの見方のどちらかが、必ずといってよいほど彼らの意識にのぼる。〈良識《ボン・サンス》〉と、どんな困難にも立ち向かう信仰との対立——偉大なこの二人の論敵に統一をもたらしうるような総合は存在しない。この対立は、フランス的明晰とフランス的情念が話題となるときにいつも登場する二元論の原動力だ。世俗的なものと宗教的なもの、この両者の争いがフランスほど持続し、フランスほど調停が困難な国はかつてなかった。フランスでは両派に共通の土俵が見られず、市民たちは国を同じくしながらも人生の意味についてはこのようにまったく違った意義を求めている。イギリス人の場合には、こうした二つの対極的思想を仲介する役をシェイクスピアがはたしている。しかしフランス人はそうした仲介に成功した人物をもっていない。スイス人ルソーがその崇高な役割を担おうとしたが、成し遂げることができなかった。三世紀以上にわたって啓蒙思想とカトリック思想が、ともにフランスを特別の故郷としている。デカルトとパスカルはキリスト教という西欧共通の信仰をフランス人に説明してみせたと同時に、よりかけ離れたギリシアという別のインスピレーションの源泉にフランス人を関係づけた。デカルト–パスカルの緊張関係から出発した後続世代の著作家たちは、二人のテーマをさらに展開しながらそれをさまざまなかたちで表現した。その中核をなす精神的体験は、一方にヴォルテール、モンテスキュー、コンスタン、バルザック、ゾラにおいて、他方にマルブランシュ、シャトーブリアン、ド・メーストル、ボードレール、プルースト、セリーヌにおいて繰り返されている。それぞれの側が他方を意識し、相手側との対話ないし対決を続けているのである。

こうしてみると、トクヴィル〔フランスの政治家、歴史家、旅行家。一八〇五—五九〕が、アメリカ人はデカルトを読んだこともないのにデカルト的な思考法をしていると評し、アメリカ人にはたしてパスカルのような人物を理解したり生みだしたりできるだろうかといぶかったのも、いかにもフランス的であった。トクヴィルにとって、アメリカ人は書物を有する国民ではなかった。フランス人が文芸の伝統によって形づくられた感情の被造物であるのに対して、アメリカ人は理性的原理の人間であった。そうした原理を最初に仕上げたのは、もちろん著作家たちである。しかしカントが自らの道徳哲学について語っているように、その著作家たちが述べた原理は、育ちの良い子供なら誰でも知っているようなことにすぎない。たがいの権利を承認しあうためには訓練などほとんどいらない。哲学も不要だし、国民性に見出されるあらゆる違いも捨象してかまわない。要するに、どんな他人にも自分と同じことがあてはまることを認め、そうした摂理を保証する政府を積極的に支持し擁護するかぎり、アメリカ人は自分がなりたいと思うものに、また自分がたまたまそうであるものに、なることができると言い聞かされているのである。アメリカ人には一日でなることができる。これはアメリカ人であることの意味を軽んずるものではない。生まれもっての情念と生まれもっての理性が手を結んで、古代から伝えられてきたかの格率——「都市は母なる国から生まれた有機的な統一体に似ており、一市民と都市との関係は、一枚の葉と樹木との関係に等しい」——に戦いを挑むのである。これに対して、フランス人になることは不可能である。少なくとも昨今までは不可能だった。フランス人とは、生まれながらにしてさまざまの歴史的反響音が調和や不調和を呈する複合体だからである。かつてフランス人が見事に身につけていたフランス語は、情報を伝えあうために、人間の共通の要求を伝達しあうために、存在していたわけではない。フランス語を歴史意識と区別することはできなかった。まさにこの言語を話し、この言語で書かれた文芸作品になじみ、この言語のもたらすあらゆる効果に浸ることによって、フランス的性格は定義される。権利に関する法律論は、フランス語の使用によって授けられる歴史の特権には届いていない。原理的にいって、アメリカには真のよそ者はいないが、フランスでは市民でありながらもこの伝統の周縁にいる人々——たとえばユダヤ人——は、自分たちが何に所属しているのかつねに考えこまざるをえない状況にある。フランスでは、フランス的性格をなすものに対してユダヤ人がどんな関係にあるのかという問題が、大きくて複雑な文芸上のテーマなのである。この問題に対して人々は一致した反応を示すわけではなく、人間の類型の興味深いスペクトルがこのさまざまな反応から生まれている。対照的にアメリカでは、ユダヤ人は皆と同じアメリカ人であって、ユダヤ人だけを選別したり特別扱いしたりするならば、必ず憤慨が返ってくる。

デカルトやパスカル、あるいは目下の点に関してはモンテーニュ、ラブレー、ラシーヌ、モンテスキュー、ルソーも同様であるが、こうした人々に匹敵するアメリカ人がいないということは、アメリカ人の質の良し悪しの問題ではない。われわれの精神的な骨格を形成するのに欠かせない著作家、教養人と呼ばれるために人が読んでおかねばならない、いやむしろいっしょに生きていなければならない著作家、つまりわれわれの国民生活の解釈者であり創作者でもあるような著作家、そうした人々が存在しているかどうか、という問題である。アメリカ人の著作家や著作物のなかで人が読んでおくべきもの、また現にしばしば読まれているものを数え上げることはそう難しくない。しかしアメリカ人が読者であるかぎり、全世界が彼らの書斎なのである。アメリカ人は他国の人々のように、やむにやまれぬ必要にかられて自国の著作に没頭する経験をしたことがない。たとえばワーグナーの〈全作品集〉といった現象は、完全なドイツ人であることを目指した、ドイツ人の、ドイツ人のための、ドイツ人による偉大な芸術的成果であって、これ自身がある集合意識の表現である。こうしたものはアメリカ人には想像もつかない。また、フランス的ではないものに関するフランス人の知識や感性がいかに貧しいかは驚くほどだが、アメリカ人にとってはホメロスもウェルギリウスもダンテもシェイクスピアも、万人の財産、すなわち「文明」の財産なのだ。長い目で見れば彼らはたしかに万人に属する。しかしギリシア人、ローマ人、イタリア人、イギリス人、ドイツ人は、そしてユダヤ人も、そうは考えなかった。彼らにとって自分たちの書物は自分たちの財産であり、自分たちの物語を語っていた。いわば彼らの本能を体現するものであった。アメリカ人はすべての人間が平等にこれらの書物に近づくことができると信じている。モティマー・アドラー〔米国の哲学者。一九〇二ー〕の商才はすばやくそれを見抜き、〈偉大なる書物〉を商売にして大もうけをした。彼には外国語を習得しようという気などさらさらなかったし、自分の利用する翻訳についてさえ関心がなかった。旧世界の著作家たちのほとんどは、彼ら自身のことばを生きていない人々に理解してもらうのをあきらめた。こうした立場にあくまで固執し、それを復活させようと努めたハイデガーは「ことばは存在の住みかである」と考えた。彼の考えでは、翻訳が可能と思うことさえ浅薄の極みなのである。

　とはいえ、アメリカ人の単純さに最初に出会ったとき、われわれは正しいのだ、無から始めることも不可能ではない、陶冶されていない本性で十分だ、と私は思いこんでしまった。しかし私は、学生たちが現実にどんな教養を身につけているのか、彼らが吸いこむ空気であり世の中に巣立つのを助けている教育がどのようなものか、それについては十分な注意を払っていなかった。ただ、ほとんどの学生は、古き伝統の源泉として至る所にあった聖書の知識はもっている、と見なすことができた。アメリカでは聖書は偉大な国民的解釈家たちによって濾過されておらず、各人が各人の解釈家であり、初期の新教徒のようにじかに聖書に触れることができた。つまり、聖書は国民文化に対するかの無頓着さというアメリカ方式の本質を映し出す鏡といえた。また、たいていの学生はあるはっきりした政治的伝統に、それも歴然と統一された伝統に融けこんでいた。この伝統は一冊の書物をもっていた。この著作を知らぬ者はなく、まずほとんどの者がそれを信じていた。すなわち、独立宣言である。

　現代の大方の知恵に反するかもしれないが、合衆国には世界中のあらゆる国家のなかで最も長く妨げられずにきたひとつの政治的伝統がある。しかもこの伝統にはまったく曖昧さがない。その趣旨は、ふつうの人間であれば誰でもすぐに理解でき、力強い説得力をもつ、簡潔で理性的なことばで書かれている。アメリカはひとつの物語を語る。自由と平等が間断なく、また避けがたく進歩してゆくという物語である。この国の創設者たちがその政治的基礎を据えて以来、自由と平等がわれわれにとって正義の本質をなすということについては一度も争いがなかった。思慮深い人物や世間に名を知られた人物はすべて、この一致した信条に与してきた。民主主義を信じない人間という評判を集めるためには、変わり者か冗談好きにならねばならなかった（さしずめヘンリー・アダムズ〔米国の歴史家。一八三八－一九一八〕が前者に、H・L・メンケンが後者にあたるだろう）。重要な政治的論争はいずれも自由と平等の意味に関して争われてきたのであり、その正しさに関して争われてきたのではない。これほど際立った紛れのない使命を抱く伝統ないし文化は、アメリカ以外のどこにもない——フランス、イタリア、ドイツ、そしてイギリスにさえもない。これらの国々には、民主主義と同様に君主制や貴族制を支持し、寛容と同様に国教を支持し、自由よりも愛国心を優先させ、権利の平等よりも特権を優先させる、そんな大事件や大人物がときに見られる。なるほど、こうした一派のどれかに属するのはある種の感傷であり、父母への愛着にも似た自己愛着として説明できるだろう。しかしそれでもフランス的性格、イギリス的性格、ドイツ的性格をすっかりことばで言い表わすことはできない。これに対してアメリカ的性格がどんなものであるかは、誰でも明快に述べることができる。そしてそうしたアメリカ的性格が、一群の英雄たち——フランクリン、ワシントン、ハミルトン、ジェファーソン、リンカーン、等々——を生んだのである。彼らはみな平等という理念に貢献した人物だった。われわれの想像力は、ジャンヌ・ダルク、ルイ十四世、ナポレオンといった人間の類型——彼らは一七八九年〔フランス革命勃発の年であるとともに、ニューヨークで第一回合衆国議会が開催された年〕のわれわれの英雄に匹敵する人々であるが——には向かわない。アメリカの英雄と独立宣言のことばはともにアメリカ憲法に対する国民的崇拝をいや増すとともに、たぐいまれなアメリカ的現象を生み出した。こうしたことすべてが、いまやアメリカ人の自意識の下地となっており、研究の素材を提供するとともに、退屈な日常生活に対して優れた道徳的意義を付与している。

　しかしながら、創設期以来受け継がれてきたこの遺産の統一性、威厳、そしてそれにまつわる言い伝えは、ここ半世紀にいくたの方向から攻撃を受け、日常生活や教科書から次第に姿を消している。すべてが〈ワシントンと桜の木〉の類いで、子供たちに真面目に教えられるようなものではないと考えられるようになった。教養人の知的サークルで影響力をもつ見解はいつも学校にまで波及してゆくものだ。独立宣言の主導理念は十八世紀の神話ないしイデオロギーであると理解されるようになった。カール・ベッカーの歴史主義（『独立宣言――政治思想史研究』一九二二年）は、学校で自然権について教えるのが正しいのかどうか疑いを投げかけ、楽観的にも、歴史主義がこれに取って代わるだろうと請け合った。同様にデューイのプラグマティズム――それは、民主主義の方法および限界（とくに自然的な限界）なき個人の成長の方法として、学問の方法を論じたものだった――は、過去を根本的に不完全なものと見なし、歴史は現代の状況の理性的分析にとって無用であるか障害となると考えた。ついで、チャールズ・ビアード流のマルクス主義的暴露が登場した。彼は、合衆国憲法の制定者たちには公共精神などひとかけらもなく、私的な財産欲だけがあったという論証に努め、アメリカ的原理と英雄たちに託されていた真理性ないし優越性に対するわれわれの確信を弱めた（『合衆国憲法の経済的解釈』一九一三年）。また南部の歴史家や著作家たちは北部の低劣な動機を数え上げ（彼らの主張には、商業と技術に対するヨーロッパ流の批判が取り入れられていた）、南部の生活様式を理想化することによって、奴隷制度反対を唱えた連邦軍の勝利に復讐した。そして最後には、奇妙なことに南部人と歩調をあわせるかたちで、公民権運動の過激派が、憲法制定の裏には人種的偏見が潜んでおり、したがってアメリカ的原理は人種主義的である、という確信を世間に広めるのに成功した。彼らが広めた〈自分をやましく思う心〉は、長らく国家の物語を讃えつづけた民衆文化の一側面、すなわちウェスタンものを亡ぼしたのである。

　結局、寛大は地域の神々を追い出してしまった。後に残ったのは、ことばをもたず意味を失った国だけである。国家の意味や国家の企図を感覚を通してじかに経験してこそ、政体に対する成熟した反省や政治的手腕も生まれるというのに、そうした経験はいまやどこにも見られない。大学に入学してくる現代の学生たちは、政治的遺産については何も知らず、ただこれを皮肉な目で眺めるだけである。彼らにはこの遺産からインスピレーションを受けるとか、真剣にこれを批判するとかいった手段がない。

　基礎的な初等教育のうち、現在では消滅してしまったもうひとつの要素は宗教である。聖なるもの（the Sacred）に対する人々の敬意――最近の熱狂ぶりを見よ――が高まるにつれて、真の宗教も聖書についての知識も衰退し、ついには消え去ろうとしている。政治生活においても学校のなかでも、現代のように神々が堂々と胸をはって歩くような光景はかつては見られなかった。私が子供の時分に小学校で皆がつぶやいていた主の祈りは、これも私たちが暗唱していた忠誠の誓い〔"I pledge allegiance to the flag"で始まるアメリカ人のアメリカ国家に対する誓約〕ほどには私たちの心を惹きつけなかったものだ。宗教が本来の生命をもつのは家庭――そして家庭と結びついた礼拝所――であった。聖日、共通の言語、そしてたいていの世帯に普及していた一揃いの宗教書、これらが家庭のきずなの大部分をもたらし、そこに実質的な内容を与えていた。モーセと十戒、イエスとその兄弟愛の教え、これらは想像の世界にはっきりとした存在感をもっていた。詩篇や福音書のなかのいくつかの文句が、子供たちの頭のなかでいつも響きわたっていた。教会やシナゴーグで礼拝をしたり、食卓で祈りをささげるのは生活の一様式であり、民主主義社会アメリカにおいて家族が特別の責任を担うとされていた道徳教育から、この生活様式は不可分であった。実際、道徳教育とは宗教教育であった。抽象的な教説などそこにはなかった。人の当然のおこないとされること、またそうしたことをおこなえば世間から認められ、おこなわないと罰を受けるという感覚、それらはみな聖書の逸話のなかに具体的に示されていた。聖書で育った人々に分かち与えられていた魅力的な内面生活が喪われてしまったのは、学校や政治生活のせいというよりも主として家族のせいにちがいない。家族はプライバシーに対する権利をいまも保持しているとはいえ、その実質的な中身は明らかに維持できなくなっている。現代の家族の精神的風土は信じられないほど単調だ。ただ生きのびるためだけに移動してゆく放浪の民が不毛の大草原に集まっている光景を思い描いてほしい。この光景と同じく、そこを通り抜けてゆく人々にとって、家族は殺風景でよそよそしい場所である。各世代が織り込まれる文明の繊細な生地はいまやほぐれてしまい、子供たちは養われてはいるが、教育を施されることはなくなってしまった。

ここで私が言っているのは、最近のアメリカ生活でかなり目立つ、崩壊した不幸な家庭ではない。比較的幸福といえる家庭、つまり夫婦が愛しあい、子供のことを気遣い、自分たちの生活の最良の部分をひたすら子供のためにささげている、そうした家庭である。しかしそうした夫婦といえども、世界についての見方とか気高い行為の模範、さらに他人との触れあいに含まれる深い意義といったものについては、子供たちに授けるものを何ももっていない。家族が存続し家族としての役割をはたすためには、自然的なものと慣習的なもの、人間的なものと神的なもの、これらがきわめて繊細に混じりあっていなければならない。家族の基礎はたんなる肉体の再生産にあるとしても、家族の目的は文明化された人間の形成にある。ことばを教え、すべての事物に名前をつける過程をとおして、家族は万物の秩序についての解釈を伝えてゆく。家族が糧とするのは書物である。この小さな政治体である家族が信じる書物、ものごとの正邪善悪を教え、その所以を説明してくれる書物なのである。家族は天意および人心に関する何らかの権威と知恵を必要とする。現代の俗物根性や不正に抵抗するには、親たちは過去に何が起こったか知っていなければならないし、なすべき行為の規範をもっていなければならない。儀礼と儀式が家族には必要であるとは最近よく言われることだ。たしかに現代の家族にはこうしたものが欠けている。しかしながら、家族内の儀礼や儀式が道徳法則の威徳を表現し、伝達しうるためには——家族のみがこれを伝達しうるのであり、そのおかげで家族は、人間的な、あまりに人間的な有用性しか眼中にない俗世間のなかで、特別の地位をしめるのである——家族は自らが教えるものの永遠性を信じる聖なる統一体でなければならない。しかし、現代のようにこうした信念が喪われた時代では、家族はせいぜいのところ一時的なつどいの場にすぎない。人々は共に夕食をとり、共に遊び、共に旅することはあっても、共に思索することはない。現代の家族にはいかなる知的生活もほとんど見られない。ましてや、人生に対するいきいきとした関心を生むような知的生活など皆無の状態だ。家族の知的生活の最高レベルは教育テレビの水準にとどまっている。

　家族が伝統的に担ってきた、伝統の伝達者という役割がこのように衰退した原因は、人文科学が衰退した原因と軌を一にしている。古い書物が真理を含んでいる、少なくともかつて含むことがありえた、と信じる者などいまでは誰もいない。よく言ったところで、書物は「文化」に、つまり退屈な代物になりはてた。トクヴィルが言ったように、民主主義社会において伝統は情報にすぎない。ところが「情報爆発」〔通信機器などの新しい手段の登場によって情報量が爆発的に増加したこと〕とともに伝統は余計なものとなった。伝統が伝統として認められるようになると、伝統はたちまち死滅して、子供たちの啓発というはかない望みから、口先だけの敬意を払われるにすぎなくなる。実際のところ、合衆国では聖書が唯一の共通文化であった。無学者と教養人、金持ちと貧乏人、若者と老人、これらを統一してくれるのは聖書であった。聖書は——万物の秩序に対する見方のモデルそのものとして、またその他の西欧芸術を理解する鍵として（西欧芸術の最も偉大な作品群は、何らかの意味で聖書への応答となっている）——書物のもつ深刻さに人を導いてくれるものだった。しかし避けがたい事態とはいえ、聖書が次第に影を薄くするにつれて、そうした全面的な書物という考え方そのものが、そして世界を説明してみせるのが可能であり必要でもあるという意識が、いまや消えつつある。父母が子供に望む最大の抱負は、子供たちが——司祭、預言者、哲学者がそうであるように——賢明であってほしいということなのに、父母たちはすでにこの考えを失くした。専門的能力と専門分野での成功だけにしか彼らの想像力は及ばない。一般の常識とは反対に、書物がなければ全体の秩序という考え方そのものが失われるのである。

　法律に関しても道徳に関しても、親たちは旧世界の親たちがもっていたような権威をもっていない。彼らは子供の教育者たる自信を失い、子供たちが自分たちよりも立派になるだろう――生活がもっと豊かになるというだけでなく、道徳的、身体的、知的にもより秀れた人間になるだろう――と呑気に信じこんでいる。いつでも、進歩を良いものとする多少ともあけすけな信念がある。しかしこれは過去が貧しく卑しいものに思われているというだけのことである。未来は果てしがないゆえに親たちには指図のしようがない。未来は親たちが劣っていたと考える過去をしのぐのである。

何もかもが次々に新しくなり、世の中にどんどん拡がってゆくにつれて、最初はラジオ、その次はテレビが家庭のプライバシーに襲いかかり、これを破壊してしまった――家庭のプライバシーこそ真の意味でのアメリカのプライバシーであり、民主主義社会におけるよりいっそう独立性に富む高水準の生活も、家庭のプライバシーのおかげで叶えられたというのに。親たちにはもはや家庭の雰囲気をとりしきる能力はなく、その意志さえ失くしてしまった。テレビは実に巧みに、しかもものすごい勢いで、居間のなかに侵入してきた。いや、それだけではない。テレビは老若を問わずすべての人々の嗜好のなかにまで入りこみ、安易な娯楽に訴えて人々の興味を惹きつけ、それになじまぬものをすべて追放してしまった。かつてニーチェは、近代ブルジョア生活においては新聞が祈りに取って代わった、と述べた。このとき彼が言っていたのは、あわただしさ、安っぽさ、束の間のはかなさが、ブルジョアの日常生活から永遠なるものの名残りをすべて奪い取ってしまった、ということである。現代ではさらに、テレビが新聞に取って代わった。提供される番組の質が低いということはたいした問題ではない。大きいのは、嗜好にも何らかの等級があり、家族の一人ひとりの生き方に自然にあった娯楽や学習のやり方があるということを、人々が想像できなくなったことである。その結果、家庭と通俗文化との距離がはっきりしなくなった。自分の家のなかにいるにもかかわらず情報がどんどんおしよせてくる。何を賞賛し、何に興味をもてばよいかを一方的におしまくられると、人はなかなかそれに抵抗できないのだ。

この半世紀のあいだに広範な層を形成するようになった中産階級の学歴が高くなったことは、同時に、家庭の権威を弱める結果をもたらした。最近では中産階級のほぼ全員が大学卒の肩書をもっているし、たいていがそれ以上の何らかの学位をもっている。われわれの親や祖父母は、高等教育の制度の実際を知らなかった。こうしたつつましい過去を知る人々は、高学歴化に自己満足の種を見出すこともできよう。しかし――どうしてもこう保留せざるをえないが――現代の一般大衆がより高い教育を受けているという印象は、教育という用語の多義性、もしくは一般教養教育と専門教育という区別のいい加減さから生じた印象にほかならない。コンピュータ技師は専門的には高度の訓練を受けていても、道徳、政治、宗教については必ずしも知識があるとはかぎらず、その点では無学な人々と何の変わりもない。いやそれどころか、教育が狭いだけに偏見や自尊心がともないやすいし、彼らの専門文献にしても現われてはすぐに廃れ、その折々に流行している学問の前提を無批判に受け入れた代物にすぎない以上、彼らは素朴な庶民がさまざまな伝統の源泉から吸収している一般的教養から遮断されかねないのである。『タイム』〔米国有数のニュース週刊誌のひとつ〕、『プレイボーイ』〔米国の月刊男性雑誌〕、『サイエンティフィック・アメリカン』〔米国の科学月刊誌〕を愛読書としている人が、マガフィ〔十九世紀はじめの初等教育に大きな影響を与えた米国の教育者。一八〇〇－七三〕の読本しか知らなかった昔の田舎の学童よりも世界について深い知恵をもっているとは、私にはとても思えない。リンカーンのような若者が自己教育を目指すとき、すぐ手に入り、学習に役立つとはっきりいえた書物は、聖書であり、シェイクスピアであり、ユークリッドであった。こうした若者は、ほんとうに、現在の学校制度の雑多な専門技術教育のなかで自分の道を見つけようとする若者よりも恵まれてはいないというのだろうか。現在の学校制度は、市場の需要の原理以外、重要なものと重要ではないものとを区別する手段さえまったくもたないのではないか。

私の祖父母はいまの基準からすれば無学な人間だった。祖父の職業は社会的には地位が低かった。しかし祖父母の家庭には精神的な豊かさがあふれていた。というのも祖父母の家庭では、とくに儀礼に関するものにかぎらず、すべてが聖書の戒律に基づいて営まれ、聖書の逸話やその注釈書から説明されたからである。また一つひとつの営みに、想像世界の数多くの名だたる英雄たちの行為が対応していたからである。祖父母にとって、自分たちの家族が存在する理由、自分たちの義務をはたさねばならぬ理由は、みな重要な書物のなかに書いてあった。祖父母は自分たちの受ける特別の苦しみを、偉大で高貴な過去のなせるわざと解釈した。彼らの信仰と毎日の生活は素朴だったが、まさにその素朴さゆえに、彼らは同じ書物に依拠していた過去の偉大な学者や思想家としっかり結びついていた——これらの先達は問題を外側から眺めたり異質の視点から考えたりすることなく、祖父母と同じ信念を抱いていたが、それでこそ彼らは問題を深め、祖父母の手引ともなりえたのだ。——そこには本物の知識に対する深い敬意があった。本物の知識とは自分たちの生活と結びついた知識だという感覚があったからである。共同体、そして歴史が意味するものは、身分の上下を問わず人々をひとつの信念体系に導く、こうした共通な経験にほかならない。

私と同世代の人々がこれと肩を並べうるような知識をもっているとはとても思えない。私のいとこたちはアメリカ流の教育を受け、全員が医者（M. D.）とか博士（Ph. D.）の肩書をもっているが、彼らにしても同様である。彼らが宇宙の万物とか男女や親子の関係、また人間の条件について語るとき、話の内容はいつもありふれた決まり文句か、浅はかな知恵か、皮肉の材料でしかない。私は、神話を支えに人々が生きた時代には人々はより充実した人生を送っていた、というような陳腐なことを言っているのではない。聖書に則った生活こそ真理により近い生活であり、事物の真の本性をより深く探究しそれに近づくための下地を提供してくれるのは聖書である、と言っているのだ。われわれの自然なものの見方のなかに偉大なる啓示や叙事詩、そして哲学が働いていないとすれば、外の世界に見るべきものは何もなく、結局のところ、内なる心の世界にも残るものはほとんどないだろう。聖書が精神を養う唯一の手段というわけではない。しかし、これと同じ重みをもつ書物が存在し、その潜在的な信者によって真剣に読まれることがなければ、精神はいつまでも空虚なままなのだ。

最近、道徳教育の大きな責任は家族にあると考えられている。しかし道徳教育は、道徳の世界や善悪に対する賞罰などについてのヴィジョン、行為にともない行為の解釈を与えてくれる崇高なことば、道徳的選択のドラマのなかで対立しあう主役と仇役、そうした選択に含まれる賭けの感覚、世界が「人を魅了する力を失った」ときの絶望感——これらを若者の想像力に訴える力がなければ成り立たないものである。そうでないかぎり、教育は子供たちにさまざまな「価値」を教えるだけの空しい企てに終わってしまう。なるほど、親たちは自分の信じるものの正体を知らず、子供に向かって「幸福になってほしい」とか「自分の力を存分に発揮してほしい」とか言う以上には何も自信をもって言うことができない。しかしこの事実よりはるかに重要なのは、そうした価値にまったく生気がないことである。いったいそれらの価値とは何なのか、そしていかに伝達されるのか。いま学校で盛況の「価値解明」（value-clarification）の授業が、親たちの手本になっているという。この授業では、妊娠中絶、性差別、軍拡競争などをめぐって子供たちが討論をする。しかし、こうした問題の重要性を子供たちが理解しうるとはとても思えない。この種類の教育はプロパガンダに等しい。しかも効力のないプロパガンダと言わねばならない。こうした教育で合意をみる意見や価値は、いわば鬼火のように実質を欠いているからだ。道徳的推論の基礎となる経験や情念に根を下ろしてはいないのである。こうしたさまざまな「価値」は世論の変化とともに必ず変化してゆく。この新しい道徳教育には、人間の性格のみならず考え方の前提でもある、道徳本能ないし第二の天性を生むような天才を作り出すことはできない。いまや家族による道徳訓練の実際といえば、嘘をつかないとか盗みをしないというような、最低限の社会行動を教えこむ程度のものにすぎない。こうして現代の大学生は、自分の道徳的行動の根拠について「自分が相手にそんなことをすれば相手も自分に同じことをしかねない」としか言うことができない――こんな説明では当の本人を満足させることさえできないはずなのに。

このように、政治と宗教の古い反響が若者の魂から次第にその音を消している。教師をはじめた頃に私が知っていた学生と、いま私が目の前にしている学生との違いはここにある。書物を読まなくなったために現代の学生の精神はより狭く、より浅くなってしまった。「狭い」というのは、彼らにとって最も必要なもの――現状に対する不満と、それに取って代わるものが存在するという意識を生む真の基礎――が欠けているからである。彼らは現在にかなり満足しているし、そもそも現在から逃れることすらあきらめている。彼岸への憧れは薄弱になってしまった。賞賛と軽蔑の的となる典型自身が消滅してしまっているのである。また「浅い」というのは、彼らが事物に対する解釈をもちあわせず、詩情も解さねば想像力の働きもないために、魂が本性の鏡ではなく身のまわりの事物の鏡に堕しているからである。人間および人間の行為や動機に繊細な区別を見とどけ、本物の嗜好を獲得するためには、精神の眼を磨かねばならない。それは崇高な文体で書かれた文芸作品の助けがなければ不可能なのである。

こうして、大学教育が足場としうる土壌はますますやせ衰え、プラトンの『国家』に登場する若きグラウコンの熱狂と好奇心はますますしぼんでゆく――自らの〈エロス〉のおかげでグラウコンは自分の行く手に大いなる満足を思い描いている。そしてその満足を奪われてはならぬと願い、それがどんなものなのかを知ろうと、彼は教師を探し求める。しかし今日では、学生たちの経験や彼らの感じる要求に古典的な書物を結びつけるのは、教師にとってきわめて困難なことなのである。

書　物

幼い頃から偉大な古典に触れることが、そうした古典や古典に準ずる重要な文学作品に生涯関心をもちつづけるために欠かせぬ条件であるとは限らないのではないか、いまの私はこう思いはじめている。さまざまな条件と制約に縛られた魂の憧れをかきたてて、抑えきれない苛立ちを覚えさせるためには、たしかに最初から激励する必要があるかもしれない。しかしいずれにせよ、また原因が何であるとしても、いまの学生は読書の習慣と趣味を失っている。彼らは本の読み方も知らなければ、読書から精神の悦楽や向上を期待することもない。文化を気取ることがなく、高級文化《ハイカルチャー》に対する形だけの偽善的な脱帽など拒絶する点で、彼らは「自己に誠実」であり、一世代前の大学生と対照をなしている。

六〇年代の終わりに学生たちが本を読まなくなったことにはじめて気がついて以来、私は新入生相手の大教室の授業で、またキャンパスのなかで新入生らしい学生の集団をつかまえては、「きみたちにとってほんとうに重要な書物は？」と尋ねてみることにしている。しかし多くの学生は黙ったままだ。質問の意味がわからないのである。書物を伴侶とするという考え方は彼らには無縁だ。ぼろぼろにすりきれた一冊の憲法をいつもポケットに入れていたブラック最高裁判所判事〔最高裁のリベラル派として知られた。一八八六－一九七一〕の逸話は、彼らにとってたいした意味がない。忠告やインスピレーション、そして歓びを得るために参照すべき本を彼らはもたないのである。ときには「聖書」と答える学生が一人ほどいる（彼が聖書を知ったのは家庭である。しかし、聖書を深く学ぼうという気持ちが大学生になっても続くことは稀だ）。また、イーン・ランド〔ロシア生まれの米国の女流作家。一九〇五－八二〕の『水源』をあげる女子学生が必ずいる。これはとても文学と呼べる作品ではないが、そのニーチェまがいの主張が少々イクセントリックな若者たちを新しい生活様式にかりたてている。サリンジャーの『ライ麦畑でつかまえて』のような、最近の書物で感銘をうけ自己解釈の助けとなった小説をあげる学生も数人いる（彼らの反応はいつもきわめて率直であり、自己解釈の助けとなるものの必要性を彼らが強く感じていることがわかる。しかしそこに教養は感じられない。こうした学生たちに真の助けとなるもっとすぐれた著作家がいることを、教師は教えてやらねばならない。そのためには、こうした反応に示された彼らの要求をうまく活かすべきである)。授業後、自分が実際に書物の影響を受けていること、それも一冊二冊ではなく何冊もの影響を受けていることを私にわからせようとして、一、二の学生が私に話しかけてくる。そして、彼は古典の名を並べたてる。しかしそれは、彼がハイスクールで断片的に見聞きしたと覚しき古典のリストにすぎない。

こうした若者がルーヴルやウフィッィ〔イタリア、フィレンツェの美術館〕を歩きまわっている光景を想像してほしい。そうすれば彼の魂の状態がすぐに理解できるだろう。聖書の逸話も知らなければ古代ギリシア・ローマの歴史も知らないのだから、ラファエロも、レオナルドも、ミケランジェロも、レンブラントも、そして他のどんな芸術家たちも、彼には何も語りかけない。彼には色と形しか見えない。彼は現代芸術を見ているだけだ。要するに、彼の精神生活を作りあげている他のほとんどのものと同じく、絵画や彫刻は抽象なのである。現代の知恵者が多言を費やして言いたてるところに反して、これらの芸術家たちは、鑑賞者が自分の主題を直感的に理解してくれることを期待していた。いやそれだけでなく、自分の主題が鑑賞者に力強い意味をもっているはずだと考えていた。彼らの作品はそうした意味を実現したものであった。意味に感性的な実在を与えることによって、意味を完結させるものだったのだ。このような意味がなければ、そしてその意味が道徳的、政治的、宗教的存在としての鑑賞者に対して何らかの本質をなさなければ、彼らの作品は自らの本質を失ってしまう。数千年以上にわたって磨きあげられた文明がこのように声をひそめてしまったとき、失われるのはたんに伝統のみではない。存在そのものが、薄れゆく地平線のかなたへ消え失せるのである。これまでの教師生活のなかで私をいちばん喜ばせてくれた出来事のひとつは、イタリアをはじめて訪れた優秀な学生から「先生は政治哲学の教授というよりは、旅行案内業者ですね」と書いた葉書をもらったことだった。教育者として私の意図するところをこれほどうまく表現したものはなかった。この学生は、自分がものを見るための下準備を私から授けられたと考えたのだ。この下準備のおかげで、彼は考えるべき問題を自分自身で考えることができるようになったのである。フィレンツェに肌で触れてこそマキアヴェリの思想も納得できるのであり、この体験は形而上学のあらゆる主義主張をあわせたものの十倍もの値打ちがある。現代の教育は、完成を切に求める学生たちの心情を見とどけるとともに、その完成を彼らが自主的に追求できるようにする学問の再構築に努めなければならない。

気宇壮大さを失った今日の学生たちは、あのディケンズのような読み物をもたない。ディケンズは、ペックスニフ〔『マーティン・チャズルウィット』に登場する偽善者〕、ミコーバー〔『デイヴィッド・コッパフィールド』の貧乏な楽天家〕、ピップ〔『大いなる遺産』の気障な主人公〕といった忘れがたい人物像をわれわれの多くに残してくれた。こうした人物のおかげでわれわれのものの見方は鋭くなり、人間の類型に対するより繊細な区別ができるようになったのである。「あいつはスクルージ〔『クリスマス・キャロル』の吝嗇で強欲な高利貸し〕だ」という簡単なことばも、口にできるためにはさまざまな経験の積み重ねを必要とする。文学作品がなければこうした観察も不可能であり、微妙な比較の技法も失われる。いまの学生が人の気持ちを読みとることができないのにはぞっとしてしまう。それは、彼らが人間の特徴やそのさまざまな動機を判断するのに、俗流の心理学しか知らないからである。こうした機微を知るにはまず文学の天才に頼るしかないのであり、この意識が薄れるにつれて人々はますます均質化してゆく。なぜなら、自分たちが別のようになりうるという可能性が見えなくなるからだ。現代では何とも貧しいことに、真の多様性に代わって虹色に染めた髪や外見の奇抜さが幅をきかせている。しかしこんな違いは内面にあるものについて、何も教えてはくれないのである。

　教育不足の結果というしかないが、学生たちは安易に入手しうるものに自己啓発の種を求めるようになった。彼らには名作と駄作との区別も、洞察とプロパガンダとの区別もできない。たいていの場合、彼らは映画に足を向ける。そしていとも容易に、映画のなかのガンジーやトマス・モアの描写にみられるような偏った道徳観――大体においてこれらのものはその折々の政治運動を助長し、偉大さを求める大衆の素朴な気持ちに訴えるために目論まれたものである――のえじきとなるか、その映画をいかにも意義あるように見せかけている隠れた野心や背徳にこびるような追従のえじきとなるのである。なるほど、『クレイマー・クレイマー』〔仕事と子育ての板ばさみとなった離婚男性を描いた米国映画。一九七九年〕は、離婚問題や男女の役割の問題に関しては時勢にあった映画かもしれない。しかし『アンナ・カレーニナ』や『赤と黒』などを通して自分のものの見方を獲得していない者には、おそらくここに欠けているもの、あるいは正直な自己呈示と自己発見との違い、くだらない感傷癖と高邁な感情との違いを感じとることができないだろう。これまで文学に圧倒され、うしろめたさがつきまとっていた映画が文学への隷属から解放されるや、真剣さを自負する人たちはどうしようもなく無知で手先だけが器用な人間になってしまった。学生が自分のとるにたりない欲望にふけらないためには、そして自分に関して何が最も厳粛な意味をもつのかを発見するためには、現代という時代からの距離、現代の最も深刻な側面からの距離がこの上なく必要であるのに、現在しか知らない今日の映画にそうした距離を見出すことはできない。

このようにして人が良書を読まなくなった結果、ものの見方が脆弱になるとともに、われわれにとって宿命的ともいえる傾向——ここといまがすべてだという信念——がますます強まっている。

この傾向に逆らう唯一の方法といえば、〈何か知らぬもの〉への衝動を強く感じながら大学へやってくる少数の学生たちの教育に積極的に介入することであろう。すなわち、その何か知らぬものの正体を突きとめることができないのではないかと危惧し、この探究を成功させるには自分の精神を教化しなければならないと考えている学生たちである。すべての学生が伝統をそっくり内に蓄えることができ、後になって一部の学生がそれを有効に使用した時代は、遠く過去のものになってしまった。現代は、冒険心にとみ不可解なものでも進んで信じようとする者だけが書物探検家の資格をもつ。欲望は内部から生じなければならない。人間は自分の欲することしかやらないものであり、最も必要なものが不可解に思われている現代では、すべての人々の意識改革など絶望的な企てだ。州立大学の作文教師は学者の世界でこよなく高貴でありながら、最も軽んじられている職業のひとつであるが、彼らが私にこうもらしたことがある——「本を読まない学生に作文を教えることはできないし、実際問題として、彼らを本好きにさせることは言うにおよばず、本を読ませることさえ不可能だ」。まさにここに、ハイスクールの最大の失敗がある。ハイスクールは六〇年代が生んだ教師たち、大学における人文科学教育の貧しさを反映する教師たちであふれている。シェイクスピア、オースティン〔英国の女流作家。一七七五—一八一七〕、ダン〔英国の詩人。一五七二—一六三一〕といった作家を愛し、自分たちの読書趣味を続けられることこそ教師生活から受ける唯一の報酬だと考えた昔の教師は、現在ではほとんど姿を消してしまった。

古典の生命力に対する最も新しい敵はフェミニズムである。これに較べると、六〇年代から七〇年代にかけての反エリート主義や反人種主義の闘争は、学生と書物との関係には直接的な影響をほとんど与えなかった。たしかに大学の民主化は大学の組織を解体し、大学の焦点を失わせる原因となった。しかし、活動家たちは古典に対して特別の敵対関係にはなかった。それどころか、彼らは師と仰ぐフランクフルト学派の巨匠たち〔アドルノ、フロム、マルクーゼなど〕の習癖——高級文化《ハイカルチャー》に通じていることを誇示したがる習癖——に少なからず感染さえしていた。平等主義が提唱された初期の段階においてすでに過激派は、古典の政治的内容は明白であり、あらためてこれに注意をはらう必要はないとして、たいていの文学上の古典が、君主制、貴族制、反民主主義を支持する体質をもっていることには決着をつけていた。文芸批評の対象は、私的なもの、内的なもの、個人の感情とか思考、そして個人的諸関係にもっぱら集中した。多くの古典的作品が、兵士や政治家といった、統治に携わり政治問題を扱う人物を主人公にしている事実は、過去の文学上の慣習として片づけられたのである。シェイクスピアは、今世紀もほとんど絶え間なく読まれてきた事実が示すように、平等主義的権利思想にとって脅威ではない。また人種主義についていえば、少なくとも今日のわれわれに関心のある形態としては、文学作品の古典ではたいした役割を演じていない。つまり、文学上の古典において人種主義とふつうに見なしうるものは存在しないのである。

　しかしながら、今日にいたるすべての文学は性差別主義に与してきた。解放された女性をテーマにした歌をミューズ〔詩、音楽などの学芸をつかさどる女神たち〕が詩人たちにささやいたことはかつてなかった。聖書やホメロスの昔からジョイス、プルーストの今にいたるまで、〈歌《シャンソン》〉はいつも同じである。この事実は文学にとってとくに重大な意味をもっている。学問の府から政治が追放されたあと、古典に残されたものの大部分は恋愛問題であったし、また学生たちが古典を読んできたのもそのためだったからである。これらの書物はエロスに訴えかけながらエロスを育んできた。したがってフェミニズムの直接行動主義は古典の内容と真っ向から対立したのである。全米キリスト教会協議会後援のいちばん新しい聖書訳は神の性別を指示していない。来たるべき世代の人々は、神がかつて性差別論者であった事実と取り組む必要もないことだろう。しかしこうしたやり方を適用しうる範囲はたかがしれている。そこで別の戦術として、たとえばルソーのような最も不愉快な作家を若者の教育から抹消してしまうとか、大学の履修科目にフェミニストの側からの反論を添えて、これらの書物が歪んだ偏見に基づいていることを指摘し、女性の本性がいかに誤解され歴史がいかに公正を欠いてきたかを証拠だてるものとしてのみこれを利用する、といった手がとられたりする。さらには、男女の役割のおしつけに対して女性がさまざまな手段で対抗してきた実例として、歴史上の偉大な女性たちが利用されることもある。しかしながら、学生――男子学生であれ女子学生であれ――がこうした古臭いやり方に魅せられて、これを自分の手本と見なすようなことがあったりしては決してならない。もっとも、こうしたフェミニストたちの努力はみな無駄な努力でしかない。過去の文学作品が自分の望むような関係や自分に許されるような関係について何事かを教えてくれるなどとは、学生たちはそもそも想像できないからである。結局、彼らはフェミニストのやり方には関心を示さないのだ。

　愛読書について尋ねてみても、数年来、先と同じ答えしか返ってこないので、私は学生たちに「きみたちにとっての英雄は？」と尋ねてみることにした。しかしこの質問に対しても、たいていは黙ったままで何の反応もないことが多かった。どうして英雄がいなくてはいけないのか――自分は自分自身であるべきであって、異質の型に自分をはめこむべきではない、というのである。英雄崇拝の欠如は成熟の印だ、という積極的なイデオロギーが彼らを支えている。彼らは自分自身の価値を自分で定立する。アキレウス〔『イーリアス』の主人公で、ギリシア第一の英雄〕から解放されたソクラテスが『国家』のなかではじめて基礎を築き、ついでルソーが『エミール』で本格的に掘りさげた水路が、彼らの歩む道である。ルソーのあとを追うようにして、トルストイは『戦争と平和』のアンドレイ公爵を描いた。アンドレイはプルタルコス〔『英雄伝』で知られる古代ギリシアの歴史家〕の書物で教育を受け、ナポレオンを称賛するあまり自分を見失った人物である。しかしわれわれはともすると忘れてしまうが、アンドレイは実のところきわめて気高い精神の持ち主なのである。英雄に憧れることによって彼の魂は輝き、周囲のブルジョアたちの些細で空しい利己的な思惑が小さくみえるほどだ。トルストイにとっては、自然の感情と自然との一体性がロシアの精神と歴史に結びついて、はじめてアンドレイにまさる人間が生まれる――彼らがどういう意味でまさるかは曖昧でしかないが。しかしアメリカにはブルジョアしかいない。だからこそ、英雄的なものへの愛好はわれわれが平衡感覚を得るために利用しうる数少ない手段のひとつなのだ。われわれは英雄的なものを軽蔑するけれども、これは民主主義的原理を曲解したひとつの帰結にすぎない。偉大さを否定し、誰もが不快な比較をこうむらずに自分だけの世界のなかで快適な思いをしたがっていると考えるのは、原理の曲解である。世間の誘導から身を解き放ち、自分自身のなかに自分を導く原動力を見出すのがいかに素晴らしい経験であるか、学生たちには少しもわかっていない。彼らは目標を自分で設定したと考えているけれども、自分の内部のいかなる源泉からそれを引き出そうというのだろうか。英雄的なものからの解放とは、世間でおこなわれている「役割手本」への同調に反逆するための源泉を彼らがもっていないというだけのことだ。ふだん彼らは、自分が設けたのではない既存の基準によって自分のことを考えている。彼らはキュロス〔アケメネス朝ペルシャの創始者〕、テーセウス〔アッチカ諸国家をアテナイに統一したギリシア神話の英雄〕、モーセ、ロムルス〔伝説のローマの建設者〕といった人物に圧倒された体験などなく、その代わりに身近かな医者、弁護士、実業家、テレビ・タレントの役割を無意識のうちにまねているにすぎない。賞賛の対象として尊敬できる人物や人に対してそう公言できる人物をもたない若者、大いなる徳目に対する情熱を人為的に抑えつけられている若者、彼らこそ憐れむべき存在ではなかろうか。

　こうした精神的欠陥を助長するかのように、いまや民主主義的相対主義が保守主義の一派と手を組んでいる。理想主義からひきだされる危険な政治的帰結に心酔した保守主義者たちである。彼らは、この下品な旧き世界では完成を求める若者の要求は満たされないことを若者に知ってほしい、と願っている。もとより、現実主義と理想主義という区別はいくらか恣意的な区別であり、どちらかを選べといわれたら、賢明な人ならこの両方ともとるか両方ともすてるか、いずれかだろう。しかし、私としては認めないこの区別をしばらく受け容れるとすれば、ふつうに考えられている理想主義が教育においては優位に立つべきである。人間は自らの完成を目指して自分の進む方向を定めねばならぬ存在だからである。あらゆる傾向性のうちで最も自然なこの傾向を、濫用の可能性があるという理由で抑えつけようとするのは、まず文字どおり、湯水といっしょに赤子を捨ててしまうのに等しい企てだ。すでにプラトンの教えにあるように、ユートピア思想はわれわれが本来の自己を発見しうる唯一の道であるがゆえに、危険をともなうがたどらざるをえない道である。たしかにわれわれは誤ったユートピア理解を批判する必要があるけれども、現実主義が提供する安易な抜け道を選ぶとすれば、すべてが台無しになってしまうだろう。現状を見れば、学生たちは完全な肉体がどういうものかについてははっきりしたイメージをもち、絶え間なくこれを追求している。しかし文学という導き手をもたないので、完全な魂については何のイメージもなく、それゆえ、これをもちたいと憧れることもない。完全な魂が存在するというイメージすらわかないのである。

二番目の質問にもはかばかしい答えが返ってこなかったので、私は第三の質問をしてみることにした。「きみたちが悪人と思うのは誰か?」これにはすぐに答えが返ってくる。ヒトラーである（スターリンと答える者はほとんどいない）。「では、その次に悪いのは?」二、三年前まではニクソン〔アメリカ第三七代大統領（一九六九－七四）。一九一三－〕の名をあげる学生が数人いた。しかしいまではニクソンも忘れられたし、むしろ名誉を回復しつつある。そして、彼らの返事もここで終わりだ。彼らには悪の観念がない。悪など実在するのかと彼らは疑っている。ヒトラーは悪に代わるもう一つの抽象名にすぎない。中身のないカテゴリーを埋める項目なのだ。何ともむごたらしい行為があちこちでおこなわれている世界に住み、路上では凶悪な犯罪が起こっているのを見ているはずなのに、彼らはそっぽを向いている。悪事を働いた人間といえども適切な治療を施せば二度とそんなことはやらない――悪は行為のうちにあって人間のうちにはない、とでも信じているのではないか。このコメディには「地獄篇」〔ダンテの『ディヴィナ・コメディア（神曲）』の第一部〕がない。こういう次第で、ごくありふれた学生たちのものの見方には、深さの意識も高さの意識も欠如しており、したがって重さの意識も欠如しているのである。

音楽

本には縁のない学生たちも、音楽となるときまって聴く。音楽への耽溺ほどこの世代にきわだった現象はない。世はまさに音楽の時代で、若者の魂はいつも音楽とともにある。これに並ぶような熱狂ぶりを見つけるためには、少なくとも一世紀前のドイツにさかのぼり、ワーグナーのオペラに寄せられた情熱を思い起こさねばなるまい。当時のドイツ人は、ワーグナーが人生の意味の創造者であり、自分たちはたんに彼の作品を聴いているのではなく人生の意味を体験しているのだという宗教的な感覚をもっていた。そして今日、十歳から二〇歳にかけての大多数の若者の生きがいが音楽だ。音楽こそ彼らの情熱の対象であり、音楽ほど彼らを興奮させるものはない。彼らは音楽と無縁のものは何ひとつ真剣に受けとめることができない。学校にいるときも家族といっしょにいるときも、彼らが願っているのは、ただ自分だけの音楽の世界にひきこもることだ。学校、家族、教会といった彼らをとりまく環境は、彼らの音楽の世界とは何の関係もない。そうした日常生活はせいぜいのところ中立的な存在にとどまる。しかしたいていの場合、日常生活はいきいきとした内容を喪失した邪魔物であり、ときには立ち向かうべき敵とすらなる。言うまでもないが、かつてのワーグナー熱はごく一部の階級のものであったし、その作品を楽しめる機会も場所もきわめて限られていた。さらには、人々は作曲家の遅々とした仕事ぶりを待たねばならなかった。これに対して、新しい心酔者を従える現代の音楽には階級も国籍もない。一日二十四時間、どんなところでも聴くことができる。家にはステレオがあり、車のなかにまでついている。コンサートが催され、音楽のヴィデオがあり、専門の放送局からはひっきりなしに音楽番組が流れている。そしてついにはウォークマンの登場だ。学生はどんな場所にいようがミューズとの交信を妨げられない。バスや電車のなかであろうと、図書館のなかであろうとおかまいなし、勉強の最中といえども例外ではない。こうして、何にもまして音楽の土壌が熱帯を思わせるほどに豊かとなった。もはや予想もしないような一人の天才が出現するのを待つ必要はない。現代では大勢の天才が休まず制作を続けていて、一人の英雄がおちぶれるや、二人の新しい天才が彼に取って代わろうと名乗りをあげる始末なのだ。新しいもの、人をはっとさせるものが払底するような時は決して訪れないのである。

音楽が魂に及ぼす力、あの『ヴェニスの商人』でロレンゾウがジェシカ〔シャイロックの娘でロレンゾウの恋人〕に向かって見事に描写してみせた音楽の力が、長い眠りをへていまや蘇った。この復活をもたらしたのは、ひとえにロック・ミュージックである。クラシック音楽は若者たちのあいだでは死んでしまった。こう言うと、時代の変化を認めたがらない多くの人々はきっと声高に反論し、クラシック音楽を鑑賞したり実際に演奏する授業や、ありとあらゆるグループの音楽活動がキャンパス内で増えている事実を指摘することだろう。たしかにこうしたものの存在を否定することはできない。しかしながら、それにかかわるのは全学生数の五パーセントから一〇パーセントにすぎない。クラシック音楽はいまでは、ギリシア語やコロンブス以前のアメリカ大陸を対象とした考古学のように特殊な趣味となりはてた。相互のコミュニケーションを重んじ、手っとりばやく人の心を読もうとする庶民の文化にはそれはなじまない。三〇年前には、ほとんどの中流家庭で古いヨーロッパ音楽が必ず何か家のなかに融けこんでいた。それは彼らがそれを好んだことにもよるが、ヨーロッパ音楽が子供のためによいと考えていたからでもあった。大学生は通常、ベートーヴェン、ショパン、ブラームスらと幼い時期から情緒的な交わりをもっていた。こうした交わりが彼らの人間形成において終生変わらぬ役割をはたし、彼らは生涯これに敏感に反応した。アメリカで教育のある階級と教育のない階級を識別するのに、これほど例外のないはっきりした目安はおそらくなかったのではなかろうか。当時の若者の多く——いや大多数といってもよいだろう——はベニー・グッドマン〔米国のクラリネット奏者。一九〇九—八六〕のスウィングを楽しんだけれども、そこには最新の流行もよく承知しているとか、お高く構えているのではないのを示したいとか、通俗文化の民主主義的理念と連帯しているのを見せてやりたい——彼らに言わせれば、新しい高級文化は通俗文化から生まれるのだった——とかいった自意識がはたらいていた。したがって個人的な趣味を見るかぎり、高級なものを人が心から愛しているのかどうか疑わしくなりはじめた時代ではあったが、階級の上下を識別する手段は残っていたのである。しかし、いまではそうしたすべてのものが一変した。ロック・ミュージックは学生たちが吸いこむ空気のようなもので、誰も疑問に思わず問題にもしない。多少ともクラシック音楽に親しんでいる学生はきわめて稀である。私はこれをずっと不思議に思っている。そういえば、知りあいになった優秀な学生たちに私は何度もモーツァルトを紹介してきたが、これは彼らとのつきあいでどうしても奇妙に思えることのひとつである。たしかに、モーツァルトの話をするのは私にとって愉快なひとときだ。人の喜ぶ贈り物を施すのが愉快でないはずがない。それに、こうした音楽が学生たちの勉学の補いとなるかどうか、なるとすればどのような意味でなるのか、こういったことを見とどけるのもなかなか興味深いものだ。しかし、私にとってこれは教師として生まれてはじめての経験である。以前の学生はクラシック音楽について、たいてい私よりずっと豊富な知識をもっていたからだ。

いまの一世代前の学生をふりかえると、音楽は彼らにとってそれほど重要な役割をはたしていなかった。ベートーヴェン以来の本格派の音楽を支配してきたロマン主義は、今日の世界ではまず見出せないような――過剰ともいえそうな――洗練された感情に訴えかけていた。現代のアメリカ人の生活はもとより、彼らが理想としている生活、そして彼らにゆきわたっている情熱は、高等教育を受けたフランスやドイツのブルジョアのものとは種類が違う。ヨーロッパのブルジョアたちは、精神的満足を求めてルソーやボードレール、そしてゲーテやハイネをむさぼり読んだ。そうした鋭い感受性を満足させ、さらにはこれを生み出すために目論まれた音楽は、アメリカ式のいかなる生活ともきわめて貧弱な関係しかもたなかった。したがって、アメリカのロマン主義音楽文化は、長年にわたってたんなる付け焼き刃であった。それはマーガレット・デュモン〔マルクス兄弟の映画に登場する美人〕のコケティシュな上品ぶりにも似た物笑いの種で、マルクス兄弟〔米国のコメディアン兄弟一家〕のグルーチョが『オペラは踊る』で実にうまく諷刺してみせたものだった。私がこのことに気がついたのは、秀才を集めた学寮で寝食をともにしながら学生を教える経験をはじめてもったときである。「優秀な」学生は物理学の勉強をしたあとでクラシック音楽を聴いていた。そういう型にすっとは入り込めない学生には、低俗で文化のなすがままに踊らされるだけの学生もいたが、なかには真面目な学生もいた。彼らは、自分たちの要求にほんとうに応えてくれるものを探していた。そんな彼らにまずたいていピッタリしたのは、新しく台頭してきたロック・ミュージックのビートだった。品があるとはとてもいえないので、彼らは自分の趣味を少々恥じていた。しかし私は本能的にこの学生たちのほうに好感をもった。彼らの感情は粗野とはいえ本物であり、生命力を失ったわざとらしい感情とは正反対だったからである。やがて音楽に向けられた彼らの過激主義は革命をなしとげた。いまでは、恥ずかしさもどこかへ消えて支配者の地位に立っている。そしてそれ以来、この世代に語りかけることばをもったクラシック音楽は、久しく絶えてしまったのである。

こうした変化の兆候として、プラトンの『国家』のなかの音楽教育に関する有名な一節をいまの学生がどれほど真剣に受けとめているかをあげることができる。過去の学生はつねに健全な自由主義者であって、詩歌に対する検閲を自由な探究を脅かすものだと憤慨した。しかし彼らが本気で考えていたのは科学と政治であり、音楽それ自身をとりあげた議論には、彼らはまず注意を払わなかった。音楽のことをいくらか考えたとしても、政治哲学を真面目に論じた書物のなかでプラトンがリズムとメロディをわざわざ取りあげた意味が皆目わからない、といった調子だった。彼らは音楽を娯楽として聴いていたのであり、政治や道徳にかかわる人生にとって音楽はどうでもよかったのである。これに反して今日の学生は、プラトンがあれほど音楽を重視した理由を正確に理解している。彼らは音楽が人生に重大な意味をもっていることを知っており、自分たちに最も身近な喜びをプラトンが奪い取ろうとしているように思えるからという理由で憤慨する。こうして音楽体験をめぐって、プラトンを敵にまわした議論がはじまることになる。論争の主題は、音楽体験をいかに評価し、いかに扱うかである。この対決は現代音楽という稀にみる現象の解明に役立つだけではなく、現代の学生が古典とどんなに有益に交流できるかという、その見本も提供してくれる。学生が激しい怒りを覚えるというまさにその事実のうちに、学生が大事にし身近に感じているものに対してプラトンがどれほど大きな脅威であるかが示されている。もっとも、学生は自分の体験を弁護することがまずできない。彼らの体験は疑問が出されるまではまったく疑う余地がないと思えていたものであり、冷静な分析に強く逆らうのである。しかし学生が――きわめて難しく、まずふつうには見られないことであるが――身を退いて、自分が執着しているものに対して批判的な距離をとり、自分の愛するものの究極的な価値に疑いをもてるようになれば、そのとき彼は思想的回心に向かって最も困難な第一歩を踏みだしているのだ。憤慨とは、魂が自己疑惑の傷を負ったときの魂の自己弁護にほかならない。自らの原因を正当化するためであれば、憤慨は世界の秩序までも再編成する。ソクラテスの処刑さえも正当化してしまうのだ。憤慨が何に向けられているかを認識することによって魂の正体がわかるのであり、そのおかげでこの認識は、数学の研究よりもより哲学的な体験となる。プラトンの教えによれば、その本性からいって、音楽は今日哲学に最も反抗的なものをすべて包みこんでいるのだ。そうすると、われわれにとって最大の堕落ともいうべき藪のなかを最古の真理の認識に至る道が通っている、と言ってもさしつかえない。

音楽に関するプラトンの教えを手短かにいえば、リズムとメロディに踊りがつけ加われば魂の表現が野蛮になる、というものである。野蛮とは動物的ということではない。まさに、人間の魂を驚きと恐怖というエクスタシーの頂点に媒介する手段、それが音楽なのである。ニーチェはプラトンの分析にほぼ全面的に同意しながら、『悲劇の誕生』（この表題には「音楽の精神からの」という限定があることを忘れてはならない）のなかで、この状態の特徴は残酷さと淫らな肉欲が入り混じっている点にある——もとより、神々に仕えるときには宗教的性格を帯びるにしても——と述べている。音楽は魂が最初に発する原始的なことばであり、明瞭に分節化されたことば、つまりは理性、を欠いた〈アロゴン〉〔ギリシア語で「ロゴスを欠くもの」の意〕である。いや理性を欠くというだけではなく、理性に敵対するのが音楽なのだ。たとえ明瞭に分節化されたことばが音楽に添えられたとしても、そのことばは音楽とそこに表現された情熱に服従し、これに支配される。

文明、あるいは教育と言っても同じことだが、その眼目は魂のむきだしの情念を飼いならし馴致することにある。しかも、情念を抑えこんだり切りきざんだりするのではなく——そうすれば魂のエネルギーは奪われてしまう——、情念に芸術としての形態と活力を与えることによって、情念を馴致するのである。たしかに魂の熱狂的側面を後発の理性的側面と調和させるのは、到達不可能な目標かもしれない。しかしこの目標がなければ、人間は決して全体的人間となることができない。音楽というものは、いや理性の登場とともに音楽が姿を変えたものである詩歌にしても同様であるが、いつも情念と理性との微妙なバランスをかかえこんでいる。音楽が花開き最高潮に達したときの形態——宗教、戦争、エロスにちなんだ音楽がそうである——でも、そのバランスはたとえわずかにしろつねに情熱的なもののほうに傾いている。誰もが経験していることだが、どんな活動も音楽がともなうと何の疑いもなく正当化されるし、歓喜にあふれたものとなる。マーチを聞けば兵士は酔いしれて意気軒昂となり、教会のオルガンの調べは信仰をもつ者の祈りに深みを与える。恋する人間はロマンティックなギターに心を奪われ、分別を忘れてしまう。音楽という鎧を身につければ、理性がもちだす疑念など簡単にけちらすことができる。音楽からは音楽に似合った神々が生まれ、この神々は彼らに独自の見本と掟によって人々を教育するのだ。

プラトンの対話篇に登場するソクラテスは、こうしたエクスタシー状態を抑制するよう説いており、人にとって慰安や希望となるものをほとんど与えていない。ソクラテスの決まり文句にしたがえば、抒情詩——ことば、つまりは理性——が、音楽——ハーモニーとリズム——を決定しなければならない。ところが純粋音楽には、このような束縛はとても耐えられない。学生は理性のもたらす歓びを知りうるはずもなく、彼らにとって理性はたんに口うるさく抑圧的な親にしかみえない。しかしプラトンに言わせると、学生はこの親が自分たちの胸中を見抜いているのを承知している。個人であれ社会であれ、その精神の熱っぽさをはかるためには「音楽に注目し」なければならない、とプラトンは教える。プラトン、そしてニーチェにとって、音楽の歴史とは、魂にひそむ暗く混沌とした漠たる力に形と美しさを与えようとした一連の企てであった。すなわち、そうした魂の力をより高級な目的――理想――に仕えさせることによって、人間としての義務を全うさせようとした企てなのである。バッハの宗教的な意図とベートーヴェンの革命的で人道的な意図は、ともにその十分に明瞭な例だろう。魂のこのような教化は情念を利用する。情念を昇華させ、芸術的な統一にもたらすことによって、情念を満足させるのだ。人間のこよなく高貴な活動に音楽的な表現がともない、最も低級な肉体的次元から最も高級な精神的次元にまで歓びが拡がるとき、人間ははじめて全体的人間となる。そのとき人間には、歓ばしいものと善なるものとの緊張関係などはなくなる。これと対照的に、仕事では音楽と無縁の生活を送る一方で、レジャーの中身となると粗野で刺激的な娯楽しかもたない人間は、分裂した人間となってしまう。彼の存在を作り上げているそれぞれの側面がともに他方に蝕まれてしまうのである。

それゆえ心の健康に関心をもつ人々にとっては、情念を公平に扱うためにも、魂が何の制約も受けずに理性を行使する準備を整えるためにも、音楽が教育の中心をしめる。音楽が教育において中心的位置をしめることは古代の教育者たちもみな認めていた。今日ではほとんど注目されていないが、アリストテレスの『政治学』のなかで最もすぐれた政体について論じているきわめて重要な箇所は音楽教育を扱っているし、彼の『詩学』は『政治学』に添えられた付録なのである。古典哲学は歌い手を検閲したりはしなかった。むしろ彼らの説得にあたった。そしてつい最近まで彼らに目標を授けてきたのであり、彼らもその目標を理解していた。しかしアリストテレスにおける音楽の役割に気がつかず、プラトンにとっての役割も軽視する人々は、ホッブズ、ロック、スミスといった哲学者から学んだ。古典哲学にみられた配慮も彼らにおいてはすっかり無用なものとなってしまった。意気揚々とした啓蒙主義的合理主義は、魂の非合理的側面に対処する別の方法を発見したと思いこみ、理性はこうした側面の助けなど必要としないと考えたのである。ルソーとニーチェという偉大な反啓蒙主義者、反合理主義者においてはじめて音楽は甦る。彼らはとりわけ音楽の才能にめぐまれた哲学者だった。二人はともに、情念――そしてこれに加えて、情念に仕える芸術――が理性の規制を受けて痩せ細り、それに応じて人間自身も人間が世界のなかで眺める事物も脆弱になった、と考えた。そこで彼らは、魂の熱狂的状態を教化することにより、プラトンが病理現象と見なしたコリュバース〔ギリシア神話。踊り狂いながら女神キュベレーに仕えた従者たち〕の狂気をもう一度体験したいと願った。とくにニーチェは、生命力の非合理的源泉をふたたび掘り起こし、この野蛮な源から水をひいてわれわれの乾ききった水脈を再度あふれさせようと努めた。だからこそ彼はディオニュソス的なものとそこから派生する音楽を、大いに鼓舞したのである。

　ロック・ミュージックの意義はまさにここにある。といっても、その源が知的に高級だというのではない。私が言いたいのは、ロック・ミュージックが若者の教育でこれほどの活況を呈しているのはクラシック音楽が滅びてしまったからだし、さらには野卑きわまる情念を表出させようとする企てに知的抵抗がない雰囲気があったからだ、ということである。経済学者のような今日の合理主義者はロック・ミュージックに無頓着で、それが何を象徴しているかなど気にもかけない。他方、非合理主義者はこぞってこれを擁護する。しかし、いまの青年の温和な魂から「金毛獣」〔『道徳の系譜』でニーチェが讃えた奔放な貴族的精神〕がとびだしてくるのではないかと心配する必要はない。ロック・ミュージックは性欲に訴えかけるためのひとつの手段、それも野蛮な一手段にすぎない。愛でもなければ〈エロス〉でもなく、陶冶されていない未熟な性欲が相手なのだ。子供たちに目覚めかけた官能が最初に発散するのを察知すると、ロック・ミュージックはこれを表に連れ出し、大っぴらに公認しながら真顔で語りかける――「これは大輪の花を開かせるために注意深く世話をしなければならない小さな新芽ではない。ありのままの現実なのだ」と。子供たちが親から「大きくなって理解できるまで待ちなさい」と言いきかされてきたすべてのものを、ロックは娯楽産業の世間的威光を総動員し、銀盤にのせて提供するのである。

　若者はロックが性行為のビートであるのを知っている。若者に知れわたり人気のあるクラシック音楽がラヴェル〔フランスの作曲家。一八七五―一九三七〕の『ボレロ』である理由もここにある。いくらかの本物の芸術に大量の似非芸術を混ぜいれた巨大産業が、セックスと直結した狂躁気分をあおりたて、若者の旺盛な食欲をみたそうと新鮮な食糧をたえず洪水のように送りこんでいる。もっぱら子供向けに誂えられた芸術の形態など、あったためしがない。

　抒情詩は、心を高揚させカタルシスをもたらす音楽に奉仕し、さらには音楽と一体となって、心を魅するさまざまなものとともに幼な恋を謳いあげる。そして古来から寄せられてきた嘲りや辱めからこれらを庇う。性欲を満足させるしぐさをほのめかしたり、それをことばにはっきり出した文句がちりばめられ、恋愛、結婚、家族などにはまだほとんど想像力が及ばない子供たちに向かって、性欲がたかまれば誰もが自然にこういうしぐさをするものだと教えこむ。これが若者に与える効果は、ポルノグラフィーどころではない。自分でもたやすくできるしぐさを他人がみっともない恰好でやるのをわざわざ眺める必要などないからだ。のぞき趣味は年老いた変質者のものであり、若者には積極的な性関係こそ似合っている。彼らに必要なのは、とにかく自分たちを励ましてくれるものなのである。

関心がこのようにセックスに向かうようになると、これを抑圧する親の権威に対する反抗は避けられないものになる。こうして利己主義は憤慨となり、さらには道徳にまで姿を変える。セックス革命はすべての支配勢力を人間の本性と幸福に対する敵と見なし、これを転覆せずにはおかない。愛から憎悪が発しそれが社会改革の仮面をつける。世界観のバランスを支えるのはいまやセックスだ。これまで意識にのぼらなかった——少なくとも半分しか意識にのぼらなかった——子供っぽいルサンチマンが、新しい聖書となるのである。そうなると、階級、偏見、衝突のない普遍的な社会——解放された意識が必然的に生みだす社会——への憧れの念が芽ばえる。たとえば「ウイ・アー・ザ・ワールド」〔一九八五年、アフリカ難民救済のために発表されたチャリティ・レコード。米国の多数の著名歌手が参加した〕がそうで、この〈全人類が同胞になる〉〔ベートーヴェンの第九交響曲の終楽章「歓喜に寄せて」の一節〕の青春版は、家のママ、パパならぬ政治のママ、パパたちに長いあいだ実現を禁じられてきたものだった。ロック・ミュージックの歌詞の三大テーマといえば、セックス、憎悪、そして兄弟愛（それも偽善的で鼻につくタイプ）である。しかし、こうした汚れきった水源から流れ出るのは怪物しか泳げない泥流だ。プラトンの洞窟の壁がＭＴＶ〔ミュージック・テレビジョン。米国のロック・ミュージック専門のテレビ局〕に代わって以来、この壁に写しだされるヴィデオの映像に目をやるだけで、それは十分に証明されるだろう。エキサイティングな場面となるとヒトラーの映像が何度も繰り返し登場して、人にとまどいを感じさせる。こうした画面には、高貴、崇高、深遠、繊細、風雅といえるものはもちろんのこと、品位のかけらさえ認められない。そこには、過激なもの、変化するもの、露骨なもの、直接的なものなどの余地しかない。かつてトクヴィルはこれを民衆芸術に特有の性格と警告していたが、これほど人々のあいだに浸透し、重みと中身をそなえるようになるとは、トクヴィルの奔放な想像力をもってしても予想できなかったにちがいない。

十三歳の少年がウォークマンのイアホーンを耳にあてて——あるいはＭＴＶを見ながら——自宅の居間で数学の宿題をしている光景を想像してほしい。彼の享受しているさまざまな自由は、哲学の天才と政治の英雄が連帯し、何世紀もかけてやっと手にいれたものであり、そこには殉教者の血もささげられている。彼の生活に快適さとあり余る暇をもたらしているのは、人類史上最も生産的な経済活動である。彼の楽しんでいるエレクトロニック・サウンドや再生画像は本物と見まがうばかりの迫力だが、これも科学が彼に提供するため自然の秘密を暴いてくれた賜物だ。しかしこの進歩はいったいどこにゆきついたというのか。オルガスムのリズムで体をうちふるわせている青少年ではないのか。彼の感情はオナニズムの快感や親殺しを謳った歌詞に明瞭に表現されている。彼の野心は、曲を演奏しているホモのミュージシャンのまねをして、名声と財産を手にいれることでしかない。要するに人生は、商品用にパッケージされた間断のないマスターベーションの白昼夢となりはてているのである。

こうした描写はいかにもおおげさだと思われるかもしれないが、それはそう思いたがる人々が一部にいるというだけの話だ。子供たちは四六時中ロック・ミュージックにさらされている。それは何も特定の階層や特定の気質の子供に限った話ではなく、ありのままの現実の姿にすぎない。これがアメリカにひろく見られる現象であり、ティーンエイジャーの仲間入りをするかその少し手前の時期にはじまって大学を卒業するまで、この現象がずっと続いているという事実を知るには、大学の一年生にどんな音楽をどのくらい聴いているか、それが彼らにどんな意味をもっているか、こう尋ねてみさえすればよい。ロック・ミュージックこそ唯一の若者の文化であり、これまで私が繰り返してきたように、いまやこれに対抗しうる精神栄養剤はない。この文化のパワーのいくぶんかは、まさにそれが騒々しいという事実に由来する。会話などとてもできたものではない。彼らの友愛関係の大部分が、アリストテレスが友愛の本質と見なし、唯一の真の共通基盤と主張した対話を欠くのも、その必然的な結果である。ロックにはあたかも感情を共有しあっているかのような幻想がともない、肉体の接触とぶつぶつ言う決まり文句がつきものだ。そこにはことばよりもはるかに多くの意味がこめられているような印象があって、彼らの交流の基礎もここにある。こうしたことはみな、授業に出席したり課された宿題をやるといった毎日の務めとは何の齟齬もきたさない。それどころか、有意味な内面生活は音楽を伴侶としているのである。

この現象は人を仰天させるものであり、理解しえないものではあるが、同時に、とりたてて注目を集めることもない日常茶飯の習い性となっている。とはいえ、社会の最もすぐれた若年層とその最良のエネルギーがこれほど何かに夢中になっている時代は、歴史上決して珍しくない。将来の文明に属する人々はこの現象に当惑し、これを不可解に思うだろうが、それはカースト制度とか魔女の火あぶり、ハーレム、人肉食の習慣、剣奴の決闘〔古代ローマの円形劇場でおこなわれた見せ物〕といったものに対するわれわれの態度と変わるわけではないのである。社会の狂気が頂点に達すると、あるいは社会自身にはそれが正常にみえるのかもしれない。私が描いた先の子供には、彼に立派な生活をかなえさせるために自らを犠牲にし、彼の将来の幸福に大きな期待をかけている両親がいる。彼らには、我が子の幸福をかなえるために音楽の才能が大きくものをいうとはとても信じられない。しかしどうすればよいかとなると、彼らはなす術をもたない。ロック・ミュージックの隆盛を野放しにしてきたのは家族のあいだの精神的間隙であり、彼らには子供がロックを聴くのを禁じることさえできないのだ。ロックは至るところにあって、子供たちはこぞって聴いている。これを禁じてしまえば、彼らに対する子供たちの愛情と服従が失われるのがおちだろう。テレビをつければ、マイケル・ジャクソン〔米国の黒人ロック歌手。一九五八–〕が手袋をはめて優雅にさしだした手をレーガン大統領が親しげに握り、彼を熱心にほめたたえているのを親は見る。しかし、親としてはこれを拒絶する能力こそ発揮すべきなのだ——歌詞の意味など意に介さず、子供にとってこんなことはいずれたいしたことではなくなると考えるべきだ。かりに子供が早くから異性を知ったとしても、大人として堅実な性関係を維持してゆく妨げになるわけではない。麻薬を用いるといっても、きっとマリファナ程度でおさまるだろう。学校が実際的な価値を教えてくれているではないか。さらには、通俗的な歴史主義が最終的な救いをもたらしてくれよう。新しい状況には新しいライフスタイルが似合っており、旧い世代は昔の価値をおしつけるのではなく、若い世代に独力で自分の価値を発見させる手助けとならなくてはならない。音楽に較べると、テレビは若者の性格や趣味の形成に比較的小さな役割しかはたしていないが、それでも人々の合意を生みだす怪物である。右翼は番組がセックス過多にならないかと監視し、左翼は暴力を監視している。そして他にも多くの党派的立場がさまざまな内容について監視を怠らない。しかし音楽に手がのびることはこれまで皆無といってよい。従来のどんな努力も、問題の本性と範囲については何の効果ももたず、方向を誤っていたのである。

その結果は、親以外には誰も子供の道徳教育について本気に考えたりしない時代だというのに、肝心の親にその指導力がなくなってしまったことに端的に現われている。こうなったのも、大衆の気紛れな願望を予知する能力をもつ一風変わった青年たち——彼らはソクラテスの対話の相手トラシュマコスの現代版である——と、ロックから金鉱を掘りあてようとするレコード会社の幹部たち——彼らは今様の追剝ぎ貴族〔中世の英国で自分の領地を通る旅人を襲った貴族〕とでもいえようか——が手を結んだ結果である。彼らは、子供たちがこの国で小遣いというかなりの額の可処分所得をもつ集団のひとつであることに数年前に気がついた。親は子供のためなら有り金をはたくものである。こうして、親の頭越しに子供たちの心に訴え、子供向けの楽園を作り出すことによって、戦後世界最大の市場のひとつが形成されたのである。ロック産業は、需要を満たしながら新たな需要を作り出すという典型的な資本主義産業である。そのやり方は、道徳的には、たかだか麻薬取引ほどの品位しかそなえていない。しかしそれはまったく新しい予想外の事態であり、これにどう対処すればよいか誰も考えた者はいなかった。いまになって慌ててももう遅すぎる。なるほど、禁煙運動は最近とみに普及してきた。しかしそれは、基準の欠如とか相対主義とかいった現代の世相が身体的健康の問題には及んでいないせいだろう。それ以外ではすべて、市場が価値を決定する世の中だ（オノ・ヨーコは石油成金やコンピュータ成金と並ぶアメリカでも屈指の億万長者の仲間に入るが、それは亡くなった彼女の夫〔元ビートルズのメンバー、ジョン・レノン〕が石油やコンピュータ顔負けの商品を生産し、売りさばいたおかげにほかならない）。ロックは、映画、プロスポーツ、テレビをしのぐとてつもない巨大産業にのしあがった。音楽産業がもてはやされる理由の大半はここにある。実際、ものの見方を経済の変化に即応させながらも、ほんとうに重要な問題を見とどけるというのは、容易なわざではない。マクドナルド〔ハンバーガーを中心とする米国最大のレストラン・チェーン〕はいまやU・S・スチール〔米国有数の鉄鋼会社〕以上の従業員をかかえるが、これと同じように、魂にスナック菓子を調達するだけの業界が、今日でもより基礎的な職業であることには変わりがないはずの業界を追い抜いてしまったのである。

こうした変化がここしばらく続いて起こっている。すでに五〇年代の終わりに、ドゴールがブリジット・バルドー〔セックス・シンボルとして知られたフランスの映画女優。一九三四－〕にフランス最高の勲章のひとつを授与した。私には当時その意味が理解できなかったが、やがて彼女がプジョー〔フランス国産の自動車〕と並ぶフランス最大の輸出品であることがわかった。西欧諸国が豊かさを増すにつれて、ついに余暇《レジャー》が人々の第一の関心事となりはじめたのである（それまでは、余暇を得るための手段である富を追求するために、余暇自身は何世紀ものあいだ後回しにされてきたのであるが）。しかしそのあいだに、充実した余暇の過ごし方についての考えも、そうした余暇を過ごすために必要な人間の趣味や能力も、すっかり人々の心から消えてしまった。余暇はたんなる娯楽になりはてた。人々が長いあいだ働きつづけてきたのは享楽が目標だったことが、いまやはっきりした――手段によって目標が正当化されるとすれば、この結末も納得しうるものだろうが。音楽産業は、ほとんど子供たちだけを相手にしている点が他の産業と異なるにすぎない。法律の観点からいっても人間本性の観点からいっても、子供は不完全な人間なのに、音楽産業はあたかも子供が最終的な満足、完全な満足を享受できる人間であるかのように扱う。おそらくここに、おしなべてわれわれの娯楽がどういうものであるか、大人とか成熟の何たるかについてわれわれがいかに明確な展望を欠いているか、さらには目標の構想にあたってわれわれがいかに無能力であるか、その偽らざるところが示されているのではなかろうか。価値の中身が空虚になってしまったために、人々は自然的事実を目標として受け容れている。音楽産業についていえば、幼稚な性的関心が目標だ。多数の大人がこぞってこう考えるようになったのも、他の目標が失われたからではないかと私は思っている。

「末期資本主義」に対して批判的なアプローチをとっていることを誇りにし、その他の現代の文化現象の分析に際してもあれほど冷徹で容赦のない左翼陣営が、ロック・ミュージックとなると一般に野放しにしていることに注意してほしい。ここにはおもしろい問題が含まれている。彼らはロックの繁栄をもたらしている資本主義的要因に気がつかず、ロックを文化的に抑圧されたブルジョア階級より下の層から生まれた民衆芸術と見なしている。ロックにつきものの反道徳主義と束縛のない世界への憧れが、彼らにはプロレタリア革命を告げるらっぱのように思えるのかもしれない。実際、マルクス主義者は、自由社会に不可欠の信念とモラルがロック・ミュージックによって打ち砕かれると考えており、彼らがロックを是認するにはこうした理由だけで十分なのだろう。しかし左翼のインテリ青年とロックとの協調関係はもっと深いところに根をもっている。ヘルベルト・マルクーゼ〔ドイツ生まれのアメリカの哲学者。一八九八―一九七九〕はマルクスとフロイトを結びつけることによって、六〇年代の大学生の心をとらえた。著書『エロスと文明』および『一次元的人間』において、彼は資本主義とその虚偽意識を克服すればセックスに最大の満足を見出す社会が生まれるだろうと約束した。すなわち、ブルジョアのモラリストだったフロイトが「多形的かつ幼児的」と呼んだ種類の満足である。ロック・ミュージックも同じ若者の琴線に触れる。セックスの自由な表現、アナーキズム、非合理的無意識の発掘、そして無意識の自由な飛翔、これらが若者に共通した心情なのだ。本書の第二部で述べる高級な知的生活といま話題にしている低級なロックの世界は、同じ娯楽産業を支えるパートナー同士である。どちらも末期資本主義の文化構造の一部として解釈されなければならない。両者が社会に受け容れられた裏には、自らをブルジョアではないものとして感じたいという一方で、我が身を危険にさらすことなく無制約に羽根をのばしたいというブルジョアの欲求がある。そのためならば彼はいかなる代償も惜しむつもりはない。左翼についてはマルクスよりもニーチェの解釈のほうがすぐれている。末期資本主義を批判する理論は、同時に、末期資本主義の最も繊細にして最も粗野な表現である。反ブルジョアの怒りとは、

「最後の人間」〔ニーチェが「超人」と対置した最も軽蔑すべき人間〕の阿片なのである。

ニーチェが「ニヒリーネ」と呼んだこの強烈な刺激剤は、ほぼ十五年の長きにわたって一人の人物のうちに集約されている。ミック・ジャガー〔英国のロック歌手。一九四三－〕である。中産階級出の抜け目ない少年だった彼は、狂気に取り憑かれた下層階級の悪魔の役割と、色気違いのティーンエイジャーの役割を、四〇歳になるまで演じとおした。しかしながら彼の目は、彼自身が官能の狂乱に男女を問わず駆り立てた子供の大群に向けられる一方で、裏で金を操る大人たち——商売第一でエロス抜きの大人たち——にも向けられていた。彼は演目のなかであるときは男を、あるときは女を、あるときは異性愛者を、あるときは同性愛者を演じた。慎ましさなどとは無縁の彼は、どんな人間の夢のなかにも入りこむことができ、誰とでも何でもやってみせる、と約束した。とりわけ彼は、麻薬——親と官憲が結託して、彼の歌に聴きいる若者から取り上げていた本物のスリル——を大っぴらに認知した。彼は道徳においても政治においても法を超越し、これを鼻先であしらった。このような彼の態度には、性差別、人種主義、暴力などに向かおうとする抑圧された性向を鼓舞する汚らわしいアピールが、わずかであれ入り混じっていた。こうした性向を放任するなど、いまでは決して世間には受け入れられない。しかしそれにもかかわらず、彼は兄弟愛と肉欲との区別をぼかすことによって、愛に基づく階級なき普遍的社会というロックの理念に逆らうような印象を何とか免れたのだった。彼はどんな場所でも無数の若者たちの英雄であり、手本であった。大学のなかも例外ではなかった。英雄崇拝など微塵もないとひそかに誇っていた学生にしても、本音ではミック・ジャガーのようになりたい、彼のような生活を送ってみたい、彼の名声を手に入れたい、と願っているのがわかった。彼らはそれを大学のなかでは恥ずかしがってなかなか認めなかったが、その理由が何か高級な嗜好基準に基づいていたとは私には思えない。おそらく自分でも英雄崇拝に気づいていないのだろう。ロック・ミュージックそのものにしても、熱心なロック談義にしても、彼らのあいだではなかなかの評判である。たしかにロック・ミュージックは、知的な俗物根性をたたきなおす最後の武器であることが判明した。しかし、気弱な凡人に流行の行動パターンを授けるのがロック・ミュージックであり、そうした行動を真似ることによって彼らは他人に自分を尊重させ、自己の評価を自分で勝手にもちあげているだけだとすれば、あまりほめられた話ではない。ミック・ジャガーは、自発的とはいえないし意識してもいないが、十九世紀を通してナポレオンがフランスの市井の若者の生活で演じたのと同じ役割を、現代の若者の生活において演じている。他の人間はあまりに退屈すぎて、若い情熱を魅了することができなかった。ジャガー一人が、彼らの心をとらえたのである。

この二、三年、ジャガーの人気は色褪せはじめた。とはいえマイケル・ジャクソン、プリンス〔米国の黒人ロック歌手。一九五八―〕、ボーイ・ジョージ〔英国のロック歌手。一九六一―〕の面々がジャガーに取って代われるかどうかはわからない。彼らはジャガーよりもはるかに奇怪で、彼らがどんな新種の嗜好を発見したのかいぶかる向きも多い。彼らにはそれぞれの持ち味があるけれども、彼らの音楽が娯楽であるという点では本質的に性格は変わらない。同じテーマをめぐってたえずさまざまな趣向が追い求められているにすぎない。それにしても、この低俗きわまる現象に、心理学と文学がこぞって請け合ってきた約束が実現されていることは明白だ。それは、弱体化し消耗しつくした現代西欧文明はやがて無意識という本来の源泉に回復の糧を見出すはずだ、という約束だった。後期ロマン主義の想像力にとって、無意識は未踏の暗黒大陸アフリカにも等しいものと思われたのである。現代ではすべてが白日の下にさらけだされ、至るところに光が投げかけられている。無意識の領域は意識にもたらされ、抑圧されていたものが表にひっぱり出される。では、そこでわれわれが見出したのは何だったのか。何かを創造する悪魔どころか、ショー・ビジネスのけばけばしさだった。きらびやかな衣装で舞台に立つミック・ジャガー、それが世界の裏側への航海からわれわれがもちかえった全財産なのである。

この本で私が問題としているのは、音楽が与える道徳的な影響ではない。音楽がセックス、暴力、あるいは麻薬につながりをもつかどうかは、いまは問題ではない。重要なのは、教育に対する影響である。私の思うに、ロック・ミュージックは若者の想像力を衰退させ、一般教養教育の本領である芸術と思想に対して若者が情熱的な関係を結ぶのをきわめて困難にしている。生涯の趣味を身につけるにあたっては、最初の審美的体験が決定的な意味をもつものだ。そうした体験こそ、われわれのうちにひそむ動物的なものと精神的なものとの橋渡しをしてくれるのである。子供の官能が芽ばえかける時期というのは、従来では昇華――官能を崇高なものに高めるという意味での「昇華」――のために、すなわち、若々しい彼らの性向と憧れを音楽、絵画、小説に触れさせるために、利用されるのがつねだった。これらのおかげで、人間としての義務を全うし、人間の歓びを享受しうる一人前の大人への移行が、かなえられたのである。レッシング〔ドイツの劇作家・批評家。一七二九―八一〕はギリシア彫刻について述べた折りに、「麗しき人間が麗しき像を作った。そして、都市は麗しき市民に感謝の意を表するためにも麗しき像を建てた」と語った。彼のことばは人間の美的教育の根本原理を簡潔に表現している。以前のうら若き男女は、人格の気高さを体現した英雄像の肉体美に魅せられたものだ。気高さの何たるかをより深く理解できるようになるのは後のことだとしても、そうした理解は審美的体験を通して準備されるのであり、すでにその体験のなかに現に含まれている。そうである以上、感性がまず憧れるものと、理性が後になって善と認めるものとは、決して緊張関係にあるわけではない。教育とは、子供に向かって本能と歓びが敵であると説教することではなく、子供が感じとるものとその子供が将来何をなすことができ何をなすべきかということとのあいだに、自然な連続をもたらすことなのである。しかしそれは失われた過去の技芸《わざ》になってしまった。われわれはいま、これと正反対の状況に囲まれている。ロック・ミュージックの鼓舞する情念と、そこに提供されている手本は、大学に通う若者が可能性として秘めているいかなる生活とも関係がなく、一般教養課程によって育まれるいかなる驚嘆とも無縁である。しかし感情の協力がなければ、専門技術教育以外のどんな教育も形骸化したことばに終わるのだ。

　ロック・ミュージックは早熟のエクスタシーを提供する。その点で、こうした気分と手を取りあった麻薬に似ている。全力を尽くして何かを成し遂げたときに自然に感じる興奮――正義の戦いの勝利、恋の成就、芸術的創造、宗教的献身、真理の発見といったときに覚える興奮――を、ロック・ミュージックは人為的に誘発する。努力も才能も徳もいらなければ、身体の諸器官を働かすこともしないでいて、どんな人間でも全員に、それらの成果を享受する権利が平等に分かち与えられている。しかし私の経験でいえば、過去に麻薬に溺れた学生は、かりに立直っても、何かに熱中するとか大望をいだくとかいうことがなかなかできない。あたかも彼らの生活から色彩が消え、すべてが黒と白の無彩色に見えるといったふうなのである。最初に体験した歓びがあまりに強烈だったので、終い《エンド》に（あるいは、それが目的《エンド》なのかもしれない）彼らはもはや歓びを求めようとしなくなる。動作は別段おかしくないのだが、どこか無味乾燥で機械的だ。エネルギーは枯渇し、ただ生きてゆくという以外に毎日の営みから何かが産みだされるなどとは彼らは期待しない。善い生活とは歓びに満ちた生活であり、最も善い生活は最も歓びに満ちた生活であるという信念を、一般教養教育が教えてくれたはずではなかったか。ロックへの耽溺は、強力な対抗刺激がない場合にはとくにそうだが、麻薬に似た影響があるのではないかと私は懸念している。なるほど、いずれ学生たちはロック・ミュージックを卒業するだろう。少なくとも、ロックしか頭にないというような情熱はおさまるだろう。しかしそれは、フロイトのことばに従えば、「人間が現実原則（現実生活の要求に適応するため本能的欲求をおさえる心的機制の法則）を――味気なく、冷淡で、本質的に魅力に欠けるものとして、つまりはたんなる必要性として――受け容れる」のと同じ道程にすぎないだろう。こうした学生が励むのは、経済学か専門職〔もとは神学・法学・医学をいった〕の勉強であり、彼らが脱いだマイケル・ジャクソンばりの衣装の下からはブルックス・ブラザーズ〔米国の高級紳士服ブランド〕のスーツが顔を出すことだろう。彼らの望みは時代の先端を進み、快適な生活を送るというくらいのことだ。しかしその生活が虚しく偽りのものであることは、彼らが過去に置き去りにした生活と同様である。効き目の早い麻薬注射か、それともこうしたパッとしない生活か、こんな二者択一など存在しない。そんなことは一般教養教育が彼らに教えるはずのことである。しかし彼らがウォークマンを離さないかぎり、偉大なる伝統のことばは彼らの耳に届きようがない。長いあいだ耳にあててきたウォークマンをはずしてみたとき、しかし、彼らは何も聞こえなくなったことに気がつくのである。

きずな

自己中心主義

概して、いまの学生には好感がもてる。もとより私はこのことばを慎重に選んでおり、彼らがとりわけ道徳的だとか、高潔であるとか言っているのではない。彼らの「感じの好さ」は、時代に恵まれた民主主義に見られる性格の一面である。戦争や専制政治、さらには物質的窮乏が彼らを鍛えたことはないし、そんなもので苦労した経験がない。階級という語にこめられた強い意味が薄れるにつれ、階級差別が惹き起こす心の傷や敵愾心は消滅した（かつてのアメリカの大学ではその意味は生きていたし、イギリスではいまなお害毒を流しながら生き残っている）。学生はいまやたいていの束縛を免れている。彼らのためなら家族は犠牲をいとわず、見返りに服従や尊敬を過大に要求したりもしない。宗教も民族的出自も、彼らの社会生活や将来の見通しにこれといった影響がほとんどない。「体制」の存在を本気で信じている若者もごく少数いるとはいえ、社会的不公正が自分に及んでいるという激情は見られない。かつては御法度と考えられた麻薬やセックスも、分別のある用い方をすればそれなりに楽しむことができる。一部の過激なフェミニストたちは相変わらず昔の信条にこだわっているが、大半の女性は自分たちの社会進出にさほどの妨げはないと呑気にかまえている。大学には、年長者に対する気楽でうちとけた雰囲気があり、束縛のない若者たちにとって、それは年長者への尊敬の念とさえいえる（トクヴィルによれば、こうした雰囲気は平等な社会においてこそ促進される）。とりわけ注目に値するのは、ブルジョア社会ないし社会一般に対する若者の嫌悪を育ててきた憧れの念――ロマン主義に発するものであれ何であれ――がいまではまったく見られないことである。六〇年代には不可能と思われていた夢が、アメリカ式生活のたががゆるんだせいで、容易に実現できることがわかったのだ。最近の学生は快活で人なつっこく、魂はたいしたことがないにしても、少なくともとくに精神的に貧しいとはいえない。ただ、何よりも彼らの関心を惹くのは、最も狭い意味における自己自身なのである。

そういえば、かつて私は目から鱗のおちる思いをしたことがある。それは、アイヴィー・リーグ〔ハーヴァード大学など米国北東部に集まる名門八大学〕に属するある大学の秀才グループと、気がねのない雑談を楽しんでいた夕べだった。私はその大学でしばらく客員教授を務めていたのだが、授業に出席した学生たちとはある共通の基盤ができあがっていた。講読の授業でプラトンを熱をいれて読んだおかげである。こうした授業は学生の発言を促す効果が多分にあり、少なくともその時間だけは、彼らを毎日の生活習慣からひっぱりだすことができるのだ。その日はお別れのピクニックだった。気楽な雰囲気のなか、われわれは率直に語りあうことができた。少し意地悪かもしれないと思ったが、私は途中である話題をもちだした。それについて、最近の若者の意見を確かめたかったのである。前の晩に大学の教職員仲間とのディナーがあって、その席で出た会話がこの問題提起の原因だった。ある幹部職員の夫人が私に息子の話をしたのだが、その息子は法学部を出ているのに野心がなく、職を転々としているという。息子の友人たちも同様らしい。しかし彼女の口ぶりには、息子の行状にそれほど落胆している様子はなく、むしろそれを少々誇らしく感じているふうさえあった。つまり彼女は、自分たちの世代よりも子供の世代のほうが何かにつけ優れていると思いたがる――子供が自分たちの基準に冷淡なときにはとくにその傾向が強い――今流の親の一人だったのだ。そこで私は、どうして彼らは定職につかないのだろうか、と彼女に聞いてみた。彼女は確固とした調子で、落着きはらって躊躇なく答えた。「核戦争の恐怖のためですわ」。

　こうしたことがあったので、私は自分が教えた学生たちに核戦争をほんとうに恐いと思うか、と尋ねたのである。反応は全員一様で、いくぶん困ったような照れ隠しの笑いが返ってきた。彼らは自分たちが日頃何を考えているか百も承知で、自分たちの考えが社会的問題とはまず無関係なのを自覚していた。もちろん彼らは、分別ある大人が大勢いて、世界の政治秩序の変換を要求する口実として、核の脅威をとりあげてほしいと自分たち学生に期待しているのも知っていた。また、同時にそういう大人が、いまの政治家たちの気狂いめいた「軍拡競争」追求に歯止めをかける論拠として、自分たちの傷ついた魂を引き合いに出そうとしている事実も知っていた。ただ、いまの学生は――先の質問を何度も繰り返した上での結論であるが――道徳的な気取りがないので、道徳上の大問題にぶつかると、自分たちを皮肉っぽい目で眺めてしまうのである。そのためか、六〇年代を振り返っては、昔の学生には信念があったとなつかしがる人々もいる。たしかに、ヴェトナム戦争に駆り出されるかもしれないという不安は恐ろしいものだった。しかし少数の例外を除いて、今日の学生は、核戦争に対する自分たちの無関心を核戦争の「否認」と診断する半可通の心理学者（彼らは原因が結果を生まないことがあるのを証明するために、科学の助けを借りるという連中である）のことばを鵜呑みにはしない。これと同じで、かつてのアメリカの大衆は、愛娘相手に漫然と核戦争について論じているふうを装って大衆をまるめこめようとした大統領には騙されなかったのである。学生たちの関心はもっと別のところにある。なるほど彼らにはある種の無気力が窺われ、将来についての幅広い視野が欠如している。しかし、これを核戦争の恐怖のためだというのは、アメリカの西部に征服すべきフロンティアがなくなったからとか、神が死んだからとかいうのと同じ話で、何の説得力もないのである。

　前の世代と比較していまの世代がこれほど素直な理由を正確に述べるのは容易でない。もとより、彼らにしても社会的なポーズを見せることはしばしばある。先だってのブラウン大学（六〇年代における一般教養教育解体の先頭をきった大学である）の全学生投票からも明らかで、核攻撃にそなえて大学はシアン化物を用意せよという要求が出されたのである。これは、われわれが若者に強いている煩悶を見事に表現した「声明」だった。とはいえ大多数の学生は、自負心にかけては誰にも負けないにしても、自分たちの頭のなかが自分の将来と仲間との関係でいっぱいなのを承知している。自己実現を云々するある種のレトリックのせいで、彼らの生活は魅力ある趣きを呈しているが、彼らはそこにとくに高貴な要素などないことを知っている。現代は、生存主義〔待避施設や食糧備蓄によって、戦争や災害から生き残るのを第一とする考え方〕が英雄崇拝に代わって人々の称賛を受ける世の中である。こうした内向化は——一部の人々の予想とは違い——六〇年代の消耗熱が冷めたあとの正常性への回帰でもなければ、かといって異常な利己主義でもない。あらたな孤立化の波がおしよせ、若者たちは内面をのぞく以外に道がなくなってしまったのである。端的にいって、より広い問題に彼らの関心をほぼ自然に向けさせるようなものはどこにも見られない。エチオピアの飢餓状態やカンボジアの大量殺戮はみな、核戦争と同様、注目をひいて当然のほんとうの惨禍であるが、学生の生活とは直結していないし、有機的な結びつきも欠いている。公共の問題と個人的関心事がある人間の思想のなかで溶けあうというようにして、彼の関心をより広範な人間社会へ向かわせる出来事は、彼らの身辺ではまず生じない。それはたんに、参加するもしないも自由であり、参加する必要はとくにない、というだけの話ではない。あらゆるものが参加を妨げるように働いているのだ。トクヴィルによれば、家族の土地をもたない人間、あるいは、自らが受け継がねばならぬ家族の伝統をもたない人間が、個人主義を回避し、自らをたんなる変化しつつある連続体のなかの無名の原子としてではなく、過去と将来にわたる不可欠の部分として理解しようとする過程で、こうした難問に直面するだろうという。トクヴィルが叙述しているのは、進歩的平等主義の氷山の一角にすぎない。公共の徳は私的悪徳から生まれるという近代の経済学の原理がすでに日常生活のあらゆる側面に浸透していて、公共的なものへ意識して参加する理由などないように思われている。ソウル・ベローが言ったように、公共の徳とは一種のゴーストタウンであり、この町に移り住んで保安官を名乗れる者は誰もいないのである。

国家、宗教、家族、文明の観念、そして無限の宇宙と個人とを媒介しながら全体における位置という観念を提供してくれたあらゆる感情や歴史の力——いまやこうしたものはすべて合理化されてしまい、有無をいわさぬかつての力を失っている。アメリカを国民共通の事業として体験する者はもはや誰もいない。アメリカは個人にすぎない人々が過ごしている枠組みとしか感じられず、人々は孤独のうちにとり残されている。共通の事業があるとすれば、それは、いわゆる恵まれぬ人々に望み通りの生活をかなえさせることくらいだ。進歩的左翼は自己実現を口にしている。右翼は、最もうけがよい形態では自由主義者だ。つまり、彼らは誰もが望み通りの生活ができる社会を支持する、右寄りの左翼なのである。しかしいまの学生に対しては、自由主義的民主主義に特徴的な私生活のなかに入りこむ唯一の手段——課税と徴兵——も力がない。もし人間に生まれつき政治的衝動があるとすれば、きっとフラストレーションが生まれていることだろう。しかしその衝動も現代社会のおかげでひどく衰弱してしまい、ほとんど誰もこれを体験することができないのだ。

たしかに学生は、社会生活に自分がほとんど（ないしは全然）影響力をもっていない、という無力感を抱いているのかもしれない。しかし本質的には、彼らは政治を追放した管理体制のなかで快適な生活を送っている。核戦争は恐ろしい予想であるとしても、それが彼らの心によぎるのは間近に迫っているように思われるときでしかない。核凍結騒動のような、大衆が団結しておこなう力強い努力——これには『ザ・デイ・アフター』〔ソ連の核ミサイルが米国に落とされる前後の数日を描いたSFテレビ映画。高視聴率をあげ、反核問題を提起した〕のような娯楽がくっついている——さえも、学生の日々の生活とは何の関係もないし、気晴らしの域を出ない。政治生活を天職とする学生はきわめて稀だ。彼らが実際に政治に手をそめるかどうかは偶然によるところが大きく、若いときの訓練とか野心が将来の政治生活に直結しているわけではない。私が話題にしている大学では、公職につく特権と責任を受け継ぐ家庭に生まれた学生はほとんどいない。そんな家庭がほとんど残っていないからである。結局、義務も歓びも学生を政治にまきこんだりはしない。われわれの生活は、市民と政治家との消滅についてバーク〔英国の政治家、保守主義思想家。一七二九-九七〕とトクヴィルが語った状況を極端なかたちで示している。青春期のとるにたりない個人的関心――「うまくやる」こと、自分の場所を見つけること――が、生涯にわたって続くのである。いまの学生世代は、その素直さのために、世界史の有力な主人公のようにふるまえと求められると笑い出してしまう。彼らは、「民主主義の世の中では、どの市民も実に些細な目標である自己自身のことを考えるのに忙しく、それが習い性となっている」というトクヴィルのことばが真理をついているのを知っている。このような自己への没頭は、過去に対する無関心が増し、将来に対する国家的視野が欠如したせいで、トクヴィルの時代をはるかにしのいでいる。若い想像力を惹きつける唯一の共通事業は宇宙空間の探険であるが、そこは真空の世界だと誰もが知っているのだ。

現代の政体に固有の個人主義はこうした風潮からの不可避の帰結であるが、もうひとつの意図せず予期されもしなかった時流によってこの個人主義は強化されてきた。それは家族の没落である。家族はかつては個人と社会との仲介物であり、個人的なものを超えた、なかば自然的ともいえるような付属物を提供してきた。そうした付属物のおかげで、少なくとも一部の他人に対する無条件の関心が人々に生まれ、孤立化した個人が社会と結ぶ関係とはまったく異なる社会関係が作り出されたのである。共同体にとって両親、夫、妻、子供は人質である。こうした近親者がいるからこそ、共同体に無関心でいるわけにはいかず、共同体の将来との実質的な利害関係も結ばれるのだ。それは必ずしも本能的な祖国愛ではなく、自分のいとしい者を愛するがゆえの祖国愛である。いわば愛国心の穏やかな形態なのだ。すなわち、自己の利害関係から割りに労せずに生まれ、さほどの自己否定を要求しないような愛国心である。家族の衰退――それは、自分勝手という以外に然るべき理由がない時代では、共同体からの極端な自己犠牲の要求を意味するのである。

多くの学生は両親の離婚を経験しており、将来自分たちも離婚する可能性が高いと統計学から教えられている。しかしこの事実を別にしても、彼らにはやがて両親や親類縁者の面倒を見なければならないとか、歳をとるにつれてこうした人々と顔をあわせる機会もふえてくるとかいう考えがほとんど見られない。老人向けの社会保障や退職基金、そして健康保険のおかげで、子供たちは彼らとの同居はもとより、彼らを経済的に養う義務からさえも解放されている。実質的には、子供が家を離れて大学に入学するときが、家族との親密な結びつきが終わりを告げる始まりである――もっとも、その時点では子供にはまずその認識がないが。子供が家を出る時分には、両親の権威はもうほとんど子供には及ばない。子供たちの目は外の世界と将来の世界に縛りつけられている。冷淡というのではない。たんに関心の内容が別のところにあるのだ。とにかく精神的な面では家族はずいぶんと空虚な場に化しており、古い関心の対象が色褪せるにつれて新たな対象が彼らの視野を占める。アメリカの地理的事情がこの離別に大きな役割をはたしている。アメリカの国土は広大で、とくに第二次世界大戦以降、飛行機旅行の普及によって人々の動きはきわめて活発になった。実際問題として、教育を終えてどこに住むことになるかは学生自身にもわからない。両親とも生まれ故郷とも遠く離れる可能性は、きわめて高いのである。これと対照的なのがカナダやフランスだ。これらの国では基本的に同じ文化の風が吹いているのに、人々が移住する地は皆無に近い。たとえばトロントに生まれ、英語を母語とするカナダ人にとっては、故郷に代わる魅力ある土地といえばバンクーバーぐらいしかないのが実状だし、パリっ子にいたってはそんな土地などどこにもない。果てしなき――あるいは、薄れゆく――地平線といういまの時代に顕著な特徴は、これらの場所ではあまり人目をひかない。実のところ、人々はこれらの場所に根を下ろしているというよりも、そこに貼りついているのである。こうして彼らは親戚や昔なじみの仲間と相変わらず顔をあわせ続ける。周囲の風景には何の変化もない。ところが、アメリカの若者は初めからもう一度やり直すのであり、彼にとってはすべてのものが開かれている。彼はどこにだって住むことができる。北部にも、南部にも、東部にも、西部にも、また都会にも、郊外にも、田舎にも――どこに住むかは誰も知らない。どこに住むにもそれなりの理由があり、彼のする選択は完全に自由だ。たまたまどこで職を見つけたかとか、彼がどんな気質の人間かという偶然によって、それまで自分が関係してきたすべてのものから遠く離れてしまうことが十分ありうるし、彼にもその心の準備ができている。自らの過去や過去に出会った人々に彼がどれほどの投資をしてきたかといえば、必然的に限られたものでしかないのである。

将来がこのように未決定である――ないしは、変更がきく――ということと、過去に拘束力がないということは、若者の魂が、自然状態にあった最初の人々の魂と同様の状態にあることを意味している。すなわち、彼らは精神的に裸であり、結びつきを欠き、孤立したまま生きている。人と物を問わず、何に対しても、先祖から受け継がれた無条件の結びつきがないのである。彼らは自分のなりたいものに何でもなることができる。しかし、とくに何かになりたいと思う特別の理由があるわけではない。自分の場所を自由に決定しうるというだけではなく、神を信じるか無神論者でいるか、それとも不可知論の立場をとって態度を保留しておくかということも、彼らは自由に決定しうる。こうした自由は、正常な性生活を送るかホモになるか、あるいはここでも態度を保留するかという決定や、さらには、結婚するかどうか、結婚してもその生活を続けるかどうか、そして子供を作るかどうかという決定にまで及び、こうして際限なく続く。彼らをどの方向に進ませ、どの方向を避けさせるかにあたっては、いかなる必然性もなければ、いかなる道徳、いかなる社会的圧力もなく、いかなる犠牲も払われていない。それぞれの方向を指向するそれぞれの願望が、たがいに対立しあう論拠をもちだして自らを支持している。民主制下の若者についてのプラトンの叙述に輪をかけたもの、それが現代の若者である。

> 〔民主制下の若者は〕そのときどきに訪れる欲望に耽ってこれを満足させながら、その日その日を送ってゆくだろう。あるときは酒に酔いしれて笛の音に聞きほれるかと思えば、つぎには水しか飲まずに身体を痩せさせ、あるときはまた体育にいそしみ、あるときはすべてを放擲してひたすら怠け、あるときはまた哲学に没頭して時を忘れるような様子をみせる、というふうに。しばしばまた彼は国の政治に参加し、壇にかけ上って、たまたま思いついたことを言ったりおこなったりする。ときによって軍人たちを羨ましく思うと、そちらのほうへ動かされるし、商人たちが羨ましくなれば、こんどはそのほうへ向かってゆく。こうして彼の生活には、秩序もなければ必然性もない。しかし彼はこのような生活を、快く、自由で、幸福な生活と呼んで、一生涯この生き方を守りつづけるのだ。（『国家』561c–d）

こうした何の備えもない若者たちが、主として自己自身と、永久に続く自由落下を避ける手段を見つけることにしか関心がないとしても、どうして驚くことがあろうか。学生のあいだで人気の衰えぬ小説のひとつがカミュの『異邦人』であることには、何の不思議もないのである。

平等

自嘲を含んだ感じの好さに加え、いまの学生気質でもう一つめだつのはその平等主義である。政治的信条はどうあれ、彼らはみな、すべての人間《マン》——もちろん女性《ウーマン》を含めて——が平等に創造され、平等の権利をもつと信じている。いや、それは信念どころではなく、骨の髄までしみこんだ本能だ。いつ誰と会っても、性別、皮膚の色、宗教、家族、財産、国籍といった問題は、彼らの反応に何の役割もはたさない。こうした問題がかつては現実的な重みをもっていた、という事実の認識そのものが消え失せた。それはいまでは神話と化している。自分の始祖《ルーツ》、民族性、聖なるものなど、以前は人間同士を隔てていたものへの関心が高い昨今だけに、学生たちのこのような反応は意外に思われよう。しかし、人がこうしたものに魅せられるのは、もはやそこに現実味がなくなったからにほかならない。一九二〇年当時、アメリカに移住してきた実際のイタリア人は、自らの民族性に思い煩いはしなかった。彼には民族性がしみこんでいた。だからアメリカ人になったにもかかわらず、彼は好むと好まざるとイタリア式の生活を送り、イタリア人のなかで生活したのだった。さて現代に降って、ハーヴァードの学生になった彼の孫はどうだろうか。ひょっとするとこの孫は、イタリアらしさ――それは彼の父親が懸命になって振り払おうとした社会的不利益だった――を取り戻したい、と願っているかもしれない。しかし彼の友人となると、彼は自分がイタリア出だということで気に入っているわけではない。その友人は、たがいにアメリカ式生活の特徴を共有する結果として、彼が否応なく気に入った個人なのである。また彼がどんな女性に魅力を感じ、どんな結婚をするかということも、彼の元来の血筋には左右されないだろう。彼の属する伝統的カトリック教さえも無力だろう。それは、彼が反イタリア的なものに惹かれているからでもなければ、支配階級の仲間入りを狙っているからでもない。端的にいって、出自や宗教といったものが、いまでは現実的な重みを失ったからなのである――たとえその権威を復活させようとする意識的な努力が一部にあるにせよ。カトリックの教義に背いた結婚をしたからといって彼を追放するような社会は周囲に存在しないし、懸命になって反対する両親すらいない。要するに、イタリア人というレッテルに重要な意味は何もこめられてはいないのだ。たとえ学生たちが教区学校に通っていたとしても、つまり宗教的に、また実際に民族的に、隔離された教育を受けていたとしても、たいていはこうした学校にも一般的な文化がゆきわたっている。さらには大学に入学して彼らがすぐに接する相手といえば、まず第一に、これまではよそ者だった連中なのだ。彼らは自らの文化的な鎧を造作もなく脱ぎ捨てる。私が子供の時分には、異教徒や異民族同士の集まりには、厳かな雰囲気が漂っていた。なかなか打ち解けることができず、往々にして相手に偏見をもち相手からも偏見の目で見られながら、人々は人類は兄弟という理念を殊勝げに奉じていた。しかし、いまではそんな雰囲気はまったくない。いまどきの若者は、まさに誰に対しても偏見がないのである。その原因がどこにあるのか――人間が、自分と他者との差を示す文明の衣装をもたない裸の動物になりさがってしまったのか、それとも、人間である点では誰も本質的に変わらないという認識が広まったのか、それは解釈の分かれるところだろう。しかしながらわが国の主要大学では、どの学生も個人だということ、これが事実である――真の個人とはとてもいえないのだが。各人がみな、まさに一個の人格（persons）だ。何が重要であるか、といえば、人間的であるということで十分なのである。アメリカがいくら平等主義を標榜する国だとはいえ、伝統的にさまざまな制度によって人々は分け隔てられてきた。しかし学生たちは、そうした制度によって自分たちと他の人々との距離が遠くなるなどとは思いもよらないのである。

　こういうわけで、民主主義社会における貴族精神の最後の砦であったハーヴァード、イェール、プリンストンに、かつての面影はない。古くからの家柄や資産による区別立ては消滅してしまった。クラブ会員が非会員に負わせていた古傷は癒えた。クラブはイギリス階級制度の秘かなアメリカ版といえたが、クラブなど誰も深刻には考えなくなったのである。すべては第二次世界大戦後の復員兵援護法〔復員兵への大学教育資金や住宅資金の給付を定めた法律〕に始まった現象である。大学は万人のものとなった。超一流大学も、卒業生の子弟を優遇し、よそ者——とくにユダヤ人——を排除するという慣習を次第に捨てていった。ハイスクールでの学業成績と入学試験が選抜基準となり、新種の優遇基準——とくに黒人の優遇——が旧来の基準にとってかわった。旧来の基準が階級を温存させるものであったのに対し、この新種の基準は階級を破壊するものだ。いまでは主要大学の学生定員は全国的にほぼ似たようなもので、最も優秀な志願者から順番に合格となる——ただし、この「優秀」というのは学業が優秀という意味である。典型的なハーヴァードの学生とかイェールの学生とかいった人種はいまや皆無に近い。学者の養成とともに紳士の養成を使命とする大学は、もはやどこにも見られない。旧来の紳士の道は死物と化した。もちろん学生たちは、口では何と言おうが、こうした一流大学の学生であることを誇りに思っている。それによって自分がめだつからである。しかし彼らは、一流大学の学生になれたのは生まれもっての自らの才能と、それまでの猛勉強のおかげにほかならないと信じているし、そしておそらくそれは正しいのである。ただ彼らは、ハイスクールの成績がよかったのは親に財産があったことが大きく、貧しい家庭の子供は不利な条件にあったとして、自分の有利な境遇を社会的不公正と考えている。しかしそれは、彼らにとってそれほど大きな悩みではない——少なくとも白人に関するかぎり、それほどの悩みとはいえない。中産階級がわが国の多数派となった結果、学費に困る学生は奨学金制度を容易に利用できるからである。こうして彼らの周囲には、ありとあらゆる家庭の出の学生がいる。自分のことを文化の恩恵に浴さず、わが身に閉ざされた特権階級社会を恨みがましく覗きこんでいるよそ者と感じる学生はほとんどいない。しかし逆に、社会の梯子をのしあがろうとする学生もいない。のしあがるべき高級社会がどこにも見えないからである。これと同様に、民主主義と平等を軽蔑するという、かつてはいつの時代にも存在していた思想の一派も姿を消した。ここでも第二次世界大戦がすべてを終わらせた。すべての学生は平等主義にたつ能力主義者だ。彼らは、どの個人も人種、性別、宗教、家族、財産、出自に関係なく、自分に特異な——つまり、それは平等ではないということなのだが——才能を思い思いに発揮すべきだと信じている。そしてこれが、彼らの知る公正というものの唯一の形態なのである。貴族制や君主制を支持するまともな議論がありうるなど、彼らには想像もできない。彼らにとって、こうした政体は過去が犯した不可解な愚行にほかならないのである。

性別の問題についても同様である。男女の違いがもつ意味はいまでも生きているにもかかわらず——この違いは、ユダヤ教徒とカトリック教徒、ドイツ人とアイルランド人、古い家系と新しい家系の違いとは異なる。これらは学生の父母の時代の遺物にすぎず、現代の生活様式には何の違いも生んでいない——学生たちは、女性が教育において平等に扱われるべきであり、男性とまったく同じように出世を求めて然るべきだ、女性は男性に並ぶどころか時には男性を上回る能力さえ秘めている、と見なしている。そこにはジョークもなければ、自意識もない。要するに、このような事態は人類の歴史において正常ではなく、空気を吸うといった話のレベルではないことが、彼らにはわかっていないのである。彼らの信条で、原理に基づき、構想を練り、努力を重ねた結果として生まれたものは何もない。たんなる気分、毎日の生活のありようがそのまま彼らの信条である。そしてこれが、各人は他のすべての付帯的要素を抽象した人間、すなわち本質と見なされるべし、という民主主義の夢想の実現なのだ。しかしそれ以外となると、いかなる抽象も彼らは知らない。昨今はやりの見解とは逆に、大学以外の社会はいざ知らず、大学はいまや坩堝《るつぼ》と化した。民族性は身長が高いか低いかとか、髪が黒いかブロンドかとかいうようなことと同様、たいして重要な問題ではなくなった。この若者たちにとっては、自分たちを分け隔てるものよりも、自分たちの共通項のほうがはるかに重い意味をもっている。伝統と儀礼に焦がれる現代の風潮は私の主張を裏づけるとともに、あるいはこのような均質化のために支払われた代償を教えるものかもしれない。偏見がないというのは、学生たちに違いを見る目がなく、そのために違いが次第になくなってしまった結果なのだ。学生同士の会話に耳を傾けても、よそ者を集団や種類に分けるような話はまず聞かれない。彼らの会話は、いつも個人に関するものである。ときにステレオタイプとして知られる国民性についても、彼らの感受性は失われてしまった。

人種

　これまで私が描いてきた現代の学生風俗には、唯一の風変わりな要素、唯一の失敗がある。それは——かつては最も希望にあふれた一面だっただけに、とりわけ深刻な意味をもつ——黒人と白人とのきずなである。白人学生と黒人学生のあいだには、一般に真の友情が育っていない。人間同士の違いから生まれる溝は、結局ここでは橋渡しができなかった。障壁が取り除かれた当初の予想、そして確信に満ちた期待に反して、大学で人種が忘れられるという事態はついに生じなかったのである。現在、主要大学には数多くの黒人学生が在籍しており、その割合も国民総数にしめる黒人の割合に匹敵することが珍しくない。しかし全体的に見て、彼らは大学に融けこんでいるとはいえない。ほとんどの黒人学生は自分たちだけで仲間を作っている。一方、白人学生のほうは、（アジア人を含む）他人種の学生に対するのと同様、黒人学生とも直接で気取りのないつきあいをしているかのようにふるまっている。しかし建前はどうあれ、本音はぎこちない。彼らの態度には、正しい考え方、原理、社会的課題といった雰囲気がある——要するに、本能というよりは努力の雰囲気が窺えるのである。いまの学生にとって、仲間意識はふつうひとりでに芽生えるものだが、それがない。いかなる障害も超えたほんとうに親密な触れあいは、黒人学生が相手となると立往生してしまう。六〇年代に掲げられた友愛の理念は、差別撤廃に到るどころか、黒人分離という思わぬ方向に向きを変えた。白人学生はこれを不快に感じており、あまり話題にしたがらない。こうした成り行きは彼らの思惑に逆行するものだった。彼らには、人間はみなだいたい似通っており、友情も機会均等の一側面だという考えが浸透している。黒人分離の動きは彼らのこの考えにはなじまないのだ。学生食堂の人種別テーブルは白人学生にとって座り心地が悪く、彼らは気がつかないふりをする。しかし、これは実際の大学生活にゆきわたっている表立った差別の一例にすぎない——たとえば、住居や学習室も分離されているし、理論科学と人文科学の分野では、黒人の数はとくにめだって少ない。たしかに制度面では大学内の差別は撤廃されており、黒人と白人は学内でいつも顔をあわせている。しかし人種を超えた、魂と魂が触れあうという実質的な人間的接触となると——学生生活のその他の側面にはすべて浸透しているのに——端的にいって、通常この二つの人種のあいだには存在しない。完全に融けこんだ黒人学生という例外もないわけではないが、それはごく一部に限られているし、その立場にも微妙なものがある。

　私は、この憂鬱な状況を生んだ責任が白人学生にあるとは思わない。こうした問題に対して彼らはかなり率直な態度を示すし、この問題の領域では自由主義者たることを証明しようとしばしばこちらがまごつくほど熱心になる。黒人問題は、過去の不公正の歴史に対してアメリカ人がとくに敏感に反応する問題のひとつなのだ。こうした学生たちは、宗教や国籍の多様性とか、アジア人の同化、さらには近年における女性の野心や役割の変化といった状況に対し、自分たちのペースで順応してきた。彼らが人種主義者の影をとどめていると言いたい人がいるなら、それを示す膨大な証拠を提出してもらわねばなるまい。たしかに黒人に対する優遇措置は、平等の権利が個人に属し、肌の色には左右されない、という学生の根強い信念に逆らう。しかし白人学生は、概して、平等を実現するための一時的な手段として「積極行動」〔被差別者の雇用、高等教育などを積極的に推進する計画〕を受け容れるよう自らに言いきかせてきた。とはいえ、こうした納得のしかたは彼らにとって愉快なものではない。彼らはプロパガンダにも新道徳の強制にも慣れっこだが、日常の生活では自分の思うまま、感じるままにふるまいたいと思っているからである。さらに、彼らは黒人は美しい《ブラック・イズ・ビューティフル》とは考えていないが、それは白人が美しいとも考えていないのと同じである。彼らは、資質のない学生に資質があるとは考えない。こうして白人学生のあいだには、問題そのものを伏せたままにして、あたかも問題などないかのようにふるまい、自分に近づいてくる少数の黒人学生とはつきあうが、他の学生のことは全部忘れてしまう、という傾向が広がっている。彼らは、黒人そのものの味方になることはできない。共通の目標をめざした性急な時代は終わった。差別法は大昔の歴史のものであり、いまでは大学に大量の黒人がいる。黒人学生とのきずなに大きな変化をもたらすために白人学生にできることといえば、これ以上は何もないのである。

　こうして、黒人以外の人間がみな一個の「人格」となったとき、まさに黒人は黒人となった。私は主義主張の話をしているのではない。当初はさまざまな主義主張が喧伝されたものだが、いま私が言っているのは感情の問題だ。その昔、他と際立った違いをもつ集団に偏見を抱く人々は、「彼らは団結している」という言い方をしばしばしたが、この文句はいまや黒人学生にほぼあてはまるようになった。授業や学内活動をとおしてのふだんの接触――これらは通常きわめて礼儀正しい――以外に、黒人学生が白人学生と接触をもつという例外的な機会は一般になくなった。宗教に較べると人種は精神的にそれほど重要ではないだけに、また、六〇年代後半にいたるまでは、差別撤廃ということが大学に籍をおく黒人の目標であり、その毎日の行動であっただけに、これは特異な現象である（六〇年代後半になると、彼らは少数派となり、内部対立が激化した）。さらにこの現象は、黒人はいわば本能的に「民族性」を身につけてきた唯一の集団に思われるという点でも、特異と言わねばなるまい（「民族性」とは、六〇年代の発見もしくは創造である）。この現象と同時に、黒人の側においても、他文化とは違った黒人「文化」なるものへの信念、ないしは関心が次第に薄れてきている。黒人たちは、知的にも道徳的にも、何か特別な積極的経験を共有しあっているわけではない。彼らはごく一般的な文化に浸っており、目標や趣味も他の人々と変わるところがない。ただ、彼らはそれを自分たちだけでやるのだ。黒人排除はもはや残っていないというのに、彼らは依然これにこだわり、自分たちが分離されているという思いを心の底で抱いている。坩堝は火にかかっているけれども、彼らは他のすべての集団のようにはなかなか溶けてしまわないのである。

　これには明らかにいくつかの無理からぬ理由がある。多民族社会において大集団を形成する民族にとって、自らの分離は正当な権利だ。しかしながら黒人運動は、残りの社会集団の動向に逆行し、ともすると相互の衝突を招くばかりか、彼ら自身のきわめて高潔な主張や、彼らがこの国で築きあげた伝統にも逆行している。そうなったのは、知的世界でさまざまな人種が危険にも仲を裂かれている状況と関係している。この知的世界では分離主義を正当化する余地はなく、共通の人間性という理念が何よりも優先されなくてはならない。しかし、いまや大学は、政治上の対決や鬱憤の溜り場と化してしまった。その責任の一端は、自らの使命の普遍化に大学が確信を喪った点にあると言わざるをえない。第二次世界大戦後、ほとんどの主要大学は黒人の教育に努め、その勢いは増すばかりであった。この動きの裏には、教育は歓迎すべきものであり、黒人を高水準の知的レベルに引き上げることがアメリカの抱えるディレンマを解決する決め手となるという、アメリカ人の真摯な信念があった。事実として、躊躇する者は誰もいなかった。もっとも、少なくとも当初の段階では、能力はあるが貧しい黒人を要求基準に早く追いつかせるために、彼らに対しては非公式に基準を甘くすべきではないか、という内々の議論がなされた。この問題に関しては、識者のあいだでも意見が分かれた。黒人が自ら示すべき手本となるためにも、また黒人の自尊心を重んじるためにも、最高の達成基準を守るべきだ、と考えた人々もいれば、基準を下げることによってどの世代にも利益が及ぶ、と考えた人々もいた。しかし善意ある市民は、いずれにせよ結局はうまくゆくと疑わなかった。宗教や国籍の問題が何とかなったように、人種問題も何とかなるだろうと考えたのである。こうして公民権運動がピークに達する頃には、差別が消えたことを証明するために、もっと数多くの黒人を入学させなければ、という緊迫感が高まった。当時の様子は、黒人の身元を確認するために入学願書用の写真が再登場したことによく示されている。十年も前から写真は不要となっていたので、黒人の身元が確認できなかったのである。やがて、ハイスクールの成績と標準テストではほんとうの能力は十分には測れない、という批判が出始めた。しかし目標は変わらなかった――すべての学生と同じように黒人学生を教育し、同じ基準にしたがって評価しようとする姿勢は同じだった。誰もが依然として差別撤廃主義者であった。能力をもつ黒人学生の入学を確保する努力がたりないのだ、と誰もが信じていた。多くの教育機関が黒人学生の入学を最終的に大幅に増やすと発表したが、私が数年間教えたコーネル大学もそのひとつだった。それどころか学長は、さらに踏み込んで、たんに黒人を求めているだけではなく、入学してほしいのは恵まれた黒人よりもスラム街に住む黒人である、と宣言した。一九六七年の授業年度が始まったときには、学内の黒人の数はずっと増えていた。もちろんこれほど多くの黒人、それもとくに貧しい黒人を確保するために、入学基準は秘かに、そして跡形もないほど変えられていた。しかし、大学で待ち受けている学問上や人間関係をめぐる大きな問題に、この学生たちが十分対処できるように配慮した措置は何も施されていなかった。いまやコーネル大学は、明らかに資質もなければ教育もない大勢の学生を抱えるにいたった。そしてそのおかげで、彼らの大多数を落第させるか、学業を修めないまま卒業させるかという避けられぬ選択に直面することになった。最初の選択肢は、道義的にも報道機関との関係からいっても、我慢できないものだった。かといって後の選択肢は、ごく限られた場合にしか通用しないし（学部の同意が必要だし、卒業生の無能力を覚悟して受け容れてくれる雇い主がいてもらわなければならない）、黒人学生にとっても大学自身にとっても耐えがたい恥だった。実にこの事態は、黒人が何といっても第二級の市民でしかないという事実を物語るものであった。

まさにこの時期に大津波のごとく大学を襲ったブラック・パワーは、第三の道をもたらした。彼らに言わせれば、差別撤廃主義とは、白人とアンクル・トム〔ストー夫人の小説中の、敬虔で忠実な黒人の主人公〕のためのイデオロギーでしかなかった。大学で教えられることが真理であり、支配体制を支えるために必要な神話などでは決してない、と言うのはいったい誰だ。黒人学生が第二級だというのは教養が貧しいからではなく、白人文化を模倣するよう彼らが強制されているからなのだ。――相対主義とマルクス主義が、こうした主張をもっともらしくするために一役買った。さらには、時代の不満もこれに加勢した。黒人は誇りをもつべきだったのであり、大学は自らの失敗を黒人から学ぶことができたはずだ、というのである。このような視点は、大学から手玉にとられている幼稚な若者にとっては決定的な魅力だった。こうして、黒人文化研究とか黒人英語とかいった科目——この種の譲歩は他にも多く見られる——が彼らの抜け道となった。人々は、これらの科目が大学のあり方や黒人学生に対する教育目標を変えるようなことは基本的にない、という望みをかけていた。それらはたんに教育の拡充にすぎない、と人々は考えた。しかしこれは実のところ口実であって、新たな差別主義を認めるものだったのである。このドラマの白人興業主がいったん追いこまれた窮地から逃れようとする便法にすぎなかったのだ。とにかくこのようにして、黒人学生が黒人の体験を経験し研究するという道が拓かれた。それは彼らにとって居心地のよいもので、彼らは、人間が人間としてはじめて近づくことのできる教養に縛られることがなくなったのである。

やがてコーネル大学の黒人学生は、自分たちが大学の脅威となりえ、たんなる学生にとどまらず、教育内容を決定する過程で交渉をおこなう当事者であることを知った。彼らは、当時学生副部長を務めていた、頑固で時代遅れの差別撤廃主義者だった黒人女性を解雇するよう大学に要求した。大学当局はただちにこの要求に応じた。いまでは誰もが知っている種々の懐柔策は、まさにこのときから始まったのである。

黒人文化研究の構想は全体として失敗だった。本格的な内容は学生の関心を惹かなかったし、それ以外となると、何の役にも立たないいかさまだったからである。こうして大学のカリキュラムは以前の不活性な常態に戻った。しかしこれによって、一種の黒人領域とでもいうべきものができあがった。それは必ずしも制度化されたわけではないが、人々に受け容れられて、大学生活の影の存在となった。入学定員にしめる黒人の割合が恒久的に定められ、経済的援助にあたっては黒人が優遇された。学部の教職員採用に際しては人種を配慮せざるをえず、黒人学生には落第点をつけにくくなった。また、苦情や傷ついた感情を処理する体制が組織された。これらはみな、その一例である。大学の日常を見ても、機構全体の運営を見ても、偽善や実に情けない虚言の類いが横行している。この小さな黒人帝国は、人種主義に取り囲まれているという真偽の疑わしい主張で自らの正当性を勝ちとり、これを盾に帝国臣民を保護するのである。学生食堂の人種別テーブルにこの帝国の存在をはっきり見ることができる。それは、南部の人種隔離政策（ジム・クロウ）から生まれた隔離施設の再現だ。コーネル大学に限らず、どの大学にも過激な黒人活動家がいて、こうした体制を定着させるためには手段を選ばない。自主独立の気概にとむ黒人学生にはリンチが仄めかされ、実行に移されることも稀ではなかった。いまやこの体制は日常茶飯の存在である。その結果、大多数の黒人学生にとって、大学に通うということは他の学生とは違う経験を意味し、教育の成果もまた違うものになっている。ふつうの学生でありたいと願い、黒人集団への忠誠を拒もうとする黒人学生は、途方もない代償を払わねばならない。黒人仲間からは否定的な評価を受け、白人の目からは行動が異様に映るからである。白人学生は、これまで黒人集団の存在に黙って無意識に順応してきたので、集団のなかにアイデンティティをもたない黒人にどのような態度をとればよいか、改めて考えなくてはならないのだ。このような黒人学生は、善意にあふれた多くの白人学生から自分が特別の基準で判断されているのを痛いほど承知している。彼の心は、こうしたことで怯《ひる》んでしまう。教育に十分応える能力をもつ若者に教育の機会を提供するというのが、大学に課せられた第一の責務であるのに、これに干渉する勢力を大学が黙認していることは、大学人の良心に重くのしかかる苦悩と言わなければならない。

「積極行動」によって、分離主義の最も悪い側面が制度化されるにいたった。ほどほどの大学を見た場合、平均的黒人学生の成績は平均的白人学生の成績には及ばないというのが実状だ。この事実は誰でも知っている。また、黒人学生の学位は成績同様に傷があるということも事実で、彼らの雇い主は猜疑の目でこれを見ているか、さもなければ、彼らの無能力を許す点で大学人と共犯の罪にあるといえよう。しかしなかでもいちばんひどいのは、黒人学生——その大半は黒人を優遇するこの体制を熱烈に支持している——が、この体制が生んだもろもろの帰結を憎悪していることである。優遇措置の恩恵を受けている多くの黒人学生には、恥と恨みが等しく混じりあった気質がしみついている。彼らは、白人から恵みを与えられているという考えを嫌う。自分たちに真価があること、自分たちに白人と同等の学業を修める能力があることを誰もが疑っていると、彼らは信じている。彼らの目から見ても、自分たちの成功には疑問が残るのだ。優秀な黒人学生は、自分が出来の悪い黒人学生と一様に見られているのではないかと心配し、自分が懸命に勉強して手に入れた学業証明書が信用されないのを恐れている。彼らはステレオタイプの犠牲者であるが、しかし、このステレオタイプを選びとったのは黒人活動家なのである。また、優秀とはとてもいえないが、優秀な学生と同じ恩恵に浴している黒人学生のほうは、この有利な立場を守りたいと思う一方で、自分がそれに値しないのではないかという不安感に悩まされている。この思いは強烈で、彼らが白人と親しくつきあうのを避けるのもそのためだ。白人は自分より優れた資質をもち、自分を見下しているのではないか、と彼らは心配している。しかし団結が強くなれば、微妙ながらも痛ましいこのような苦境は生じない。黒人運動で最も過激な一派が、いまや中産階級や上流階級の黒人のあいだで一種の支持を得ているのは、驚くにあたらない。運動がピークに達した昔に人種間を統合していた共通の源泉は、いまや汚れてしまった。いかなる種類の権力であれ、その主張を理性によって調停することは不可能である。民主主義社会に受け容れられる成功の原理とは、とりえがあるかどうか、ということ以外にはない。すでに述べたように、白人学生は積極行動が正当だとは実際に信じていないけれども、この事実には手を触れたくないと思っている。彼らはそれについては何も言わないが、自分たち白人だけの社会――いや、いまや多数のアジア人がいる以上、黒人なき社会と言ったほうがよいだろう――に傾いている。要するに、積極行動（定員割り当て）は、少なくとも大学の場合、アメリカの人種間のきずなに長期の悪影響を及ぼしかねない、由々しい源泉なのである。

セックス

アメリカは知性を欠き知性に反感をもつ人間たちの国家であり、思想などせいぜい目的にいたる手段としか見なされない、という偏見が流布している。しかしこの偏見とは逆に、実はアメリカこそさまざまな理論が、悲劇や喜劇を演じてきた偉大なる舞台である。わが国の政治体制を築いたのは、哲学者とその弟子たちだった。この荒々しい大陸の原始のままの自然条件が理論科学の威力におとなしく屈したのと同様に、この国では、歴史的事実の厄介な問題はすべて実践的・哲学的な当為に道を譲った。他国の人々は土地に根を下ろし、さまざまな土地に伝わる神々に自分たちの進むべき道を仰いだものだ。アメリカ人が切り拓いた原理に倣おうと決めたときでも、彼らの足取りはぎこちなく、過去と潔く手を切ることがなかなかできなかった。ところがアメリカの物語といえば、自由と平等の原理が勝利をおさめ、堂々と行進するさまそのものであり、われわれの過去と現在の営みはすべてこの二つの原理から意味を授けられている。思いもよらぬ事態が突発的に起こることなどほとんど考えられない。われわれのうちで起こるのはみな、これらの原理のいずれか、もしくは両方からの帰結である。つまり結局は、原理に敵対する少数派を打ち倒すとか、原理に新しい意味を見出すとか、自由と平等のどちらが優先するかを争うとかいった問題に帰着するのである。

いまやわれわれは、このアメリカのドラマの最終幕の一場面にたどりついた。最も個人的な私生活にも自由と平等の原理が侵入し、その改革を迫っている。性、およびその帰結である恋愛や結婚や家族といった領域が、ついに国家的事業の主題となった。こうして、自由と平等に要求された人間改造というテーマにいつも付きまとう――しかし、これまでいつも抑えつけられてきた――本性に関する問題が、いまや焦眉の問題となっている。平等の意味を直観的に理解するためには、アリストパネス〔古代ギリシアの喜劇詩人〕やプラトンのような奔放な想像の才は必要としない。『女の議会』でアリストパネスは、若い美男子から性的満足を得る権利を法的に与えられた醜い老婆たちを登場させ、プラトンは『国家』において一糸まとわぬ男女がいっしょに体操するよう命じた。しかしわれわれの場合、ものを見る目があれば、周囲を眺めてみるだけでよいのである。

性的関係は、いま、人間の創意工夫の才に終わりなき挑戦をいどんでいる。というのも、過去二〇年間にわれわれを続けて襲った二つの波によって、性的関係が大きく変化してしまったからである。最初の波はセックス革命であり、第二の波はフェミニズムだった。セックス革命は自由を、フェミニズムは平等を、それぞれの旗印に掲げて行進してきた。両者はしばらくは手を取りあっていたが、最終的には性格の違いのために対立する結果となった。自由と平等はつねに対立するというトクヴィルのことばどおりだった。対立はポルノ論争で表面化した。解放された性的欲望が、ステレオタイプ化に対するフェミニストの憤懣と衝突したのだ。いまわれわれの目の前では、言論の自由を勝ち取った英雄的闘争からポルノグラフィーが鎧を借用し、これを身にまとうというおかしな光景が繰り広げられている。ポルノグラフィーはミルトン風のレトリックを駆使し、社会道徳の衣装を新調したフェミニズムと闘っている。フェミニストが用いる議論は伝統的な性の役割を擁護する保守主義者の議論を想わせ、他方では、これまで広く信じられてきた伝統を無視している――従来の伝統では、人が読んだり見たりするものと実際の性生活とのあいだに何か関係がある、と示唆するのはタブーだった。そしてこの背後には、どちらの立場にも味方したいのだが、それができずに手をこまねいておろおろしている自由主義者たちがいる。

性の解放は、人間の五感と否定しようのない自然的衝動を大胆に肯定するかたちで登場した。それは、原罪についての聖書の神話に支えられたわが国の清教徒的遺産や、そこから生まれた社会的慣習や抑圧に対する反発だった。六〇年代のはじめから性表現の制約は少しずつ見直され、誰も気がつかないうちに緩和されていった。いや、すでにある時期には完全に姿を消した。若い男女がベッドをともにしたり同棲するのを親や教師は咎めたが、これも容易に乗り越えられた。道徳の抑制、性病の恐れ、妊娠の危険、婚前交渉が家族や社会にもたらす帰結、いっしょに寝る場所を探し出す困難――こうした厄介は突如としてすべて消え去った。学生、とくに女子学生は、セックスに興味があるとか、すでに体験ずみだとかいうことが周囲にばれても、全然恥じなくなった。学生同士の同棲は、二〇年代には危険視され、三〇年代、四〇年代にはきわどいとか奔放だとか見られたものだが、いまではガール・スカウトに加入する程度の日常事となった。「とくに」女子学生は、といま言ったのは、欲求の直接的な充足に餓えていると通常見られる男子に対し、女子のほうは慎みを意識して、欲求の充足を我慢するものと一般に見られてきたからである。今日のような新しい状況の出現は、女性の慎みが変容したというか、その位相がずれてきたことに原因がある。もっとも、慎みなどはたんなる慣習や習慣にすぎないと見なされたので、これを乗り越えるのは造作なかった。この解放は、その意図からしてもそうだったが、結果的に両性の違いを強調する役をはたした。肉体交渉こそ最優先の活動であり、男はより男らしく、女はより女らしくなるべきだとされた。もちろん同性愛にも解放の波は及んだが、大多数の人間にとって、自由で自然なのは異性との交渉から満足を得ることだった。反対の性がたがいに相手に利益をもたらしたのである。

　性の解放が第一に約束したのは、端的にいって、幸せだった。その幸せとは、抑圧の暗黒の夜が続いた数千年間に蓄積されたエネルギーを、盛大なバッカナリア〔酒神バッコスに捧げられた古代ローマの祭典〕を毎夜催して発散させるというものだった。しかし戸棚の背後で咆哮していたライオンは、戸をあけてみると、飼い慣らされた普通の子猫にすぎなかった。実際、長い歴史的視点から見れば、性の解放といっても、性的情熱がもはやわれわれにとって危険ではなく、無理に抑えつけて反抗を招くよりは自由にしておいたほうが安全だとわかっただけのことだ、と言えるかもしれない。以前、私は受け持ちのクラスにこう尋ねてみたことがある。「一昔前の親は、娘が言うことを聞かないと『二度と家の敷居をまたぐな』とどなりつけたものだが、いまでは娘のボーイフレンドが家に泊っても親はめったに文句を言わなくなった。いったいどうなったのだろうか」。なかなか愛らしく、ごく普通の女子学生が答えた。「たいしたことではないからです」。この返事がすべてを物語っている。彼女に見られる情熱の欠如こそ、セックス革命がもたらした最も顕著な結果である。セックス革命の正体がはからずもここに示されている、と言ってもよいだろう。こうしていまの若者の世代は、旧世代の人間には多かれ少なかれ不可解な存在である。

　このようにセックス革命は、まさにそう呼ばれているとおりの解放であった。しかし破壊された慣習の下から、自然の露骨な一面が顔をのぞかせた。つまりこの革命で得をしたのは、老人よりも若者であり、醜い者よりも美しい者だったのである。以前は、このような誰もが恵まれるわけではない生まれもっての自然的優位は、分別という昔ながらのベールで覆われ、生活や結婚にそれほど重要な意味をもたなかった。ところが今日では、こうした問題に平等主義的正義を適用しようなどとは誰も考えない――アリストパネスの描くアテナイの老婆たちは、嫌悪を誘うその醜さのゆえに、若い美女に先んじて美男の若者を享受する権利を得たというのに。フリー・セックスに見られるこの非民主的側面は、あたりさわりのない、どこかしら滑稽味をおびたやり方で埋め合わされた。以前にもまして、「美は見る者の目のなかにある」と声高に唱えられるようになった。化粧品業界が一大ブームとなり、申込者全員に最高のオルガスムを約束するマスターズとジョンソン〔キンゼイ報告に類似するアンケート調査結果を記載した通俗的性科学書の共著者〕流の教育や治療が流行した。私が気に入ったのは、YMCA支部で開かれ、ラジオでも「使わなければ衰えます」というスローガンで宣伝された、年配者向けのセックス講座である。こうした現象はポルノグラフィーが統制を脱した時期と重なっている。

　他方、フェミニズムもまた解放を名乗ってはいたけれども、この場合には、慣習や社会からの解放よりも自然からの解放に重きが置かれていた。そのためどこか冷たく、エロスを欠き、その構想も抽象的な色合が濃かった。この運動が要求したのは、法の廃止であるよりは、法の制定と政治的直接行動主義だった。本能だけでは不十分というのが彼女たちの言い分であった。たしかに、女性が社会的に閉じこめられているという消極的感情がそこには見られた。しかしフロイトがすでに指摘していたように、いったい何が不足しているかは不明確だった。運動の標語は、「自然に生きる」（これはきわめて明確な身体機能を指していた）ということから、「自己認識」「自己実現」「優位の確立」「ライフスタイルの転換」などの漠然としたことばに移っていった。女性運動は自然を基礎とはしていない。フェミニズムでは女性は自然の性ではなく、女性として育てられた結果として位置づけられる。しかしながら彼女たちの主張で決定的なのは、むしろ、生物学は宿命ではないということである。しかし、生物学が自然に根ざしていることは否定できない。奴隷制度の場合と同様、女性の役割が支配の人間関係によってこれまでつねに決定されてきたというのは、たとえ事実だとしても、決して自明の理とは言えない。「女性の役割は人間関係によって決定される」というテーゼは解釈と議論を要し、セックス革命のように当事者全員の身体的欲望に訴えて是認できるものではない。さらには、科学による自然の征服――この場合には、ピルと家事の省力化――のおかげで女性ははじめて家庭から解放された、とはよく言われるが、本当だろうか。フェミニズムが意識の高揚と変革という仮借ないプロセスをもたらしたことは確かだろう。その出発点は、人間の恒久的な傾向ともいえそうな（近代人の傾向であるのは確実だ）、無制限のもの、無制約のものへの憧れである。しかしその行き着く先は、抽象的正義を求める近代の多くの運動と同じく、自然の忘却でしかない。結局のところ、人間はその抽象的正義を手に入れるために無理やり作り変えられてしまうのである。

フェミニズムはセックス革命に見られる多くの要素と一致し、その推進に一役かっているが、そうした要素を用いる目的はセックス革命とは異なっている。なるほど放蕩は、ルソーその人が最大の快楽と呼んでいたものに道を拓く。しかし同時に、セックスを気軽に扱うことによって、性的関係を平凡なものとし、そのエロス的要素や神話性を剝ぎ取りかねない。こうして、容易に欲望を満足させることができ、自らの情動を排他的な関係に注ぎ込むことをしない女性は、男性から受ける心理的圧迫から解放され、もっと重要なことをおこなう結果になる。フェミニズムはセックス革命のバッカナリア的ムードを沈静する役を演じた。プラトンの『国家』で推奨された裸体が、淫乱どころか、性的欲望を公共の目的のために規制し操縦するという散文的役割を担ったのと同じだった。清教徒的禁欲主義の糾弾には屈しなかった喫煙と飲酒も、解禁されたとたん、新たな道徳主義の攻撃――神の名よりも尊重すべきより有力な名、すなわち健康と安全の名による攻撃――に見舞われたが、セックスもちょうど同じように、日の目を見るや、フェミニストの機嫌を損なわぬようたちまち手綱を締められなければならなかった。アメリカ人は欲求を充足するのが不器用な国民で、将来の善を約束してくれる計画のためなら喜んでこれを後回しにする。目下の場合は、男性支配、男っぽさ《マチスモ》、男性崇拝、父権社会などさまざまな表現で呼ばれるものを克服するというのが、その計画である。男性も、その協力者である女性も、この計画にすっかり惚れこんでいるらしい。なにしろ、これらのものを迎え撃つ武器がこれほど大量に装備されなければならないのだから。

男性の性的情熱は性差別にゆきつくという理由で、いまではふたたび罪深いものとなった。女性は自分がものに変えられたと感じている。赤の他人どころか夫からさえ女性は強姦される世の中だ。大学では教授から、職場では雇い主から、性的な嫌がらせを受ける。そして彼女たちが仕事をつづけるために託児所にゆだねた子供たちは、教師の性のおもちゃにされるという始末である。このような犯罪はすべて厳重に取り締まり、厳罰に処さねばなるまい。しかしそうすると、感受性の強い男性は自分の性的情熱がどんなに危険かを痛感せずにはいられないのではないか。ひょっとすると、原罪はほんとうに存在するのかもしれない。男たちは奴隷解放宣言の但し書きを読み落としていたのである。性的欲望へのこの新たな干渉は、最近その締めつけが弛んできた旧来の慣習よりはるかに大規模で激しく、これから逃れることはますます難しくなった。セックス革命の七月十四日〔一七八九年フランス革命勃発の日〕は、たった一日で旧体制の転覆と恐怖時代の幕開けの境目となった。この新たな美徳の治世は、いまラジオやテレビや新聞が執拗な宣伝を繰り返しているが、その治世にふさわしい教理問答をもっている。所有欲、嫉妬、自己保身——これらはすべて男性がふだん女性に認めているものである——の痕跡はないかと、良心と内心の感情が質されるのだ。拡声器を抱え義憤に燃える大勢の検閲官が査問委員会で待機していることは言うまでもない。

　フェミニズム運動の中心にあるのは、慎み（modesty）の圧殺である。その点では、フェミニズムを準備するうえでセックス革命が重大な役割をはたした。マルクス主義の図式にならい、資本主義が、封建制下のおもわせぶりな騎士道から聖なるベールを剝ぎ取ったおかげで社会主義への道が拓かれたのだとすれば、セックス革命についても同じ話ができる。しかしながら、セックス革命が男女の肉体的結合を欲したのに対し、フェミニズムは男女が容易に離れて暮らしてゆける状況を欲した。慎みは旧来の制度ではすぐれて女性の徳とされた。慎みのおかげで男女を結びつける強烈な欲望が管理され、欲望の充足も子供の出産や養育と調和できたからである。出産の危険と養育の責任は、自然のこととして——すなわち生物学的に——女性の側にあった。慎みは性交それ自体にとっては邪魔者だったが、欲求の充足がまじめな生活の中心をしめうるのも、両性間の繊細なやりとりに向上がありうるのも、慎みのおかげだった。両性のあいだでは、肉体の所有だけではなく意志を認めあうことが重要な意味をもつのである。慎みの衰退、ないし圧殺は、たしかに欲望の目的をより容易に達成させる——それがセックス革命の意図であった——けれども、性を事物《もの》そのものにおとしめることによって、同時に男女のかかわりと触れ合いの構造を解体してしまう。フェミニズムが登場するのはまさにこうした地点なのである。

　女性の慎みは、両性の差を性行為から生活全体にまで拡大する。いつでも男が男であり女が女であるのは、この女性の慎みがあればこそである。たがいに向きあっているという意識、惹きつけられては自制しあう心情、それが男女のあらゆるふだんのふるまいを特徴づけている。慎みがはたらいている限り、いっしょにいる男女の関係は、たんにいっしょに働いているだけの弁護士や操縦士の関係にはつきない。男女には、いつも隠れてはいるがきわめて重要なものが他に共有されている。究極的な目的、一般に「人生の目標」と呼ばれるものがそれである。人生において最も重要なのは、この訴訟に勝つとか、この飛行機を着陸させるとかいうことだろうか。それとも、愛と家族だろうか。男女は弁護士や操縦士としては同じ立場にたち、同一の目標に貢献する。ところが男女は、恋人や両親としてはまったく違う立場にたちながらも、種の存続という自然が授けた目的を共有し、それによって心と心で結びついているのである。とはいえ、男女の共同作業の場合には、男同士や女同士の共同作業の場合には生じない「役割」についての問い、つまりは「優位」をめぐる問いがただちに出てくる。しかし、男女の関係がいかに特異であって、この関係が外的にどんな形態をとり、その内にどんな感情を秘めているか、それを女性の慎みがいつも思い出させてくれる。その結果、この関係においては自己の自由な創造とか資本主義に見られる技術的分業が阻まれるのだ。男女には共同してなすべき作業があること、しかもそれは市場で見られる作業とは似ても似つかぬ、はるかに重要な作業であること、それをわれわれに絶えず繰り返し囁いてくれる声こそ慎みなのである。

プラトンの『国家』でソクラテスが慎みをまず第一に犠牲にするよう要求しているのは、このためである。ソクラテスによれば、女性が男性と同じ教育を受け、同じ生活を送り、同じ職業に就くような都市《ポリス》を建設するには、慎みが棄てられなければならない。性の違いから男女の目的が決定されてはならないとすれば、つまり、性の違いは頭が禿げているか否かの違いと変わるところがないとすれば、体育場でギリシアの男性がそうしたように女性も衣服を脱ぎ捨て、いっしょに裸になって体操しなければならない。フェミニストは条件づきながら、プラトンのこの一節を称賛し、先見の明があったと持ち上げる。それは結局、結婚と出産・養育という従属から女性を完全に解放することに繫がるからである。つまりこうしたことも、刻一刻生じるその他のやむをえぬ生物学的な出来事と同列で、たいして重要な出来事とはいえなくなるからである。ソクラテスは産児制限も中絶も託児所も認める。彼はまた、一日か一晩しか続かず、健康な新市民を造ることだけを目的とした結婚も認めている。こうした新市民は都市の人材を補充し、その面倒は都市が見ることになる。ソクラテスは嬰児殺しさえも有効な便法のひとつに数えている。こうなると女性は、男性が麻疹にかかった者を治療するのと変わらぬ時間と労力で、子供に対すればよいことになるだろう。女性が男性と同じことをなす自然の適性をもっていると考えられるのは、こうした条件が整っている場合だけなのである。ソクラテスの過激な考え方は、さらに親子関係にまで及ぶ。市民はどの子がわが子か知るべきではない、というのだ。もしわが子だけをとくに愛するようになってしまえば、この男とこの女が結ばれてこの子が生まれたという子供の出生過程に特別の意義が生じることになる。しかしそうすると私的な家族に逆戻りすることになり、これにまつわる独特の結びつきが顔を出してしまうのだ。

ソクラテスの提案がとくに念頭においているのは、女性を平等に扱おうとする人々にとって最も物議をかもす場面、すなわち軍隊である。ここで言われる市民とは戦士なのだ。ソクラテスは、女性が男性への従属から解放され、男性といっしょの地位をしめうるとすれば、同じく男性も女性に対する特別の関心から解放されなければならない、と説いている。男性は、攻撃してくる敵軍が女性であっても、男性同様にためらわず殺傷しなければならないし、右側で勇敢に闘っている女性を援護するときも、左側の男性を援護するのと同じようにしなければならない。恵まれる機会が平等ならば、危険も平等なのである。唯一の関心事は公益であり、唯一のきずなは共同体とのきずなである。身近な者同士のきずなは——自分の人生を送るのに役立ち、以前は性的魅力やわが子への愛情を育てる自然の根と考えられていたにせよ——ここではいっさい無視されている。ソクラテスは、性的本性から織りあげられた人間関係の繊細な網の目を意識的に解きほぐしているのである。こうした網の目がなければ、個人の孤立は避けられない。ソクラテスが見せつけたのは、女性を平等に扱えば旧来の性的関係——それが自然と慣習のどちらに基づくかは別問題である——がもっていた意味が必ずや損なわれてしまうということであり、以前の関係から生まれていた人間の結びつきも結果的に失われてしまう、ということにほかならない。ソクラテスは、この関係を都市の公益と取り替えたのである。

以上のソクラテスの議論から、最近われわれのまわりで進行している事態を大まかに見とどけることができよう。昨今の女性運動のなりゆきに心強い思いをしてきた保守主義者が、もしも自分たちと女性運動が共通の土俵に立つと考えているとすれば、彼らは誤っている。なるほど、どちらもポルノグラフィーに反対していることは確かだ。しかしフェミニストの反対理由は、これが古めかしい愛のきずなを彷彿させるという点にある。このきずなは性による役割の区別をともなっていたが、彼女たちに言わせれば、そんな役割など束縛であり支配でしかないのである。ポルノグラフィーは古い愛のきずなから神話性を剝ぎ取った。残されたのは、男女のきずなに含まれるエロスやロマン、道徳、理念といった側面を捨象した、たんに性的な要素にすぎない。ポルノグラフィーは、女性に対する男性の憧れと、遠慮のない——しかしお粗末な——その満足に迎合し、励ましている。ポルノグラフィーに反感をもつフェミニストが反対するのはまさにこの点であり、ポルノグラフィーが感性を堕落させるとか、家族にとって脅威であるとかが問題なのではない。彼女たちが同性愛のポルノグラフィーを検閲から免除しているのもそのためだ。元来の性格からして同性愛は男性による女性支配の片棒をかつぐものではなく、この支配を切り崩す役にさえたつのである。実際、神話性を剝ぎ取るというポルノグラフィーの役割にはフェミニストたちは好意を抱いている。ポルノグラフィーが古めかしいきずなの真の本性を暴いてくれるからである。彼女たちの目的は、この擦り切れた制度をふたたび神話化するのを拒み、自由の王国に向かって突き進むことにある。たとえば『逢いびき』〔デイヴィッド・リーン監督、シリア・ジョンソン、トレバー・ハワード主演、一九四五年、イギリス作品〕は昔ながらのやり方で愛を魅力あるものに見せた映画であったが、彼女たちはこんな古くさいロマンスに帰るなどまっぴらだと考えている。彼女たちはこのような過去が死んでしまったことを知っており、もはやこの世に場所をもたない欲望の最後の痕跡を一掃しようとしている。それはもはや回復の見込みがなく、洗練されてもおらず、なかば犯罪的であるからである。

しかしながら、慎みと純潔は尊重されねばならず、脆いものは責任をもつ男性が保護してやらねばならない、という理由で女性を強姦や暴力から護ろうとするのと、思うままの生活を女性が送ることができるよう、とにかく女性を男性の欲望から保護してやるというのとは、まったく別の問題である。フェミニズムは自分たちの目的を促進させるために保守主義的道徳観を利用しているにすぎない。それは伝統的保守主義者と過激派とのあいだに古くから見られる不幸な同盟関係に通じ、実際その一種とさえいえる。そして、この同盟関係は一世紀以上にわたって息の長い影響を及ぼしている。保守主義者と過激派は資本主義に対する憎悪以外には何も共有していなかった。保守主義者のほうはヨーロッパ諸国に残る王座と祭壇の復活、つまりは敬虔を回顧していた。過激派のほうは普遍的で均質的な社会、つまりは自由を夢見ていた。要するに現状への反対という点で、反動勢力と進歩勢力が結びついただけのことだった。両者はブルジョアジーの内部矛盾で養われているのだ。もとより根本主義者〔聖書を文字どおり信じるのが信仰の基本であるとする、プロテスタントの会派〕とフェミニストは、ポルノ禁止条令を議会で通過させるべく協力しあうことができるだろうが、フェミニストがこうした協力関係を結ぶのは、「ブルジョアの権利」に反対する運動を促進させるうえで自分たちの政治力を見せつけるためなのである——悲しいかな、このブルジョアの権利を享受しているのは、ポルノ映画を見たいとか、滑稽なほど倒錯した夢想を実演する道具を買いたいとかいった連中なのだ。この協定から根本主義者が多くを得ることができるかどうか怪しいものである。協定で約束された勝利とは、「反家族、反生活」に向けて押し寄せる道徳勢力の勝利だからである。中絶問題をめぐる彼らの共同戦線がどんなものか、一度見てみればよい。他方、ポルノグラフィーを覗く人々は少なくともいくらかの恥じらいをいつも感じており、正面からこれを擁護する気はない。せいぜいのところ、合衆国憲法とその修正第一条〔宗教、言論、出版などの自由を制限する法律を制定してはならないという条項〕の尊厳を讃える弱々しく不明瞭なトランペットを鳴らすくらいのものだ。彼らにしても憲法の擁護者と認められたいと思っている。だいたい何に対しても、彼らは自分たちが脅威ではないというポーズをとるのである。

　同じように、保守主義者のなかには、男女のあいだにはさまざまな違いがあるとか、独自に「親としての務め」を実現しようとか主張する最近のフェミニストたちの議論を頼もしく思っている者もいる。このような話題は、権利の平等を第一のテーマとした運動の初期段階ではタブー視されたものだった。しかしながら、初期段階の運動が成功をおさめたからこそ、こうした議論も出てくることができたのである。女性特有の本性とか、女性としての自己というものは、たしかにありうるとしても、それらの目的論的な要因からは決定的に切り離されてしまった。女性の本性は男性の本性といかなる相互関係にもなく、両者は相互に規定しあうものではない、というのだ。今日、男女の生殖器をそれ自身として見れば、白い皮膚と黒い皮膚ほどの明らかな合目的性ももたないし、また白人の主人が黒人の奴隷を必要としているように（伝説はこのように言っている）、自然の本性としておたがいを必要としているわけでもない。女性はそもそも男性とは違う身体構造をもち、これから自分の思うとおりのものを作り出すことができる。しかも代償は何も必要がない。女性の本性は、それ自身として解き明かされねばならない謎なのであり、いまやそれが可能となった。この謎を解明しうるという男性側の主張が打ち負かされたからである。今日、子育てに対して以前よりも肯定的な態度が見られるとしても、母性を補う伝統的父性のようなものを確立しようという自然の衝動（ないし強制）があってのことではない。子供は女性の側の条件で作られる。父親がいようといまいと関係はないのだ。父親は母親の自由な自己成長を妨げてはならない。いずれにしても、子供はこれまでつねに母親のものであったし、現在でもそれは変わらない。両親が離婚した子供の九〇パーセント、ないしそれ以上が、母親のもとにとどまっている。母親と子供のこうした著しい密着ぶりは、フェミニストの掲げる要求によって、そしてこの要求をよいことに男性の無責任さが安易に合理化されたおかげで、ますます強くなった。こうして、何かはっきりした役割を担う男性の存在が家族というものに含まれているとするならば、そんな家族は無用とする出産の時代が訪れた。フェミニストが理想とする母性への回帰は、かつて知られていた家族の形態をフェミニズムが打倒し、女性の自由が家族に制約されなくなることによってはじめて可能となる。しかし、それは何ら家族の価値への回帰を意味しないし、制度としての家族にとってとくにめぼしい前兆とさえいえない。自分たちの置かれた状況の複雑さを、女性がより自由に受け容れるようになったというにすぎないのである。

セックス革命とフェミニズムの不安定な同盟関係は奇妙な緊張状態を生み出した。この状態のもとで、本性を支配する道徳的抑制がすべて姿を消すと同時に、本性自身も姿を消したのである。しかしながら、解放の興奮はどこにも見られない。正確に言っていったい何が解放されたのか。新種の、より面倒な責任がわれわれにのしかかったのではないか。それが不明確なのだ。さて、ここで学生に話を戻したい。学生にとっては何もかもが新しい。彼らは自分たちがおたがいにどう感じているのか確信がなく、またどんな感情を抱いているにせよ、手本がないのでこの感情をどう扱えばよいかわからないでいる。

本書で私が話題にしている学生たちは、すでに幼い時期から、セックスに関してあらゆる可能性を心得ている。彼らはどんな性行為も相手に実害がなければ差支えないと感じている。セックスに罪や恥の意識をもつべきだとは考えもしない。彼らが学校で受けた性教育は、「セックスに関してはさまざまな選択と方針がある」という式のものでないとすれば、「セックスは生物学上の事実であるから、その価値を学生たちに自分で決定させる」という式のものだった。彼らが暮らしてきた世界には、性に関する露骨な議論や描写が周囲に満ちあふれている。彼らは性病などほとんど恐れなかった。[1] 避妊具や手っ取り早い中絶が思春期ともなると容易に利用できた。大多数の者にとって、性交渉は大学に入る前から当たり前の生活の一部となっていた。社会的不名誉など恐れるに足りなかったし、親の反対さえそれほど強くはなかった。歴史上、少女たちの異性関係にこれほど監視のゆきとどかない時代はなかったと言えよう。正確には、彼女たちは色気違いというわけではない。他人の体とたやすく打ち解け、より広いエロス的目的のために自分の体を捧げることに抑制がなくなっただけのことだ。彼女たちは自分の処女性に特別の価値を認めないし、相手にも求めない。むしろ過去に他につきあっていた相手がいたのは当然と思われているし、昔の人間には信じられないが、だからといってそれに思い煩うふうもない——ただ、それは自分たちの将来を占う根拠とはなるが。彼女たちは通常考えられているようなあばずれでもなければ、乱交パーティや行きずりのセックスに容易に応じたりもしない。一般に、彼女たちは同時に複数の関係をもたない。しかしたいていは何度かつづけて相手を交替している。男女共同の寄宿舎など何ということもない。同棲している者も多く、そのほとんどは結婚の期待など抱いていない。同棲は便利な協定にすぎない。結婚という外観をとっているわけでもなく、いまのところ決まった相手のいない他の学生の生活とは違った生活をしているわけでもなく、その意味では、彼らはカップルとはいえない。彼らは、自分たちでそう呼ぶとおり、セックスと下宿代に含まれる水道・光熱費を分けあう同室者《ルームメイト》なのである。若い未婚の男女の性のきずなにとって等しく障害だったものはすべて姿を消した。彼らのこうした関係はいまや日常茶飯事だ。他の惑星から訪問者がやってきたとして、彼の目をいちばん惹くと思われるのは、性的情熱がもはや永遠という幻想をともなわなくなったことであろう。

(1) エイズが将来どんな効果を及ぼすか見てみなければなるまい。二、三年前のヘルペス（疱疹）をめぐる世論の波は、はっきりした心理的副産物をほとんど何ももたらさなかった。

男女はいまや、まったく同じ生活を送り、まったく同じ勉強をし、進路についてまったく同じ抱負をもつことを当たり前と思っている。医学部や法学部の進学課程に籍をおく女子大生をひやかそうとは誰も考えないし、こうした分野が女性には向かないと信じたり、女性は職業よりも家庭を優先させるべきだと主張する者も一人もいない。法学校〔米国の法学部では大学院レベルの法学校（law school）になって初めて法律学を専門に学ぶ〕も医科大学も女性であふれ、その数も国民総数における女性の割合に届きつつある。大半の女子学生には、イデオロギーや戦闘的フェミニズムのかけらも見られない。そんなものなど必要としないからである。フェミニストたちのキーキーいう声は今も聞こえていて、大学新聞や学生自治会で人々の注意を惹いている。しかしここでもまた闘いは勝利をおさめた。女子学生は自分たちの職業的野心が差別によって阻まれているとか、蔑視されているとかいった感情を一般にもたない。いずれ経済界が彼女たちを引き受けてくれるだろうし、その期待は増す一方なのだ。一般の女性たちと同様、女子学生はＮＯＷ〔全米女性機構。一九六九年に結成されたウーマンリブの代表的組織〕の保護など求めない。一般女性たちは、カーター大統領とうまくやったようにレーガン大統領ともうまくいっていると考えている。大学を見ても、学生たちは男女に差がないことが気に入っている。性の区別を思い出すのは性行為のときだけだ。同性愛者を除けば、セックスはもはや大学では政治日程にのぼらなくなった。同性愛者は自分たちの状況にまだすっかり満足してはいない。しかし同性愛が公然と存在し、その権利を大学当局とほぼ全員の学生が少なくとも形式的には認めているという事実は、いまの大学生活について多くのことを物語っている。

いまの学生は、自分たちが進歩の受益者だという信念を明確に抱いている。彼らは両親を、とくに気の毒な母親を、ある種の思いやりのこもった軽蔑の眼差しで眺める。母親は性的な経験に乏しく、父親のように社会的に尊重される職業に就いたこともないからである。両親や教師が性的経験において若者に優ることは、従来では彼らの明らかな強みのひとつだった。若者たちは人生の不思議を見破りたいと願っていた。ところがいまではそれも通用しなくなったし、学生たちにしてもそうは思っていない。大学の教授が人生の事実について学生を驚かせようとしたり、露骨な話をしてみせても、学生は落着きはらった微笑を返してくる。以前のもっと無邪気な世代の学生たちだと、彼らの注意を年長者のことばに向けさせるためには、こうしたやり方に大きな効果があったものだ。いまではフロイトやD・H・ロレンスは時代遅れもはなはだしい。学生を驚かせようなどとは考えないほうがましというものである。

エデンの園以来、古い文学作品は男女の結合を闇に閉ざされ混みいった交渉にしてきたが、こうした作品から自分の置かれた状況について何かを学ぼうと期待する学生はさらに少ない。よく見てみると、今日の学生は何のためにそんな仰々しい真似をするのかといぶかっている。多くの学生は、いまのわれわれが知るような性のあり方を発見したのは六〇年代の彼らの先輩たちだと考えている。授業でルソーの『告白』を読んだときだったが、十八世紀にルソーが女性と同棲していたことを知って学生たちは驚いた。ルソーはどこからこんなことを思いついたのだろう、と彼らは不思議がった。これは私にはなかなか印象深い反応であった。

偉大な文学作品は人間にとって永遠の問題を提出している。しかしもちろん他方では、ある世代には深刻な影響を与えても、その中心的テーマが一時的なことが判明し、次の世代からはまったく無視される作品もある。たとえばイプセンの『幽霊』がそうで、梅毒が脅威ではなくなったために若者に訴える力をすべて失った。アリストテレスの教えるところ、他人の苦境に同情を覚えるには自分にも同じことが起こる可能性がなくてはならない。ところが少なくとも両性の関係に関する限り、以前の人々には常識的に起こったことがいまの学生にはもはや起こらない。そこで人は、彼らにとって永遠の文学作品があるだろうか、ときっと疑問をもちはじめることだろう。彼らに永遠の問題が存在しているようにはとても思えないからである。すでに述べたように、いまの世代は理論に限らず実践においても、最初の完全に歴史的な、あるいは歴史化された、世代である。しかしその結果として、はるかな昔や遠い異郷に広く共感が育まれることにはならなかった。もっぱら自己だけに関心が向けられることになった。アンナ・カレーニナやボヴァリー夫人は姦通を犯したけれども、いまの世相はもはや彼女たちの行為を咎めはしない。アンナの息子は、今日ならば、夫カレーニンとの円満な離婚調停によって彼女に委ねられたことであろう。どんな恋愛小説も——そこでは男女の違いが鮮やかに描き出され、昇華された官能が霧のようにたちこめ、結婚の契りは聖なるものだと強調される——いまの学生を惹きつけるような現実感《リアリティ》には何ら語りかけない。家系の対立に立ち向かわねばならないロミオとジュリエット、オセロとその嫉妬心、ミランダ〔同じくシェイクスピア作の『あらし』に登場する娘〕が苦心して護った純潔、これらも同様に語りかける力をもたない。ある神学生が私に言うには、聖アウグスティヌスは性的コンプレックスに悩まされていた。いや、聖書については語るのをよそう。聖書で「ノー」とされていたものは、いまではすべて「イエス」とされる。オイディプスだけは例外といえようが、それ以外の人物像はすべて立ち去ってしまった。慎みもろとも、彼らはこの世界から逝ったのである。

かつて性の関係と称されていたものに関して深刻な問題を抱えても、いまの若者は、問題の根を人間の性的本性にひそむ道徳的多義性にまでたどってゆくことができない。もとよりそれは、過去に犯された過ちのせいなのである。

離別

文明が歩んだ道はくるりと円を描き、いまやわれわれは近代思想の創始者たちが教える自然状態に戻った感がある。しかし現代の自然状態は、レトリックならぬ現実世界のものだ。自然状態について最初に教えた人々は、これを仮説として提出していた。当時はさまざまな慣習が存在し、人々はそれによって宗教や国家や家族としっかり結びついていた。しかしそうした慣習のすべてから解放された現在、人々はどのように生きてゆけばよいのだろうか。そうした結びつきを自らの手でいかに再建するというのだろうか。自分がほんとうに気にかけているものを一人ひとりに自覚させ、その配慮を基礎に人々の忠誠を確たるものにしようとする試みがなされたこともあった。しかし少しばかり大げさに言えば、いまの若者は何でも〈新タニ〉始めるのであり、既定の事実にも、ついきのう自分が受けた命令にも、いっさい縛られない。彼の国家は彼にほとんど何も要求せず、十分なものを施してくれる。彼の宗教は彼が完全に自由に選択した結果である。そしてこれこそまったく新しい事態だと言えようが、性にからむ諸問題さえも同様なのだ。いまや若者は何でも自分で選択することができる。しかしその選択には、気まぐれ以上の、拘束力をもつ十分な動機がないことを彼自身も知っている。こうして、いまでは再建などますます不可能になりつつある。

自然状態はやがては契約にゆきつくものであり、それによって諸個人からなる社会が構成される。契約が成立するためには、当事者同士の共通の利害だけではなく、彼らに契約の履行を迫る権威が必要である。第一の条件が欠けると人々のきずなが生まれないし、第二の条件が欠けると信頼はありえず、不信だけが残るからだ。しかし友情や愛情に関する今日の自然状態を見れば、どちらの条件にも人々は疑惑を抱いている。だからこそ失われた共通の基盤、いわゆるルーツへの憧れも生まれているのだが、しかしこれを回復する手段はどこにもない。結局、自然の本性にも慣習にも保証を見出せない集合体のなかで、人々は臆病になり、自己保身に汲々とするのみである。愛情や友情に基盤がないという広くゆきわたった感情は、昨今見られる基盤喪失感の最も顕著な一面かもしれない。愛情や友情が、何らかの社会運動や主義主張に傾倒《コミットメント》するという、はるかに曖昧で個人的な観念に道を譲った原因もここにある。傾倒とは、意志ないし自己のうちだけに原因をもつ真空中での選択だ。愛情や本性だけでは不十分という理由で、若者は何かに打ち込み《コミットメント》たいと欲している。それによって人生の意味が生じてくると考えている。彼らの話題は傾倒でもちきりだ。しかし彼らは、この自分たちの話題にたいした意味がなく、傾倒が空気よりも軽いのではないか、という意識にいつもつきまとわれているのである。

　近代の自然権の教えをさかのぼれば、自由と平等の原理は、支配・被支配の関係に正義と効力の両方を付与するために目論まれた政治的原理であった。この支配・被支配の関係は、慣習に基づく従来の体制では、強さ、富、伝承、年齢、出生のようないかがわしい権利に支えられていた。ところが国王と臣民、主人と奴隷、君主と家臣、貴族と平民、富者と貧者といった関係は純粋に人為的なものであり、それゆえに道徳的な拘束力はない、ということが暴露された（ただし当事者たちがその関係に同意していれば話は別である）。道徳的な拘束力こそ政体の正当性（legitimacy）の唯一の源泉と見なされるようになった。だから市民社会は、人々に共通する人間性を自然の基盤として再建されねばならなくなった。さらには、市民社会におけるすべてのきずな（ないし関係のあり方）は、諸個人の自由な同意にも同じく依存するように思われた。とはいえ、男女や親子のきずなは例外だった。こうしたきずなは、支配者と被支配者との関係とは違い、自然に基づくことは疑いようがなく、これを慣習にすぎないと主張することには無理があるからである——支配者と被支配者との関係を近代の自然権の教えのもとで理解すればとくにそうである。男女や親子のきずながたんに契約上のきずなにすぎず、人間の自由な行為によってもたらされたものだとはとても理解できない。そのように理解すればこのきずなの性格は失われるし、きずな自身の解消につながるだろう。むしろこのきずなは、こうした自由に制約を課すものであり、政治秩序で支配的な

「同意の自由調整」という考え方を退ける論拠となるように思われる。しかし、自然の本性が市民社会のある種の関係を命じる一方で、別種の関係は命じない、と主張するのは困難といわざるをえない。男女や親子の関係が徹底的に形を変えてしまったのは、同意を基礎とする新しい政治形態が成功をおさめた不可避の帰結であった。

もっとも、自然状態について最初に教えた教師たちの関心は、別のところにあったと言われるかもしれない。すなわち、いくぶん誇張の気味はあるが、彼らの主たる関心は既存の政治制度につきものの間違ったうわべの目的論を分解してしまうことにあり、そのため彼らは性をめぐる自然の目的論にはほとんど注意を払わなかったのだ、と（目的論ということで私が言っているのは、目的をもつという実に明白で、誰もが日常的に見聞きし感じていることにすぎない。あるいはそれは幻想にすぎないかもしれないが、ふだんの人間生活を導き、子供をもうけるプロセスで誰もが理解している種類のものである）。ホッブズとロックはその偉大な才能を駆使して、腐敗した自己本位の政体を保護してきた支配の神話を暴露した。たとえばその神話は次のメニーニアスの物語に示されている。

あるとき体のすべての器官が
胃袋を相手に決起した。その言い分はこうだった。
胃袋は渦巻みたいな口をあけて
体のまんなかでふんぞり返り、働かない
それでいて、旨いものを呑みこんでいる
残りの者がやってるような仕事は何もしないで。
他の器官は見たり、聞いたり、考えたり
指図をしたり、歩いたり、感じたりして
たがいに助けあい、尽くしている
欲求や情動という
体全体の共通の目的のために。
これに答えて胃袋が言った……
彼の取り分をねたむ不平不満の者たちに。
それはちょうど君たちが
元老たちを責めるのとまったく同じことだ
彼らが君たちのように働かないと……
「なるほど仲間のみなさん」胃袋は言った
「私は最初にいろんな食物を受け取る
だが、君たちはそれで生きていられるのだ。
私は体全体の倉であり、店なのだから
最初に受け取るのも当たり前。思い出してもらいたい
私は君たちの血の川を通して、これを送っている
大事な心臓や脳髄にも。
そして人体の曲がりくねった場所や仕事場にいたるまで

最も強い筋肉も、下位の小さな静脈も
私から活力を得て
そのおかげで生きている。それに……
……私がみんなに何を分配しているか
それがすぐにはわからなくとも
私の取り分をはっきりさせることができる
君たちが私から受け取るのは、食物のいちばんいいところ
私にはカスしか残らない……」
ローマの元老たちはこの胃袋と同様で
諸君はといえば、この不満だらけの体の器官だ。
元老たちの協議や彼らの気づかいを考えるがよい
まさに公共の安寧にかかわる問題に思いを寄せろ
そうすれば、諸君も気がつくだろう
諸君が受け取っている公益は
彼らに発し由来して、諸君に届いていることを
決して諸君からではないのである。

(シェイクスピア『コリオレーナス』第一幕、95–156)

このような「臓器」物語の代わりに、ホッブズとロックは正当性に関する合理的な説明を与えた。それは、一人ひとりの個人を自分自身の最大の利害の判定者とし、支配者を選ぶ権利は個人にあるとするもので、支配者は彼らを保護する義務を負わされた。公益を口実にして貴族が自らの貪欲な目的のために平民を利用するのを許した、従来の習慣的な考え方や感情は、いっさい捨て去られた。こうしてホッブズとロックは、自己本位の権利を平民にも平等に分け与えたのであった。被支配者が支配者の指揮下にあるのは自然の本性によるわけではない。それは、支配者が自然の本性によって被支配者の善だけを配慮することなどないのと同様である。支配者と被支配者は、かけ離れたおたがいの利害を保護する盟約を意識的に結ぶことができるとしても、メニーニアスのいう体の各器官のように、同じ最高目的を分けあう一者には決してならない。政治体（body politic）など存在しないのであり、自由意志によって集いあい、さらに自由意志によって離れることも可能な（もちろん、それによって不具になるわけでもない）諸個人だけが存在するのである。

ホッブズとロックは、たとえ政治秩序は諸個人から構成されるとしても、政治の下位単位は全体としてその影響を受けないと想定していた。それどころか彼らは、家族が個人と国家のあいだを仲介してくれるよう期待していた。政治組織に対する情熱的な愛着が失われつつあるなかを、家族がその失われた要素の肩代わりを部分的にはたしてくれるよう期待していた。自己本位という純粋に個人的な心情にバランスをもたせるには、遠まわしの抽象的な祖国愛よりも、自分の財産

や妻子に対する直接で確かな愛情のほうが効果をもつ。さらに、自分の家族が安全であるよう願う気持ちは国家に忠誠を抱く強力な理由となる。国家が家族を保護してくれるからである。国家とは家族からなる共同体であるというのが、最近まで合衆国でうまく機能してきた決まり文句であった。しかしながら、こうした決着のつけ方が長い目で見て有効かどうかはきわめて疑わしい。この場合、自然の本性に関して次の二つの対立しあう見解があるからだ。しかも政治哲学者がつねに教えてきたように、当の政体の下で権威をもつ見解が、それを構成する人々の性格を究極的に形づくっているのである。まず社会契約論の見解では、本性はきずなや地位とは何の関係もない。他方、古代の政治哲学の中核をなす古来の見解によると、本性は指令的《プレスクリプティヴ》性格をもっている。男女や親子の関係は自然の衝動によって決定されるのだろうか、それとも選択と同意の結果なのだろうか。アリストテレスの『政治学』では、政治のレベル以下の（ないし、その前にある）家族関係は、政治支配が必然的に存在しなければならないことを指し示しており、この支配をまって完全になる、とされている。しかし「自然状態」の教えでは、政治支配はもっぱら諸個人を保護する必要に由来するとされ、個人同士の社会的関係は政治支配とはまったく関係がない。われわれが相手にしているのは政治を演じる者たちなのか、それとも男女なのか。前者であれば、人々は自分の好む相互関係をどのようにでも自由に結ぶことができるだろう。後者であれば、いかなる選択にも先立つ既存の枠組みが男女の関係を大はばに決定していることになるだろう。

政治組織については古くから三つのイメージがあり、これを使って目下の問題を明確にすることができる。第一は、船としての国家というイメージである。もっとも、この船を永遠に海上を漂うと見なすか、やがては港にたどり着き乗客はそれぞれ別れてしまうと見なすか、それによって話は違ってくる。乗客はおたがいのことを考え、船上での自分たちのきずなについて考えるとしても、その考えの中身は両者でまったく違うからである。最初の場合が古代都市、二番目が近代国家にあてはまる。残る二つのイメージは獣の群れと蜜蜂の群れというイメージで、たがいに対立しあう。獣の群れは見張り番を必要とするかもしれないが、動物はそれぞれ勝手に草を食べ、群れから簡単に離れることができる。これと対照的に、蜜蜂の群れには働き蜂と雄蜂と女王蜂がいて、分業体制がとられ、生産に向けて全員が協力する。ここでは群れからの離脱は死を意味している。獣の群れは近代国家であり、蜜蜂の群れは古代都市である。もちろん、どちらのイメージも人間社会の精確な描写とはいえない。人間はひとつの体の原子でもなければ、部分でもない。しかし、こうしたイメージに訴えねばならない理由はまさにそこにある。獣にとっていま論じていることは、議論とか熟慮の問題ではないからである。人間は多義的な存在だ。最も堅く結ばれた共同体では、少なくともオデュッセウスの時代以来、人間のうちには外に出たがろうとする何かがひそんでいる。自分が全体の部分にすぎず全体それ自身ではないことによって、自分の成長が妨げられている――このように感じる何かが人間のうちにはひそんでいるのだ。しかし反対に、こよなく自由で独立した状況の下では、人間は何ものかへの無条件の愛着に憧れる。自由と愛着とのあいだにはいつも緊張関係があり、両者に統一をもたらすことは不可能である。それでも人間はこれを統一させようと試みる。こうした緊張とこれを克服しようとする試みが、人間の永遠の条件といえよう。しかし権利が義務に先行する近代の政体においては、共同体や家族、さらには自然に対してさえも、自由が決定的に優先するのである。

この選択の精神が生活のあらゆる細部にいたるまで必ず浸透しており、われわれはこれを避けることができない。人間の多義性は、性的情熱と、これに付随する感情のうちによく示されている。まず、セックスはひとつの快楽として扱うことができ、この快楽から男女は望むものを作ることができる。セックスに駆りたてるものに従うも逆らうもお構いなし、セックスの形態は趣味の問題であり、生活においてセックスが重要か否かは個人が自由に決定する、というわけである。そうであるとすれば、少なくともホッブズやロックのような思想家に従う限り、セックスは、客観的な自然の必然性、および自己愛とか自己保存とかいう至上命題に対して一歩引き下がらなければならないだろう。他方、セックスは別様にも考えられ、人生の法則全体を直接に構成しているとも言うことができる。この場合には、自己保存はこの法則に従属し、この法則の下では恋愛や結婚や幼児の養育が最も重要な仕事となることであろう。しかしいずれにせよ、セックスがこの両方であることは不可能である。そしてわれわれの進みつつある方向がどちらであるかは明白である。

さて、人類を全体として見たとき、セックスを自由選択の問題として扱うことができる、と語るのは完全には正しくない。つまり、セックスに関してわれわれはさしあたって他人に義務を負っていない、とは言えないのである。性分化の自然の基礎が滅びた世界では、男性はセックスの自由な選択が容易にできるが、女性となるとそうはいかない。自然状態にある男性は（それが近代思想家が教えた自然状態であれ、われわれがいま直面している自然状態であれ）性交渉から何のハンディも受けないので、セックスを自由選択とは別の観点から考えることができない。しかし女性の場合は子供が生まれるという可能性がある。そして実際、女性は子供を産もうと欲することができるのである（その傾向は近年ますます顕著になっている）。セックスは男性にとっては中立的でありうるが、女性にとっては現実問題として必ずしもそうではありえない。これこそまさに、女性のドラマとでも言いうるものだ。近代精神はすべての人間が平等に扱われることを約束した。女性たちはこの約束を生真面目に受けとめ、古い秩序に立ち向かった。しかし、女性がこの闘いに勝利をおさめたとき、男性もまた自分たちを縛ってきた古い拘束から解放されたのである。女性はいまや解放され、男性と平等の社会的立場を獲得するにいたったが、それでも子供を産みたいという願望は昔と変わらない。しかし、子供がほしいという自分たちの願望を男性も共有すべきだとか、男性も子供に責任をもつべきだとか主張する論拠は、彼女たちにはないのである。こうして、自然の本性は女性により重い負担をかけている。古い秩序にあっては女性は男性に従属し、依存していた。新しい秩序では女性は孤立し、男性を必要としながらも男性に頼ることができない。自分たちの個人としての立場が自由を増す一方で、女性は身動きができなくなっている。女性の側からいえば、近代精神はほんとうに約束をはたしてはいないのである。

家族のきずなの自然的基盤がこのように脆くなるとは近代初期の思想家たちはまず予期していなかったし、その準備もしていなかった。しかし、義務の拘束がゆるんでゆく時勢を見つめながら、彼らはある種の家族改革をはっきりと示唆していた。すなわち、家族を形づくるさまざまな要素のなかで、個人的感情の自由な表現に発するような要素を重んじるよう示唆しているのである。ロックでは、父親の権威は両親の権威へと変えられている。彼は、神から授けられた権利にしろ自然の権利にしろ、父親には支配の権利が永遠にあるという考え方を拒否し、子供が世話を必要とする限り、その世話をする権利は父親と母親の双方にあると認めた。それは何よりも、子供の自由を守るためであった——成年に達すれば、子供にもそれが自分のためになったことがすぐにわかるだろう。父親は地上における神のシンボルであるとか、父親は権威の紛うかたなき所有者であるとかいうような、父親の威厳をとどめる要素はここには何もない。逆に息子や娘たちは、自分たちが両親の世話に恩恵を受けており、そのおかげで自分たちが享受している自由もかなえられている、ということを理解するだろう。たとえお返しの義務は負わないにしても、彼らは両親に感謝することだろう。彼らがやがて親となったとき、子供が彼らに示すふるまいについて立派な手本を残しておきたいと願えば、彼らにしてもお返しの義務を引き受けるかもしれない。また、父親が自分の思いどおりに処分しうる財産をもっていれば、この財産を相続するために、父親の言うことに従うということも（もし気が向けば）あるかもしれない。しかしいずれにせよ、子供たちの観点から言えば、近代のさまざまな原理の基礎の上に家族は自らの妥当性を保っている。そしてロックがそうした民主的家族への道を準備したのである。それはトクヴィルの『アメリカの民主主義』が印象的に描いているところでもある。

さてこれまでの限りでは、何も言うことはない。子供たちは家族とうまくいっている。しかし私の思うに、問題は親が子供の世話をする動機にある。子供たちは両親に対して、「あなたがたは強く、私たちは弱い。その力で私たちを助けて下さい。あなたがたは裕福で、私たちは貧しい。そのお金を私たちのために使って下さい。あなたがたは賢く、私たちは何も知らない。私たちを教えて下さい」と言うことができる。しかしながら、どうして父親も母親も、これほど多くのものを子供たちに施してやろうとするのか。しかも報酬は何もなく、犠牲ばかりを払って。なるほど親が子の世話をするのは義務であるし、家族生活は大いなる歓びであるかもしれない。しかし権利と個人の自立という考え方が支配的な今日では、どちらも説得的な理由ではない。子供たちは両親を無条件に必要とし、両親から疑いようのない恩恵を受けている。ところが親のほうとなると、話が全然違うのである。

ロックは、女性が子供に本能的な愛着をもっており、これを私欲や打算として説明することはできないと信じていた。現代の世相もロックのこの信念を裏づけているように見える。母と子の愛着はおそらく唯一の否定しがたい自然の社会的きずなであろう。必ずしもいつも強力だとは限らないし、わざと抑えつけられることもあるが、このきずなが依然ひとつの力であることは確かだ。それは今日われわれが見ているとおりである。しかし父親のほうはどうだろうか。父親というのは、自分が子孫の世代を通じて永遠に存続するという夢を見るのが好きな人間かもしれない。しかしそれはやはり夢を見ているだけのことだ。こうした夢は彼の他の関心事や打算の背後にかすんでしまいかねないし、「民主主義社会の変転する条件を考えれば、自分の名が世に末長く伝わることなどありえない」と彼が自信を失えば、やはりかすんでしまう。したがって、その魅力と手管で男性の心を捕えることこそ女性の務めだ、と考えられてきたのも当然だった。家族にかかわる重い義務のために男性に自由をあきらめさせるものは、こうした女性の武器以外にそもそもあろうはずがないからだ。しかしいまの女性たちはそんなことはもうやろうとしない。われわれが現在則っている原理に従えば、そんなことをやるのはフェアではないと考えているからである。たしかに彼女たちの考えは正当だ。とはいえ、その結果、家族を結びつけてきたセメントはもろくも瓦解した。従来のきずなから離反したのは子供たちではない。子供を見捨てた親のほうなのである。いまの女性は不平等な間柄への、無条件の、一生つづく傾倒《コミットメント》など望まない。しかし彼女たちが何を望んでいるにせよ、子供の出産や養育の責任を男性の大半に平等に分かつ効果的方法はありえない。こうした破局の最もきわだった兆候が、まさに現在の離婚率である。

このような事態は何も六〇年代のせいではないし、五〇年代に広告業界が男の虚栄心に訴えかけるようになったせいでもない。また、その他のいかなる大衆文化の浅薄な事件が原因なのでもない。すでに二百年以上も前に、ルソーは家族の破局の種を自由社会のうちに見ていた。ルソーはこれに危機感を抱き、自らの天賦の才を傾けて家族のあり方を正そうと努めた。彼は、男女の結びつきにとって不可欠の側面が個人主義によって侵されつつあることを見てとった。そこで彼は、男女間の情熱的でロマンティックな愛情を盛り立てることに、理論と実践の両面から努力を注いだのである。こうした男女の結びつきは、宗教や行政の締めつけによって従来は阻まれていた。しかしルソーの時代には、もはやそのような締めつけは威信を失っていた。彼は欲望と同意という近代的基盤の上にこの結びつきを再建し、さらにそれを強めようと欲した。もっとも、近代に登場した批判のせいで、自然本性についての昔ながらの考え方はもはや判読しがたくなっていたので、ルソーはこれをあらたに描き直した。彼は、男女の結びつきが目的論的な秩序を有すること、とくに両性が相補的な関係にあるということを、男女が喜んで受け容れるようにそそのかした。両性は網の目のようになって人生のからくりを動かしているのであり、身体の奥底から魂の頂点にいたるまで、たがいに別のものでありながらたがいを必要としているのである。ルソーは、個人的関心にひそむ打算とは正反対の、理想化された愛情にそなわる感情と想像力を、自由奔放に躍動させた。彼の著作は小説や詩歌など文芸のあらゆるジャンルにわたり、両性の均質化に精力的に取り組んだベンサムおよびミルの学派の著作と共存しながら、一世紀以上も熱狂的に迎えられた。当時は人間社会が危機に瀕していただけに、ルソーの仕事はきわめて重要な意義をもっている。ルソーの主張の本質は、女性が自発的に男性と違うあり方を望むように説得することにあった。ルソーは、女性が家族と積極的な契約を結ぶ負担を自ら負うように説得した。女性が家族と結ぶ契約は、国家を相手にした消極的で、個人的で、自己保身的な契約とは対立する。トクヴィルもこの主題を取り上げて、アメリカの家族では夫の役割とその生活のやり方と、妻の役割とその生活のやり方のあいだには絶対的な区別があると述べ、アメリカの民主主義が成功した原因を女性に求めている（しかも彼女たちは、この自らの運命を自発的に選択しているのである）。トクヴィルはこれを、ヨーロッパの無秩序、いやむしろ混沌と対照させ、平等の原理の誤解ないし誤用にその原因を認めた。平等の原理は、自然の本性の命ずるものが息づいていなければ、たんなる抽象にすぎないのである。

しかしこうしたいっさいの努力は失敗した。女性たちは、こうした理論がすべての人間に保証された権利を自分たちから奪おうとする企てだと怒りを感じるか、女性が男性と対等になり、自立の確保という点では男性も女性も同じ困難に直面している以上、こんな理論などどうでもよいと無関心の態度をとるか、このいずれかである。ルソーもトクヴィルも、また他のどんな著作家たちも、いまでは歴史的な意義をもつにすぎない。よくいったところで、今日の状況を分析するための重要なもうひとつの視点を提供するにすぎない。ロマンティックな愛情などドンキホーテの義侠心も同様で、いまのわれわれには無縁である。若者たちは、鎧兜を身にまとおうとしないのと同じく、女性に求愛しようとはしない。それは自分たちに似合わないだけではなく、女性に対して無礼でもあると考えているからである。ある一人の学生が私に声高に問い返したことがある（彼の仲間も同じ意見だった）。「いったい僕に何を期待しているんですか。女の子の部屋の窓辺でギターを弾けとでもいうんですか」。彼には、こうした行為は金魚を呑み込むような馬鹿げたものに思われたのである。

しかし、この若者の両親は離婚していることが後でわかった。彼は自分の悩みをつじつまが合わないながらも懸命に訴え、深い絆《ルーツ》を求めていまや儀礼となった呪文を唱えるのだった。こういうときにはルソーがひじょうに役にたつ。というのは、ルソーはそうした呪文の力を正直に暴いてみせたからである。とはいえ、深い絆《ルーツ》に話をすり替えるのは逃げ口上だ。ルソーの教育小説『エミール』の一節で、私が学生を相手にするときいつも心に浮かぶ箇所がある。それは、教師が生徒の教育を全面的に引き受けるにあたり、その生徒の両親と協定を交わすという文脈に登場する箇所である。ここでは夫婦間および親子間の有機的な関係は消滅している。近代の理論や実践によって、この関係が弱められてしまったからである。

> 私はさらに、生徒と教師は、その運命がいつも一体となっているくらいに、おたがいに別れられないものと考えるようになることを望みたい。先になると別れることがわかってくると、おたがいに他人になる時期が見えてくると、彼らはすでに他人なのだ。二人ともそれぞれの狭い世界に閉じこもり、いっしょにいなくなるときのことばかり考えて、いっしょにいるのはいやいやながらということになる。
>
> （『エミール』第一巻）

まさにそのとおりと言うしかない。誰もが「それぞれの狭い世界」をもっている。学生たちの魂の状態を表わすものとして、私にはこれほど適した表現はないように思われる。すなわち、離別の心理である。

別れる可能性があるということは、すでに事実として別れていることである。現代人は全体的で自己充足的な存在であることを目指すよう余儀なくされており、相互依存に賭けることができないからだ。自分の将来を見とどけるためには、来たるべき別れの日を否が応でも見越しておかねばならない。こうして、共同事業のために人々が使うはずのエネルギーは、個人の独立の下準備のために消耗される。団結の際には礎石となるものが、脱退にあたってはつまずきの石となる。自然に、そして必然的に集いあった人々が抱く目的は、必ずや公益となる——人の生活に不可欠のものは人々に受け容れられる。しかし、やがて別れる定めにある人々には公益などはない。選択の余地があるということが、人々の関係のあり方をすでに変えてしまっている。そして現時点での離別が深いほど、将来の離別も深まるだろう。親、子供、夫、妻、友人、これらの人々がやがては死ぬということはつねに可能性としてありうるし、ときに人は事実としてこれに遭遇する。しかし離別はそれとはまったく違う。こうした近親者との関係においては愛着が核心をなすが、この愛着に相互性を求める要求を意図的にはねつけてしまうのが離別だからである。愛する人が死んでも、人々は死者と関係を保ちながら生きつづけることができる。しかし愛する人は生きていても、彼がもはや愛を失っていれば、あるいは愛されたいという願望を失っていれば、彼と関係をもちつづけることはできない。このように、われわれの砂漠では砂がたえず動きつづけている——さまざまな場所、人物、信念が離ればなれになる一方なのである。このようにして生まれた本性の精神状態といえば、自制と臆病を顕著な気質とする精神状態である。いまやわれわれは社会的孤立者となってしまった。

離婚

われわれのうちで深まりつつある離別をまざまざと示す一方で、さらに離別を推し進めているのが離婚である。いまや離婚はアメリカの大学にも深刻な影響を及ぼしている。離婚家庭出の学生がどんどん増えているからだ。彼らは自分自身に問題を抱えるだけでなく、他の学生をもまきこみ、ひいては大学全体の雰囲気を変えている。アメリカで急増している離婚は、人々が共同生活を営めなくなったことの最も明らかな指標といえよう。人々は一人ひとりの個別意志から一般意志を創造したいと願い、それを必要としているにもかかわらず、個別意志がいつも口を出して邪魔をする。バラバラになった破片を集めて、何とか元どおりに復元したいという気持ちはあっても、それはますます空しい望みとなった。そんな作業は円を等面積の正方形に変えようとする企てにも等しい。というのも、誰でも自分をいちばん大事にしながら、他人にはその身を大事にする以上にこの自分を愛してほしいと求めているからである。こうした要求はとくに子供に顕著であるが、いまや親たちがこの要求に反逆をはじめている。ルソーが言うように、公益ないし共通の目的がなければ、社会が個別意志に分解してしまうことは避けられない。しかしそうなると、自己本位は道徳的悪でもなければ宗教的罪でもなく、自然の必然性となってしまう。「ミー世代」〔人々が個人の幸福と満足の追求に赴いた七〇年代に二〇代、三〇代となった年齢層〕と「ナルシズム」は世相を言いあてたことばにすぎず、決してその原因ではない。自然状態で孤立している未開人を、自分のことしか考えないからといって非難することはできないだろう。これと同じように、最も基本的な制度にあっても利己心が優先するのを当然と見なしている世界、自然状態における原初の自己本位がそのまま残り、公益を重んじるのが偽善と称され、見たところ道徳も大っぴらに自己本位の味方をしている世界では、そこに住む人間を利己的だと非難することはできない。別の言い方をすれば、自己成長とか自己表現、あるいは自己発達といったものに現代人が示している関心は共同体には馴じまない、ということが徐々にはっきりしてきたのである――こうした関心が広がったのは、それが社会や共同体と基本的に調和するという楽観的な信仰があったからである。若者は離婚した両親に制限や条件のついた愛着しか示さないが、それは両親が彼に条件づきの愛着しか抱いていないことへの報復にすぎない。彼には両親の態度がどうしてもそのように見えるのである。とはいえ彼の反応は、家族やその他の制度に忠誠を守るべきか否かという、古くからの問題とはまったく違う。明らかに、こうした制度はその成員たちをかばうものであったからだ。以前だと、やむをえぬ事情で時に忠誠が破られることはあっても、そこにはつねに道徳的な問題が関与していた。しかし今日では、こんなことはどこにでも見られるありふれた光景にすぎない。ここにもまた、古典文学がいまの若者の大多数にとって無縁となった理由がある。というのは、古典文学では、家族や信仰や国家の切実な要求から人間はいかに解放されるか、という問題が主題とされたからだ。ところが現代の世相は逆の方向に動いており、人々はわが身に突きつけられた要求のうち、自分でも納得できる要求は何かと探し求めているのである。条件づきのきずなしか教えない学校に通った子供たちが、そこで学んだものに照らして世界を眺めるようになったとしても、無理のない話である。

子供は、親から「親にも自分の人生を生きる権利があり、漫然とした生活よりも充実した生活を楽しみたい。しかし離婚してもおまえを愛する気持ちは変わらない」と繰り返し聞かされるだろう。しかし子供はこんなことばなど全然信用しない。彼らは、自分には親の献身的な気づかいを受ける権利があると考えており、親は自分のために生きなければならぬ、と信じている。それ以外の可能性を子供に説明してやることなどとてもできないし、これにもとる行動をしようものなら必ずや子供の憤慨を招き、不当に扱われたという拭いがたい感情が子供の側に残される。子供は、両親が自分たちの意志で別れるのは、両親が死ぬよりもいっそう不幸だと感じる。というのも、まさにそれが意志によってなされたからである。意志は気紛れなもので、ともすれば公益を求めようとはせず、違うこともできたはずなのにそうしない――こうしたことが「万人の万人に対する戦い」を生む真の源泉である。子供たちは、他人の意志に従属するのがいかに恐ろしいか、だから他人の意志を抑えつけるのがいかに必要であるか、それを家族内のさまざまな出来事を通して学ぶ――本来なら、その反対のことを学ぶ場所が家族だったはずなのに。もちろん、不幸な家族というのはいまにはじまる話ではない。しかしそんなことは目下はどうでもよい。ともあれ、これまで家族が教えてきた重要な教訓といえば、人間のあいだには（よかれあしかれ）壊すことのできない唯一の結合がある、ということであった。

この結合の解体こそ、アメリカで最も差し迫った社会問題だと言わねばなるまい。しかしこの問題には誰も手をつけようとしない。この現代の潮流に逆らうことなど不可能に見える。アメリカの道徳的再生を説く人々は多くの課題をその日程表に並べているが、私はそのなかに結婚や離婚があがっているのを見たためしがない。この種の問題について公職にある人が手をつけた例といえば、前大統領のジミー・カーターが同棲中の連邦職員に正式に結婚するよう呼びかけたのが最後である。そうこうするうち、この半世紀ではじめてタカ派の保守主義者が大統領に選出された〔第四〇代大統領レーガンのこと〕が、彼は離婚経験者であった。さらには、こともあろうに家族問題といちばん関係の深い閣僚である厚生省長官が、世を賑わせた彼女の離婚騒ぎのさなか、自分は大統領の過去に勇気づけられた、と語ったのである。

大学の一般教養課程の教師は、両親が離婚した学生が増えつづけるなか、彼らの特殊なハンディや微妙な心の痛手を否応なく目にしなければならない。彼らにしても専門科目では他の学生と遜色がないのを私は少しも疑わない。しかし哲学や文学の本格的研究となると、私の見るところ、彼らは他の一部の学生のようには心を開くことができない。その理由を推測するに、彼らは自分の人生の意味を見つめるとか、自分が受け容れている考え方をあえて問い直すとかいった作業にあまり熱中できないのである。混乱した自分の過去と折り合いをつけるためとはいえ、彼らはものごとの正邪や、いかに生きるべきかという問題について、固定した枠組みで考える傾向が強い。自分自身で決断するとか、他人の権利や決定を尊重するとか、何を個人の価値とし、何に傾倒《コミットメント》するかを自分で考え出さねばならない、とかいった問題を突きつけられたとき、彼らはひどく陳腐な反応を示す。彼らの固定観念はまるで薄いベニヤ板を思わせる。しかし彼らはこの頼りない薄い板で、怒りや、疑いや、恐れに満ちた、果てしない航海を乗りきってきたのである。

　心を躍らせる思想に出会うと、これまでの思考習慣を投げ捨ててしまえることが、若者の習いである。彼らには失うべきものがほとんどない。もちろん、こうした変身を哲学と呼ぶのは早計だろう。これがどんなに大ばくちであるか、彼らは自覚していないからである。しかし人生のこの時期、彼らは型破りなことを試みては、より深い思考習慣を学びとり、それに従って知見を広めることができる。ところが両親が離婚した子供は、こうした知的冒険を試みることがめったにない。若者らしい将来への確信が彼らには欠けているからである。孤立を恐れると同時に深入りするのも恐れるために、彼らにははっきりした将来への展望がない。彼らが何かに熱中することなどほとんどなく、代わりに自己保身だけが目立つ。これと同じように、友情への率直な信頼——彼らは新たに善の追求ということに気づいたが、友情はその追求の大切な要素である——にしても、彼らの場合はどこか歪んでいる。人間本性の発見に自らを賭けたグラウコンのエロスは、他の大多数の学生はともかく、少なくとも彼らにおいてはどこか傷を負っている。こうした学生は、宇宙の秩序と調和からはずれた自分たちの立場を、思索と研究の主題とすることもできるだろう。しかし、それは陰欝で危険な作業だ。私の知る学生のなかで、彼らほど気の毒な者はいない。彼らはまさに犠牲者というしかないのである。

　こうした学生たちの魂の状態に関して、付け加えるべき要素がひとつある。多くの場合、彼らは過去に心理療法を経験している、という事実である。彼らは心理学者たちから、自分についていかに感じ、いかに考えるべきか教えられている。診察料を払うのはもちろん親である。というのも、事態が親にとってできるだけ苦痛なしに運ぶように親は望むからだ。つまり心理療法は、離婚を成功裡に進めるための手続きの一部なのである。もしも利害の衝突というものがあるとすれば、この心理学者の立場がそれだろう。何といっても、彼ら治療家にとって離婚は大きなもうけ口だ。親は離婚のことなど早く忘れて、恥しらずの喫煙者をとっちめたり、軍拡競争に歯止めをかけたり、「われらの文明」を救済するとかいった運動に戻りたいと願っているからである。そしてその一方で、心理学者は、ストレスのたまった家庭はかえって子供のためによくないとか言って、離婚を正当化するイデオロギーをどんどんばらまくのだ（その結果、潜在的逃亡者たち——それは親にほかならない——に、家庭がさらに不和になれば、という気を起こさせている）。そもそも心理学者というのは、罪という観念の宿敵である。彼らは人工の言語を操作して、子供たちに人工の感情を抱かせる。しかし残念ながら、それによって子供たちがものごとをしっかり把握できるようになることはない。もとより、こうしたケースを扱うすべての心理学者が、依頼者にへつらった診断を下しているわけではない。しかし、市場の実状や、身についた自己欺瞞の才覚（それはときに「創造性」などと呼ばれている）が、治療に影響しないとはいえない。結局のところ、一部のカトリック信者が自分好みの聴罪司祭を探し歩いたのとちょうど同じように、親たちはどの心理学者が親切かと値踏みをしながら探しまわることができる。こうした境遇の学生は、すでに大学に入学する時点で、信頼が覆され忠誠の拠り所を失うという離婚の破壊的効果のために動揺しているだけでなく、わけのわからぬ擬似科学の用語を何度も聞かされ、その御都合主義の虚言や偽善で耳が聞こえなくなっている。近代の心理学は、その最良の部分について見ても、魂のことを理解しているのかどうかきわめて疑わしい。哲学的生活の優越という自明の理を認める余地などそこにはなく、教育に対する理解もない。こうした心理学を吹き込まれた子供たちは、いわば地下二階の部屋の住人である。常識の世界である洞窟〔プラトンの『国家』における比喩〕——叡知の世界への上昇は、そこからはじめられる——に戻るだけでも、彼らは長い階段を昇らなければならない。しかし彼らは自分が感じたり見たりしているものに確信がもてない。彼らにあるのは、自らの臆病さの真の理由ではなく、それを合理化するイデオロギーなのである。

これらの学生は、現代の知的・政治的問題を象徴する存在である。他人とも自然の秩序とも接触を失えば、精神がいかなる渦に巻き込まれてしまうか、彼らはそれを極限のかたちで示している。しかし同時に、他のすべての学生も、日常のごくありふれた生活を通して彼らの影響を受けている。ただ、自分たちの置かれた状況に気づいていないだけのことだ。なぜなら、こうした問題に対処する視点を、彼らの受けている教育は提供していないからである。

恋愛

いまの学生はきわめて特異な世界に住んでいる。この世界への格好の入口となるのは、その昔「色恋」と呼ばれた男女関係の変わりようだろう。驚くことに、いまの学生はふだん「愛しているよ」とは口にしない。ましてや「いつまでも愛してゆくよ」とは決して言わない。以前、一人の学生が私にこう語ったことがある。「もちろん僕もガールフレンドに『愛している』と言いますよ。僕たちが別れるときです」。後くされがなくて気軽な別れ、これが彼らの身上だ。心が傷むこともなければ、落ち度を責めあうこともない。彼らの理解するところ、こうした別れこそ道義にかない、相手の自由を尊重するものなのである。

「愛している」と若者が言わないのは、おそらく彼らが正直だからだろう。実際、彼らは恋など経験したことがない。セックスを知りつくしているだけに、セックスを恋と混同することはないし、わが身の運命で頭が一杯なので、恋に狂って我を忘れることもない（我を忘れるというのはまぎれもないファナティシズムの極致である）。こうして、歴史的に恋愛の宿命であった重荷――性による役割の押しつけや、女性の自己決定権を無視して女性を所有物や事物《もの》のように扱うこと――は、いまでは嫌悪の的となっている。いまの若者は何かに傾倒《コミットメント》するのを恐がっているが、恋するというのは傾倒の最たるもの、いやそれ以上のものなのである。「傾倒」とは抽象的な近代の理念が造りだした用語であり、何かに全身全霊を打ち込むような真の動機が魂に欠如している状態を表わす。傾倒には根拠もなければ、動機もない。というのも、真の情熱は減退し、自己本位になってしまったからである。異性の性的魅力に惹かれることはあっても、人々はそこから真の永続的な関心を相手に抱く十分な動機が生まれるとは考えない。若者が（いや、若者に限った話ではないが）これまで学んだり実践してきた〈エロス〉にはどこか欠陥があり、もはや空に舞い上がることができない。彼らのエロスには永遠なるものへの憧れがなく、自分と存在とのかかわりを予知する力がない。彼らは実際的なカント主義者である。肉欲や快楽の跡をとどめるものは決して道徳的ではありえない、と考えている。しかしながら、彼らは純粋の道徳性を見出しているわけではない。道徳性は空虚なカテゴリーにとどまっている。このカテゴリーは、かつて道徳的と見なされていた実際的傾向をどれも道徳に値しないと退けるために用いられるにすぎない。誠実さにこだわりすぎると本能は信じられなくなってしまい、セックスに真面目になりすぎるとセックスに熱中できなくなる。男女を問わず若者たちはエロティシズムをまったく信用していないので、エロティシズムが人生をどう送ったらよいかについての十分な指標となる、とは考えることができない。エロスに含まれた祝福されるべき重荷は、エロスがなければたんなる重荷にすぎない。だから、たとえ彼らが責任を引き受けるのを避けるとしても、その責任に魅力のかけらもないのであれば、必ずしも彼らを卑怯とは呼べないのだ。

結婚にこぎつけても、それが結婚によって生じるさまざまな責任を引き受けようとする決意や、意識的な意志の結果であるとは、ふつう見うけられない。結婚した二人は長いこと同棲しており、これといった事件もないまま、気がついたら結婚にゆきついたというのが実状だ。情熱もあるには違いないが、結婚したほうが便利だという理由も大きく、積極的な理由とともに消極的な理由がはたらいている（実際、彼らは結婚によって事態がそれほど好転するとは期待していない。周囲を眺めれば、結婚した者同士の一致がいかに不完全であるかがわかるからである）。最近、学歴の高い人々のあいだでは、どんな場合に結婚に踏み切ることが最も多いかといえば——マコーリ〔英国の歴史家、政治家。一八〇〇－五九〕が大英帝国について語ったのとまったく同じで——それは、気がゆるんだ一瞬であるように見える。

性関係に傾倒できない一因は、感情のイデオロギーにも関係がある。若者は嫉妬心や所有欲について、また将来の自分の夢についてさえも、私にいつも実にもっともな話をしてくれる。しかしパートナーとの将来の夢となると、彼らは口をつぐむ。そんな夢は将来に窮屈で権威主義的な枠をはめるもので、自然のなりゆきを重視する彼らには受け容れられないのである。この事実が意味しているのは、彼らに将来を見通す力がないということか、さもなければ、彼らの自然な将来の夢が、昨今の敬虔主義により性差別の名のもとに封じられているということである。嫉妬心についても同様で、かりに自分のパートナーが別の人間と性的関係をもったとして、どうして嫉妬を感じなければならないのか、と彼らは考えている。現代の真面目な人間は他人の感情を無理に抑えつけたくないのである。所有欲についても話は変わらない。しかし彼らの話を聞いていると、しごくもっともで自由社会にピッタリではあっても、私はロボットを前にしているような気分になる。こんなイデオロギーが通用するのは、一度も感情を味わった経験のない人間、人を恋したことがなく、人生を織りなす繊細な生地から引き離されている人間だけである。こういう理性の怪物は、オセロ〔シェイクスピアの悲劇の主人公。嫉妬のために妻を殺害する〕の運命など恐れるに足りないだろう。彼らは「恋のために人を殺すだって！　いったいどういう意味があるんだ」と言うに違いない。彼らの〈無感動《アパテイア》〉は、傷つくのが不安だという感情を無理に抑えつけた結果なのかもしれない。しかしその不安の感情も同様に本物だとは言えないだろうか。人々は自分のさまざまな目的が両立しないのを知って、まったく新種の魂を身につけたように思われる。学生のあいだで現実となった性関係のさまざまな可能性は、どれも私の知らなかったものである。とはいえ、彼らが情熱も希望も欠き、恋と死の表裏一体の関係を感じとれないことだけは、私にはどうしても理解できない。大学時代はずっと同棲していたのに卒業と同時に握手をして別れ、それぞれの人生を歩みはじめる若いカップルを見るにつけ、私は唖然とせざるをえない。

学生たちはいまではデートもしない。デートはすでに、化石化した求愛の名残りとなった。いまの学生は、発情していないときの動物の群れと同じように、性が分化していない群れ、あるいは集団のなかに生きている。もちろん人間はいつでも性交渉をもつことができる。しかし今日では、発情期の代わりとなって交尾を管理し、さらには指導するような、文明が発明したはずの慣習が姿を消してしまった。そもそも誰が自分に言い寄っているのか、求めている者と求められている者がほんとうにいるのか、この出来事がいったいどんな意味をもっているのか、こうしたことについて誰も確信がない。自分がどういう役割を演じるかは、そのつど自分で決めなければならない。というのも、禁じられた役割もあるからである。とくに男性はパートナーの態度を誤解すれば高価な代償を払うことになる。行動が起されたとしても、それによってカップルは群れから離れるわけではない。以前のように、性の分化のない群れのなかへじきに戻ってゆくのである。

男性が満足を得るのは以前よりも容易になった。多くの男性が女性から追い求められるという有利な立場にたっている。たしかに彼らには、以前の男性のように、どんな努力も惜しまないとか、あらゆることに気を配るとかいった必要がない。いまや男女のあいだには容易に打ち解けあう雰囲気がある。しかし男性にとって都合のよいこうした利点も、少なくとも幾分かは、彼らが自分の性行為に関して神経質になっていることによって相殺される。昔だと、男性は自分が女性に素晴らしいものを施していると考え、自分が施すものによって女性の称賛が受けられると期待することができた。もっともそれは、自分が他の男性と比較され判断されているのではない、という確信がある場合に限られた。そんな比較のことを考えれば、男性の気持ちはひるんでしまう。しかし、まさにこれが現代の状況なのだ。さらに言えば、男性には否定できない生物学的事実があり、そのため男性はときに行為しがたくなってしまう。男性が欲望を表現する側に立ちたがるのもそのためである。

女性は、自分たちが獲得した自由と、自立した人生を自分たちの手で設計しうるようになった境遇に、あいかわらず満足している。しかし彼女たちにしても、自分たちが利用されているのではないか、最終的には男性が自分たちを必要としている以上に自分たちは男性を必要としているのではないか、無気力な現代の男性からたいしたものは期待できないのではないかという疑念にしばしば襲われる。なるほど彼女たちは、女性が与えなければならないと昔の男たちが考えていたものを見下している（現在それがいとも自由に与えられるようになったのは、ひとつにはこのためである）。しかし彼女たちは、いま自分たちが代わりに男性に与えているものが本当に男性を喜ばせているのかどうか、不安につきまとわれている。両性のあいだには一見したところ手軽な交渉が成立しているが、そこには不信が満ちている。重大な事件というほどではないが、不愉快としか言いようのない破局が、あちこちでいやというほど生じている。試験期間は学生カップルにとって離別の最大の危機だ。ストレスがたまり勉学に追われるあまり、二人の関係から生じるもめごとに耐えられなくなるのである。

　彼らのあいだにあるのは「関係」であって色恋ではない。恋には、どこか素晴らしく、心を躍らせ、積極的で、情熱に根づいた何かが秘められている。しかし関係というのは、寒々としていて、形が定まらず、計画を思わせ、一定の内容もなければ、試みの域を出ない。関係を保つためには意識的な努力が必要だが、恋は自然に保たれてゆく。関係にあっては最初に難問が登場し、その解決のために共通の基盤が求められる。恋は完璧という幻想を想像力に与え、人間同士の結びつきにありがちな亀裂などまったく忘れる。関係には不安気な会話が絶えずつきまとう。学生の溜り場や食堂には、たがいに「かかわり合いになった」男女がいつも出入りしているが、そこでいやでも耳に入るお喋りがそうである。何かに取り憑かれたように延々と続くこの無駄話は、昔なつかしいニコルズとメイ〔五〇年代にアメリカで人気のあった二人組の芸人〕のお馴じみの場面や、ウッディ・アレン〔米国のコメディアン、映画監督、喜劇作家。一九三五―〕の映画で見事に描き出されている。ニコルズとメイの出し物で、たった今はじめてベッドをともにしたカップルが「これから二人の関係がはじまる」と何の疑いもない口調で断言する場面がある。こうした見方は、五〇年代のシカゴ大学に典型的なものだった。すなわち、『孤独な群衆』〔米国の社会学者デイヴィッド・リースマンの著書。一九五〇年刊〕が、新しいものの見方を提出したのである。ただその唯一の誤りといえば、より「内部指向的」になることによって、つまり、孤立した自己への道をさらに深く進むことによって、人々の孤独は和らげられる、という信念を助長したことである。しかし問題は、人々が誠実さを十分に示していないという点にあるのではなく、共通の目標や公益、そして自然の相補性が失われた点にある。自己が自分以外のものといっさい関係をもたないことは言うまでもなかろう。「コミュニケーション」が自己にとって問題となる理由もここにある。その場合、群れのなかの動物に見られるような群居本能であれば、誰も問題にはしない。いっしょに並んで餌を食べ、体をこすりあわせるというのは、生まれもっての性質である。しかしわれわれには、それ以上のものへの願望と、それ以上のものの必要性があるのだ。すなわち、獣の群れから蜜蜂の群れへの移行である。ここではじめて、おたがいの真の結びつきが生まれるのである。蜜蜂の群れ——共同体、ルーツ、拡張家族——が今日これほどもてはやされているのは、こうした事情による。とはいえ、自分の不確定な自己を（働き蜂、雄蜂、女王蜂に象徴されるような）あまりに確定した存在に変えることには、誰もが尻込みする。こうした地位秩序や分業は、離ればなれの部分を寄せ集めた堆積以上の、何らかの全体を形成するために必要ではあっても、誰もこうした秩序や分業に甘んじようとはしない。自己はいつでも全体でありたいと欲するのである。しかし最近では、部分になりたいという憧れも自己に芽ばえはじめている。関係をめぐる昨今の会話が——「傾倒」というラベルを貼った瓶のなかにそっくり詰められて——これほど空虚で抽象的で展望を欠いているのは、こうした状況のせいである。同様に、「結合《ボンディング》」と呼ばれる現象をめぐって議論が盛んな理由もここにある。魂のうちに何ものかとの結びつきが全然ないと、人間は獣の世界に見出されるメカニズムとの空しいアナロジーを持ち出して安心しようとする。しかしこんなやり方ではうまくゆくはずがない。人間同士の愛着にはつねに熟慮の上での選択という要素が含まれるのに、獣の世界とのアナロジーにはこの要素が認められないからである。男性同士の結びつきを描いた無数の小説や映画を、アリストテレスの『ニコマコス倫理学』の友愛に関する議論と一度でも比較してみればよいだろう。友愛は、これと類縁をなす現象である恋愛とともに、もはやわれわれの知力で処理できるようなものではない。どちらを理解するにも魂と本性という観念が要求されるが、理論的理由と政治的理由がからみあった複雑な理由により、これらの観念の考察すらおぼつかない状態だからである。

　関係に頼ろうとするのは自己欺瞞である。関係というものは内的矛盾に基づいているからだ。両性間の関係はこれまで困難をともなわなかったためしがない。それは、これほど多くの文学作品で男女の争いが主題となっていることからもわかるだろう。男女はおたがいにとって本当に似つかわしいのだろうか。想像と現実を問わず、男女間の関係が繰り広げているスペクトル——それはハーレムからプラトンの『国家』にいたる——を見れば、この疑念にはたしかに正当な根拠がある。自然が継母の役割を演じているのか、また一部のロマン派の詩人たちが信じたように、あと知恵によって神は創造を台無しにしたのではないか、こういったことはこの際どうでもよい。なるほど、男性は一人で生きてゆけないように作られたというのは、そのとおりかもしれない。しかし、男性といっしょに生きるように作られたのはいったい誰なのか。これが問題である。そしてまさにこの点に、男女が結婚を前にしてためらいを感じてきた理由があり、また彼らがカップルとしてやってゆけるかどうかを確かめ、さらには彼らがうまくやってゆけるよう基礎訓練を施すために、求婚期間が必要だと考えられた理由があった。我慢のならないパートナーと一生くっついて暮らすなど、誰でも願い下げだったのである。しかしそれにもかかわらず、彼らは自分が相手に何を求めているかはかなりよく知っていた。だから、自分がそれを得ることができるかどうかが問題だった（これに対して今日では、自分に何が求められているかがずっと大きな問題となっている）。男性は一家の生計を支え、妻子を保護しなければならなかった。女性は家計を管理し、とくに夫と子供の世話をしなければならなかった。もちろん、なかなかうまくゆかないことも多かった。パートナーの一方（もしくは両方）が自分の役目を上手にこなせないこともあれば、その役目にあまり熱心になれないこともあったからである。本来の秩序をはっきりさせるために、シェイクスピアに登場する男装の麗人たち――たとえばポーシャ〔『ヴェニスの商人』の登場人物〕やロザリンド〔『お気に召すまま』の登場人物〕――が男性に扮装せざるをえないのは、現実の男性が務めをはたさないので懲らしめる必要があるからだ。もちろん、これは喜劇のなかの話にすぎない。こうした大胆な女たちがいなければ、状況は悲劇に変わってしまう。しかし重要なのは、この男装によって、はじめて礼儀作法や慣習が守られている点である。本来ならば、扮装した女性がやっていることをやるのは男性なのである。だから事態を正常に戻した後では、彼女たちはふたたび女性になって男性に仕えている――生き生きとした秩序を維持するために、少なくともときには演技をも辞さない、という如才ない皮肉な意識はあるとしても。結婚のうちに暗々裏に含まれている取り決めは慣習にすぎないかもしれない。しかし、たとえそうであったとしても、この取り決めは、結婚する人々に自分たちは何を期待すべきか、そしてその満足がどういうものかを教えている。ひじょうに簡潔に言えば、家族は一種のミニ政治体である。そこでは夫の意志が全体の意志だ。女性が夫の意志に影響をもちうるのは、夫の意志が妻子への愛情にあふれているからなのである。

いまや、これらいっさいのものがあっさり崩壊してしまった。存在しないというだけではなく、存在するのが善だという意識すらない。しかし、これに代わる確実なものが何かあるわけではない。男性も女性も、自分たちがどんな状況に入りこんでいるのか少しもわかっていない。いやむしろ、彼らにはさらに最悪の事態を危惧する理由さえある。二つの対等な意志が存在する一方で、これらをつなぐ媒介原理もなければ、最終審の法廷もないからである。またさらに悪いことには、どちらの意志も自分に確信がないからである。こうして「優先順位」の問題が生じる。とくに女性にとってこの問題は切実であり、女性は仕事と子供のどちらを優先させるか決めかねている。現代人は、結婚が人生第一の目標であり、基本的責任であると見なされるべきだとは考えない。まさに、そう考えるようには育てられていないからである。彼らの確信のなさをいっそう助長しているのが離婚統計である。離婚統計は、自分の生きがいをすべて結婚に賭けるのは愚かな冒険だと示唆している。こうして、男性と女性がそれぞれ抱いている目標と意志は平行線をたどっている。両者の交わりを期待するには、ロバチェフスキー〔ロシアの数学者で、非ユークリッド幾何学の創始者の一人。一七九三―一八五六〕並の想像力が要求されよう。

　最終目的の不一致は、女性の職業に最も具体的なかたちで現われている。女性の職業はいまや男性とまったく変わりがない。高等教育を受けた三五歳以下の人々の世帯では、ほとんどの場合、夫婦は対等の職業に就いている。こうした共働きは家族の目的をかなえるための手段にはつきない。それぞれの職業が個人の自己実現なのである。ところが流動的なアメリカ社会においては、パートナーの一方が配偶者の働く都市とは違う都市で働かざるをえないとか、そちらのほうに良い職場が見つかるとかいう機会がめずらしくない。この場合、いったいどうすればよいのか。相手のために一方が犠牲になって、いっしょの生活を続けることもできるし、遠い道のりを通勤することもできる。また、いっそ別居してしまうこともできる。ただ、どの解決策も万全とはいえない。しかしそれより重要なのは、どうなるか誰にも予測できないということである。人生でいちばん大事なのは結婚なのか、それとも仕事なのか。今日、女性の職業は二〇年前までとは質的に異なっており、そのためこうした葛藤もいまや避けられなくなった。しかしその結果、結婚と仕事は両方とも値打ちを下げてしまったのである。

　中産階級の女性たちは、ながいあいだ、夫の励ましを受けながら職業的に自立する道を追求してきた。女性も地味な家事労働者に甘んずることなく、もっとすぐれた自分自身の才能を磨く権利がある、と考えられたのである。そこには、もちろん、人間の潜在的可能性を発揮する機会はブルジョアの職業が提供し、家族は――とくに家族にかかわる女性の仕事は――必然性の支配する領域にあり、制限されていると同時に制限をもたらす、という考え方がひそんでいた。良心的で真面目な男性たちは、妻が自分を向上させようとするのを認めてやらねばならないと信じていた。しかしごく少数の例外を除けば、男女いずれの側も依然として、家族に対する責任は女性にあり、衝突を招くような事態が生じれば、妻は当然夫に従うか仕事をあきらめるものだと考えていた。しかしながら、これは決して問題を正面から受けとめた態度ではなかった。女性はいつもその不徹底さを自覚していた。やがてこうした取り決めは最終的に維持できなくなった。バランスがどの方向に傾くかは明らかだった。家事は女性に精神的満足を与えず、女性にも男性と対等の権利がある、ということにカップルの意見は一致した。女性には家庭生活こそ似合っている、という考えはもはや相手にされなくなった。男性と同様、女性が自分の仕事に真剣になってどうしていけないというのか。男性にも女性の仕事に敬意を払わせるべきではないのか。世間一般の正義の観念を盾にとり、女性は不当に扱われてきたのだ。この不公正に対する烈しい憤怒は、「男性は自分の仕事に対する愛着を弱めよ、男性も家事と子供の世話を平等に分担せよ」という要求として現われ、男女ともこれを完全な正当な要求として認めた。女性は女としてのペルソナ〔心理学者ユングの用語。社会的・表面的なパーソナリティ〕を投げ捨てたが、それは、このペルソナが逆に彼女たちを不要としたことによっていっそう促進された。経済の変化は女性の労働を歓迎し、必要ともした。幼児の死亡率の低下は、女性が妊娠回数を減らさざるをえなくなったことを意味した。寿命がのび、健康状態がよくなったことは、女性が出産や子育てに費やす時間が以前よりずっと少なくなったことを意味した。家族内のきずなの変化は、子供や孫に以前ほどかかりきりにならずにすむようになったことを意味した。四五歳にもなれば女性たちには何もやることがないばかりか、さらに四〇年以上の人生がこれから待ち構えていた。仕事に専念した人生の形成期はすでに過ぎてしまい、それゆえ彼女たちには男性と競いあうこともかなわなかった。いま、昔風の女でいたいと思っている女性は、かりに敵意にみちた世論と勇敢に闘うことができたとしても、昔に戻るのは至難のわざだと気がつくだろう。なかでもフェミニストの言い分がいちばん強力である。しかし、結婚の条件はすっかり変わっても、新しい条件は何もはっきりしていないのである。

これに対してフェミニストは、すべての家事責任を男女が平等に分担するよう正義は要求している、と返答する。しかしこれは解決とはいえず、たんなる妥協にすぎない。仕事に専念しようとする男性の意欲をそぎ、家族に尽くそうとする女性の熱意をさますからだ。これによって男性の側も女性の側も間違いなくますます多様化し、彼らの生活はこれまた間違いなく分裂してしまうだろう。夫婦の職場が別々の都市にある場合、どちらがどちらに従うのか。これは未解決の問題で、どんな意見が出されようとも、痛む傷口であることに変わりはない。それは猜疑と憤怒の種であり、ここからいつ戦争がはじまるともしれない。さらに、フェミニストが持ちだした先の妥協は、子供の世話については何も決めていない。両親とも子供より自分たちの仕事を大事にしようというのだろうか。以前だと、子供は少なくとも片方の親――すなわち女性――から無条件の献身を受けたものだ。女性にとって子供の世話は人生でこよなく重要な務めであった。夫婦二人が子供に払う半分ずつの配慮は、一人が懸命になって払う配慮の全部と同じといえるだろうか。二人の共同責任というのは子供を無視するための言い訳ではないのか。こうした取り決めの下で、いまや家族はまとまりのある単位ではなくなった。そして結婚は味気ない男女の争いとなり、とくに男性はこの争いから容易に撤退することができるのである。

　こうなると、何もかもが嫌悪すべきものとなる。男性の魂――野心にあふれ、好戦的で、保護本能にとみ、所有欲が旺盛という性格――は、女性を男性の支配から解放するために粉砕されねばならない。男っぽさ《マチスモ》というのは、男性としての証しや気概を挑戦的に表現したもので、古代人の心理学では男性の魂の中心をなす自然の情熱とされ、愛着と忠誠を示す情熱にほかならなかった。ところが、いまでは悪役の扱いをうけ、両性間の悶着の種となっている。フェミニストが何をやっていたのかといえば、魂のうちの残酷な要素を馴致しようとしてホッブズが着手した仕事を仕上げていたにすぎない。男っぽさが威信を失ったことにより、いまや積極的な課題は、男性を改造された家族にふさわしくすることに変わった。つまり男性を、気遣い《ケアリング》があり、感受性が強く、さらには子育て上手にしようというのである。こうして男性は、この抽象的な事業計画に従い、もう一度再教育されなければならない。自分の本性のうちに、「女性的要素」を取り入れなければならないのだ。ダスティン・ホフマンとメリル・ストリープ〔映画『クレイマー・クレイマー』の主演男優と助演女優〕タイプの大勢の男女が、学校、通俗心理学、テレビ、映画を侵略しているおかげで、この計画はりっぱな印象を与えている。男性はいくぶん不機嫌な顔をしながらも、どちらかといえば熱心にこの再教育を受けている。性差別主義者の汚名を着せられるのを避け、妻やガールフレンドとの平和を保つためである。たしかに、男性を柔和にするのは不可能ではないだろう。しかし、男性に「気遣う《ケア》」態度を身につけさせるというのは、また別の問題である。この計画は必ずや失敗するに違いない。

　失敗するに違いないというのは、個人主義の時代を迎え、人々（性を問わない）に公共心をもつよう強制することができないからである。とくに、自ら公共心をなくしている者がこれを強制することなどできはしない。さらに言えば、気遣いというのは情熱か徳目のいずれかであって、「感受性が強い」といったことばとは意味が違う。中庸が肉欲を支配し、勇気が恐怖を支配するように、徳目は情熱を支配する。しかし、気遣いはどんな情熱を支配するというのだろうか。所有欲を支配すると言われるかもしれないが、今日では所有欲は支配できるような欲望ではない。むしろ根絶すべき欲望である。必要なのは、人間の生まれながらの利己主義に対する解毒剤であろう。しかし、抽象的な道徳主義がどんなに強く要求しようとも、たんなる願望からは現実は生まれない。昔の道徳的命令は、いかに不完全であったにせよ、情熱を通じて少なくとも徳目に近づいていた。かりに男性が自分にしか関心がないとしても、昔の命令はその関心の範囲を自分だけでなく他人も包みこむほどに拡げようと努めた。自分への関心を捨てるよう命じたのではなかった。そんなことを企てるのは非道だし、効力も期待できない。真の政治秩序ないし社会秩序が魂に要求しているのは、利己主義の応力と張力で自らを持ちこたえているゴシック様式の大聖堂のようになれ、ということである。抽象的な道徳主義は建物のかなめ石に難癖をつけ、これを取り除く。そして建物が壊れると、かなめ石の本性と建物の構造が悪かったと責めるのである。社会主義国の集団農場における農業が失敗したのは、政治におけるその格好の例だろう。想像の産物にすぎない動機が真の動機に取って代わり、この似非動機が実のある結果をもたらさないと、この動機を受け容れなかった人々が非難され、迫害されるのである。家族問題においては、男性の動機を強く左右するのは財産だと知られていたので、古来の知恵はこの動機に家族への関心を結びつけようとした。男性は自分の家族を自分の財産と見なすことが許され、むしろそう見なすよう奨励された。そこで男性は、本能的に財産に気を遣うのと同じように、家族にも気を遣ったのであった。このやり方は、正義という観点からすれば明らかに欠陥があったけれども、効力があった。妻や子が夫や父親のところにやってきて、「私たちはあなたの財産ではありません。私たちはそれ自体において目的なのであり、目的として扱われることを要求します」と言えば、無関係の第三者はこれに心を動かされずにはいられないだろう。しかし妻子がさらに要求を突きつけ、彼は以前と同じように自分たちへの気遣いを怠ってはならないと言うならば、困難が生じる。ここで妻子は、自分たち自身を気遣っているにすぎない。彼らは父親の動機が不純だと異議を唱え、それを純粋な動機に変える（これは奇跡というしかない）よう求めるが、これは、父親を自分たちの目的に利用しようというだけの話なのである。こうなると父親としては、まず否応なしに、自分の探求を財産一点に絞り、父親の役割を降りて、ただの男性に戻るしか手はないだろう。彼には、家族の者が要求するような、摂理を支配する神になることはできない。『国家』を読んでいて我慢がならないのは、男性は自分の土地財産や妻子を公益のために放棄せよ、というプラトンの要求である。以前は、これらのより低次の愛着こそが男性の関心を公益に向かわせていたからだ。『国家』で期待されているのは、もっぱら不幸な人間からなる幸福な都市の建設なのである。道徳が弛緩し、放縦がまかりとおる今日の時代の要求も、これと変わらない。プラトンが教えたのは、正義がいかに讃えられるべきだとしても、平凡な人間たちに徳目の天才を期待することはできない、ということだった。自己本位な動機に汚染された現実の都市のほうが、実際には言論のなかにしかありえず、結局は専制政治を助長する都市よりは、ましというものである。

ここで私は、昔の家族に見られた取り決めのほうがよかったとか、昔に戻るべきである（あるいは、戻ることができる）とか主張しているのではない。私が言っているのは、これに代わる健全な取り決めが存在するということを、われわれがそれを欲し必要としているという理由だけから信じるほど愚かになってはならない、ということだけである。母親が子供に覚える特別の愛着は、生来のものであれ育ちが生んだものであれ、たしかに存在していたし、いまでもある程度存在している。しかし父親がこれとまったく同種の愛着をもつべきだという主張は、決してそれほど自明ではない。もつべきだと主張することは可能だが、自然（本性）協力がなければ、あらゆる努力は水泡に帰してしまうだろう。生物学的にいって、女性は出産のための休暇をとるよう余儀なくされている。法律によって男性も同様の休暇をとるよう強制することもできるだろう。しかし、それによって男性に期待どおりの感情を覚えさせることはできない。この二種類の休暇には相違があり、後者がわざとらしくどこか滑稽であるのを理解できないのは、イデオロギーによほど取り憑かれた人間だろう。法律は男性の乳首を女性の乳首と平等に扱うよう指図することはできても、だからといって男性の乳首から乳が出るわけではない。男性が子供に示すはずの愛着は子供に対する女性の愛着に、少なくとも部分的には取って代わることができる。しかし、その愛着はあくまで約束手形でしかない。はたしてその手形は決済されるだろうか。駄目だとすれば、人はめいめい自分だけの小さな銀行を作って、自分の心理をそこに託すしかないのではなかろうか。

これと同じことだが、男性があてにならないおかげで、女性たちは自分が独立する手段を自分自身で講じなければならなくなった。まさにそれは、女性の幸福に関心を払わない格好の口実を男性に与えるものだった。依存した弱い女性はたしかに無防備であり、その身を男性の慈悲にゆだねる。しかし女性のこうした心頼みは、ながいあいだ、多数の男性に強い影響力をもっていた。男性の無責任さに対する現代の処方箋は、男性をますます無責任にしている。また、男性から独立できた女性はといえば、男性をそそのかして自分や子供の世話をさせる動機をほとんどもっていない。それをよく示していたのが、私がラジオで聴いた女性将校の話だった。中佐の階級をもった彼女は、軍隊で女性が完全に平等となるのを邪魔している唯一のものは、男性の保護本能であると説いていた。だから、そんなものなど追放してしまえ、というわけである。しかし男性の保護本能というのは、男としての自尊心や、慎み深い女性の名誉と生活を護る栄光を獲得したいという願望に基づくもので、自己本位という性格を昇華させる一方法であるとともに、男女関係の一形態であったのだ。いまの時代、男性は空手の女性チャンピオンを保護するためにどうして命を賭けなければならないというのか。彼女は、男性の体のどの部分を攻めれば自分を防御できるか熟知している。「新しい正義」の名の下に解体された男女関係に取って代わるものが、はたして何かあるだろうか。

今日の改革はどれも歯車の歯をすりへらす方向に手を貸し、その結果、もはや歯車はうまく嚙みあわなくなってしまった。たがいに横に並んだまま空しく回転しているだけで、社会の機構はいっこうに動かない。若者が自分の将来について考えるとき、いやでも目にはいるのがこの空回りである。女性は自分たちの獲得した成功や新しく訪れた好機に満足し、今後の日程表に心を躍らせ、精神的優越感にひたっている。しかしこの満足の底には、自分たちが生まれつき二重の存在であるという意識が、いつも多かれ少なかれはっきりとある。女性には男性のやることの大半がやれると同時に、子供を産もうと欲することもできる。この点に関して彼女たちがどんな望みをもっていようが、はっきりしているのは、一人で子供の世話をしながら職業的に自立しようという気持ち、いや自立しなければならないという気持ちが、彼女たちの胸を満たしている、ということである。そしていまや、彼女たちの期待と計画は実現しそうな状況となった。昨今の女性優位のイデオロギーから男性は何の利益も得ていないけれども、彼らはたいした犠牲も払わずにこの状況から身を退くことができる。女性との関係について男性はほとんど口を出さない。男性は、古い秩序が公正ではなかったこと、そしてその責任が自分たちにあったことを承知しているとはいえ、社会の趨勢を変える力は事実上もっていないからである。彼らは何が要求されているかにじっと耳を傾け、それに順応しようと努めているが、同時に、いつでも手を切る用意をしている。彼らにしても関係を求めているのだが、状況はかなり不透明なのだ。感情のエネルギーを大量に投資したあげく、ついには破産に追いこまれるのではないか。曖昧な共同生活以外にどんな報酬があるのか皆目わからないまま、職業に賭けた自分の目標が台無しになってしまうのではないか。男性たちはそんな予感を抱いている。そうこうするうち、結婚の最大にして最古の動機のひとつがもはや効果を発揮しなくなった。以前だと結婚生活でしか得られなかったセックスを、いまや男性は容易に楽しめるようになったのである。母親と父親が口をそろえて娘に言い聞かせてきた、このうえなく退屈で愚かな文句がある――「彼の欲しがるものを簡単に与えてしまえば、おまえは尊敬されなくなるし、結婚もできなくなってしまう」。奇妙にも、これが昨今の状況をまさに正しく言いあてた分析となってしまった。なるほど女性は「そんなことなど気にしていない。自分たちが男性に望んでいるのは、正しい動機をもつか、いっそ何ももたないか、どちらかだ」と言うことができよう。しかし、それがせいぜい彼女たちの本音の半分にすぎないことは誰でも知っている。いや、女性自身がいちばんよく知っているはずなのである。

エロス

以上が、大学で見られるセックスをめぐる光景である。理論的にいえば相対主義のせいで、実践的にいえばきずなの欠如のせいで、学生は自分たちの将来について考えることも展望することもできない。彼らは、現在の具体的な自我という狭い世界のなかで縮こまっている。思想の代用となって救済を約束してくれる、出来合いの教理問答を彼らは好んでつぶやくが、それをまともに信じている者はいない。いみじくも、ある優秀な学生が「みんな何かに取り憑かれたように井戸の水を求めてゆきますが、結局はいつも涸れ井戸なのです」と私に言ったことがある。大学構内の同性愛者たちの大げさなことばづかいがまさに彼のことばを裏づけている。彼らはありとあらゆる反体制の要求をかかげ、不満をぶちまける――「われわれを差別するな。道徳を法制化するな。ベッドルームを監視するのをやめろ。われわれの生き方を尊重せよ」。しかし結局は、ライフスタイルを見出す、という空虚な会話に戻ってゆくのである。より明確な目的をもった主張は何もなく、またあるはずもない。あらゆるきずなは不明確なまま、均質化してしまった。

いまの学生の抱くエロティシズムはどこか欠陥がある。そこに欠如しているのは、ソクラテスが称賛した神がかりの狂気であり、心をそそられるような不完全さの自覚、それを克服しようと努める気概である。中途半端な存在が他者との抱擁によって全体性を取り戻し、一時的な存在が子孫の不滅に永遠への憧れを見出すためには、自然の恩寵が必要である。しかし肝心なこの恩寵を彼らは知らない。彼らは、自分の行為を万人の胸にとどめておきたいと望みもしなければ、完成を求めて必死に模索することもない。エロティシズムには不快感がともなうが、この不快感それ自体には救いの約束が含まれ、ものごとの善性が肯定されている。いかに不完全なきずなであれ、人が他者や自然界と結ばれているということを、主観的だが議論の余地なく証明しているのが、エロティシズムである。詩歌と哲学の生みの親である「驚き」にエロティシズムが特徴的に表現されている。エロスはこれを信じる者たちに大胆さを要求し、自らの要求に申し分のない理由を与えている。完全なものへのこうした憧れこそ教育への憧れなのであり、この憧れを学ぶことが教育なのである。ソクラテスの「無知の知」は、エロティシズムに関して彼が得た完全な知識と同一である。ソクラテスとの対話に憧れる気持ちは周囲の者に感染し、彼の死後ますます勢いを増し、世紀をこえて持続した。この憧れには、ソクラテスが愛する者のなかで最も飢え、最も貪欲だったことが示されていると同時に、愛される者のなかでは最も満たされ、最も気前がよかったことが示されている。しかしこの憧れも、いまの学生の性生活の実態や、性生活に対する彼らの認識のために激しさをなくし、彼らの理解を超えるものとなった。人間の縮小化がエロスから神通力を奪っているのである。エロスを信用しないために、学生は自尊心さえ失ってしまった。彼らが性教育から学ぶこととプラトンの『饗宴』とのあいだには、彼らの目にとまるつなぎ目はほとんど残っていない。

しかしながら、われわれの置かれている状況は、こうした危険な高台からしか正しく見えない。この眺望がもはや信頼されなくなった事実は、われわれの危機を示す尺度ともいえよう。プラトンの『パイドロス』と『饗宴』を今日の経験の解釈として読めば、われわれがいまそれをたっぷり経験している一方で、教育のほうは最小限しかないことに確信がもてるだろう。エロスに関する還元主義的な教えの最も有力な創始者であるルソーは、『饗宴』はつねに愛する者たちの書であると語った。われわれはいまでも愛する者であるだろうか。現代の教育問題を私なりに表現すれば、このように問うことができる。

人間以外のすべての種においては、ひとたび動物が生殖年齢に達すると、もう動物はそれ以上の変化をみせない。この段階は、それに向けて動物が成長をつづけ学習をかさねる明瞭な最終目的である。動物の営みは種の再生を本質とする。晩年にさしかかるまで、動物はこの安定した状態で生きてゆく。しかし人間においてだけは、生殖年齢は始まりにすぎない。道徳的にも知的にも、人間の学習でより素晴らしく、より興味深い部分は、これより後に訪れる。そして文明化した人間においては、この部分は彼のエロス的欲望のなかに組みこまれる。人間の趣味はこの「感情教育」の期間に決定され、彼の選択もここで決まる。人間が学習するのは、あたかも自分の性欲を満たすためであるかのようだ。しかし逆に、そうした学習にかりたてるエネルギーのかなりの部分が性欲に発していることも明白である。生殖年齢に達したばかりの人間の子供を大人扱いする者はいない。われわれは、大人にいたる道のりは長い、ということを正しく直観しているのである。自制がきき、真の母親や父親となることができたとき、彼らはようやく大人の条件を満たす。この道のりこそ教育の本領である。この過程で動物的性欲は人間的性欲となり、人間にひそむ本能は、真・善・美を基準とする選択に身を譲るようになる。他の動物たちと違って、人間の場合、生殖年齢は種を存続させるために必要なもののすべてを与えるわけではない。このことが意味しているのは、人間の性欲にひそむ動物的側面は、人間の魂が届きうる高貴な部分ときわめて複雑にからみあっているということである。魂は、欲望を自らの洞察で規制しなければならない。そして教育の真骨頂は、この両者に調和をもたらすことなのである。

私は、自分がその神秘的過程について十分理解していると言うつもりはない。ただ、私は自分が知らないということを知っている。だから、人間における高尚な部分と低俗な部分をつなぐ人間性のこの側面の諸現象に注意を向け、これを単純に割りきって考える今日の風潮から身を遠ざけるくらいのことはできる。私の思うに、学生のなかで最も頼もしいのは、セックスの問題について自分の答を出しておらず、まだ若々しくて、年齢よりも若く見えるときすらあり、今後に期待できるものや自分がもっと成長して身につけなければならないものがたくさんあると考え、潑剌としてうぶであり、自分がまだ十分に手ほどきを受けていない謎に出会うと興奮を覚える、そんな学生である。すでに十六歳にして、エロティックなものについて学ぶべきことは何もないという男女がいる。もはやそれ以上にはそれほど変化しそうにないという意味で、彼らは大人である。彼らは専門家としては有能になるかもしれない。しかし、その魂は平板だ。彼らにとって、世界は自分たちの五感に現われるままのものでしかない。想像力によって飾りたてられることもなければ、そこには理想のかけらも認められない。この平板な魂こそ、性に関する現代の知恵が世に広めようと企んでいるものなのである。

ティーンエイジャーの安易なセックスによって、エロスを教育につなげる黄金の糸は切断されている。さらにフロイトの通俗版が、エロス抜きのセックス理解に科学のお墨付きを与えて、これにとどめをさしている。意識的にしろ無意識的にしろ、セックスへの憧れが勉学にみなぎっている若者は、そうした動機がはたらいていない若者とはひじょうに異なった経験をもつ。彼らがフィレンツェやアテネに旅したとしよう。ポンテ・サンタ・トリニタ〔フィレンツェを流れるアルノ川にかかる橋〕で自分のベアトリーチェ〔ダンテが愛し、理想とした女性〕に出会いたいと願い、アゴラ〔古代ギリシアの広場〕で自分のソクラテスを見つけたいと願っている若者の場合と、そうした胸の疼きをもたずに出かける若者の場合とでは、旅の意味はまったく違う。後者はたんなる旅行者にすぎないが、前者は完成を求めつつある者なのである。フローベールといえば、近代世界で「憧れ」がたどる運命を熟知した偉大な小説家である。彼は、すっかりもの怖じしたエンマ・ボヴァリーを、没落貴族の別邸で催された舞踏会に送りこむ。彼女はそこで次のような光景に出くわす。

……テーブルの上席には、女のなかにただ一人の老人がまじって、山もりの皿の上に身をかがめ、子供のようにナプキンを背中に結び、ソースのしずくを口からたらしながら食べていた。まぶたはゆるみ、黒リボンで巻いた小さな辮髪を垂れていた。これこそ侯爵の舅ラヴェルディール老公爵であった。ル・ヴォドルイユのコンフラン侯邸で狩りの催された頃には、アルトワ伯の寵をほしいままにした人物、しかも、コワニー、ローザンの面々に伍してマリー・アントアネット王妃の情人であったと伝えられる。放蕩三昧の騒々しい生活、決闘、賭博、婦女誘拐その数を知らぬ生活を送り、財産を使いはたし、一門をふるえあがらせたものであった。一人の下僕が椅子のうしろにひかえていて、彼がどもりながら指さす料理の名を、耳もとで大声で教えている。そしてエンマの視線は、たえず、何か常ならぬ尊いものでも見るように、唇のたれ下がったこの老人の方へおのずと帰ってゆくのであった。この人は宮廷に生活したのだ！　そして王妃様がたのお床に寝たのだ！

他の者たちは小汚い老人しか見ていないが、エンマはフランス革命前の〈アンシャン・レジーム〉を見ている。彼女の見たもののほうが真実に迫っている。かつて〈アンシャン・レジーム〉は実在していたし、その体制の下、激しい恋に燃える男女がいたからである。憧れがなければ、圧し縮められた現在から当時の状況を知ることはできない。この憧れがわれわれに現在への不満を覚えさせてくれるのだ。いまの学生にいちばん必要なのが、この憧れの念である。伝統が遺した偉大な財産は、われわれのずさんな配慮のうちに古びて朽ちてしまったからだ。その若さ、美しさ、活力を回復させ、そのインスピレーションを体験するには、何としても想像力が要求されるのである。

女の子の部屋の窓辺でギターを弾くのを揶揄した例の学生は、少女の影響を受けて詩を読んだり、詩を書いたりすることは決してないだろう。欠陥をもった彼のエロスでは、美のイメージを彼の魂にもたらすことはできない。彼の魂はいつまでたっても粗野で弛緩したままであろう。それは、彼には世界を飾りたてたり理想化したりすることができないというのではなく、世界に何があるのかが彼にはそもそも見えない、ということである。

かつてはかなりの数の学生たちが、肉体的にも精神的にも汚れのないまま、大学で自分たちの幼さを捨てるのを楽しみに入学してきたものだった。彼らの肉欲はあらゆる思考や行為に混入していた。彼らは自分たちが何かを欲しているのを痛切に感じていたが、それが正確にどういうものであり、どんな形態をとるのか、そしてどんな意味をもっているのかとなると、それほど確信はなかった。彼らの欲望は、最初は女遊びに満足を求めたが、やがてはプラトンに移り、行きつ戻りつしながら、いかがわしいものから高尚なものへと移っていった。とりわけ彼らは教えを求めた。実際問題として、人文科学や社会科学で出会うすべての書物が、彼らが自分たちの苦悩について学ぶ際の拠り所となり、それを癒すための通路となることができた。この激しい緊張、文字どおりの知識欲を、教師は学生たちの目に認めることができた。彼らの目には、彼らが教師を必要としているという形跡がありありとうかがえ、教師を喜ばせたものだった。教師には満足が約束されていた。というのは、教師は学生たちの空腹を満たしてやるものをもち、彼らの無知にありあまるほどの贈り物を授けることができたからである。教師の喜びは、学生の要求を満足させるシェイクスピアやヘーゲルをふんだんに提供してやり、「そうだ、そうだ！」という熱狂的なあいづちが聞こえると、絶頂に達した。「客引き」と「助産婦」とは、たしかに教師の立場をうまく表現したものだった。当初は性交の専売特許のように思われていたむずむずした興奮は、「汝自身を知れ」というデルポイの神託の命令が肉体に乗り移ったものであった。この命令は、人間の最も根本的な願望を思い起こさせる合図にほかならないのである。

肉体に関しても魂に関しても、いま大学に入学してくる学生たちは、安易で、病的で、味気ない満足で腹一杯の状態だ。だから、かつての学生が歩んだ魅力的な地面を彼らは歩むことができない。以前にそこに何があったか想像するのもおぼつかず、彼らは廃墟を素通りしてゆく。精神の横溢を失っているので、彼らは大学に全体的なものを探し求めようとはしない。大学時代という最も生産的な学習の年月――それは、アルキビアデス〔プラトンの対話篇の登場人物〕があごひげをはじめて生やしはじめた時期にあたる――も、ハイスクール時代に身についた人為的な先入見と屁理屈が禍いして、彼らは無駄に過ごしてしまう。性教育にうってつけの瞬間は見のがされ、これがどんな教育であるべきかについて誰も思い描くことさえできないのである。

逆に、大学の側にも、そうした要求を満足させることに自らの使命があるという自覚がない。構内の博物館に陳列されたミイラが訪問者に何かを語りかけることができるとか、訪問者の家に帰っていっしょに暮らすことができる（こいつは恐ろしい！）とか、大学自身も信じていない。人文学研究者はあたかもオールドミスの司書になりはてた。振り返ってみれば、学生と大学が一体となった最後の実りある時期は、フロイトを相手に勝手放題を言っていた五〇年代と六〇年代であった。フロイトは、魂の諸現象に関する長年の研究を近代人の好みにあうよう改訂して、現実的な心理学を世に広めた。今日、当時の興奮を想像するのは容易ではない。大学時代に最初に知りあったガールフレンドが「大学の鐘楼は男根のシンボルなのよ」と言ったとき、私の胸はどんなにぞくぞくしたことだろう。それはまさに、私の心の底にあった妄想と、私が大学から学ぼうと期待していた本格的教養とが混じりあったものだった。ハイスクールは決してこんなものは与えてくれなかった。この出来事が意味しているのは、まさに私が純潔を失おうとしていることなのか、それとも私が存在の神秘に分け入ろうとしていることなのか、それはそのときは何ともいえなかった。称賛すべき混乱である！　しかし結局はすべてがテーブルの上にさらけだされた。すでに心（mind）の哲学からは、汚れたものは姿を消していた。そこでフロイトが、魂（soul）を復活させ、魂のなかの出来事を本格的に取りあげる、と約束してくれたのである。彼は自分がプラトンの再来であり、プラトンよりも真相を見抜いているとうぬぼれた。彼はわれわれがプラトンを再評価するのを許したが、それはあくまでフロイトの先駆者としてのプラトンであった。

しかしフロイトの心理学は、結局のところ、〈プシケー〉なき心理学、魂なき心理学でしかなかった。フロイトは、われわれの経験するすべてのものに満足のゆく説明を与えたわけでは決してなかった。高級なものはどれも、何か低級なものの抑圧でなければならず、それ自身とは違った何ものかのシンボルでなければならなかった。フロイト的な見方が人間がもつ真実の知的憧れに提供した最良のものは、『ヴェニスに死す』〔死に魅惑されて没落する芸術家の悲劇を描いた、トーマス・マンの小説〕くらいのものだった。この作品が、より繊細な精神にとってそれほど豊かな内容をもたないことは明らかである。アリストテレスは、人間には濃密な快楽にともなわれた二つの絶頂があると述べている。すなわち、性交と思考である。人間の魂は一種の放物線を描き、この放物線の二つの焦点のあいだに魂の諸現象はひろがり、その豊饒な多様性と多義性をみせている。フロイトが見出したのは、魂の一方の焦点だけであり、獣にもそなわるものである。だから、より高級な心理現象もすべて社会の抑圧とか、それに類した手品によって説明しなければならなかった。実際、フロイトは魂の存在を信じてはいなかった。彼が信じていたのは肉体であり、肉体の受動的な意識装置としての心であった。そのため、魂のより高級な現象は彼の目に映らなかったのである。それは、芸術や哲学について彼が記している観察の粗雑さからも明らかだ。学生たちは、自分で気がついていようがいまいが、たんに性的満足だけを求めていたわけではない。彼らはまた、自分自身についての知識も求めていた。しかしフロイトはこれを与えなかった。フロイトにおける「汝自身を知れ」とは、寝椅子に横たわることでしかないのに人々は気がついた。寝椅子で横になって、人々は自分たちの圧縮燃料タンクを空にする。それによって、たんなる意見から知識へ身を飛翔させることができる、というわけなのだ。このようにフロイトにとって、「汝自身を知れ」という教えは、万物の秩序のなかで人間がしめる位置を知ることではなかった。大学で教えられる心理学が、哲学的衝動にかられた学生に何かを訴えた時代は、遠い昔の話となった。フロイト流の心理学はいまや一大ビジネスとなって、社会生活の主流に位置するようになった。その地位は工学技術や銀行業にも匹敵する。しかしこれらの業界と同様に、知性に訴えかける力は失った。答えを見出すために、いまやわれわれは、自分たちの手で他の場所を探さねばならないのである。

第二部　アメリカン・スタイルのニヒリズム

ドイツとのコネクション

ロナルド・レーガン大統領がソ連を「悪の帝国」と呼んだとき、公正な考えの持主は、そのような挑発的なものの言い方に反対して怒りの声をいっせいにあげた。別の折りにレーガン氏は、合衆国とソ連は「異なった価値をもっている」(強調は引用者による)とも口にしてきた。こちらの主張には、先の言い方に反対した当人たちはせいぜい黙殺で応じるぐらいであり、しばしば賛意を表わしてさえいる。しかし私の思うに、レーガン氏はどちらの場合でも同じことを言っているつもりなのだ。それなのに、彼のことば遣いが異なると人々の反応も違ってくる。われわれはここで、まさに現代における最も重要で最も驚くべき現象、しかもほとんど気づかれていないだけにいっそう驚くべき現象を垣間見ることができる。つまり、いまや善と悪についてのまったく新しい言語が存在するのだ。「善悪の彼岸」に至ろうとする試みから生まれたこの言語のせいで、われわれは、何らかの確信をもってもはや善悪について語れなくなってしまっている。われわれの現在の道徳状態を嘆いている当の人々でさえ、この状態を例証する当の言語で、その嘆きを語っているのである。

この新しい言語とは価値相対主義の言語である。この言語が道徳的・政治的問題に対するわれわれの見方に及ぼした変化は甚大で、ギリシアとローマの異教にキリスト教が取って代わったときの変化にも匹敵する。新しい言語はいつでも新しい見方を反映するものだ。新しいことばや新しい用法で使われた古いことばが、誰にも気づかれないうちに徐々に普及してゆくという現象は、世界について分節するやり方が深く変化したことを示すたしかな兆候である。ホッブズの死後に生まれた主教たちが、自然状態、契約、権利といった語からなる言語を、まるで当然のように口にするようになったとき、ホッブズは、明らかに、教会の権威者たちに打ち勝ったのだ。教会の権威者たちは、自分たちのことをもはやかつての権威者たちのようには理解できなくなったのである。それ以後、必然のなりゆきとして、エリザベス二世がエリザベス一世と何ら共通点をもたないように、現代のカンタベリー大司教たちは、往時の大司教たちと何ら共通点をもたなくなった。

レーガン大統領の「悪」ということばの用い方で現代人に

耳ざわりな点は、その文化的な傲慢さであり、何が善であるかを知っているのは彼レーガン氏であり、アメリカである、という臆断であった。つまり彼は、アメリカ以外の生活様式にそなわる尊厳に対して目を閉し、アメリカ人の生活様式を共にしない人々を暗黙のうちに軽蔑しているのである。レーガン氏が交渉にオープンではないのは、このことの政治的な帰結であろう。善悪の対立は交渉によって調停できるものではないし、戦争の原因でもある。「対立の解消」に関心をもつ人々は、善と悪の緊張よりも価値のあいだの緊張を減らすほうが容易であることに気づいている。死が現実のものであるのに対して、もろもろの価値の中身は実体がなく、主として想像のなかに在るにすぎないからだ。「価値」という用語は、善悪に関するいっさいの信念が根本から主観的なものであることを意味しており、こころよい自己保存をきままに追求するために役に立つ。

善悪は、恥辱や罪悪感という重荷を人に背負わせ、絶え間ない暴虐をくりかえす。善を求め悪を避ける際には果てしない労苦がつきまとう。価値相対主義は、善悪にともなうこうした暴虐や労苦からの大いなる解放と見なすことができる。強情で手に負えない善と悪は、測りしれぬ苦悩——戦争や性的抑圧はその例である——の原因となるが、善悪より柔軟な価値が導入されるなら、この苦悩はほとんど即座に取り除かれる。価値にほんのわずかの調整を施すことが必要になったとしても、そのことで人は自分自身に嫌気がさしたり、自分を不快に思う必要はない。われわれの現実のアメリカ的世界と、最も進んだ形態のドイツ哲学の世界とのあいだにはいくつかの類似点が見られる。束縛を捨て去り、平和で幸福なひとつの世界にしたい、というこの切望は、その筆頭のものである。このことは先の大統領演説に対する批判者たちの態度にも表われている。

しかし、コインには裏がある。もろもろの価値に深く傾倒《コミット》している人物は称賛される。彼らの強い信念、その気遣いや関心、何かをよしとするその思い、これらは自律性と自由と創造性の証しである。そうした人物の生き方は気楽さとは正反対であり、そこには規範がある。この規範は、伝統からひきついだものではないし、誰もが目にできる現実に基づくのでもなく、物質的利害の打算に終始するうすっぺらな合理化に由来するものでもない。だからこそ、そうした規範にはいっそう価値がある。英雄や芸術家肌の者は、自分で設けた理想に一身を捧げる。彼らは反市民的《アンチブルジョア》人間なのである。みずみずしい霊感、善悪についての新しい信念——かつての善悪についての信念は、科学的理性によって脱魔術化、脱神秘化、脱神話化されてしまったが、この信念に比べても、少なくともその力強さにおいて劣らぬ信念——を求める人々にとり、価値という語がこの場合には役に立つ。こうした価値の解釈にしたがえば、こう言えるだろう。価値のために死ぬことが最も高貴な行動であり、古びた現実主義ないし客観主義は、目標への強い愛着をそぐ結果を招くにすぎない、と。自然は善悪には無関心である。人間のおこなう解釈が、生の法則を自然に対して指示するのだ。

こうして、価値言語を使うことによってわれわれは、二つの相反する方向に導かれる――最も抵抗のない生き方をする、という方向と、強い姿勢をとり熱狂的な決意にしたがう、という方向である。しかし、これらは共通の前提から導かれた異なる帰結にすぎない。つまり、価値は理性によっては発見されず、価値を探求し、真実や善き生を見出そうとしても無益だ、という前提である。オデュッセウスが開始して、その後三千年以上にもわたって続けられた探索は、求めるべきものは何もない、という観察で締め括られてしまった。つい一世紀ほどまえに、ニーチェは「神は死んだ」と語ったが、それはこの事情を揺がぬ事実として宣言したものだった。このとき初めて、善悪は多くの価値にならぶ価値として姿を現わした。価値にはじつにさまざまなものがあり、そのなかでどれを選んでもそれが他のものより合理的だとか客観的だとかはひとつもいえない。善悪の区別が実在するという健全な幻想は、最終的に追い払われてしまった。ニーチェにとり、これは例えようのない破局であった。文化が解体し、人間の熱望が喪失したということだった。ソクラテスの「吟味された」生は、もはや可能でも望ましいものでもなくなった。生そのものが吟味の対象ではなくなったのであり、もし将来に人間的な生の余地が少しでもあるとしても、それは吟味をされない生を生きる素朴な能力に始まるにちがいない。哲学的な生き方は端的に有害なものになった。要するに、近代人がニヒリズムの深淵へ支えなしに落下しつつあることを、ニーチェはこのうえもない重々しさで近代人に向かって告げたのである。おそらくは、人々がこの恐るべき経験をくぐりぬけ、経験の最後の一滴まで味わい尽くした後でなければ、価値創造の新時代を、つまりは新たな神々の登場を、待ち望むことはできないのかもしれない。

近代の民主主義は、もちろん、ニーチェによって批判の標的にされた。その合理主義と平等主義とは、創造性の正反対だからである。ニーチェにとり、民主主義社会の日常生活は、文明という名の下で人間が再びけだものと化すことにすぎない。もはや誰一人として何も心から信じてはいないし、誰もがその生を狂気のような仕事と狂気のような遊びに費やしているが、それは事実を直視しないためであり、深淵を覗き込まないためなのである。自由主義的な民主主義に反抗せよ、というニーチェの叫びは、マルクスのそれより力強く、より過激である。さらに、ニーチェはこう言い添えている。左翼つまり社会主義は、資本主義という特殊な右翼に敵対するものではなく、それを実現するものにすぎない、と。ここで、左翼は平等を意味し、右翼は不平等を意味する。彼の呼びかけは右翼からなされているが、それは、世界で幅をきかせている資本主義と社会主義の両勢力を超えた、新たな右翼である。

だがそれにもかかわらず、あるいはことによるとそれゆえにこそ、近代の民主主義的ないし平等主義的な人間の最新の見本であるような人々が、ニーチェの理解の仕方に多くの魅力を見出している。ニーチェがいまや右翼よりも左翼にはるかによく知られ、実際に影響を与えているということこそ、いかに平等が強力であるかの徴《しるし》であり、またニーチェが平等に挑んだ戦いが破れた徴でもある。

一見すると、これは驚くべきことに思えるかもしれない。というのは、ニーチェは平凡ではなく非凡に向って、平等ではなく不平等に向って乾杯するのだから。しかし、民主主義的人間といえども、支配者と同じように、甘言を必要とするのに、初期の民主主義理論はこれを提供しなかった。最初期の理論が民主主義として正当化した政体は、ごく平凡な人々が、きわめて平凡でありきたりの目標を達成しようと試みるのを保護する政体であった。それはまた、世論が支配する政体であり、そこでは共通の分母が各人に規則を課していた。以前の政体が目を奪う腐敗に満ちていたのとは正反対に、民主主義はつつましい凡庸さとして現われたのである。しかし、市民全員が少なくとも潜在的には自律的であり、自力で価値を創造していると考えられるような政体を作ることは、これとはまったく別のことである。このような政体ではおそらく、価値を創造する人間が善なる人間に取って代わることになる。そして大衆的相対主義においては、こうした交代が何らかのかたちで起こるのは実際問題として避けがたい。というのも、自分をまったく取るに足りぬ者と見なすことのできる人間など、まずいないからである。尊敬に値し、しかも手の届く人間の気高さは、善なる生の探求や発見に見出すべきではなく、自分の「ライフスタイル」を創造することに見出すべきなのだ。「ライフスタイル」というものはただひとつきりではなく、多くのものが可能であり、おのおのが他と比較しようもないものである。ある「ライフスタイル」をそなえた者は誰とも競合関係にはないし、したがって誰にも劣りはしない。しかも、これをそなえているがゆえに当人は、自尊心と他人からの尊敬を、ともに得ることができる。

こうしたことはすべて、いまや合衆国で毎日演じられている出し物になっており、心理学の最も通俗的な学派と彼らの心理療法は、価値を自分で定立することが健康な人格の基準である、と見なしている。ウッディ・アレンの喜劇は、真の「自己」すなわち「アイデンティティ」をもたない人間というテーマの一連の変奏にほかならない。それは、偽りの自己に満足している人々に対して、自分の置かれた状況を自覚しているという理由で優越感を覚えると同時に、その人々が「順応している」という理由で劣等感を覚えるような人間である。心理学から借用したこうしたテーマが、『ゼリグ』〔W・アレン監督、主演の映画。一九八三年制作。邦題『カメレオンマン』〕の下敷きになった。この喜劇は、「内部指向型」の対極にある「外部指向型」人間の物語である。これらの用語は、一九五〇年代にデイヴィッド・リースマンの『孤独な群衆』によって一般に普及したものであるが、リースマンはこれを彼の分析医であったエーリッヒ・フロム〔ドイツ生れの米国の精神分析学者。一九〇〇－八〇〕から借用した。さらにフロム自身はこれらの用語（たとえば〈内的人間〉innige Mensch）を、まことに真摯な思想家であり、ニーチェの後継者であるマルティン・ハイデガーから吸収したのだった。ウッディ・アレンが理論をふりまわしている様子と、彼のものの見方――その直接の源泉は、このうえなく深遠なドイツ哲学にある――がアメリカの娯楽市場でありふれたものになった実状とを見て、私はたいそう驚かされた。現に、ドイツと合衆国とを繋ぐ環のひとつである、心理学者ブルーノ・ベッテルハイム〔オーストリア生れの米国の精神分析学者。一九〇三－〕その人が、『ゼリグ』では端役を演じている。

ゼリグは、人が彼に期待する人物なり職業なりに、何でも文字どおり変身してしまう人間である――金持ちといっしょだと共和党員に、マフィアといっしょだとギャングの一員に、黒人たち、中国人たち、婦人たちといっしょだと、それぞれ黒人、中国人、婦人に変わる、という具合である。彼は、自分自身では何者でもなく、他人から指定される役割の集合にすぎない。彼は否も応もなく精神療法の門をくぐる。その結果われわれ観客は、彼がかつて「伝統指向型」であったこと、すなわちダンスに興じる愚かなラビのユダヤ人家庭の出であったことを知る。「伝統指向型」とは、古い信念から受けついだ（ふつうは宗教的な）古い価値に導かれている、ということを意味する。こうした価値は人にある役割を与えるが、それを当人は、世俗的な役割と地位にまさったものと解している。言うまでもないが、こうした古い順応の様式とうわべの健康に戻ることなど、可能でもないし、また望ましくもない。観客がダンスに興じているこのユダヤ人を笑うのは、映画の初めからの目論見である。もっとも、この笑いが精神錯乱に向けられたものなのか、健康ぶりに向けられたものなのか、それははっきりしないけれど。確かなのは、このユダヤ人が賤民《パーリア》に該当することである。賤民とはマックス・ウェーバーが設けたカテゴリーである。しかしこのカテゴリーはハンナ・アーレント〔米国の政治哲学者。ドイツのユダヤ系家庭の出身。一九〇六ー一九七五〕のさんざんな酷評にあっている。つまり目下の場合でいえば、賤民ということに興味深い点があるとすれば、彼が内部の者に関して特別な洞察をもっているよそ者であるという点にすぎない。しかし彼がユダヤ人であることは、それ自体何の長所でもない。ゼリグの価値は、彼がいま興味を覚える世界によって規定されているのだ。彼が「内部指向型」になるとき、つまり自分のありのままの本能にしたがい、自分の価値を定立するとき、彼の健康は取り戻される。今日はよい天気だ、と人々が言うのを聞くと――事実よい天気なのだ――、彼は、天気が悪いと口答えする。こうして、彼がこれまで真似しようとして、いまでは意見が衝突してしまった人々によって、彼はただちに精神病院へまたぶちこまれてしまう。創造する者に社会が自らの価値を押しつける仕方というのは、こんなものだ。最後に、彼は自分の力で『白鯨』を読むことにとりかかる。彼は以前、読んでもいないのに、人々に自分を印象づけるためにこの本を論じたことがあった。こうして彼は健康を取り戻す。しかしそれは、怒りっぽさと、うわすべりで自意識過剰な独善とがまじった感情にすぎない。

何かにとりつかれたウッディ・アレンのこの喜劇は、われわれの病が価値相対主義に発するという診断を下しており、そのための治療法は、価値を定立することだという。だから映画でアレンは、自分の役割に決して落ち着くことのない自意識過剰な役割演技者を精力的に描いているのだ。この主人公が興味深いのは、自らの空虚さを自覚していないがゆえに愚かしい他の人々に、彼が自分を似せようと懸命に努力するからである。しかしアレンが、主人公がユダヤ人であることを玩んでいる点は、味気ないし浅薄でもある。ユダヤ人であることは、ゼリグにとって明らかに内的な尊厳をまったくともなわないからだ。そして、アレンが完全に失敗した点は、健康な内部指向型の人間を提出したことである。そうした人間は、おかしくもないし興味も惹かない。これは、自分との比較で他人を理解し判断する尺度のような人物だろう。金銭の真価を知っている人と比較してはじめて守銭奴が滑稽なのがわかるのと同じことだ。しかしアレンの描く内部指向型の人間は、たんに空虚か存在しないかであり、こうした人間を創造した者の理解がどれだけ深いかを、観客は疑わざるをえなくなる。われわれがここで出会うのは架空の存在なのである。しかし、そのことをアレンが知っているかどうか、明らかではない。内部指向性とは平等主義が請け合った約束にすぎない。この約束のおかげでわれわれは、周囲に実際に見られる「ブルジョア」をやすやすと侮辱したり嘲笑したりすることができるという。これはひどく取るに足りない、がっかりするような約束だ。というのは、われわれがいま体験しているニヒリズムの苦しみなど、ちょっとした療法を施し、背筋を伸ばすことで癒されるノイローゼにすぎないと、実際、われわれに信じさせようというのだから。エーリッヒ・フロムの『自由からの逃走』は、中央ヨーロッパ文化を、まるで泡立てたクリームのように飾りに少し添えたデール・カーネギー〔アメリカの著作家。一八八八―一九五五〕にすぎない。資本主義がもたらす疎外と清教徒的抑圧を取り除け、そうすれば各自が独力で選ぶとおりに万事がうまくゆく、というわけだ。しかしアレンは、内部指向性に関してわれわれに実は何も教えてくれない。この点ではリースマンも同じであるし、さらにさかのぼって、フロムもそうである。内部指向性が実際に何を意味するのか、その厳然たる事実のすべてをいくらかでも学ぶためには、ハイデガーに戻らねばならない。アレンは、とうていカフカの奇妙な面白さには及ばない。カフカは問題を実に真摯に取りあげた。左翼の進歩主義がそれを解決するだろうといった、プロパガンダにすぎない慰めをもたなかった。ゼリグはヒトラーとふざけあうが――ヒトラーが「他人指向型人間」に向けてアピールしていること、あるいはもう一人のドイツの社会心理学者テオドール・アドルノ〔ナチス時代アメリカに亡命し戦後帰国。一九〇三―六九〕によって流布された同じ意味の表現を使えば、「権威主義的パーソナリティ」(2)に向けてそうしていることは、ほとんど言うまでもない――彼を診た〈機械仕掛ケノ精神科医〉によって救われる（スターリンとのふざけあいは、この知的世界では説明を要さない）。ウッディ・アレンはニヒリズムを心安く感じられるように、それをアメリカナイズするために、われわれに手を貸してくれる。もしもわれわれがおたがい少しばかり何かにとりつかれているという事実に同意するなら、我も結構《オーケー》、また汝も結構《オーケー》、というわけである。

（2）　ベルトルッチ〔イタリアの映画監督、一九四〇―〕は『暗殺の森』〔原題 The Conformist 一九七一年制作、原作モラヴィア〕のなかで、アレンの見せたウィットの救いなしに、まさしく同じ点を強調している。

政治においても、娯楽においても、宗教においても、いたるところでわれわれは、ニーチェのもたらした価値転換に結びつく言語を見出す。これは、われわれに最も関わりの深いものごとをあらたに展望しようとするときに必要になる言語である。「カリスマ」、「ライフスタイル」、「コミットメント」、「アイデンティティ」などをはじめ、その他多くの語はすべて、ニーチェに遡ることが簡単にできる語ばかりであるが、いまでは実際にアメリカの俗語になっている。だが、こうした語そのものも、語の指している事態も、アメリカ建国の父祖たちは言うまでもなく、われわれの父親たちも、理解できなかっただろう。二、三年前、アトランタのタクシーの運転手とお喋りをしたが、彼は私に、自分は監獄から出てきたばかりだと教えてくれた。麻薬の売人をしていたために、服役していたという。好運にも彼は「精神療法」を受けた。それはどんな種類のものか、と私は訊ねた。彼はこう答えた、「あらゆる類いのだね――深層心理学、交流分析……でも私のいちばん気にいったのは、〈ゲシュタルト〉だったよ」。ドイツ語のいろいろな観念のなかには、英語の単語など要求しないで、そのまま民衆の言語になるものがある。ドイツでは西欧の知的生活の頂点をなすものに由来した高級な会話が、アメリカの街頭ではまるでチューインガムのようにありきたりになったとは、なんと意外なことか。実際、その療法は運転手に効果があったのである。自分のアイデンティティを見つけ、自分のことが好きになれた、と彼は語った。彼が一世代前の人間だったなら、神を見つけ、罪人として自分を蔑むようになっただろうに。問題は彼がもつ自己意識にあるのであって、原罪とか心に潜む悪魔などにはないというのだ。ここには、ヨーロッパ大陸の絶望を消化する、独自なアメリカ的方法がある。それはめでたしめでたしで終わるニヒリズムである。

　合衆国におけるドイツ哲学のこのような普及は、私にはことに興味深い。というのは、私は自分の知的生涯をおくるなかで、その経緯を見てきたからである。私はいわば六歳当時のナポレオンを知る人間のような気分がする。私はこの国で価値相対主義とそれに付随する現象が、想像もおよばぬくらい大きく成長するのを目にしてきた。マックス・ウェーバーの社会学上の専門用語が、この間に世界で最も強力な国家へ成長した、合衆国という実利主義者たちの国で、いつか日常言語になるなどと、一九二〇年代に誰が信じただろうか。ヒッピー〔六〇年代後半に目だった、反体制の若者グループ〕、イッピー〔やはり六〇年代に現われた、ヒッピーより政治色の強い反体制の若者グループ〕、ヤッピー〔若者のエリート層のグループ〕、ブラックパンサー〔急進的な黒人解放運動の党員〕、聖職者、社長など、こうした人々の自己理解は、無意識のうちに半世紀前のドイツ思想によって形成されてきたのである。ヘルベルト・マルクーゼのドイツなまりの英語が、中西部の鼻にかかる英語に転化した。〈真正ドイツ〉のラベルが、メード・イン・アメリカのラベルに取って代わられた。そして、新しいアメリカ式ライフスタイルによって、ワイマール共和国は、家族みんなのためのディズニーランドになったのである。こうして、私は研究を進めるにつれて、こうしたことのいっさいの、なかば隠された、わくわくさせられるような起源へと、否応なしに連れもどされることになった。それによって私は、二つの方向を展望する視点を得た。ひとつは前向きの方向であって、ますます進化するわれわれのアメリカ式生活に対する視点である。もうひとつは後向きの方向であって、哲学的伝統と交わりを絶ち、それを葬った深遠な哲学的反省（これにはきわめて多義的な知的、道徳的、政治的帰結がともなう）に対する視点である。われわれ自身を理解し、真のオルターナティヴを自分で得るために、この魅力ある精神史を知ることが求められている――ただしこのためには、知性の力が歴史に影響をおよぼすこと、ニーチェが言ったように、「最も偉大な行為は思想である」こと、「世界は新たな価値を発明した者の回りを巡る、黙って巡る」ということを、精神史家に納得させることが必要である。ニーチェはそのような発明者であり、われわれは、かなりぎくしゃくしながらではあるが、いまだに彼の回りを巡っている。これがいまわれわれの演じている場面である。そしてその見どころは、借り物の派手な衣装でめかしたがる民主主義的人間によって、ニーチェの見解がどんなに陳腐にされてきたか、そして民主主義が、それとは異質な見解と嗜好によってどんなに腐敗させられてきたか、にある。

最初に私がこの場面を目撃したのは、その展開の半ばの時点においてであり、そのときアメリカの大学生活は、まだ真面目な知識人の領分でしかなかったドイツの思想によって、変革されつつあった。戦争直後の四〇年代半ばに私がシカゴ大学にやってきたとき、「価値判断」のような用語は新鮮で、エリート向きの前途有望な特別の洞察の口にしか登場しなかった。社会科学の新時代が始まりつつあるのであって、これからは、人間と社会がかつてないほどよく理解されるだろう、という大きな期待が、社会科学へ寄せられていた。アカデミックな性格の哲学的な諸学科は、退屈で厄介な方法論や実証主義をふりかざしていたので、人間に関する永遠の未解決な問題に関心をいだく人々を社会科学へ追いやってしまった。支配力を揮い、真の熱狂を産み出した二人の著者がいた――フロイトとウェーバーである。マルクスは崇拝はされていたが、以前からずっとそうだったように、ほとんど読まれていなかったし、現実にわれわれが直面している問題に取り組むうえで何の霊感も与えなかった。今日でもまだ不十分にしか評価されていないが、フロイトとウェーバーは二人とも、ニーチェから深い影響をこうむった思想家であった。これはニーチェを知り十九世紀末にドイツ語圏で起こったことを知る者なら、誰にも明らかなことである。フロイトとウェーバーは、ニーチェの心理学的・社会的関心を奇妙な仕方で分け合った。フロイトは、イドないし無意識、最も興味深い精神的現象の動因としての性的なもの、それに関連する昇華と神経症の思想に関心を集中した。ウェーバーが最も深く関与したのは、価値、および価値を形成する際に宗教が果す役割、そして共同体といった問題であった。フロイトとウェーバーの二人が、われわれが現在よく知っている用語のほとんどをもたらした直接的源泉なのである。

彼らがドイツ人の思想家であること、そして彼らについて教えている教師たちが、ヒトラーに追われたドイツ人亡命者や、ヒトラー以前にドイツで研究していたアメリカ人、あるいは亡命者に学んだアメリカ人、この三者からなることは周知のことだった。教師たちの誰にとっても、これらの思想がドイツのものである点は何の問題もなかった。フロイトとウェーバーは、ヒトラー以前のドイツの偉大な古典的伝統の一部であり、誰もがそうした伝統には敬意を払っていた。当時ニーチェその人は、その思想がファシズムと何らかの困った関連があると思われたので、さほど尊敬されなかった。また、アングロ・サクソンの世界（ここではニーチェは、芸術家たちに対して直接最も大きな影響をおよぼした。そのなかで最も有名なのは、もちろんエズラ・パウンド〔米国の詩人。一八八五－一九七二〕である）でニーチェに好意を寄せていた人々の多くは、ファシズムと反ユダヤ主義（ニーチェその人は反ユダヤ主義者とは正反対であったが）のもたらす危険に対し十分に警戒していなかった。ニーチェとともに、そしてそれ以上にハイデガーとともに、ドイツの思想が反合理主義、反自由主義に転じたという事実は明らかだった。しかしこの事実はまったく押し隠され、彼らが同時代人へ与えた影響は誰の眼にも見えなかったのである。ドイツで起こったこと〔ナチズムの台頭、ユダヤ人迫害など〕のせいで、ヘーゲル、フィヒテ、ニーチェを非難しようとする皮相な試みがいくつかあったとはいえ、ドイツの歴史主義とならんで、ドイツの古典的伝統一般はいまだに好感をもたれていた。当時われわれが仰いでいた天空にまたたく特別な星たちは、ひとりでに産み出されたものとして扱われるのでないかぎり、いつもドイツの伝統の産物と見なされた。ワイマールの窮状は、悪い輩が勝ちを占めたという、ただそれだけのことだった。

私の習った教授たち――その多くはその後とても有名になった――には哲学的な傾向がなく、研究を掘り下げて、彼らが使っていた新しい言語とカテゴリーの源泉に立ち帰ることはしなかった。そうした言語やカテゴリーは、他の発見と同じ科学上の発見であり、それを使用してさらなる発見がもたらされるのだ、と彼らは考えていた。そうなるだろうとトクヴィルが予言したとおり、彼らは抽象論と一般論にあまりに淫していた。彼らは科学の進歩を信頼していたし、次のように確信しているように見えた（誇らしさと自嘲との入り交じった要素も、この確信にはあったかもしれないが）。すなわち、自分たちは社会科学における目覚ましい歴史的発展の先端にいるのであり、この発展は、自然科学において、ガリレオ、ケプラー、デカルト、ニュートンによって十六世紀と十七世紀になしとげられた同じような発展に匹敵するものであり、これによって、以前の社会科学は、コペルニクスが出現した後のプトレマイオス同様に、意義のないものにされてしまうだろう、と。これらの教師たちは、文字どおり、無意識と価値とに心酔していた。しかも彼らは、科学的な進歩が社会的・政治的な進歩におよぶだろうとも、固く信じていた。教師たちはみな、マルクス主義者か、ニューディール派の自由主義者だった。右翼に対する闘争は、対内的には選挙で、対外問題としては戦場で、それぞれ勝利していた。原理に関する決定的な問いは、すでに解決済みだった。平等と福祉国家とがいまや現実の秩序の一部になっていたのである。残された仕事は、民主主義の企図を完成することであった。精神療法がおのおのの個人を幸福にし、社会学が社会を改善するだろうと思われていた。

　彼ら教授のうち誰一人として、表面下に横たわっているニーチェからハイデガーに至る極端な考え方はもとより、フロイトとウェーバーの暗い側面には気づいていなかった、と私は思う。あるいはこう言ったほうがいいかもしれない。もし気づいていたとしても、彼らはそれを科学的な関心の対象としてよりは、自伝的な関心の対象と見なしていたのである。フロイトにおけるあらゆる意識的生の非合理な源泉、そしてウェーバーにおけるすべての価値の相対性、この二点が、彼ら教授たちと彼らの科学に関する楽観論に疑問を投げかけなかったということに、私はびっくりする。フロイトは文明の未来と人間の生における理性の役割について、きわめて懐疑的であった。彼が民主主義あるいは平等を確信してそれを提唱する者でなかったことは確かである。そして、科学、道徳、政治についてフロイトよりはるかに思慮に富んでいたウェーバーは、永遠の悲劇的雰囲気のなかに暮らしていた。彼は科学を、混沌とした事物に対するためらいがちな挑戦として定式化していたが、確かに価値は、科学の限界を越えていた。事実と価値の、架空とはいわないが、きわめて危うい区別の意味は、ここにあったのである。政治の場面では、理性は官僚制という非人間性に通じている。ウェーバーは、非合理的な傾倒《コミットメント》に基づく政治よりも合理的な政治を人が好んで選ぶことはありえないことを見てとった。すなわち彼は、理性と科学がそれ自身、他のさまざまな傾倒と同じように価値への傾倒であって、自らの卓越を主張することは不可能であり、したがって、理性と科学がこれまでそなえていた最も明確な特徴を失ってしまった、と考えた。政治は、制御できない、危険な、半ば宗教的な価値の定立を要求する。しかもウェーバーは、人間と社会の占有をめぐる神々の戦い、結果の予測しえない戦いに立ち会っていた。彼によれば、計算をことととする理性が結局行き着く先は、共同体を形成せず、共同体を支える価値ももたない、心情もなければ魂も欠いた、無味乾燥な管理であろう。一方、感情は、うわべだけの快楽に利己的に溺れる結果に陥るだろう。政治的傾倒は、狂信《ファナティズム》を助長する傾きがあるだろう。しかも、人間に価値定立をおこなう十分な力が残されているかどうか、それは疑問である。なにもかもが未決定だったのであり、労苦にあえぐ人間を支えてくれる弁神論は存在しなかった。ニーチェの影響の下にあったドイツの多くの人々とともに、ウェーバーは、われわれが大切に思っているすべてのものがニーチェの洞察によって脅かされたということ、われわれは知的・道徳的な根拠なしにその帰結をとりしきらねばならないことを知っていた。われわれは価値を必要とするが、逆に価値の方は、人間の特異な創造性を必要とする。しかしこの創造性はいまや涸れつつあり、いずれにせよどんな宇宙の支えもない。科学的分析は、人間が価値評価をおこなうための防護的な地平を消滅させておきながら、それが今度は、理性は無力だと結論する。このことはなにもウェーバー特有のことではないし、またたんに、彼の人格が苦悩に苛まれていた結果でもない。しかし、少なくとも一部は、目の前に横たわる荒涼とした展望のために、彼の人格が苦悩に苛まれていたのは事実である。もしも価値相対主義が真実であり良しとされるなら、価値相対主義がわれわれを魂のきわめて暗い領域と、きわめて危険な政治的実験へ追いやることは、明らかである。しかし、魔法にかけられたアメリカの土壌には、このような悲劇的感覚を容れる場がほとんどない。そこで、新しい社会科学の最初の支持者たちは、価値への洞察を喜んで受け容れ、自分たちの価値をきわめてすばらしいものであると思い込み、科学と同一の歩調をとった。タルコット・パーソンズ〔米国の社会学者。一九〇二－七九〕がどんな性格か、何に関心を抱いたかを、ウェーバーの性格や関心と比較してみればよい。そうすれば、ヨーロッパ大陸とわれわれのあいだの距離を測る尺度が得られるだろう。パーソンズに認められるのは、ウェーバーの凡庸化である。価値への洞察が三〇年ないし四〇年前にドイツで惹き起こしたような真の影響を合衆国でもち始めたのは、ようやく六〇年代になってからである。突然、伝来の価値に養われたのではない新しい世代、哲学的にも科学的にも善悪に無関心なまま教育された新しい世代が、価値への傾倒《コミットメント》の場面へ登場し、年長者たちにきわめて不快な授業を施したのである。

ドイツ的パトスのこの驚くべきアメリカ化のイメージは、ルイ・アームストロングが、彼の大ヒット曲「マック・ザ・ナイフ」の歌詞を大声で叫ぶときの彼の笑い顔に見ることができる。アメリカのたいていのインテリが知っていることだが、この歌は『三文オペラ』の挿入歌「ドスのメッキー」の翻訳である。『三文オペラ』は、左翼の芸術家の二人の雄、ベルトルト・ブレヒト〔ドイツの劇作家、詩人。一八九八－一九五六〕とクルト・ヴァイル〔ドイツ出身の米国の作曲家。一九〇〇－五〇〕によって書かれた、ワイマール共和国における大衆文化の記念碑的作品である。アメリカのインテリの多くには、ヒトラーが権力を握る直前のこの時期に対する奇妙な郷愁がある。この歌のロッテ・レーニャによる歌唱は、久しいあいだ『ブルー・エンジェル』〔邦題『嘆きの天使』〕のなかのマレーネ・ディートリッヒの歌声——「おつむからあんよまで愛の覚悟ができてるわ」——と二重がさねになっていた。それは、意識にははっきり現われず、漠然と何かの実現を求めている、愛らしく苛立った、セクシーでデカダンスな憧れの象徴であった。ブレヒトがよく知っていたニーチェの『ツァラトゥストラはかく語りき』のなかには、アメリカのインテリにはそれほど知られてはいないが、「蒼白の犯罪者について」と題されたアフォリズムがあって、『罪と罰』のラスコーリニコフにぞっとするくらい似た、神経症的な殺人者の物語を語っている。彼が殺人を犯した動機は、他のどんな動機に劣らず合法的なものであり、さまざまな重大な状況下では有益でさえある動機なのだが、いまのような泰平な時代には非合法化されるということを、その殺人者は知らないし、知ることもできない。つまり、彼は「刃物の与える喜び」を渇望していたのである。「マック・ザ・ナイフ」のこの筋書きには、イドの火山が何を噴き上げるかを見てやろうと待ち構えている、超道徳的な期待の態度が見え始めている。ワイマールの人々とそのアメリカの賞賛者たちに訴えたのは、この態度であった。何でも結構、それがファシズムでないかぎり！　『ブルー・エンジェル』が後にリメイクされたとき、メイ・ブリット〔米国の女優。一九三三—〕がディートリッヒに取って代わったように、アームストロングがレーニャに取って代わると、この歌はすっかり大衆市場向きのものになり、そのメッセージはあいかわらず不道徳ではあっても、危険の度合いは少なくなる。それが外国からきたものであるという自覚はすっかり消えてしまう。以来、それは民俗文化、生粋のアメリカ的なもの、アメリカの世紀の一部である、と一般に見なされるようになる。「気楽にやる」(stay loose)(これは「頑張る」(uptight)の反対である)が、ハイデガーの「放下」(Gelassenheit)の訳語ではなく、ロック・ミュージックの洞察であると見なされるようになったのと同じである。われわれの時代に対する歴史感覚と距離という、ワイマールへの郷愁にともなう唯一の利点は消え、この結果、アメリカは自己満足——劇が上演されているのはここアメリカであり、人生について過去から学ぶべき重要なものは何もない、という感覚——に浸っているのである。

映画・演劇の世界から借りたこうしたイメージは、われわれの精神史にも認めることができる。それにはただ、アームストロングの代わりにメアリー・マッカーシー〔米国の女流小説家。一九一二—〕、レーニャの代わりにハンナ・アーレントを置きさえすれば、あるいは、アームストロングの代わりにデイヴィッド・リースマンを、レーニャの代わりにエーリッヒ・フロムを置くというように、アメリカの知識人の優等生名簿をたどりさえすればよい。われわれのスターたちは自分では理解していない歌を歌っているのだ。ドイツ語の原曲の翻訳であるその歌が、大きな大衆的人気を博している。この成功には、それとは知られていないが、原曲のメッセージの何かがアメリカ人の魂の何かに触れるかぎりで、広範囲におよぶさまざまな帰結がともなっている。けれども、こういったことすべての背後にいて原作を作詞した者は、ニーチェとハイデガーなのである。

簡単に言うと、戦後アメリカが、すべての国家の若者をひとつにするブルージーンズ――ブルージーンズは、民主主義的普遍主義の具体的形態であって、まだ解放されていない多くの国々に対して自由化の効果をおよぼした――を輸出していた頃、アメリカは自らの魂のために、ドイツ製の衣装を輸入していたのである。その衣装は、そうした普遍主義のいっさいとはなじまないし、われわれが着手した世界のアメリカ化に疑いを投げかけるものだった。アメリカは、しかし、その衣装が申し分なく、人間の権利とも一致すると考えたのである。われわれの知的地平は、ドイツの思想家によって変化してしまった。それはドイツの建築家によってわれわれの物理的地平の姿が変えられたことより、はるかに根本的な変化であった。(3)

（3）　ミース・ファン・デル・ローエ〔ドイツの建築家。一八八六－一九六九〕もまた、実際に彼が建築に手をそめる機会を得るまえから、シカゴでは知られた人物であった。そして、バウハウス〔新しい建築様式の創造のためにグロピウスが一九一九年ワイマールに創立した建築学校〕は、私が述べてきた思潮と密接な関連のある、ワイマール共和国のもうひとつの産物である。

こういったことといっさいがドイツ起源であることを強調するのは、私が外国の影響をノーナッシング党〔一八五〇年代に、偏狭な愛国主義を唱えた〕のように毛嫌いしているからではないし、すべてのベッドの下を捜してドイツの知識人を見つけてやるつもりだからでもない。そうではなく、われわれがいま何を言い、何を考えているかを理解したいなら、どの点に目をつけなくてはならないかをもっとよく自覚したいからである。というのも、われわれは忘却の危機に瀕しているからだ。強力な知的生命をそなえた国家がそれより能力の劣った国家に対して――たとえ後者の軍隊がきわめて強力であっても――大きく影響するということ、これは人類の経験において稀なことではない。最も明らかな事例は、ギリシアのローマに対する影響、およびフランスのドイツとロシアに対する影響である。しかし、この二例とドイツとアメリカの例とではさまざまな相違があって、そのために後者の関係がわれわれにとってきわめて問題をかもすものとなっている。ギリシアとフランスの哲学は普遍的であることを志向していたし、事実そうだった。それらの哲学は、あらゆる場所とあらゆる時代の人間すべてが潜在的に保持している能力の使用に訴えた。ギリシア哲学において、この「ギリシア」という固有名詞は、フランス啓蒙主義の「フランス」の場合と同じように、非本質的な名札にすぎない（同じことはイタリア文芸復興──国家の偶然性とギリシアの思想家たちの普遍性を証明した再生──にも当てはまる）。それらが教えている善なる生と正しい政体とは、民族、国家、宗教、風土といった、いかなる制限とも無縁だった。こうした人間そのものへの関係が、哲学の定義にほかならなかった。科学について語るとき、われわれはこのことを知っていて、だから誰も、ドイツの物理学、イタリアの物理学、イギリスの物理学ということを真面目に語りはしない。そして、われわれアメリカ人が政治について真剣に語る場合、われわれが言いたいのは、自由と平等というわれわれの原理とそれに基づく権利とが理性にかなっており、あらゆる場所で適用できるということである。第二次世界大戦は、こうした原理を受け容れていない人々に、その受容を強いるためにおこなわれた、真に教育的な企てであった。

しかし、ヘーゲル以後のドイツ哲学は、こういった原理に疑いを投げかけた。しかも、ドイツの政治とドイツの思想のあいだには何らかの関連があった。歴史主義は、精神が本質的に歴史あるいは文化に結びついていることを教えた。後代のドイツの哲学者たちによれば、ドイツ的性格は彼らの本質的な要素をなしているのである。ニーチェと彼に影響された人々にとって、さまざまな価値は民族精神の所産であり、この精神に対してのみ重要性をもつ。翻訳の可能性そのものが、すでに言及したように、ハイデガーによって疑われるところとなった。彼にとっては、ギリシアの哲学用語のラテン語訳は表面的であり、翻訳される原文の真髄を伝えてはいない。ドイツの思想は、それ以前の思想とは異なり、自文化からの解放の役には立たなかった。むしろ、哲学的・政治的なコスモポリタニズムによって破壊されてきた自文化に改めて根をはろうとする動きに役立った。われわれは『幽霊《ゴースト》（ガイスト）西に行く』（ルネ・クレール監督、原作エリック・コウンの英国映画、一九三六年）の大富豪のようなものである。この富豪は、霧立ちこめるスコットランドから光の降り注ぐフロリダへと邸宅を移し、「地域色」を出すために、そこに運河とゴンドラを付け加える。われわれは、ある種のワインがそうであるように、輸送には不向きな思想体系を選んだのだ。つまり、決してわれわれのものにはなりようがなく、出発点からしてわれわれとわれわれの目標を嫌悪しているようなものごとの見方を選んだのである。合衆国は非文化的な代物であり、本物の文化が脱ぎ捨てたものの集積なのであって、思想と行為におけるうわつらのコスモポリタニズムに捧げられた政体のなかで、もっぱら快適な自己保存のみを求めている、と見なされた。ドイツ的な事物をわれわれが欲していること、これはわれわれがそうした事物を理解できない証左であった。あらゆる種類の歴史主義、とりわけニーチェの急進的な歴史主義は、諸国民とその価値が決定的な性格をもつと宣告したが、こうした性格は、ドイツの事例をギリシアとは正反対なものにする。この違いは、キケロ〔ローマの政治家、哲学者。前一〇六－前四三〕がソクラテスを扱う仕方と、ニーチェとソクラテスをそうする仕方との対立に認められる。キケロにとりソクラテスは友人であり、同時代人であるが、ニーチェにとっては敵であり、古代人であった。われわれの国の極端な啓蒙的普遍主義を考えるとき、ニーチェとハイデガーにとって、われわれの抱擁ほど御免蒙りたいものもないだろう。

この価値相対主義が民主主義と調和するかどうか、この問いはいままで一度も提起されずに済まされてきた。社会科学はナチズムを、精神病理として、権威主義的あるいは他人指向型人格《パーソナリティ》の結果として、つまりウッディ・アレンが示したように、精神科医向きの症例として扱ってきた。思想が、とくに真摯な思想が、社会科学の根本にある思想すらが、ヒトラーの成功となんらかの関係がありえたこと、このことを社会科学は否定する。しかし、アメリカ人にとりその左翼的立場がきわめて魅力的なワイマール共和国には、少なくともその始めの頃、ナチズムに魅せられた知識人もまた存在した。それは、自律と価値創造に対する省察という、左派のイデオローグを動機づけたのとまさに同じ理由によるものだった。ひとたび深い淵に飛び込めば、平等にしろ民主主義にしろ社会主義にしろ、何かが向こう岸で待っている、という確信は消え失せる。せいぜい言えるのは、自己決定というものは不確定なのだ。しかし、価値創造のさまざまな条件、とくにその権威主義的で宗教的ないしカリスマ的な性格は、民主主義的な合理主義を妨げるように見えることだろう。共同体の聖なる根源《ルーツ》は、個人の権利と自由主義的な寛容さに対立する。共同体と文化に結びついた新たなこの信仰は、ものごとを創造という視角から見る人々に影響をおよぼし、彼らを右翼へ向かわせた。左翼の側には、マルクスの言う革命の後に、まさにニーチェが約束したのと正確に同じものがマルクスによって産み出されるはずだ、という断言だけがあった。他方、右翼の側では、創造性の諸条件についてわれわれが何を知っているかに関して省察がなされた。私は、いま非ナチ化されているハイデガーのナチス時代には触れないで、ただ次のことを記すにとどめよう。以前は彼の思想のさまざまな代弁者を賞賛することなど控え目にしかなされなかったのに、彼が今世紀の最も興味深い思想家であることがますますおおっぴらに認められるようになった。これは、われわれがいま危険なものを玩んでいる証拠である。新しい神々への関心に導かれて、ハイデガーは、ニーチェの場合もそうだったように、中庸をはずれた極端なものを崇め、道徳を嘲ることまで教えた。両翼が手をむすんで、両義的なワイマールの雰囲気をかもしだす手助けをしていた。その雰囲気のなかでは、自由主義者が間抜けに見えたし、キャバレーで刃物の与える喜びを歌っている人々には何でも可能だった。上品な人々は、かつては思うだけでもおぞましく、公然と語るのを許されなかったような事柄を耳にすることに慣れていった。ワイマールにおける左右両翼のあいだの闘争が極端な結末を迎えるのは、避けがたいことだった。

これらすべてのことにアメリカ人の魂が親近感を見出したことは、いまなお大きな謎である。彼らには、教育や歴史的経験によってそのための下地ができていたわけではないからである。ピエール・ハスナーはかつてこう自問した。アメリカでフロイトが素晴らしい成功を収めたのは、たんに彼のたくさんの弟子がヒトラーから逃れてこの地にやって来て、影響力のある伝道者になったという事実によるのか、それとも、フロイトがそれほど関心を示さなかった国アメリカに、彼を必要とする何か特別な欲求があったのか、と。シカゴっ子(Chicago boy)だった私は、つねづね次の事実に非常に強い印象を受けていた。ウェーバー派がプロテスタント倫理と呼ぶものの典型的な成功物語の主人公、大商人の子孫たるマーシャル・フィールド三世が、合衆国で最も早期に影響力をもったフロイト派の一人であるグレゴリー・ジルボーグ〔ロシア生れの精神科医、米国で開業。一八九〇－一九五九〕の精神分析を受けて、その後、左翼の熱烈な支持者として登場し、シンパの新聞に財産をつぎこんだ、という事実である。明らかに、われわれが予期したよりずっと多くの事柄が、被分析者の地下室で起こったのである。アメリカ人の自己理解が十分に認識していなかった、あるいは満たしていなかったものが何かあったのだろうか。

われわれの心には地下室が存在し精神科医がその鍵を握っていると、ひとたびアメリカ人が確信するようになったとき、彼らは、われわれの存在の、神秘で自由で無限な中心、自己(self)に向かうようになった。われわれの信念はすべて自己に由来するのであり、ほかには確実な根拠をもたない。ニヒリズムとそれにともなう実存的絶望は、アメリカ人にとってはほとんどポーズにすぎないが、ニヒリズムから派生した言語がアメリカ人の教育の一部になり、日常生活にじわじわと浸透するにつれて、アメリカ人は、この言語に決定されるがままに幸福を追求するようになったのである。無内容なことについて語るさまざまな用語——ケアリング、自己実現、意識の拡張など、ほとんど無数にある――がぎっしりつまった兵器庫が存在するのだ。明確なものは何もなく、アレンの映画やリースマンの本を見ればよく分かるように、はっきり何かを指示しているものは何もない。なるほど何かを語ろうとする努力、自分にたしかにそなわる内面性の探求は認められるのだが、それはいつまでも結果を生まない原因にすぎない。内面は外面とひとつも関係をもたないように見える。内面の光に照らすと、外面は溶解し形を失うが、内面といえば、鬼火のように摑みどころがないか、まったくの空虚かなのである。実存主義者の「無」やヘーゲル主義者の「否定《ネガチオン》」といった語の響きが、現代人の耳にたいそう魅力的であることに不思議はない。アメリカ人のニヒリズムは、ひとつの気分、陰欝な気分、ぼんやりした不安なのである。そのニヒリズムには奈落がない。

　魂の状態であるニヒリズムは、確固たる信念の欠如というかたちではなく、むしろ本能や情熱のカオスというかたちで現われる。魂の多様でぶつかりあうもろもろの欲求が自然な位階秩序をなすことを、人々はもう信じてはいない。しかも、自然の代理を務めていた種々の伝統は消滅してしまった。魂は、定期に出し物を替える芝居の一座の舞台になる。――ある時は悲劇を、ある時は喜劇を演じ、またある日は愛を、別の日は政治を、最後には宗教を取り上げ、またいまはコスモポリタニズムを、今度は土への忠誠を演じ、また都市を演じ、田舎を演じ、個人主義へ赴いては共同体に戻り、感傷を取り上げ、残虐を取り上げ、という具合である。こういったすべてのものに位階秩序を課す原理もないし、その意志もない。あらゆる時代とあらゆる地域、あらゆる民族とあらゆる文化の人物を、この舞台で演じることができる。ニーチェの信じるところでは、さまざまな情熱が野蛮な衣装をまとい舞踏会を催すというのは、近代末期の欠点であるが、また利点でもある。明らかな欠点は、統一もしくは「人格《パーソナリティ》」の解体であり、結局のところこれは精神の無秩序に至り着く。しかし、近代人の魂に現前している豊かさと緊張は、広い新たな世界観の基礎となるかもしれない。そうなれば、以前には精神のゴミ溜めへと葬られてしまっていたものが真面目に取り上げられるということになるかもしれない。これが、期待される利点である。ニーチェに言わせれば、この豊かさの本質は、主として、数千年にわたり継承されながら、いまは満たされていない宗教的憧れにあった。しかし、利点になるかもしれぬこの点が、アメリカの若者にとっては存在しない。というのは、彼らに与えられた貧弱な教育が、彼らの憧れを貧しくしてしまったからである。その結果、ニーチェがいつも念頭においた、自分自身のなかにもっていたような偉大な過去に、若者たちはまず気づきそうもない。若者たちはいま実際に、かなりありきたりな情熱が無秩序にもつれた状態に身を置いていて、そのような情熱が、単色の万華鏡に似た彼らの意識を走り抜けるのを経験している。彼らは自己中心主義者《エゴティスト》である、と言える。それは、怪しからぬ意味でではない。つまり彼らは、何が善であり正義であり高貴かを知りながら、自分本位にそれを拒絶するような人々のやり方をしているのではない。むしろ、現在おこなわれている理論のあらゆる箇所、彼らに教えられるあらゆるものに、自我《エゴ》が浸透しているという理由で、彼らは自己中心主義者なのである。

　われわれは、宣教師が発見し、福音を伝えた野蛮人にいささか似ている。野蛮人は、啓示の前がどうだったかも啓示の後がどうなったかも知らないで、キリスト教に改宗したのであった。フロイトがいなければ、われわれの大方はオイディプスのことを聞き知ることが決してなかっただろう。この事実は、われわれに次のことを気づかせる。ギリシアやローマやユダヤ教やキリスト教に関してわれわれが知識を得るについては、ほとんど全面的にわれわれはドイツ人宣教師ないしドイツ人仲介業者に依存している、という点である。また、その知識がどんなに深遠でも、それがひとつの解釈にすぎないことにも気づかされる。そして、われわれに教えられてきたものは、われわれが知る必要があると、彼らドイツ人が考えたものに限られる、という点にも気づく。われわれをこうした袋小路に導いた知的依存性の意味を徹底して考えることは、自己理解を求める者にとって焦眉の仕事である。現在流布しているわれわれの言語を説明する小さな辞典を、以下で示したい。これは、そのような仕事にいささかでも寄与することを意図したものである。

二つの革命と二つの自然状態

魂の地下室を発見してそのなかを探索し、そこに納まった暗い在庫の品に魅了されるということ、これは長らくヨーロッパ大陸の独壇場であった。漠とした憧れ、万物の捉えがたい根拠の探求、これらは十九世紀と二〇世紀のフランス文学、ドイツ文学、(革命前の)ロシア文学にひろく見られたテーマであった。大陸的「深さ」はアメリカの「うわつら」の正反対だ、と知識人は考えていた。アメリカ人の魂は、いわば地下室なしに造られていて、この現実世界との折り合いがずっとよく、世界の彼方に目を向けることに夢中になったりはしないし、自分たちの経験が根拠を欠いている、という感覚に苛まれもしなかった。したがって、アメリカ人が大陸の料理を思うまま楽しめるようになったように、大陸の文学に耽溺するという贅沢をなしうるようになったとき、われわれはこう思わないではいられなかった。アメリカ人の食欲は本物なのだろうか、どのようにしてアメリカ人は御馳走を消化するのだろうか、と。

大陸とわれわれのあいだの争点は、「ブルジョア」という語で要約することができる。新しい民主主義的政治体制に属する新しい人間は、大陸の哲学者と芸術家によって二百年以上にもわたり、ブルジョアというラベルを貼られてきた。この語は本来、魂の崇高さや美しさを欠いた、矮小で、利己的・物質主義的な人間を意味したのであって、今日までこの語は、そうした否定的な意味——アメリカ人は、マルクスのおかげでこの意味にきわめてよく通じている——を保持してきた。この矮小なブルジョアという主題はすでに退屈なものになった、とニーチェが主張してからすでに久しいが、それでもなお大陸の思想家たちは、ブルジョア的人間は近代という時代の最悪で最も卑しむべき欠陥を代表しているのであり、どんな代償を払ってでもこれは克服されねばならない、という考えに囚われてきた。最も見やすい意味でのニヒリズムが意味しているのは、ブルジョアが勝利したということ、未来が、すなわち予見しうる限りでのすべての未来の出来事がブルジョアの手中にあるということ、ブルジョアを越えたあらゆる高きもの、ブルジョアの足の下にあるあらゆる深きもの、それらいっさいが幻想であること、このような状態では人生は生きるに値しないこと——こうしたことである。それは、代案や修正案——たとえば、理想主義、ロマン主義、歴史主義、マルクス主義——のすべてが敗北したことを告知するのだ。他方、アメリカ人は概してこう考えていた。近代民主主義の企ては自分たちの国で実現しつつあり、他の場所でも実現可能であり、したがって、これはよい企てなのだ、と。もちろん、アメリカ人は「ブルジョア」(bourgeois) という用語を自分たちに適用しないし、他の誰にだって適用しない。彼らは自分たちを中産階級 (middle class) と称することを好むが、だからといってこの表現に、何かはっきりした精神的な内容がともなうわけではない。それは、何かしらよい状態である、というにすぎない。ここアメリカに何か欠陥があるとすれば、それは貧しい人々がいることである。「中産階級」という用語には、ブルジョアという語にともなう多くの反意語——たとえば、貴族、聖者、英雄、芸術家（これらはすべて積極的な含みをもつ）——がない。例外といえば、プロレタリアと社会主義者である。アメリカでは精神は、すっかり満足してはいないにしろ、寛いでいるのだ。

近代は、自由と平等に基づいた政治制度、したがってまた被統治者の同意に基づいた政治制度によって構成されている。これを可能にしているのは、自然を支配し征服し、繁栄と健康をもたらす自然科学である。これは自覚的な哲学的企てに由来したのであって、人間と人間との関係や人間と自然との関係の、いままでにない最も大掛りな変革であった。アメリカ革命〔アメリカ独立戦争〕によって、アメリカ人のための政府という体制が設立された。アメリカ人は概してこの結果に満足しており、自分たちがなし遂げた成果についてかなり明確な見方をしていた。政治的な原理と権利に関する問題は、きれいさっぱり解決をみた。革命が、理性と事物の自然の秩序にしたがって、正当性に関する基本的原理を変更するという意味をもち、古い秩序と自分たちの不当な支配形態にしがみつく人々に対して武装して闘うことを要求するものならば、もうこれ以上の革命は不必要だろう。革命 (revolution) は、政治的な語彙としては新しい用語であり、最初は一六八八年のイギリスにおける名誉革命——これは、アメリカ革命を鼓吹したものときわめて似た原理の名のもとにおこなわれた——を指したが、本来は夜から昼への太陽の運行に縁のある用語である。

カントによって新たな夜明けと呼ばれたフランス革命は、当時の人々の目には、アメリカ革命よりはるかに偉大な出来事に映った。というのも、この出来事はヨーロッパの真の学派をなしていた当時の二大勢力のひとつを、最も古く最も文明化された諸国民のひとつに関係させたからである。イギリスとアメリカの革命もそうだったが、フランス革命は自由と平等のために国民が戦って勝ちとったものだった。この革命は、近代哲学の企てが否応なく収めた大勝利を仕上げ、自由と平等の正しさに最終的な証左を与えたように見えただろう。しかし、先行するさまざまな革命とは異なり、フランス革命は、目にも眩ゆい一連の解釈を生み、さまざまな反動をあらゆる方向に向かわせた。それらの反動は、フランス革命から授けられた推進力をいまだに使い果たしてはいない。右翼――その唯一の重大な意味における右翼、すなわち、平等（経済的な平等ではなく、権利のそれ）に敵対する党派としての右翼は、当初、王位と祭壇の名のもとにこの革命をなきものにしようとした。この種の反動は、おそらく一九七五年にフランシスコ・フランコ〔スペインの独裁者。一八九二―一九七五〕の死とともにようやく息をひきとった。右翼の他の形態、いわば進歩的右翼は、新しい種類の不平等、つまり新しいヨーロッパ的ないしドイツ的貴族制を作りだし、これを世界に押しつけようとした。これが打ち砕かれたのは、一九四五年のベルリン陥落だった。他方、私有財産の廃止によって革命を完成させようとした左翼は、いまもなおきわめて活気にみちているが、フランス革命で最も影響を受けた国々、とくに当のフランスでは、一度もそのようなことには成功していない。イギリスと合衆国でもそうであったが、フランス、ドイツ、オーストリア、ベルギー、イタリア、スペイン、ポルトガルで、最終的に勝利を収めたのは、中道派でありブルジョア的解決法であった。だがこの勝利は、実に多くの後悔と実に多くの熱望の挫折の後でもたらされた。最後の真に偉大なブルジョア嫌悪者たちが、ほぼ時をおなじくして世を去った。サルトル、ドゴール、ハイデガーである（アメリカ人は、ブルジョアに対する憎悪が、左翼のものであるのと少なくとも同じ程度に右翼のものであることには、十分に気づいていない）。文学のなかに、こうした反ブルジョア意識のある種の反映があることが予想できよう。というのは、ブルジョアいじめは、作家たちのあいだでほとんど反射的行動になっており、この癖はなかなか捨てきれないからだ。かつて、きわめて多数の作家たちが、注意を払ってもよさそうなナチスや共産主義者が彼らの身のまわりにいたにもかかわらず、ブルジョアいじめに熱心だったことが事実それを証明した。反ブルジョアの炎を燃やし続けるために、多数の文学者たちは、ヒトラーをブルジョア的現象として解釈した。彼らが何度となくそれを繰り返したおかげで、この解釈は定着することになったのである。

フランス革命のうちに知覚された欠陥を修正しようと目論まれたさまざまの新しい革命と、その革命を正当化するのに必要とされた形而上学を、われわれはいまや使い果たしてしまったのかもしれない。しかし、現実との和解は、熱狂ではなくて疲労をもたらす。私が「知覚された」という語を使うのには、次の理由がある。すなわち、フランス革命のさまざまな解読——君主制主義者、カトリック、自由主義者、社会主義者、ロベスピエール派、ボナパルト主義者らによる解読——は、学者のくだらない練習問題ではなく、生を形づくり行為を引き起こすものであったが、そうしたさまざまな解読に基づいて、ニーチェが、ここにはテクストはなくただ解釈だけがある、と結論したからである。この観察は、現在広まっている見解——存在するものは何ひとつなく、あるのはたんに生成しつつあるものに関するさまざまな遠近法である、知覚は存在するものに劣らず現実のものである、事物は知覚されたとおりのものである——、このような見解の基礎をなしている。もちろんこの見解は、人間は善を発見する存在ではなく、価値を創造する存在である、という考えと結びついている。こうした見解の源が、少なくとも一部、近代政治における最も大きな複数の出来事に見出されるのは、意外なことではない。

アメリカとヨーロッパ大陸の見解の違いは、アメリカが革命に解決を認めたのに対して、大陸がそこに問題を認めたという点にある。アメリカ革命は、明確で統一された歴史的現実を生み出した。一方、フランス革命は、一連の問いと問題を生んだ。アメリカ人はこれまで、フランス革命を寛大な目で見ようとしてきた。フランス革命は、われわれアメリカ人が獲得したものに類似した善きものを表わしていたが、それに確固とした制度的な枠組みを与えることには成功しなかったのだ、と見なしていた。反対に、ヨーロッパの知識人の主要な見解、すなわち最も影響力をそなえた見解によれば、(4) フランス革命は失敗であった。それは、革命が自由主義的民主主義の確立に成功しなかったからではなくて、もっぱら自由主義的民主主義の人間類型——すなわちブルジョア——を生みだし、こうした類型の人間が属する階級、すなわちブルジョアジーに社会権力を与えることに、度を過ごした成功を収めたからである。トクヴィルは、フランスが直面する困難を、自由主義的なさまざまな制度に適合する能力がフランスに欠如している点に見ていたが、彼ほどの親米派であり、また親自由主義派の著作家でさえも、そうした制度の下で十全な人間的生活が開花する見込みについては、憂鬱な思いを抱いていた。

(4) 条件つきであれ、アメリカ的な解決法を支持したトクヴィルのような思想家たちは、フランスではほとんど読まれていないし、注意も払われていない。イギリスとアメリカの政治哲学の伝統に最も近く、かつアメリカの建国者たちに最も影響を与えた、かのフランス人モンテスキューは、真に偉大なフランス人著作家の一人であるが、フランス人の意識には少しも影響を及ぼしていない。

アメリカ人は、フランスの〈アンシャン・レジーム〉に、魅了されるものをほとんど見出さなかった。〈アンシャン・レジーム〉の王位と祭壇は、それぞれ、正義にもとる不平等と偏見をまさに具体的に表わすものであり、アメリカ的体制《アメリカン・レジーム》が世界中でそれらに取って代わるものだったのである。アメリカはその企てを比較的容易に成功させるであろう、と一般に信じられていた。なぜなら、われわれアメリカ人は、この地で平等な社会的条件の下に始めたからである。アメリカ人は王を処刑しなくてもよかったし、あたりに居座って面倒を引き起こすかもしれない貴族制を除去する必要もなかった。また、教会を非国教化したり、ことによっては教会そのものを廃止する必要もなかった。こうしたなすべき多くのことに加えて、法の支配を受け容れさせることのできないパリの暴徒たちがいたために、フランス人は、秩序ある民主主義的政府に要求される理性的な合意を達成できなかったのだ。

　しかし大陸では、これらの出来事について、公の論議では別の見方が支配的だった。ヨーロッパ人のある者にとっては、アメリカ人は人間的地平の堪えがたい狭小化を表わしており、アメリカ人のつつましい秩序と繁栄のために支払われた代価は、あまりにも高価だった。フランスの貴族制は、気高さ、高貴さ、趣きをそなえていた。これらは、自由主義社会における商業本位の生活と動機の矮小さや陰鬱さと鋭い対照をなしていた。貴族制に代表されたものが失われるならば、世界は貧しくなるだろう。なかでも重要なことは、革命によって虚飾を剝がされた宗教が人生の深さと重大さを表現する、と人々が考える余地があったことである。もしも高貴なものと聖なるものとが、民主制においては真摯な表現を見出すことができないなら、この政体が選択に値するかどうかは疑わしくなる。——これが、反動家たち、すなわち〈アンシャン・レジーム〉下の権利を剝奪された者たちの論証であり、特別な申し立てである。

　われわれにとってさらに重大な意味をもつのは、自由と平等というわれわれの原理を受け容れた革命家たちの議論である。彼らの多くは、われわれアメリカ人が、大切に育まれてきたこれらの理想を考え抜いていない、と信じた。平等とは、ほんとうに、財産を得るために不平等な才能を発揮する機会が平等だ、ということを意味しうるにすぎないのだろうか。利益の取得に抜け目がないことは、道徳的な善よりも報酬に値すべきなのか。プラトンでさえ平等な者のあいだの共産制を主張しているのに、私有財産と平等とはそんなにたやすく同居できるのか。合衆国では、私有財産の尊重をさしおいて、共産主義あるいは社会主義が前面に出るということは一度もなかった。財産に関するロックの定義はわれわれの気質に合っていたし、いまでもそうである。この定義に対するルソーの批判は、ここアメリカではほとんど何の感銘も呼ばなかった。これに比して、ヨーロッパではルソーの見解は非常に有力であったし、いまでもそうである。そして、われわれにとって自由とは、社会生活に必要な最小限の制約のみに従いながら、好きなように行動することを意味したにすぎない。自分自身で法を制定することが、ほんとうは何を要求するのか、われわれは十分には理解していなかったし、粗野な衝動を満足させるというたんなる消極的な自由の域を出たこともなかった。宗教に関して言えば、アメリカに採り入れられた諸教派は、キリスト教という迷信を保持していた。その克服こそが、おそらく人間を解放するための鍵であったのに。善い政体は無神論に基づくべきだろうか、それとも、ひとつの市民宗教をもつべきだろうか。さらに、これが最後の問題だが、われわれは、ナポレオン的なるもの——英雄的野心や軍事的栄光——については、これを無視したり、その正体を暴露したりするよりほかに、いったいどう始末できるのだろうか。

　こういったことが、フランス革命によって〈歴史〉という屠殺台に載せられた問いであり、われわれが熱心に耳を傾けようとはしなかった問いである。これらの問いは、大陸での一世紀にわたる真剣な哲学的思索に素材を提供した。哲学的精神はすでにイギリスから大陸へと渡っていた。初期の自由主義思想をそれよりずっと狭いもの、もっと自己満足的な形態にした思想、すなわち功利主義思想の後継者ミルでさえ、自発性の概念に関しては、ドイツの思想家フンボルト〔政治家外交官でもある。一七六七－一八三五〕を頼りとせざるをえなかった。それは、自由の本質に魅力的で近代的な説明を施し、多数派による専制支配の危険から自由の本質を護るためであった。哲学というものは、われわれが基本的な政治的選択に直面したときに始まるように思われる。フランス革命以後の真に偉大な哲学者のうち、カントただ一人が自由主義的民主主義の味方であった。だが彼は、われわれにとって理解できず、魅力的でもないやり方で自由主義的民主主義を再解釈せざるをえない、と感じていた。彼は新しい認識論、新しい道徳の原理、新しい美学を展開した。それは、自然科学が決定論的であるのに対して、自由を可能にするような認識論であり、人間の本性が利己的で自然な欲求からできていると理解されるのに対して、人間の尊厳を可能にするような道徳の原理であり、また、たんなる主観性から美と崇高を救うような美学であった。こういったことは、自由主義の創設者たちがたずさえた初期の平等主義思想には、何ひとつ認められなかった。

　アメリカとフランスの両革命によって演じられた劇は、近代政治というドラマの脚本家であったロックとルソーの著作において、前もって考え出されていたことだった。これら精神のコロンブスたち——ホッブズが先頭を切ったが、ロックとルソーがその後に続き、彼らはホッブズより信頼のおける報告者と見なされた——は、かつてわれわれの先祖がみな住んでいた、自然状態とよばれる、新たに発見された地帯を探検して重要な報告をもたらした。それによれば、すべての人間は本性上自由であり平等であって、生存、自由、そして財産追求のための権利をそなえている、というのである。これは、革命を惹き起こす類いの報告である。なぜなら、王侯貴族が足の下に敷いている魔法の絨毯をひき剝がすからだ。近代政治の確固とした基盤となったこれらの基本に関して、ロックとルソーの意見は一致した。二人の見解が不一致をきたしたところで、近代の内部での主要な争いが起こることになった。ロックは大きな実際的成功を収めた。イギリスとアメリカの新しい政体は、ロックの教えにしたがって基礎づけられた。ルソーは——彼は、おそらくいつの時代でもきわめて大きな文学的成功を収めている人物である——は、ロックの完全な勝利がもたらす災厄を変容し、修正し、それを逃れる試み——思想と行為の公私にわたる、その後のいっさいの試みを鼓吹した。

かつて自然状態があった、ということを否定するのがいまの流行である。われわれは、自分たちの先祖が昔は野蛮人であり、死と飢えの恐怖だけに動かされ、木の実を争ってたがいに殺し合ったことを知ろうとしない貴族に似ている。しかし、これら拒絶された先人たちがわれわれに手渡してくれた資本を糧に、われわれはいまも暮らし続けている。誰でも、自由と平等、そしてそれらに由来するさまざまな権利を信じている。しかしながら、こうした権利は自然状態から市民社会へ持ち込まれたのだ。もしこれらの権利を支える根拠が何も他にないならば、信頼のおけない旅行者によって語られた自然状態の物語がそうであるように、権利とはまったく架空のものにちがいない。彼らに羅針儀を与えた新しい自然科学に教えられながら、彼らは、古い時代の政治哲学者がしたように、終局ではなく起源へ向かって進んだ。ソクラテスは、言論のなかで輝く都市を想像した〔理想国家を説くソクラテスに対して、グラウコンは、あなたの論じた国家は言論のなかにしか存在しない、と言う。『国家』592b〕。ホッブズは、「貧しく、険悪で、残忍で、しかも短い」〔『リヴァイアサン』第一三章〕生涯を送る孤立した個人を発見した。この視点によって、政治に何を要求し何を望むか、という点に関して、大きく異なった展望が開かれる。思慮がわれわれに指し示しているのは、ありえなくはないが、稀で難しい徳の教化に捧げられた政体ではない。思慮は、人間たちをおたがいから守り、できるかぎりの自己保存を彼らに認める有効な警察権力を指示する。ホッブズ、ロック、ルソーは全員、次の点を理解していた。すなわち、何らかのかたちで、自然は人間を戦争に導くという点、市民社会の目的は、完成に向かう人間の自然な傾向と手を結ぶことではなく、自然の不完全性が戦争を惹き起こすところに平和を創りだすことだ、という点である。

自然状態からの報告には、悪い知らせとよい知らせが混ざっていた。おそらく最も重要な発見は、エデンの園などないということだった。精神の黄金郷は、砂漠であると同時に密林でもあることが判明したのだ。初めに人間は何も授けられていなかった。だから、人間の現状は罪の結果ではなく、自然がケチだったことの結果である。人間は独力で生きている。神は人間の世話をしないし、罰することもない。自然が正義に無関心なことは、人間にとっては恐るべき喪失である。善良な人々がいつも抱いていた希望——犯罪には支払われるべき代償があるはずだし、邪悪な人間は苦しみを受けるはずだ、という希望もなしに、人間は自分のことを気遣わねばならない。しかし、それはまた、大きな解放——神の監督からの、王侯貴族と僧侶からの、罪の意識、あるいは疚しさからの解放でもある。最も大いなるさまざまな希望は挫かれてしまった。だが、最悪の恐怖と内面的な奴隷状態のいくらかは追い払われたのである。

身を護るものがないこと、裸でいること、救われぬ苦しみを受けること、死の恐怖をおぼえることが、幻想を抱かぬ人間が直面しなくてはならない将来の見通しである。しかし、すでに確立された社会の観点から事態を眺めるならば、人間は自慢してよい。人間は進歩してきたのであり、しかも自分の努力によって進歩してきたのだ。人間は自分のことをたいしたものだと考えることができる。そしていまや、真理を摑んだ人間は、以前にもまして自由に自分自身でいることもできれば、自分の状況を改善することもできる。架空の義務や支配権に妨害されずに、自分の利益に奉仕する政府を自由に作ることもできる。ホッブズ、ロック、ルソーによる起源の探索は、あたかも新世界の探険と発見が実践上の新しい始まりを約束したように、理論上の新しい始まり、すなわち政治学を再構成するという企てを可能にした。この二つの新しい始まりが重なって、さまざまな驚異を、とりわけ合衆国を生んだのである。

ロックは、自然科学と政治学を特殊な仕方で組み合わせることによって、自然状態に加えた省察から啓蒙主義の定式を導いた。その出発点は、理性を束縛されずに使用することである。この点では、彼はたんに哲学者たちの最古の見解に従っているにすぎない。人間は、圧制者の権力と虚偽（すなわち神話）の権威から解放された、人間に最も固有な能力を使って、自分でものを見てゆかなくてはならない。そして人間が自分で見ることのできたものに応じて、自らの生活を秩序立てること、ここに人間にとっての自由の本質がある。人間は、何の助けも借りない理性によって、ある特定の場所や時間、あるいは特定の国家や宗教に属する人間とはまったく異なる人間そのものとして、事物の原因を知ることができるし、独力で自然を知ることもできる。自律とは、現在一般にそう考えられているように、空虚のなかで運命をかけて根拠のない決定を下すことではなく、現実に応じて自らを支配することを意味する。内面が意味をもつためには、外面が存在しなくてはならない。

ロックと彼の哲学上の先達や後進は、このように考えた。啓蒙主義をそれ以前の哲学から区別する特徴は、啓蒙主義が、それまではただ少数者の領分であったもの——理性に従った生活を、あらゆる人間にまで拡張しようと意図したことであったが、る。これらの哲学者たちを動かしたものは「理想主義」でも「楽天主義」でもなく、新しい科学であり、「方法」であり、それらと手を携えた新しい政治学であった。物体の運動に関する明晰判明な数学的科学は、ふつうの人にもたやすく理解できる単純な方法を使って、そうした運動を発見した。この科学のおかげで、ふつうの人は、たとえそうした知識を発見する才能を与えられることはないとしても、自然の知識に近づけるようになったのである。それまでは、宇宙全体に関するさまざまな神話的あるいは詩的な見方が、おのおのの民族におのおのの地平を限ってきた。その地平の内部で、哲学者たちはいつも孤立して暮らし、誤った理解をしてきた。しかし、そうした見方はもう用済みになるだろうし、科学者と科学者でない者とのあいだの視点の基本的相違は、克服されるだろう。そのうえ、暗黒の王国の落とす影の外へと人間自身が連れ出され、科学の光の下で吟味されるとき、人間は次のことを理解する。人間は本性上もろもろの運動物体からなる世界の一員であり、他のあらゆる物体と同じように、自らの運動、すなわち生命を維持しようと欲していることを。人間は誰しも死に強烈な恐怖を抱いているが、それは自然のあり方と照応しているのである。人間に指定された死以外の目標（終わり《エンド》）を、批判的・科学的な整然とした吟味にかけるならば、これらの目標が空想の領域、すなわち誤った見解の領域に属していること、あるいは死という第一の目標から派生したことを示すことができる。このような批判的吟味は、哲学者の指導を受ければ誰でもなしうるものであり、しかもこれは、すべての人間にひそむ強力な欲求に支えられたものである。こうした批判的吟味によって、目的の健全な統一と人間の問題の有益な単純化がもたらされる。人間は傷を負いやすい弱い存在であるから、自己保存のためのさまざまな手段を求めなくてはならない、というわけである。すべての人が真に欲しているのは、まさにこうしたことなのだ。したがって、人々が衣食住と健康を得る助けになるような取り決め、とりわけ、他から自分を護ってくれるようなどの取り決めも、彼らが然るべき教育を受けているかぎり、おたがいの同意と忠誠とを勝ち取るだろう。

いったん世界から幽霊や亡霊が追放されてしまうやいなや、決定的な問題は欠乏である、という事実が明らかになる。自然は、われわれを何も与えないでほうっておく継母なのだ。しかしこれは、われわれが自然に何も感謝する必要がない、ということである。われわれが自然を尊んでいたとき、われわれは貧しかった。十分な量がなかったので、たがいに奪い合わねばならなかった。そしてこの競争の結果として、生命に対する最大の脅威である戦争が起こるのは避けられなかった。しかし、もしたがいに争うのを止め、一致団結して、自然の富をわれわれから隠している継母に戦いをしかけるならば、われわれは自分たちを扶養すると同時に、われわれの争いを終わらせることができる。科学の洞察と、それが生みだした力によって可能になった自然の征服は、政治的なものの鍵である。兄弟はたがいに愛し合わねばならない、という古代の教えは、真の欲求を満たすためには何もしないでいて、不可能な要求、本性に反する要求をわれわれに押しつけるものだった。必要なのは、兄弟愛や信仰、希望や慈善ではなく、利己的な合理的労働である。人類の悲惨を和らげるのに最も貢献する人間は、最も多くを生産する者であって、人間をそのように仕向ける最も確実なやり方は、訓戒を垂れることではなく、最も気前よく報酬を出すことである。その結果、人間は、現在の快楽を未来の利益のために犠牲にもすれば、そうやって得られた力によって苦痛を確実に回避するようにもなる。人間の福祉と安全の観点からすれば、必要とされるのは、キリスト教的な徳やアリストテレスの徳を実践する人々ではなく、合理的で（つまり、自分の利益を計算できる）勤勉な人々である。そうした人々の対極にあるのは、不道徳な人間、邪悪な人間、罪深い人間ではなく、諍いを好む人間、怠惰な人間である。この種の人間には、紛れもなくそれと知れる連中に加えて、僧侶と貴族が含まれよう。

以上の図式は、自由主義的民主主義の鍵となる用語、われわれの世界で最も成功を博しかつ最も役に立つ政治概念、すなわち権利というものに構造を与えている。政体が存在するのは、人間の労働の成果、人間の財産、それに生命と自由を保護するためである。人間は譲ることのできないさまざまな自然権を所有しているということ、それらの自然権は、時間の上でも神聖さの度合いでも市民社会より先に立つ個人としての人間に属するということ、市民社会はそれらの権利を保証するためにあるのであり、市民社会が自らの正当性を得るのもそのためであるということ——これらの考え方は近代哲学の考案である。この章で議論される他の用語と同様に、権利は近代における新しい用語であって、政治に関する常識的言語、ないし古典的政治哲学には属していない。ホッブズが権利という観念を創始して、これにロックは最大の敬意を払ったのだった。しかしながら、他の用語とは異なって、われわれは権利という語を完全に理解しているし、その基礎をなしている思想に直接近づくこともできる。他の用語は馴染みがうすく、問題をかかえている。つまり、それらを理解するには大きな努力がいるし、私は主張したいのだが、そのような努力をわれわれは払っていない。しかし、権利はわれわれのものである。権利はわれわれの存在を形づくっている。われわれはさまざまな権利を生きているのだ。それらはわれわれの常識なのである。権利《ライト》は誤り《ロング》の反意語ではなく〔right には「正しい」の意もある〕、義務の反意語である。それは自由の一部、いやむしろその本質である。権利は人間が抱く生きようとする情熱、しかもできるだけ苦痛なしに生きようとする情熱から始まる。普遍的な欲求とこの欲求の自然全体との関係とを分析してみれば、この情念がたんなる空想ではない点がはっきりする。人間が、自分にとり最も必要なものは何かを自ら十分に自覚し、他者は自分を脅かすが、自分も他者を脅かしている、という事実を自ら認識するとき、この情熱を権利と呼んで、政治的意義をともなう用語に転換できるようになる。社会機構を動かすバネとなっているのは、こうした認識である。この認識によって、自分が他者の生命、自由、財産を尊重することに同意すれば（これらに対して人間は自然な敬意を抱いていない）、相手もお返しに同じことをするかもしれない、という計算が生まれる。これがさまざまな権利の基礎であって、私的利害にがっしりした基盤をもつ新たな道徳の原理なのだ。

「私には権利がある」と言うのは、アメリカ人にとっては、呼吸するのと同様の本能である。それほど、こうしたものの見方は明確で明らかなのだ。この台詞が表わしているのは、人々が平和裡に演じているゲームのさまざまな規則である。彼らは規則の必要性を理解し受け容れており、それを侵害すれば道徳的憤慨が惹き起こされる。この台詞はわれわれがもつ正義の唯一の原理である。われわれが、自分たちの権利を保護してくれる共同体への義務を受け容れるのは、われわれが自らの権利を知っているからだ。正義とは、われわれにとり、政府権力によって平等に保証された平等な権利の尊重を意味する。今日では世界中の誰もが、マルクスの後継者である共産主義者でさえ、権利を口にする。マルクスは「ブルジョアの権利」をいかさまと嘲笑したのであって、彼の思想には権利を容れる余地はないのだが。しかし、思慮深い観察者ならほとんど誰でも、次のことを知っている。合衆国においては、権利という理念は国民各人の血液にまで深く浸透したのであり、この事実が、国民のうちに卑屈さが珍しいほど見当たらないことを説明する、ということを。この理念がなければ、われわれにはただ混沌とした利己主義しか残されないだろう。この理念は、ある種の非利己的態度の利己的源泉なのだ。人々の利害は尊ばれるべきだ、とわれわれは生身で感じる。

　この図式は、政治問題に対する古い見方との根本的な訣別を表わした。過去においては、人間は二面的な存在で、その一部は公益（共通の善）にかかわるが、他の一部は私的な利害にかかわる、と考えられた。政治を機能させるには、人間は自らの利己的部分を克服し、たんなる私的なものを抑えつけ、有徳になる必要がある、とも考えられた。ロックと彼のすぐ前の先輩たちは、人間のなかに自然に公益へと向けられた部分などは存在していないこと、古いやり方は極度に苛酷であると同時に効果がなく、人間の性分に反していたことを教えた。彼らは、厳密な徳より自然な自由を優先させながら、公的な利害のために、私的な利害を用いて実験を試みた。私的利害は公益には敵対する。しかし、啓蒙された私的利害はそうではない。この点が、啓蒙の意味を理解する最良の鍵である。人間に理性によって自らの脆弱さを理解させ、未来の糧の欠乏を予想させることは可能である。このように理性を用いて、未来とその危険に気づくだけで、情念を働かせるのには十分である。過去において人々は、神の命令によって、また家族を構成する血の絆に似かよった愛着の情によって、共同体の成員となった。人々は、ルソーの表現を使えば、「本性を奪われて」いた。彼らの忠誠心は狂信的なもので、自分たちの本性を抑圧していた。しかし、明晰な理性の働きによって、古い石盤はきれいに拭われた。それは、実業の場で見出されるような種類の関係にかかわる利益を期待しながら冷静に交された契約を石盤に書き込むためである。計算の行き届いた仕事が、事柄全体の眼目なのである。トマス・ワトソン〔実業家、IBMの創設者〕は、会社や工場の壁に掲げた「考えよう」という標語によって、こうしたことすべてを言わんとしていたのだろう。なにしろ彼は、すでに働いている従業員に呼びかけていたのだから。

　アメリカ人はロック主義者である。彼らは、仕事が必要であり（ありもしないエデンの園への憧憬はここにはない）、仕事は福祉を生むだろうということを認識している。彼らが自らの自然な傾向に適度に従っているのは、彼らアメリカ人が中庸の徳を有しているからではなく、彼らの情念がバランスが取れており、バランスを取るのが合理的だと認識しているためである。彼らは、自らの権利を尊重してもらいたいから他者の権利を尊重する。自分の利害に基づいて自分たちで制定したという理由で、彼らは法に従うのだ。神や英雄たちの視点から見れば、これらのことはすべて、さほど人を奮い立たせるようなことではない。しかし、貧しく、弱く、虐げられた者――人類の圧倒的多数――にとり、これは救済の約束である。レオ・シュトラウス〔アメリカの政治哲学者。一八九九－一九七三〕が言ったように、近代人は「低いけれども堅固な地面をあてにした」のである。

ホッブズとロックは十分に遠くまで行くことをしなかった、とルソーは考えた。二人は精神のインド諸島に――自分ではそうしたと思っていたが――たどり着かなかったのだ、と。彼らは、見つけようと企てたとおりのものを発見した。すなわち、社会を構成するのに必要な、あのさまざまな性質だけをそなえている自然人である。しかし、これはあまりに単純な話で、真実とは言えなかった。

> 自然人は、まったく自分自身のためにのみ生きている。彼は整数によって勘定のできる、一人で完全な全体であって、自分自身、あるいは自己と同等のものに対してしか関係をもたない。社会人は何分の一という分数によって数えられ、その価値は、社会という全体との関係において決められる……。
>
> 社会の秩序のなかにあって、自然の感情の優位を保とうとする人は、自分が何を望んでいるのかわかっていない。いつも自分自身の気持ちが矛盾していて、いつも自分の欲求と義務のあいだを行きつもどりつし、いつになっても、人間にもならなければ、市民にもならない。自分のためにも、人のためにも、役に立たない。いまどきの人間、フランス人、イギリス人、ブルジョアだ。つまり、何ものにもならないのだ。（ルソー『エミール』第一篇）

社会の秩序のなかにあって自然の感情の優位を保とうとしたのがロックであったが、彼のこの誤りの結果がブルジョアなのである。近代的な意味でこの用語を発明したのはルソーだった。ここでわれわれは、近代の知的生活の大いなる源泉に立ち会っているのである。この現象に関するルソーの分析は包括的で精妙であり、それについて語るべき新しいことは何ひとつ残されていない。そこで右翼と左翼は、その後ずっと、近代人に関するルソーの記述を端的な真実と受け取ってきた。一方、中道派は、それに印象づけられ、脅かされもし、守勢の立場に立たされた。ルソーには非常に説得力があったので、啓蒙主義が勝利した瞬間に、彼は啓蒙主義の自信を打ち破ったのである。

ルソーは、動物としての人間に関しては、彼が大いに賞賛していたロックと基本的に意見が一致していた。ルソーがロック批判を、その基本的一致点から始めている、ということは忘れるべきではない。人間は本性上、孤独な存在であり、自己保存と自分の安楽にしか関心をもたない。さらにルソーは、人間が自己保存という目的のために市民社会を形成することにも同意する。彼がロックと意見を異にするのは、私的利害をどのように解するにせよ、そうした利害と市民社会が必要とし要求するものとがいわば自動的に調和している、とする点においてである。もしルソーが正しいなら、自分の最上の利益を計算する人間の理性は、善き市民、すなわち法を遵守する市民でありたいという望みを、人間に起こさせないだろう。人間は彼自身であるか、市民であるかのどちらかであるだろう。あるいは、そのどちらでもあろうとして、どちらにもならないだろう。換言すれば、啓蒙主義は社会を確立するのに十分ではないし、社会を解体する傾向すらそなえているのだ。

自然状態からの道のりは長かった。いまや、自然はわれわれからはるか遠くにある。自足した孤独な人間が不足を抱えた社会的人間になるには、幾多の変化を忍ばねばならなかった。この道程で、幸福という目標は、安全と快適さの追求、すなわち幸福を達成する手段にすり替えられた。市民社会が欠乏と全般的な戦争状態より優っていること、これは確かだ。しかし、すべてこうした技巧の産物がどんな人間を保護するのかというと、自分が何者かをもはや知らない人間、生存に没頭するあまり、自らの生存の理由を忘れてしまった人間、十分な安全と完全な安楽さを実際に達成した挙げ句は、何をなすべきかについて何の考えもいだけない人間——このような人間である。つまり進歩が登りつめたところは、人生は無意味だという認識である。人間のなかの最も強烈な感情、すなわち人がどんな意見をいだこうがそれとは独立に存在し、つねに人間の一部をなしているような感情を求めた点で、ホッブズはたしかに正しかった。しかし死の恐怖は、それがどれほど強烈であろうとも、そして、平和を求め、したがって平和を支える効果的な法を求める動機として、どれほど役に立とうとも、根本的な経験ではありえない。死の恐怖は、いっそう根本的な経験を前提する。人生はよいものだ、という経験である。最も深い経験は、生存が愉快だ、という感情である。怠惰で野蛮な人間は、こうした感情を享受できる。しかし、自分の仕事が辛く、自分自身であることよりも他者との取り引きで忙しいブルジョアには、これは不可能である。

自然は、人間が知るべきこよなく重要な要素をやはり有している。われわれは、自然を征服しようと努めているとはいえ、自然を征服する理由は、自然に由来する。ホッブズが頼みにし、ロックにとっても決定的であった死の恐怖は、自然に関する否定的経験を強調して、その経験が前提する自然の肯定的経験を抹消する。しかしこの肯定的経験は、われわれのうちでどうにかまだ生きている。自然を忘却したわれわれは、漠とした失望で胸をいっぱいにしている。だがわれわれは、精神の莫大な努力を払って、生の自然の甘美さを遺憾なく見出さねばならないのだ。戻りの道は、少なくともわれわれをここまで導いた道と同じくらい長い。ホッブズとロックにとって、自然は卑近で魅力に欠けたものである。彼らにとり、人間はたやすく社会へ移行するのであり、この移行は間違いなくよいことであった。ルソーにとっては、自然は遠いもの、魅力的なものである。社会への移行は苛酷であり、人間を引き裂いた。自然が最終的に追放され、われわれのなかで克服されたと思われたちょうどそのとき、ルソーはわれわれのなかに自然への圧倒的な憧れを生み落としたのだ。われわれの失われた全体性がそこにある。プラトンの『饗宴』が想起されるが、しかしそこでは、全体性への憧れはイデアの知へ、さまざまな目的の知へと向けられていた。ルソーにおける憧れは、その最初の表現としては、もともと自然状態に見出される素朴な感情の享受に対するものである。悪を用心深く避けるのではなく、善に憧れるという人間性の本質をルソーが強調する点では、プラトンも、ルソーと手を携えてブルジョアに反対したことだろう。憧れも熱狂もブルジョアには縁がない。ルソーの影響下にあった哲学や芸術は、これまでずっと、ブルジョアの福祉と自己満足に反撃するために、憧れに恰好の対象を捜し求める物語だった。あるいはそうした対象を製作する物語であった。その物語には、自らの自己満足の一部として憧れの文化を獲得しようとする、ブルジョア自身の努力も含まれていた。

　ルソーの解釈では、自然と社会の対立が人間の分裂の原因である。自己愛と他者への愛、欲求と義務、誠実と偽善、自分自身であることと疎外されていること、こうした二者のあいだの衝突という形で、ブルジョアがこの分裂を経験していることを、ルソーは見出した。自然と社会とのこの対立は、人間の問題に関する近代のあらゆる議論に浸透している。徳の要求によって人間のなかに惹き起こされた緊張をすべて克服し、全体性を人間にとって容易に近づきうるものとするために、ホッブズとロックは自然と社会の区別を立てたのだった。彼らは、いっさいの義務を欲求から導出することによって、欲求と義務の距離を縮めた、と自分たちでは思っていた。一方ルソーは、二人がむしろ距離を大きくした、と論じた。こうしてルソーは、人間が内に分裂を抱えているという古い前近代的感覚を、それゆえ人間が幸福を達成することが一筋なわではゆかぬという感覚を復活させた。自由主義社会は、この幸福の追求を人間に保証する一方で、その達成を不可能にしているのである。もっともこの感覚の復活は、きわめてさまざまな理由で生じる。それは、過去に人々が緊張の原因を、自然と社会の要求ではなく、肉体と魂の要求が両立しないことに求めた、という事実に見られるとおりである。しかも、このことは、ルソーの独創性を省察するために豊かな手掛りを与えてくれる。すなわち、非難の向きが変わり、統一への永続的な要求の焦点が変更されることになる。人間はひとつの全体として生まれたのであり、それゆえ人間がふたたびひとつの全体になるということは、少なくとも考えうることである。肉体と魂の区別によっては容認されぬような種類の希望と絶望が現われる。人間が自分自身と自分の欲望をどのようなものとして考えるべきか、という点に変化が生じる。矯正手段は革命から精神療法にまで及んでいるが、そこに告解聴聞席や肉欲の制止を容れる場所はほとんどない。ルソーの『告白』は、アウグスティヌスのそれとは打って変わって、彼ルソーが善に生まれついていること、肉体の欲望はよいものであること、原罪は存在しないことを示す意図をもっていた。人間の本性（自然）は、長い歴史により不具にされてきたのだ。そしていま、人間は社会のなかで生きなくてはならない。だが、彼は社会には適合していないし、社会は彼に不可能な要求を課している。不安を感じながら現在に黙従したり、どうにかして過去への回帰を企てるか、それとも社会と自然という二極を創造的に総合する道を探るか――このいずれかである。

　以上が、十九世紀および二〇世紀の社会思想・政治思想の核心であり、その源はルソーの自由主義批判にあった。自然と社会の区別は、われわれアメリカ人すべてにとって、きわめてありふれたものである。われわれにこの区別を最もよく教えてくれたのはフロイトである。彼による無意識の説明には、失われた自然ばかりでなく、われわれを自然から連れ出した苛酷な歴史のすべてが見出される。また神経症に関するフロイトの説明には、文明化の欲求がわれわれにおよぼす影響が見られる。そして現実原則の説明には、ブルジョア社会への適応の厳しさが認められる。人間の分裂に対する近代初期の安易な解決を彼は拒絶しているが、解決の期待は依然としていだいている。古代の人々は、人間が直面する基本的な緊張を永遠のものとして扱った。これに対し、それが容易か困難かはさておき、解決を探求することが近代の刻印なのである。

　自己が社会にうまく適応できず、自己保存と財産追求の合理性に抵抗する場合、最初に次のような反応が起こる。すなわち、自己の原始的状態を回復すること、自己の第一の欲求にしたがって生きること、「自分の感情と触れ合う」こと、社会によって人工的に生みだされた欲望や依存や偽善なしに、自然に、素朴に生きること、こうした試みである。自然への郷愁をかきたてるルソーの思想のこの側面は、合衆国には早い時期に到来し、ソーロー〔アメリカの著述家。一八一七-六二〕の生活と著述に具体化した。最近になり、この側面は、他の多くの運動と結合して全盛期を迎え、多数の公衆を惹きつけた。アナーキズムの一、二の形態はこの憧れの一表現である。政治と法はおそらく必要な抑圧なのだろうが、にもかかわらず、われわれの欲求を完成したり、あるいは充足する方式ではなく、やはりその抑圧にほかならない、こう理解されるやいなや、そうした憧れが生じる。政治哲学の歴史のうえで初めて、自然の衝動からは決して市民社会は生まれない、あるいはそうした衝動は市民社会のなかでは満たされない、と考えられるようになった。しかしながら、自然と社会の区別（これは、社会は完全に人工物であり、決して自然のものではない、ということを明瞭に意味する）を最初に設けた人々は、社会のほうが即座に躊躇なく優先されるだろう、と考えた。実際、この区別が設けられたのは、どんなに市民社会が望ましく、自然のままの人間の生存がどんなに脆いものかを強調するためであり、したがってまた、自然や神から守護の手が差し伸べられるという空想を拠り所として市民社会に反抗する、あのさまざまな情念を、根絶するためだった。人間にもしも思慮があるなら、自分自身を自然から切り離し、自然を支配し征服するものだ。これこそ、多くの自由主義的民主制社会において、その平和、温和さ、繁栄、生産性、応用科学、とくに医療科学に関する支配的信念であったし、今もそうである。

すべてこうしたことは、粗野な自然状態に対する長足の前進と見なされていた。ロックは「イギリスの日雇い労働者はアメリカの王よりもよい着物を着て、よい住まいに住み、よい食事をしている」と言った（アメリカの王とは、インディアンの酋長のことである）。だが、トクヴィルは、それにもかかわらずアメリカの王にはどこか印象深い点がある、と記している。もしも自尊心、独立心、死への軽蔑、未来の不安からの自由、などの性質を考慮するなら、文明人と比較しておそらく野蛮人のほうが勝っている。こうした野蛮人の目で見れば、自然は悪ではなく、むしろ善と映り始める。人間とその汚れた手とを排除する自然は、崇敬の的になる。かつて人間の気紛れしかなかった場所で、自然が指示をおこなう。野蛮人は、都市は自然のまさしく頂点であるという古代の見解を決して抱くことはないし、ほとんど理解することもない。都市は自然との関係を断たれているのであって、人間の技術のみがそれを産みだした。都市にはきわめてさまざまな価値を付与できるが、都市を善や悪として見るどちらの見解にしても、同じ前提から始める。人間の自然との関係に関しては、いまや二つの競合する見方がある。だがどちらも、自然と社会とのあいだの近代的区別に基づくのだ。あるいは自然とは、人間が苛酷な欠乏から自由になるための原料である。あるいは、人間は自然を汚染する者である。どちらの場合も、自然は死せる自然、すなわち、人間がいない、人間が手を着けていない自然――山、森、湖、川――なのだ。

われわれの国家――偉大な思想を上演するための大いなる舞台――は、自然状態に関するロックの見解とルソーによるその批判とのあいだの古典的対決を表わしている。一方には、アメリカの木々や野原や小川を、決してロマンティックな目で眺めたりしない農夫がいる。木々は伐採されねばならない。開墾地を開き、家を建て、家を暖めるためである。野原は、より多くの食物を生産するために耕されるべきだし、あるいは、機械を動かすのに必要なものを何なりと得るために掘り返されるべきものである。小川がそこにあるのは、食物を運ぶ水路として、あるいは動力源として使用されるためなのだ。だが他方には、シエラ・クラブ〔アメリカの自然環境保護団体〕があって、そのような自然への冒瀆がこれ以上進行するのを防ぐことに専心している。間違いなくこのクラブは、すでに起こったことを嘆いているようだ。さらに興味深いのは、現代の最も進んだ人々のあいだに、対立するこれらの感情が共存している、ということである。自然は原料であって、人間の労働が混じらなければ無価値である。一方、自然はまた、最も高貴で最も聖なるものである。スネイル・ダーター〔絶滅が心配されるアメリカ特産の淡水魚〕を救おうと闘う当の人々がピルを賛美し、鹿狩りを憂慮する当の人々が堕胎を擁護している。自然の崇拝、自然の支配――どちらもそれぞれの都合次第である。矛盾律は無効になってしまったのだ。

これは、自然状態についての二つの教えから直接ひきだされた結果である。われわれの制度に責任があるのはロックの教えであって、この教えは、私有財産と自由市場にわれわれが熱中するのを正当化し、われわれに権利の感覚を与える。一方、人生とは何なのか、どのようにわれわれの傷を癒したらよいのか、こうした点に関する最も優勢な見解の背後には、ルソーの教えがある。前者は、市民社会への適合がほとんど自動的であると教え、後者は、そのような適合は非常に困難であり、社会と失われた自然とのあいだにはあらゆる種類の媒介が必要だ、と教える。現代の知識人の最も顕著な二つのタイプが、こうした二つの教えを代表している。明快で実証的、有能で現実的な経済学者は、ロック主義者である。他方、深遠で思いつめた、陰気な精神分析医は、ルソー主義者である。原理的に彼らの立場は両立不可能であるが、気楽なアメリカは彼らに〈妥協策〉を提供する。経済学者はわれわれに金儲けの方法を教え、精神科医はこの金を使う場所を提供してくれる、というわけだ。

自己

人間のより深い理解を専門とする他の人々と同様に、精神科医が現在監督している領域は、自己である。自己とは、自然状態においてなされたもろもろの発見のひとつだが、おそらくは最も重要な発見である。というのも、自己は、われわれが本当は何者であるかを明らかにしてくれるものだからである。われわれは自己であり、われわれのすべてのおこないはわれわれの自己を満足させること、もしくは、われわれの自己を実現することである。ロックはこの語を近代的な意味で用いた、最初ではないにせよ初期の思想家の一人であった。しかし、その発端そのものからずっと、この語は定義するのが困難だった。しかも、ウッディ・アレンがわれわれにわざわざ教えてくれたように、この語は定義するのがなおいっそう難しくなってきた。われわれは三百年もの長きにわたるアイデンティティの危機に苦しんでいる。われわれが追い縋る一歩手前で林のなかに逃げ込む自己を追って、われわれはますます深く奥へ奥へとさかのぼってゆく。われわれを不安にするとはいえ、最近の解釈の観点からすれば、これが自己の本質なのかもしれない。すなわち、神秘的で、言表しがたく、定義しえず、無制約的で、創造的なもの、その行為をつうじてのみ知られるもの、つまり簡単に言えば、神のようなものである。自己とは神の不敬な鏡像なのである。何よりも、自己とは個別的で唯一なものである。それは私であって、距離をおいた一般的な人間、あるいは人間それ自体のことではない。トルストイの物語『イワン・イリッチの死』においてイワン・イリッチが説明しているように、ソクラテスの死を請け合う有名な三段論法の大前提「すべての人間は死すべきものである」は、子供のときに縞模様の皮のボールをもっていたこのイワン・イリッチには適用できない。周知のように、特殊はあくまで特殊であって、一般性、普遍性をその形式とする理性の把捉をまぬかれる。要約すれば、自己とは、魂に対する近代の代替物なのである。

　こういったことすべては、大胆不敵なあの改革者マキアヴェリにまでさかのぼる。マキアヴェリは、自分たちの魂の救済よりも自分たちの祖国に心を砕いた人々を、賞賛をこめて語った。魂が人々に課す高度な要求は、否応なしにこの世とは別の世界のためにこの世界を無視するように人々を仕向ける。魂に関して何千年も続けられた哲学論議は、魂についてどんな確実な結論ももたらさなかった。一方、魂のことを知っている振りをしていた人々、すなわち僧侶たちは、権力を掌握するか、あるいは権力に影響を与えるかして、その結果、政治を腐敗させた。君主たちは魂の救済に関する自分たちの見解、もしくは臣下たちの見解のせいで影響力を失ってゆき、一方、人々は、魂の救済についての見解の違いがもとで、大勢が殺戮し合っていた。魂への気遣いが人々の生の営みを不具にしていたのである。

マキアヴェリは、人々に文字どおりこう挑んだ――自分たちの魂や永劫の罪の可能性など忘れられるものなら忘れてしまえ、彼マキアヴェリが賞賛する人々がおこなったように、理論的にも実践的にも、それらのことは忘れてしまえ、と。誰よりもホッブズが、「汝自身を知れ！」という古代のデルポイの碑銘を新しく解釈しつつ、マキアヴェリのこの挑戦を受けて立った。この碑銘は、ソクラテスが哲学的思索を熱心に勧めることばとして解釈し、後にフロイトが、精神分析への誘いとして解釈することになったものである。フロイトは知らず知らずに、ホッブズの方向に従っていたことになる。ホッブズが言ったのは、人間は誰しも自分が感じるものに注意すべきである、ということだったのだから。すなわち、感じるであって考えるではなく、自分がであって他人がではない。自己は理性よりは感情に属するものであり、しかも第一に、他人と正反対のものとして定義される。「あなた自身《セルフ》でありなさい」。驚くべきことに、ホッブズはボヘミアの最初の伝道者であり、正直や誠実の唱道家なのである。想像の翼で宇宙の果てまで翔けても、何ら驚くべきものは存在せず、形而上学的な基礎も、人間はもちろん事物を秩序づける魂も存在しない。人間はおそらく自然のなかの異邦人である。しかし、人間はひとかどのものであり、自分の最も強力な情念によって方向を定めることができる。「感じよ！」とホッブズは言った。とくに、他人があなたの額に銃をつきつけ、あなたを撃とうと脅かしているときに、どのように感じるかをあなたは想像すべきなのだ。このことは自己のすべてを一点に集中させ、何が重要かをわれわれに教えてくれる。その瞬間に、人は真の自己となる。人はもう虚偽の意識であったり、教会や国家や公衆の見解によって疎外されたりはしない。この経験は、魂についてのどんな知識や、良心のような魂に発すると言われるものについてのどんな知識よりも、ものごとの「優先順位をつける」うえではるかに役にたつ。

宗教的・哲学的な伝統全体をつうじて、人間は自分の肉体に対する配慮と自分の魂に対する配慮という、二つの関心を抱いてきた。この二つの関心は、欲望と徳のあいだの対立に表わされている。原則として、人間は徳だけの存在となり、肉体的欲望の鎖から自由になることを切望している、と考えられていた。全体性こそ幸福にほかならないだろう。しかし一方、少なくともこの世の生においては、これは不可能である。そこでマキアヴェリはものごとをひっくり返した。幸福とはいかにも全体性のことである。それなら、その全体性をわれわれがこの世の生で享受しうるようにしよう。伝統は、人間を肉体と魂という二つの実体の理解できない自己矛盾的な統一として見ていた。人間は肉体にすぎない、と考えることはできない。しかし、人間のなかの肉体以外のものが、肉体的欲望を満たすのに肉体に協力する機能をもつならば、そのとき人間の分裂は克服される。純然たる徳など可能ではないし、徳への愛は空想にすぎない。それは、われわれに課せられた社会の（すなわち他者の）要求によって影響を受けた一種の欲望の倒錯である。しかし、純然たる欲望は可能なのである。

徳に関するさまざまな思想の抑制など受けつけない欲望のこの絶対性は、自然状態のなかに見出される。欲望の絶対性が象徴するものは、徳によって欲望を馴致したり完全なものにしたりする試みから転じて、人間の欲望とは何かを見出し、それに従って生きることへ向かう、という哲学上の転換である。この転換は、主として、欲望を隠蔽し腐敗させる徳を批判することによって成し遂げられる。われわれの欲望は、われわれが伺いを立てる一種の神託となる。つまり、欲望はいまや最後のことばなのである。だが過去においては、欲望はわれわれのうちのいかがわしい危険な部分だった。欲望のもとでの人間の統一は、たしかにさまざまな理論的難点を孕んでいる。しかしそれは、言ってみれば、実存的な説得力をそなえている。というのも、肉体と魂の理解できない自己矛盾的な統一とは異なり、もろもろの強烈な経験がこの統一を支持しているからだ。一例は、暴力的な死への恐怖という経験であって、これには抽象的な推論や訓戒はいらない。

ホッブズは自己へと至る森の小径に道標を設けたが、いまではこの小径は、いたるところに通じる、サイキ（魂）なき心理学《サイコロジー》という大通りに成長した。しかし、ロック同様、ホッブズは自己に関する心理学を十分には展開しなかった。あたかも二人が、自然状態のうちへとさほど深入りしなかったように。というのも、彼らには、解決が表面に存在しているように見えたからである。ひとたび古くからの徳の数々が――宗教家の信心や貴族の誉れが――論駁されたとき、ホッブズとロックはこう信じて疑わなかった。すなわち、たいていの人々は、彼らの自己保存の欲望が本物であること、この欲望が内部から生じており他のどんな欲望にも優先することに、即座に同意するだろうということである。真の自己は、たんに個々人にとって善いものであるというだけではなく、宗教や哲学が提供しない合意のための基礎も提供するのである。有徳な人間の代わりにロックが提供した、合理的で勤勉な人間は、この解決の完全な表現である。それは、プロテスタントないしその他の信者の倫理や道徳ではなく、啓蒙された利己性（どの目標が現実的で、どの目標が空想かを、近代哲学から学んだ利己性）の率直な承認であり、あるいは正しく解された私的利害のことである。ホッブズのような挑発的なやり方ではなかったが、ロックは、合理的で勤勉な人間とは反対の人間、つまり怠惰な人間と諍いを好む人間――われわれの見るところ、僧侶と貴族（すなわち、より高い道徳性を自負する人々）がこれに該当するだろう――を詳しく叙述して、徳の正体を暴露した。ロックの合理的で勤勉な人間は――ひとつの原型として――自分の考えどおりに行動し、欺瞞にすぎない敬虔さを交えずに、自分の善を追求する誠実な人間の魅力をおびている。もちろん、こうした人間の利己主義は、道徳主義よりもこの方が他者により多くの善をもたらすだろうという期待を土台にしている。ある人が誠実である趣きは、徳の賛美よりは偽善を非難する態度に表わされるのである。

死に直面しての恐怖、自己と自己にとって最も重要なものについての直接的で圧倒的な主観的経験、この経験から必然的に帰結する、死を避けねばならぬ、という思い――これらのことが、自然で運動する物体だけを、すなわち慣性の必然性によって自らの運動を盲目的に保持している物体だけを認める新しい自然哲学によって確証された。人間の理性は、場合によっては、自然のなかのより高度な合目的性を顧慮し、人間の情念を制限するためにそれを利用することがあったが、そうした合目的性もすべて消え失せてしまった。自然は人間に関してとくに何もわれわれに教えてくれないし、人間のふるまいに対して命令も与えない。しかし、人間は他のあらゆる物体と同じようにふるまう、と見なすことができるし、しかも人間が自らの強い性向にしたがうのを妨げる空想上の強制――人間をして自然の物体とは異なるふるまいをさせるさまざまな強制は消失した。平和を追求せよ、という自然法を確立するために、非合理な情念と合理的な科学とが新しい仕方で協力しあうことになる。人間の情熱的な主観性が自然哲学にともなうさまざまな前提に同意し――いな、それらの前提を自らの行動原則と見なし――、哲学はその同意が自然と一致していることを見出す。ともあれ、人間は依然として自然の一部である。しかしそれは、たとえばアリストテレスの哲学の場合とは異なった、はるかに問題をはらむような意味で、自然の一部なのである。アリストテレスの哲学では、魂が中心を占めていて、人間におけることなく高貴なものは、自然における最も高貴なものと同類であった。すなわち、魂は自然そのものなのだ。だがいまや実は人間は一部にすぎず、ミクロコスモスではない。自然には存在の等級や位階秩序はなく、自己にもそうしたものはないのである。

ロック的な自然人は、彼のいう社会的人間——こうした人間は、安楽な自己を保存したいという関心のせいで、法を遵守し生産をあげる——とぴったり一致していて、それほど自然とはいえない。ルソーはただちにこう指摘した。すなわち、ロックは政治問題の単純な、あるいは自動的な解決を見出そうと熱心なあまり、機械的で非目的論的な自然にあまりに不相応な期待をかけている、と。自然人は粗野で、他のどんな動物からもまず区別をつけがたく、非社交的で、勤勉でも合理的でもない。反対に、怠惰で非合理で、もっぱら感覚と感情に動機づけられている、と言えるだろう。魂と結びついた人間のより高次な熱望を切り捨てたのちに、ホッブズとロックは人間の足元に地面が見出せると期待したのだが、ルソーがその地面を取り去ったのだった。人間は、私が地下室と呼んだものへと転げ落ちる。いまやこの地下室は底無しに見える。そしてこの地下で、ルソーは、マキアヴェリ以前の時代に高くそびえていた人間のなかのあらゆる複雑さを発見した。ロックは不当にも、社会契約のために彼が必要とする人間の諸部分だけを選別し、他の部分はすべて抑圧した。それは理論的には不満足な処置であり、実践的には代価の高い処置だった。ブルジョアが払われた代価の尺度になる。ブルジョアは、何よりも自らの真の自己に注意を払うことのできない人間であり、自らのなかに薄い板張りの地下室が存在することを否定する人間であり、社会がたずさえたさまざまな目的のために最大限に作りかえられている人間である。そしてこの社会といえば、彼を完全にするとか救済するとかいう約束すらせず、ただたんに彼を買収するにすぎない。アメリカの前提であるらしく思える自然と社会とのあまりに単純な調和を、ルソーは吹き飛ばしてしまう。

とはいえルソーは自然の真の根底に無事に降り立つことを望んでいた。だがそれを実現するのは容易ではなく、そのためには学習と努力の両方が必要であった。そのような自然の根底があるかどうかが疑わしくなってしまって、ここに深淵が口を開いた。しかし、ルソーこそが、十全な意味で自己を扱う近代的心理学——すなわち、合理性と礼儀という表層の下に存在するものの終わりのない探求、無意識に到達する新しい方法、上のものと下のもののあいだに何らかの健全な調和を作りだすという終わりのない課題、こうしたことに従事する心理学を創設したのである。

ルソーは妥協に流されることなく、人間が自然から分離するお膳立てをおこなった。彼は、野蛮な人間こそ真の人間であるという近代科学の人間理解に、完全によろこんで追随した。しかし、他の獣たちと人間との違い、自然から社会への人間の移行、すなわち人間の歴史を、自然は満足に説明することができない。魂の衣服を剥ぐ役割を演じたデカルトは、自然を延長に還元し、延長を観察する自我だけを自然から除外した。人間は、その意識以外のすべての点では、延長の一部である。にもかかわらず、どのようにして人間が一人の人間、ひとつの統一、つまり自己と称されるようになったものとなるか、これはまったくの謎である。経験されるこの全体、すなわち自我と延長の結合は、説明がつかないし、根拠もないように思われる。身体、すなわち運動している原子、そして情念と理性、これら三者はある種の統一を形づくっているが、それは自然科学では把捉できない統一である。感覚印象――もしもそれらを保持する場がなければ無のなかに消え去ってしまうだろう――の休みない時間的継起に対して連続した統一を与えるために、ロックは自己を考案したように思える。自然を知る当の人間を除いて、自然におけるいっさいをわれわれは知ることができる。しかし、人間が自然の断片であるかぎり、人間は消失する。自己は次第に自然から切り離されてゆく。したがって、自己の諸現象は別個に扱われねばならない。デカルトの自我は、一見すると平穏と孤高のうちにある不死身の神のように映るが、実はイドと呼ばれる底知れぬ荒れ狂った海に漂う氷山の一角であることが判明した。すなわち、意識は無意識の付随現象であることが分かったのである。人間とは自己である。これはいまや明白だとおもわれる。しかし、自己とは何なのか。

　われわれが陽気にしがみついている心理学は、われわれをこの問題とともに置き去りにする。もしもわれわれがこの心理学でやむなくうつつを抜かすとしても、われわれにとって重要なのは、その背後にある堪えがたいほど錯綜した物語を知ることである。ひとつだけ確かなことがある。すなわち、もしもこの心理学を信じるべきだとするなら、それがわれわれのところに遅れてやってきたのは、われわれの自由主義社会においてきわめて長いあいだ無視されてきた人間のなかの諸部分を扱うためなのであり、いまやこの心理学によってパンドラの箱、つまりわれわれの自己が開かれた、ということである。イアゴ〔シェイクスピアの『オセロ』に登場する陰険な男〕のように、この心理学はわれわれにこう語りかける。「自分自身を愛する術を知らないような人間に、俺は会ったためしがない」。近代心理学はこの考えを、マキアヴェリによって生みだされ、いつも人気のあった見解――利己主義はともかくよいものである、という見解と共有している。人間とは自己なのだ。しかも、自己は利己的であるにちがいない。新しいことといえば、われわれが自己をさらに奥深く覗きこむよう命じられていること、自分たちが自己を知っており、自己に近づく手段を有していると、われわれがあまりにも安直に思い込んでいたということである。

人間の生の曖昧さは、善と悪とを何らかの形で区別するようにつねに要求する。人間に関する見方は大きく変化した。かつては、善い人間とは、他人のことを気遣う人間のことであって、もっぱら自分のことしか気遣わない人間とは正反対だった。いまでは、善い人間とは自分自身のことを気遣う術を知らない人間とは正反対に、自分自身を気遣う術を心得た人間のことなのである。このことは政治の領域において最も明瞭である。アリストテレスにとって、善い政体とは公益に献身する統治者たちをいただく政体であり、一方、悪い政体とは自分たちの私的利益を増すために自らの地位を利用する統治者をいただく政体である。ロックとモンテスキューにとっては、そのような区別は存在しない。善い政体とは、それを構成する人々の利己心を保持したまま、満足を与えるための適切な制度的構造をそなえた政体であり、一方、悪い政体とはそうした満足を与えることに成功していない政体である。利己主義は前提されている。すなわち、あるべき姿の人々が想定されているのではなく、あるがままの姿をした人々が想定されているのだ。心理学は利己主義の善い形態と悪い形態だけを区別すればよい。これが、ルソーの実に爽快なまでに率直な、〈自己愛〉(amour de soi) と〈利己心〉(amour-propre) という区別の意味するものである。ちなみにこの概念は英語に翻訳することができない。というのも、われわれはどちらの用語に対しても、セルフ・ラヴ (self-love) という語を用いなくてはならないからである。

われわれにとって最も啓発的で喜ばしい区別――なぜなら、この区別はそれがいかにひどいかにまったく気づいていないから――は、内部指向型と他人指向型とのあいだに設けられたものであって、その際前者は無条件によいとされている。もちろん、健全な内部指向型の人間は真に他人のことを気遣うだろう、とわれわれは聞かされている。これに対して私はこう返答できるにすぎない。そんなことを信じられるなら、何だって信じることができるだろう、と。ルソーの区別の方がずっとましであった。

自己に関する心理学が大成功を収めたので、われわれの病を癒すために事物の本性（自然）に向かう代わりに、われわれ自身の内部へ立ち帰ってゆくということが、いまではわれわれの大方の本能になっている。ソクラテスもまた、他人の意見に従って生きることは病のひとつであると考えた。しかし彼は、自分の独自な意見を生みだす源泉を捜しだすように人々にしきりに勧めたりはしなかったし、体制同調主義者だとして人々を批判することもなかった。ソクラテスの健全さの尺度は、誠実や真摯さではなかったし、健全なる自己を区別するための、必然的に空虚とならざるをえない他のどんな基準でもなかった。真実こそ、最も必要な唯一のものである。しかも、本性に同調するということは、法や慣習や意見に同調するのとはまったく異なったことである。ソクラテスは、徳とは何か、正義とは何か、敬虔とは何かなどの問いに関するさまざまな意見を、他の人々と、あるいは自分自身と論じあい、支持できない意見や自己矛盾している意見を却け、より有力と思える意見をさらに吟味することに、自らの生涯を費やした。事物の本性に近づく道は、人々がそれについて何を語っているかをよく考えてみることだ。ソクラテスはいつもアテナイの人々のあいだに立ち混じっていたが、アテナイ人の一人になりきることはなかった。しかも、アテナイ人が彼のことを信頼しなかったという事実に、彼が不快を覚えたことが決してなかったことは、明らかである。彼は孤独な人間でもなければ、市民でもなかった。近代という新たな伝統において、ソクラテスと類似した才能の持ち主であるルソーは、人類の憎悪に苦しみ、少なくとも彼に言わせれば、完全な市民であるとともにまったく孤独な人間であった。彼は両極に引き裂かれており、しかも中間地帯は存在しなかった。きわめて偉大な理性的思索家ではあったが、ルソーが自分自身について学ぶ方法として好んだのは、夢想や夢、古い記憶、合理的な統制に妨げられない連想の流れであった。彼の考えによれば、人間のようなはっきりしない存在を知るためには、ソクラテスが試みたような、人間一般や人間それ自体の探求よりも、彼ルソーとその独自な経歴がより重要なのである。この違いは、最もすぐれた政体について二人の若者に語りかけているソクラテスのイメージと、優しく波立つ湖に漂う筏のうえで自らの実存を感じつつあおむけに寝そべっているルソーのイメージとを比較してみれば、明らかになる。

創造性

たんなる人間の尊厳という表現ですら、まさしく十五世紀にピコ・デラ・ミランドラ〔イタリアの人文主義者。著書『人間の尊厳』、一四六三－九四〕がこれを新たに作り出したときには、不敬の響きをそなえていた。ありのままの人間は、ことさら尊厳をそなえたものとは解されてこなかったのである。神には尊厳があった。それゆえ、人間が何らかの尊厳をそなえているとすれば、それは人間が（塵から造られたのと同時に）神の似姿として造られたからだった。あるいは、人間が理性的動物であり、その理性が自然の全体を把握でき、それゆえこの全体と類似したものであるからだった。しかしいまでは、人間の尊厳にはそのような支えは何ひとつない。すなわち、人間の尊厳というこの語句が意味しているのは、人間がさまざまなもののなかで最高の存在者であるということなのだ。しかし、これはアリストテレスと聖書の双方が断固として否定した主張にほかならない。人間はその地位を高められたが、しかし孤独である。もしもこれがうなずける事実と言えるなら、人間は自由であるに違いない。といってもそれは、政体に参加し、統治されると同時に自ら統治もしている人間が自由な人間であるとする、古代の哲学の意味における自由ではないし、また自らの理性に従うことができ、神や他の人間に服従する必要がない人間が自由な人間であるとする、ホッブズやロックの意味における自由でもない。そうではなくて、はるかに重大な意味での自由、つまり自分自身と自然とに対して法を制定するという意味での、したがって自然に導かれる必要がないという意味での、自由なのである。

自由についてのこうした見解を補足し説明するものが、創造性である。われわれはこの語に慣れっこになってしまったので、これはもはや陳腐このうえない独立記念日の演説と同様、われわれに何の感銘も与えない。実際に、この語は独立記念日の演説に折り込まれるようになった。しかし、この語が初めて人間に対して用いられたときには、不敬と逆説の気配があった。ひとり神のみが創造者と呼ばれてきたからである。しかも創造は、因果律を無視した奇跡中の奇跡であり、〈無カラハ何物モ生ゼズ〉という理性の前提をまるで否定するものだったからだ。人間を定義するものは、人間の自己保存の手段でしかない理性ではもはやなくて、人間の芸術である。というのも、芸術において人間は創造的であると言えるからである。芸術において人間は混沌に秩序をもたらす。最も偉大なる人々とは、知者ではなく芸術家、すなわちホメロス、ダンテ、ラファエロ、ベートーヴェンのような人々のことである。芸術は自然の模倣ではなく、自然からの解放である。宇宙のヴィジョンと生の支えになるもろもろの理想とを生むことのできる人間は、天才という神秘的で魔力をもつ存在である。そのような人物が創りだす最も偉大な芸術作品は、その人物自身なのだ。人格《パーソン》とは混沌とした印象と欲望から成り、まさにその統一が疑われるものであるが、そうしたものを引き受け、それに秩序と統一を与え得る人間こそ、個性的《パーソナリ》人《ティ》物である。これらすべてのことは、その人間の精神と意志の自由な活動の結果なのだ。こういった人間は自らのなかに立法者と預言者の要素をそなえていて、観想家や哲学者や科学者――彼らは、所与の秩序を永遠視して、人間の理解に失敗する――よりも事物の真の性格をより深く捉えている。こうして、科学的な平等主義に対抗して人間の古代的偉大さが復活する。それにしても、その人間はいまやどんなに違って見えることか！　ここで扱っている新しいことば遣いはみなこの差異の尺度になる。そしてそうした言語で記述される現象を、ギリシア人ならどのように翻訳し、どのように表現したかを省察することは、生涯を要する仕事である。それは自己理解のうえで多くのものを与えてくれるだろう。

自己、文化、創造性という語彙は、ルソーが始めた理論から生まれたもろもろの影響を、かなり巧みに要約している。これらの語彙は、啓蒙主義による科学的・政治的解決への不満を表わしている。問題は、自然とは何かについての理解をめぐっている。とにかく自然は、いつでも人々が自らの方向を定める際の手引きだった。しかしながら、影響力をもった思想家で、啓蒙主義以前の自然理解、すなわちいわゆる目的論的見地へと舞い戻ろうとする者はいなかった。目的論的見地によれば、自然とはおのおのの存在者が獲得しようと努力している、それ自身の種に応じた完全性のことである。人間のさまざまな必要のために征服できる、運動する物質としての自然、という見方に対しては、二つの方向からの反動があった。ひとつは、自然は善である、という考えへの回帰である。しかし、この場合の自然は、獣たちが満ち足りて生きている、野原や林や山や川の粗野な自然を指しているにすぎない。もうひとつは、自然をまるごと創造性の方向へと超越することである。後者の解決法が大陸を征し、コールリッジ〔英国の詩人、批評家。一七七二―一八三四〕やカーライル〔スコットランド出身の思想家。一七九五―一八八一〕のような人々を経て、ドイツからイギリスに導入された。首尾一貫した思想家、あるいは思想上のこうした革命の意味をすべて真剣に受けとめた思想家は、ほとんどいなかった。ヘーゲルが最も偉大な例外である。しかし、誰もがこの革命の影響をこうむったのであり、その影響は、右翼から左翼まで政治的なスペクトル全体におよんだのである。われわれの知るマルクス主義も保守主義も、ルソーの仕事をおいては存在しなかった。

今日の反啓蒙主義思想の浸透ぶりを示す、ささやかだが啓発的な例は、科学者たちがいかに自分たちのことを「創造的」と呼ぶのに専心してきたかという点に見られる。しかし、科学者は自らの成果を発見するのではなく制作するのだという見解ほど、科学的精神に反するものはないだろう。科学者は一人残らず天地創造説に反対を唱える者である。彼らは正しくも、そうした説への傾きが少しでもあれば自分たちの科学は誤りであり無益である、ということを知っている。しかし科学者たちは、創造性からもまさに同じ結果がでてくるという点を見損なっている。自然には法則的な秩序がそなわっているか、否かのどちらかである。あるいは、奇跡は存在しうるか、否かのどちらかである。科学者たちは、奇跡が存在しないことを証明したわけではない。彼らはそれを前提しているのである。この前提なしには、科学は成り立たない。今日、神の創造性を、科学によって克服された過去の暗愚として否定するのはたやすい。しかし人間の創造性となると、はるかに疑わしく、神の創造性の模倣にすぎないのに、それは奇妙な魅力を発揮している。創造性を尊ぶ科学者たちが持ちだす意見は、科学のもたらした結果でもないし、科学に関する何らかの真剣な反省がもたらした結果でもない。彼らはたんに、ロマン主義的な考えにそれと知らずに囚われてきた民主主義的な世論に合わせているだけである。この考えは、その世論（誰もがみな創造者である）をおだてるために、採用されたのだ。科学者ではなく芸術家が、賞賛されるべき人間の類型となった。その結果、科学は、その体面を無傷に保つためには自らをそうした類型に一致させねばならないと感じている。人間が誰しも本質的には理性的な思考の持ち主であると理解されていたときには、科学者を、すべての人々がそうでありたいと願う模範として解することができた。そうしたやり方で、啓蒙主義は科学を中心に据え、それを賞賛されるべきものとしたのである。科学の自己描写のこうした変化は、〈時代精神《ツァイトガイスト》〉が変容した経緯と、科学が、時代精神の外部にとどまりつづけて人々をそこから解放するのではなく、時代精神に組み込まれてしまった経緯とを示している。理論的な生活はその地位を失った。いまでは科学者は、すべての人々がそうありたいと願う人間を完全に実現する者という自らの地位を回復しようと、慌てふためいている。しかし、すべての人々がそうありたいと願う人間が変化してしまったのだ。この変化は科学と社会のあいだの自然な調和を掘り崩したのである。

　創造性というラベルを貼るかどうかという問題は些末なことであり、C・P・スノー〔英国の物理学者、エッセイスト。一九〇五―八〇〕が科学を「文化」と呼んだのと似たり寄ったりだ、と考える向きがあるかもしれない。科学が創造的と見えるのは、創造性というものが真に意味しているものは何かということをわれわれが忘れ、創造性を、仮説を提示したり証拠を発見したり実験を案出したりするのに巧みなことと解しているからにすぎないのかもしれない。この視角から見れば、科学は何の影響もこうむらなかったのであり、たんなる言語による汚染の例がここにもあるのだ、ということになる。しかしこうした形の汚染は、他の種類の汚染ほど懸念されていないにもかかわらず、実はもっと致命的である。それはわれわれの時代の知的無秩序の証しなのだ。無意味なことばを使えば、科学が何であり芸術が何であるかが必ずや曖昧になってしまう。無意味なことば遣いは、科学と芸術という対立物の不可能な総合――これは、あらゆる善いものを享受していると言われたがっている社会の気に入る――を企てて、両者とも衰弱させてしまうのである。それはまた、科学のこと細かな実践に対する信頼は別にしても、科学の理念――民主主義社会の基礎をなし、相対化された世界における唯一絶対的なものだった理念――に対する信頼が、不幸にも失われてしまうことを意味している。彼ら科学者たちは、自分たちが何をしているのか知らない。このとき、実証科学によって軽蔑され、拒まれた哲学は復讐する。すなわち哲学は、野卑な世論へと通俗化され、かの科学を脅かすのである。

　こうして、ルソーとその後継者たちの影響は、われわれの周りのいたるところにあり、世論の血液に混じっている。もちろん、「創造性」、「個性《パーソナリティ》」というような語が使われているからといって、そうした語を用いている人々が、それらの語を不可欠とした思想を理解しているというわけではないし、ましてその思想に同意しているというわけでもない。ベートーヴェンやゲーテを評したり発奮させたりする意図の語が、いまではどんな学童にも適用されている。善いものに近づくことを誰にも拒まないということは、民主主義の本質に属している。だから、もしも創造性や個性といった善いものに、実は誰もが近づくことができるとはかぎらないとなると、人々はその事実を否定することに傾く（たとえば、芸術でないものを芸術であるとたんに宣言することですましてしまう）。アメリカ社会では、誰もが自分を目立たせることに狂奔している。そして、何かが特別なものとして社会に受け容れられるやいなや、今度はその特別なものに自分が含まれていると感じたいと誰もが狂奔する。創造性と個性は、人々をたがいに区別する用語として意図された。実際、そうした用語は、あらゆる区別が脅かされている平等主義社会にふさわしい区別を指すように目論まれていた。これらの区別に慣れることによって生じた区別の水平化は、かえって自己満足を助長している。いまではこれらの区別は万人がもっているから、日常的な語法でも、またそれを「概念」として用いる社会科学の分野でも、何も意味していないといってよい。これらの用語には何も特別な内容がなく、一種の大衆の阿片である。しかし、実際問題としてこれらの用語は、時代や場所を問わず、どんな生活にもともなうあらゆる不満足に対して、とくに民主主義社会で助長される不満足に対して、ひとつの焦点を与える。創造性と個性は、徳、勤勉、合理性、性格といった旧弊な語に取って代わって、われわれの判断に影響を及ぼし、われわれに教育上の目的を与える。それらは、ブルジョアにならないためのブルジョア的方法である。したがって、これらの語は、真の徳とは疎遠な俗物根性と自惚れとの源泉になる。われわれは優れた技師なら大勢抱えているが、優れた芸術家となるとごく少数しかいない。しかしながら、あらゆる名誉は後者に帰せられる。あるいはむしろこう言うべきだろう。多くの者の眼に芸術家の代役を務めていると見える人々にこそ、あらゆる名誉は帰せられるのだ、と。真の芸術家たちはこうした支持を必要とせず、逆にこうした支持は彼らを衰弱させるものだ。金儲けのうまい人間が最も気持ちをそそる個性的人物《パーソナリティ》だというわけではないが、そんな人物でも知的詐欺師に較べればはるかに好ましい。

　こうして、当初、趣味と道徳性を高める手段であると考えられていたものは、たんなるわれわれの儲けの種になった。だが他方、それは儲けを生む設備の土台そのものを掘り崩しもした。ヨーロッパではこれが唯一の結果ではなかった。そこでは、創造性はときには人に霊感を授ける効果をそなえていたし、この観念は自らを養う多くの糧を受け取ったからである。そのヨーロッパでさえ、すぐ後で見るように、決算報告は明らかにマイナスである。しかし、ここアメリカでは、私には何の利益も認められない。しかもいまでは、創造性という語の母にあたる語——文化——自身もまた、空虚な会話の一部となり、その語にもともとあった不精確さは、いまや病理的な域に達した。人類学者たちは、文化を定義することができない。彼らは、そうしたものが存在することは確かだと思っているが。芸術家たちは、崇高なものについてのヴィジョンなどもちあわせていないにせよ、文化（すなわち、自分たちがおこなっていること）には市民社会の尊敬と支持を得る権利がある、という点はわきまえている。社会学者と彼らの見解の宣伝者たち、すなわちあらゆる種類のジャーナリストたちは、あらゆるものを文化と呼ぶ——麻薬《ドラッグ》文化、ロック文化、街《ストリートギャング》のチンピラ文化、などと、限りなく、無差別に。文化の破産、いまやそれが文化なのだ。フランス革命への英雄的な反応も、それがアメリカへ移植されるとこんな具合になる。われわれの国はいまだに坩堝《るつぼ》なのだ。

文化

自然と社会の緊張関係に対する興味深い反応は、「文化」という語によって要約ができる。それは、自然への回帰や自然への郷愁よりもはるかに実り豊かな反応である。「文化」という語は、何か高貴な、深遠で尊敬すべきもの――その前にわれわれが額づくもの――を意味しているように思われる。人々と人々の行為を判断する基準として、文化は自然と並び立っているが、自然よりいっそう大きな尊厳をそなえている。「社会」、「国家《ステート》」、「民族《ネーション》」、さらには「文明」でさえも軽蔑的に用いられるのに、「文化」という語はまず決してそんなことがない。それらの用語の代わりに文化という語が次第に用いられつつあるし、これらの用語の正当性は、文化という語によって保証されているのだ。人間の粗野な本性（自然）と、人間が自然状態から市民社会へと移行する際に獲得したすべての芸術と科学、この二つを統一したものが文化である。文化は、人間が最初にそなえていたがいまでは失われてしまった全体性を、より高度な次元で回復させる。その次元では、人間の諸能力を十分に発達させることができる。それなのに、自然のものであるさまざまな欲望と人間の社会生活のものである道徳的命令とのあいだに、矛盾は生じないのである。

　近代的な意味での「文化」は、最初にイマヌエル・カントによって用いられた。この語を使用したとき、カントはルソーを、とくにルソーがブルジョアについて語ったことを念頭においていた。ブルジョアは利己的だが、それでいて、自然な利己性の純粋さも単純さも欠いている。ブルジョアは、契約する相手に打ち勝とうと思って契約する。ブルジョアの他人に対する信頼と法に対する服従は、儲けの期待に基づいている。すなわち、「正直は最良の策」というわけである。こうして、ブルジョアは道徳性を腐敗させる。道徳性の本質は、道徳性それ自身のために存在することだからだ。自然にしろ道徳性にしろ、この両極のどちらも、ブルジョアは満たさない。道徳的な要求は、もしもそれが自然が与ええないものを求めることだとすれば、たんに抽象的な理想にすぎない。粗野な利己性の方が、まやかしの道徳性よりは好ましいというものだ。

文化が進歩すれば性向と義務とが結びつく。カントは性的欲望の教育をこの進歩の一例として用いる。当然ながら、人間には性的な交わりをもちたい、したがって子供を作りたいという欲望がある。しかし、子供たちの能力を育てるには長い扶養と訓練が必要であるにもかかわらず、人間には子供たちの世話をしたいとか、彼らを教育したいという欲望はない。したがって、家族が不可欠となる。しかし、自然な欲望は家族を指向しない。欲望は雑多な性関係に向かっており、人間が自由を選ぶようにする。それゆえ、欲望は抑圧される。人間は自らの欲望を捨て去るように命令される。欲望にふけった人間は罰せられる。もろもろの神話が作りだされる。それらは人間につきまとい、自分が有罪だと人間に感じさせ、自然の欲望のゆえに人間は罪深いのだと説き伏せる。婚姻は双方の当事者を縛りはするが、それには世の常として、不実な欲望とともに不実な行いがともなう。どんなに社会機構が整えられようとも、馴致されない欲望がつねに存在している。欲望は自然だからである。それを抑えることは可能だが、完全に抑えこんでしまうことは決してできない。しかも、欲望は何らかの方法でいつでも復讐を遂げるのである。

　こういう状態にある人間は、決して幸福ではありえない。しかし、一人の女性を深く愛している男は、相手に欲望を感じるとともに、少なくともしばらくのあいだは実際に相手のことを気遣いもする。もしもこの後者の状態を永遠に続けることができるなら、欲望と道徳性は実際に一致するだろう。婚姻を自由に選択しそれを——たんに外的ではなく内的にも——守り通す能力は、文化の証しである。すなわちそれは、欲望に礼儀が浸透していることの証しなのである。それはまた、人間の自由の証しであり、道徳性のために自然を克服したこと、しかも人間を不幸に陥れることなく克服したことの証しでもある。自然人が知らない美や徳の観念にその魅力が基づいているような一人の人物だけを好ましく感じられるようになれば、性は崇高《サブライム》なものとなり、あるいは昇華《サブリメイト》される。これが愛であって、愛は詩や音楽に表現を求める。かくして、昇華された性的欲望は芸術において頂点に達する。愛の産物である子供たちは、教育に関する反省を不可欠なものにする。そして、家族が、すなわち家族の権利と義務、家族の法的基盤と家族の保護が、かつては孤立して自分のことだけにしか関心がなかった個人としての人間を、最終的に政治に結びつける。愛、家族、そして政治は、以前には人間を分裂させ、罠に陥れた。だが今度は、自然の欲望を実現し高めるような仕方でこれら三者を秩序づけることができる。したがって、人間は意志によって明確にこれら三者を肯定することができるのである。人間はふたたび自らの主人となるが、同時に社会的な存在でもある。すなわち、彼は他の人間によって疎外されずに彼らに結びつく。こうした人間の欲望は乱脈に陥ることもないし、また抑圧されることもない。なぜなら、彼の性的な情念は十全に表現され、満たされているからである。自然的世界と社会的世界はともに充足されている。彼の知的獲得物は、たんに外面を飾る装飾物なのではなく、調和を保ちながら人間の生に奉仕しこれを豊かにする。性的な問題に関するかぎり、これが文化の理想である。個性的人物《パーソナリティ》、すなわち完全に文化的発達を遂げた人間を生みだすためには、人間の生のあらゆる局面において、この種のことが生じねばならない。

ルソー的・カント的なこのヴィジョンは、人間における自然なるものに関する啓蒙主義の見解と、本質的には一致している。しかし、哲学史上初めて、自然とは異質でいっそう高いものが、人間のうちに発見されたのである。

性が、アメリカ建国の基礎にある思想においてほとんど言及されていないテーマであることは、心に留めおかれるべきだろう。そこでは、生殖ではなく自己保存がすべてである。なぜなら、恐怖が愛よりも強烈で、その結果、人々は快楽よりも生命を選ぶからである。性的なものとこれにまつわるすべてのものが軽視されたり馴致された結果、社会が自然の最も強烈な欲求を満たすことはいっそう容易となった。その後性は復権されたが、そのために社会の課題はいっそう困難になり、社会にはさまざまな欲求が課せられた。近代初期の人々のあいだで自己保存の本能に優位が与えられたこととは明らかに異なり、後期の近代思想においては、性的本能に優位が与えられた。この事実は、われわれの知的生活が繰り広げるドラマの多くを説明するし、また、社会生活に個人が期待するものが変わったことも説明する。こうしてわれわれは、われわれの経済学者と精神科医のもとへ舞い戻ることになる。

しかし、文化という語に関するカントの用法とわれわれの用法とは、どのように関連するのだろうか。現在、二つの異なった用法が通用しているようだ。それらは別々でありながら結びついている。第一に、文化は国民あるいは民族とほぼ一致している。フランス文化、ドイツ文化、イラン文化、等々、という具合に。第二に、文化は芸術、音楽、文学、教育テレビ、ある種の映画——簡単に言えば、商業とははっきり違って、人々を高め教化するものすべて——を指している。二つをつなぐのは、文化は高い水準の豊かな社会生活を可能にする、という点である。そのような社会生活が一国民を、すなわち、彼らの慣習、スタイル、嗜好、祭祀、儀礼、神々を作りあげる。そしてこれらいっさいのものが、個々人をさまざまな根元《ルーツ》をそなえた集団へと、つまり個々人がその内部で一般に思考や意志をいとなむような共同体へとまとめあげる。国民とともに、道徳的統合がもたらされ、自らの内面で統合された個人も生まれる。文化とはいわば芸術作品なのであり、美術はその崇高な表現である。この観点からすれば、自由主義的な民主政体は、無秩序な市場——個々人が朝そこへ自分の生産物を持ち寄り、夕方には売り上げで購ったものを私的に楽しむために、そこから帰ってゆくところ——のように見える。これに反して、文化のもとでは、ギリシア悲劇の合唱のメンバーのように、集団が個人を形成する。シャルル・ドゴールのような人物や、もう一人つけ加えれば、アレクサンドル・ソルジェニーツィン〔ソ連生まれの作家。国外追放され米国に在住。一九一八-〕のような人物は、合衆国はたんなる個々人の集まり、他所から運んだ廃物のごみ捨て場であって、消費に没頭している国だ、と見なしている。つまり、そこに文化はない、と言うのだ。

芸術としての文化は、人間の創造性の最高の表現である。つまり文化は、自然の狭隘な束縛から、したがって近代の自然科学と政治学の下劣な人間解釈から、人間が脱出しうるということの最高の表現なのである。文化は人間の尊厳を基礎づける。共同体の一形態としての文化は諸関係の織物であり、そのもとで自己は、自らの多様で入念な表現を見出す。文化は自己の住みかであるが、自己の産物でもある。それは近代的な国家よりも奥深い。近代的な国家は、ただ人間の身体的な要求だけを扱い、たんなる経済機構へと退化していく傾向にあるからである。そのような国家は、人間が自分の姿を歪めずに行動できるような公会場《フォーラム》ではない。西欧文化への熱愛、あるいはアメリカ文化への熱愛でさえ申し分なく尊敬すべきことなのに、高尚な人々の集まりで愛国心について語ることがよい趣味ではないようにつねに見えるのは、こういう理由による。文化は古代のポリスの「芸術と生活の統一」を復活させるのだ。

ポリスにそなわり、文化に欠けている唯一の要素は、政治である。古代の人々にとって都市の魂は政体であった。すなわち、公職を編成しそれに就くこと、正義と公益について討論すること、戦争と和平にかかわる選択をおこなうこと、法を制定すること、これらのことだった。政治家を任じる市民の側での合理的な選択が共同体の生活の中心であり、他の事柄いっさいの原因である、と理解されていた。ポリスはその政体によって定義されていたのである。文化にはその種のものは何ひとつ見出されない。文化を的確に定義する要素を判別することは、極度に困難である。今日われわれが関心を寄せるのは、ギリシアの文化であってアテナイの政治ではない。トゥキュディデス〔ギリシアの歴史家。紀元前四六〇?-四〇〇?〕の伝えるペリクレス〔ギリシアの全盛をもたらした将軍・政治家。紀元前四九〇?-四二九〕のおこなった追悼演説は、ギリシア文化の典型的な表現であり、アテナイ人の美と英知への愛を——宗教的儀式という文脈において——みごとに喚び起こすものである、と受け取られている。この解釈に意味がないわけではない。それでもやはり、これは誤読である。つまり、この解釈はわれわれを豊かにすると思われているが、実は、われわれの先入見を強固にするにすぎない。この先入見は、ギリシア的なものに関するドイツ人の解釈にわれわれがすっかり依存していることを典型的に示している。実際には、われわれが考えるような神々や詩、歴史や彫刻や哲学については、ペリクレスは何も語っていない。ペリクレスはアテナイの政体を讃え、その政治上の功績——その政体、ことにこの政体によって専制支配されている帝国——に美を見出している。アテナイ人たちは、ホメロスに登場する英雄たちを凌ぐ政治的な英雄であり、芸術はその英雄的行為の模倣であり装飾である、と暗に理解されているのだ。トゥキュディデスのもとにわれわれが見出すのは、はじめからわれわれが捜し求めているものにすぎない。トゥキュディデスが実際に語っていることは、何ひとつわれわれの目に入らないのだ。文字通りに解釈されたペリクレスは、われわれの眼にはあまりに皮相に見えてしまうのである。

政治の消失は近代思想の最も顕著な側面のひとつであり、これはわれわれの政治的な実践と多くのかかわりをもっている。政治は政治以下のもの（経済）か、政治より高度だと主張するもの（文化）か、このいずれかに消失してゆく傾向がある——しかし、この両方とも、政治家の思慮に基づく棟梁的な術〔アリストテレスの用語。もろもろの学の最上位に立つ統轄的な学のことで、政治学を指す〕を逃れてしまう。古代の意味での政治はこの二極を包みこみ、結びつけていた。現代のアメリカの知的生活における二元論は、本書で何ページにもわたって再三現われて、論述を統一するテーマとなっているが、経済と文化のあいだのこの対立も、アメリカの二元論を別の形で定式化したものにすぎない。

その対立の源泉は、ルソーの著作の最も注目すべき一節に見出すことができる。これは近代初頭の統治策との訣別をはっきりと物語っており、文化という観念の発展においても決定的な一節であった。『社会契約論』の「立法者について」の章（第二篇第七章）がそれである。ルソーは、政治に関する啓蒙主義の教えを修正するものとして、さかのぼって古代のポリスに人々の注意を向けさせた。彼に続いた多くの人々とは異なって、ルソーは冷徹なまでに政治的であり、政治家の行為が国民生活の中心をなす、と考えていた。それゆえ、ルソーは、自分の直接の先行者たちが国民が生存するための当の諸条件を誤解ないし黙殺したというかどで、彼らを非難した。個人的な私的利害は、彼の主張によれば、公益を確立するのに十分ではない。だが、公益の確立なくしては政治的な生活は不可能であり、人々は道徳的に下劣なものになるだろう。政体の創設者は、その政体が属する国民をまず作りださねばならない。一国民というものは、その私的利害に関して個々人を啓蒙することによって自動的に生じたりはしないものだ。政治的な行為が必要である。立法者は次のようにしなければならない。

いわば人間性を変えること、自ら完全な孤立したひとつの全体をなす各個人を、この個人になんらかの意味で生命と存在を与えるひとつのより大きな全体の一部に変えること、人間の〔社会的〕体質強化のために〔自然的な〕体質を弱めること、われわれすべてが自然から受けた独立の肉体的生存を、部分的・精神的生存に置き換えること、簡単に言えば、立法者は人間から固有の力を奪い、それまで人間に無縁であった力、他人の援助がなければ使用することのできない力を与えなければならない。自然的な力が失われ、それがなくなればなくなるほど、新たに得た力は永続的で、制度もまたより堅固に、より完成したものになる。したがって、もし各市民が、あらゆる他の市民の援助がなければ、なんの価値もなく、なにごともできないとすれば、また、全体が得た力が全個人の自然的な力の総和に等しいか、それより大きいならば、立法は最高の完成度に達したということができる。

ルソーは独特のさわやかな率直さで、共同体の団体としての性格とこの性格を実現するために何が必要か――それは、啓蒙主義によって流布された抽象的な個人主義とは真正面から対立する――を強調する。この図式を仕上げる際に、ルソーは民衆的な祭礼などいっさいのものをそこにつけ加えさえする。立法者によって構築されるこの複雑な神経組織は、まさしくわれわれが文化と呼ぶものである。あるいはむしろ、文化とは、立法者のいない、すなわち政治的な意図をもたない、立法行為の結果なのである。

立法についてのルソーの理論的な率直さ、あるいは苛酷さは、彼に続く何世代もの思想家を困惑させた。彼ら思想家たちは、それでもやはり、かの苛酷さの成果である共同体を欲していないわけではなかった。あるいはより事実に即するなら、ロベスピエール〔フランスの革命家、ジャコバン党指導者。一七五八－九四〕の実践的な苛酷さと彼の立法の企ての失敗、これが穏健な観察者たちをこわがらせたのである。人間の本性を変えることは、粗野で、不快な、専制的行為のように思われる。したがって、人間の本性を変えるかわりに、人間本性というものが存在することが否定され始めた。むしろ、人間は成長を重ねていって文化に転じるのである。つまり、文化とは、その語から明らかなように〔文化（culture）には「教育」「耕作」「栽培」などの意味がある〕、成長のことである。人間は文化的な生きものであって、自然的な生きものではない。人間が自然から得るものは、人間が文化から得るものに較べれば、無に等しい。ひとつの文化は、その文化にともないその文化を表現する言語と同じように、たんなる偶然の連なりであるとはいえ、その偶然が積み重なって、人間を構成する整合的な意味となる。自然は次第に人間研究の領域から追い払われつつある。いまでは、自然状態はひとつの神話だったと理解されている。たとえ、自然状態をあらかじめ洗練するということを抜きにしては、文化という概念は考えられないにしても。人間が人間である所以は自然的なものに対して獲得されたものの方が優位していることだ――これが文化という観念の根拠である。そして、この観念は歴史という観念と密接な関係にある。それも、人間の行為の探求として理解された歴史ではなく、現実のひとつの次元、つまり人間の存在の一次元として理解された歴史である。自然状態から社会状態への移行という事実こそは、歴史が存在するということ、歴史が自然よりも重要だということを示している。ルソーにおいては、自然と政治的秩序のあいだの緊張が維持されており、したがって、立法者はその二つを一種の調和へと力ずくで向かわせねばならない。歴史はその二つの統一であって、おのおのは歴史のうちに消失してしまうのである。

　さて、立法者が自らの立法行為を特定の時代と地域に適合させるためにどんな手段を講じるにせよ、ルソーは、啓蒙主義の思想家たちが追求していたのと同じ普遍的な目標をやはり追求していた。すなわち、市民社会の内部にいるすべての人々に平等なもろもろの自然権を確保する、という目標である。ルソーが明快に論じたところでは、ホッブズとロックはこれに成功しなかったし、私的利害は政治的な道徳性を築き上げる土台としては不十分なのである。政治上の解決はもっと複雑で、多くの要求をともなった。カントは歴史に関する学説の一部として文化というものを案出したが、その彼もまた、同様の普遍的な目標をもっていた。カントの学説では自然権は人権となったのであるが、それらは実際には新しい基盤に基礎づけられた同一の権利だった。そして、ルソーの説のなかにカントが識別した歴史的な過程は、市民社会におけるこれらの権利を効果的に確立する方向へ向かった。普遍性と合理性がこれらすべての学説の正しさの証左だった。しかし、またたく間に文化は――文化とは、カントにとって、そして年代は逆になるがルソーにとっても、単一のものだったが――もろもろの文化となった。イギリス人、フランス人、ドイツ人、中国人が存在するのは明らかだった。だが、すでにあるのか、あるいは生まれつつあるのかはともかく、ひとつの全世界的な文化が存在するかどうかは明らかではない。自然を文明の獲得物とさまざまな形で統一することなど、稀なことだし相当に困難なことである。しかも、これらの統一が同一の目標に向かっているとはとても思えない。したがってわれわれは、これらの創造物を大切にし、ともかくも何らかの文化が存在することで満足すべきだ、ということになる。このような多様性のうちに魅力が見出されたのである。単純で合理的な人間の目標に到達するためのひとつの条件として、ルソーは土着性《ルーティッドネス》を導入した。しかしルソーの歴史主義的な、またロマン主義的な後継者たちは、そのような目標は土着性の基盤を掘り崩してしまう、と論じた。そこで、土着性そのものが目標となったのである。

ここでふたたびわれわれは、人間にとって何が大切かについての、相対立した二つの見解を我慢して受け容れることになる。一方はわれわれにこう教える。重要なのはすべての人々が共有しているものである、と。他方はこう教える。人々が共有しているものは低級だが、これにひきかえ、人々がそれぞれの文化から得るものは人々に深みと興味深さを与える、と。双方とも、生命、自由、財産の追求、すなわち健康と自己保存への関心を人々が共有するという点では同意する。双方の差異は、フランス人あるいは中国人、ユダヤ教徒あるいはカトリックであるということに与えられる比重、もしくは肉体の自然な欲求に関してこれらの個別的な文化の占める順位にある。一方は世界主義的であり、他方は個別主義的である。人権という考え方は一方の流派と結びついており、諸文化の尊重という考え方は他の流派と結びついている。時として、合衆国は人権の促進に失敗したとして攻撃される。また時には、さまざまな民族の文化を尊重せずに「アメリカ人の生き方」をすべての民族に押しつけたがる、といって攻撃される。こうした押しつけをする場合、合衆国は、すべての人々の利益に適った自明の真理の名のもとにそうしているのだ。しかし、合衆国に対する批判者たちは、そのような真理は存在しない、それらの真理はアメリカ文化の偏見である、と主張する。他方、アーヤトッラー・ホメイニ〔イランのイスラム教シーア派指導者〕は当初、真のイラン文化を代表しているという理由で、ここアメリカで何人かの人々によって支持された。いまでは彼は、人権を侵害したとして攻撃されている。彼はイスラム教の名のもとに行動する。彼の批判者たちは、イスラム教徒の諸権利を制限する普遍的な諸原理が存在する、と主張する。合衆国を文化の名において批判する人々とホメイニを人権の名において批判する人々が同一である、といったことがしばしば生じる。彼らはケーキを食べたいが、同時に残しておきたいという人々なのである。

こう問われるかもしれない。なぜ人権と文化の両方を尊重することができないのか、と。それはもっぱら、文化というものがその上にいかなる権威も戴かずに自らの生き方ともろもろの原理、ことにその至高の諸原理を生みだすものだからである。もしも文化の上に立つ権威が存在するならば、文化の原理が生みだした独自な生き方はその基盤を掘り崩されるだろう。人権とはわれわれの動物的本性に基づく権利であるから、その普遍性は浅薄で人を非人間化するが、かく解された普遍性に対して、文化が代替物を提供してくれる――人々はまさしくこう考えて文化という観念を採用したのだった。民族精神が理性に取って代わる。啓蒙主義の普遍性と、啓蒙主義の批判者たちの教えに由来する個別性のあいだには、絶えざる争いがある。彼らの批判は、啓蒙主義によって根こそぎにされた家族や国家や神に対する古い愛着心のすべてに訴えて、それらの愛着心のすべてに新しい解釈と新しいパトスを与えた。こうした批判は、哲学に抵抗するための哲学的な基盤を提供したのである。

　問題は以下の点にある。理性的思考が実際に本能に取って代わるのかどうか。伝統あるいはもろもろの根元《ルーツ》の価値についての論議が、直接的な情念の代替物たりうるのかどうか。平等主義と打算的な個人主義――これらを批判者自身も共有している――、それにそれらがもたらす諸特典――批判者でもこれらを断念するのをしぶるだろう――は、ひとつの流れとなって押し寄せているが、上のような文化による解釈全体は、この流れをとうてい阻止しえない反動にすぎないのではないか――これらの点である。離婚したばかりの人々は拡張家族を称揚するが、拡張家族が存在するために要求されるいっさいの聖なる結びつきと先祖伝来の専制的支配に、彼らは気づいていない。彼らの称揚を耳にするとき、彼らが考えているものが彼らの生活から失われたことが容易に理解される。だが、それを成就するためには何を犠牲にしなければならないかに、彼らが気づいているとは信じ難い。人々が、自分たちの文化を守らねばならない、と宣言するのを聞くと、この人工的な概念が、かつて人々がそのために進んで死のうとした神と国家とに、実際に取って代わることができるのか、この点を問わないわけにはいかない。

「新しい民族性《エスニシティー》」あるいは「根元《ルーツ》」というのは、個別性に対する関心の別の表現の仕方にすぎない。それは、近代の大衆社会に共同体に関する真の問題が存在することの証拠であるだけでなく、そうした関心への反応が皮相であることを示す証拠でもあり、さらには、自由主義社会と文化のあいだの基本的対立についての自覚が欠如していることを示す証拠でもある。新世界のなかにさまざまな古い文化を保存しようとするこの試みが皮相であるのは、それが以下の事実を無視しているからである。すなわち、人々のあいだの真の差異は、善と悪、最も高貴なもの、神――これらに関する根本的信念に含まれた真の差異に基づいている、という事実である。衣服や食べ物の差異は、より深い信念とは何のかかわりもないか、このより深い信念の二次的な表現であるか、どちらかである。合衆国にみられる「民族的《エスニック》」差異は、われわれの祖先が殺戮し合う原因となった古い差異に寄せられた、薄れゆく追憶にすぎない。それらの差異の魂、差異に生命を吹きこんでいた原理は、それらの差異から消え失せてしまった。民族的な祝祭は、祖国から由来した衣装と踊りと食べ物を表面的に展示する行事にすぎない。これらの無味乾燥な民族性のさまざまな表現（ちなみに、これが文化という語の二つの意味——国民と芸術——を統一するのである）に感銘を受けたり魅了されたりするには、こうしたものすべての源にある壮麗な「文化的」過去についてよほど無知でなくてはならない。合衆国において文化運動が文化の多様性という概念全体に与えた祝福は、党派政治《グループポリティクス》の強化と正当化に寄与する結果となった。このなりゆきは、独立宣言に謳われている個人の諸権利は時代遅れの美辞麗句以上のものである、という信念が、相呼応して衰えてゆく流れに沿っていた。

　文化という観念は、近代科学という文脈の内部で人間の尊厳を見出そうと試みられた折りに、確立された。その科学は物質主義的であって、したがって還元主義的であり、決定論的だった。人間の地位が特別のものでないなら、つまり人間が獣たちと本質的に異ならないのなら、人間には何の尊厳もありえない。人間が豊かな存在であることを説明し、人間が獣であると前提する政治的・経済的装置によって人間が獣に還元されるのを阻止するためには、人間の中に何か別のものが存在するのでなければならない。人間の尊厳を確立しようとした人々は、新しい自然科学を変えようと望んだり、あるいは実際にそれを試みたりしなかった。問題は共存だった。彼らは二元論を案出した。自然と自由、自然と芸術、科学と創造性、自然科学と人文科学といった二元論で、われわれはいまだに生きているのである。こうした対をなす二つの用語のうち、後者の用語がより高い尊厳をそなえていると考えられている。だが、その根拠が疑問であることは、これまで絶えず明らかにされてきた。自由とはひとつの要請であり、カントにおいてはひとつの可能性であって、実証しうるものではない。しかも、これはあいかわらず厄介な問題である。文化は包括的であり、人間の高度な活動のいっさいを含んでいると自ら主張するが、実際には、文化に自然科学は含まれていない。自然科学は文化という概念を必要とはしないのである。というのは、自然科学の手助けによって基礎をおかれた、以前の民主主義的な秩序の中で、自然科学はまったく申し分なくやっていたのであって、そうした秩序が自然科学に勇気を与えたからである。今日の心理学は、人間を獣以外の何ものでもないとする重要な学派、たとえばB・F・スキナー〔米国の行動主義心理学者。一九〇四－〕の行動主義を含んでいる。また逆に、人間が一匹の獣であるという事実を抹消する別の学派、たとえばジャック・ラカン〔フランスの精神分析家。一九〇一－八一〕の実存分析も含んでいる。さらに、つじつまのあわないさまざまな混合物、たとえばフロイトの精神分析理論――この理論は、自らの理論を生物学の上に基礎づけると同時に精神的な諸現象を説明しようとして、その双方を損なっている――も含んでいる。一般的に言うと、誰もが科学的でありたいと望むと同時に、人間の尊厳に敬意を表わしたいとも望んでいるのだ。

価値

われわれは、われわれが出発した地点、すなわち価値が善と悪に取って代わる地点に舞い戻ってきた。とはいえ、すでにわれわれは、価値相対主義という反応を余儀なくした近代政治にかかわるさまざまな知的経験について、少なくとも駆け足で見わたしてきた。この経験が思慮深いドイツ人にはどんな具合に映っていたか、この点は、神と科学（学問）と非合理的なものに関するマックス・ウェーバーの著名な一節で最もあからさまに表現されている。

> 最後に、おめでたい楽天主義は学問（科学）を——すなわち学問に基づいた処世の術を——幸福への道として讃美してきたかもしれないが、私はこの問題は、ニーチェがおこなった「幸福を見つけだした」「最後の人間たち」に対する壊滅的批判の見地にしたがって、すっかり度外視してかまわないと思う。それに、そのようなことをいまだに信じている人々がいるだろうか、大学の教壇や編集室にみかける少数の大きな子供を除けば。（『職業としての学問』）

ウェーバーほどの洞察力にとみ知識も豊かな観察者だからこそ、西欧民主主義の中心にあった科学的精神が真摯な人々すべてにとっては死に絶えたのだということ、ニーチェがそれを殺戮したのだということ、あるいは少なくともニーチェが〈とどめの一撃〉を加えたのだということを、一九一九年にすでに口にすることができた。『ツァラトゥストラはかく語りき』での「最後の人間」の呈示はあまりに決定的だったので、旧式の啓蒙主義的合理主義については、もはや議論の必要すらないほどであった。そして、ウェーバーが示唆しているのは、将来のいっさいの討論もしくは研究は、啓蒙主義的合理主義の見通しが「おめでたい」誤りだったという確信とともに進められねばならない、ということである。理性には価値を確立することはできない。だから、自らがそれをなしうるという理性の信念は、このうえなく愚かでかつ最も有害な幻想なのである。

言いかえれば、実際のところ、当時のアメリカ人のほとんどすべては、とくにものを考えるアメリカ人は「大きな子供」だったのであり、大陸が成人して随分たっても子供のままだったのである。ジョン・デューイのことを思い出しさえすればよい。そうすれば、彼がウェーバーの記述にぴったりと一致しているのが認められるだろう。そして、デューイの影響がここアメリカで、かつてどれほどのものであったかを思い起こすだけでよい。しかも、デューイだけでなく、われわれの政体の始まりから誰もが、合理主義の夢を分かち合っていた。ことに「われわれはこれらの真理を自明のものと見なす」と語った人々〔トマス・ジェファーソンら、独立宣言の起草者たち〕がそうだった。ウェーバーの発言がきわめて重要なのは、彼が誰にも劣らず、あるいは誰にもまして、自由主義的民主主義に対する大陸での最も進んだ批判にわれわれを触れさせてくれたからであり、また彼が、ニーチェとわれわれアメリカ人とのあいだの媒介者だったからである。そのわれわれアメリカ人は、ニーチェの洞察に対して最も反抗的だった。おそらくその理由は、ニーチェの洞察によれば、われわれが最悪の、もしくは最も見込みのない連中を代表していることになり、したがって、ニーチェが差しだす鏡に自己を映して見るのを嫌うからだろう。未来に関するひどく暗い展望が、われわれの度し難い楽天主義とずっと重ね合わせにされてきた。われわれは大人向きの玩具で遊んでいる子供である。その玩具は、われわれが扱うには手に負えない代物だということが判明した。しかし、ここでアメリカ人を弁明して言えば、その玩具が手に負えないのはおそらくわれわれアメリカ人だけではないのである。

ウェーバーは、二〇世紀の真摯な思想家たちの共通の源泉として、ニーチェの方へわれわれを向けさせる。ウェーバーはまた、何が唯一の基本的問題であるかをわれわれに教えてもいる。それは、理性あるいは科学と人間の善とのあいだの関係である。ニーチェが幸福と最後の人間について語るとき、彼は最後の人間が不幸だと言おうとしているのではなく、最後の人間の幸福が吐き気を催させる、と言おうとしているのである。われわれが置かれた状況を把握するには、深い軽蔑を経験しなくてはならない。しかし、この軽蔑する能力がわれわれから失われつつあるのである。ウェーバーのいう学問(科学)は、われわれなら主観的と呼ぶであろうこの経験を前提にしている。ニーチェのもとでこの経験に際会したのち、ウェーバーは自らの学問的生涯の大部分を宗教の研究に費やした。それは、軽蔑すべきでない人々、すなわち、何かを重んじ崇め、それゆえ自己満足してはいない人々、もろもろの価値を抱いた人々、あるいは同じことだが、神々を奉じる人々、とくに神々を創りだしたり宗教を創始したりする人々、そのような人々を理解するためだった。ニーチェから彼は、宗教もしくは聖なるものが最も重要な人間的現象である、ということを学んだ。それゆえ、宗教についてウェーバーは引き続きニーチェの非正統的な視角から研究をおこなった。

「神は死んだ」とニーチェは宣言した。しかし、ニーチェはこれを勝ち誇った口調で、初期の無神論者のものの言い様で——圧制者は王位を剝奪された、いまや人間は自由である、という調子で——口にしたのではなかった。むしろニーチェは、この上なく強烈でこの上なく繊細な敬虔の感情が固有の対象を奪われた、という悲痛な調子で、それを口にしたのである。神を愛し神を必要とした人間は、復活の可能性もないまま、その父なる神と救世主キリストを失った。マルクスに見出される解放の喜びは、人間が庇護を失ったことへの恐怖へと転じた。真摯な人々は誠実さに強いられて自らの良心に訊ねてみる。そして、かつての信仰がもはや心を動かすものではないことを認めざるをえないのだ。まさしくキリスト教の最高の徳が、キリスト教の信仰を犠牲にするよう要求している。これはキリスト教徒の払いうる最大の犠牲である。啓蒙主義は神を殺害した。しかし、マクベスがそうであったように、啓蒙主義の人々には次のことがわからなかった。すなわち、宇宙はその行為に反抗するだろうし、その結果、世界は「わめきたてる響きと怒りはすさまじいが、意味は何ひとつありはしない白痴の物語」〔『マクベス』第五場、第五幕〕となるであろう、ということが。ニーチェは、気楽なあるいは自己満足的な無神論を苦悶の無神論に置き換えて、その人間的な帰結に苦悩した。ニーチェによれば、信じることへの憧れは、その憧れを満たすことのかたくなな拒絶とともに、われわれが置かれた精神状況全体に対する奥深い反応なのである。マルクスは神の存在を否定して、神のいっさいの働きを歴史に引き渡した。その歴史の方向は、人間を実現する目標へと否応なしに向けられている。歴史が神の摂理に取って代わるのである。もし人がこれほど素朴なら、キリスト教徒になってもよかったところだ。ニーチェ以前には、人間は歴史的存在であると教えた人々はすべて、歴史を何らかの意味で進歩的なものとして示した。ニーチェ以後、われわれの歴史を叙述するための特徴ある常套句は「西欧の没落」である。

近代思想の矛盾し合うさまざまな要素を眺めわたし、これを要約して、ニーチェはこう結論を下した。すなわち、勝ち誇っている合理主義は文化もしくは魂を支配することができない、合理主義は自らを理論的に弁護できない、さらに合理主義がもたらすさまざまの人間的帰結は耐え難いものである、と。こうして西欧の危機が生まれた。というのも、西欧のいたるところで、史上初めて、あらゆる政体が理性に基礎づけられたからだ。神を怖れぬ人間的な創設者たちは、自然的正義という普遍的原理にのみ注意を払った。万人は、何の助けもいらない自分たちの理性を用いて、こうした原理を認識できる。そのようにして彼らは、啓示や伝統には訴えずに、被統治者の同意を基盤として政府を樹立したのだった。しかし、理性は次のことにも気づくようになった。以前の文化はすべて、神々もしくは神々への信仰によって、そしてそれを基盤にして、創設されたことに。理性による合理的な政体の創設は、他の場所でなされたことが理性に知られているさまざまな種類の創設と遜色がないかもしれないし、それらに優ることもあるかもしれない。そうしたことが起こるのは、もっぱら新しい政体が莫大な成功を収め、他の諸文化の創造性と壮麗さに対抗できるときに限られる。しかし、この匹敵するとか優るという点が大いに疑問なのである。したがって、理性は自らの不十分さを認識することになる。宗教が存在しなければならない。しかも、理性は宗教を創設しえないのである。

　これは、啓蒙主義への批判の波が最初に高まったときに、すでに伏在していたことである。ルソーは、社会には市民宗教が必要であり、立法者は宗教的色彩を帯びて登場すべきである、と語った。トクヴィルは、アメリカにとって宗教が中心的な問題であることに注意をこらした。ロベスピエール流の市民宗教の失敗とともに、修正されたキリスト教ないしは自由主義的なキリスト教を促進する努力が続けられた。これは、ルソーの「サヴォアの助任司祭の信仰告白」〔『エミール』第四篇〕に鼓舞されたものである。文化という観念そのものが、宗教については触れずに、宗教に似たものを保持しておく、ひとつの方法だった。文化とは、理性と宗教の総合であり、二極のあいだの鋭い対立を隠蔽する試みである。

　ニーチェは患者を診察し、治療が思わしくなかったことを認めて、神の死を宣告する。いまや宗教は存在しえない。一方ではしかし、人間が文化を必要とするかぎり、宗教的な衝動は残っている。もう宗教はないが、まだ宗教心はある。こうした確認が近代に関するニーチェの分析には漲《みなぎ》っており、それは、それと気づかれずに、心理学と社会学に見られる現代のさまざまなカテゴリーの基礎になっている。ニーチェは宗教的な問題を哲学の中心にまで連れ戻した。近代文化を眺める際の決定的な視点は、近代文化が本質的に無神論である、という点にある。すなわち、ブルジョアのさらに嫌悪すべき後継者たち、すなわち最後の人間は、平等主義的、合理主義的、社会主義的無神論の産物なのである。

　したがって、西欧の危機の新たな側面は、この危機が哲学の危機とぴったり一致するということなのだ。トゥキュディデスを読めば分かることだが、ギリシアの衰退は純粋に政治的なものであって、われわれが精神史と呼ぶものはギリシアの衰退を理解するのにほとんど重要ではない。古い政体には、伝統的な根元《ルーツ》があった。しかし近代になって、時代の支配者の役目を哲学と科学が引き継ぎ、いまでは純粋に理論的な問題が決定的な政治的影響力を発揮するようになった。ロック、ルソー、マルクスの議論を欠いた近代政治史は、想像することができない。誰でも知っているように、ソ連の病的状態の中心には、理論上それが受け入れ難く、老朽化しているという事実がある。しかし、自由世界もこの点ではさほどひけをとってはいない。ニーチェはこの病の最も奥深い、最も明確な、最も強烈な診断者である。ニーチェはこう論じている。われわれには、合理的な基盤に基づいて理性を放棄する内的必然性がある。したがって、われわれの政体は没落を運命づけられているのだ、と。

　神と自然の脱魔術化は、善と悪についての新しい記述法を必要なものにした。神々についてのプラトンの常套句を用いるなら、われわれがあるものを愛するのはそれが善であるからではなく、われわれが愛するがゆえに、それは善なのである。あるものを評価に値するものとするのは、評価しようとするわれわれの決意である。人間は評価をおこなう存在であり、崇敬と卑下をなしうる存在であり、「赤い頬をした獣」〔『ツァラトゥストラはかく語りき』「同情者たち」〕である。ニーチェは次のことを目撃したと主張した。すなわち、人間の崇敬の対象はどんな意味でもその崇敬を強要しはしないし、その対象が存在すらしないこともしばしばなのだ、ということを。崇敬の対象がそなえる特性は人間にひそむ最も強烈なものの投影であって、それは人間の最も強力な必要、もしくは欲望を満たすのに奉仕するのである。人々は、善と悪のおかげで生をいとなみ行動できるようになる。善悪について人々が下す判断の性格は、その人々が何者であるかを示している。

　簡単に言えば、ニーチェはこう主張しているのである。近代人は価値判断の能力を、そしてそれとともに自らの人間性を失いつつある、あるいはすでに失ったのだ、と。自己満足、順応したいという欲望、自分の諸問題の安楽な解決、福祉国家という計画全体――これらは、人間の完成や自己の克服を可能にする天界を仰ぎ見る能力が失われた徴候である。しかし、この上なく確かな徴候は、「価値」という語のわれわれの用い方である。そしてこの点では、ニーチェはこの病を診断しただけでなく、さらにこれを悪化させもしたのである。ニーチェは人々に、彼らが陥っている危険を示し、彼らの人間性を守り高めるという、彼らが直面している畏るべき課題を示そうとした。ニーチェが理解していたように、今日のわれわれのような衰退期にある人間は、もしも神や自然や歴史が価値を提供してくれると信じていれば、気楽でいられるだろう。人間が対象化した創造物がまだ気高く生き生きとしていたかぎりでは、そのような信念は健全だった。しかし、かつてのさまざまな価値が枯渇している現在においては、自分たちの運命に対する自らの責任を自覚させるためには、人々を深淵にまで連れてゆき、自らの危機に驚愕させ、自分たちのなれの果てに吐き気を催させねばならない。価値を創出するためには、人々は自分たちの内面に立ち帰り、創造性の諸条件を立て直さねばならない。自己は張りつめた弓でなければならない。敵対者たちと和合したり、最後の人間が手にした偉大な装置——弓を緩めるのに巧みな人々、現代のイエズス会士たる精神科医たち——にこの緊張を譲ったりする代わりに、敵対者たちと戦わねばならない。この精神科医といえば、平和愛好者たちと同じ精神を抱き、平和愛好者たちと同じように近代の策略に加担して、衝突を緩和させる人々である。しかし聖書からも分かるとおり、対立したものの争いであるカオスは、創造性の条件である。創造をおこなう者はこれを征服しなければならない。自己もまた、その憧れから矢を生みださねばならない。ともに人間に属している弓と矢、これらは人間を導くべき星を天空へ射ることができる。それでニーチェはこう考えた。われわれの状況は、価値に関する幻想を剝ぎ取ることを要求しているのだ、と。それは、快適さもしくは慰めに関して、人を誤らせるようないっさいの希望の魔法を解くためである。またそれによって、少数の創造者たちを、自分たちにいっさいがかかっているのだ、という畏敬と自覚で満たすためである。ニヒリズムは危険ではあるが、人間の歴史において必須の、そして健全とさえいえるかもしれない一段階である。ニヒリズムにおいて人間は自らの真の状況に直面する。ニヒリズムには、人間を破壊し、絶望と、精神的ないしは肉体的自殺へと陥れる可能性がある。しかしニヒリズムは、意味ある世界を再構築するように人間を勇気づけることもできる。ニーチェの著作は、誰にもまして創造的と呼びうるであろう一人の人間の魂の、絢爛たる展示場である。彼の著作は、創造性とは何かを理解しようとする燃えるような欲求を抱いた人間によってなされた、創造性についての最も深遠な陳述をなしている。

ニーチェは神の誕生についての——神を創造することについての——思索に不可避的に導かれていった。というのも、神は最高の価値であり、残余の価値はそれに依存しているからである。神は創造をおこなわない。というのも、神は存在しないから。しかし、人間によって作られたものとしての神は、人間にはそれと知られずに、人間とは何であるかを反映する。神はわれわれにかかわりのある世界を無から作りだしたと言われている。そのように人間は、何かを、つまり神を、無から作りだすのである。神を信仰し奇跡を信じることは、どのような科学的説明よりも真理に近い。科学的説明は人間における創造的なものを見落とすか、下手な説明で片づけるかしなくてはならないからだ。心のなかの漠たる衝動に支配されて、モーセはシナイ山の頂きに登り、価値の石板〔十戒を刻んだ二枚の石板〕を持ち帰った。これらの価値は、健康や富よりもより強制力のある必要性と実質性をそなえていた。それらは生活の中核だった。他にも可能なもろもろの価値の石板がある――ツァラトゥストラによれば、千と一つの石板がある。しかし、モーセの石板こそが、この民族を現にある姿にし、この民族にひとつのライフスタイル、すなわち内的経験と外的表現ないしは外的形態との統一を与えた価値なのである。一民族を構成する神話を創造するための処方箋は存在しないし、誰がその神話を創造するのかを予言したり、あるいはどの神話が役に立ち、適切であるかを決定しうるような、規格化された検査は存在しない。石と彫刻家のように、素材と製作者はいる。しかしこの場合には、彫刻家はたんに作用因なのではなく、同時に形相因でも目的因でもある。神話の基礎には、実体も原因も何も存在しない。善と悪を知ろうとする合理的な要求のなかにであれ、あるいはたとえば経済的な決定要因のなかにであれ、そこに価値の原因を求めても、価値についての的確な説明は得られない。ただ、創造性の生みだす心理学的な諸現象に開かれた態度のみが、なにがしかの明確さをもたらすことができるのだ。

この心理学はフロイトのそれのようなものではありえない。フロイトの心理学は、無意識についてのニーチェの理解から出発して、創造性の諸原因を見出している。しかし、それらの原因では、ラファエロのような巨匠とフィンガーペインティング〔湿った紙の上にえのぐを指でのばして描く方法〕の連中とのあいだの差異はぼかされてしまう。いっさいはこの差異にこそあるのだが、これは現代の科学ではどうしても捉えられない。無意識は大いなる謎である。すなわち、それは神の真理であり、無意識――イド――は、神が測り知れなかったのと同じくらい測り知れないのである。フロイトは無意識を受け容れた。それから、科学によってこの無意識を完全に明らかにしようとした。しかし、イドこそ科学を生みだすのだ。イドはあまたの科学を生むことができる。フロイトのやり方は、神が創造したものから神の本質ないしは本性を決定しようとするようなものである。神は無際限にさまざまの世界を創造することができたであろう。もしも神がこの世界しか創りだせなかったのであれば、神は創造的でも自由でもなかっただろう。

創造性を理解しようとするならば、こういったことすべてを理解する必要がある。イドは創造性の源泉である。イドは捕えどころがなく、測り難い。それはさまざまな世界解釈を生みだす。しかし、フロイトもそのなかに数えられたいと望んでいた自然科学者たちは、こうしたことを何ひとつ真剣に取りあげない。生物学者たちは、無意識については言うまでもなく、意識についてさえ自分たちの科学の範囲内で説明することができない。したがって、フロイトのような心理学者は、科学と無意識の中間にあるひどく居心地の悪い宿屋にいるのである。科学は、フロイトが説明しようとしている現象の存在を認めていないし、無意識は科学の管轄外だからである。ニーチェが説得的に主張しているように、選択は科学か心理学か、二つにひとつなのである。まさにこの事実によって、勝ちを収めるのは心理学《サイコロジー》である。科学は精神《サイキ》の産物だからである。科学者自身がこの選択によって次第に影響を受けつつある。おそらく科学はわれわれの文化の一産物にすぎまい。われわれの文化が他のどんな文化にも優るものではないことを、われわれは知っている。科学は真理なのか。かつてはすこぶる強健であった科学の良心が、その縁のあたりから少し衰えたのがわかる。トマス・クーン〔米国の科学史家。一九二二―〕の『科学革命の構造』をはじめとする書物は、この状態のよく知られた徴候である。

ここに、底なしの自己、あるいは測り知れない自己と私が呼ぶもの、すなわち自己の最後の形態が登場する。イド――ニーチェはそれをこう名づけた。「それが私に思い浮かんだ」と人が語るとき、イドは自我に嘲笑を浴びせる。至上の意識は下部にある何かに仕えているのであって、そこから思考は糧を送ってもらうのである。こうした自己の形態と他の形態には違いがある。それは、他の形態が、多少とも直接に近づくことができ、すべての人々が共にする、共通の経験から出発した、という点である。この共通の経験が、人間の本性と呼びうるひとつの共通の人間性を、たとえ間主観的にすぎないにせよ、確立するのだ。暴力的な死への恐怖と快適な自己保存への欲求が、下りの道の最初の停留所だった。誰もがそれらの情念を知っており、したがって、われわれはその情念のうちにたがいを認識することができる。次の停留所は生存の甘美な感情だった。これは、文明化された人間にはもはや直接には近づきえないが、しかし、回復することが可能な感情である。この感情に魅了されるとき、われわれは確信をもって自らにこう言うことができる。「これこそ真の私であり、私の生きる目的なのだ」と。またそのときわれわれは、他の人々にとってもそうであるにちがいない、と確信する。はっきりしない一般化されたあわれみといっしょになって、この感情はわれわれをひとつの種にまとめる。それは、われわれに導きを与えることができる。次の停留所では、どんな停留所もありえないことが明らかになる。下りの勾配は息を呑むほどである。とにかく何かが見出されるとすれば、それは厳密にその人個人のものであり、ニーチェがその人自身の運命と呼ぶものである。それは強情で力の強い驢馬であり、自分が存在するということ以外に、自ら言うべきことを何ももたない。人が見出すのはせいぜいその人自身である。しかし、それは伝達しえないもの、各自を他の人々と結びつけるよりもむしろ孤立させるものである。きわめて少数の個人だけが自分の停留地点を見出し、そこから世界を動かすことができる。彼らは文字どおりに深遠な存在である。

自己に起源を発するもろもろの価値、地平、善悪の石板が、真とか偽とか称しえないものであるとしても、またそれらを人類の共通の感情から抽出したり、あるいは理性の普遍的な諸基準によって正当化したりはできないにしても、価値理論の通俗的な教師たちが信じているところに反して、それらのものがすべて等しいわけではない。ニーチェは、そしてニーチェの洞察を何らかの意味で受け容れたすべての真面目な人々は、以下のように考えていた。すべての人々が原理的に近づきうるような共通の経験が存在しないという事実は、人々のあいだの不平等を立証している、と。本物の／本物でない、深遠な／表層的な、創造者／被創造者、などといったもろもろの区別が、真理と虚偽の区別に取って代わる。自分たち自身の経験からは何の導きも得ることのできない他の多くの人々にとっては、自分以外のある人間の個人的な価値が導きの星となる。創造者は人々のなかで最も稀な人間であり、それゆえ、他の人々はみな創造者を必要とし、これに従うのである。

真正の価値とは、人生を生きることを可能にする価値であり、偉大な行為と思想を産みだす一国民を形成しうる価値である。モーセ、イエス、ホメロス、ブッダ、これらの人々は創造者であり、地平を形成した人々である。すなわちユダヤ文化、キリスト教文化、ギリシア文化、インド文化の創設者である。彼らを際立たせたのは、彼らの思想が真理だということではなく、その思想が文化を産出する能力をそなえていたということである。価値は、それが生活を維持し強化するときにのみ価値なのである。人々のもつ価値のほとんど全部は、創始者の価値の多少ともかすれたカーボンの写しにすぎない。平等主義は体制同調主義を意味している。なぜなら、古い価値、すなわち他の人々による出来合いの価値を利用することしかできない不毛な人々に、平等主義は力を得させるからである。しかも、この出来合いの価値には生彩がなく、その称揚者たち自身はこれに傾倒《コミット》していない。平等主義は理性に基づいているが、理性は創造性を否定する。ニーチェはことあるごとに合理的平等主義に対する攻撃をおこなっている。ニーチェの著作は、今日の価値に関する習慣化したおしゃべりがどんなに無駄口であるかを示している——したがって、左翼の側がニーチェをもちあげるのはいかにも驚きなのである。

価値は合理的ではないし、それに従う人々の本性に基づいてもいない。それゆえ、価値は押しつけられねばならない。価値はそれと敵対する価値を負かさねばならない。合理的説得では価値を人々に信じさせることはできない。だから、必ず闘争が起こる。価値を産みだしそれを信じるということは、意志の行為である。理解力が欠如していることではなく、意志が欠如していることが、決定的な欠陥となる。傾倒《コミットメント》こそ唯一の道徳的な徳である。なぜなら、それは行為者の真剣さを示しているからである。生きている神が自前の価値に取って代わられたとき、傾倒は信仰と等価なものとなる。それはパスカルの賭けと言ってもよいが、もはや神の実在に対する賭けではなく、自己自身と自らの力で設定した目標とを信じる自分の能力に対する賭けである。傾倒がもろもろの価値を価値づけ、それらを価値あるものにする。真理への愛ではなく、知的誠実が精神の本来の状態を特徴づけるものとなる。価値のなかに真理は存在せず、人生に関して見出される真理など人好きのするものではない。したがって、自分が何者であり、自分は何を経験しているかという問いに直面する際、自分自身の神託に伺いをたてることができるかどうか――これが、本物の自己の証明である。熟慮ではなく決意が行為の原動力である。人は未来を知ったり計画したりはできない。人は未来を意志しなければならない。プログラムはない。偉大な革命家は過去を破壊し、創造力の自由な活躍のために未来を拓かねばならない。政治は革命的である。だが、名誉革命やアメリカ革命〔独立戦争〕、フランス革命やロシア革命とは違って、新しい革命はプログラムをもつべきではない。新しい革命は、知的誠実さをそなえ、それに傾倒《コミット》した、意志強固な創造的人物たちによって遂行されねばならない。ニーチェはファシストではなかった。しかし、こうした構想はファシストの雄弁を鼓吹した。その雄弁が期待していたのは、左翼革命の合理的で根のない世界主義とは正反対の、もろもろの古い文化の復興もしくは新しい文化の創造であった。

ニーチェは文化相対主義者であった。彼には、それが何を意味しているのかが分かっていた。それは戦争、すなわち大いなるあわれみではなく大いなる残酷である。戦争は根本的現象である。ときには平和が戦争を圧倒することもあるが、そのやり方はいつもきわめて危なっかしい。自由主義的民主主義社会はおたがいに争わない。なぜなら、それらの社会では、同一の人間本性と同一の諸権利がどこでも誰にでも適用可能であることを人々が理解しているからである。しかし、さまざまな文化はおたがいに争う。いや、文化はおたがいに争わざるをえないのだ。というのは、他者と論じあうのではなく他者を打ち負かすことによるしか、価値を主張したり定立したりはできないからである。もろもろの文化は異なった知覚をそなえており、その知覚によって世界がどのようであるかが決定される。文化はたがいに折り合いをつけることができない。最も高い次元のことがらに関しては、コミュニケーションは存在しない（人々がたがいに誤解し合っていて、彼らが引き合いに出せるような、共有された共通の世界が存在しない場合に、コミュニケーションが理解の代用となる。自己と文化の閉鎖系の孤立状態から出て人々は「触れ合おう」と試みるが、しばしば「コミュニケーションの失敗」にあう。いかにして諸個人と諸文化がたがいに「関係し合う」ことができるのか、それはまったく神秘的なことがらである)。文化はカオスに対する戦いを意味するが、同時に他の諸文化に対する戦いも意味している。文化という観念そのものがひとつの価値をともなっている。つまり、人間には文化が必要であって、文化を創造し維持するのに必要なことをしなければならないのだ。純粋に理論的な生活を送っている人間には自分の身を置く場所がない。生きるためには、すなわち何らかの内的実質をもつためには、人間はもろもろの価値を抱かねばならない。つまり、傾倒《コミット》もしくは〈アンガージュ〉しているのでなければならない。したがって、文化相対主義者は真理よりも文化を大切にして、その文化が真理ではないと知りながら文化のために戦わねばならないのだ。

　何としてもこれは不可能なことである。ニーチェは生涯を通じてこの問題と格闘し、おそらくは満足な解決を得られなかった。しかしニーチェは、科学的な見方が文化にとって致命的だということ、通常の政治的もしくは道徳的な文化相対主義者がいかなる文化ももちえない運命にあるということを知っていた。たんなる相対主義とは反対に、文化相対主義は、一方で信じるための基盤を掘り崩しながら、信じる必要を説くのである。

　ニーチェは文化という観念を彼の哲学上の先行者たちからさほどためらいなく継承したように見える。ニーチェの見解によれば、文化とは、人間においてとくに人間的なものは何かを説明する唯一の枠組みである。人間は純粋な生成であり、自然界の他のどんな存在とも異なっている。そして、人間は文化においてこそ自然を超越したもの、特定文化以外にいかなる生存の様式も支えもないものに生成する。植物や他の動物の現実性は、それらがもつもろもろの潜在能力のうちに含まれている。しかし、これは人間にはあてはまらない。それは、人間という同一の種子から生まれながら、本質的に異なった多くの文化の花々が咲き誇っていることが示しているとおりである。ニーチェの功績は、完全に非妥協的な態度で、かの文化という観念からさまざまな帰結を導き出し、それらとともに生きようとしたことであった。そのなかで人間が端的に人間であるような完全無欠のひとつの文化――ギリシアの、中国の、キリスト教の、仏教の、といった接頭辞をもたない文化があれば、多くの文化は必要がない。にもかかわらず、現実に多くの文化が存在するなら（すなわち、ひとつの最善の政体の輪郭を描いているプラトンの『国家』がたんなる神話であり、プラトンの空想の所産であるなら)、そのときには「人間」という語そのものが背理となる。文化の数だけ多くの種類の人間が存在し、人間について単数形で語りうるような見地はなくなる。これはたんに人間の習慣、風習、儀礼、流行の様式にのみあてはまるのではなく、何よりも人間の精神にあてはまることだ。文化の数だけ多くの異なった種類の精神が存在するにちがいない。もしも精神そのものが文化と相対的な事物のなかに含まれないのなら、文化相対主義の主張は取るに足らない。それはいつも受け容れられてきた主張にすぎない。それでいて、誰もが文化相対主義を好みながらも、自分にかかわるものはそれから除外したがる。物理学者は自分の学問の前提である原子を救おうとし、歴史家は出来事を、道徳家は価値を救おうとする。しかし、それらはみな同等に相対的なものである。もしもひとつの真理にとってこの相対性という流転を免れる方法があるのなら、多くの真理がこの流転を免れていないとする根拠は、原理的にはない。そしてそのときには、流転、生成、変化、歴史といった類いのものが基本的なのではなく、むしろ科学と哲学の不易の原理である存在が基本的なものとなる。

ニーチェの長所は、文化的・歴史主義的にものごとを処理する際に、哲学的思索が根本的な問題であることに気づいていた点である。ニーチェはそこに怖るべき知的および道徳的な危機がともなうことを認識していた。彼が思索をおこなう際、いつもその中心には「私がいまおこなっていることをなしうるのはいかにして可能か」という問いがある。ニーチェは文化相対主義の教えを自分自身の思想に適用しようとした。これは実際には他の誰もしていないことである。たとえばフロイトは、人々は性と権力への欲望に動機づけられていると言っているが、フロイトはそれらの動機を自分自身の科学や自分自身の科学的活動を説明するのに用いはしなかった。しかし、もしフロイトが真の科学者でありうるならば、すなわち、真理への愛によって動機づけられた者でいられるのならば、他の人々も同様でありえよう。その結果、人々の動機についてのフロイトの説明はまったく台無しになる。あるいは、もしフロイトが性もしくは権力に動機づけられているのなら、フロイトは科学者ではなく、彼の科学は、それらの目標に達するための多くの可能な手段のうちのひとつにすぎなくなる。この矛盾は、自然科学と社会科学の全域を貫いている。これらの科学は事物についてのひとつの説明を提供しはするが、その説明は、その科学の実践者のふるまいを説き明かすことがどうしてもできない。利潤についてばかり語る経済学者がすぐれた道徳家であったり、党派的利害以外のものは見ようとしない政治学者が公共的精神の持ち主であったり、宇宙のなかに不自由——運動物体を統べている数学的法則——だけを認識している物理学者が、一方で自由のための要請書に署名したりもする。彼らは、科学を科学それ自身によって説明し、理論的な生き方に根拠を与えることがいかに困難であるかを示す兆候である。こうした困難さは近代の初頭以来、精神生活につきまとってきたが、文化相対主義によってとくに深刻なものとなった。この困難さに応えて、ニーチェは自分自身の哲学に関して危険な実験を自覚的におこなった。ニーチェは彼の哲学の源泉を、真理への意志ではなく、権力への意志として扱ったのである。

　哲学を新たに始めるために、ニーチェは次の観察から出発する。すなわち、聖なるものについて共有された感覚がひとつの文化を認識する最も確実な方法であり、文化とその諸相を理解する鍵である、ということである。ヘーゲルはこのことを彼の歴史哲学で明確にし、ギリシア民族と異民族に関するヘロドトスの研究に同一の認識を見出した。ある国民が何に額づいているかを知れば、その国民が何であるかが分かるのだ。しかし、ヘーゲルは誤りを犯した。つまり、ヘーゲルは、完全に合理的な神、文化の要求と科学の要求とを両立させる神が存在しうると信じていたのである。それでもヘーゲルはまた、そんなわけにもいかないことを、ミネルヴァのフクロウは黄昏に飛び立つ〔ヘーゲル『法哲学』序文の著名な一節〕と語ったとき、ともかくも理解していた。このことばは、ひとつの文化はそれが終焉したときにのみ理解できることを意味している。ヘーゲルが西欧を理解した瞬間は、西欧の終わりと一致していた。西欧は脱神話化され、霊感を与える力と未来の見通しとを失った。したがって、神話が文化に生命を吹きこむこと、神話を作る者が文化と人間を作る者であることは、明らかである。そのような人々は哲学者よりもすぐれている。哲学者は詩人が作るものを研究し分析するにすぎない。ヘーゲルは詩が予言する力を喪失したことを認めるが、哲学で十分であろうと信じて自らを慰めている。

　ニーチェが自分のまわりに目にしていた芸術家たち、最も才能豊かな芸術家たちが、この喪失を立証していた。彼らはニーチェがデカダンと呼ぶものだったが、それは、彼らの能力が劣っていたり、彼らの芸術が印象的でないからではなく、彼らの作品が芸術の無力さの歎きであり、醜い世界の描写だからである。詩人たちは、その醜い世界に自分たちは影響を与えることができない、と思っている。フランス革命の直後には途方もない芸術的な活気が漲り、詩人たちはふたたび自分たちが人類の立法者となりうると考えていた。新しい文化の哲学が芸術家たちに与えた使命感が、彼ら芸術家たちを勇気づけた。その結果、新たな古典時代が誕生した。理想主義とロマン主義が、事物の秩序のなかに崇高なるもののための場を切り拓いたように思われた。しかし、一世代か二世代のあいだにこの雰囲気は著しく腐臭を放つようになり、芸術家たちはロマン主義的ヴィジョンをいわれのない悪ふざけとして表現し始めた。ボードレールやフローベールのような人々は、公衆に背を向けて立ち去り、彼らの直接の先行者たちの道徳主義とロマン主義的な熱狂を笑いものにした。愛なき姦通、罰もしくは償いなき罪、これが芸術のより本来的なテーマとなった。世界は脱魔術化された。ボードレールは罪を犯す人間をあたかもキリスト教のヴィジョンのなかでのように描いたが、神の救済の希望はいだかなかった。彼は〈偽善の読者〉〔ボードレール『悪の華』の詩句〕の信仰心が欺瞞であることを見通していたのである。そしてフローベールは、勝利を得たブルジョアジーに対する毒にみちた憎悪に溺れた。文化はブルジョアジーの虚栄心を養う飼葉にすぎなかった。さまざまな偉大な二元論は崩壊した。そして、芸術、創造性、自由は、決定論とちっぽけな私的利害に呑みこまれてしまった。彼の最も偉大な創造物である薬剤師オメー氏〔『ボヴァリー夫人』の登場人物〕のなかに、フローベールは、近代性をなしていたもの、近代性をなすはずであるもののいっさいを封じこめた。オメー氏は科学と進歩と自由主義と反教権主義の精神を代表している。彼は健康に留意して、用心深く生きている。彼の教養にはこれまで考えられ発言された最良のものが含まれている。彼はいままでに起こったことは何でも知っている。彼は、キリスト教が奴隷の解放を助けたこと、だが歴史上有用だった時期の後になってもまだ生きつづけていることを知っている。歴史が存在したのは、偏見なき人間である彼オメー氏を産みだすためだった。彼は何でも心得ており、彼の理解を越えるものは何ひとつない。彼はジャーナリストであり、大衆の啓蒙のために知識を撒き散らす。あわれみが彼の道徳上のテーマである。しかも、こうしたことすべてはちっぽけな〈利己心《アムール・プロプル》〉以外のものではない。社会が存在するのは、彼オメー氏に名誉と自尊心を与えるためである。文化は彼のものである。描写するのにふさわしい英雄も、鼓舞すべき聴衆も存在しない。人々はみな何らかの意味で実業にかかわっている。ボヴァリー夫人はオメーの引き立て役である。彼女にできるのは、存在せず、存在するはずもない世界と人々を夢想することだけだ。この現実の世界では、彼女は一人の愚か者にすぎない。近代の芸術家たちと同様に、彼女は実現しようのない目標を抱いた純粋な憧れなのである。彼女の唯一の勝利、唯一の自由な行為は自殺である。

ニーチェは、これらのデカダンやペシミストやニヒリストの原型たちが啓示的であるのに気づいている。同様にニーチェは、そのコインの裏面をなす偉大な行為や情熱の捏造者たち、とくにワーグナーが啓示的であると気づいている。ニーチェは前者を軽蔑するが、それは、彼らが誠実さを欠いていたり、自分たちのまわりの世界を描写するのに不正確だからではない。ニーチェが軽蔑するのは、彼らが、かつては神々と英雄が存在したこと、それらが詩的想像力の所産であったこと――これは、詩的想像力がふたたびそれらを産みだしうることを意味している――を知っていながら、それでいて、自分自身で創造しようとする勇気も決断力もそなえていないからである。それゆえ、彼らには望みがない。彼らだけがまだ憧れることができるのに、彼らはキリスト教の神の秘かな信仰者なので、あるいは少なくともキリスト教の世界観を信じているので、真に新しいものを信じることができない。海図に記されていない嵐の海に出帆するのを彼らは怖れている。ドストエフスキーただ一人が魂の活力をそなえていて、デカダンスに抗しうることを証明している。ドストエフスキーの無意識は、キリスト教の良心に濾過されて、禁じられた欲望、犯罪、自己を卑しくする行為、感傷性、残忍さなどの表現をとる。しかし、ドストエフスキーは潑剌としているし、奮闘している。彼は、動物的なものやわれわれの奥底で沸き立っているいっさいのものが、なおも健全であることの証明なのである。

あらゆる現象のなかで、芸術家は最も興味深い現象である。というのも、芸術家は人間の定義である創造性を代表しているからである。芸術家の無意識は、怪異なものと夢に満ちている。無意識は意識に対してもろもろの像を与え、意識はそれらを所与として、「世界」として受け取り、そしてそれらを合理化する。合理性とは、何ら理由のないもの、あるいは不合理なものに、もっともな理由を与える働きにすぎない。われわれは自らの行為をわれわれが個別的であるという宿命からなすが、しかしわれわれはそれを説明し、意思の疎通をしなければならない。後者に意識の役割がある。そして、意識が無意識によって豊かな蓄えを与えられたときに、意識の活動は実り豊かになる。それゆえ、そのときは、意識で十分だという幻想も、健康的ですらある。しかし、数学的物理学が今日おこなったように、無意識から授けられた自らの遺産を意識が切り刻み嚙み砕いてしまえば、滋養のある草はもはや十分には残っていない。いまや意識は補充を必要としている。

こうしてニーチェは、近代の芸術家、心理学者、人類学者たちが探検する広大な地帯を開拓した。彼は、この上なく暗い無意識あるいはアフリカの奥地に、枯渇したわれわれの文化に生気を与えるものを求めたのである。ニーチェが断言したことのすべてが正しいとはいえないが、その魅力は否定できない。ニーチェはルソーとともに旅路の果てまで赴き、さらにそこを越えた。アメリカ人がさほど興味を惹かれない近代性の側面、すなわち、政治的な解決策を追求するよりも人間をその豊かさあるいは完全性において理解し満足させることを追求する側面は、自らのこよなく深遠な主張をニーチェに見出す。ニーチェは、生命が甘美であるというかの第二の自然状態の頂点を表わしているのだ。何にもまして、ニーチェは芸術家の友だった。そして芸術家たちは、ニーチェが学者たちのあいだで悪評を買っていたときに、彼をいち早く認めた人々であった。ニーチェの影響が芸術家たちのあいだで最も実り豊かであったのは明らかである。リルケ、イェイツ、プルースト、ジョイスのことを考えてみるだけでよい。ニーチェに対する最も大きな哲学的賛辞はハイデガーの著書『ニーチェ』だが、その本の最も重要な部分は「芸術としての力への意志」と名づけられている。

平板で乾からびた意識のスクリーンに補いを施すことによって、ニーチェは、われわれが人間を理解するために、魂に似たものを回復させた（この乾からびた意識は、純粋な知性の働きによって、人間の残りの部分を、何か異質なもの、物理学、化学、生物学が研究するほかの対象と同じように、物質に生じる効果の束と見なしている）。無意識がいっさいの非合理的なもの――なかんずく聖なる狂気とエロス――に取って代わった。この非合理的なものはかつて魂の一部であったが、近代においては意義を失っていたのである。無意識は、意識とひとつの全体としての自然とをつなぐ環を与え、それとともに人間の統一を回復する。ニーチェは心理学を最も重要な研究としてふたたび可能にした。ここ百年のあいだの心理学における興味深い事柄のすべては――たんに精神分析学のみならず、ゲシュタルト心理学、現象学、実存主義も――ニーチェが発見した精神の大陸の内部で生起したのである。しかし、理性の地位が変化したため、自己と魂との差異は依然として大きいままである。啓蒙主義は、理性がどんな欠陥をそなえていたかにかまわず、理性を中心に据えたが、ニーチェにおける人間の再構成は、理性に犠牲を要求した。ニーチェの魅力がどれほどであろうと、また、魂を愛する者を励ますために彼がどんなことを口にしていようとも、理性の犠牲というこの決定的な点において、ニーチェはプラトンから遠く離れている。デカルトやロックがプラトンを離れたよりも、さらに遠く。

ニーチェの心理学は、神への衝動に関心を寄せる。というのも、この衝動のうちに自己は自らの能力すべてを並べ、展示しているからである。そしてニーチェの影響によって、知的世界には、宗教そのものではないにしろ宗教的な興味が新たにどっと湧き起こった。神とは神話である、とニーチェは教えた。もろもろの神話は詩人によって作られる。これはまさに『国家』においてプラトンが述べていることである。しかもプラトンにとってこの主張は、哲学と詩のあいだの宣戦布告に等しい。哲学の目的は真理を神話と置き換えることである（神話とは、まさしくその定義からして、虚言のことである。これは、ニーチェ以後われわれが神話に魅了されているために、しばしば忘却されている事実である）。まず初めにもろもろの神話があり、それが人々に最初の見解を植えつける。だから哲学とは、とりもなおさず、自由と本性に応じた生活とのために、真理の側に立って神話を批判的に解体することである。プラトンの対話篇で描かれているような、一般に受け容れられている意見を問題にし、論駁するソクラテスは、哲学的な生き方の模範である。しかも、自分たちの神話を信じなかったというかどで、同郷人の手によってソクラテスは処刑されたが、彼のこの死は、哲学のさまざまな危険を集約している。ところがニーチェは神話に関する同じ事実から、正反対の結論を抽きだした。本性も、そのような自由も、存在しない、と彼はいう。哲学者たる者は、ソクラテスがおこなったのとは反対のことをしなければならない。こうしてニーチェは、古来ソクラテスを攻撃した最初の哲学者である。それは、ソクラテスの生が模範的な生ではなく、いっさいの高貴さを欠いた、腐敗した奇怪な生だからである。ソクラテスが骨抜きにし浄化した悲劇的な生こそが、真摯な生なのである。新たな哲学者は詩人の盟友であり、詩人の救助者である。あるいは、哲学それ自体がこよなく高尚な詩なのである。古い様式の哲学は、脱神話化し、脱神秘化する。それは聖なるものに対する感覚を何ひとつそなえていない。そして、世界を脱魔術化し、人間を根こそぎにすることによって、この哲学はひとつの空虚に行き着く。その追求の終局において哲学が虚無を見出すという意外な事実は、新たな哲学者にこう告知する。すなわち、ひとつの世界を作るためには、神話の制作が哲学者の中心的な関心事でなければならないのだ、と。

　社会的・政治的な経験を宗教的な神話制作あるいは価値定立と見なすこの解釈がアメリカ人の血流に浸透する際には、マックス・ウェーバーの用語が大きな影響を与えた。ここアメリカでのウェーバーの成功は奇跡的だ、と私は言いたくなる。よい例が、彼の考案した「プロテスタント倫理」という用語である。私は、近代のさまざまな神秘への手ほどきを受けているときに、シカゴ大学の社会科学の最初の課程で、この名前をもつウェーバーの本〔『プロテスタンティズムの倫理と資本主義の「精神」』〕を読んだ。この課程は社会科学の「古典」を概観するものだったが、その古典にはマルクスも含まれていた――『共産党宣言』だけでなく、『資本論』にも十分な注意が払われていた。もちろん、「資本主義」の公的な代弁者であり、資本主義の創設者とさえ見なされてもおかしくないロックもスミスも、古典のリストには登場しなかった。なぜなら、われわれは同時代の社会科学者が真剣に取りあげることができる思想家を扱っていたからである。マルクスは資本主義の出現を、誰にも左右できない歴史の必然として、すなわち物質的な所有関係をめぐる階級闘争の結果として説明した。マルクスにとっては、プロテスタンティズムは、生産手段の資本主義的支配を反映した、ひとつのイデオロギーにすぎない。当時私には分からなかったし、私の先生たちが理解していたとも思えないのだが、もしもウェーバーが正しいのなら、マルクスには――彼の経済学と彼のいう革命、要するにマルクス主義とそれが必然的に生みだすさまざまな種類の道徳的共感には――とどめが刺されたのである。[c] ウェーバーは次のことを証明すると称した。すなわち、そのような物質的な必然性は存在しないということ、人々の「世界観」あるいは「価値」が人々の歴史を決定するのであり、精神が物質を従わせるのであってその逆ではない、ということである。この考え方は、個々人がひとかどのものであるということ、人間は自由をもち統率の必要があるということ――こうした近代以前の見解を復活させる結果をともなう。ウェーバーは言った。資本主義の発達にとって決定的であったのは、カルヴァンの後継者たちによって日常化された、カルヴァンのカリスマであり、これに結びつけられたヴィジョンであった、と。しかし、ウェーバーのいうカリスマ的指導者は、ロック、モンテスキュー、スミスや「フェデラリスト」〔強力な中央政府の確立を主張する連邦主義者〕らによって期待された合理的な政治家と、どんなに違っていることか。合理的な政治家は、理性によって把握され、本性のうちに明らかな根拠をもつ諸目的に向かって努力する。すべての理性的な人間が理解すべきこと――まじめで安全で豊かな自由を得るためには、厳しい労働が要求されるということ――を理解するのに、彼らにはどんな価値も創造的ヴィジョンも必要ではない。この点では、マルクスの方がこの政治家たちの信念の核心に近かった、と論じることができる。マルクスによると、人々は歴史的過程の掌のうちにあるのだが、その過程それ自体は合理的であって、人間の合理的自由をその終局目的としているからである。ともかく、人間はどこまでも理性的動物である。

一方ウェーバーは、カルヴァン主義者たちによって定立された「価値」の合理性を否定する。つまり、それらの価値は「熟慮されたもの」ではなく「決意されたもの」、混沌とした世界に強力な個性的人物によって押しつけられたものであって、プロテスタント信者の自己以外にどんな基盤ももたない「世界観」、あるいは「世界解釈」である。世界をプロテスタントたちにとって現にあるような世界としたのは、それらの「価値」である。これらの価値は、まず第一に意志の行為である。この行為が自己と世界を同時に構成する。そのような行為は非理性的であるにちがいない。つまり、その行為には何の根拠もない。混沌とした宇宙では、理性は非理性的なのである。なぜなら、自己矛盾が不可避なのだから。予言者が政治家の純粋な模範となる——これにはきわめて根本的な諸帰結がともなう。これはアメリカの社会科学における何かしら新しいものの見方であって、新しい種類の因果律——自然科学で知られているのとは全く異なる因果律——が舞台に登場したことを明確にするはずだった。だが、実際にはそうはならなかった。

それにもかかわらず、ウェーバー的な用語とその用語がもたらす世界の解釈とは、野火の広がる勢いで人気を博した。私は、日本人的プロテスタント倫理、ユダヤ人的プロテスタント倫理について読んだことがある。そのようなことば遣いは明らかに愚かしいということが何人かの者に思いあたったとみえて、そこでいまや「プロテスタント倫理」に対して「労働倫理」が次第に取って代わりつつある。しかし、これはたんなることば尻の修正にすぎず、下敷として残っている観点をほとんど隠しおおせていない。自由市場に関心のある人々は、彼らが「労働倫理」という語を用いるとき、どうやら次のことに気づいていないようだ。すなわち、彼らの「合理的」システムが機能するためには、それに道徳的な補完物が必要だということ、そしてこの道徳性それ自体は合理的ではないということ——少なくともその道徳性を選択することは、彼らが理性を合理的と理解しているような意味では合理的ではないということである。労働と交換の媒介によって欲求充足を遅らせることは、全体としてのシステムにとっては意味があるかもしれないが、個々人にとってそれは議論の余地なくよいことだろうか。キリスト教徒にとって富の増大は貧困に優る、というのは自明のことだろうか。もしも労働倫理が同じくらい適切な多くの選択肢のなかの一選択肢にすぎないのなら、自由市場のシステム自体も多くのなかの一選択肢にすぎない。したがって、自由市場の支持者たちは、かつては一般に合意されていたことがもはや必ずしも信じるに足りないというありさまを目にしても、驚くべきではない。自由主義社会の合理的な道徳的基盤を支持する議論を見出すためには、真剣に（たんにひとそろいの引用を求めるようなやり方ではなく）、ロックとアダム・スミスに立ち帰らなければならない。ところが、自由市場の支持者たちは、もはやそうしようとはしない。彼らはまじめな哲学書を読んだり、そのような本を真に本質的なものと見なす習慣を失くしてしまった。だから、おそらく彼らはロックやスミスに戻ることができないのだろう。自由主義的な教え、あるいは功利主義的な教えと呼ばれるようになったものが支配的となったとき、完全に勝利した主義主張の場合つねにそうであるように、存分な議論は必要ではなくなっていった。そして、存分な古典的議論は難解であり、それゆえもっともらしい単純化された議論に取って代わられた——あるいはすっかり捨てられたのである。ロック、スミス以来の自由主義思想の歴史は、哲学の実質《なかみ》という点では、ほとんど間断なく衰退してゆく歴史だった。自由主義的経済思想あるいは自由主義的生活様式があからさまに脅かされたとき、その支持者たちは、それらを防衛するために、手あたりしだい何でも武器にした。資本主義を防衛するという唯一の目標のために、ひとつの宗教が発明されねばならないように思える。だが一方、資本主義と関係のある初期の哲学者たちは、資本主義を確立するためには、宗教は少なくとも弱められねばならない、と考えた。そして宗教は、資本主義のもろもろの悪しき傾向を抑制する——トクヴィルはそうするべきだと考えていた——のとは反対に、いまではその悪しき傾向を助長するのに使われている。

ウェーバーが、カルヴァンは実際に神から啓示を授かることができたのか——授かったとすればこの啓示は、確かに事態の面目を変えただろう——といった問題を一瞬たりとも考えなかったことは、言うまでもない。ウェーバーは独断的な無神論者であったが、カルヴァンが大ぼら吹き、ないし狂人であることを立証することなど、彼には興味のないことだった。むしろウェーバーは、カルヴァンやカルヴァン同様に宗派を創設した人物たちが誠実だ、と信じるほうを好んだ。彼らは、この世で生きかつ行動できる心理学上のきわだった類型を表わしているのであって、たんなる心情に留まらず責任の引き受け方を心得ている人物、内的な確信ないし傾倒《コミットメント》を心に抱いている人物だからである。大事なのは宗教的な経験であって、神ではない。理性と啓示とのあいだのかつての争いは、取るに足りないものである。なぜなら、双方とも誤っており、不完全な自己理解を抱いていたからである。しかしながら、啓示はわれわれに、人間とは何者であり、何を必要としているかを教えてくれる。カルヴァンのような人々は価値の創出者であり、それゆえ、歴史における行為の手本を示した人物である。われわれは、彼らの経験の根拠（神）を信じることはできないが、重要なのはそうした経験そのものである。われわれは、彼らが自分自身をどのように理解していたかを突きとめることには興味はない。むしろ、彼らの根拠である神に取って代わる神秘的な代替物を自己のうちに捜し求めることに興味を覚える。われわれは彼らのような特異な幻想を抱くことはできないし、また抱きたいとも望まない。しかし、われわれがもろもろの価値と傾倒を欲しているのは事実である。このような無神論的宗教の帰結が、信念と行動に関するウェーバーや他の多くの人々（サルトルを考えよ）の神秘的な思索とことばである。彼らの思索とことばは、宗教指導者のこれまでの言動とも、合理的政治家のこれまでの言動とも、非常に異なった域に達している。この無神論的宗教の中でこれら二種類の人々は融合する。しかしその際、前者に、すなわち信仰と信仰にともなうすべてのものの必要性に重点がおかれる。こうした分析に付随する知的装置は、これに代わる別の選択肢、とりわけ合理的な選択肢を、ややもすればおおい隠してしまうのである。

この結果、歴史を見る視野が絶えず宗教的説明の方へ歪められるということになる。世俗化は、宗教が非宗教になるのを説明するすばらしい仕掛けである。マルクス主義は世俗化されたキリスト教である。民主主義もそうだし、ユートピア主義も人権もみなそうだ、ということになる。価値評価に結びついたものはすべて宗教に由来するはずである。何か他のものを探求する必要はない。なぜなら、キリスト教が、われわれの歴史の必要にして十分なる条件だからである。こう考えると、ホッブズもしくはロックを近代民主主義というかの歴史の原因として真剣に取りあげることは不可能になる。なぜなら、皮相なる理性には価値を創出できないということ、これらの思想家たちはプロテスタント倫理に属する価値を無意識に伝えていたのだということを、われわれは知っているからだ。理性は伝達し、慣例を設け、標準化する。しかし、理性は何も創造しない。それゆえウェーバーは、われわれの伝統の合理的側面をあっさり片づける。哲学の主張は無視され、宗教の主張は崇拝される。独断的無神論は、大事なものは唯一宗教である、という逆説的な結論で頂点に達する。

「カリスマ」という派手な宗教用語はこの「世界観」から由来している。この語はあまりに忌わしい政治上の諸帰結〔ファシズム等〕をもたらしてきた。そして一方アメリカにおいては、これは最も退屈な専門語のひとつになった。シカゴには「カリスマ」という名のクリーニング屋があり、街のちんぴらの親分はみな「カリスマ的」と呼ばれている。アメリカでは、カリスマという言い方はたんなる記述ではなく、指導者の地位に関係する価値的に何かよいものを指す。この語は、指導者に生得の「何か特別なもの」のおかげによって、指導者の地位に超法規的な資格を授けるようにさえ思われる。ウェーバーはモーセやブッダあるいはナポレオンのことを念頭においていたのだが、ちんぴらの親分も形式的には彼のカリスマの定義に適合している。ウェーバーは、政治的な合法性が排除する事柄に、政治における活躍の場を与えようとしたのである。それらのものは、理性や同意——自由主義的民主主義における統治のための唯一の資格——に基づいてこそいないが、注意を払われて然るべきだと主張する。そこで、われわれの法体系がその実現を阻んでいるあらゆる煽動的な欲求が、自らを合法化しおもねるように思われる語にとびつくことには、何の不思議もない。さらに、誰もが自らの主人であると想定されている政体においては、民主主義的個人主義は表向きには指導者たちにさほど活躍の場を与えない。カリスマという語は、指導者を正当化するとともに、それに従属する者たちに恰好の口実を与える。まさにこの語は、われわれの憲法の伝統においては否定的に扱われてきた民衆煽動の資質や活動に、肯定的なひとひねりを加えるのである。そして、その曖昧さゆえに、この語は、イメージ操作に精通したペテン師や宣伝屋たちの道具となる。

カリスマとは、ウェーバーがすみずみまで承知していたように、神から与えられた恩寵の賜物であって、神の裁可を通じて人に指導者の地位を授ける。『プロテスタンティズムの倫理と資本主義の「精神」』における分析にそって、ウェーバーは自己による価値定立を、神の恩寵が人間によって形をとった真実として扱う。この恩寵の賜物に関するウェーバーの説明は、たんに記述的なものに見えるが、否応なしに規範的になってゆく。ニーチェに深く影響された数節〔『職業としての政治』〕で、ウェーバーは国家を正当な暴力——すなわち、正当と見なされている暴力——に基づく、人間による人間の支配関係として分析している。人々は確たる信念をもつときには、支配されることを内心で受け容れる。被支配者が支配者の暴力を受け容れるためには、彼が自分自身に対しておこなう内的な正当化以外に、支配の正当性を基礎づけるものは存在しない。ウェーバーによれば、この正当化には、伝統的、合理的〔ウェーバーにおける合法的に対応する〕、カリスマ的の三種類がある。ある人々は、それがこれまでのやり方であったから、という理由で服従する。別の人々は、合理的に確立された規則を守る有能な公務員に従うことに同意する。また他の人々は、ある個人の非凡な恩寵の賜物に魅了される。この三つのなかで、カリスマ的正当性が最も重要である。保守主義者がどう考えるかは知らないが、伝統は、伝統的ではないものから始まったのである。伝統には一人の創始者があり、その創始者は保守主義者でも伝統主義者でもなかったのだ。その伝統を満たしている根本的な価値は、その創始者の創造物であった。伝統とは、幸運な少数者が創造者とともに霊感の高みで暮らせた魅惑的な瞬間を、いつまでも継続させたものである。伝統は、かの霊感を、貪欲さや虚栄心といったどこにでもあるありきたりの人間の動機に適合させる。こうして、伝統はカリスマを日常的なもの《ルーティーン》に変えるのである。伝統がいまのように存在するのは、それが初めにそなえていた推進力のおかげである。したがってカリスマは、カリスマ的正当性と伝統的正当性の双方の条件なのだ。それはまた、正当性の傑出した形態でもある。合理的なものにはカリスマが浸透してはいないので、公務員——官僚——は真の決断をおこなったり、責任を引き受けたりすることができない。彼ら公務員は、当世風にいうなら、政策の大綱を決定することができない。あるいは、もっと古風な表現を用いれば、目標を設定することができない。たんなる有能さは、すでに設定された目標に奉仕しうるだけであり、設定された規則に従って決定しうるだけである。正しい方向を——いや、とにかく何らかの方向を——指してゆくためには、少なくともこの有能さをカリスマ的な指導力によって補完しなければならない。したがって、ここでもカリスマが頂点に立つことになる。価値の創造、すなわち一国民を形づくり、彼らがそのおかげで暮らせるような法の石板を書き記すという行為は、ニーチェが語るように、存在の殻にくるまれた木の実なのである〔『ツァラトゥストラはかく語りき』に「評価がなければ存在の胡桃はうつろであろう」の一節がある〕。

ウェーバーの分析とカテゴリーにどんな長所があるかはともかくとして、それらは大勢の知識人のバイブルとなった。ウェーバーが認めていたように、それらの分析とカテゴリーはたんに学問上の練習問題ではなかった。それらは、二〇世紀の危機に対するウェーバーのヴィジョンを表わしていた。実際のところ、支配の形態に関する事実と称されたことが、同時に価値についても語っていたのである。伝統に基づく政体は、その推進力を使い果たして、絶滅の途上にあった。合理性に基づいた政体は、率直に言って、耐えがたい否定性の極致である「最後の人間」のための管理機関となりつつあった。そこで、西欧の政治に生気を回復させるために、ある種のカリスマ的指導を試みることが是非とも必要であった。このウェーバーの分析全体は、ニーチェが正しかったという確信、最後の人間は考えられるかぎり最悪の人間でもあるという確信、もっと一般的に言えば、ニーチェの理性批判が正しかったという確信に基づいていた。

カリスマ的政治につきまとう問題は、それがほとんど定義不可能だということである。カリスマ的政治の実例を過去から指摘することはできるかもしれないが、それらは模倣を許すものではない。もしも政治が芸術のさまざまなスタイルのようなものであるなら（これは、ウェーバーが「ライフスタイル」という用語を考案した際に取りあげた考えである）、前もって政治に対して定めておけることは何ひとつない。確固とした原理も、行動の綱領も存在しない。言いうることはせいぜい、「自分自身であれ！」、「独創的であれ！」、「さあ、やれ！」といった類いのことである。カリスマは、極端なもの、法外なものを指す決まり文句なのである。そのうえ、指導者には追従者が必要であり、それゆえ、追従者たちが望むとおりの役割を演じようとする誘惑が、指導者には絶えずつきまとう。そして最後に、本物のカリスマを見分けるのはきわめて困難である。カリスマ的指導者自らの恩寵が神に由来すると言うが、こうした指導者が本物であるかどうかを識別する説得的な検査など、周知のとおり、得がたかった。その恩寵が神よりはるかに不可思議な「自己」に発している指導者となると、実際に検査は不可能であることが分かる。ともかく、ウェーバーの診断によれば、現代の状況は根本的な治療を必要としており、その病のために処方されたのがカリスマ的指導者なのである。

ウェーバーがこう書いていたそのとき、地平線のすぐ向こうにヒトラーがいた。ヒトラーは、たしかに伝統的でも合理的‐官僚的でもない指導者であり、〈総統《フューラー》〉であった。彼はウェーバーが期待したカリスマ的指導者——煽動政治家《デマゴーグ》——の、気違いじみた怖るべき戯画だった。すべての者ではなくとも、多くの者が満足したことには、ヒトラーは、最後の人間がすべての人間のなかで最悪ではないということを証明してくれた。ヒトラーの実例は、政治的想像力がこの方向で実験をおこなうのを妨げるはずだった（実際はそうはならなかったのだが）。ウェーバーは上品な政治的天性をそなえた立派な人物であり、ヒトラーに対しては嫌悪と侮蔑以外のものをいだきはしなかったであろう。ウェーバーが望んでいたのは、ドイツの政治上の病に対する穏健な修正だった——ドゴールがフランスの政治にもたらしたのとほぼ同じものである。しかし、ニーチェによって開かれたニヒリズムの広大な空間にあえて飛びこんでしまうと、限度を設けるのは困難である。そこでは、中庸と穏健はまったく場違いなものとなる。ニーチェに影響され、ニーチェを大衆化はしても、過激主義——ニーチェは、自己を善悪の彼岸に定立すれば、これが結果として生じると主張した——がよいとは信じていなかった多くの真摯な人々がいたが、ウェーバーはまさに彼らの一人だった。行方の定かでない未来には、多くの不意打ちが待ちかまえている。ニーチェのこれらの追随者たちは、理性ともども善悪を放棄する手助けをすることで、何が理性と善悪に取って代わるのかについては確信はもたぬまま、結果としてはヒトラーに至る道を準備したのである。ウェーバーがわれわれアメリカ人にとって格別に興味深いのは、彼がアメリカという約束の地の選ばれた使徒であったからである。驚くべきは、たんに、ウェーバーがわれわれに遺贈した重い意味をもった用語が、一般に人気を博しているということだけではなく、真面目で通っている人物のあいだで、政治現象に関するウェーバーの明瞭な見解が、やはり頑固に保持されているということである。ヒトラーは、ここアメリカやヨーロッパで政治についての再考を惹き起こしはしなかった。事実は正反対である——ヨーロッパでヒトラーに先行していた思想がここアメリカを征服したのは、われわれがヒトラーと戦っているあいだのことなのである。ヒトラーに少なくとも何がしかの励ましを与え、われわれがヒトラーを理解するうえでは何の準備にもならなかったあの思想が、いまでも依然として支配的なのである。

一九三〇年代にドイツの社会民主党員のなかには、次のことに気づくようになった者がいた。スターリンと並んでヒトラーにも、自分たちが以前に用いていたウェーバーの分析用語はぴったり一致しない、と。そこで彼らは、ヒトラーやスターリンを評するために、「全体主義的」という語を採用し始めた。こうすることによって、政治学に対するウェーバーの概念の狭さを十分に修正できたかどうかは疑問である。「カリスマ的」という語が必ずしも何かよいものを意味せず、好意的な価値判断をともなわないかぎり、この形容詞は実際にヒトラーに適していた。私の推測では、人々は次の理由でウェーバーを放棄したのではないかと思う。すなわち、ウェーバーが誤っていたという考えを彼らが直視できなかったこと、つまり、彼らが受け容れ普及した思想がファシズムを支持する手助けとなったかもしれないという可能性に、彼らが面と向かい合うことができなかった、ということである。ハンナ・アーレントは、おそらく無意識にだろうが、著書『エルサレムのアイヒマン』のなかで、私のこの臆測を立証した。そこで彼女は、アイヒマン〔元ナチ高官、アルゼンチンで捕えられ、イスラエルで処刑。一九〇六－六二〕を評するのに、いまでは名高い「悪の凡庸さ」という文句を用いた。この見え透いたかくれみのの下に、ウェーバーのいう「カリスマの日常化《ルーティーン》」を識別するのは困難ではない。それならば、ヒトラー自身はカリスマ的であったと言わねばならない。ヒトラー以後、誰もが道徳性という安全な隠れ家へと駆け戻ったが、実際には誰一人として善悪についての真剣な思索には赴かなかった。もしそうしていたなら、アメリカの大統領やローマ教皇が、あえて価値について語るようなことはないだろう。

私が示そうと試みてきたように、「価値」や「カリスマ」などからなるこうした言語全体には、宗教的なものが、政治的なもの、社会的なもの、個人的なもの、これらすべてのものの源泉である、ということがほのめかされている。しかもこの言語は、いまでもその種の宗教的な意味合いを伝えているのである。しかしこの言語は、宗教を再確立するということには何ら寄与してこなかった――これはわれわれをかなり困惑させることだ。われわれは、さまざまなカテゴリーを盾にとって、われわれの生活様式の基盤である合理主義をことばの上では拒絶しながら、その合理主義に取って代わるものを何ひとつもってはいないのである。宗教の本質が次第に腐臭を放つ希薄なガスとなってわれわれの大気全体に拡がってゆくにつれて、聖なるもの（the sacred）という信じられないくらいもったいぶった名称の下で宗教に関して語ることが、次第に尊敬すべきこととなった。ドイツの思想が合衆国へ最初に侵入してきた時点では、大学のなかには、宗教の不明瞭さに対する一種の科学的軽蔑があった。宗教は学問的な方法で研究されていたかもしれないが、それは、われわれが克服に成功した過去に属するものとしてであり、信者といえば、とにかく無知の徒《やから》か病める者だった。新しい社会科学が道徳的、宗教的に汚染された教えに取って代わると考えられていたのだ。ちょうど、一般に流布されている神話によれば、ガリレオ、コペルニクス、ニュートンその他が、暗黒時代の迷信を打ち砕く自然科学を創設したのと同じように。この国土には、啓蒙主義あるいはマルクス主義の精神がまだ幅をきかせており、宗教と科学との対置は偏見と真実との対置に等しかった。社会科学者たちは無邪気にも、自分たちの新しい道具立てが正統的な二分法を受け容れない思想に基づいている、ということに気づいてはいなかった。つまり彼らは次のことを見なかったのである。ヨーロッパの思想家たちは、たんに政治の場面で、宗教的演技者のようなものを捜していたわけではないのであって、新しい精神そのもの、あるいは自己が、デカルトやロックの見地と同じ程度に、パスカルの見地とも少なくとも多くのものを共有していた、ということである。聖なるもの――自己の中心を占める現象であり、科学的な意識には認識しえず、宗教的本能を喪失した無知なる通行人によって足下に踏みにじられているもの――は、価値に関する学説が始まったときから、ドイツでは思想家たちに真剣に取りあげられていた。それは、彼らが「価値」というものが実際に何を意味しているのかを、理解していたからである。聖なるものが危険のないものと考えられ、ここアメリカにおいて相応の名誉を博するためには、聖なるものにまつわるあらゆる確信を柔らげ、あらゆる区別をぼかしてしまうことが必要だった。

　もちろん、われわれの使い方では、聖なるものは神とは何の共通点ももっていない。それは、価値がモーセの十戒と、コミットメントが信仰と、カリスマがモーセと、ライフスタイルがエルサレムやアテナイと、それぞれ共通点をもってはいないのと同じことである。聖なるものは、食べ物やセックスと同様、ひとつの必需品であることが分かる。それゆえ、秩序のゆきとどいた共同体においては、他の要求と同じように、聖なるものもまた満たされねばならない。アメリカ初期の自由思想家の熱狂に見られるように、われわれアメリカ人は聖なるものを無視しがちだった。しかしいま、ちょっとした儀式はよいものだとされている。一世代前には文化が有益な補完物と考えられたように[5]、いくらかの伝統とともに聖なる空間が用意されねばならない、というわけだ。これらのことばが真に意味していることと、われわれにとって意味していることとのあいだの不均衡は、嫌悪感を催させる。われわれは、自分たちは何でも所有している、と信じこまされている。われわれのかつての無神論の方が、聖なるものに対するこの新たな敬意よりも、宗教をよりよく把握していた。無神論者たちは宗教を真剣に受けとめ、宗教が現実的な力であり、何かを犠牲にし、困難な選択を要求するものだということを認識していたからだ。聖なるものについてあんなにも軽々しく語る社会学者たちは、ジャングルのスリルを味わおうとして、牙を失った年老いたサーカス小屋のライオンを、家で飼育している人間に似ている。

(5)　いかに空間（スペース）が――アパートや仕事場や会社など、何でも意味するように使われて――ひとつの流行語となっているかに注目せよ。

左翼のニーチェ主義化、もしくはニーチェ主義の左翼化

世界全体は二つの知的系統に分割されている。そのうち一方はロックにまでさかのぼることができ、他方はマルクスにまでさかのぼることができる。そして後者の方が、前者よりもその始祖を大いに認めるつもりになっている。しかしながら、私はこれまでマルクスについてほとんど語ってこなかったし、彼の用語にもほとんど言及してこなかった。しかし、考察をアメリカの若者の魂から始める場合、こうしてマルクスを相対的に軽視してしまうのは避けがたいことだ。というのも、マルクスは若い魂に語りかけてはいないし、しかも若者に影響を与えようと試みているいわゆるマルクス主義の教師たちは、マルクス主義の用語を用いてはいないからである。あからさまに言えば、マルクスは退屈になったのである——そしてそれは、たんにアメリカの若者にとってのことではない。どこか時代に取り残された地域では、沈痛な面持ちの独学者がいまでも「万国の労働者よ……」という雄弁に感動をおぼえているかもしれないし、一方、第三世界の一党独裁国家の大統領たちは、マルクスの権威に訴えることで、彼らの憤りをきわだたせている。しかし、人々が当世風の生活を送り、さまざまなイデオロギーが形成される中心地域においては、マルクスはずっと以前に死んでしまっている。『共産党宣言』は単純素朴に思われる。『資本論』は次のことを読者にまったく納得させない。『資本論』が経済についての真理、あるいは人間の不可避的な未来についての真理であり、したがってこの本をすみずみまで読みこなすのはたいへんな仕事だが、この本はそれに値するのだ、ということを。二、三の才気溢れるエッセイはいまだに魅力的ではあるが、しかし、それに基づいてひとつの世界観を創設するのに十分なものではない。その名祖《なおや》である英雄の知的な死にもかかわらず、左翼の多くは自らをマルクス主義者と呼び続けるのをやめていない。というのも、マルクスは富める者と永遠に闘う貧しき者を象徴しているし、また自由主義社会で与えられる平等よりいっそう多くの平等を求める貧しき者の要求も象徴しているからである。しかしそれ以上に、左翼を助長する源は別のところにある。サルトル、カミュ、カフカ、ドストエフスキー、ニーチェ、ハイデガーによって調度を調えられた魂の部

屋では、マルクスは何ひとつ共鳴を惹き起こさない。マルクスが失敗してしまうところで、ルソーはなお感銘を与えうるのである。

マルクスの影響力に何が生じたかを例証するものとして、イデオロギーという語を考えてみよう。ウェーバーの用語も流行《はや》っているが、この語はそれに劣らず世間で流行しているいくつかのマルクス主義用語のひとつである（弁証法という語のアメリカ人の用法については、後に論じるつもりである）。

マルクスにおいては、イデオロギーとは、被支配者の目から見て支配を正当化し、支配者の真の利己的な動機を隠蔽するために、支配階級によって入念に仕組まれた、虚偽の思想体系を意味していた。マルクスでは、イデオロギーは科学とはっきりと区別されていた。すなわち科学とは、マルクスの体系のこと――すなわち、歴史の必然性の公平無私な自覚に基づいた真理――なのである。共産主義社会ではイデオロギーは存在しないだろう。ニーチェの表現を用いれば、「無垢の精神」――これは、事物をありのままに知る可能性であり、他のどんなものにも還元しえない知的能力である――が、あらゆる哲学に存在していたように、マルクスの思想にも存在している。イデオロギーとは侮蔑の用語である。イデオロギーを見破って、それが何のためにあるのかを理解しなくてはならない。イデオロギーの意味はそれ自体にあるのではない。その意味を、基礎に横たわっている現実――これをイデオロギーは、人を誤らせる仕方で表現しているのだが――へと翻訳しなおす必要がある。イデオロギーにとらわれていない人間、すなわち科学を手に入れた人間は、経済的な下部構造に注目して、次のことを理解することができる。すなわち、賢者が支配すべきだと説くプラトンの政治哲学が、奴隷制経済における貴族の地位を合理化するものにすぎないこと、あるいは、自然状態における人間の自由と、そこから帰結する万人の万人に対する戦いとを説くホッブズの政治哲学が、抬頭しつつあったブルジョアジーに都合のよい政治的取り決めを覆い隠すものでしかない、ということを。この観点が思想史に基礎を提供し、その舞台裏を教えてくれる。勇気とは何であるか――これはわれわれにとって重要な問題である――に関する知識を得るためにプラトンとホッブズに注目する必要はない。その代わりに、勇気についての彼らの定義が、生産手段を支配している人々にいかに適合したものであったか、この点をわれわれは理解すべきだ、というのである。

しかし、プラトンとホッブズにあてはまることは、マルクスにはあてはまらない。さもないと、これらの思想家たちが経済的に決定されていたという主張そのものが、それ自体ひとつの欺瞞であり、マルクスがたまたま奉仕している新しい搾取者たちのためのたんなるイデオロギーである、ということになってしまう。そのとき、この解釈は自ら崩壊するだろう。歴史の過程に否も応もなく、またその意識もなしに捉えられている思想家たちに見出されるはずのものを、マルクスは知らないことになるだろう。というのも、マルクス自身も彼らと同じ条件に置かれることになるからである。マルクスの科学にもろもろの歴史的前提条件が存するのはたしかである。しかしこの諸条件は、マルクスの洞察の真理を損なうものではない。この真理は、したがって、歴史における一種の絶対的な瞬間をなしているのであって、それに続く歴史はこの瞬間を変容できないのだ。この真理こそ革命の依りどころであり、これこそアメリカ革命〔独立戦争〕の正当性を保証した自然権と、道徳的に等価なものである。これなくしては、革命にともなうどんな殺人も不正なもの、取るに足らぬものになる。

　しかしながら、すでに一九〇五年に、レーニンはマルクス主義をひとつのイデオロギーとして語っていた。このことは、マルクス主義もまた真理を標榜しえないことを意味している。半世紀もたたないあいだに、マルクスが語る真理の絶対性は相対化された。歴史を超出した絶対的な瞬間や絶対的な立場などは受け容れがたいこと——この点に基づいて、ニーチェは彼のラディカルな歴史主義を主張した——、このことが一般に承認されるようになり、マルクスを時代遅れにした。こうしてマルクス主義は内側から腐蝕し始めた。とうとうこの腐蝕のせいで、およそものを考える人間は、マルクス主義を信じがたいものだと思うようになった。マルクス主義それ自体がイデオロギーに化したのである。マルクスの思想を歴史化すること、つまりマルクスの方法をマルクスに逆用すること、これがいまや、すべてのものが流動しているさなかにひとつの立場を確信をもって選択することであるように思われた。そうすることが創造的人間たることの証しであり、事物の無意味さに対する挑戦であるように思われた——もっとはっきり言えば、ニーチェの呪縛に陥っていた人々には、とにかくそのように思われたのである。こうしたニュールックのパロディは、サルトルという人物に見出すことができる。サルトルは、虚無、深淵、嘔吐、無償のアンガージュマンについて、あらゆる驚嘆すべき経験を積んだ——そしてその結果が、共産党の方針を支持するという、ほとんど否応なしの態度だった。

　民衆の会話のなかでは、「イデオロギー」という語は今日、まず第一に、結構な必需品を指すと一般に理解されている——ただしそれがブルジョア・イデオロギーでない場合のことだが。「イデオロギー」という用語のこうした展開が可能になったのは、ニーチェに鼓舞されて、政治的・道徳的諸問題において真偽の区別が放棄されたからである。人々と社会は、生きる支えとして、科学ではなく神話を必要としている。要するに、イデオロギーはもろもろの価値と等しくなったのであり、それゆえにこそ、われわれが生きてゆく支えとしているさまざまな用語の一覧表に「イデオロギー」も記載されているのだ。暴力に基づく他人の支配を人々に受け容れさせる原因としてウェーバーが挙げた、正当性の三つの形態――伝統、理性、カリスマ――を吟味してみれば、われわれはこれらの形態を価値と呼ぶとともに、イデオロギーとも呼ぶであろうことが、ただちに理解される。もちろん、ウェーバーが言わんとしたのは、人間の社会あるいは共同体はすべてそのような暴力的支配を必要とする、ということだった。暴力的支配は、人間の創造的な精神だけが秩序をもたらす力であるような世界において、混沌から秩序が生じる唯一の方式なのである。一方、マルクス主義者は、支配なしにもろもろの価値が存在するような世界をいまだに空しく期待している。彼らをマルクス主義者たらしめている要素は、これ以外何ひとつ残っていない。それで彼らは、ニーチェ主義者と〈道ノ果テマデ〉同行することができるのであり、事実彼らはそうしている。マルクス主義者の思想において、イデオロギーがもはや科学というかつてのパートナーを失い、孤高のうちに立っているという事実に、マルクス主義者の窮状が認められる。

そのうえ、イデオロギーはもはやさほど明確には経済に結びつかないし、イデオロギーを決定づけるのも単純なことではない。創造性の領域においては、イデオロギーは必然性の束縛から解き放たれたのである。ニーチェ以来、合理的な因果律によって、歴史上唯一無二の出来事や思想が十分に説明されるとは、決して思えなくなった。資本主義的イデオロギーは、『資本論』で描かれているものよりもウェーバーの言うプロテスタント倫理に近いものであると、いまでは直観的に受けとめられている。最近のマルクス主義者たちと話を交わし、彼らに客観的な経済状態に関する用語で哲学者や芸術家のことを説明して欲しい、と頼むと、彼らは軽蔑的な笑みを浮かべてこう答える。「それは俗流マルクス主義だ」と。あたかも「この七五年間お前はいったいどこをほっついていたのだ」と言わんばかりに。誰しも俗流とは思われたくないので、人々は困惑のあまりつい沈黙へと引き退ってしまう。もちろん、俗流マルクス主義こそがマルクス主義なのである。非俗流マルクス主義とは、ニーチェ、ウェーバー、フロイト、ハイデガーのことなのであり、加えて、彼らと同じ水槽から水を飲み、彼らを階級闘争の仲間に加えようと考えた後の世代の多くの左派たち――ルカーチ〔哲学者、文芸批評家。一八八五―一九七一〕、コジェーヴ〔マルクス主義的なヘーゲル研究家の代表。ロシアで生まれ、パリでヘーゲル哲学を講義。一九〇二―六八〕、ベンヤミン、メルロ＝ポンティ、サルトルといった人々――のことなのである。ニーチェらの思想を階級闘争に持ちこむために、彼らは厄介な経済決定論を投げ捨てねばならなかった。マルクス主義者が「聖なるもの」について語り始めたとき、たしかに勝負は決したのである。

今世紀のきわめて早い時期に、ニーチェとの出会いによる影響が、マルクス主義の内部でも感じられ始めた。一例が、革命の意義に関してである。革命と革命にともなう暴力は、われわれが見てきたように、近代の政治哲学においては正当視されており、近代の政治史上の最も興味を惹くさまざまな見ものを提供している。革命が、反乱、内紛、内乱などに取って代わった。これらのものがすべて明らかに悪しき現象であるのにひきかえ、革命は最善にして最も偉大なる出来事である――公式にはこう言われているし、またイギリス人、アメリカ人、フランス人、ロシア人の民衆の想像力においてもそうである。ドイツは列強のなかで革命を経験しなかった唯一の国だった。ひとつにはマルクス主義は、ドイツに、より大規模でより優れた革命――フランス哲学がフランス革命で終局に行き着いたように、この革命はドイツ哲学の自然な実現だと見なされた――をもたらすために考えだされたのである。むろん革命には流血がつきものだ。それは、人間が生命よりも自由を好むことの証しである。しかし、大量の流血が求められていたのではないし、暴力がそれ自体として善だと考えられていたわけでもない。旧体制はぐらついており、必要なのは一押しだった。その旧体制の背後には、新しい秩序のための、すなわち自然と理性と歴史によって完全に正当化されたひとつの秩序のための諸条件が培われていた。

しかしながら、近頃になってこの見方は変化した。暴力がそれ自体としてある種の魅力を、すなわち刃物が与える喜びをもつようになったのである。暴力は、決意あるいは傾倒《コミットメント》の証しである。新たな秩序は待っていてくれるわけではない。新しい秩序は人間の意志が押しつけるべきものなのである。すなわち、その秩序を支えるものは、人間の意志を措いてほかにはない。右翼と左翼の双方で、意志（will）がキーワードとなった。なるほど過去においては、意志は必要だが二次的なものである――原因こそ第一である――と考えられていた。ニーチェは「よい戦争はほとんどどのような原因をも神聖にする」〔『ツァラトゥストラはかく語りき』「戦争と兵士」〕と語ったが、このことばによって彼は、こよなく挑発的に新しい考え方を定式化したのである。種々の原因にはいかなる地位もない。つまり、原因とはさまざまの価値なのだ。本質的なことは価値を定立することである。暴力が手段から少なくともある種の目的に変容したこと、このことが、マルクス主義とファシズムの差異および連関を示す手がかりとなる。『暴力論』の著者ジョルジュ・ソレル〔フランスの社会思想家。一八四七―一九二二〕は、ムッソリーニに影響を与えた左翼の人物である。彼の思想の中核は、ベルクソンを経由して、ニーチェにまでさかのぼる。その思想とは、もし創造性が混沌――したがって闘争と征服――を前提とするならば、しかも人間がいまや闘争のない平安の秩序を作りだしつつあり、世界の合理化に成功しつつあるのならば、人間性そのものである創造性の諸条件は破壊されるだろう、というものである。それゆえ、社会主義の平安と秩序とは反対に、混沌を意志しなければならない。人間の歴史上の偉大さと進歩とが、人間がその克服のために苦闘しなければならなかったさまざまな矛盾に由来しているということは、マルクスその人が認識していた。もしも、マルクスが約束しているように、革命の後にはもはや矛盾がありえなくなるのであれば、そのとき人間は存在するのだろうか。以前の革命家たちは、平和と財産と調和と理性、すなわち最後の人間を意志していた。新しい革命家たちは混沌を意志する。ニーチェが処方した薬を丸ごと飲み下した者はほとんどいなかったが、その議論は伝染しやすいものだった。イタリアのファシスト党とナチの「運動」を好感をもって見ていたイタリアとドイツの知識人にとっては、それは確かに印象深かったのである。正義でもなく未来についての明確な見解でもなく、自己主張が決定的な要素だった。

かくして、決断、意志、傾倒《コミットメント》、気遣い《ケアリング》（この流行の愚かしい表現は、こうした一連の用語の文脈で力を得た）、関心、その他この類いのものが、新たな徳となる。六〇年代に、合衆国では新たな革命の放つ魅力が顕著なものとなった（だが古い世代のマルクス主義者たちは、これをはなはだ嫌悪した）。「彼らは気遣《ケア》っている」という理由で、テロリストたちに現在向けられている同情にも、この種の要素が存在する。私はこんな光景を目にしてきた。よき民主主義的自由主義者で、平和と優しさの愛好者である若者が、あるいはまた年配の人々が、実に取るに足りない、まったくの見かけだおしの理由でもって人を脅迫したり、この上なく怖ろしい暴力を行使している個々人を前にして、彼らへの賞賛の思いに打たれ、口もきけなくなっているのである。こういった若者たちが秘かにいだいているのは、自分たちに欠けているほんとうの傾倒を実現している人々と、自分たちは面と向かい合っているのではないか、といぶかる思いである。そして彼らは、肝心なのは真理ではなく傾倒だと信じている。トロツキーと毛沢東は「永久革命」を要求してマルクスを修正したが、その際革命という行動へのこの渇望を考慮に入れているし、彼らの要求が訴える力もこの点にある。六〇年代の過激な学生たちは自分たちのしていることを「運動」と呼んでいたが、彼らは、これが三〇年代に若いナチ党員にも用いられていたことばであり、ナチの機関誌の名称『運動《ディ・ベヴェーグンク》』に他ならない、ということに気づいてはいなかった。運動が、ある決まった方向、つまりよい方向に向けられた進歩に取って代わり、人々を支配する力となる。かつての革命は進歩を証拠立てた。運動には、進歩にそなわるこの素朴な道徳主義的たわごとはいっさいない。固定性ではなく動きがわれわれの条件である――しかしこれは、人間の意志によって課せられるのでもなく、いかなる内容も目標ももたない動きである。アンドレ・ジイドは、彼の小説『法王庁の抜け穴』のなかで、列車内で見ず知らずの人間を理由《いわれ》も動機もなく殺害する場面を描いて、彼が無償の行為と呼んだものを表現しているが、われわれの時代の革命は、以前の革命のイメージとジイドの言う無償の行為との混淆なのである。

マルクスを非合理化し、ニーチェを左派へと転じるために、マルクス主義者の変異種《ミュータント》たちは絶えず努力を払ってきた。自らの考えが然るべき影響を及ぼすだろう、とニーチェが唯一希望を託していた右翼がすっかり消滅してしまったという事実は、ニーチェの政治上の大失敗を立証している。ニーチェ自身はといえば、右翼の死に際の醜悪なあえぎに汚されてしまった。しかるに今日では、ハイデガーの信奉者と同じく、ニーチェの信奉者はみな実質的には左派である。今世紀の最も卓越したマルクス主義の知識人であるジェルジ・ルカーチがその先鞭をつけた。ドイツにいた若い時分に、ルカーチは、マックス・ヴェーバーのサークルとともにシュテファン・ゲオルゲ〔ドイツの詩人・美学者。一八六八－一九三三〕のサークルにも足しげく通い、歴史と文化に関してそこで論議されている主題の重要さに気づいた。このことがルカーチの後の仕事に作用した。ヘーゲルは、より以前のマルクス主義者にとっては完全にマルクスによって乗り越えられた思想家であったが、ルカーチが、ヘーゲルのはるかに豊かな側面の再評価へと向かったのはそのおかげである。(6)

円熟期のマルクスは、芸術や音楽や文学や教育について、あるいは圧制の軛が取り払われたときに人間の生活がどうな

（6）ヘーゲル、ニーチェ＝ハイデガーとマルクスとのこのような混交は、いまでは一般的となっているが、この混交のまじめな哲学的表現を知りたいと望む者なら、誰しも、二〇世紀の最も聡明なマルクス主義者、アレクサンドル・コジェーヴの著作を参照しなければならない。コジェーヴはマルクスを、真の哲学者ヘーゲルの思想を若干の修正を加えて普及させたたんなる一知識人、として扱わざるをえなかった。さらにはコジェーヴは、「最後の人間」という問題、つまり、マルクス主義者すなわち合理主義者は「最後の人間」とともに生きねばならないという問題に、真正面から向き合った。「最後の人間」は合理的な歴史の帰結であるという点で、コジェーヴはニーチェに同意する。コジェーヴの考えでは、粗野で非合理的な否定性を奨励する、何らかの神秘主義者だけが、この結論を回避することができる。メルロ＝ポンティとサルトルは彼に大きく影響され、彼の示唆を受け容れた。

るかについて、ほとんど語るべきものをもちあわせなかった。彼の初期の「人間主義的」諸著作は、後期の著作には欠けている霊感に富んでいるために、いくらかの人々の注目するところとなったが、結局はそれらは浅薄で二次的な作品だった。ニーチェ主義者たちが、あんなにも驚くほど巧みに、これらの芸術や人間の生活に関してすべてを語っていたのだから、彼らの言辞をそっくり頂戴すればよいではないか。そこでマルクス主義者たちは、「最後の人間」を借用してこれをマルクスのブルジョアと同一視し、「超人」を借用してこれを革命後の勝利したプロレタリアと同一視した。ニーチェは余人には真似のできない筆致で人間の矮小化と精神生活の衰退を描いた。それゆえ、資本主義が何らかの意味で「最後の人間」の原因だということ、そして、資本主義が廃棄されるとともに新しいさまざまのエネルギーが解放されるであろうということ、このことを信じることだけで、マルクスの地位は強固になった。急進的な平等主義は、ニーチェが信じられないくらい正確に描いた平等主義の諸悪を矯正する役目を果たすのである。

別の例を挙げよう。フロイトは、マルクスのどこを捜しても見あたらない興味深いことがらについて語った。無意識の内的な動因である性本能《エロス》はマルクスには縁遠いものだったが、ひいては無意識に関する心理学全体が、マルクスにとっては完全に無縁だったのである。このような問題は、どれひとつとしてマルクスのなかに直接持ちこむのは不可能だった。しかし、神経症の原因についてのフロイトの解釈と不適応者に対する彼の治療法は、それ自体、資本家による生産手段の支配に奉仕するブルジョア的錯誤である、と解釈できるかもしれない。そう解釈するとき、マルクスが、フロイト主義者の舞台に姿を現わすだろう。フロイトは人間の本性と社会との永遠の矛盾について語ったが、このフロイトの主張には弁証法的運動をおこなわせることが可能なのであって、そうすれば社会主義社会では、神経症の原因となる抑圧の必要がなくなるだろう。かくしてフロイトは、マルクス主義者の軍隊に手ぎわよく登録され、経済学の魅力に性本能《エロス》の魅力が添えられる。しかもそれによって、革命後に人々は何をすることになるのかという問題——マルクスが未解決のまま残した問題——にひとつの解決が与えられることになる。こういった手法をわれわれはマルクーゼや他の人々のなかに見出す。だが彼らは、マルクスの基本原理とフロイトの基本原理との矛盾から生じる難点には、もっぱら口を噤んでいる。二つの強力な体系がひとつの皿に盛られて供されているのである。このごたまぜ料理の真の実質をなしているのはフロイトであり、マルクスが提供しているのは次のような一般的保証にすぎない。すなわち、非難すべきなのは実は資本主義であること、さまざまな問題は平等と自由がいっそう押し進められることによって解決されうるということ、解放された人々はあらゆる徳を所有することになるだろうということ、こうした保証である。

ブルジョアを「最後の人間」とする解釈は、「ブルジョア」という語の意味に含まれたある両義性によって補強される。ブルジョアという語は、一般の意識においては、とりわけアメリカでは、マルクスと結びつけられている。しかし、芸術家の敵としてのブルジョアもまた存在するのである。資本家としてのブルジョアと、俗物としてのブルジョアは同一のものだと見なされている。ところが、マルクスは経済的な側面だけを呈示する。この側面が、芸術家たちによって描かれているブルジョアの道徳的な醜悪さと美的な醜悪さの双方を説明しうるし、芸術家たち自身をも説明しうる、と考えたからである。しかし、そう考えるのに十分な保証があったわけではない。ブルジョアと芸術家とをこんなふうに扱うのがほんとうに有効なのか、という疑問が、人々がニーチェに魅了された主要な動機のひとつである。ニーチェの中心的テーマは芸術家にほかならないからだ。繰り返し、そしてさまざまな仕方で私が語ってきたように、この二百年のあいだのヨーロッパの偉大な小説家と詩人の大半は右派の人士だった。この点ではニーチェはそのような人々の補完者にすぎない。彼らにとって問題だったのは、天才を容れる余地のない何らかの意味での平等性であった。したがって、彼らはマルクスとは真っ向から対立する。しかし、ブルジョアに対する嫌悪を口にする者は、何にせよ左翼の友と見なすことができる。それゆえ、ニーチェを取り込むという考えを左翼が得たとき、左翼は、ニーチェとともに十九世紀と二〇世紀の文学的伝統のあらゆる権威をも手に入れたのである。ゲーテ、フローベール、イェイツは、ブルジョアを憎悪した――だからマルクスは正しかったのだ。ただ、これらの作家たちは、ブルジョアがプロレタリアートによって克服されうるということを認識していなかっただけなのだ、というわけである。さらに、正しい角度から眺めるならば、ニーチェは偉大なる革命の提起者である、と言うことだってできる。もっぱら左派の人々によって編集されていた『パルチザン＝レビュー』〔最も代表的な米国のリベラルな思想・文芸誌〕の古い号を読むと、ジョイスとプルーストに対する際限のない熱狂が目につく。左派の人々がジョイスとプルーストをこの国アメリカに紹介しようとしていたのは、明らかに、彼ら二人が社会主義の未来における芸術を代表している、と見なしたからである。しかし、これらの芸術家は、芸術の未来はそれとは反対の方向にあると考えていた。

ドイツでは新しいマルクス主義者たちは、文化という観念につきまとわれていた。彼らはブルジョア階級の俗悪さにうんざりして、おそらくはこういぶかっていたのである。自分たちは未来の文化をいまでもなお社会主義に白紙委任することができるのだろうか、と。彼らは偉大な過去を手放したくないと思っていた。彼らは、彼らの先行者たちよりはるかに明確に、過去の偉大さを意識していたのである。プロレタリアートが文化的な復興もしくは刷新をもたらすであろう、という漠とした希望を抱きつつも、彼らのマルクス主義は、実際のところ、ブルジョアに対し伝統的に抱かれてきた憎悪の圏内に逃げ込んでしまった。このことはアドルノにおいてたやすく見ることができる。しかし、サルトルとメルロ＝ポンティにおいてもまた、ブルジョアが真の関心事であることを、やはり容易に見てとることができるのである。労働者階級のマルクス主義者たちは、なお剰余価値やその他の正統的マルクス主義者の関心事について考えていた。知識人たちは文化に取りつかれ、レシェック・コワコフスキ〔ポーランド出身の哲学者。一九二七－〕がきわめて適切に指摘したように、気がつくと彼らにはプロレタリアートがいなかった。六〇年代の学生たちがこの知識人たちの多くに大歓迎されたのは、こういうわけである。しかし、学生たちはハイデガーにも歓迎されたのである。彼らはハイデガーに何かを思いださせたのだ。

これに加え、繁栄が増すにつれて貧しい人々が〈ブルジョア化〉し始めたことを指摘しなくてはならない。階級意識と階級闘争は、高まるどころか低下していった。少なくとも先進諸国においては、誰もがブルジョアでありうるような時代を予見することができた。こうしてまたひとつの支柱が、マルクス主義のもとから引き抜かれた。いまや問題は、実際のところ、貧富ではなく俗悪さなのだ。マルクス主義者たちは、危険にも次のような考えに近づきつつあった。すなわち、平等主義的人間はそれだけでブルジョアであって、自分たちはそのブルジョア的平等主義者の仲間に加わらねばならないか、あるいは文化的俗物にならねばならないかだ、という考えに。彼らが、トクヴィルが言ったように、これが民主主義の本性なのであって、あなた方はそれを受け容れるかそれに反抗するか、そのいずれかに決めなければならない、と口にせずに済んだのは、ブルジョア的労働者とはわれわれの経済体制のたんなる病であり、虚偽意識の産物なのだ、という全く根拠のないドグマに、彼らマルクス主義者がしがみついていたおかげにすぎない。トクヴィルの言うような平等主義に対する反抗は、マルクスの言う革命ではないだろう。これらの先進的マルクス主義者たちはあまりに教養《カルチャー》があって平等主義的社会にはふさわしくないと、人は断言したくなるかもしれない。これらのマルクス主義者たちは、そのような認識をブルジョア的だと決めつけて回避しているだけなのだ。

総じて、洗練されたマルクス主義は、西欧の民主主義社会における生活に対する文化批判となった。明白ないくつかの理由のために、このマルクス主義は、概して、ソ連に関する真剣な論議から遠ざかっていた。その文化批判には、深遠なものもあれば、皮相でせっかちなものもあった。しかし、その批判のなかには、マルクスやマルクス主義的展望に由来するものは何ひとつなかった。それはニーチェ主義的な批判、すなわち、われわれの生活様式を「最後の人間」のそれと見たてておこなわれた批判のさまざまな変奏であったし、いまなおそうなのである。この章の冒頭で私が述べた、アメリカで優れた影響力を発揮したあの心理学にふたたび目を向けるなら、われわれはいまや次のことを理解することができる。すなわち、伝統指向型、他人指向型、内部指向型という個人の類型が、ウェーバーの三種類の正当性を少しばかり修正した代物にすぎない、ということである。他人指向型（ブルジョア的と読め）の人間は、市場もしくは世論の要求に導かれた経済的もしくは官僚的合理性に由来しているのであり、また内部指向型は、カリスマ的、つまり価値定立的な「自己」と同一だからである。ウェーバーが取りあげた預言者は、社会主義者、すなわち平等主義的個人に取って代わられる。こういったことのどこにも、マルクスの要素はひとつもない。社会主義者は自己の立法者であるという、全く根拠のない断言があるだけだ。それだから、内部指向型の人間に関する議論は空疎なのである。著者は実例をひとつも挙げることができない。ウェーバーの定義には問題があったかもしれないが、少なくとも彼はいくつかの実例を挙げている。価値の定立者は精神の貴族であるというウェーバーの主張は、もしも正しい治療者にめぐまれたり、社会主義社会が建設されたりすれば、まさしく誰もが精神の貴族になる、と口にする人々の主張に較べて、より信憑性に欠けているだろうか。このようにウェーバーを平等主義的に変容することによって、左翼の側に与しない人間は誰しも精神を病む者である、との診断を下せるようになった。精神分析学を批判する左派の者たちは、精神分析学をブルジョア的体制同調主義の道具と呼んだ。しかし彼ら批判者たちは、心理学の療法をあやつって、左翼的体制同調主義に奉仕しているのではなかろうか。アドルノが権威主義的人格と民主主義的人格の諸類型というまやかしを考案したとき、彼はそれらを内部指向型－他人指向型という類型論とまさしく同一の源泉から引き出した。それゆえ、アドルノの類型には同じ不吉な意味が含まれているのである。

　こうしてニーチェはアメリカにやって来た。ニーチェの左翼への改宗は、ここアメリカでは何の疑いもなくたやすく受け容れられた。なぜなら、アメリカ人には、ほんとうに聡明で立派な人物なら「好きになれないやつなんかいなかった」というウィル・ロジャーズ〔米国の俳優、ユーモア作家。一八七九－一九三五〕の〈世界観〉を心の底から分かち合っていないなどとは信じられないからである。ニーチェの帰化は、アメリカへ浪のように繰り返し打ち寄せて成し遂げられた。まず、アメリカ人の何人かがヨーロッパへ渡り、ニーチェを発見した。次に、ニーチェが亡命者とともにやって来た。そしてつい最近では、比較文学の教授たちが輸入業に深く携わり、パリから品々を手に入れてきた。ドイツ占領からの解放以来、パリでは、ニーチェとハイデガーを脱構築し、彼らを左翼の土台の上に再構築することが、大事な哲学の〈仕事《メティエ》〉となっていた。この最後の源泉から、いまやハイデガーとニーチェは自ら名のりをあげて姿を現わし、初めの頃、彼らをとりついだ公使たちが彼らのために敷いた緋色の絨毯を踏みしめてゆく。アカデミックな心理学、社会学、比較文学、人類学は、長らく彼ら二人によって支配されてきた。しかし、ほんとうに興味あることは、彼ら二人がアカデミーの世界から市場へと運ばれてきたことである。いかにわれわれが悪しき状態におかれているかを知識人に説明するために作られたことばが、われわれがいかに興味ある存在であるかを世界に対して宣言することばとして採用されることになったのである。どうやらこの品々は、輸送のさいに傷んでしまったのだ。たとえば、マルクーゼは、二〇年代にドイツで真面目なヘーゲル学徒として出発した。彼はここアメリカで、『一次元的人間』をはじめとするよく知られた著作で、性にひどく強調を置くつまらない文化批判を書いて生涯を終えた。ソ連では、人々は哲人王ならぬイデオロギーをふりまわす専制君主を戴いた。合衆国では、文化を批判する声はウッドストック〔一九六八年八月、ニューヨーク郊外で開かれたロック・フェスティバル〕の叫び声となったのである。

われわれの無知

私はこれまである種の言語について書いてきた。またそうした言語の背後にある思想、そしてその言語がアメリカで受け容れられてきた経緯についても書いてきた。いま、これらについて思い返すとき、私に思い出されるのは、「アメリカ人のための十戒」を書いた私の教師のことである。それは次の文句で始まっていた。「我は主なる汝らの神、汝らをヨーロッパの圧制者の住居から連れ出し、我自らの国アメリカへと汝らを導きし者。案ずることなかれ！」これまで見てきたように、われわれが半分しか消化していないかの用語の数々は、真面目な生活を送ろうとするなら誰もが直面せざるをえない大問題から抽出されたものである。この大問題とは、理性と啓示、自由と必然性、民主制と貴族制、善と悪、肉体と魂、自己と他者、都市と人間、永遠と時間、存在と無、これらの対立のことである。われわれは疑心暗鬼の状態に置かれているものだから、否応なしにこれらの選択肢に気づかせられる。だが、こうした状態では、二つの項のどちらを優先させるべきかというわれわれの疑いを解く手段は、最近まで与えられていなかった。真面目な生活とは、これらの選択肢を十二分に自覚し、生死の問題について考えるときのようにできるかぎり熱をいれて考え、どれを選ぶことも非常な危険であって、耐えがたい帰結を必然的にともなうことをよく知っている、そのような生活のことである。それこそ、悲劇的な文学が描いている生活だ。それには、人々が望み、またおそらく必要としているあらゆる高貴なものが明確に表現されている。またそれは、それら高貴なものが調和的に共存しえないように見える場合、どんなに耐えがたい事態になるかを示している。神を信じるか、それとも神を拒絶するかという選択が、それに直面した人々にかつてどんな事態をもたらしたかを想起してみるだけでよい。あるいは、それほど深刻ではないが、やはり同等な重要性をもつ例に訴えるために、トクヴィルのことを考えてみよう。彼はありし日のフランス貴族制に培われた類い稀な花とも言える人物だが、にもかかわらず、彼は貴族制の壮麗さより平等の方を選ぶ。神の存在を熟考することで身を磨り減らしたパスカルのような人物にとって、たとえ平等が健全とは決していえないとしても、またたとえ、万物の根拠とのそうした非妥協的な対決がないと、人間の生が貧しくなり、人間の真面目さが減じてしまうとしても、トクヴィルは、平等がより正義にかなっていると信じた。これらは本物の選択であって、本物の問いに直面した者にだけ可能な選択なのである。

他方でわれわれは、もろもろの真剣な問いの豊かな鉱脈を指しているこれらの語を受け容れた。そして、自分たちが問いと直面するのを回避するために、これらの語があたかも答えであるかのように扱ってきた。それらはスフィンクスが発するような謎ではなく、われわれは大胆なオイディプスを演じなくともすむのである。それらの語によって説かれているのは、その背後になんの秘密も隠していない事実なのだ。われわれがかかわる世界は、こうした事実によって組み立てられている。実存主義は、存在と無という問題に対し、われわれに何をしてくれただろうか。あるいは、価値は善悪の問題に対し、歴史学は永遠と時間の問題に対し、創造性は自由と必然性という問題に対し、聖なるものは理性と啓示の問題に対し、それぞれ何をしてくれただろうか。かつての悲劇的葛藤が再登場する。ただし、「我もよし、汝もよし」という保証ラベルを新たにつけられて。選択（choice）は今日とても流行っている。しかし、それはかつての意味をもはやもたない。人々が自由な——責任を負った——存在である自由な社会で、誰もが「妊娠中絶合法化支持」（pro-choice）なのは当然至極のことではないか。しかしながら、選択という語がまだいくらかの形態をとどめ一貫性を保っていたときには、困難な選択とは、苦悩や他人の非難、追放や刑罰や罪責感といった形をとる困難な諸帰結を受け容れることを意味していた。こういうこと抜きには、選択に意味があるとは信じられていなかったのだ。何が真に重要なのかを主張するべくその帰結も受け容れたからこそ、アンチゴネー〔ギリシア悲劇の主人公。テーバイの王クレオンの命に背いて兄ポリュネイケスの葬礼をおこない、地下の墓地に生き埋めにされる〕は気高いのだ。そして帰結を受け容れることを躊躇したために、彼女の妹イスメネーはそれほど賞賛に値しないのである。今日われわれが選択権を云々する場合、われわれが言わんとしているのは、必然的な帰結は何も存在しないこと、非難は偏見にすぎず、罪責感はたんなる神経症であること、こうしたことなのである。それを処置できるのは、政治的直接行動主義と精神病理学である。この観点からすると、ヘスター・プリンヌ〔ホーソン『緋文字』の姦通を犯す女主人公〕とアンナ・カレーニナは、人間的な諸問題が手に負えぬことや選択の重大さを示す、高貴な典型ではなくなる。彼女たちは、啓蒙され意識の高まった現代では犠牲者であって、そんな苦悩などもはや必要とはされないのだ。アメリカにはノー・フォールトの（過失責任を問わずに損害を賠償する）自動車事故があり、ノー・フォールトの（過失責任を問わずに結婚解消を認める）離婚があるが、いまアメリカは、近代哲学の助けを借りて、帰結を不問《ノー・フォールト》にする選択に向かいつつある。

葛藤こそは、国家間、個人間、そしてわれわれの内部で、われわれがなんとしても避けたいと願う悪である。自然（本性）が飼い馴らされ、人間が野性を失ったまさにそのとき、ニーチェは彼の価値哲学を掲げて、そのためには人々が死をも厭わないような苛酷な葛藤を復活させようとした。彼は生の悲劇的な意味を復活させようとしたのだ。ところがその価値哲学が、アメリカではまったく正反対の目的――葛藤を解消し、交渉と調和を促進する目的――のために用いられた。もしも問題が価値の相違にすぎないのなら、調停は可能である。われわれは価値を尊重すべきである。だが、それらの価値は平和の妨げになってはならない。(7) こうしてニーチェは、彼が矯正しようとした当のもののために貢献したのである。ニーチェにとって創造性の条件であった葛藤が、われわれにとっては治療を求める叫び声なのだ。アトランタのタクシーの運転手と彼のゲシュタルト療法のことが、いまも私の念頭を去らない。カントは、道徳的選択をなしうる能力のゆえに人々は平等な尊厳をもつ、と論じた。そのような選択のための諸条件を整え、選択を果たす人々に敬意を払うこと、これは社会がなすべき仕事である。価値相対主義を仲立ちにして、われわれはカントの定式を次の形にまで単純化することができた。すなわち、人々は尊厳の点で平等である、と。われわれのなすべきことは、敬意を平等に分配することなのだ。ロールズの『正義論』は、そうした分配のための手引書である。カントの正義論のおかげで、われわれは、『アンナ・カレーニナ』を自分が置かれた状況の意義深い表現として理解することができるようになるが、ロールズの理論は、『飛ぶのが恐い』〔米国の作家、エリカ・ジョングのベストセラー小説〕に関してこれと同じことをしてくれるのである。

(7) ニーチェはこう言っている。隣人への不信は、最後の人間たちによって、狂気と見なされるだろう。彼らがこの不信に悩むなら、彼らは進んで精神病院に赴くだろう、と〔『ツァラトゥストラはかく語りき』「ツァラトゥストラの序説」〕。今日の「偏執病的《パラノイド》」という語の用法を考えよ！

葛藤を減らしたいというわれわれの切なる願いは、「弁証法」という語――われわれの意味での、つまりマルクス主義の意味での――がたいへんな人気を博しているわけを説明する。というのも、弁証法は対立にはじまって総合で終わり、あらゆる魅惑的なもの、誘惑的なものを調和のうちに統一するからである。哲学と道徳において最も苛酷でかつ最も本質的な規定は、「菓子を食べると同時にとっておくことはできない」である。しかし、弁証法はこの規定をのりこえる。ソクラテスの弁証法はこれとは違う。それはことばのなかに生じ、総合を求めて推し進められてゆくが、結局は疑いに到達するのがつねである。ソクラテスの最後のことばは、私は自分が何も知らないことを知っている、だった。ところが、マルクスの弁証法は行為のなかに生じ、最後には階級なき社会に達する。この社会は、今日イデオロギーとして知られているさまざまな理論的な葛藤にも終止符を打つ。史的弁証法は、われわれのもろもろの相対的なライフスタイルに絶対的な根拠と、満足のゆく解決を提供してくれるのである。「人間は自分で解きえない問題を決して自らに課しはしないものだ」というマルクスの決まり文句は、われわれの国民気質の一面にぴったり当てはまる。ルーズヴェルト〔米国第三二代大統領。一八八二－一九四五〕は「われわれが恐れねばならないのは、ただひとつ恐れそのものだ」と言ったが、このとき彼はマルクスとほぼ同じことを語ったのである。この楽観主義が国民的強みであり、それは自然の支配という、われわれが元来おこなってきた企てと結びついている。しかし、その企てそのものに問題がないわけではないし、それが意味をなすのは、いくつかの制限を越えない場合にかぎられる。そのような制限のひとつが人間本性の神聖さである。これは支配されてはならない。ルーズヴェルトの寸言は、もし宇宙的規模にまで引き伸ばされれば、ばかげたものになる。問題が何もない世界を実現するために人間本性を変質させるようなことをしてはならない。人間は、行動主義者たちがわれわれに信じこませようとしているような、たんに問題解決にあたる存在ではない。人間は問題を知り、問題を受容する存在でもあるのだ。

それにもかかわらず、マルクスの主張はわれわれに強く訴えかける。なぜなら、彼の主張は、われわれが手を付けたこと――神と自然がかつては解決を不能にしていると思われ、以前の人々がそれに甘んじることを徳としていた諸問題を解決するということ――を実現するように思えるからである。人間はいつでも、神、愛、死の三つと折り合いをつけなくてはならなかった。この三者のせいで、この世で完全に寛いだ気持ちでいるのは不可能にされていた。しかしアメリカは、それらと新しいやり方で折り合いつつある。神はゆるゆると処刑された。それには二百年かかったが、偏狭な神学者さえいまや神は死せり、とわれわれに語っている。神の地位は聖なるものに取って代わられた。愛は心理学者によって死に追いやられた。愛の地位は、セックスおよび意味あるきずなによって取って代わられた。それにはたった七五年ほどしかかからなかった。新しい科学である死亡学《タナトロジー》や尊厳死が、死を死に至らしめつつあるということは、驚くに足りない。死の恐怖と折り合うこと、ソクラテスが行った長く骨の折れる教育、つまりいかに死すべきかの修得、これはもはや必要ではなくなるだろう。というのは、死はかつての死とは違うからである。死に取って代わるのは何か、それはまだ明らかではない。階級なき社会は、永遠ではないにせよ、かなり長いあいだ続くだろうと語ったとき、エンゲルスは何が必要かを予見していた。これは『愛の妙薬』〔イタリアの作曲家ドニゼッティ（一七九七－一八四八）のオペラ〕の医師ドゥルカマーラのことを思い起こさせる。自分は世界中で、それにちょっと別の所でも名の通った人間だ、と彼は言う。なすべきことは、永遠については忘れ去ること、あるいは永遠と時間との区別を曖昧にすることに尽きる。そうすれば、人間が抱えた問題のなかで最も扱いづらい問題は解決されることだろう。かつては日曜の朝毎に、教養ある人士は死と永遠についての熱弁を揮われ、少しはそれらについて注意を払うように仕向けられたものだった。しかし、人々が部厚い『ニューヨーク・タイムズ』の日曜版と取っ組みあうのに彼らの日曜日を捧げるようになって以来、そうした災厄に脅かされることもなくなった。さまざまな巧みなやり方をして忘れてしまうこと、これが、われわれが問題解決をおこなう初歩的な方式のひとつである。われわれは、神に関して、愛に関して、そして死に関してさえも「心安く感じる」方法を学びつつある。

ヨーロッパの事物をわれわれがどのように消化するかは、トーマス・マンの『ヴェニスに死す』がアメリカ人の意識に及ぼした影響によく表われている。この物語は、代々の学生のあいだでたいへんな人気があった。というのは、それが洗練されたヨーロッパ人のさまざまな神秘と苦悩を表現していると思われたからである。それはフロイトと芸術家とに夢中になっていたわれわれにぴったりだった。『ヴェニスに死す』の同性愛というテーマは、禁断のテーマに関して人々の想像力がほとんど満たされていなかった時代には、彼らの好奇心を惹きつけた。ある人々は好奇心以上のものを惹きつけられた。この小説には、今世紀の初頭に語られていた最も良質のものの要約という趣きがあった。『ヴェニスに死す』において、マンは、私の思うにかなり重苦しいフロイト的な描き方で、文化という観念の発明以来、詩人と小説家のお気に入りの題材であり崇拝の対象であったもの――芸術家、すなわち彼自身――を分析している。この物語の設定と筋書きは、西欧の衰退を暗示している。主人公アッシェンバッハの衰弱と死は、昇華の失敗と彼の文化的上部構造の脆さと空しさとを教えている。その上部構造の下に横たわっているのは、隠された衝動、原始的で飼い慣らされていない衝動である。それが彼のより高い次元での努力の真の動機なのである。このことを知って彼の畢生の仕事の基盤は掘り崩される。だが、その代わりに受け容れうるものは何ひとつ与えられない。こうしたテーマの大半は、『トニオ・クレーゲル』〔マンの初期の自伝的作品」における、マンの「芸術家は心のやましい市民《ブルジョア》である」という有名な発言の注釈となっている。私はこのことばは次のことを言っているのだと思う。すなわち、芸術家のよって立つ根拠に関する、あるいは崇高なものへ芸術家が到達する可能性に関するロマン主義以降のあらゆる懐疑をマンが経験していたということ、また彼の考えでは、現実を構成するのはブルジョアであること、しかし、芸術家の心の苦悩が、道徳の観点からすればどこか高い方向へ、動因の観点からすればどこか低い方向へとマンを導くということである。アッシェンバッハは作家であり、ドイツの伝統の継承者だが、明らかに、ゲーテのような精神の貴族ではない。彼の冷静沈着ぶりは、自己認識の欠如に基づいている。彼はヴェニスで精神《ル》的故郷《ーツ》に触れ、自分が本当に欲しているものを見出す。しかし、その自覚に対処する高貴なやり方となると、あるいは許せるやり方ですら、何ひとつない。彼は恐ろしく衰弱しきって、美しいが退廃的な都市を悩ましている疫病がもとで、遂に死んでゆく。昇華というフロイト主義者の考えによると、ニーチェ主義者とは反対に、性欲には不動の目標があって、性欲は自然な現実に向っているという。したがって、文明化された行動はその自然な基盤に支えられており、二次的な満足を与えるものにすぎない。それゆえ、一次的な満足が得られるならば、そうした行動を実際に選ぶにはおよばないのだ。フロイトによる性欲の説明は、注意深い観察者をして文明化を後悔させ、直接の性的満足に憧れるように仕向けずにはおかないものである。一方ニーチェは、詩を書くことは、性の交わりと同じように一次的な満足を与える、性衝動《エロス》に基づく行為でありうる、と考えていた。固定的な自然（本性）は存在しない。あるのはただ精神性の異なった次元なのである。この観点からすると、アッシェンバッハが表わしているのは、失われた自然への憧れというかたちをとるロマン主義と、自然の冷酷な描写というかたちをとる科学主義との結びつきであり、さらにそこにポスト・ニーチェ主義的パトスが加味されているのである。しかし、『ヴェニスに死す』は、実際にフロイトとニーチェに共通するテーマ——性的な昇華と文化の関係——を扱っている。文化の下部構造に気づくことは、文化にとって致命的である。それゆえマンが描いているのは、ひとつの文明の危機なのだ。昇華はその創造力、あるいはものを形づくる力を喪失した。存在しているのは、いまや乾からびた文化と汚された自然にすぎない。

しかし私には、マンのこの小説がアメリカの読者にこんなふうに受け取られたとは思えない。アメリカ人は官能をくすぐられて、実際にはこれを、早期になされた性的解放の運動宣言と解したのである。最も優れた才能の持ち主でさえ、あるいはそうした才能の持ち主であればとくに、社会に抑圧されている漠としたこれらの切望に苦しむ。そうした切望はそう悪いものではない。だから人々は、世論に怯えずにそれを受け容れることを学ぶべきなのだ。人々には、恐れそのものを除けば、恐れるべきものは何もない。要するに、アッシェンバッハは「小部屋から出たくて」うずうずしている人間である。このような要素が、マンのなかに少しはあったかもしれない。つまり、抑圧されたさまざまな欲望をあからさまにする必要があったのかもしれない。そうした欲望は当時の時代風潮のゆえに、ずたずたに我が身を引き裂き、すすり泣いたり喚きたてたりする悲劇的な装いの下に現われねばならなかった。ジイドのニーチェ主義が大部分こうしたことに動機づけられていたのは確かである。性の解放をおこなうためには、われわれは超人に、つまり善悪を越えた存在にならねばならない、とジイドは考えているようだ。彼はブルジョアの性道徳をくつがえすために、ニーチェの非道徳主義に手を伸ばす。つまり、一匹のぶよを殺すために大砲を使うのだ。このやり方には、ニーチェはただ軽蔑しか覚えなかったことだろう。すべての偉大なものは「血の中の種子」を求める、と語った人物なら、性的抑圧に囚われた人々に共感など抱かなかっただろう。彼らは自らの性衝動から崇高なものを作りだすことができず、「自然な」満足と、おまけに公の賛同をも切望したのである。ニーチェにとっては、ジイドはニヒリストに扮したブルジョアに映ったことだろう。そのように自己を表現することがマンの意図であったかもしれないというかぎり、それは、マン自身のデカダンスと彼に創造力がないことを示す徴表であった。またそれは、責任を免れて、目的のない被造物——これは創造者と対立する——のさまざまな快楽へ逃避したい、という彼の欲望を示す徴表であった。

芸術と宗教に対する性的な解釈を、ニーチェはきわめて強力におこなった。またフロイトは、強力さの点ではニーチェに及ばなかったが、そうした解釈をニーチェにまして大衆的な広がりでおこなった。この解釈にはアメリカ人を腐敗させる効果があった。アメリカ人は、性的な昇華《サブリメーション》のなかに、崇高《サブライム》なものよりも性的なものをより多く認めた。ニーチェにおいてはもろもろの高みへと導くことを意図していたものが、ここアメリカでは、現在の欲望の側に立ってそのような高みの正体を暴露するのに用いられた。より高次のものをより低次のもので説明する場合にこうした傾向はつきものだが、とくに民主主義政体の下ではそうである。そこでは、特別な権利の要求をする者に対して嫉みが向けられ、誰でもが善を手にいれられると考えられているからだ。そしてこのことこそ、フロイトがアメリカでかくもすすみやかに読者を獲得できた深い理由のひとつなのである。ヨーロッパで起こった〈疾風怒濤〉〔十八世紀後半にドイツに起こったロマン主義的文学運動〕のあらゆる思潮にもかかわらず、フロイトは自然の存在を、しかもロックが教えたような動物的な自然（本性）の存在を信じていた。「愛と労働」という健全な生活のための処方箋を編み直すために、彼はただ労働にセックスをつけ加えただけだった（というのも、彼は実際に愛を説明できなかったから）。われわれが信じ込む気になったのは、そうした教えである。彼の理論は、ニーチェのように詩的気紛れにたよることはせずに、科学と一致している。性衝動がほんとうに望んでいるものは何かに関する彼の解釈には、しっかりとした基盤、われわれの生来の経験主義に訴える基盤がある。さらに、猥褻なことについて語る手段としては、詩より科学の方をわれわれは好む。こういったことすべてに加えて、われわれの欲望にある種の満足をもたらしてあげよう、われわれを悲惨から救出してやろう、という約束が、フロイトを当初から勝者にし、大陸の偉大な思想家全員のなかで彼を最も近づきやすい人物にしたのである。セックスが社会生活の中心にあること、これが現代の際立った特徴なのだが、セックスのこの中心性にフロイトは許可証を与えた。最終的には、彼はあまりに道徳主義的で、それほど寛大ではないと思われた。しかし、なすべき唯一のことは、機能するためにそれほど抑圧のいらない新たな社会の構造を構想することだった。これに関しては、マルクスが役に立った。あるいは、性衝動《エロス》と文化の関係に関する諸問題については忘れてしまうこともできたし、あるいは、両者のあいだの自然な調和をもちだすこともできた。ドイツ哲学の潮流の波頭に乗ってやってきたフロイトのおかげで、アメリカ人は、性的欲望の満足が幸福にとって最も重要な要素であると信じるようになった。彼は本能に合理的説明を施したのである。もっとも、これがフロイトの意図でなかったのは確かだが。

性は移住者とともにアメリカ合衆国へやってきて、われわれの文化に科学的・文学的な貢献を果たしている移住者に特別な地位を与えた。しかし、ここアメリカに到着したとき、性は他のアメリカ的なものとまったく同じようにふるまった。失われたものは、悲痛な調子であり、詩であり、文明が昇華に依存している事実に基づく正当化であった。あたかもわれわれアメリカ人が経済的必要を隠すカムフラージュ——たとえば、パルテノン神殿やシャルトル聖堂〔フランスのシャルトル市のゴシック式大聖堂〕——を切り離して、経済上の必要それ自体に効果的に関心を集中させたように、われわれは性的欲望をより効果的に満たすために、性的欲望を脱神秘化し、それを現実にあるがままのものとして見つめた。このことは、ロック主義的世界に人間本性の第二の焦点をつけ加えた。ルソーとルソーに影響された人々が注目していた、あの焦点である。いまや基本的な諸権利は、「生命、自由、そして財産と性の追求」となった。「貧しき者よ、性に飢えた者よ、私のもとに来なさい……」。

フロイトのおかげで、性的抑圧を病気と見なすことができるようになった。それゆえ、自己保存に心を奪われている国家において、健康にかかわるあらゆることが自動的に享受している威光を、性的な抑圧は授かったのだ。性的な飢えを充たさなくても人は死にはしないし、誘惑者のどんな激しい肉欲さえ死の刑罰が確実ならば鎮静できる、というルソーの注意書きは無視されがちである。こうしてわれわれは、経済と性を脱神秘化する。われわれは、それらの原始的な要求を満たし、われわれの哲学が創造的衝動と呼ぶものをそれらから取り去ってしまうのだ。その挙げ句に、われわれには文化がない、と不平を言う。会社が退けて寝るまでのあいだに、われわれはいつだってオペラにでかけられる。ソ連では、人々はやむなく流行遅れのオペラを見にゆく。なぜなら、専制政治が芸術的表現を邪魔しているからである。われわれアメリカ人も古臭いオペラに頼っているが、それは芸術的な要求を産みだすさまざまな渇きが満たされてしまったからだ。素朴で人のよい当惑の面持ちでこう質問したアマースト大学の新入生のことを、私は忘れられない。「われわれは昇華に戻るべきなのでしょうか」と。つまり、いわば糖分を抜いたダイエット食品に戻るべきなのか、というのである。これが、崇高なものに対し――ルソーとカントからニーチェとフロイトに至るまで、崇高なものに与えられてきた微妙な意味合いのすべてにわたって――アメリカで起こったことなのだ。私はその若者の率直さに惹かれはしたが、彼を次代の文化の真摯な担い手と見なすことはできなかった。不必要なものを必要だと考えるようになった結果、われわれは自然なものであれ文化的なものであれ、必要性の感覚をいっさい失ってしまったのである。

しかしながら、セックスがライフスタイルとして舞台に登場したとき、決定的な一歩が踏み出された。そのときまではセックスに対しては大雑把で自然な一連の指針があった。古きアメリカでは、セックスにはひとつの目的――生殖――があること、セックスはこの目的の手段の扱いをうけること、こうしたことが当然視されていた。この目的に役立たないことは、何にせよ無用であり、危険ですらある。それは忘れ去られるか、法や世間の非難、良心、さらには理性によって制御されるべきものである。フロイトは性をこうした狭い連関から振り放した。性とは目的のない力であり、多くの機能を果たすことができる。人が幸せになるためには、粗野で拡散する性のエネルギーに何かの形式が与えられねばならない。しかし、フロイトがニーチェから借用した性の見方、性がいつ爆発するかしれない不確実なものだという見方の底には、フロイトの真の自然主義が横たわっている。この自然主義と、健康と人格の統合とを命ずる規範は、もろもろの限界を設け、合法的な性の表現のためのひとつの枠組みを与えた。『ヴェニスに死す』でマンが口にしたような欲望を満足させる余地は、フロイトのなかにはない。その種の欲望はフロイトによって説明され癒されるが、それ自体は受け容れられない。マンにおいては、それらの欲望は何かの前兆であり、虚無へ堕ちた者たちの叫びのごときものである。そのような欲望は意義を捜し求めている——おそらくエロティックなものすべてがそうだろう。しかし、この世のものは何ひとつ、それらの欲望に意義を与えることができない。問題を判事と司祭の法廷から医師の法廷へと移し変えたり、あるいは巧みに言い逃れすることでは、これらの欲望が満足しないのは確かである。人々はどんなことに関しても還元主義を快く受け容れることができる——ただし、自分にいちばんかかわりのあることは除いて。ブルジョア社会にも自然科学にも、セックスの非生殖的な側面を容れる余地はない。ブルジョア的厳格さが弱められ、それに付随して無害な快楽が解放されるにつれて、無害なセックスに対するある種の寛大な態度が流行になった。しかし、これでは十分ではなかった。というのも、自分の最も大切にしている欲望が、痒いから掻くというのと同じ範疇で表現されるのを、誰も望んだりはしないからである。

とくにアメリカでは、道徳的な正当化がつねに要求される。「ライフスタイル」——これは昇華という表現を生んだのと同じ思想学派に由来した表現であるが、実際に、ライフスタイルは昇華の産物だと理解されていた。だが、アメリカではこれが昇華と結びついたことは決してなかった。というのは、昇華を専門に扱うのはフロイトで、ウェーバーはライフスタイル（これは天の賜物であると判明した）を専門に扱う、という分業が認められていたからである。「価値」がいかなる意見も正当化するように、「ライフスタイル」はどんな生き方をも正当化する。それは、世界にそなわる自然の構造を除去する。世界とは、スタイリストが芸術的手腕を発揮するためのたんなる素材にすぎない。ライフスタイルという語が掲げてあるだけで、いっさいの道徳主義と自然主義は聖なる場所に足を踏み入れることができなくなる。自らの限界に気づき、創造性に敬意を抱くようになるからだ。さらに、われわれのもとではさまざまな伝統が奇妙に混じり合っているが、ライフスタイルとは、そんなわれわれが一致して認めている権利なのである。したがって、これを擁護することは道徳にかなった大義であり、この大義は、人権を侵害する者におぼえる憤りという甘美な情念を正当化する（人々の嗜好がライフスタイルになる以前には、その嗜好は政治的にも心理学的にも、こうした侵害者に対してまったく無防備であった）。いまでは人々は、世界中の人権の愛好者に人権の擁護に加わるよう呼びかけることができる。というのも、どのグループの権利に対する脅威も、あらゆるグループの権利に対する脅威にほかならないからである。サドマゾヒストたちとポーランドの「連帯」〔独立自治労組全国組織。一九八〇年結成〕とが、人権という共通の大義において結びつく。彼らの運命は、自らのために戦われた聖戦に勝利するかどうかにかかっている。セックスはもはや人間の営みではなく、大義なのである。かつては文化の周辺に属する人々のための立派な場所、ボヘミア〔自由に生きる人々の居住区域〕があった。しかしそこで人々は、自分たちの非正統的な活動を、知的・芸術的な成果によって正当化しなければならなかった。ライフスタイルなら、はるかに自由で容易で、いっそう確実で民主主義的である。とくに、内容にはまったく注意を払わなくてもかまわないのだ。

　ライフスタイルという語がここアメリカで最初に普及したのは、魅力的だが社会が難色を示していることをおこなう人々の生活を記述し、受け容れることができるようにするためだった。つまり、ライフスタイルは対抗文化《カウンター・カルチャー》と同一だった。この二つの偉大なる表現は、アメリカ的用法で使われた。哲学的系譜から借用した権威を身にまといつつ、これらの表現は、自分の好みのままに生活を送っている人々に道徳上の保証を与えたのである。対抗文化が、文化にそなわる尊厳を享受したことは言うまでもない。対抗文化の目論見は、われわれを取り囲む文化に対するブルジョア的弁解を非難することにあった。対抗文化ないしライフスタイルが、実際にどういう事情にあるのか——それは人間を高めているのか、貶めているのか——は問題ではない。誰も自分のしたことについて考え抜くことを強いられはしない。そうするのは不可能である。あなたの職業が何であれ、あなたが何者であれ、それが善なのである。これらすべてのことは、トクヴィルが語っているように、民主主義社会における抽象的なものの驚くべき力の証しである。たんなることばがすべてを変えるのだ。これらすべてのことは、われわれの道徳についての注釈でもある。厳密な意味での利己的な快楽の追求ではないにせよ——未来の歴史家たちは、われわれが「楽しむ」という語をどんなに口にしていようとも、アメリカ人のことを、いかに「楽しむ」かを心得ていた快楽主義的民族として回顧しはしないだろう——、出発点においては、少なくとも苦しみや悩みを回避したり、それらからの解放を求めたりすることを目指していたものが、ライフスタイルおよび権利に姿を変えられ、道徳的優越を示す根拠となる。快適で拘束されない生が道徳に適っているのである。

　このことは、およそ政治がおよぶ限りのきわめて多くの領域で見ることができる。人々は自己の利益に奉仕することが公平無私な原理であるかのように言い表わし、実際にそう信じている。産児制限、堕胎、安易な離婚、これらのことをこよなく熱心に支持している中産階級の人々を見ると――彼らの社会的関心、ユーモアを欠いた自信、それにたくさんの統計資料を合わせ考えると――、このアメリカ的道徳性が彼らにたいへん役立っている、と思わないではいられない。こう言うからといって、貧しい人々が子沢山に苦しんだり、強姦が悲惨な結果をもたらしたり、夫が妻を殴打したりするという問題が現実に存在することを否定するつもりはない。しかしながら、これらの問題のどれひとつとして、実際には中産階級には属していない。彼らは子供を殖やそうとしてはいないし、まず強姦されたり殴打されたりしない階層であって、彼ら自身が提案するものから最も利益を得る受益者なのである。もしも彼らの提案のひとつでも、自由や快楽を犠牲に捧げることを、彼ら、あるいは彼らの階級に否応なしに要求するというなら、彼らの道徳はいっそうの真実味を増すだろう。だが実のところ、彼らの提案はすべて、彼ら自身の選択――帰結を引き受けなどしないという現代的意味での選択――の範囲を拡大するのに役立っている。簡単に無効にされてしまうような動機が道徳的ひとりよがりの基盤であるはずがないのだが、しかし事実、それが基盤になっている。他の多くの場合と同じように、この場合にも、性的関係を気軽なものにすることが、道徳性に等しいことになる。今日のアメリカ人のうちで最も独善的な人々は、彼らが口喧しく説いていることからまさに最も多くの利益を得ている人々ではないか、と私は思う。彼らとは反対の意向をもつ哲学の教えから、彼らの武器は造られている。それだけに、これはいっそう嫌悪すべき事態なのだ。

しかし、マンの物語で私がいちばん印象を受ける点は、作者がプラトンを利用するやり方である。このような文学にわれわれが最初に魅せられたとき以来アメリカには何が起こったか、という反省を私に強いるのは、この印象である。アッシェンバッハがますます浜辺の少年の虜になってゆくにつれて、彼の脳裏にはプラトンの愛についての対話篇のひとつ、『パイドロス』からの引用がしきりに思い浮かぶ。この引用には、彼の感じている魅力がどんな性質のものか（彼はこれを次第に、戦《おのの》きながら、認識する）が表現されている。プラトンはすでにドイツの伝統のなかに取り入れられていた。それで『パイドロス』は、おそらく、アッシェンバッハが生徒のときギリシア語を習った際に読んだとされるもののひとつだったのだろう。しかし、その内容、つまり大の男が少年に対して抱く愛についての話が、少年の彼に影響を与えたとは、物語上想定されていない。ドイツの教育において大部分のものがそうであるように、この対話篇は「文化」の、つまり歴史資料の断片にすぎなかった。それは、活力に満ち首尾一貫した全体に組み込まれてはいなかったのだ。これは、アッシェンバッハ自身の文化的活動の死を示す徴候である。突如、この断片は火を噴くように意味をもちはじめ、抑圧された欲望の深淵へと下降する道を指し示す。それはあたかも夢のようだ。そしてもし読者がフロイト主義者なら、夢が意味するものを解く鍵は読者の手のなかにある。無意識界の住人たち——彼らがいるということは、物理的には受け容れがたくとも、生々しい事実である——は、隠れたやり方で自己を表現し、そのようにして密かな満足をとげる。彼らは自らの欲望を、意識が受け容れることのできる材料に結びつける。すると、その材料は表向きに意味しているものを、実際はもう意味しなくなる。それはいまや、真の意味を表現すると同時に隠してもいる。プラトンの尊敬すべき対話篇は、アッシェンバッハの安らかな心と彼の肉欲との媒介者である。プラトンは倒錯した性欲を表現し美化する方法、つまり昇華するやり方を見出した。この物語には、そのように描かれている。エロスに関しプラトンから直接多くのことを学びうる、とマンが考えていた形跡はまったくない。むしろフロイトの洞察をプラトンに適用し、欲望が自らにふさわしい合理化をどのように見出すかを知ることによって、何かを学びうるだろう。この場合プラトンは、科学的解剖が施されるつまらぬ死体にすぎない。マンはフロイトの学説の斬新さにひどく目を奪われて、昇華が学説の主張するとおり、ほんとうに精神のさまざまな現象を説明しうるかどうかを疑わなかった。彼は理論に偏していた。あるいはマンは、自分たちは以前の思想家よりも物知りだ、と確信していた。かつての連中は、神話相手の学者なのだから、と。

性衝動《エロティシズム》がいっさいの人間的なものに浸透しているという点で、フロイトとプラトンは同意する。しかし、似た点はそこまでである。近代心理学が古代の心理学より優れているという確信を捨てる気にさえなれば、誰しもプラトンのうちに、多種多様な性愛表現——この多様さはわれわれを困惑させる。このせいでわれわれは現在のばかげた事態に追い込まれてしまった——に関するきわめて豊かな説明を見出すだろう。性的な欲望を充足する可能性と不可能性について、プラトンが聞くに値する見解を表明しているのを、彼は認めるだろう。プラトンはエロスに魔法をかけるとともに、エロスの魔法を解く。われわれにはこの両方のやり方が必要なのだ。少なくともマンにおいては、伝統（われわれはその下でかつて渇きを癒すことができた）が——生きていると言えば不正確になるが——存在している。マンがわれわれに与えてくれるものを手にして、われわれは自分自身の旅に出発し、アッシェンバッハよりも興味深い餌食を見出すかもしれない。しかし、すでにマンにおいてほぼぎりぎりまで伸び切ったあの細い糸は、アメリカでは断ち切られてしまった。われわれはもはや伝統と触れ合っていない。アメリカではエロスはひとつの強迫観念であり、エロスについての思想も、そうした思想の可能性も存在しない。というのも、われわれはいまや、自らの魂の解釈にすぎなかったものを魂の事実と受け取っているからである。エロスは次第に無意味な卑しいものになってゆく。しかし、思想が浸透しておらず、真の選択（つまり、熟考によって導かれた選択）によって肯定されてもいないもので、人間にとってためになるものはない。ソウル・ベローは作家としての彼の意図を、「近代のさまざまな観念の残骸の下に世界の魔術を再発見すること」だと述べた。抽象化というあの灰色の網は、世界を覆うために使われる。それは、われわれの気に入るように世界を単純化して説明するためである。だがこの網が、われわれの眼には、世界そのものとなった。現象の不毛な蒸留物ではなく、現象そのものを見る唯一の方法、すなわち現象をふたたびその曖昧さのままに経験する唯一の方法とは、現在のヴィジョンに代わるさまざまなヴィジョンをもち、多種多様な深遠な意見を知ることだろう。しかし、われわれのもろもろの観念が、そのような経験を実践の面では困難に、理論の面では不可能にしてしまった。プラトンが神への高まりを認めたところでフロイト的昇華を目にしてしまう若者にとって、プラトンから学ぶことなどどうしてできるだろうか。まして、プラトンが彼に親しく語りかけることなど、彼には考えもつかないだろう。新しい種類の教育によって人工的に形づくられた魂は、人間の技巧のせいで変形をきたした世界に住み、こう信じている。あらゆる価値は相対的であって、価値はそれを信奉している人々の私的な経済的衝動ないし性的衝動によって決定されている、と。こうした魂はどのようにして原初的な自然の経験を取り戻せるのだろう。

この章に掲げた印象的な一覧表に載せられた用語をすべて使用禁止にする法律がかりに制定されれば、人口の大部分は沈黙を余儀なくされるのではないかと思う。専門的な会話は続けられるだろうが、正と邪、幸福、われわれのあるべき生き方、こうしたことに関することはすべて、表現するのが困難になるだろう。これらの語は、さまざまな思想が存在しているはずの場所に位置している。これらの語が失われるなら、空隙が露出するだろう。それはまたとない訓練になるだろう。というのも、それがきっかけになって、人々は、自分が実際に信じているもの、決まり文句の背後にあるものについて考え始めるかもしれないからである。「ライフスタイル」の代わりに「自分の思うとおりに生きること」を話のなかで使うことができるだろうか。「私の意見」は「価値」の代わりになるか。「私の偏見」は「イデオロギー」と取り替えられるか。「大衆を煽動する」や「まさに神のような」は「カリスマ」の代役をつとめうるだろうか。広く用いられているこれらの語はどれも実質をそなえ、敬意に値するように思える。人の好みや行為を正当化するのは、見たところそうした語であるようだ。口ではどうとでも言えるが、人間にはそうした正当化が必要である。われわれは自分の行ないに対して理由をつけなくてはならない。それはわれわれの人間性と、われわれが共同体を築きうることのしるしである。「私は自分で信じるものを信じているだけだ、これらは私にとっての価値にすぎない」などと言う人物に、私は出会ったことがない。人はつねに正当化の理由づけをする。ナチはそれを言い立てたし、共産主義者はいまでもそうだ。こそ泥やポン引きにしても同じである。自分のために申し開きをしなければならないとは感じないような人々も、なかにはいるかもしれない。しかしそれは浮浪者か哲学者にちがいない。

しかしながら、いままで問題にしてきたこれらの語は、理由ではないし、理由として意図されたわけでもない。反対に、それらの語は次のことを示すために作られたのである。すなわち、われわれが何をおこなっているかを知りたい、善き存在でありたいというわれわれの深い人間的欲求は、満たすことができない、ということを。ところが何かの奇跡によって、これらの用語はわれわれを正当化するものとなった。すなわち、ニヒリズムが道徳《モラリズム》となったのである。私がおぞましい思いをするのは、相対主義の非道徳性に対してではない。仰天させられ下劣に思われるのは、われわれがそうした相対主義を独断的に受け容れているということ、それが自らの生にとって何を意味するかという関心をわれわれが気楽にも欠いていることである。アメリカ人の興味にはまったく訴えない一人の作家――わが国のマルクス主義、フロイト主義、フェミニズム、脱構築派、あるいは構造主義の批評家たちが切り刻めるようなものは何ひとつ提供せず、アメリカの若者の気に入るような態度《ポーズ》も感傷的表現も常套句もそなえていない作家――ルイ＝フェルディナン・セリーヌ〔フランスの作家。一八九四―一九六一〕は、われわれが何を信じているか、あるいは何を信じていないかを直視している人間に人生がどのように映るかを、この上なく巧みに表現している。彼よりずっと人気のあるマンやカミュに較べ、彼ははるかに才能ある芸術家であり、洞察力に優った観察者である。セリーヌが『夜の果ての旅』で讃えている主人公ロバンソンは、まったく利己的な嘘つきでありペテン師であり、金のために人を殺す人物である。なぜバルダミュ〔同作品の登場人物〕は彼を賞賛するのか。一部は彼の正直さのゆえだろう。だが、理由の大部分は、ロバンソンが、女友達に愛を告げるより彼女から撃ち殺されるほうを選ぶ人間だからである。ロバンソンは何かを信じているが、バルダミュにはそれができない。アメリカの学生はこの小説に反発し、ひどく反感を覚える。彼らは嫌悪を抱いてこの小説に背を向ける。もしこの小説を無理矢理にでも彼らに読ませることができるなら、彼らは考えを改めるよう促されるかもしれない。この作品を切迫した要請——彼らのさまざまな前提を考え抜き、彼らの密かなニヒリズムを顕らかにし、それを真剣に吟味せよ、という要請として受けとるようになるかもしれない。現在の知的状況のイメージとして、私にはあるニュース映画の場面がしきりに思い出される。フランス人が愉しそうに海岸で水浴びしている場面である。彼らは、レオン・ブルム〔フランスの政治家、首相。一八七二—一九五〇〕の人民戦線政府によって制定された、年に一度の有給休暇を楽しんでいるのだ。一九三六年のことである。同年、ヒトラーはラインラント占領を承認された。われわれのすべての大テーマは、この有給休暇のイメージに帰するのである。

きわめて逆説的なのは、ここで論じてきた言語が、非凡な思想と偉大な哲学の産物だということである。私の試みた駆け足での表面的な概観は、その非凡さと偉大さをたんに示唆したにすぎない。この問題の研究には、一生涯を費やしてもまだ足りないくらいである。その研究はわれわれを貧しくしている確信を、われわれを人間的にする懐疑に変えるだろう。われわれの言語の背後にあるさまざまな根拠に立ち帰り、他の言語の根拠と比較してみれば、それだけでもわれわれは解放されることだろう。あるがままのわれわれの魂を探究する考古学の輪郭を、私は描こうと試みてきた。われわれは、偉大な諸文明がかつて咲き誇った史跡に住んでいる無知な羊飼いのようなものだ。その羊飼いたちは、地表に顔をのぞかせている遺蹟の断片を遊び道具にしているが、それらがかつてどんなに美しい建造物の一部であったかについては思いもおよばない。必要とされるのは、彼らに生を高揚させる模範を提供する、注意深い発掘にほかならない。われわれは歴史学を必要とする。しかしそれは、過去の出来事を知るためでも、また過去を説明するためでもない。それは過去を蘇らすためである。それによってはじめて、そのようにして現在のわれわれを説明し、未来を可能にしうるからだ。これは、われわれの教育上の危機であるとともに好機でもある。西欧合理主義は、理性の拒絶で頂点に達した。この帰結は必然的なものだろうか。

多くの人はこう言うだろう。大陸、とくにドイツの哲学がわれわれに決定的な影響を与えているという私の報告は、誤りないし誇張であって、かりにこれらの用語すべてが、私がつきとめた源泉に由来しているのが真実であるとしても、言語にそれほどの影響力はない、と。しかし、問題の言語はわれわれの周囲の至るところにある。この言語の源泉を否定することもまた不可能である。というのは、この言語を産みだしたのは思想だからである。この言語がどのように普及したかを、われわれは知っている。精神のカテゴリーが知覚を規定するという事実を確信するには、私が出会ったアマーストの学生かアトランタのタクシー運転手のことを思い浮かべるだけで、私には十分である。もしもカルヴァン派の「世界観」が資本主義を作ったのだと信じてよいなら、われわれは、ドイツ哲学の圧倒的なヴィジョンが未来の圧制を準備しつつあるという可能性を信じることもできるだろう。

私は繰り返さねばならない。ルソー、カント、ヘーゲル、ニーチェは、まさに最高に位する思想家たちである。実際、これがまさに私の言いたい眼目である。この事実の意味するところ、また彼らと同じ最高位に属する人々が他にも存在するということ、われわれはそれを学び直さねばならない。

第三部　大学

ソクラテスの『弁明』からハイデガーの『学長就任演説』まで

十五歳のある日、シカゴ大学をはじめて訪れた私は、なにか自分の人生を発見したような感じがした。私はそれまでそのような建物群を見たことがなかったし、少なくとも注目して見たことがなかった。それは、必要性や有効性とは異なる、明らかにもっと高貴な目的のために捧げられた建物であって、たんに雨風をしのいだり、ものを作ったり、売買したりするために奉仕するのではなく、何か目的それ自体とでも言えるものに捧げられた建物だった。アメリカ中西部は、壮麗な教会や政治的栄光の記念物があることで名高い地方ではなかった。若者の想像力をかきたてたり称賛を喚起したりする精神の高貴さを彷彿とさせるものは、ほとんどなかったのである。何とも知れぬものに私が抱いていた憧れは、とつぜん外部の世界にひとつの答えを見出した。

もちろんそれは、ゴシックを模した建築物だった。学校の授業で私はそれが模作であることを教えられていたし、実際ゴシックは私の趣味には合わない。しかし、それらゴシック建築は、学問の道を指し示しており、その道は偉人の集う場へと通じていた。そこには、われわれの身近には見出されそうもないものの実例がある。そのような実例を欠いては、われわれは自らの能力を認識することも、人類の一員であるすばらしさを知ることもできないだろう。はるかな国と遠い時代の様式を模したこれらの建築には、そうした様式の表現する実質を自分たちが欠いているという意識と、そうした実質に対する尊敬の念とが表わされていた。これらの建築は、他のいかなる国にもまして現実生活に没頭している国が、観想的生活へ送るあいさつであった。この擬似ゴシック建築はひどく嘲笑されたので、二度とそんなものを造ろうとする者はいない。その建物は本物ではないし、われわれのありのままを表現するものではない——人々はそう言った。しかし私にとっては、それはわれわれの本質の表現であったし、いまでもそうである。文化の批評家たちが、われわれの精神的要求に関して、この建築に金を出した俗な金持ちほどにもすぐれた直観をもっていたかどうか、怪しいものだ。この国は未来に向かって突き進んでおり、ここでは伝統は、想像の源《インスピレーション》ではなくむしろ足枷だと思われている。回想と過去から受けとる警告は、われわれが道をよろめきながら進むさいの唯一の監視装置である。あの軽蔑された百万長者たちは、アメリカの目標にだけあてられたような都市のまんなかに大学を設立したが、彼らは自分たちがかつて無視していたものに敬意を払ったのである。その動機が、彼ら自身が失ったものに気づいたことなのか、彼らが生涯をただそのためだけにささげたものに対するやましさなのか、この事業に自分たちの名を付けさせたいという虚栄心を満足するためなのか（ある人間の虚栄心を満たすものは、彼について何よりも多くのことを教えてくれる）、いずれにせよ、彼らは敬意を払ったのである。そこでの教育はアメリカ流のものだったが、技術教育だけがなされていたわけではない。

私の場合は、この建物が約束したものは完全に果たされた。私がそこの学生になったときから、自分が何であるかを思索するのにすべての時を費やしても不思議はないような風向きであった。この主題は私の興味を惹いたが、それまではこんなことが研究に適した、あるいは研究ができる主題であるとはついぞ思われなかったのだ。高校で私の見たのは、多くの先輩たちが医者、法律家、ソーシャルワーカー、教師になるために――要するに私の住む小世界におけるちゃんとした、ありとあらゆる職業につくために、卒業して州立大学に進む姿であった。大学は大人になるには不可欠な場所だが、大人になることは人生を一変させるような経験だとは期待されていなかった――また事実そうであった。われわれがまだ聞いたことがないような重大な目的があること、あるいは目標を学び、それらの序列を決める方法があるということなど、誰も信じなかった。要するに、哲学はたんなることばにすぎず、文学は娯楽の一形式にすぎなかったのである。高校とそれをとりまく雰囲気は、われわれの精神をこうした枠にはめこんでいた。しかし、偉大な大学はこれとは別種の雰囲気をかもしており、こう告げていた。万人が問うべき問いがある、しかしそれは日常生活においては問われないし、そこでは答えも期待できない、と。大学には自由な探究の雰囲気があった。そのような探究にわれわれを導かないもの、探究に有害なものは排除されていた。大学は重要なものとそうでないものとを区別した。大学は伝統を保護したが、その理由は、それがただ伝統だからではなく、並ぶものがないほど水準の高い議論の模範を与えてくれるからであった。大学には驚きがあり、その驚きを共有するという経験に基づいて友情が作りだされた。驚きの最たるものは、大学に何人かのほんとうに偉大な思想家たちがいるということであり、彼らは理論的生活が存在することの生きた証しとなっていた。世間の人は、誰しもが何か卑しい動機をもっていると考えて喜ぶものだが、思想家たちが理論的生活をおくる動機をこうした卑しい動機に還元することとは、容易にはできなかった。彼らにそなわった権威は権力、金、家柄にではなく、他から尊敬を強いておかしくはない天賦の才に基づいていた。こうしたすぐれた教師同士の、また彼らと学生との関係には、真の共通の善がそなわる共同体が啓示されていた。理性に基づいて建てられた国家における大学は、その体制の神殿――理性のこのうえなく純粋な行使に捧げられ、自由で平等な人間の連合にふさわしい敬意をかきたてる神殿であった。

その後の年月は私に、こうしたことの大部分が私の若者らしい熱狂した想像のなかにしか存在しないことを教えたが、それでも人が考えるほど多くのものがそうだというわけではなかった。大学の諸制度は、私の予想できたよりはるかに曖昧なものであり、逆風につかまると、思ったよりもずっと脆いものであることがわかった。しかし私は、新しい世界を開いてくれた真の思想家たちを現に目にしたのである。私という存在は、関心をもつべきだと教えられた本によって形づくられた。これらの本は、いまに至るまで、人生のどんな日、どんなときにも私とともにあり、そのおかげで私はじつに多くのものが見えるようになり、いまのような人間になったのである。もし私の運命が、人生の最も大事な一時期に私を偉大な大学に入れなかったとしたら、私はわずかなものしか見ず、ずっと小さな人間になっていただろう。私はこれまで理想的な多くの師や学友にめぐまれた。そして何よりも、私には友情とは何かをともに考えることのできる友がいる。彼らとは魂のふれあいがあり、彼らの心にはついさっき言及したあの共通の善が働いている。もちろんこうしたことはすべて、人生につきものの弱さや醜さとないまぜになっている。そのどれひとつとして、人間のもつ低級なものを帳消しにするわけではない。しかし、そうした低級なものすら、師や友との交わりによって形づくられる。大学にはいろいろと失望したが――大学とは結局、原理的に大学から切り離せる内容を伝達する手段にすぎない――、だからといって私は、大学によって与えられた生活が自分の得られる最上のものとは違うのではないかなどと、決して疑ったことはない。それに私は、大学が本来それを取り巻く社会を補佐するものだとは一度も考えなかった。むしろ、社会が大学を補佐するのだ、と考えていたし、いまもそう考えている。私は、少数の者たちがいつまでたっても幼児でいることを大目にみてくれ、彼らを支持する社会に感謝する。だが、こうした幼児のような戯れが、翻って社会へ恩恵を施しうるのである。大学という理念に惚れ込むのは愚かなふるまいではない。というのも、そのことによってのみ、何が可能なのかを知りうるからである。大学がなければ、理論的生活のすばらしい所産はすべて、もとのべとべとしたものに分解してしまい、二度とふたたび現われることはない。理論的生活の正体を経済学や心理学によって暴くのは簡単だが、そうしたからといって、その何ものにも代えがたい美しさは決して除去できないのである。しかし、そうした暴露によって美しさが見えにくくなることはあるかもしれないし、これまではそうだったのであるが。

民主政における知的生活に関するトクヴィルの見解

トクヴィルは、大学が民主主義社会にとっていかに重要かを私に教えてくれた。彼のみごとな書物『アメリカの民主主義』は、十分に形をなしていなかった私のさまざまな考えを表現にもたらしてくれた。「アメリカ人の知的生活」に対して彼が施した生き生きした描写を鏡として、われわれは自分自身の姿を映して見ることができる。しかし、彼がその本にもち込んでいる非常にひろい視野がわれわれには異質であるために、われわれはそこに自己の姿をただちに認めるわけではない。私の経験では、学生は最初アメリカ精神についてのトクヴィルの叙述に退屈する。だが、よく注意して読んでごらんと促してやると、最後にはそれに惹きつけられ、目を覚まされるような驚きをおぼえるようになる。自分に見えるものが環境によって制限されているとは、たとえ他人にこの事実を認めるのは簡単でも、しかし自分もまたそうだとは誰も信じたくないものだ。トクヴィルは、民主主義政体が特定の知的傾向を惹き起こす事情を明らかにしている。この傾向は、積極的に正さないでおくと、精神の眼を歪めてしまう。

トクヴィルによると、世論に対する隷従こそ民主主義がかかえる大きな危険である。民主主義は、万人が自ら決定を下すことを要求する。自らに自然にそなわる能力を使って真偽や善悪を自分で決める、これがアメリカ人のものの考え方である。民主主義以外の政体では伝統が判断を下すのに対し、民主主義はそうした伝統から自由である。宗教、階級、家柄からくる偏見は、原理的に除かれるというだけではなく、実際にも除去される。というのも、これらを代表する者はいずれも、知的権威をもたないからだ。政治的権利は平等なので、教会や貴族は、人々の意見に影響を与えるための砦を築くことができない。神の啓示を基準にする聖職者、古いものを強く崇敬する貴族、理性の正しさよりも祖先の正しさをいつでも選ぶ傾向にある父親たち、こうした人々はみな、平等な個人に席をゆずる。民主主義においては、たとえ権威が求められる場合があるとしても、他の政体でふつう見つかるような場所に権威を見出すことはできない。このようにして、民主主義では、理性の自由な行使を外から妨害するものが取り除かれてきた。民主主義社会の人々はかつてのさまざまな政体に属していた人々に比べれば実際に自分で判断をおこない、また通常自分の判断をもとにして意見を述べる。このようにして理性はいくばくか増進する。しかしながら、民主主義政体が助長する自己の利益の計算を度外視してまで、理性をもちいる訓練を自らにほどこす人はほとんどいない。だから、考えるための時間も能力もないじつに多くの問題を――実際、それはあらゆる問題にわたる。というのは、生き生きとした自主的判断をするためには、あらゆることを考慮に入れねばならないから――熟考するには、人々は助けを必要とする。人々が計算をめぐらす自己の利益――さまざまな目的――でさえ、疑わしくなることがある。何らかの権威が、しばしばたいていの人に必要であり、そして少なくとも時として、すべての人に必要になる。他に頼るべきものが何もない場合、ほとんどの人が共有する信念が、まずいつも判断を決定する要因となるだろう。かねて伝統がたいそう重きをなしたのはまさにこういう場合である。伝統につきものの非民主主義的・反合理的神秘性に誘惑されない限り、伝統とはたんなる流行に対する釣り合いの錘《おもり》であり、その修理なのであって、そこには古い知恵が化石のように含まれている（もちろん知恵ではない多くのものもともなうが）。伝統が魂のうちに生き生きと姿を現わすとき、それは魂の主に束の間のものに対抗する手段――知恵ある者だけが自らのうちにはっきり認めることができるような手段――を授ける。理性の解放は、逆説的な結果をもたらす。というのも、その結果、理性がますます世論の指導に頼るようになり、その自主性を弱めるからである。

要するに、理性は舞台の中央にさらされている。民主主義社会に住むあらゆる人間は、自分が個人として他の誰とも平等であると考えているけれども、このことによって、平等な人間の集団に個人が対抗するのは難しくなる。もしあらゆる意見が平等である場合、心理学から政治を類推すれば、多数意見が支配するのが当然である。各人が自分自身の意見にしたがうべきだ、と言うのはたいへん結構なことだ。しかし、社会的・政治的生活を送るためには意見の一致が求められる以上、調停が必要になる。それゆえ、多数意見に反対する強力な根拠がないかぎり、必ず多数意見が勝つことになる。これは、多数派の専制のじつに危険な形態である。この種の専制は、少数派を積極的に迫害するのではなく、抵抗しようとする内なる意志をくじく。なぜなら、多数に同調しないための原理を汲みだす適切な源泉などないからであり、数に左右されない正しさ（権利）があるという感覚が失われるからだ。多数こそがすべてである。多数が下す決定が唯一の審判である。人を脅かすものは、多数の力ではなく多数がとる正義という姿である。アメリカ人は個人の権利について多弁を弄するが、ほんとうは一様なものの考え方しかなく、精神の活発な自主性は稀であることを、トクヴィルは見出した。自由にものを考えるように見える人ですら、ほんとうは支持者を当てにしているのであり、いつか多数派の仲間になるのを期待している。彼らは体制の同調者であるちょうどその分だけ、世論の産物である――彼らは体制の同調者の劇場で非同調主義を演じている。彼ら体制の同調者は、ある種の非同調性、つまりすでに支配的な意見を極端にしたような非同調性を敬い、それに拍手かっさいするものなのである。

理性的政体においては、権利の原理ないし確信に基づく古い意味での階級が存在しないので、理性が無防備である事態はいっそう激化する。この政体では最も基本的な政治的原理についてはー般的な一致があるので、この原理に対する疑いの生じる余地はない。貴族政治においては人民の党派もあったのに、民主政治においては貴族の政党は存在しない。これは、民主主義という統治原理に敵対する者は、敬意も払われないし保護もされない、ということを意味する。かつては、君主や貴族の利害に対抗して教会の利害を代表する党派もあった。こうした党派もまた、さまざまに異なる意見が育つ余地を与えたのである。政治的抗争で頭に血がのぼっていると、われわれはつい次の点を見失う。これまで何度もそのために人間が争ってきた原理の違いに比べれば、現代において原理の違いはごくわずかである。われわれアメリカ人の歴史で、基本的原理に関する基本的相違をほんとうに含む唯一の闘争は、奴隷制度をめぐるものであった。しかし、奴隷制度の唱道者たちでさえ、アリストテレスが主張したように、人間のなかには自然によって他の人間に仕えるように作られた者がいるのだ、とあえて主張することはまずなかった。それゆえ彼らは、黒人の人間性を否定せざるをえなかったのだ。そのうえこの問題は、独立宣言においてすでに実際にはかたづけられていた。黒人奴隷は、われわれの国民生活の恒常的な特徴ではなく、いずれは廃絶されねばならない逸脱であった。奴隷制だけでなく、貴族政治、君主制、神政も、独立宣言や合衆国憲法によって葬り去られた。これは国内の平安にはたいへん好都合だったが、そのために、勝ち誇った「平等」に関するさまざまな理論的疑問を励まし助長するという結果にはならなかった。政治の理論的考察にかかわる古くからのもろもろの問いが、決定的に答えられてしまったと考えられたばかりでなく、こうした問いに関するさまざまな立場を育んだ土壌が取り除かれた。民主主義的な善悪の観念と、たんなる生存の必要とが組み合わさって、疑問を抑えつける。トクヴィルがアメリカに提出したような問いは――彼はそれに答えることによって、われわれの大方がなしうるよりもっと合理的に、もっと実証的に、平等の正当性を確言できたのだが

――われわれにはできない経験に由来した。すなわち、彼は民主主義以外の政体と民主主義的ではない魂の質――貴族政治を直接経験したのである。われわれにはどうしてもそうした類いの経験に近づくことができないとすれば、人間の可能性の及ぶ範囲についてわれわれがもつ理解はそれだけ貧しくなり、自分たちの強さと弱さを評価するわれわれの能力は減ってしまう。

そうした広い範囲の可能性を理解できるようにするためには、また民主主義政体にともなう、重要なオルターナティヴに対する高い評価に水をさすような傾向に打ち勝つためには、大学は、無防備で臆病な理性の助けとならなければならない。大学は研究と思慮深い寛大がその本領を発揮する場である。大学は、理性を実用にとらわれずそれ自身のために使用することを奨励しなければならない。また現に支配しているものがもつ道徳的・物理的優越性によって、哲学的懐疑が脅かされることのないような雰囲気を提供しなければならない。そして、哲学的懐疑を育むために必要な偉大な事業、偉大な人間や偉大な思想の宝庫を守るのは大学である。

精神の自由に必要なのは、法の束縛がないことだけではない。あるいはとりわけそうした束縛がないことが問題ではない、とさえいえる。必要なのは、他に選択できる思想が現にある、ということである。最も成功を博する専制政治は、画一性を確保するのに暴力を用いない。人々が他の可能性に気づくのを邪魔し、他の道をとりうることなど考えられないと思わせ、外なる世界があるという感覚を一掃する専制政治こそが、最も成功した専制政治である。人間を自由にするのは、感情でも傾倒《コミットメント》でもなく、思想、理を尽くした思想なのである。感情の大部分は、慣習によって形成され、形づくられる。ほんとうの差異は、思想と根本原理の差異からくる。民主主義にともなう多くのことがらが、差異の意識に対する攻撃をもたらす。

第一に、あらゆる政体に共通する点として、いわば過去の公式的解釈といったものがあり、この解釈のせいで過去は不完全なもの、現在の政体に至る一段階にすぎないものと思われている。この一例になるのが、アウグスティヌスの『神の国』に見られるローマとローマ帝国の解釈である。ローマは忘れられたわけではなかったが、それは勝利を得たキリスト教のレンズを通してのみ思い起こされるローマであり、したがってキリスト教に対してまったく挑戦をいどまないローマである。

第二に、権力をもつ者へのへつらいは、あらゆる政体に認められる事実であるが、とりわけ民主政体にはよく見られる。民主政治においては、専制政治とちがって、抵抗しようとする内なる意志をくじく公認の正当性原理がある。すでに述べたように、人が頼りにできるのは民衆で、それ以外に正当的（合法的）な権力は存在しない。民衆の力に対する反感、すなわち民衆の嗜好が生活のあらゆる場を支配するのが当然であるという事実に対する反感は、近代民主政治においては非常に稀にしか見られない。マルクス主義の知的魔力のひとつに、民衆は腐敗したエリートによって操作されていると言って、民衆の不正と俗物根性を弁明し、その罪を免除してやるというやり口がある。こうして、マルクス主義者は、自らを現在と未来に結びつけたまま、現在の体制を批判することができる。「ブルジョアの俗物性」とは、実はあらゆる時代あらゆる場所の民衆がもつ本性かもしれない、という可能性にすすんで直面する者はまずいない。民衆へこびへつらい、世論へ抗することができない点が民主政治の悪徳である。この悪徳は、とりわけ、作家、芸術家、ジャーナリスト、その他、観客が頼りのどんな者にでも見られるものだ。民衆に対する敵意と度をすごした侮蔑は貴族制に見られる悪徳であり、われわれの問題ではほとんどない。貴族制はなにより衆愚をきらい、恐れる。一方、民主政治は、その純粋な形態では、とりわけ「エリート主義者」をきらい、恐れる。なぜならエリート主義者は不正であるから、すなわち、民主政体における公正という指導原理を受け容れないからだ。こういうわけで、おのおのの政体は、その政治的・知的傾向を促進する者はほめるが、それを認識し補おうとする者の言い分には耳を貸さない。しかし、くりかえして言うが、この傾向は民主政体でいっそう強く現われる。なぜなら、そこには非民主的階級がいないからだ。どんな政体にも民衆は存在するが、それ以外の階級は必ずしも存在するわけではない。

第三に、民主主義社会は、有用なものへ、一般大衆が最も急を要すると信じる問題へその関心を集中するので、理論が現実に対してとる距離は、無駄であるばかりではなく、不道徳でもあるように思えてしまう。貧困、病、戦争があるときに、すでに答えられてしまった問いを訊ねたり、態度決定《コミットメント》が要求されているところで距離を保ったりして、エピクロスの園でぶらぶら遊んでいる権利を誰が主張できようか。「それ自体のために」という標語は、近代民主主義の精神とは相容れないのであって、とりわけ知的な事柄においてはそうである。社会的危機がある度ごとに、思想に専心している民主的な人間は良心の危機を感じ、有効性という基準によって自らの努力を解釈する道を発見しなければならない。これを発見できないと、彼らは自らの努力を放棄したり、ゆがめたりしがちなのだ。この傾向を助長する次のような事実がある。平等主義社会においては、実際には誰も自分自身の真に堂々とした意見をもっていないし、誰も、たんに必要であるにすぎないものに対して誇り高い軽蔑を覚えたり、自らがある特権をもつという感覚を養われてきていないのである。アリストテレスの言う偉大な魂の持ち主は、美しいもの、有用でないものを愛する人間であるが、彼は民主主義にふさわしい類型ではない。そのような人間は名誉を愛しはしても、それを軽蔑している。自分がもっと善いものに値する人間だと知っているからだ。これに対して、民主主義的虚栄心は、求めて手に入れることのできる名誉によって定義される。少なくとも哲学者が有用なものを愛する者――こういう者は、ふつうよりも理性でまさっている公算が高い――であるかぎり、美しいもの、有用でないものを愛する者は、哲学者とは正反対の人間である。しかし美しいもの、有用でないものを愛する者には、哲学者が軽蔑するのと同じ多くのものをやはり軽蔑するという長所がある。彼らは、哲学者をまさに有用ではない装飾のように見なしてしばしば称賛する。偉大で非凡な事業は、有用なものを愛する人よりも、こうした人間のもちまえである。彼は功利主義的心理学によって存在を否定された動機を信じ、あがめる。彼は、たいていの人間があくせく得ようとめざすもの――金と地位を軽く見ることができる。彼は自由であり、自分がすでにもつものを他人が得るよう助けてやることに生涯を費やす――民主主義の見解では、彼はそうすべきなのだが――のでないならば、他に遂げるべき目的をさがさなければならない。「ものごとを知ること」は別の目的に必要なものではなく、それ自体がなし遂げるべき仕事であることが、彼にはただちにわかる。道具性ではなく目的性が大事であり、幸福の追求より幸福が尊い、という考えは、貴族主義的気質に訴える。これらはみな知的生活に有益であるが、どれひとつとして民主主義に特有のものではないのだ。

したがって、たんに理性の支配を宣言しただけでは、合理性を完全に行使する条件は作り出せない。合理性の妨げになるものを取り除けば、合理性を支えているものもまた除かれてしまうからである。合理性は魂の経済の一部でしかなく、正しく機能するためには、他の部分と平衡をとることが必要だ。問題は、情念が合理性の従僕なのか、それとも合理性のほうが情念の侍女なのか、という点である。後者がホッブズのとった解釈であり、近代民主主義の発達に重要な役割を果たした。だが、この解釈は理性を尊重するとともに軽視もする。近代民主主義より古くて伝統的な秩序は、理性が自由に戯れることを奨励しない。この秩序には、理性のもっと貴族的で哲学的な解釈の名残りである要素が含まれており、これが理性が堕落するのを防ぐ助けとなっている。こうした要素は、古い伝統的な秩序にあまねく広がっている敬神の情と結びついている。より高いものに対するある種の敬意を、観想的生活への尊敬の念を、これらの要素は伝える。人々は観想的生活を、神の観想、極度の献身として、また永遠なる存在の固守——これは、たんに急を要するもの、流行にすぎないものばかりに熱中する頭を静める——として理解した。以上は、荘厳な哲学にまつわるイメージである。強調しておかねばならないが、それはときとして独創的なものを歪曲し、その最も手ひどい敵となりうるが、宇宙と魂の秩序を保つのもこうした荘厳さであり、この秩序からこそ哲学が出発するのである。トクヴィルはパスカルに関する感動的な叙述のなかで——明らかに彼はパスカルを、人間のうちで最も完全な者と見なしていた——この点をじつにみごとに記述している。

このような人間の類型の、すなわち理論型の人間の可能性は、トクヴィルによれば、民主主義において最も脅かされている。そして、もし人間性をひどく貧しいものにしてはならないとすれば、このような人間類型を精力的に擁護しなければならないという。近代民主主義において花開いた理論的反省の多くは、平等主義の憤りとして解釈できよう。それはパスカルに代表されるより高貴な型の人間を軽視し、ゆがめ、そうした人間をそのありのままの存在から解釈しようとする。マルクス主義とフロイト主義は、このような型の人間の動機を、誰もがもつ動機に還元する。歴史主義は、彼が永遠なるものに近づくのを否定する。価格理論は彼の理性機能を見当ちがいなものにしてしまう。もしかりに彼が姿を現わしたとしても、われわれの眼にはその卓越性が見えず、したがって彼の卓越性が惹き起こす不愉快さを味わわずにすむだろう。

右のような特異な民主主義的盲目を取り除く、あるいは治療するためにこそ、大学は民主主義社会のなかに存在すると言えるのである。とは言え、それは貴族制をうちたてるためではなく、民主主義のためであり、民主主義社会にいる個人の精神の自由——これが最も重要な自由のひとつであることはまちがいない——を保つためなのである。成功した大学は、社会が万人の幸福に献身しうること、しかも人間の潜在能力の発育をさまたげたり、精神を政体の目標にしばりつけたりせずに献身しうることを証明している。民主主義の最も深い知的弱点は、理論的生活に対する嗜好も適性も欠いているところにある。ノーベル賞やその類いのものはどれひとつとして、この点に関するトクヴィルの評定を反駁する材料にはならない。問題はわれわれが知性を有しているかどうかではなく、最も広く深い種類の熟慮に熟達しているかどうかである。以前にもましていまわれわれには、自らの欠陥をたえず思い出させてくれるものが必要である。偉大なヨーロッパの大学は、かつてわれわれの知的良心として行動したが、それが衰退してしまった結果、われわれは自らの知的良心を自分で守らなくてはならない。ややもすればわれわれは、自分を良い方に考えがちである。幸福あるいは憐れみについてはっきりさせ、われわれの強力な衝動や誘惑に抗し、あらゆる俗物主まずもって、こうした問いを最も的確に提出した人々の仕事を守る――生きた状態に保つ――ことによって果たす。中世においては、アリストテレスの姿が、社会の指導的分子の心を大きく占めていた。彼はほとんど教父たちと肩をならべる権威として扱われ、教父たちと同様に見なされた。これはもちろん、権威は哲学の正反対だと考えたアリストテレスの濫用であった。彼自身の教えは信仰されるものではなく、つねに問いと疑いによって近づくべきものである。哲学の本質は、人間一人ひとりの理性を支持し、あらゆる権威を放棄することである。にもかかわらず、中世におけるアリストテレスの影響は多大だったし、彼の穏健で思慮にとむ見解は世界に影響をおよぼし、哲学的懐疑を抱くようになった者にとっての導き手となりえた。現代においては、権威からの自由と理性の独立が決まり文句である。しかし、アリストテレスは――いまやわれわれの心の準備はできているのに――正しく用いられるどころか、事実上すがたを消してしまっている。われわれは、ヘーゲルのように、アリストテレスを用いて現代の性格をとらえることはまずできないだろう。代わりにわれわれは、ますます、いま、ここでのせまい経験に閉じこめられ、その結果展望を失っている。アリストテレスの退場は、彼の本質的特性よりも、彼に対する人々の政治的嫌悪と大いに関係がある。これにはまた、うぬぼれのせいで人々の知的訓練

義から自由でありながら規範をそなえた、俗受けしない機関をわれわれはどうしても所有しなければならない。もちろん、新しいものが実際に規範をみたす場合には、これらの規範は、この新しいものの余地を認めなければならない。けれども、われわれがまず手にしうる規範は、過去に存在した最善のものに含まれている。新しいものがひとつも規範をみたさないとしてもそれは災難ではない。偉大な精神が豊富に産みだされる時代は稀であり、それほど多産でない他の時代はそうした時代に養われているのである。何が災難かと言えば、そうした多産な時代のインスピレーションが失われ、しかもそれに代わるものがないことだろう。こういうときには、きわめて稀な才能がわれわれのなかから出てくる見込みは、ずっと薄くなるだろう。聖書やホメロスは何千年も影響をふるってきた。時代を推進する人々にも、時代に逆らう人々にも心に留められた。その力をしのぐものが現われたことはまず一度もなく、時代の趨勢や政体の精神に合わないからといって、意義を失うこともなかった。問題の解決ならびに改革のモデルは、聖書やホメロスによって提供されたのである。

こうして、大学の任務は――それを実行するのは、あるいはそれを心に留めておくことさえ容易ではないが――次のように明確に定義される。大学の任務は、第一に、つねに恒久的な問いを真正面に据えることである。大学はこの任務を、

が不足しているという事情が与っている。われわれにとって理性は偏見となってしまっている。ルソーが注意したように、彼の時代に自由主義者だった者の多くは、一世紀前なら宗教的狂信者だったろう。彼らはほんとうは理性的なのではなく、むしろ体制同調主義者なのだ、とルソーは結論した。理性が形を変えた偏見は、最も性質《たち》の悪い偏見である。というのも、偏見から自由になるための道具は理性しかないからだ。理性の時代における大学の最も重要な機能は、真の寛大（open-ness）の模範となることによって、理性を理性自身から守ることである。

したがって、大学は、答えをもち合わせてはいないけれども、寛大とは何かを知っており、何を問うべきかを知っている。大学は、自らがどんな政体のうちで生きているか、この政体が大学の活動にどんな脅威をつきつけるかも知っている。民主主義社会において、大学を危うくするのは、新興の、変化しつつある、短命なものに反対することではない。むしろ、そうしたものを大学に取り込むことなのだ。なぜならすでに社会がそうしたものを寛大に受け容れており、社会は、受け容れたものを監視したり、古いものに十分な敬意を払ったりはしていないからである。民主主義社会で大学は、高い基準を頑なに堅持することよりも、何でも取り入れようとすることによって危うくなる。というのも、社会が平等の名において、基準を曖昧にしがちであるからだ。大学はまた、英雄的なものに集中するよりも、平凡さを頼りにすることによって危うくなる。なぜなら、社会が平準化をおこなうからだ。貴族社会においては、大学はおそらく、理性を解放するために民主主義社会がとるのとは逆の方向に進まなければならないだろう。しかし貴族社会では、民主主義社会よりも大学という機関の重要性は少ない。なぜなら、貴族社会には、精神生活のために大学以外の施設があるのにひきかえ、民主主義社会においては、教養の養成を要求したり、促したり、許しさえする、大学以外の施設も、生き方、天職、専門も、実際にないからである。二〇世紀後半においてこの事態はさらに進んでいる。制度としての大学は、個人が民主主義社会において失ったものを償わねばならず、その成員を励まして大学の精神を共にするようにさせなければならない。政体そのものの最高の機能と原理の宝庫として大学は、平等な個人の体系の埒外にある大学がいかに重要かについて、鋭い感覚をもたねばならない。大学は、世論を軽蔑しなければならない。なぜなら、大学は自らの内部に自律の源を——自然に一致した真理の探究やその発見さえをも——有するからである。大学は、哲学、神学、古典文学、そしてニュートン、デカルト、ライプニッツなどの科学者に集中的に取り組まなければならない。彼らは、最も包括的な科学的視野をもち、自分たちの仕事が万物の秩序に対してどんな関係を有するかについての感覚をもっている。こうした学問や科学者は、民主主義社会において最も見過ごされやすいものを保護する助けとなるにちがいない。そうした視野や感覚は独断主義ではなく、まさにその反対の、独断主義と戦うのに必要な手段である。大学は、万事を社会のためにおこなおうとする傾向に抵抗しなければならない。大学は多くの関心のうちのひとつを体現するにすぎないから、つねにこの関心に気を配らねばならない。もっと有益で、もっと重要で、もっと人気のあるものになりたいと欲するあまり、この関心を損なわないようにするためである。

トクヴィルが指摘する民主主義精神の二つの傾向は、大学の任務を具体的に明らかにしている。第一の傾向は抽象性である。民主主義社会には伝統というものがないのに、人々は導き手を必要とする。そこでさまざまな一般理論がはやる。即席に作りだされるこれらの理論は経験に正しく基づくものではないが、事物を説明するように見え、複雑な世界で進路を見出すのに有益な松葉づえになりそうな印象を与える。マルクス主義、フロイト主義、経済主義、行動主義などがこの傾向の例であり、こうした主義を調達する者は大きな報酬をうける。ほかならぬ民主主義の普遍性とそれが前提する人間の同等性が、この傾向を助長し、差異に対する精神の眼を鈍感にしてしまう。第二部で論じられた項目のすべてが、こうした抽象性を証拠立てており、いずれもまやかしの思想と経験なのである。スローガンの域をほとんど出ないこれらの項目が、熟考に取って代わってしまうのである。貴族社会の人々は自らの国家がこうむるもろもろの経験を無比であり卓越していると見なすから、それらを一般化しようとしない。むしろ彼らは人々が自然な共同体を形づくることや、思想が普遍性をもつことを忘れがちであった。しかし彼らは、自らの経験に、すなわち抽象的な「思考様式」にかかると等質化されてしまう現象の多様性に、実際に注意を払っていた。これもまた民主主義社会の大学が貴族社会から学ぶべき点である。われわれは、完全に認識された経験よりも、けばけばしい新理論のほうを好みがちである。アメリカ人の経験主義は名高いが、それさえ経験に開かれた態度というよりは、ひとつの理論に属する。理論を生産することは理論的思考を営むことではないし、理論的生活のしるしでもない。抽象性ではなく、具体性こそ哲学につける折紙である。あらゆる興味深い一般化は、説明されるべきものを残り隈なく知ることから始まらなければならないのに、抽象性の傾向のせいで、人は現象を単純化してそれをより容易に扱おうとする結果に陥るのだ。

たとえば、人の行為の動機をただ金もうけとしか見なければ、その行為は簡単に説明できる。これは、実際に存在するもののたんなる抽象にすぎない。ほどなくわれわれは、要請された動機以外のなにものにも気づかなくなる。いったん人が理論を信じ始めると、自らのうちに他の動機があるとはもはや信じなくなる。さらに、社会政策がそのような理論に基づいておこなわれるとき、終いに人は、理論に合う人間をつくりだすのに成功する。こうした事態が起こりつつあるとき、またすでに起こったとき、最も必要とされるのは、人間の本来の性質とその動機を回復する能力、何が理論に合わないかを見る能力である。徳は金銭によって左右される、というホッブズの説明は心理学において勝利を得たが、この説明を、徳の独立した高潔さを守るアリストテレスの説明と対照させる必要がある。ホッブズは自説を展開したとき、――われわれは決してしないことだが――アリストテレスのことを考えていた。論争の真の姿を復元し、それによって人間という現象を回復するためには、アリストテレスとホッブズをあわせて読み、おのおのが人間のうちに何を見たかを凝視しなければならない。こうして、反省のための素材がえられる。抽象によってゆがめられた世界に住み、また自らも抽象によってゆがめられた近代人にとって、人間をもう一度経験するには、こうした抽象とは無縁だった思想家たちの助けを借りて、このような抽象を考え抜くことしか手立てはない。このようにしてのみ、彼らの助けがなければもつのが困難な、あるいは不可能な経験に行き着けるのである。

これに関係して問題になるのは、事象を人間の思慮や選択の結果として見るよりも、決定論的説明のほうを好む社会科学の傾向である。トクヴィルはこの傾向を、平等主義社会における個人の無力さの帰結として説明する。奇妙なことに、最も自由な社会である民主主義社会における人々のほうが、自分たちが決定されている、すなわち自由でない、と告げる教義を、喜んで受け入れようとすることが分かる。独力で事象を制御する能力ないし権利をもつ者がいるとは思われない。事象は非人格的な力によって動かされているように思える。これに対して、貴族社会においては、高い位に生まれた個人は、自分が意のままにするように思えるものに対してあまりにも大きな制御の感覚をもっている。そうした個人は、自らの自由を確信し、自分たちを決定するように思えるあらゆるものを軽蔑する。事象の原因に関する貴族社会の見方も民主主義社会の見方も、まったく適切ではない。民主主義社会においては、人々ははじめから自分たちは弱者だと考えていて、自分たちが事実弱い者だと教えてくれる理論をあまりに寛大に受け容れる。このような理論は、自分で行為を制御するのは不可能だと個人に思わせる結果、個人をさらに弱くする効果をもっている。これに対する解毒剤は、やはり古典的なもの、英雄的なもの——ホメロス、プルタルコス——である。最初われわれには、こうしたものはどうしようもなく素朴に見える。しかし、われわれがそう思うのは、われわれが世間慣れして素朴さを失っているからである。チャーチルは、その祖先のマールバラ〔英国の将軍。一六五〇—一七二二。本名ジョン・チャーチル〕によって霊感を得たのであり、このマールバラという模範の励ましを抜きにして、自分の行動に対するチャーチルの確信は考えられない。マールバラは、自分の教育にとって本質的なのはシェイクスピアである、と語った。そしてシェイクスピアは、政治的手腕に関する知識の大部分をプルタルコスから学んだ。これが近代の英雄の知的系譜である。精神の民主主義革命はこうした古い家系を絶やし、それと意思決定理論とをひきかえにした。だが、この理論には英雄はもちろん、政治的手腕という範疇もない。

要約すれば、大学の活動には、ひとつの単純な規則がある。すなわち大学は、民主主義社会において得られるような経験を学生に提供する仕事にたずさわる必要はない、という規則である。どのみち学生はそうした経験を得るだろう。大学が学生に与えなければならないのは、民主主義社会においては得られない経験である。トクヴィルは、いにしえの著述家たちが完全無欠である、と信じたのではない。自分たちが不完全だということをわれわれに最もよく自覚させる能力が彼らにはある、と信じたのである。これがわれわれにとって重要なことなのだ。

大学がこの機能を十二分に果たしたことは一度もなかったが、いまや事実上、それを試みようとさえしなくなってしまった。

思想と市民社会との関係

大学はきわめて古くからあったが、われわれの知るような大学は、その内容も目標も、啓蒙主義の所産である。啓蒙とは、それまで暗黒であったところに光をもたらすこと、臆見すなわち迷信に代えて自然に関する科学的知識——これは万人の近づきうる現象から始まり、誰にでもできる理性的証明に終わる——をうちたてることである。あらゆる事物は理性によって、すなわち科学または哲学によって（両者の区別が立てられたのは最近のことであり、十九世紀になってはじめて一般に流布するようになった）探究され、理解されなければならない。万物の本性を知ることが、啓蒙主義の目指すところである。啓蒙主義以前の過去の特徴は、無知ではなく、まちがった意見にあるとされた。人々はいつも、あらゆるものごとについて意見をもっていたが、そうした意見には根拠がなく、証明もできなかった、というのである。にもかかわらず、それらの意見はもろもろの国家を支配し、権威をもっていた。こうして、啓蒙主義が問題としたのは、たんに真理を発見することではなく、真理と、法に織り込まれた人々の信仰との衝突である。啓蒙主義は、かたや都市または宗教が人々に強制する信仰と、かたや科学的真理の追求とのあいだに生じる緊張から始まる。根本的な意見に関して、その取り替えを提案することは言うまでもなく、それに疑いを抱いたり疑いを口にしたりすることは、これまで人間の知るあらゆる政体が禁じていた。そんなことをするのは不忠であり不敬であると考えられたし、また事実そうであった。

もちろん、啓蒙主義の推進者が、この緊張をはじめて認識したわけではなかった。この緊張は、紀元前八世紀と六世紀とのあいだのある時にギリシアで科学が興ったときから存在したし、その存在が知られてきた。そのとき以来、比類なく偉大な哲学者、数学者、天文学者、政治学者が多数現われた。彼らは迫害を受け、社会の周縁で暮らすのを余儀なくされてきたことを、啓蒙時代の思想家たちは知っていた。啓蒙主義の革新は、この信仰と科学との緊張をやわらげ、市民社会に対する哲学者たちの関係を変えようとする試みにあった。この革新を目に見える形で表わしているのが、学会や大学、公衆に尊敬され支持される科学者の共同体である。これらの団体は、自らの規則を設け、市民社会あるいは教会の権威に対置される、科学の内なる命令にしたがって知識を追い求め、たがいに自由な意思疎通をおこなった。啓蒙時代以前の思想家たちは緊張を甘受し、それにしたがって生きた。彼らの知識は本質的に自分自身のためのものであったし、その私的生活は公的生活とは非常に異なっていた。彼らは自らが暗黒から光へと至ることに関心を抱いていた。これに対して啓蒙主義は、ひとつには万人のために、ひとつには科学の進歩のために、そうした光を万人の上にもたらそうとする大胆な試みであった。この試みの成否は、科学者がたがいに連帯し話し合う自由をもっているかどうかにかかっていた。そして、科学者がこの自由を獲得できるのは、科学者は自分たちにとって脅威にはならない、と支配者が信じているときだけだろう。啓蒙主義は、科学の企図であっただけではなく——おそらく第一義的にさえそうではなく——政治の企図でもあった。それは、支配者たちを教育できるという前提——啓蒙主義の古代における先駆者が抱かなかったこの前提から出発したのである。

この企図は、啓蒙主義の最初の文書である『百科全書』の序説でダランベールが語っているように、陰謀であった。それは陰謀でなければならなかった。というのも、理性的な支配者たちを得るためには、古い支配者たちの多くを、とりわけ神の啓示を自らの権威にする者たちを、すべて交代させねばならなかったからだ。敵の筆頭は聖職者たちだった。彼らは理性の要求を退け、政治と道徳を聖書のことばと教会の権威に基づかせたからである。哲学者たちは、まさに神の存在を、少なくともキリスト教の神の存在を否定しているように思えた。古い秩序はキリスト教に基づき、この秩序のもとでは理性の自由な使用はまったく許されるべくもなかった。というのは、理性は自らの上に立ついかなる権威も受け容れず、必然的に破壊的であるからだ。支配権をめぐり公然と闘争が起こった。というのも、哲学者たちは、その穏健な態度にもかかわらず、少なくとも、自分たちにとって好ましい支配者、つまり理性のほうを選んだ支配者を要求するからである。思想の自由という権利は政治的権利であって、この権利が存在するためには、それを受け容れる政治的秩序が存在しなければならない。

言いかえれば、最も強力な社会的構成分子を説得し、それによって科学の自由な探究を擁護するという保証をとりつけるためには、こうした探究が社会にとって有益である、と論証しなければならなかった。簡単に言えば、知識の進歩が社会の進歩に平行することを明らかにしなければならなかったのである。しかし、これは自明の命題ではまったくない。それは、この命題を強く攻撃しているルソーの『学問芸術論』を読んだ者なら、誰しも知っていることだ。だが、この命題は啓蒙主義の指導原理であり、思想と探究の自由に賛成するたいていの人々が抱く偏見の最後のよりどころである。「偏見」と私が言うのは、現在では思想の自由がなぜ必要かに関するさまざまな理由がほとんど忘れさられ、思想の自由に敵対する他の種類の思想がはびこっているからである。キリスト教に基づく古い秩序は精神的源泉《ルーツ》と救済を与えたが、ごく最近の思想は、そうした古い秩序への郷愁によって特徴づけられる。啓蒙主義の思想家たちは、ひとつの政治学を提唱した。そしてたとえばアメリカでそうだったように、建国者たちはこの政治学を使って、より堅実でより有効な政治のための原理と協定を確立することができた。さらに啓蒙思想家たちは、ひとつの自然科学を提唱したが、われわれはそれによって自然を支配し、人間の欲求を満足させることができたのである。こうしたさまざまな約束によって、理性は、市民社会のうちに受け容れられるものになるだけでなく、その中心にさえなる。理性に基づく社会は、理性を最もよく働かせる者を必要とする。科学者が、国王と高位聖職者に代わって、最も尊敬される者となることができた。なぜなら彼らは、生活に益するもの、自由および財産追求の明白な源だからである。これは正確に言えば、ある信仰がもうひとつの信仰におき代わったのではなかった。なぜなら新しい科学は、どんな人にも実践できるわけではないが、信仰とは異なり、その方法の訓練を受ければ、誰にでも理解できるからである。また人間の権利と義務を知るには、信仰ではなく理性を使う必要があるからである。

　啓蒙主義は大胆な企てであった。その目標は、哲学と科学の全面的な監督のもとに、政治的・知的生活を編成しなおすことであった。それまでに、これほど広い視野をもった征服者も預言者も建国者もいなかったし、これほど驚くべき成功を収めた者もいなかった。現代の政体で、何らかの点で啓蒙主義の結果でないようなものは実質的にはないし、近代最良の政体——自由主義的民主主義——は、全面的にその産物である。そして世界中どこでも、あらゆる人間、あらゆる政体が、啓蒙主義によって大衆化された科学に依存し、科学を公認している。啓蒙主義は、最初から目標にしていた啓蒙主義の反対者たち、とりわけ聖職者と彼らに依存する者をことごとく、情け容赦なく打ち負かした。それは、マキアヴェリが言ったように、「この世界のものごと」を人々に教える教育の長い過程によってなされたのである。アダム・スミスの『国富論』の教育に関する第五巻を読みさえすれば、大学の改革が、とりわけ神学の影響の克服が、近代政治経済学の発生とそれに基づく政体にとって、いかに本質的であったかがわかる。こうして、アカデミーと大学は自由主義的民主主義の核であり、その基盤であり、それに生気を与える原理の貯蔵庫であり、政体の機構を動かし続ける、知識と教育の継続的源なのである。

　平等と自由、人権を原理とした政体は、理性に基づく政体である。自由な大学は自由主義的民主政体にのみ存在し、逆に、自由主義的民主政体は、自由な大学があるところにしか存在しない。マルクス主義者が「ブルジョア大学」は本質的に「ブルジョア社会」と結びついている、と語るのは正しいが、彼らが言おうとしている意味で正しいのではない。大学がブルジョア社会を擁護するのは、大学がたんにこの社会の利害を反映するにすぎないからではなく、この種の社会の内部にみられる力の均衡が、思想の自由を最も必要とし、尊重し、それゆえ保護するからである。啓蒙時代以前の思想家の結社は、その正当性を疑われたことのない権利に基づく神学的・政治的監督のもとに置かれていた。また、ファシズムは理性を拒否し、大学を統制した。ヒトラーが政権を握ったとき、カール・シュミット〔ドイツの公法学者、政治学者。一八八八－一九八四〕は言った、「今日、ドイツではヘーゲルは息絶えた」と。ヘーゲルは、まちがいなく、かつて存在した最も偉大な大学人であった。また共産主義の主張では、民衆は前衛党という装いのもとに、理性的になったのであり、だから大学にはもはや特別の地位などいらないのである——つまり「党」の統制の下におくことが可能なのである。こうして、自由主義的民主政体だけが、理性が優先する、という原則を受け容れている。たとえこの政体の市民が、いつもひとえに理性的であるとは思われないにしても。自由主義的民主政体は、大学に特別の地位を保証している。すなわち、市民社会における思想や言論に対して課されるふつうの道徳的・政治的制限を、大学には免除してくれるのである。社会のあらゆる成員にまず思想の自由が与えられ、ついで大学もその恩恵を受けるというわけではない。まったく反対に、近代社会の最初の目論見では、哲学者や科学者に固有な思想――このような思想のみが厳密に「思想」の名に値する――を支えるためには、広い範囲に及ぶ思想の自由が望ましい、と信じられたのである。最初から、思想の自由こそ自由の第一の形態であった。それは、理性が最高の機能だからであると同時に、良い社会にいちばん必要なものだからである。もし新しい種類の社会が、すなわち人類にとっての新しい統治の形態がありうるなら、ホッブズ、デカルト、スピノザ、ベーコン、ロックそしてニュートンは、思索するのも自分たちが学んだことを普及するのにも自由でなければならなかった。

後に「学問の自由」と呼ばれるようになったこの自由の非常に特殊な地位は、次第に蝕まれた。いまやこの自由が何を意味するかに気づいている者は、ほとんどいなくなりかけている。民衆の意識は、学問の自由と（政府、実業界ないし組合の保証する）職業の保障との違いを認めていないし、大学人の意識さえこの違いをほとんど認めていない。学問の自由は、次第に経済体系に同化されてしまった。それはいまでは、場合によって是認されたり否認されたりする私的利害のように映っている。学問の権利は、思想一般の権利から――あらゆる点で――いまや見分けがつかない。言論の自由は表現の自由に座をゆずってしまった。いまや表現の自由の下で、猥褻な身振りが、論証的言説と同じような地位を保護され、享受している。どれもこれもたいへん結構なことだ。あらゆるものが自由になったのであり、人の癪にさわるような分け隔てをすることはない。しかし、それではあまりに話がうますぎて真実とは思えない。実際に起こったのは、理性がその高い地位からたたき落とされてしまったということ、理性が数多くのあまり価値のない主張を市民社会の注意と支持に結びつけるにつれて、理性が影響力を減らし、攻撃されやすくなっているということ、これらのことにすぎない。右翼および左翼が大学とその知識に加える半ば理論的な攻撃、社会が大学に向けておこなう要求の増大、さらには高等教育のとほうもない拡張――これらがいっしょになって、大学にとって最も重要な課題を覆い隠すに至ったのである。

改革されたアカデミーと大学の当初の意図は、理論的人間――こういう人間はどんな国にもごくわずかしかいない――

が集まり、思想を交換しあい、若者を科学の方法で教育するための、公に見苦しからぬ場（と彼らを養う手段）を提供することにあった。アカデミーと大学は、科学を進歩させる原動力であるべきだった。改革者たちが確立しようとした権利は、自然のさしだす問題を解くために、科学者が彼らの専門領域で自らの理性を行使するのを妨げられない権利であった。ここで強調されねばならないのは理性と能力である。「知的誠実」、「傾倒《コミットメント》」などといった類いのものは大学とは関係がなく、政治や宗教の闘技場にふさわしいものである。そうしたものは、大学の活動の邪魔にしかならないもの、不必要な疑いや批判を大学に引き入れるものなのである。思想の自由と言論の自由は、理論のうえで提唱されたし、また真剣な政治的改革者は、それらを実践することによって提唱した。それは、つねに狂信主義と利害が支配してきた世界における、理性の声なき声を励ますためであった。思想と言論の自由が、狂信主義と利害をわざわざ奨励し保護することを意味するようになった経緯をわれわれは知っている。どうしてこんなことになったのか。これもまた、理性的な政治秩序という理想の腐食にかかわる驚異のひとつである。『ザ・フェデラリスト』〔A・ハミルトン、J・ジェファーソン、J・マディソンなどによる米国憲法擁護促進のための八五の論説をあつめた論文集。一七八七－八八〕の著者たちは、統治に関する自分たちの図式によって、合衆国で理性と理性的人間が優位を占めることを期待していた。奇矯なあるいは気違いじみた意見やライフスタイルの擁護に、彼らはとくに関心を抱いたわけではなかった。そのようなものの擁護をいまわれわれはしばしば建国者たちの意図の中心にあったと見なすが、じつはそれは理性の擁護に付随するひとつの結果にすぎず、理性が退けられた場合にはもっともらしさを失う。右の著者たちは、多くの宗教会派を尊重しなかったし、多様性のための多様性を望んだのでもなかった。多くの宗派が存在することを許されたのは、単独で支配的になるような宗派が発生するのを妨げるためにほかならなかった。

啓蒙主義が成功した瞬間は、とりもなおさずその腐敗の始まりでもあったようである。啓蒙主義が民主化された結果、その意図が曖昧になったことは、その企てのうちに困難がひそむことの兆しであった。啓蒙主義の企てには、稀にみる理論的人間が万物の第一原理を扱う少数の学問分野で、理性的探究にたずさわる自由が含まれていた。この企てが達成されるには、政治生活に蔓延しているさまざまな「傾倒《コミットメント》」があげる大きな声に、理性の声がかき消されないような雰囲気が必要である。目指すところは知識である。知識を追い求める者には、能力と理性が要求される。上述の少数の学問分野には、哲学、数学、物理学、化学、生物学そして人間科学、すなわち人間の本性と政治の目標を見極める政治学が属する。これがアカデミーなのだ。このアカデミーには多くの応用科学——とりわけ工学、医学そして法学——が従属する。これらの学は、尊厳においてアカデミーに劣り、派生的な知識であるにすぎない。しかし、科学的知識のない人間は、応用科学が生み出す果実が利益をもたらすおかげで、科学を尊敬するようになる。このようにして、知識を追求しようとする知識人の利益と、知識をもたず、自分たちの幸福を追求しようとする者の利益とが同時にかなえられ、両者のあいだに調和が確立されることになる。またこうして、賢者を権力者から隔てている大昔からの深い溝に橋がかけられ、市民社会で賢者はどう生きたらよいかという最重要の問題が解決されることになる。この企てはひとつの統一をそなえており、それは理性によって知りうる自然の秩序の統一を反映していた。すなわち、この企ての諸部分は、自然全体の諸部分の秩序にしたがって組織され、最終的に、分節化された全体の概観——概観をおこなうのは、頂点に達しつつある学問、すなわち哲学である——のなかで、たがいに結びつけられるのである。

　この企てはその統一を失い、いまや危機に瀕している。理性には自らの統一をうちたて、この統一のなかに含めるべきものを決め、知的労働を分割することができない。理性は、羅針盤も舵もなしに漂っている。

　もし大学が実際に啓蒙主義の産物であり、近代民主主義社会における啓蒙主義の目に見える具体化であるなら、また、もし啓蒙主義が政治的企図であって、知恵と権力、知識と社会とのあいだにある大昔からの関係の性格を変える仕事を引き受けるものであるなら、次のような臆測をなしうるだろう。すなわち、政治的に有効なものとなった知識の危機——すなわち大学の危機——そして、知識に依存する政治秩序としての自由主義的民主主義の危機は、啓蒙主義によって促進された知識と社会のあいだの新しい関係と何らかのかかわりがあるのではないか、という点である。

　私は啓蒙主義の哲学者のなかに、モンテスキュー、ディドロ、ヴォルテールのような十八世紀の思想家——ふつう、彼らの教えが啓蒙主義である、と言われている——とともに、マキアヴェリ、ベーコン、モンテーニュ、ホッブズ、デカルト、スピノザそしてロックのような人たちを含めてきた。なぜなら、モンテスキュー以下の思想家たちが、マキアヴェリ以下の啓蒙主義の創始者に負うものはきわめて明らかであり、啓蒙主義はただ大いにその大衆化をおこなったにすぎないからだ。本来の啓蒙主義思想家は、自らの教えをたんに、あるいはとくに、他の哲学者たちや同じ階層に属する潜在的哲学者たちだけに向けたのではない最初の人々であった。また、彼らは理解力をもつ者だけでなく、あまねく人類の意見を変えることにも関心をもった最初の人々だった。啓蒙主義は、哲学に鼓舞された最初の「運動」であり、理論的学派であると同時に政治的勢力でもあった。啓蒙主義ということば自体が、マルクス主義がそうであるように、さまざまな要素のこうした混合物を意味している。これに対して、プラトン主義やエピクロス主義などの用語は、厳密に理論を指している（それは、何か具体的な効果はもったかもしれないが、その本質は理論的なものにすぎない）。プラトンやアリストテレスには政治哲学があったとはいうものの、プラトン的政体、アリストテレス的政体と名指しできるような政体はない。つまり私の言いたいのは、この二人の思想家とも、現実に政体を打ち建てたような運動や党を創設したことはなかった、ということである。しかし、マルクス主義が共産主義を招いたように、啓蒙主義が自由主義的民主主義を招いたのはたしかである。思想史家たちは、哲学と政治におけるこれら最近の出来事に馴れっこになっているので、このような出来事がいかに最近のことかということも、哲学、政治双方の領域でこうした出来事が新しい現象を構成するという事実も認識できていない。さらに彼らは、啓蒙主義に関して最も意味深長で興味深い事実も認識できていない。それは、哲学がおこなってきた政治活動の様態の点でも程度の点でも、啓蒙主義が、哲学の伝統と徹底して、また自覚的に、手をきったという事実である。

啓蒙主義の思想家たちは、自分たちが最も大胆な革新をおこないつつあると見なしていた。マキアヴェリによると、近代哲学は政治的な有効性をもつべきであった。これに対して、プラトンとアリストテレスは、そして彼らの後を追った古代哲学者はみな、ソクラテスが政治哲学を基礎づけて以来、政治的には無力であった。自分は有効性のある真理を教えるのだ、とマキアヴェリは主張した。彼は、そして実際彼にしたがった者の全員が、政治的有効性をもとうと努力した。マキアヴェリは、プラトンの『ゴルギアス』に出てくるカリクレスにしたがう。カリクレスは、ソクラテスが自分の身を守ることも、侮辱も自分の顔に浴びせられる平手打ちも避けることができないと言って、ソクラテスを嘲る。哲学者ソクラテスのこの弱さは、新しい熟慮と哲学の刷新に着手する動機のようなものだと言えるだろう。こんなことは今日多くの者にとっては取るに足りないことに思えるかもしれない。しかし、古代と近代とを問わず、哲学の伝統全体を通じて、精神の社会に対する関係は、人間の置かれた状況を理解するための最も実りの多い出発点だと考えられていたのである。たしかに、われわれが重視する最初の哲学は、哲学者ソクラテスの裁判と処刑とともに始まる。そしてマキアヴェリ――近代の偉大な哲学体系を鼓吹した者――は、理性が政治秩序内で露呈するこうした弱さから出発し、この弱さを矯正することに努めている。

こう言う人がいるかもしれない。近代の思想家を動機づけたものは、哲学者の運命に対する関心ではなく、ベーコンの言い方では、暮らし向きを楽にしたいという欲求なのだ、と。しかし、これも結局同じところに帰着する。すなわち、古代哲学者たちをその無力さゆえに批判し、市民社会に対する知識の関係を熟慮することになる。古代哲学者たちはつねに徳を称賛していたが、結局人々の徳は高められなかった。いたるところに腐った政体があり、いたるところに人民を迫害する専制君主、貧乏人を搾取する金持ち、平民を押さえつける貴族、法や軍隊によって十分に守られない人々などがいた。賢者はすべてこうしたものの誤りを明らかに知っていたが、彼らの知恵はそれを何とかする力を生みはしなかった。新しい哲学は、社会を改革し、理論的生活を護る手段を発見したと主張した。この二つの目的は同じではないにしても、たがいに補い合うはずであった。

忘れてはいけないのは、これが哲学内部の論争であって、哲学とは何かをめぐる論争には諸党派間に一致があったことである。近代の哲学者はギリシアの哲学者とその継承者、ローマの哲学者に注意を向けたが、彼らとは意見を異にした。しかし彼らはみな、哲学と、われわれが科学と呼んでいるものとはギリシアで生まれたのであって、これまで知られているかぎり他のどこでも生まれたことはなかった、という見解を共有していた。哲学とは全宇宙、あるいは自然に関する理性による説明である。自然という観念はそれ自体ギリシアに起源をもち、科学に欠かすことができない。矛盾律があらゆる言説を導いた。そこで近代人は、意見を異にする彼らの先人たちの論証に対抗して、論理の通った論証を提出した。近代人は、古代の天文学と数学の大部分をそのまま引き継いだのである。そして、近代人と古代人はなにより、哲学的生活が最高の生活であるとする点で一致していた。彼らのあいだの反目は、議論をするための共通の土俵がなかったモーセとソクラテスやイエスとルクレティウスの違いよりも、ニュートンとアインシュタインの違いに似ている。それは合理主義者が合理主義をわがものにしようとする戦いなのである。この事実が見失われているのは、ひとつにはスコラ哲学、すなわちローマ・カトリック教会によるアリストテレスの利用が、古い秩序のうちに住む哲学の亡霊だったからである。しかし、近代哲学者がこの亡霊を激しく攻撃したのは、古代哲学嫌いというよりも、神学に向けられた怒りからだった。古代人と近代人の本質的一致がいまや明らかでなくなっているもうひとつの理由は、精神史という近代の学問にある。この学問は、あらゆる意見の相違を「世界観」の相違として見ようとしたのであり、そのため理性に基づく不一致と、信仰に基づく不一致との区別が曖昧になってしまったのである。

啓蒙主義という用語は、まさしく思想家と社会の関係についてプラトンが描いたこよなく強力な比喩、すなわち洞窟の比喩に結びついている。『国家』の中でソクラテスは、人々を暗い洞窟の囚人として叙述する。彼らは壁の方しか見えないように縛りつけられているため、そこに映った映像を存在者だと見なしている。彼らにとってはこの映像が唯一の現実である。人間にとって自由とは、束縛から、すなわち市民社会の因習から逃れ、洞窟をあとにし、太陽が存在者を照らし出す場所に赴き、それらをあるがままに見ることである。存在者を観想することは、自由でもあり、真理でもあり、大いなる喜びでもある。ソクラテスの叙述が明らかにしようとしているのは、われわれは欺瞞、あるいは神話から始めるけれども、理性を行使すれば因習のない世界を、すなわち自然を熱望することができる、ということである。まちがった意見は訂正できる。というのも、その内的矛盾が、思慮ある人々に真理を求めるよう強いるからだ。教育は暗黒から光へと向かう運動である。われわれが最初ぼんやりとしか考えていない存在者に理性の光が投じられ、それが啓蒙＝照明（enlightenment）を生むのである。

近代人は、存在者は理性によって把握できる、科学が熱望する光が存在する、という考えを受け容れた。古代人と近代人がまったく違うのは、洞窟に関してである――隠喩を使わずに言うなら、知識と市民社会の関係に関してである。洞窟の本性を変更しうるとか、市民社会、民衆、〈デモス〉〔ギリシア語で民衆のこと〕は誤った意見をもたずにすましうるなどと――たとえ、哲学者が王となり絶対的知恵をもつという、ありそうもないことが実現した場合でさえ――、ソクラテスは決して示唆するものではない。洞窟にもどった哲学者たちは、他の人々が現実と見なしているものは映像にすぎないことを認めるだろう。しかし、ごく少数の好運な例外はあるだろうが、洞窟にいる人々に存在者をありのままに見させることは、彼らにはできないだろう。哲学者は市民を理性によって導こうとするだろうが、彼らがいなくなれば、市民はまた非理性的状態に逆戻りしてしまうだろう。別の言い方をすれば、賢者ならざる者は賢者を認識できないだろう。このようなソクラテスの見解と対照的に、ベーコンやデカルトのような哲学者は、万人を理性的にすることができる、どんな時代、どんな場所でも変わらずにいたものを変えることができる、と考えた。彼らにとって啓蒙とは、洞窟にいる者の光を輝やかせ、壁の上の映像を永久にかすませるということであった。そのとき、民衆と哲学者とは統合されるだろう。プラトンが考えたように、洞窟はどうする術もないものなのか、それとも十七、八世紀の偉大な哲学者が教えたように、新しい種類の教育によって変えられるものなのか——問題全体はこの点にかかっている。

　プラトンが語っているように、ソクラテスは国《ポリス》が護持するのと同じ神を護持しないというかどで不信心を告発され、有罪とされた。プラトンはソクラテスをつねに哲学者の原型として提示する。ソクラテスの生涯の出来事、彼の直面した問題は、哲学者が哲学者として直面しなければならないものごとを代表している。『ソクラテスの弁明』〔以下、『弁明』〕は、哲学者にとって唯一の政治的問題は神々である、と告げている。『弁明』が明らかにしているように、洞窟の壁の映像は神々を表わしているのであり、人間は映像に矛盾があるのは我慢できないだろう。告発に対するソクラテスの応答は、天上や地下でものごとを探究し続けるために学問の自由という権利を主張することではなかった。彼は、都市《ポリス》には自分に信仰をもてと要求する権利があることを認める。彼は自分が破壊活動家ではない、と弁明するが、これにはあまり説得力がない。彼は哲学の大いなる尊厳を主張し、哲学と善き市民精神との溝をできるだけ狭めようとする。言いかえれば、ソクラテスは一時しのぎを言っている、あるいは本音を漏らしていないのだ。彼の答弁は、「知的に誠実」だと特徴づけることはできないし、現代の趣味にはあまり合わない。彼はただ、できるだけ放っておいてもらいたいだけなのである。しかし、善き市民なら誰でも知っているとされるものを疑い、徳のある行ないをするよりも座して徳について語ることに自分の生涯を費やす人間は、都市《ポリス》と争うようになるということを、彼ははっきり悟っていた。特徴的なことだが、ソクラテスは本質的な争いをなくそうとする代わりに、争いとともに生き、争いを描写する。『国家』の中で彼は、市民精神を哲学と統合しようと試みる。ただひとつ可能な解決は哲学者が統治することであり、そうなれば、市民の命令と哲学者が要求するものとの、あるいは権力と知恵とのあいだには何の対立もなくなるだろう。しかし概してこうした解決策はアイロニーであり、実行は不可能である。それは、われわれが何を我慢して受け容れなければならないかを示すのに役立つにすぎない。哲学者が王となる政体などは、通常笑いものになるか、全体主義政体だと見なされる。しかしこの政体には、われわれが真に望むものの多くが含まれている。実際には、誰でも理性が統治するのを望んでおり、ソクラテスのような人物が彼より劣った者に統治されるべきだとか、彼の思想をそういう連中に合わさなければならないとは考えない。『国家』が実際に教えているのは、こうしたことがいずれも不可能であり、われわれの置かれている状況は、多くの妥協とともに多くの非妥協的態度を、また大きな危険とともにほんの少しの希望を必要とする、ということである。重要なのは、自分の考えを語ることではなく、自分自身の考えをもつ方法を見つけることである。

通常の見解には反するが、ソクラテスのアイロニーを真面目にとって、哲学者による統治に熱心だったのは啓蒙主義である。彼ら哲学者は王の称号をもっていなかったが、それにもかかわらず彼らの政治計画は、実施を予定されたものだった。そして彼らの計画が実行されたのは、彼らの主張を聴くよう君主に懇願したからではなく、君主に道を譲らせるに足る力を哲学が生み出したからであった。もろもろの政体は人権を守るためにつくられるという主張には、哲学による統治という論点が認められる。想像力が子供たちの信念や行動に注文をつける前に、子供たちに科学的方法を教えてやらねばならない、という考えにわれわれが同意するとしたなら、――事実、われわれは否応なしにこれに同意する――ソクラテスが詩人の検閲を云々するくだりを読むときわれわれが経験する怒りは、自らのことを棚上げした感情にすぎない。啓蒙教育は、ソクラテスがたんにためらいがちに提案したことを、実際にやっているのである。ソクラテスは少なくとも詩歌を保護しようとするが、啓蒙主義は詩の運命にほとんど関心を示さない。推論を教える教育に加えて詩の授業があって然るべきだ、とわれわれは考えるが、こう考えるという事実が、論点を見失わせる一因なのである。詩の非常に大きな魅力に逆らう厳格な訓練に魂がたえず従わされるとき、詩的想像力はどうなるだろうか。啓蒙主義の思想家たちは、この点できわめて明快だった。この点に関しては、伝統に断絶はない。彼らは問題をただ理性に有利なように解決した。一方、ソクラテスは問題を解決できたらとは望んだが、それは不可能だと考えた。啓蒙主義とは、望むものを研究する自由をもつ尊敬されたソクラテスであり、それゆえ再編成された市民社会である。ソクラテスは働かず財産も相続しなかったので、おそろしく貧乏な生活をしていた。『弁明』のなかで彼は、生涯で最後の傲慢さでこう提案する――公的支出により市の迎賓館で食事を自分に供してもらいたい、と。しかし、哲学者と科学者のための無料の昼食は別としても、俸給と終身在職権をともなう近代の大学とは何であろうか。

さらに、啓蒙主義は宗教的情熱を政治から一掃しようと明らかに努力したが、その結果、たとえば教会と国家との区別のようなさまざまな区別が生まれた。この努力を動機づけたのは、政治生活の最高の原理が理性に敵対することがないようにしようとする願望である。こうしてソクラテスは『国家』で、詩人の語る神々の物語を修正しようと意図するのだ。矛盾律を否定するものは何であれ、権威をもつとは認められない。というのも、それがソクラテスの乗り上げた暗礁だからである。しかしソクラテスは、教会と国家を分離できるとは考えなかった。彼ならどちらの項目も人為的なものとして扱っただろう。神々はそれぞれの都市の創建者だと信じられており、都市の最も重要な存在である。彼なら自分を護るために、神々をあえて追放するようなことはしなかっただろう。

啓蒙主義の思想家たちはソクラテスの事例を引き受け、第一原因——これは非理性的なもの、もしくは理性を超えたものである——が科学に対して絶え間なく突きつけてくる脅威と戦った。この戦いが次第しだいに、決して完全ではないが科学の勝利に傾くにつれ、理性的であろうとする欲望が理性的である権利に、すなわち学問の自由に変わってゆく。その過程で、政治生活が再建された。しかしその再建のやり方は、多くの政治家や思想家にとって我慢できないものであることがすでに判明していた。またそのやり方によって、次第に宗教がふたたび導入され、非合理的なものが、新しいそしてしばしば恐るべき装いのもとに還ってくる結果になった。ソクラテスが恐れていたことがあるとすれば、それはこのことである。

しかしここで私は、一貫した伝統のことを示唆しているにすぎない。啓蒙主義はソクラテスが身をもって表わしているものに政治的地位を与えようとする試みである、という伝統を。アカデミーと大学は、ソクラテスの精神を多少とも巧みに具体化した制度である。しかし同時に、こうした制度が存在することは、それら制度がソクラテスからいかに異なっているかを明示している。彼は制度などひとつも創立せず、ただ友人がいただけだからである。これらの制度に対する攻撃は、最初ルソーによって、つぎにニーチェによってなされた。彼らの攻撃は、ソクラテスの精神によって形成されたソクラテス的合理主義に対する攻撃である。西欧の思想と学問の歴史はソクラテスの運命に要約できるのであって、それはソクラテスを弁護したプラトンに始まり、ソクラテスを制度化した啓蒙主義をへて、彼を告発するニーチェにいたって終わる。哲学をしたせいで都市国家《ポリス》によって処刑されたこの男の記憶は、二千五百年にわたって哲学者の心に宿ってきたが、最後の偉大な哲学者であるニーチェの手にかかり、文化の名においてとうとう精神的処刑にあってしまう。聖なるものが都市と文化の双方に権威を与えるのである。

プラトンとアリストテレスから、ファーラービー〔アラビアの哲学者。八七〇頃－九五〇〕やマイモニデス〔スペイン生まれのユダヤ人哲学者。一一三五－一二〇四〕、マキアヴェリ、ベーコン、デカルト、スピノザ、ロック、ルソーそしてヘーゲルをへて、ニーチェやハイデガーに至るまで、ソクラテスについて思いをこらすことは、哲学を鼓舞してきた主題である。ソクラテスはわれわれの同時代人なのであって、その謎めいた存在によって、われわれは知識人の本性についての熟慮へと導かれる。

ソクラテスによって象徴される経験の性格は重要である。なぜならそれは大学の魂であるからだ。そのような経験と、そうした経験をする人々と市民社会との関係――大学問題を一般的に言い表わせばこうなる――は、プラトンとクセノポン〔ギリシアの軍人、歴史家。前四三一-前三五五?〕の著作が絶えず問うている主題である。彼らの著作は、生身のソクラテスを提示し、両義的な材料を提出して、われわれ自身が彼に裁決を下すよう促す。つまり、そのような人物の生き方、彼が提起する疑問、さまざまに異なる彼の友人、支配者・法・神々に対する彼の関係、周囲の世界におよぼす彼の影響を、われわれに見せてくれるのだ。こうしてわれわれは、たとえば、ソクラテスが政治家をやりこめたことが、のちに傑出した政治家になる運命にある若きアルキビアデスにどんな影響を与えたであろうか、と問わざるをえなくなる。都市と衝突した哲学者はソクラテスが最初ではなかったが、彼は自分の生き方が劇や詩によって表現されることで恩恵をこうむった最初の哲学者である。自らの生き方によって彼は英雄に列せられた。またその生き方は、彼の教えだけでなく、人物そのものや、彼が都市に適合したその方法についても熟慮することを可能にした、あるいはむしろ必然的にしたのである。この初期の哲学者――彼は哲学者であるがゆえに都市の注意を惹くにいたった――の豊かなドラマは、どんな教条主義とも無縁に、思想の自由の問題をあらゆる角度からあますところなく提起しており、それゆえ、思想の自由の重要性とともにその困難に関しても、新鮮な見方をもたらしてくれる。知識の要請だけを実に真摯に受け取っている『国家』から、政治生活の競合する要請に最大限の注意をはらっている『法律』にいたる過程で、共同体を完成しかつ解消する者としてのソクラテスは、彼の活動のあらゆる面をあらわにする。彼ならびに他の哲学者たちは法律に由来する困難な問題と格闘しているが、この難問を外部の者、反対者あるいは非同調主義者に対する社会の偏見と混同してはならない。この難問は、少なくとも見たところでは、人間の忠誠を求める二つの最高の要求――人間の共同体と人間の理性との本質的対立から引きだされた結果であるらしい。この対立を克服できるのは、ヘーゲルの場合のように国家が理性的であるとき、あるいはニーチェの場合のように理性が放棄されたときに限られる。しかしその点はさておき、哲学が最初に登場したことに関する、詳細さと深さの点で比類のない記録がわれわれのもとにある。この記録からわれわれは、世間に対して哲学が影響を及ぼすより前に、世間がその登場に対して見せた、自然な、少なくとも原初的な反応を知ることができる。われわれがいま終わりを目撃しているのかもしれない時に、この記録はわれわれに始まりの姿を伝える。それはひとつには、われわれがそうした始まりをもはや知らないからである。

プラトンとクセノポンがソクラテスについて書いた韻文は、いち早く弁護の調子をおびており、有罪を宣告された男の復権を目指している。ソクラテスに対する都市の反応に関して述べた最初の記録は、アリストパネスによるものである。なんとソクラテスは幸運だったのだろう！　彼はプラトンとクセノポンの筆を意のままにしただけでなく、喜劇の申し分のない天才が書いた最高の作品の中心人物でもあったのだ。ソクラテスにはほとんど注意を払わないが、まじめなことがらは笑うべきことではないと考えている人々に、『雲』はしばしば義憤をひきおこす。ソクラテスの運命とそれに対してアリストパネスがなしうる貢献は、彼らを悩ませる。しかしソクラテスは十中八九彼らと同じ信念をもたなかった。彼は自分が死ぬ日に笑い、冗談を言っていた。彼とアリストパネスは、ある種の浮かれ気分を共有している。アリストパネスは事実、滑稽なソクラテスを登場させ、俗な大衆の視点をとっている。大衆の眼にはソクラテスが滑稽に映っていたのである。アリストパネスを読んで実際われわれは、無知な者がそうするように、賢者を笑いものにする。だが、われわれはまた賢者がそうするように、無知な者を笑いものにもする。とりわけ、われわれは無知な者が賢者に腹をたてるのを見て笑うのである。

『雲』のソクラテスは、他の人々が大事にするものを軽蔑し、彼らが軽蔑するものを大事にする男である。彼は生涯を費やして自然を探究し、ぶよや星のことで頭を悩まし、神々は自然のうちに見出しえない、という理由でその存在を否定する。アテナイがその市民の前に大きく立ちはだかっている場所が、彼の地図では小さな点でしかないのである。法と慣習（ノモス）は自然のものではなく、人為的なものであるゆえに、彼にとっては何の意味もない。彼のお供は青白い顔をした若者たちで、常識というものをまったく欠いている。アテナイの自由な雰囲気のなかに設立されたこの学園で、これら変わり者たちは活動をおこなっており、人々の眼には彼らは無害な奇人としか映らない。彼らは貧乏で、定まった生活手段をもっていない。ソクラテスは施しを受け、文字どおり自分の肉体と魂を維持するために、どうも小さな盗みを黙認しているらしい。そこには道徳性はないが、彼らは悪い人間ではない。彼らの唯一の関心は、研究だからだ。ソクラテスは名誉あるいは贅沢に、徹底して無関心なのである。

アリストパネスは、一人前の男がぶよの肛門についての考えに時間を費やすことのばかばかしさをわれわれに思い出させてくれる。われわれはこれまで科学の有効性を確信するあまり、科学の見方が身分ある人士のそれといかに遠く隔たっているか、戦争と平和、正義、自由そして栄光に関心のある人間には、科学者の関心が、いかにお話にならず、とるに足らないものに思えるかに気づかないできた。理論的人間が信じているように、科学が好奇心のためにのみあるとすれば、科学は実際的な人間の目から見れば、無意味なもの、道徳にもとった無意味な営みである。科学によって、世界はその正常な釣り合いをなくしてしまう。科学という喜劇を描写する点でアリストパネスに比肩できるのは、スウィフト〔英国の文学者、『ガリヴァー旅行記』の作者。一六六七－一七四五〕だけである。顕微鏡で見た女の胸についてのスウィフトの記述は、科学とはどういうものかを示してくれる。スウィフトがそんな記述をするのは科学を軽視するためではなく、たいていの人が執着している世界と、理論的人間の住む世界との激しい不釣り合いを明らかにするためである。

アリストパネスが諷刺しているものは科学の外面であり、科学者が科学の局外者にどう見えるかということである。アリストパネスは科学者の行ないにそなわる威厳にあてこすりを言うことができるにすぎない。彼の創作したソクラテスには個性が与えられていない。それは、われわれの知るあのソクラテスではない。彼は哲学者という人種の一員であり、自然の学徒、とりわけ天文学の学徒である。こうした人種の一員で最初にその名を知られた者は、タレースであった。彼は日蝕の原因を見出し、それを予言した最初の人間だった。つまり、彼は天体が数学的推理と一致する規則的な仕方で運動していることを計算したのである。彼は目に見える結果から目に見えない原因を推理することができたし、自然全体にそなわる、理性によって知りうる秩序について推測をなすこともできた。彼はまさにその瞬間、自分の心が自然の原理と一致しており、自分が小宇宙であることを自覚するようになったのである。

この瞬間には次のような多くの要素が含まれている。すなわち、問題を解決した満足、自分の才能を用いるよろこび、いかなる征服者の誇りよりも完全な無量の誇り――というのも彼は、あらゆることを調査し、すべてを得たのだから――いかなる権威も必要としない、自分自身の内から引き出された確信、自分自身のなかにある最高のものを実現するために、他人や世論には頼らず、また出生、他人に与えられた権力といった偶然的なもの、自分から取り去りうるものにも頼ることのない自己充足、幻想や希望がひとつも混ざらない、現実性にみちた幸福――こういった要素である。しかし、おそらくタレースにとって最も重要だったのは、日蝕の詩的ないし神話的説明は偽である、と分かったことである。日蝕は、科学の出現以前の人間が信じているような、神々からの合図ではない。日蝕は神々の力を超えている。それは自然に属するのだ。神々を怖れる必要はない。理論的経験は、否定的——思想家を神々に対する恐怖心から解放するという意味で——にだけでなく、積極的にも、解放の経験である。同時にそれは最善の生き方の発見でもある。マイモニデスは理性を哲学的に使うという経験を以下のように述べている。「こうして理性は、門を閉ざされた場所に人を入れてくれる鍵となるであろう。そしてこれらの門が開かれ、これらの場所に入ってゆくなら、魂はそこに平安を見出し、眼は楽しまされ、肉体の苦役、労役はやわらげられるだろう」。以前は人の魂のなかで抑制されていたものが、あますところなく活動し始める。神話から自由になり、信心が最善であるという神話の強要から解放された人間は、知識が最善であること、他のあらゆることは知識を目指してなされるということ、知識は自己矛盾に陥らないで究極的と称しうる唯一の目標であること、こうしたことを知ることができる。重要な理論的経験は、必ず万物の第一原理へと通じているのであって、それには善の自覚がともなう。国家、出生あるいは富を眼中におかない、ありのままの人間は、こうした経験をすることができる。そして、この経験は、人々がまちがいなく精神的に共有する唯一のものである。すなわち、科学の証明は人間の内部から出てくるのであって、万人にとって同じものなのだ。私がピタゴラスの定理を考えるとき、そのとき私のうちにあるものは、同じ定理を考えている他のいかなる人のうちにあるものとも同じものだ、ということが私には分かっている。万人にとって共通だと思われている他の経験はすべて、共通というよりせいぜい両義的であるにすぎない。

　この理論的経験は、現代の自然科学のうちにはなおいくらかは残っている。だが、人文科学の中では、それはたとえ現われてもすぐ消えてしまう。いずれにせよ、どこにもそうした経験の統一はほとんど見出されないし、評価もされていない。というのは、今日、哲学というものがほとんど存在しないからだ。しかしこの経験は、哲学者たちにはつねに理解されてきた。彼らはこの経験を共有し、他人のなかにそれを認めることができるからである。哲学者にとっては、究極の事物に関する不一致よりもこうした共同体感覚の方が重要である。哲学は教条ではなく、生き方である。それゆえ、哲学者たちはたがいの教えが含む相違にもかかわらず、他のいかなる人よりも、それどころか自らの追随者たちよりも、おたがい同士のあいだで共通のものを多くもっている。プラトンはパルメニデスのなかにこの共通な経験を見た。アリストテレスはプラトンのなかに、ベーコンはアリストテレスのなかに、デカルトはベーコンのなかに、ロックはデカルトとニュートンのなかに……同じものを見た。

この生き方に全身全霊をあげて参加している小さな一群の人々こそ、大学の魂である。原理としても歴史的事実としても、これは真実である。哲学者の教えと手本によって人々が霊感を得た場所に、大学が生まれることになった。哲学がいとなまれ、哲学が理性的な観想生活を実行して見せたことによって、学問と個別科学が可能になり、多少とも意識的に活気づけられた。これら哲学者の手本が生命力を失ったとき、あるいはこうした手本を経験したことのない人々に圧倒されたとき、大学は衰退するか、滅びたりするかしたのである。こうしてまさに野蛮と暗黒がもたらされた。私は、ふつう教会には預言者や聖者がいると言うつもりはないし、また、哲学者はふつう大学にいたと言うつもりもない。しかし、教会は他の建物とは違っている。というのは、教会は預言者や聖者の精神にささげられているからである。教会はその精神の中枢をなさない多くの機能を遂行することができる。だが、教会が本来の教会でありつづけるのは、教会が預言者や聖者の精神を敬うからだ。そうであるかぎり、教会のあらゆる活動がそうした崇敬の念に満たされる。しかし信仰が姿を消し、預言者や聖者によって報告された経験が信じ難いものやどうでもよいことがらになったら、寺院でさまざまな種類の活動がどれだけ多くおこなわれようとも、そこはもはや寺院ではない。寺院はしだいに衰え、せいぜい記念物として残ることになる。そしてその内的生活は、そこをぼんやりと通りすぎる観光客には異質なものとなる。この比較は必ずしも適切ではないが、大学もまたこの世にはいない人々の精神――きわめて少数の人々だけしかこの精神を完全には共有できない――で満たされている。彼らはもういないが、しかし、大学は彼らに対する敬意を保たねばならない。大学はほとんどどんな人でも容認してくれるが、それは彼あるいは彼女が、大学でおこなわれているものの尊厳に敬意を払い、この尊厳を感じとれる場合に限られる。大学自身は、自らを活気づけてきた原理との接点を失い、大学がもはや所有してはいないものを代表するという危険につねにさらされている。数少ない個人のこうした集団が、大学の名に真に値するものの中心を占める、などということはとてもありそうにないことだと思われるかもしれない。だがこれはついこのあいだまで、さまざまな大学で現実に見られたことなのである。たとえば、アメリカの大学にとって最後の偉大な模範であった十九世紀ドイツの大学で、このような事実はよく知られていた。これまで大学はどれほど劣悪であったかもしれず、異質なものがどれほど増え、その重さで大学がどれほど打ちひしがれてきたかもしれない。にもかかわらず、アリストテレスのような人物、あるいはニュートンのような人物こそ大学が必要とする人物なのだ、という予感はつねに存在した。

哲学的生活がそのまま大学なのではない。十九世紀までは、たいていの哲学者は大学とは関係がなかったし、おそらく最も偉大な哲学者たちは大学をぞっとするほど嫌っていた。大学教授であるソクラテスなど想像できないし、その理由も注意に値する。しかし、ソクラテスは大学の本質を体現している。大学は、彼が象徴するものを保護し、発展させるためにある。実際には、大学はこうしたことをもうほとんどやっていない。しかし、もっと重要なのは、啓蒙主義の結果、哲学者と哲学は古い習慣と住みかを捨て、もっぱら大学に住むようになった、という事実である。いま大学で彼らは、さまざまな新しいやり方で攻撃を受けやすくなり、絶滅の危険にさらされている。古典的な哲学者たちは、相当な理由があって、この危険を冒さなかったと言えるだろう。この理由を理解することは、われわれの特異な苦境に対処するために測り知れない価値をもつ。

哲学者たちが理解するところによると、哲学的経験とは人間だけがもつ経験であり、ほかならぬ人間の定義であるけれども、哲学の尊厳と魅力は、必ずしもつねに、もしくはひろく一般に、認められてきたわけではない。王位を要求する他の者たち――それが預言者であれ聖者であれ、英雄であれ政治家であれ、詩人であれ芸術家であれ――の場合、事情は哲学者の場合とは異なる。彼らの主張は、つねに受け容れられるわけではないが、一般に真面目なものと認められている。彼らは昔からつねに存在していたのであり、明らかに市民社会と年代を同じくしている。これに対して哲学者は遅れて登場したので、自分たちの道を切り開かねばならなかった。このことは目下の問題に何らかの関係があるが、それは問題の原因というよりも兆候なのかもしれない。民衆にとって、哲学者に典型的な経験よりも、預言者、国王、詩人のそれの方がはるかに近づきやすいと言えるかどうか、私は疑わしく思う。偉大な想像力、インスピレーション、栄光を追求する大胆な行為は、毎日用いられる実用的な技芸――たとえば、農耕、建築、靴作りなど。こうした技芸をより高級な人々はばかにする――に見出される推理の経験に比べて、ふつうの人の日常生活からは遠いものである。ソクラテスは、対話の相手である貴族に、こうした手工芸のことをつねに思い出させなければならないし、それらを貴族に欠けている知識の典型として用いている。しかし、このやり方はどこに困難があるかを示唆しているのかもしれない。民衆はもっと高い、高尚なものを賞賛したがるのである。そしてたしかに、ソクラテスという人物は、とにかく一見したところでは、このような賞賛の対象にはならない。それはアリストパネスの喜劇が十分すぎるくらい明らかにしているとおりである。さらに、そしてもっと重要な次のようなことがある。すなわち、預言者、国王、詩人は、明らかに人類全般に恩恵を施す者であり、人々に救済、保護、繁栄、神話そして娯楽を与えてくれる者である。彼らは市民社会の高貴な砦である。そして人々は、自分たちにとって善をなすものを善とみなす傾向がある。哲学はそのような善を何もしない。まるで反対に、哲学は厳しいもの、いくらか悲しいものである。なぜなら哲学は、人間のこよなく甘い希望の多くを連れ去ってしまうから。哲学が、人々の悲嘆と永遠の弱さをなぐさめるために何もしないことは請け合いである。それどころか哲学は、人間は無防備であり、自然は個人の運命には無関心であるという事実を指摘する。ソクラテスは、年老いており、醜く、貧乏で、家族もなければ、都市における名声も力もなく、そして、アイテール〔高空の光と輝きに満ちた霊気〕がゼウスに取って代わる話をおしゃべりする人物である。

詩にほめたたえられ、彫像に姿を刻まれた王たちは、両義的である。一方では、彼らはそれ自身のために存在するもの、つまりわれわれが共有していない美、仰ぎ見る美であるように思える。他方、彼らはわれわれの役に立っている――われわれを統治し、矯正し、おそらく罰しもするが、それはわれわれのためにであって、われわれを教え、喜ばせてくれるのである。アキレウスは完全な理想である。たいていの人々がそうなりたいと夢見ることしかできない存在であり、それゆえ、人々の上に立つ者であり、まさしく主人である。しかしアキレウスは人々を守る勇士でもあり、ギリシアを救うために他の人には克服しえない死の恐怖に打ち克つ。あらゆる英雄は、人々、〈デモス〉の面倒を見、彼らを喜ばせ、その報酬として賞賛と栄光を受け取る。ある意味で、英雄たちは市民社会の虚構であり、社会の目標に仕えている。これは、英雄たちがその賞賛に値する行動をしていないというのではなく、彼らの行動の善さが、驚いたことに有効性、最大多数の最大幸福によって測られるということなのである。政治家は、それ自体善いとされる徳をもっている。しかし彼は、民衆を保護するのにどれだけ成功したかによって評価される。それ自体が善いとされる徳は、自己保存という目的に対する手段である。すなわち、善い生活がたんなる生活に従属し、それに奉仕することになる。理論的生活が善い生き方であるとしても、少なくともそこに本物の理論的生活が表現されている場合、都市の役に立ちはしないし、役に立つと真に受けることもできない。それゆえ理論的生活には、社会と良好な関係をもつという、ほとんど解決が不可能な問題がともなう。『弁明』でソクラテスが、からかいを交えて――彼は決して怒らなかったし、もっぱら退却ばかりをおこなった兵士として有名であったから――自分をアキレウスになぞらえたとき、このことをほのめかしているのである。

都市における哲学の無防備さを、アリストパネスは指摘し、からかっている。詩人である彼は、哲学者の知恵におおいに共感しているが、哲学者ほど馬鹿でないことを自慢にもしている。彼は自分で自分の面倒を見、民衆からほうびを得、報酬を受けることができる。彼の姿勢は、賢者を前にした聡《さと》い男のそれである。すなわち、アリストパネスは抜け目のない都市の人間なのである。彼は哲学者たちに警告する。彼はまるで預言者のように、都市の復讐を喜劇的に描写する。ソクラテスに続く偉人の世代――そこにはプラトン、クセノポンやイソクラテス〔アテナイの修辞家。前四三六－前三三八〕が含まれる――は警告をしっかり心にとめた。彼らの認識では、哲学が弱いのは、まさにそれが新しいものであり、必要なものではないから、都市の権力にあずかるものではないからである。哲学は脅威にさらされているが、また哲学自身が、都市をひとまとめにするあらゆる信仰、そして哲学に対抗する他の高次な人間類型――聖職者、詩人や政治家――を統合するあらゆる信仰に対する脅威でもある。それゆえ、ソクラテスの後継者は、そのすべての力を結集し、哲学を救い守るために英雄的努力をしたのである。

アリストパネスの物語に登場するソクラテスは、自分の仕事に打ち込んでいたが、噂とからかいの的になり、とうとう、息子の道楽のせいで借金を負ったある父親が、債務から逃れようとして彼を訪れることになる。ソクラテスの無神論は――法律を破ったり、偽証をしたりしても、ゼウスの激しい怒りを恐れる必要はない、という趣旨であるかぎり――この父親にとっては適切な指図だった。法は、たんに人間が創ったにすぎないことが暴露され、それゆえ、他人の目に自分の姿がとまらなければ、彼のする悪事にはどんな証拠もないことになる。哲学はこの愚かな老人を解放する。彼の息子も解放される。だがこれには、思いがけない結果がともなった。息子が、もはや神の加護のもとにない父母を尊敬しなくなったのだ。彼の父はこれに耐えられず、神々の信仰に戻る。神々は都市に加え家族をも守っていることが明らかになる。憤激のあまりこの父親は、ソクラテスの学園に火をつけて全焼させる。

アリストパネスには先見の明があった。ソクラテスは現実に、若者を堕落させたことと不信心のかどで告発されたのであり、そこには不信心が若者の堕落の深い原因だという含みがあった。そして学者たちが、アリストパネスの、またはアテナイ市民の告訴の不当性についてどう言おうと、証拠は彼らの告訴を支持している。たとえば『国家』の描く世界では、結婚は生殖のためにのみ取り決められる短期間の営みであり、家族は解消され、賢明な息子は賢明でない父を支配し、しつけることができ、近親相姦の禁忌は、（控えめに言うなら）緩和されるのである。古いものへの敬意は理性に席をゆずり、父と祖先による支配には異論が唱えられる。こうした帰結はソクラテスの言行からただちに出てくるものであり、のちに西欧の本流となった。それは、よかれあしかれ西欧にのみ見出される、哲学の無数の帰結のひとつである。怒れる父たちは、ソクラテスにひどく敵意を抱く市民層のひとつに属している。ソクラテス自身は、こうした帰結を実行しようとはしなかったし、家族を改革しようともしなかった。たんに彼が援用した例と判断の基準が、こうした帰結を招いたにすぎない。

ソクラテスは、文化、社会あるいは経済と衝突したのではなく、法と衝突したのである——これは彼が政治的事実と衝突した、ということを意味する。法は強制する力をもっている。人間的な事象は政治的要請というかたちをとって哲学者たちとぶつかる。哲学者たちが生き残るために必要なのは、人類学でも、社会学でも、経済学でもなく、政治学である。こうして——手のこんだ理由の説明など不要だと思うが——政治学が、創始されねばならなかった最初の人間科学、あるいは人間的事象の学となった。十八世紀のあるときまで、政治学は唯一の人間科学でありつづけたのである。ソクラテスは都市に依存していたこと、天を仰ぎ見ていて地に足がついていなかったということ、こうした赤裸々な認識を得たとき、哲学者たちは否応なしに政治に注意をはらい、哲学的政治を発達させるようになった。哲学的政治とはいわばひとつの党派であり、つねに姿をあらわす民主制、寡頭制、貴族制、君主制などの他の党派とうまくやってゆくためのものである。ソクラテスは真理の党を基礎づけたのである。古代の政治哲学は、哲学にとっていっそう安全な世界をつくるという点で、ほとんど全面的に哲学に奉仕した。

さらに、ソクラテスが衝突した法は、神々に関する法であった。それを最も興味あるかたちで表現すれば、法とは神の法である、ということになる。都市は神聖であり、政治的であると同時に神学的な存在である（ところで、このゆえに『神学・政治論』は、スピノザにとって政治に関する唯一の書なのである）。哲学者にとっての問題とは、まずもって宗教である。彼らは、都市において宗教が権威をもって存在することと折り合いをつけなければならない。ソクラテスは『弁明』で、哲学者がどのようにふるまわなければならないかについて、いくつか示唆を与えている。哲学者は、自分の信仰の性格に関しては曖昧なままでいても、自分が無神論者であることは否定しなければならない。『弁明』を少しでも注意深く読めば、ソクラテスが都市《ポリス》の神々を信じるとは一度も言っていないことが明らかになる。しかし彼は、自らを神々から送られた合図だ、と思わせようとし、またデルポイの神〔アポロンのこと〕によって自らの言行を命じられたのだ、と思わせようとしている。にもかかわらず、彼は告発された。

　彼は陪審員に対し自分の生き方を説明して、簡明に自らの問題を述べている。

> もし私が、黙っているのは不可能である、それは神に対する不服従となるから、と諸君に告げるとすれば、諸君は私が皮肉を言っているのだと取って、耳を貸そうとしないだろう。そして、人間にとって何が最善であるかと言えば、徳について、また私が喋っているのを諸君が耳にした他の話題について毎日議論することであると告げるなら、さらに、吟味されない生活は生きるに値しないと、こう告げるなら、さらにいっそう耳を貸さなくなるだろう。
> （『弁明』37e–38b）

人々はソクラテスが皮肉を言っており、自分たちに合わせてものを言っているのに気づき、彼の宗教に関する主張がいかに受け容れがたいものかを理解する。彼の皮肉は誰の目にも皮肉として映るから、それゆえ成功していない。しかし真理は、神託というカムフラージュを除去してしまえば、理解することができないし、ソクラテスの聴衆のもつ経験には何ひとつ対応するものがない。自分の最初の物語に固執するなら、ソクラテスはもっと成功を収めただろう。まさにこうした叙述に基づいて、政治状況の分析をおこなうことができる。人々の三つの集団がある。最も人数の多い集団は、ソクラテスの言うことを理解せず、彼を嫌悪し、その有罪に投票する。これより少ないが相当な数の集団もまたソクラテスを理解しないが、彼のうちにある高貴なものをかいま見、彼に同情して、釈放に投票する。最後に、非常に小さな集団がある。人間にとって最善のことは徳について語ることであり、徳を実践することではない（もし徳について語ることが徳を実践することでないならば）、とソクラテスが言うとき、彼らはそれがどういう意味かを知っている。最後のこの集団は、政治的には取るに足らない。それゆえ哲学を政治的に救済する希望は、あげて第二の集団——ふつう程度に敬虔だがともかくも公明な態度の善良な市民——の好意にかかっている。

　そしてこういう人々、すなわち身分ある人士《ジェントルマン》にこそ、哲学はほとんど二千年にわたり修辞を駆使して訴えかけたのである。彼らが支配者であったとき、哲学にとっては大なり小なり風向きがよかった。民衆、〈デモス〉が支配したとき、宗教的狂信主義あるいは一般大衆の功利性のせいで、ものごとは哲学にとってずっと受け容れにくくなった。専制君主は、純粋な好奇心からにせよ、自分の身を飾ろうという欲求からにせよ、哲学者に惹きつけられることがあるかもしれない。だが、彼らは哲学の最も頼りにならない味方である。こういったことはすべて、哲学者による心理学的分析に基づいている。哲学者は以前は人々やその魂にたいした注意を払わなかったのだが、否応なしにこうした心理学的分析をせざるをえなくなったのである。彼らが観察したところによると、たいていの人の場合、最も強力な情念は死への恐怖である。自らの消滅と折り合っていける人は、まずほとんどいない。人々を哲学に近づけるのは、愚かさではなく、むしろ自己のものに対する愛である。とりわけ自分自身の生命に対する、それと同時に自分の子供や都市に対する愛情なのである。自分たちが気にかけているものに宇宙による支えがない、という事実に直面することほど困難な仕事はない。ソクラテスはそれゆえ、哲学の仕事を「死に方を学ぶこと」と定義する。ふつうさまざまな錯覚と神話をともなった、さまざまな種類の自己忘却のおかげで、死に敢然と向き合わずに――死に向き合うとは、つねに死を考えることであり、また、死が生および生における大事なものにとって何を意味するかを考えることである。これは真剣な生き方の特徴である――生きてゆくことが可能になる。個々の人は、偶然にあまりに左右されやすい個人の生の意味を求める。たいていの人間は、そしてあらゆる都市は、普遍と特殊、必然と偶然、自然と慣習、この二つのものの非科学的な混合物を必要とする。この混合物こそ、哲学者にとって受け容れられぬものであり、彼はそれを構成部分に分解する。彼は自然のなかに見るものを自分自身の生活に適用する。「人の移り変わりは木の葉の移り変わりのようなものだ」――この憂鬱な教訓は、洞察をともなった強い喜びによってのみ償われる。こういう喜びなしには――これを得る者はほとんどいないのだが――この教えは耐えがたいだろう。哲学者は、真に思索だけを楽しみ、真理を愛するかぎり、つねに試行錯誤を続けるものである。彼はもろくも崩れさる可能性のある錯覚を抱かない。彼が喜劇的であるとしても、少なくとも悲劇に対しては絶対の免疫をもっている。哲学者以外の人々が真理を愛するとしても、自分たちの大事にしているもの――自己、家族、国、名誉、愛――と真理が対立しない場合に限られる。対立するときには、彼らは真理を嫌悪する。誰かがこうした高貴なものを顧みず、そうしたもののはかなさを証し、はかないものとして扱うと、人々はそういう人間を化け物と見なす。神々は、たいていの人にとって大事な自然と慣習の統一を保証する者である。しかし、哲学だけがこの統一を解体できる。それゆえ、科学と人間全般との対立は、偶然ではないのである。

哲学者にひろく見られる情念と、〈デモス〉（民衆）にひろく見られる情念とのこうした敵意に満ちた関係を、哲学者たちは恒久的なものと見なした。人間の本性は変わらないからである。人々はこの世にあるかぎり死の恐怖に動機づけられるだろう。プラトンの言う洞窟を構成するものは、まずもってこうした情念であり、この死の恐怖という地平線の内側でのみ希望が正当化されるように見える。洞窟のなかで生活する共同体の役に立つことをしたり、生活を維持するものに自らの生命を賭ける行為は敬われる。この利己的集団のおきては一般民衆の道徳であり、集団の枠外へ逸脱したものは何であれ、道徳的軽侮の対象となる。そして思想家にとっていちばん危険なのは、ふつうの利己心でも肉欲でもなく、道徳的軽侮である。都市を守る神々を怒らせてしまうのではないか、神々の加護が引っ込められてしまうのではないかという怖れが、人々のうちに我を忘れた恐怖心を引き起こし、神の法を破る者たちに対する狂暴な復讐に人々を駆り立てる。『弁明』のなかでソクラテスは、かくも善良な市民である自分が、なぜアテナイ市民の政治生活の外に身を置いているかを説明している。ソクラテスが政務審議会で執行部の一員を務めたとき、アテナイの大海戦に勝利した指揮官たちを死に追いやるという動議を投票によって決することを、彼は拒んだ。しかし、多数に押しきられてしまった。嵐が迫っており、生命の危険があったので、指揮官たちは戦死者たちの遺体を海から引き上げるのを思慮深くも断念した。しかし、神の法は遺体の回収を要求していたので、道徳的憤怒にかられた人々は指揮官たちの死刑を主張した。たんなる思慮（prudence）が聖なるものを度外視することは許されない。ソクラテスの哲学は、本質的に、聖なるものより思慮を優先しており、それゆえ彼の哲学は、民衆の道徳的熱情――これはまた彼の死を惹き起こしたが――とよりもそうした思慮との共通点のほうが多い。こうした熱情が市民社会の基礎をなす、とソクラテスは見なした。それは最後にはつねに市民社会の理性を圧倒し、歪めるだろう。したがって二つの可能性がある。哲学者が絶対的に支配をおこなわなければならないか、さもなければ、哲学者が「土ぼこりや雨が吹き荒れている嵐に会った人のように、小さな壁のかげに避難する」か、どちらかである。第三の道はない。あるいは第三の道はある種の知識人だけがとる道であって、彼は影響を与えようと試みながら、結局、彼から影響を受けたと称する者の手中に陥ってしまう。知識人はそうした者たちの力を強くし、自分の思想を彼らの目的に合わせてしまうのである。

哲学者は事物をありのままに知りたいと思う。彼は真理を愛する。それは知性の徳である。彼は真理を語ることを好まない。それは精神的な徳である。おそらく彼は、欺瞞をおこなわないですめばいいと思うだろう。しかし、もし欺瞞が自分の生き残る条件であるなら、欺瞞にも反対しないだろう。

人類を変えようというさまざまな希望はほとんどつねに、人類を変えないで、自分の思想を変える結果になる。改革者たちは行動の面ではしばしば非妥協的であったり極端であったりすることがあるが、思想の面ではめったに非妥協的ではない。というのも、彼らの言動は社会的な意義をもたなければならないからだ。しかし、慣習のなかにきわめて容易に入り込み、慣習との戦いをまったく強いられない者は、こうした改革者よりさらに多くの思想の自由をもつ。古代思想の真の急進主義は、おだやかな政治行動に覆い隠されているのであって、この点を近代の多くの学者は誤解している。古代の哲学者は、自分たちを守ってくれる終身身分をもたず、自らの才能に頼って生きなければならない者が陥りやすい堕落を避けようとした。哲学者を守ってくれたり、長期間かかるか短期間ですむかはともかく、どのみち真理が勝利するということを保証してくれるような、道徳的秩序はないのである。

それゆえ哲学者たちは、ゆるやかな欺瞞の技術に携わる。ソーローにどのような思想を抱くことができるにせよ、市民社会を離れることなどはできない。しかし、哲学者たちは注目されざるをえない。彼らは一般民衆とは違うのだ。それゆえ、哲学者たちは身分ある人士と同盟した。そして、自分たちをこうした人々の役に立つようにしたし、自らの正体をすべて明かしてしまわず、彼らに対する教育を改革することによって彼らの温和さと寛大さを強めた。なぜ紳士は民衆よりも寛大なのだろうか。金を、したがって余暇をもち、美しいものや無用なものを評価できるからだ。また彼らは必要を軽蔑するからだ。古代の紳士は食べることや性的交渉を軽蔑した。なぜならこうした行為は動物的本性によって強いられるものであり、彼らは自由であることを誇りにしていたからである――このようにニーチェは言ったが、それには十分な理由があったわけだ。そして紳士は往々にして敬虔であるが、しかし不敬である場合もある。確かに言えるのは、多数の人よりも紳士が宗教的狂信に陥りにくいということだ。なぜなら、紳士のほうが恐怖に囚われにくいからである。

アリストテレスは『ニコマコス倫理学』で、哲学者が紳士の同盟者として登場して、（自らの特質ではなく）紳士の特質である気高い行ないについて紳士たちにどのように語るかを見せてくれる。一見して彼がやっていることは、紳士がすでに実行していることを彼らに対してはっきりさせてやることにほかならない。しかし彼は哲学寄りにわずかに方向転換をする。敬虔は個々の徳の一覧表に含まれさえしない。そして高貴な者の特質であり理性の大敵である羞恥心は言及こそされてはいるが、それは徳の規範から追放するためにすぎない〔『ニコマコス倫理学』第四巻第九章〕。徳をもつ者は、何ものも恥じない、とアリストテレスは言う――この観察は、ソクラテスが自分自身について抱いた見解には合うが、しかし紳士に典型的なものではない。そしてアリストテレスは、読者の注意をしだいに理論的生活のほうに向けてゆく。読者とともに真剣に理論を探求するのではなく、理論的生活の存在する方向を指し示すことによって注意をずらすのである。彼は理論的生活を神々しいものに仕立てあげ、読者自身の不完全さを完成させるものであるとする。かつて読者は、アキレウスを賞賛し、オリンポスの神々を敬うことによって、この完成に達していたものだ。いまや彼らは、思考する神を観想する理論的人間を崇拝する。自分に役立つものをもたらすからといって科学者を尊敬する近代人に比べて、紳士のほうがこの点で哲学の本質の受け取り方が不正確であったかどうかは、未解決の問題である。

同様に『詩学』でアリストテレスは、演劇を紳士にふさわしく愛する者に、悲劇とは何か、悲劇から彼らが何を得るかを説明する。しかしここでも彼は、事柄にちょっと変更を加える。ホメロスが自ら示したように、詩人はミューズによって霊感を得る者ではなく、自然――すなわちまさに哲学者の研究対象――の模倣者なのである。それゆえ詩人は、哲学の研究する世界からかけ離れた世界や、科学の認める原因と相容れないような原因から生じる世界を描写するものではない。アリストテレスはここで明らかに詩を哲学に結びつけている。そして悲劇の目標、目的因は、憐れみと恐怖の浄化である、と語っている。この二つの情念はひとつに結びつけられて、熱狂、宗教にとりつかれた状態あるいは狂信主義を招くという。ソクラテスは、詩人が情念に訴えるという理由で彼らを攻撃した。この情念によって人々は、自分たちがこうむる可能性のあるものに対する恐怖から、そしてそれに対して無防備であるという恐怖から、忘我の状態に陥る。ソクラテスによれば、まさにこういう場合にこそ、理性を呼び起こすべきなのである。そうすることによって、人々は必然的なものに直面し、個々人に偶然ふりかかる事件にもかかわらず、ものごとの秩序を思い起こすことができる。憐れみと恐怖は、満たされたい、注意されたい、真剣に考えてほしいといって大声でわめく。何よりも、人々は、世界が彼らの言い分に真摯に耳を傾けてくれる善意の神や悪意ある神に満ちていると見なしがちである。詩が成功するためには、ほとんどあらゆる人の場合に理性よりも強力な、憐れみと恐怖というこの二つの情念に語りかけねばならない。詩は聴衆を必要とするゆえに、ソクラテスの見るところでは、理性の敵に対し愛想がよすぎる。哲学者は多数者の願望に立ち入る必要、あるいは（現代の賢者なら言うだろうが）歴史の劇に立ち入る必要、あるいは〈アンガージェ〉する必要が詩人に比べて少ない。こういう理由でソクラテスは、哲学と詩の反目を強めたのである。

アリストテレスは、実際にソクラテスの導きにしたがい、こう示唆する。詩人はいわば医者であって、自分たちは不死であるはずだ、と主張するほど狂っている死すべき人間たちを治療できる、と。哲学にとって危険な情念を取り扱うことができるのは哲学者ではなく詩人である。ソクラテスはこのことを無視したが、それは彼にとって大きな損失であった。それは、彼にはこうした情念を喚び起こすことができる。それは、そうした情念を魂から追い出すためであり、患者をもっと気楽に落ち着かせ、理性の声をもっと聞こうという気にさせるためである。アリストテレスは詩人に向かって言う。君たちが示すべき英雄は、その運命を受けるに値し、その悲しい最期が自らの性格の欠陥にまちがいなく帰せられる英雄だ、と。英雄たちの受難は憐れむべきものだが、行き当たりばったりなものではない。彼らの受難は、世界にそなわる道徳的秩序に対する、あるいはその欠如に対する非難である。こうした劇の効果は、人々を温和にし、世界の整合性と因果の合理的関係を信じる者にすることであろう。人々は、このことによって理性的にはされないが、理性に対する嫌悪からは救われ、以前より理性を受け容れやすくなる。アリストテレスは紳士を科学者に仕立てあげようと試みるのではなく、紳士に広く見られる情念を調節して、彼らを哲学の友人にしようとする。

『弁明』でソクラテスは、これとまったく同じことをする。それは、ソクラテスが彼の釈放に賛成の投票をした者に話しかけ、死をそれほど恐怖すべきものではないように思わせる神話を語るときである。物語は真実ではないが、温和な気質（gentleness）を強める効果があり、この温和さのおかげで、彼らはソクラテスを怖れず、それゆえに有罪の評決を下さない。ソクラテスが詩を批判するのは、詩が僧侶ではなく哲学者の味方になるよう促すためである。

こうして、市民社会の敵意に対して、哲学は、教育――哲学よりもむしろ詩ないし修辞学に重きをおく教育――に努力を注ぐことによって応えようとする。こうした教育の目的は、怒りのような堅い情念をやわらげ、憐れみのような柔らかい情念を堅固にして、貴族の魂の情念を調節することである。そうしたあらゆる努力の模範は、プラトンの数々の対話篇である。それらは全体として、賞賛と模倣を喚び起こす新しい英雄を登場させた点で、『イーリアス』と『オデュッセイア』に、また福音書にさえ、匹敵する。新しい英雄を登場させるには、新しい嗜好が確立されねばならない。そしてソクラテスに対する嗜好は独特のものであり、過去のあらゆる嗜好と対立する。プラトンは『雲』で描かれた登場人物を、モーセ、イエスあるいはアキレウスのような文明を作りあげた人物の一人に変えている。人々の魂のなかでは、生身の同時代人よりも彼らのほうが強い現実感をもっている。アキレウスがアレキサンダー大王を、またアレキサンダー大王がカエサルを、カエサルがナポレオンを――谷をはさんだ頂きからたがいに手を伸ばし合い――作りあげたと言われるように、ソクラテスを師として、哲学者たちは二千五百年間、あらゆる画期的変化をつうじて世代から世代へと拡がり、切れ目のない連鎖をなしている。プラトンはこうした影響を確実なものにしたが、それはアリストテレスやカントのようなやり方をして、ソクラテスの哲学を再生することによってではなかった。むしろ、ソポクレス、アリストパネス、ダンテやシェイクスピアのように、彼の行動を再現することによってであった。対話篇のソクラテスは、種類を異にする魂のそれぞれにおいて優位を占める情念に触れるように造形されている。すなわちソクラテスは、こうしたさまざまな魂の憧れを予見する人物、それらの魂が自己を理解するのに欠くべからざる人物として登場するのである。敬虔な者の魂に触れる対話がある。野心家や、理想に燃える者を動かす対話もある。好色な者を興奮させるような対話もあり、さらにまた軍人や政治家を感動させるものもある。ある対話は詩人に語りかけ、またある対話は数学者に語りかける。名誉を愛する者はもとより、金銭を愛する者も忘れられてはいない。ソクラテスの話のどこかの部分に憤慨をおぼえない者はほとんどいないが、しかし、別の部分によって心を動かされ、鼓舞されない者もまたほとんどいない。ソクラテスはあらゆる型の人間の言い分を、彼らが自分で述べうるよりも巧みに述べた（もちろん彼は、そうした人間類型のおのおのにともなう問題や彼らの熱望も述べた）。プラトンはソクラテスが必要であることを実地に示し、そうすることによって読者に彼が必要であると感じさせた。ソクラテスなしには不完全だと感じたのは、アルキビアデスだけではないのである。

ほとんどすべての対話の事例において、全面的な回心を遂げた者はいなかった。たしかに、対話ではどんな回心の例も一度も描かれてはいない。プラトン本人と他の何人かが哲学に回心したのであり、彼らの自己発見が可能だったのは、ソクラテスがアテナイで大なり小なり大目に見られていたからだ。哲学が大目に見られるには、現実には哲学が強力な社会的構成分子の役に立つと見なされることが、しかし実際にはそうした分子の下僕とはならないことが必要である。哲学者はいつの世にもいる人々の、また同時代の人々のきわめて根深い偏見と折り合いをつけなければならない。彼が変えることのできない、また将来も変えようとしない唯一のものがある。それは、人々の死に対する恐怖であり、死を耐えうるものにしたり、それをかわしたり、否定したりする、信仰と制度という上部構造の全体である。死に正面から対峙している点で、あるいは永遠に対する関係という点で、哲学者は彼以外のあらゆる人間と本質的に違っている。もちろん彼は、多くの人が決然とあるいは平穏に死を迎えることを否定しはしない。うまく死ぬことは比較的簡単なのだ。問題はいかに生きるかであり、ただ哲学者だけが、ものごとを耐え忍ぶために、ものごとの意味を誤らせるような意見を必要としないのである。彼だけが死の現実を――死が避けられないこと、われわれがわずかしかない生を運命に委ねていることを――あらゆる思想と行ないに浸透させ、そのことによって、完全な明晰さを誠実に求めながら生きることができる。それゆえ哲学者は必然的に、自分とは種類の違う人々ときわめて根深い緊張関係におかれる。彼は他のあらゆる人に対し、アイロニーをもって、すなわち同情とおどけた距離を保って接する。哲学者と他人との関係にともなう性格を変えることはできない。この哲学者と彼らの不均衡は、自然にしっかりと根ざしているからである。したがって、哲学者は本質的な進歩をまったく期待してはいない。彼がせいぜい希望しうるものは、自らの権利ではなく相手の寛容であって、彼は自分の立場や哲学の置かれた状況の基本的な脆さを自覚して、たえず油断を怠らないようにする。

　ソクラテスは都市の有力者と手を結び、同時に有力者はソクラテスに魅せられ、惹きつけられる。しかし、魅力が持続するのは、ソクラテスが彼らの最も重要な利害と対立しないかぎりでの話である。家庭人のクリトン〔プラトンの対話篇の登場人物。ソクラテスと同年輩の富裕な農民〕は、ソクラテスをよい家庭人だと思う。兵士であるラケス〔プラトンの対話篇の登場人物。ペロポンネソス戦争当時の最も有名な将軍、政治家〕は、ソクラテスをよい兵士だと思う。ソクラテスに腹をたて非難する者は、もっと穏当な気持ちをソクラテスに抱いている人々が見逃すものをつねに見つける。トラシュマコスは、ソクラテスが都市に敬意を払っていないのに気づく。彼はソクラテスの真の姿に気づいているのだが、少なくとも最初はソクラテスを称賛できない。他の者たちはソクラテスを称賛するが、それはひとつには、彼らの目にはソクラテスにとって最も重要なものが見えないからである。ここから、プラトンからマキアヴェリにいたる哲学者によって踏襲された政治戦略の模範が得られる。どんな哲学者も元来政治的ではなかった。というのも、政治に期待できることには明確な限界があったし、政治的に見て重要なものに依存する真理を追求しないことが、哲学者にとって本質的であったからだ。政治学は真面目な研究だったが、しかしそれは、そこから魂について学べるかぎりでのことだった。しかし、どの哲学者を見ても、彼らの政治的実践は、彼らのたがいの理論的相違がどれほど大きくても、同じであった。彼らは自分が身を置く政体において優勢な道徳的嗜好に訴える書き方をした。しかし、この書き方は、目先のきく読者を、そうした政体から連れだして、哲学者たちが語らい集う理想郷にまで導くことができた。哲学者たちはしばしば自国の伝統の解釈者となり、伝統を微妙に変更し、哲学と哲学者に開かれたものにした。彼らはつねに胡散臭い眼で見られたが、よい地位にある友人をつねにもってもいたのである。

以上のような理由で、プラトン、キケロ、ファーラービーやマイモニデスのような人の著作の形式と内容は、奥に秘められた教えはどの点から見ても同じなのに、非常に異なって見える。各人が異なった出発点、異なった洞窟をもっていた。各人はそこから光を目指して登らなければならず、またそこへ引き返さねばならなかった。こうして彼らは、それぞれの時代の偏見に合わせて自らの精神を形成しなかったにもかかわらず、「意義ある」者のように見えた。そのおかげで、最も強力なものへ同調する必然性と誘惑から彼らは守られたのである。古典哲学は、偶像崇拝から聖書の啓示宗教への転換といった、想像しうるかぎり最も大きな変化にもかかわらず、驚くほどたくましく生き残ってきた。パドゥアのマルシリウス〔イタリアの学者、パリ大学学長。一二九〇頃－一三四二〕は、問題は不変であるがその表現は変化することを示した点で、アリストテレスその人と同じくらいアリストテレスらしかった。われわれ近代人は、フランス革命によって惹き起こされた変化のような、比較的小さな変化が新しい思想を結果としてともなう、と考える。これに対して古代の人々は、出来事が本質的に新しいことを教えないかぎり、出来事が人間を圧倒するにまかせては決してならない、と主張した。彼らはそれ以前の、あるいは以降のどんな人よりも情熱を込めて精神の自由を守った。これは彼らが大学に残した遺産である。しかしながら、彼らは原理がドグマになるのを決して許さなかったし、原理の根拠として自分たちの才気以外のものを決して当てにしなかった。彼らは自分たちの企てにともなう責任やその危険をつねに心に留めていた。

要約すれば、古代の哲学者は、人間に対して貴族政治を唱道したが、思想史家が彼らに帰しがちな理由でそうしたのではない。古代の哲学者は貴族的であったが、この語のより高度な意味でそうだったのである。なぜなら、理性が支配すべきであり、哲学者のみが理性に全面的に献身している、と彼らは考えたからである。しかし哲学者たちが現実に支配したことは一度もないのだから、これはたんなる理論上の議論である。古代の哲学者は、古い富を所有する人々の力を好むという点で、俗な意味でも貴族的であった。そのような人々は、哲学を理解できないとしても、哲学の高貴さがそもそも目的であるということを他の者よりよく分かっているからである。ごく簡単に言えば、彼らは教育のための資金と、教育を真剣に考える時間をもっている。技術にはさまざまな問題がともなうが、技術だけが普遍的な教育を可能にする。それゆえ、技術は、哲学が政治に対してもつ異なった種類の関係についての見通しを開くのである。

啓蒙主義的変換

すでに述べたように、啓蒙主義の思想家たちは、啓蒙主義以前のあらゆる哲学者たちを非難した。彼らが人々や自分自身を助ける力をもたなかった、というのである。いやしくも都市において悪に終止符を打つべきだとすれば、権力と知恵とは符合しなければならない、というプラトンの『国家』の定式は、啓蒙主義の目論見を余すところなく表現している。権力と知恵の必然的な統一は、古代の人々にとっては符合にすぎない。すなわち、この統一は、偶然に依存するのであって、哲学者の思いどおりにはまったくならない。知識そのものは権力ではない。そして知識自体は権力に弱いものではないにせよ、しかし知識を求めこれを所有する者が権力に弱いことは、はなはだ確実である。それゆえ、哲学者が政治的にふるまう際の重要な徳は中庸であった。哲学者たちは権勢をもつものの偏見に完全に左右されたので、そうした者たちを細心の注意を払って扱わなければならなかった。彼らは世論から超然とした態度をとるという、きびしい規律に従った。彼らは、政治生活に対して自らに有利な影響を及ぼさねばならなかったし、これは避けがたいことだった。けれども、彼らは自らを本気で建国者ないし立法者と考えているわけでは決してなかった。知恵をもたない権力と権力をもたない知恵とを混ぜ合わせるならば、古代人の見るところ、つねに権力が強化され、知恵が妥協する結果となるだろう。ソクラテスが言ったように、権力を玩ぶ者は、権力と同衾することを余儀なくされるだろう。

哲学者を他のすべての者から切り離す、まさに妥協がありえない相違は、死と死に方をめぐるものである。ただ哲学的な生き方だけが、死に関する真実の意味を味わうことができる。哲学的な生き方以外の生き方や政体を支持するようなあらゆる幻想に、哲学者は敵対する。死という問題に関する合意は決してありえない、という点では、古代人も近代人も一致していた。俗な意味での勇者、すなわち忍耐づよく勇敢に、死に進んで直面する者のなかに、古代人は自らの仲間を見出したが、これは彼らからすれば当然のことにすぎないように思われた。しかし、彼ら古代人は高貴なものについての根拠のない信念を必要とした。そして、高貴なもののせいで彼らは善のことを忘れてしまった。たんなる生命よりも何か高貴なものがあるという点で、彼らは哲学者たちと見解を共有している。しかし彼らは自分たちが犠牲になる十分な理由を知らない。自分はなぜギリシア人と友のために死ななければならないのか、というアキレウスの嘆きと不平は、死を受け容れるためにソクラテスが展開した議論とその基礎にある論法とは非常に異なっている。ソクラテスが挙げたのは、自分は年老いている、死は避けられない、死によって失うものはほとんど何もなく、死はたぶん哲学には有益だろう、といった理由であった。アキレウスを特徴づけているのは怒りであるのに対して、ソクラテスを特徴づけるのは計算である。この二種類の人間のあいだにどんな共感が見出されようとも、もともとそうした共感は——年代を無視して言えば——アキレウスがソクラテスを誤解した、ということに基づく。

　哲学と政治のあいだに調和を生み出すために、新しい哲学の考案した意想外な仕掛けは、ある誤解をもうひとつの誤解と取り替えるというものであった。あらゆる人々が死を怖れ、死を激しく避けようとする。死を見下す英雄でさえも、恐怖を背にすれば同じようにふるまう。恐怖は何よりも先に立つからである。死後のよりよい生をかたく信じる宗教的狂信者のみが、陽気に死に向かって行進してゆく。もし哲学が、死に対して自然の性向に反する気高い態度をとる稀な勇者たちを当てにするかわりに、煽動家の役割を果たしながら——すなわち、どんな人でももっている、最も強力な情念に訴えながら——自滅を避けることができるなら、哲学は権力にあずかり、権力を利用することができるだろう。人間の本性と思えるものと戦うよりもむしろ、それと協同することによって、哲学は人間の本性を制御できるだろう。要するに、哲学が人間にとって、彼に道徳を授ける者ではなく、人間の最も甘い夢の合作者であることが明らかになるなら、哲学者は、僧侶、政治家や詩人に取って代わり、大衆の好意を集めることができるだろう。これこそマキアヴェリが古代の作家を咎めた際目論んだことである。マキアヴェリによれば、古代の作家は、いかに生きるべきかを優先して、人々が現実にどのように生きているかを無視する、空想の侯国や共和国をでっちあげたのである。彼は作家に対して、人々に説教してめったにおこなえない徳を実行させるのはよして、支配的な情念に順応するようにせよ、と勧める。徳を実行する個人にとってこの徳が善いものかどうか、という点には疑問の余地があるし、徳の説教は当事者の誰にとっても退屈なものである。一言でいえば、哲学を恩人にかえてみよ、というのだ。そうすれば、哲学はよいものだと考えられるようになり、恩人に与えられる権力を享受するようになるだろう。

　哲学は運命を克服するのに利用できる、とマキアヴェリは宣言した。プラトンのいう哲学者の統治が運命——偶然——のせいで不可能になったのは言うまでもない。権力と知恵の関係を支配するのは運命である。これは、人々が賢者の支配に同意してくれるとは当てにはできないこと、賢者は人々に同意を強いるほど強い力をもたないことを意味する。マキアヴェリにとって、運命の克服とは、思想と思想家が知恵の支配に人々が同意するよう強制し、この支配を保証できることを意味した。もしそんなことができるならば、古代の哲学者たちの説いた中庸とは臆病にすぎないように見える。政治の闘いの場にあえて踏み込むことが、哲学者の新しい素質となる。ダントン〔フランスの法律家で革命指導者の一人。一七五九－九四〕の「大胆に、もっと大胆に、いつも大胆に」は、マキアヴェリが最初にあげた鬨《とき》の声の、気弱い、たんに政治的な焼き直しにすぎない。科学の目標は「人々の暮らし向きを楽にすることである」というベーコンの主張、科学は人間を「自然の主人ならびに所有者」にするだろうというデカルトの主張、そして科学は自然の克服であるという決まり文句は、マキアヴェリ革命の嫡子であり、近代哲学が採用した政治的な顔なのである。

旧体制を攻撃するために採られた戦略は、二つの部分に分かれていた――ひとつは、自然科学に属し、もうひとつは政治学に属する。まずデカルトが次のように提案した。慎ましい医者は――これはソクラテスがよく挙げる、理性をもった職人の一例である――人々を人生という舞台の中央に連れだす政治的ないし宗教的光彩を欠いているけれども、もし科学が彼の力を増やし、いまの千倍も病人を直せるようにできたら、――永遠にではないにしても、いくらでも長い間――彼は人々に慕われるようになり、その結果、聖職者の魅力が失われることは十分に請け合えるだろう、と。ついでホッブズがこう提案した。別の慎ましい人間類型、すなわち暴力で命を奪おうとする者から人々を守る警察官を、もし新しい――命を暴力で奪われるという恐怖に基づき、新しいやり方で情念に呼びかける新しい種類の政治学者によって創建された――政治秩序の中で、実効力をもたせるようにできるならどうだろうか、と。彼は人々に降りかかる現実の危険を払いのけることができるだろう。人々はそれまで、現実の危険にまともにさらされてきた。それゆえ、不可視の権力やそうした権力の代理人たちへの恐怖から目を逸らされてきたのである。医者や警察官は、自分たちの努力に科学を適用することで力を増し、まったく新しい政治事業の基礎となるだろう。もし健康と安全の追求が人々の関心を奪うようになり、自己の保存が科学と結びついている事実を人々が認める気になれば、理論と実践とに調和が打ち立てられるだろう。現実の支配者は、二世紀にわたって、民衆の情念を王位と祭壇に反対するように仕向ける抜け目のない政治宣伝を続けてきた。しかし、その後結局は、自分たちの臣民に強いられて、科学者が企てたとおりの立法化をおこなわなければならないだろう。科学者は、ハーヴェイ・マンスフィールド〔米国の政治学者。一九三二－〕の言い方を拝借すれば、隠れた支配者であろう。政治家がどんな目的を追求し、どんな手段を用いたらよいかは、哲学者が決定してくれるだろう。科学者は自由になり、支持を得るだろう。そして科学の進歩は、以上のように考えられた政治の進歩と軌を一にするだろう。

以上のような体制において、科学者は、世界的規模の科学者社会に属している。というのも、国家への忠節や国家の慣習は、科学者である彼らにとってはどうでもよいことだからである。彼らはコスモポリタンである。個々の国家の特殊性が理性の行使を妨げたり、科学者の国家に対する忠節と真理に対する忠節との葛藤を生み出したりしないように、政治秩序を徐々に変えねばならないだろう。科学はただひとつしかない。それはどこでも同じであり、どこでも同じ結果を生み出す。同様に、原理的には、科学によって創始され、科学に基づく、科学のためのただひとつの正統な政治秩序が存在しうるのである。過去の特殊な経験に由来する、古くて滅びつつある伝統をもった個々の国が残存するかもしれない。そうした国家への愛着が、科学者のコスモポリタニズムと争うことがあるかもしれない。しかしすべての国家は、だんだんたがいに似てくるにちがいない。国家は人権を尊重せざるを得ないのである。

以上のような権利の教説は、正義に関する、明確で、ある種合理的な教えである。「砂上の楼閣のような」古代の教えにこれが取って代わったのは当然であった。実際、権利とは、万人の経験する根本的な情念にほかならない。新しい科学はそうした情念に訴える。そして、この情念を、もっともらしい理屈や神の懲罰の怖れが人々に押しつける拘束から解放する。こうした情念こそ科学が供給しうるものである。自然によって与えられたこれらの情念が、人々がその満足を求めるのを許された――すなわちそうする「権利」をもつ――ものである場合、科学と社会の協力ができあがる。そのとき市民社会はこうした情念の満足――生命、自由、そして財産の追求――を唯一の目的に据える。そして人々は、市民社会の権威に従うのに同意する。というのも、権威は人々の欲望を反映するからだ。政府はいまや徳ではなく情念に、義務ではなく権利に基づけられ、より堅固でしっかりしたものになる。生命を保存しようとするこうした情念は、以下のような形態の道徳的・政治的推理の前提として働く。すなわちこの推理は、「もし私が自己を保存したいなら、平和を求めなければならない。もし平和を求めるなら、そのときには……等」という具合に進むのである。こんなにも明白で、心の奥底まで届く前提に基づくとき、政府に対する人々の忠誠に、熱烈な信仰ではなくむしろ理性の問題となることができる。このような命令は、モーセの十戒に宣言された命令とは正反対である。十戒はその命ずるところに従う理由を示さないし、根本的情念を肯定はしないで禁じている。ところがいまや人々は、自分たちの目的が明白である根拠を、理性を行使する人々に負う。人々は、理性的根拠に基づいて、自分たちを守る法律に従う。そして人々は科学者を尊重し、政府にも科学者の尊重を要求する。科学者こそは、誰にもまして理性を高度に使い、敵意にみちた自然（ここには人間の本性が含まれる）を理解し、手なずける者だからである。政府は科学者と民衆を媒介するものとなる。

権利の教えが、近代の大学の枠組みと雰囲気を作りあげた。ある政体が成員の性向に基づいている場合、その政体においては何にもまして優先されるのは、正しく理解された自由である。自己の保存を求める権利から、また自己保存の手段を自ら判定できるという権利から、知る権利がただちに導き出される。そして知りたいという欲求をもち、また知る能力をもつ者の知る権利は、特別な地位をもつ。大学が繁栄したのは、大学が社会の役に立つと分かったからである。しかしこれは、ソクラテスが社会の役に立ったとか、タレースが役立たなかったといった意味ではなく、社会が大学に役立って欲しいと求めているということである。こうして、自由主義的な大学と自由主義的民主主義のあいだには、なるほど確かに特別な血縁関係がある。しかし、それは大学教授たちが「体制」の走狗だからではない。大学教授にしたいことをやらせるのは善いことである、と権力をもつ者が確信している唯一の政体が、自由主義的民主主義だからである。大学教授が自分たちのために要求する権利も、こうした「自由主義的な」枠組みがなければ無意味である。まさに権利という観念は、自由主義の創始者によってはじめて宣言された。そうした観念の住みかは、理論上も実践上も、自由主義的社会にしかない。

以上すべては、哲学者たちが自分の党派を貴族主義から自由主義に切りかえたことを意味した。民衆は、定義上、教育を受けていない者であり、偏見の温床であった。しかし教育の目指すものが、美しきものの経験から私的利害の啓蒙へと変わるなら、民衆を教育することが可能となるだろう。誇りをもち、栄光を愛し、自分たちは生まれながらに支配する権利をもっていると感じる貴族たちは、理性の支配にとっていまや障害であるように思われる。新しい哲学者たちは、貴族を大衆のなかへ引き戻し、彼らの心理的支えを一掃し、彼らの嗜好を汚すことに専念した。こうした民衆への方向転換は、民衆が平等に対して立派な願望をもつこと、また不正をしないと契約する見返りとして不正をこうむらないようにしたいという意志をもっていることを、哲学者が評価した証しとして理解できる。こうした民衆の態度は、平等を拒否し、いちばん上に立つためには不正をこうむる危険をあえて冒そうとする貴族たちの態度とは対照的である。あるいはこの転換は、民衆の力を利用するために採用された、抜け目のない戦略として理解できる。この点で、近代の哲学者たちは、古代の専制君主をまねたのである。彼ら専制君主には、自分たちとあえて張り合おうとする貴族よりも民衆を満足させるほうが簡単なことが分かっていた。こうして自然のなりゆきとして、ただ知識人だけが特権的な立場にたてるのである。

このような方向転換を、右派から左派へ向かう哲学上の運動として解釈すべきではない。右派および左派の登場は、政治的順応主義を捨てて政治的直接行動主義へと向かう、この転換の帰結であったにすぎない。左派とは近代哲学の表現手段であり、右派は左派に反対する主として宗教上の立場である。十八世紀末に哲学の学派に分裂が生じ、いっそう急進的な平等主義が科学の企てを内部から脅かす状況の下では、古い自由主義だけが中道についていた。左派は啓蒙主義によって社会を変換しようと目論む。それ以前のあらゆる思想家は、この可能性を予期しなかったか、退けたかのいずれかであった。右翼の哲学者、すなわち社会を理性化しようとする哲学の試みに反対する哲学者は、近代において存在できるようになる。しかし古代においては、あらゆる哲学者が同じ実践的政治学をもっていた。なぜなら、貧しい者と富んだ者とのあいだのさまざまな関係を、根本的に、あるいは永遠に進歩を続けながら変えることが、実行可能である、あるいはそうすることが有益だ、とは誰も信じなかったからである。賢者が同意する気になるような道徳的・知的基礎をもつ民主主義政治は、厳密な意味で近代の発明であり、広い意味での啓蒙主義の眼目である。

しかしながら、哲学者たちは民主主義に幻想を抱いてはいなかった。前に言及したように、彼らは、自分たちがある種の誤解を別種の誤解に置き換えつつある、ということを知っていた。紳士の考えでは、死に直面したときの哲学者の平静さは、高貴なもののために行使される気高い、あるいは英雄的な勇気に由来する。他方、民衆の見方によれば、死を避けようとして哲学者がとる理性的態度は、彼を動機づける激しい死の恐怖の産物である。しかし、理性的で、計算高く、実利的な人も、不合理なことに不死を求めているのを、哲学者は知っている。この望みが不合理であることにかけては、不朽の名誉や来世での生を――その兆候ないし保証は自分の希望のうちにしか宿らないのに――望み、そのために自らの人生を組織する人の希求に劣らないし、あるいはそれ以上なのである。功利主義者は、自己保存に必要なことなら何においても賢くふるまうが、自分が死ななければならないという事実は決して考えに入れない。彼は、自分が死ぬ日を先送りするために理にかなったことなら何でもやるが——身の守り、平和、秩序、健康や富などの備えをするが——、しかし、その日が必ずやってくるという事実を隠すことに懸命になる。死は不可避であるのに、彼の全生活は死を避けるために使い果たされている。それゆえ、もし合理性というものが目的を理解すること、あるいは人間の置かれた状況をありのままに把握することに関係するとすれば、功利主義者は人間のなかでも最も非合理な者だと考えられるだろう。彼は自らの最も強い情念と、それが生み出す欲求に無条件で譲歩する。英雄や敬虔な人は、永遠を少なくとも考慮にいれている。彼らは永遠を希求するあまり、それを神話として語らざるをえないことがあるかもしれない。しかし、彼らがとる姿勢は功利主義者のものよりも、ともかく理にかなっている。哲学者はつねに自分があたかも不死であるかのように思考し行動するが、その一方で、自分が死すべき者であることをつねに完全に自覚している。彼は哲学をするために、できる限り生を永らえようとするが、だからと言ってそのために、自分の生き方や思想を変えようとはしないだろう。哲学者の思慮深さは、英雄には決して真似することができない。一方、彼は永遠の相のもとに事物を見るが、これはブルジョアには絶対できないことである。それゆえ、哲学者はどちらの者ともうまくやってゆけない。知ることに捧げられた生だけが、こうした対立を統一できるのである。ソクラテスは、悲劇の英雄でありつつ、同時にその心は職人が思いめぐらすものごとでいっぱいなのである。

偉大な近代の哲学者は、古代の哲学者に匹敵する哲学者たちであった。彼らは自分たちを他のあらゆる人々から隔てるものを完全に自覚していたし、その溝が橋渡しできないことを知っていた。自分たちと他の人々との結びつきは、つねに不合理なものによって媒介されるだろうということも知っていた。彼らは生まれながらの素質に由来する特異な推理をおこなって、思い切った企てをした。彼らは、自分たちがその理性的側面からは恩恵を受け、非理性的側面が自分たちを圧倒しないようにすることができる、と確信していたようである。古代人の考え方と同様、彼らの見解でも、理論的生活は実践的生活から区別されたままであった。理論は特殊で変化するものと関係することを彼らはわきまえていたが、しかしその目指すところは普遍的で不易なものである。これに対して実践は、特殊で変化するものにまったく心を奪われている。実践は、全体をこうしたものにだけかかわらせて、神あるいは歴史として提示される、神義論《テオディシイ》ないし人義論《アントロポディシイ》として眺める。哲学と哲学者は個人の救済を求めるこのような希望の正体をつねに見抜き、その結果、孤立に追い込まれる。近代の哲学者は、理論はそれ自体のために追求されるものだということを知っていた。しかし、彼らの関心は、クラウゼヴィッツ〔プロイセンの将軍、軍事理論家。一七八〇－一八三一。その主著『戦争論』に「戦争は政治におけるとは異なる手段をもってする政治の継続にほかならない」という一節がある〕をもじって言えば、理論とは、ふつう実践で用いられるのとは別の手段によってなされた実践にほかならない、という意見を提唱し広めることにあったのである。

書斎にいる哲学者にしてもアカデミーに属する哲学者にしても、彼ら以外の人間とはまったく異なった目的をもっている。古代人は、両者を同一視すれば両者の区別が見失われるだろうと考えたが、近代人たちはそう考えなかった。これは理論と実践の調和という光景は、見かけだけのものである。古代人は、両者を同一視すれば両者の区別が見失われるだろうと考えたが、近代人たちはそう考えなかった。これは近代人の大胆さを、この上なくよく物語っている。古代人がほとんど宗教的に分離しておいたものを、近代人は、危険なしに結びつけられると考えた。問題はこうである。理性に基づく社会は、必然的に、理性に対して非理性的な要求をおこなうものか、それともそうした社会は理性にますます近づいてゆき、理性的なもののさまざまな援助に服するものだろうか。この問題の難しさは、〈プラクシス〉というギリシア語の、現代にひろく見られる誤用によって明るみに出される。現在ではその語は、理論と実践という二つのものが存在するのではないということ、つまり政治は理論と化したし、哲学は政治と化した、ということを意味する。それは永遠なるものと束の間のものとの区別を踏み越えることを表わす。これは啓蒙主義者たちの意図に逆行するとはいえ、まちがいなく啓蒙主義のひとつの結果である。問題は、それが必然的な結果なのか、それとも偶然の結果にすぎないのかである。

啓蒙主義の思想家たちを楽天的で皮相な人々と見なすことは、ある方面で長い間はやりであった。これはフランス革命後に反動主義者やロマン主義者によって奨励された見解であり、宗教と詩の側からなされた反クーデターであった。そしてそれは相当な、また長続きする成功をおさめてきた。近代哲学者たちは新しい夜明けの到来を信じていた、とされている。そのときに人間は理性的になり、すべてが最善の状態になると信じていた、というのである。この通俗的な見方によれば、彼らは、悪が根絶できないものであることを理解しなかったし、非合理的なものの力も知らなかった、少なくとも十分に考慮に入れなかった。それに対して後の、いっそう深遠なわれわれの時代は、このことにはっきりと気づいているとされる。これまで私は、これが歪んだ、自分に都合のよい解釈だということを示そうとしてきた。これら近代哲学者たちが輪郭を描いた企てを注意深く見る者には、啓蒙主義の思想家たちが理性の単純な勝利を期待した、あるいは悪の力をみくびったという意味で楽天的だった、と言って彼らを責めることは決してできないだろう。こうした見方は、彼らがことばのあらゆる意味で、いかにマキアヴェリアンであったかを、また彼らが現実にマキアヴェリの弟子だったことを十分に考慮に入れていない。人間の運命を改善する希望を彼らがもったのは、人間のうちなる悪を忘れたからではなく、悪に対立するのを止めて悪に道を譲ったから、基準を下げたからなのである。彼らが、たいていの人々に期待した合理性はごく限定的なものである。こうした合理性は、あらゆる非合理性のうちで最も大いなる非合理性をきまり悪そうに奨励することに基づいていた。利己主義は公益を達成するための手段であるはずだった。また、過去の国家のみごとな道徳やみごとな芸術が、自分たちの計画している世界でふたたび作りだされるなどとは、彼らは決して考えなかった。彼らの著作に見られる厳しさと冗談めかした調子の組み合せは、彼らが根拠のない希望を抱いていたのではないか、という疑いをすっかり晴らしてくれるはずである。彼らが目論んだことは、なによりも「現実的」ということばに似つかわしいものだったのである。

　さらに皮相だという非難に関して言うなら、人間のもつ最も深い経験とは何か、という問いにすべてはかかっている。古代であれ近代であれ、哲学者の見方は、人間性は理性を行使するときに実現されるという点では一致していた。人間は普遍を知ることができる特殊な存在者であり、永遠を意識する束の間の存在者であり、全体の探究をなしうる部分、原因を追求する結果である。存在の不安をおぼえて驚異するという形をとるにせよ、あるいはたんにものごとを解決するという形をとるにせよ、理性こそが目的であり、非理性的なものはこの目的のためにある。そして人間の中でたんに動物的にすぎないと思われるものでさえ、ことごとく彼の理性的能力によって知られる――こう哲学者たちは考えた。クリストファー・マーロー〔英国の劇作家。一五六四－九三〕がマキアヴェリの口を借りて「無知をおいて罪などというものはない、と私は言いたい」という警句を吐くとき、彼は哲学とマキアヴェリの双方を非常によく理解していた。理性以外に、つねに宗教的な経験があって（近代においては詩的な経験がこれに取って代わる）、理性と主張を競っている。しかしこうした経験のおこなう主張が、哲学のそれより優れているかどうかは、ただちには明らかとはいえない。問題はふたたび、理性と啓示とを比べてどちらが威厳をそなえているか、という点にもどってくる。大衆化された合理主義がまことに皮相だという事実は、啓蒙主義の哲学者たちに対する反論にはならない。彼らには、合理主義がそのような道をたどるということが分かっていた。（しかし、そうなった場合でさえ、自らの権利を知りかつ行使する民主主義社会の市民が、最も卑しむべき人間とはいえない）。彼らは社会にとって肝要な、人間の善のなかでも中心となる善をなそうとしていたのであり、啓蒙主義はそのための唯一見込みのある計画であったし、いまでもそうであり続けているのである。

　以上の事実を直視するとき、ベーコン、デカルト、ホッブズ、ライプニッツ、ロック、モンテスキューが、そしてヴォルテール（彼は以上の人々の教説を大衆化したにすぎない、と見なしてもいいかもしれない）でさえ、――私が若いときにその口から啓蒙主義は浅薄だ、と教わった、二人の有名な現代人の名を挙げれば――ジャック・マリタン（日本のカトリック界にも影響を与えたフランスの哲学者。一八八二－一九七三）やT・S・エリオット（米国生まれの英国の詩人、評論家。一八八八－一九六五）よりも底が浅いと言うのは、馬鹿げていると私には思われる。ルソーは啓蒙主義の影響を批判する深い洞察力をもった学派を始めたが、にもかかわらず、彼は、ベーコン、デカルトそしてニュートンは非常に偉大な人物であった、と語っている。またルソーは「賢明なロック」について語ってもいるのである。彼は、これらの人々といくつかの重大な点で一致しなかったが、彼らが理論上では自分の縁者であることを知っていた。近代社会の卑俗さについて、知識人は非常にしばしば不平を言う。しかし、啓蒙主義の哲学者たちは、進んでその卑俗さを受け容れようとした。結局、ソクラテスが指摘するように、高いところから見れば、ペリクレスのアテナイであろうと、アイオワ州のディモインであろうと、あらゆる社会がほとんど同じように見える。民衆が科学を尊重し、科学を支えるに十分な資金をもっている、平和で豊かな社会のほうが、奴隷がいて哲学がない、輝かしい帝国よりも価値がある。ロックが皮相であるように見えるのは、彼がスノッブではなかったからである。彼には自分の見たものの壮麗さを誇示することが決してできなかった。

　以上のような啓蒙主義の思想家たちが真面目な人たちであって、それ以前あるいは以降のどんな哲学者ないし科学者とも違って、彼らの目論見が民衆に影響を与えたということには疑いがない。啓蒙主義に匹敵する唯一の政治的出来事は、マキアヴェリが預言者たち――モーセ、キュロス、テーセウス、ロムルスや（彼が暗示している）イエス――による新しい様式と秩序と呼んだものの創建である。マキアヴェリはこれを真似るよう哲学者に訴えた。近代は大部分がこれらの哲学者によって造られたのであり、われわれの自己認識は、彼らがしようとしたことや実際にしたことをどのように理解するかに依存している。したがって、現代の状況がなぜ他のいかなる時代の状況とも異なっているかを把握することに依存しているのである。これは現代の歴史的知恵と正面からぶつかる言い方かもしれないが、近代史のあらゆる事件をつらぬく導きの糸は、啓蒙主義という哲学的教説である。近代のさまざまな政体は理性によって構想されたのであり、その成員の理性的態度に依存している。そしてそれらの政体は、その活動のあらゆる局面で、自然科学の理性を必要としたのであり、科学の前進という要請がその政策の大部分を決定する。われわれの社会は自由主義的民主主義社会と呼ばれることもあり、ブルジョア社会と呼ばれることもある。また人権の政体と呼ばれることもあり、欲望の政体と呼ばれることもある。そして技術という語は肯定的な意味で使われることもあるし、否定的な意味で使われることもある。いずれにせよ、これらの用語がわれわれの世界の中心的諸相を記述していることは誰もが知っている。それらは、明らかに、ものごとの本性を深く洞察した一握りの人々の思想の結果である。彼らは力を合わせてある事業に乗り出したのだが、それはほとんど信じがたいほどの成功をおさめている。この事業は生活のあらゆる細部に浸透し行きわたっている。これら啓蒙主義の思想家たちは簡単に無視できるような人たちではない――彼らに疑問を投げかけることはできるけれども。

スウィフトの疑い

最も早く疑問を呈した者の一人に、ジョナサン・スウィフトがいた。彼は、啓蒙主義が何を意図しているかを悟り、それに反対して古代人や詩の名において遠慮なくものを言った。『ガリヴァー旅行記』と初期の近代哲学との関係は、ちょうどアリストパネスの『雲』と初期の古代哲学との関係のようなものであった。『ガリヴァー旅行記』はスウィフトの古代びいきを喜劇に仕立てて声明したものにほかならない。彼は作中で古代人に巨人や高貴な馬の役を配し、近代人は小人やヤフーに仕立てた。「ラピュタへの航海」と題した章で、彼は、われわれに最もかかわりのある局面、すなわちアカデミーと大学――ピエール・ベール〔『歴史批評辞典』で知られるフランスの哲学者。一六四七－一七〇六〕の表現を使えば、「学問の共和国」――の設立を取り上げている。ガリヴァーはリリパットにおける近代政治を観察したあとラピュタに行き、近代科学とそれが生活に与える影響を見る。ラピュタは自然科学者に支配された空飛ぶ島である。これはもちろんロンドン王立協会のもじりである。ロンドン王立協会は、スウィフトの時代に比較的新しくできた、哲学者や科学者の協会であった。当時彼らは、近代思想に押されて公衆と公衆の生活のなかへ従来よりも多くの目を向けるようになっていた。この未知の新島でガリヴァーは、人間にとっていちばん大切なことを等閑視した理論に人々が没頭しているのを見出す。この理論に没入する態度は、最初から人間の生活とは切れてしまっている。だが、この態度は最後には人間の生活にも変更をおよぼす。空飛ぶ島の人々の目は、ひとつは内側を、もうひとつは天頂を向いている。彼らは完璧なデカルト主義者である――その一方の眼は自らに向けられていて、自己について思索をめぐらし、もう一方の宇宙論的な目は、この上なく遠い事物を探究する。それ以前に人々の関心が集中した中心であり、自我と天体研究の様式の双方を規定していた媒介である人間は、ラピュタ人の視界にはない。研究されているのはただ天文学と音楽だけであって、世界はこれら二つの学問に還元される。人々は日常の感覚経験との接触をもたない。この感覚経験との絶縁のおかげで、彼らは自分たちの科学に満足できるのである。自分たちの生活圏外の人々との意思疎通は不要である。彼らは、数学が事物の自然な形態を追うようにするよりも、事物の方を自分たちの数学に合うように変えてしまう。彼らの食物はあらゆる種類の幾何学的形に切り刻まれている。彼らが女性を称賛するのは、称賛と言えるかどうかはともかく、女性のさまざまな身体部位が特定の図形に似ているからなのである。嫉妬というものは彼らには知られていない。彼らの妻は夫の面前で、気づかれずに姦通をおこなうことができる。エロティシズムのこの欠如は、詩的感受性の欠如と結びついている。これらの科学者は詩を理解できない。それゆえガリヴァーの見るところ、彼らの科学は人間の科学にはなりえないのだ。

こうした人々のまた別の面の特異さが、ガリヴァーによって以下のように記述されている。「私がまず第一に感嘆し、まったくわけがわからないと思ったことは、彼らのうちに観察される、ニュースと政治を求める強い傾向であった。彼らはたえず公事を徹頭徹尾討論する。国事について自分たちの判断を下し、政党の意見を調査し、国事について自分たちの判断を下し、政党の意見を一つ一つ詮議する。実は、私がヨーロッパで知っていた数学者の大部分にも、同じ傾向がみられた。もっとも、私はこの二つの科学のあいだに多少でも類比する点を決して発見できなかったけれども」。ガリヴァーは、理論科学が政治にかかわるのを認める。しかし、理論科学によって政治が現実におこなう営みを理解できるのか、疑わしいと思う。彼はまたこうも考える。科学者は自分たちには政治をあやつる特殊な権利がある、という感覚をもっている、と。ラピュタ人の政治権力は、新しい科学に依存している。空飛ぶ島は、ギルバート〔英国の医師、物理学者。一五四〇―一六〇三〕とニュートンが基礎づけた物理学の原理の上に建てられている。応用科学は政治権力へ向かう新しい道を開くことができる。この島では、国王や貴族は民衆の陰謀から解放されて――いや、実際、彼らと接触すらせずに――生きることができる。しかし、その一方で、依然として支配者は民衆を利用し、自分たちの生活維持と贅沢に必要な貢物を受けている。支配者は地上にある都市をたたきつぶすことができる。彼らの力にはほとんど際限がなく、何の責任も負わない。権力は支配者の手に集中されている。それゆえ彼らは、恐怖にかられて、真に政治的な知性を陶冶せざるをえないということもない。彼らは徳を必要としない。

あらゆることがひとりでに進行するから、彼らの無能力、無関心あるいは悪徳が、将来、自らの害になるという危険もない。ラピュタ人の島では、彼らに特徴的な欠陥は野放しになり、ついには化け物じみたものに成長する。科学は人間を自由にしはするけれども、人間を人間たらしめている自然条件を破壊する。それゆえ、歴史上はじめて、無知ではなく科学に基づく専制の可能性が現われたのである。

スウィフトは啓蒙主義に反対する。なぜなら、啓蒙主義は数学、物理学そして天文学の異常な肥大を促し、その結果、ソクラテス以前の哲学に、すなわち、自己認識がない、あるいは人間を理解できないとしてアリストパネスが批判した、あの哲学に戻ってしまうからである。啓蒙主義は、社会と哲学、詩と科学とのあいだに結ばれた、ソクラテス流の穏健な妥協を——この妥協は非常に長いあいだ、知的生活を支配し、政治学の基礎づけを可能にしたのに——拒否した。しかし、政治には何の関心ももたなかったソクラテス以前の哲学とは違い、この科学は支配を望んだし、またそれが可能であった。新しい科学は、支配をおこなうのに十分な力を実際に生み出したが、しかしそうするために人間的な視野を失わなければならなかった。言い換えれば、近代科学が実際に人間の、あるいは政治の科学を打ちたてた、ということをスウィフトは否定したのである。まったく反対に、近代科学はそれを滅ぼしたのだ。本来の政治学は、まず第一に、人間を肉でくるんだ幾何学図形としてではなく、人間として理解せねばならない。第二に、それは科学もしくは科学者の善と、きちんとした政治共同体の善との調和を確たるものにしなければならないだろう。空飛ぶ島では、どちらの条件も充たされない。とりわけ科学者は科学者でない人々を搾取している。そのおかげで彼らは、科学者の流儀で、観想生活を安全で快適に送っているのである。

もっと簡単に言えば、スウィフトは、政権につき権力を握った科学者たちは、人類一般のことなど少しもかまわないものだ、と言うのである。あらゆる陰謀はたがいに似ているものだ。潜在的な専制君主は、公共の利益の名において語りながら、実際には自分の利益を追っている。ベーコンの『ニュー・アトランティス』に出てくるソロモン学院は、まさに空飛ぶ島のプロパガンダである。そこでは科学者は、自分たちの望みのままに——数、図形、また星に楽しみを見出しながら——暮らしたいと思い、もはやはばからずに自分たちの欲望をあらわにする。民衆は依然として自分たちの存在を人に気づかせる手段をもっているが、しかし本質的には科学者が彼らにもたらすものの奴隷になっている。科学者は下界を照らす日の光をさえぎることができるのだ。

スウィフトが科学に対して投げつけた厭世的で気むずかし

い諷刺には、うす気味悪い先見の明がまじっていた。自然科学は、啓蒙主義の企て全体から非常にすばやく手を引き、その人間に関する部分は、独力でなんとかやってゆけるようにと放置した。自然法則は科学の領分であった。しかし、自然科学はもはや人間のための法則を制定できるとは主張しなかったし、また合理的・科学的基盤がないという理由で、政治学を無視した。科学者たちは、過去の反科学的政体をひっくり返す仕事の真の仲間ではなく、そうした仕事のたんなる同調者となった。かつて神学の監視がくつがえされ、僧侶ではなく科学者が必要だと誰もが認めたとき、科学は自由であったし、科学者を必要とし利用する政治体制とは、原則として無関係であった。初期の啓蒙思想家たちは、統治される者が理性的におこなう同意と科学の自由とは完全に一致すると信じていたようだ。しかし科学は万人を理性化できなかったし、結局その必要もなくなった。というのも、支配者が誰であれ、科学を支持し、科学の思うままにさせてくれるよう彼に強制できる力を科学が身につけたからである。ガリレオのような人物に何ができるかをさとった場合、原則としてそうした人物を迫害しようとする——なぜなら、この人物のおこなう探究は、聖典に基づいた支配者の正当性を土台から崩すからである——支配者はまだ存在した。そのとき、当然のことながら、科学者はこうした支配者たちに反対するあらゆる者と同盟した。教会の権威は思想の自由に対する大きな危険のひとつであある。この権威を相手にした初期の近代思想がもっていた魅力のせいで、哲学者たちは、教会の権威をひっくり返すための同盟は永久に続くと信じ込んだ。ところが、世俗の支配者が非合理的あるいは非科学的な自然観に無条件で荷担するようなことがなければ、啓蒙主義のうちで人間にかかわらない部分は迫害を免れることが判明した。人々の行動を動機づける近代の大いなる原理である私的利害は、他の思想家たちに関心をもて、とはもはや命じなかった。また、いまや完全に自然哲学者のものであるように思えた科学または理性は、政治や道徳に取り組む思想家にいかなる指図ももはや与えなかった。要するに、人間の科学と自然科学が民主主義の名において張った共同戦線は、イデオロギーになってしまったのである。

ソ連における自然科学をめぐる条件は、スウィフトの予言の最も恐ろしい実現である。それは科学に基づく専制である。そして専門分野の中でひとり自然科学だけが、また人々の中でひとり自然科学者だけが、専制政治家に対して、干渉をさせないように強制してこられたのである。ソヴィエトの数学者はアメリカの数学者と同じ数学者である。これとは違って、ソヴィエトの歴史家あるいは政治学者は必ず詐欺師であり、党の雇われ者なのである。自然科学はいまやソ連で大いに栄えることができる。なぜなら、ソヴィエトの専制政治家たちは、科学者が無条件で必要だということを、ついに知ったからである。しかし彼らは歴史家も政治学者も大目に見ることはできないし、またその必要もない。自然科学者の目から見ても、専制政治家から見ても、歴史家と政治学者は、自然科学者とは人種を異にするのである。

なかでも最も不愉快なのは、このひどい政体が、自然科学から力を得て支配を維持しているという事実である。自然科学は、その利害にかかわることを別にすれば、科学としては中立であり、ルーズヴェルトがスターリンより優れているかどうかの判断は自然科学にはできない。ソクラテス以前の哲学者についても、おそらくこの事情は同じだっただろう。しかし、彼らは近代自然科学とは違って政治権力を生まなかった。彼らは政治体制に無頓着であり、誰にも助けも慰めも与えなかった。新しい科学者たちは、こうしたものすべての原因である。ソクラテス以前の哲学者たちは、理論的生活の模範を身をもって示して、輝かしい孤立のうちに生きた。われわれの目に映る自然科学者の姿は、いまや両義的である。彼らは正直に理論に従事しているのだろうけれども、しかし理論に無縁な者の眼にはそのようには映らない。自然科学者が人間事象へかかわるとき、病気の治療者や核兵器の発明者、民主主義の番人や全体主義の番人という、公的役割が彼らに与えられる。アンドレイ・サハロフ〔ソ連の核物理学者、ノーベル平和賞受賞者（一九七五年）。一九八〇年、反国家活動のかどでゴーリキー市へ追放。一九二一－〕は、人間としてきわめて印象深い人物であるが、しかし人権に対する彼の立場は、彼の科学から導かれたものではない。また控えめに言っても、人権に対するサハロフの立場が、他のソヴィエトの科学者たちの協力を彼に保証するわけではない。新しい体制は科学を守ってきた。だが新しい体制は、科学の成果の利用を科学者が制御できるようにするためには、何ひとつしてこなかった。あるいは、もし科学者がこうした制御を実際になしうるようになった場合、そうした成果を利用する仕方を知るための資金を、まったく与えようとしなかった。自然科学の成果がマルクス主義の正統教義と衝突したとき、自然科学は結局は党に対して勝利をおさめた。しかしその一方で、自然科学は党の政治行動を統制することはできなかった。ヒトラーは、自らの気ちがいじみた空理空論のせいで、ユダヤ人科学者たちを敵のもとへ追いやってしまい、自らの敗北を確実にしたのだが、将来ヒトラーのこのやり方をまねる専制君主は現われそうにもない。この意味で――ただしこの意味でだけ――、科学は潜在的なヒトラーたちを抑制する。一般に、科学は人間の力を増やすが、人間の徳は増やさない。したがって、人間が善悪双方をおこなう力を増強するのである。

すべての状況から、科学が政治にかかわることから生じる大きな危険のひとつが浮かび上がってくる。この危険に対処するには、政治を完全に作り直さなければならない、と主張する人々もいる。スウィフトの語るところでは、政治はすでに啓蒙主義の創始者によって作り直されてしまったという。しかしこれは問題であろう。人間事象について、科学の生活への利用について、あるいは科学者について、自然科学は何も言わないことが明らかになった。詩人が詩人について書くとき、彼は詩人としてそうするのである。科学者が科学者について語るとき、彼は科学者としてそうするわけではない。語っている彼は、科学活動に従事する際に用いる道具をひとつも使わないし、彼が導く結論は、科学者が科学に要求する証明的性格を何ひとつもっていない。科学は科学についての自覚をなくしてしまった。この自覚こそ、古代科学の核心であったのに。この自覚の喪失は、詩の追放とどうやら結びついているようである。

ルソーの急進化とドイツの大学

啓蒙主義が勝利し、教育制度が社会の王冠として確立されたまさにその瞬間に、突然ルソーが場面に登場する。逆立ちしたソクラテスである彼は、科学の進歩が道徳を、したがって社会を堕落させると論じ、科学と社会とは永遠に拮抗しているのだ、と重ねて断言した。そして、彼自身は社会の側についた。徳、すなわち「単純な魂の持ち主の科学」が最も必要なものであるのに、科学は徳の土台を掘り崩してしまう。科学は、他人や市民社会に対するいいかげんで利己的な関係の仕方を教える。徳の原理を疑問視するのは科学である。また科学は、自らが繁栄する土台として、贅沢で束縛のゆるい社会を必要とする。

アカデミーに住む知識人は、科学のこうした実態を見失い、のんきでひとりよがりになっている。キケロやベーコンのような偉人たちがもし大学教授だったら、まるで別人になっていただろう。人為的に組織され保護された大学の中ではなく、あるがままの活気ある生活の中にいたからこそ、彼らは進歩の信仰という覆いで自らの身を守ることをせず、社会が値打ちも分からずに授与する名誉に対する虚栄心もなく、人間の状況を全体としてつかみ、その内的緊張を認識し、責任をとることができたのである。大学教授たちは、理性を公衆の偏見にしてしまい、いまや偏見をもつ者の同類であった。彼らの姿は、人間を真剣にする二つの苛酷な試練――共同体と孤独――のあいだで、不満足な宙ぶらりんの状態を示していた。

啓蒙主義には、理論と実践のどちらに尊厳があるのかという点に関する両義性が暗に含まれている。ルソーはこの両義性をはっきりさせることを強く主張した。啓蒙主義は、思想家たちを最善の人間ではなく、最も有用な人間として提示する。幸福こそが最も重要なものである。思想の営みが幸福とは別物であるとしても、思想を判断するには、幸福に対してそれがどんな関係にあるか、という点を見なければならない。科学が幸福をもたらすという命題はきわめて疑わしい、とルソーは論じる。さらに、人間は理性的である、とホッブズやロックは教えているけれども、実は人間の合理性は、情念あるいは感情に仕えているのであって、こうしたもののほうが理性より根本的なのである。人間は生まれながらに孤独な存在だ、という彼らの立場をつきつめると、理性の条件である言語は人間に本来そなわったものではない、という認識に行き着く。人間を他の動物から区別する種差は、それゆえ、理性ではありえない。啓蒙主義は、理性も感情も誤解しているのだ。

ルソーの推理とレトリックには非常に力があったので、思索をこととしない多くの人と同様、思索する者もその影響を免れることはほとんどできなかった。ルソー以降、共同体、徳、あわれみ、感情、熱狂、美や崇高さが、そしてかつて追放された能力であった想像力さえも、近代の哲学と科学にさからってもてはやされるようになった。変わり者のボヘミアン、感傷家、芸術家が、科学者と肩を並べて教師となり模範となった。ルソーに触発されてカントは、啓蒙主義の企てを精しく検討し、理論と実践、理性と道徳、科学と詩の関係――これらはみなルソーがおおいに問題にしたものだが――を筋の通ったものにした。カントが知識全体にわたっておこなった探査は、大学に諸学科を共存させ、実り豊かなものにする企てとして読みとることもできる。古代において思想家と社会とのあいだに見られた緊張は、啓蒙主義が解消したとされていた。ところがこの緊張は、ルソーが指摘したように、新しい、またいとも危険なしかたでふたたび姿を現わしていた。その緊張をカントがもう一度解消しようとしたのである。

カントもまた、自然科学が、自由で、道徳的で、芸術的な人間を自然から隔ててしまった、という意見であった。彼は自然科学を改革しようとしたり、古代人の流儀にならって人間を自然にさし戻して解釈したりはしなかった。彼がおこなったのは、自然科学の理解する自然が、事物全体を包含しているのではない、と論証することであった。自然科学によっては把握されない、あるいは把握しえない別の領域がある。そうした領域こそ実在するのであって、ここに人類の経験が現実的である余地が残されている。人間性を擁護するために理性を放棄する必要はない。というのも、理性は、科学自身の知らない限界が科学にはあることを証明できるからであり、また自然科学によって不当にも否定された自由の可能性を証明できるからである。可能性と根拠がカントの主題になる。

なぜなら、人間に属する多くのものが、不可能であり根拠を欠いているように思われ始めていたからである。

自由こそが、人間を他の動物から区別するものである。ところが、自由は自然科学が受け容れているような因果律によっては否定される。それゆえ実践的生活は理論的生活よりも高く、道徳的自由の存在は科学的理性の使用よりも高いものである――ルソーがおこなったこの推理を、カントは受け容れた。カントは自然がすべてではないこと、理性と自発性は対立しないことを証明しようとしたが、これは人間によってなされた最も忍耐づよく力強い理論的努力のひとつであった。以上の命題はすべて理性によって打ち立てられるのであって、理性に対立する情念によって確立されるのではない。この努力は三批判書のなかに生きている。これは自由主義的な啓蒙主義の最後の偉大な声明であり、大学において、ベーコン、デカルト、ロックと続く合理主義と並ぶ、合理主義のもうひとつの要素である。第一になすべき努力は、理性があくまで理性的に服従するように、純粋な理性の限界を設定し、「尊大な理性に〝これ以上進んではならぬ〟」と言うことである。カントの批判哲学は、科学に対して何を発見しなければならないかを命じはしない。それは、純粋な理性が働く限界を設定する。批判哲学は実践理性に対しても同じことをする。こうして、デイヴィッド・ヒュームの「ある」と「べき」の区別は、道徳的推論を辱めるものから道徳的推論の勝利と尊厳の基礎へと変えられるのである。さらに批判哲学は、判断力を確立する。そしてこの能力によって、人間は目的と美についてふたたび語れるようになる。

カントのこの体系では、自然科学だけでなく、道徳や美学も、大学の秩序のなかでゆるぎない場所をもつ。しかしながら、大学を統一するものはいまやカントである。これら三種の知識（装いを新たにされた、真、善、美）は三批判書によっておのおのの領土を与えられる。しかし、これらが統一されるのは、それぞれが単一の実在の諸相に関する知識である、という理由によってではない。アリストテレスの人間科学は、自然に関する科学の一部であり、人間について彼がもっていた知識は、星、運動体や人間以外の動物について彼がもっていた知識と結びついており、調和している。ルソー以降の人間諸科学については、こうした事情は成り立たない。それは自然とはまったく異なる領域が存在するということに依存しているのである。人間諸科学は自然研究の一部ではなく、二種類の研究はたがいにほとんど関係をもたないのだ。

さまざま学問分野をとりまくこうした新たな条件は、十九世紀はじめのドイツの大学において最も早く現われ、しだいに西欧の大学にひろまっていったのだが、最初は非常に実り多いものであることが明らかになった。自然科学は、いまや神学または政治の監視によって妨げられることもないし、哲学からも解放されて進歩をつづけ、またその進歩はずっと急速になった。そして人間科学は、新たな使命を与えられ、とりわけ歴史や文献学の研究という新たな分野で繁栄するようになった。自由と道徳を備えた個人として——創造力をもつ者、文化を生み出す者、歴史をつくると同時に歴史から生み出された者として——理解された人間は、人間研究のための領野をもたらした。そこでは人間は、いまや自然科学という王国を打ち立てている運動体には還元されない。彼は人間として真剣に受け取られたのである。学問を生き生きとさせるために必要となる真剣な目標は、人間はその歴史的起源によって理解されうるという感覚によってもたらされた。それは、道徳と政治の基準はさまざまな国の歴史的伝統から演繹でき、自然権や自然法という失敗した基準に取って代わる、という感覚、高度な文化、とりわけギリシア文化の研究は、近代が達成すべきことの模範となるだろう、という感覚、宗教を正しく理解すれば、批判的理性に耐える信仰がもたらされるだろう、という感覚である。その当座は、学者たちはルネッサンス以来どの時代にもまして生活に奉仕しており、兵士、医者や労働者と同じくらい役に立つように思われた。十九世紀のこうした全盛時に始まった注意深い歴史研究と文献批判の大きな運動は、われわれがいまだに消化しきれない栄養をもたらしてくれた。人文科学は——とりわけ道徳と美学（美と崇高に関する新しい学問）がそうだが——人間についてわれわれに教え、指導するという重荷をのこらず引き継いだのである。

しかしながら、人間科学におけるまさに気分が浮きうきするようなこの状態——自然と自由の二元論——は、はじめから問題を生んだ。そして結局は、これらの科学に従事する者の確信を掘り崩したり、あるいは彼らをたんに博学であるにすぎない者に逆戻りさせたりした。自由の王国は、人間という現象の豊かさを回復させるように思われたのだが、それが実在するかどうかには、つねに疑問がつきまとった。自由と自然という二つの王国は、どのような関係にあるのか。人間のもつ自然的なものはどの地点で止まり、どこから自由が始まるのか。自然科学の要求を制限することは、ほんとうに可能なのか。もし科学者が主張しているように、長い目でみて、あらゆる現象のふるまいを予言できるとすれば、カントの体系内で、本体的自由——そのさまざまな表現は現象界で予言が可能である——を要請できる見込みはあるのだろうか。自然科学は、機械的因果律、決定論そしてあらゆる高次の現象の低次の現象への還元、複雑なものの単純なものへの還元、これらのものを前提するのではないか。そして、天文学、物理学、化学や生物学における自然科学の成功は、この前提が真であることを証拠立てているのではないか。進化論のような新しい発見ないし思索は、精神のもつ性格が自然から独立した、あるいはそこから派生したものではないことに異議を差しはさむ。『純粋理性批判』において科学と理性の限界設定を可能にした、精神のもつまさにその能力が、進化する物質のひとつの偶然的結果にすぎないことが明らかになった。道徳と美学の根拠は消え失せた。自然科学は引き続き堅固であるように思えたが、一方、ロマン主義や観念論は空想の都市に住んでいた。それらは崇高な希望であったが、それ以上のものではまずなかった。悲観主義が哲学の学派として舞台に登場した。自然科学がすくすくと拡張をつづけてゆくという事実に、人文研究だけでは道徳や政治の基準を生み出せなかった、という認識がつけ加わった。民族の歴史に関して事実をいくら研究しても、「民族精神」を発明しても、それによって人々を未来へ導くことはできなかったし、どのように行為すべきかという命令をもたらすこともできなかった。学問は強い印象を与えはしたが、最も欠くべからざるものの知識を求める営みであるよりも、怠惰な好奇心の産物であるようにますます見えてきた。哲学は、もはや自然科学の一部でもなく、自然科学に必要でもなくなって、人文科学の方に押しやられて、たんにもうひとつの歴史的な学科になってしまった。大学で支配者になるという哲学の要求は、もはや尊敬を受けなくなった。大学はより高度な統一をもたない共同統治国であった。人文研究は平等な権利を擁護するために弁じることができ、ある程度までは公式にそうした権利を与えられた。しかし人文研究は「アカデミック」になり始めた。つまり、現実の世界でものごとがどう見えるかという点とは、ほとんど関係なくなり始めたのである。自然科学者は、知識人の典型であると同時に大衆に恩恵をほどこす者でもあった。ところが、人文学者は教授にすぎなかった。

近代的なものごとの理解という視点からみた知識人の問題は、ドイツの大学の成員ではなかったが、カントと並んでドイツの大学に最も影響を与えた人物によって、近代の大学制度が始まったころ、何度となくはっきりと口にされた――その人物とはゲーテである。彼の見解の古典的な要約は『ファウスト』に見ることができる。ホメロス、ウェルギリウス、ダンテやシェイクスピアによる典型的な国民的英雄に匹敵する英雄を創造したといえる書物は、近代ではこの『ファウスト』しかない。学者ファウストは、書斎で瞑想にふけりながらヨハネ福音書の最初の行を翻訳する。「はじめにことば（ロゴス）ありき」。それから彼は、この記述に不満を感じ、「ことばではなく感情だ」と言ってみるが、これもあまりよくない。最後にきっぱりと、彼はロゴスを「行為」と解釈することにする。活動は観想よりも、行為はことばよりも卓越する。このことを理解したファウストは、ものごとのはじまりを模倣しなければならない。創造主のいとなみは、思考に先立たれずまた思考によって制御されないから、これが第一のものである。学者ファウストは理性をそなえていながら起源を理解し損なう。万物の理法の背後に横たわる生命力が彼には欠けているからだ。彼は事実（そこから形成原理が引き出された）を積み上げながら、空しく時をすごす。ファウストの助手で永遠の学究ワーグナーは、自分はすでに多くを知っているがすべてを知りたいのだ、と言う。このワーグナーに対するファウストの関係がよい例になる。生に仕える知識のみが善い知識であり、生は第一に、暗い活動、免れがたい衝動から成立している。知識はそのあとからきて、行為によってつくられた世界を照らす。ゲーテの描写によれば、ワーグナーはほっそりとして弱々しい。彼の怠惰な知識への愛は、ファウストの動きはじめた衝動に比べると皮相である。〈活動生活〉と〈観想生活〉との対立は、哲学より古くはないにしても、それと同じくらい古い。だが、ゲーテとともに、理論自体が活動のほうに味方する最初の瞬間、それゆえ、古くからの対立が終焉したと宣言する最初の瞬間がおとずれた。理論的生活にはそもそも根拠がない。というのは、最初にあるのは知的な秩序ではなく、創造性に通じる混沌だからだ。見るべきものが何もないようなところでは、観想はありえない。ゲーテは近代の知識人や詩人の状況をあますところなく叙述したのであり、生を高揚させるという目的に従わない学問に疑問符をつけたのである。古代にもやはりただの学者はいた。彼らはホメロスやプラトンを研究しているのに、「なぜ」という問いを知らないと言ってよいくらいであって、作者が提起した問いに関心をもたず、韻律がどうとかあるいはテクストの信頼性がどうとかいう問題にうつつを抜かしていた。古代においてこうした学者に出された異論は、彼らには最も重要なことを知ろうとする、せきたてられるような欲求が欠けている、というものであった。これに対して、近代において学問に出された異論は、学問には活動を目指す差し迫った傾倒《コミットメント》が欠けている、というものである。最も簡単な例をあげれば、歴史家は――近代の学者のまさに典型だが――行為を年代順に記述するだけである。しかし行為が最も重要なものなら、定義により、学者は行為者よりも劣っていることになる。さらに、こうした理性を行使する者は、行為が要求する暗闇へと飛び込むことができない。最後に、行為者が思想家ではないとすれば、思想家が行為者を理解できるかどうか疑わしい。カエサルを理解する者は、彼と同類の者でなければならないのではないか。カエサルを理解するのに彼と同類である必要はないと言うなら、あらゆることを理解するのに何ものかである必要はない、と言わなくてはならない。

自由の王国は、活動が思想に卓越するという考えをひそかに前提している。ゲーテが見たように、近代の学問という巨人は、思わぬ不安定な足をもっている。近代の学問はまた盲目である。というのは、衝動の闇しかない場所では、認識対象を――あらゆる学問にしても同じことだが――もたないからだ。

学問の問題を最もよく例証するのは古典学である。古代ギリシアやローマの研究はかつてすぐれて学問という名にふさわしい学問分野であった。そうした研究は、あるときには輝かしく光を放ち世界を照らしたが、またあるときにはちらちらと明滅して、ほとんど消えてしまいもした。古代人についての研究は、西欧における哲学的革新の波が寄せたり退いたりするのに相伴ってきた。ギリシアという泉に浴して蘇生すると共に、大きな転換の時が始まった。ギリシアの霊感が渇いたのどを潤したのである。失われたものを真に回復しようとする、それゆえ周到に、残らず回復しようとする人々の真摯な動機となったのは、何かが失われているという逆らいがたい感覚である。ギリシアは、現在あるものよりももっとよいものがあったのだ、という確信を与えてくれる。いにしえの宝が掘り尽くされ、革新者たちが自分で歩けるのに満足している場合、古代は以前よりも必要でないように思える。そのとき古代は、導きの光ではなくなり、習慣でする学問、記念物へと堕落する。それゆえルネッサンス、つまりギリシア再生の人を陶酔させるような雰囲気は、いつでもかもしだすことが可能である。しかし、この陶酔的雰囲気は、――マキアヴェリによるギリシアおよびローマに関する周到な研究と批判に始まる――近代固有の思想で絶頂に達した。この思想は、古代と近代のいずれが優れているかをめぐる論争に勝って、自らに霊感を与えてくれた古代に対する優越を誇らしげに主張できたのである。

ルソーは近代に対する不満を表明した。これが可能だったのは、彼がギリシアとローマの例についての知識をもっていたからである。このとき、彼は第二のルネッサンスを始めた。だが「古代の政治家は道徳と徳について果てしなく語った。われわれは、商業と金のことしか話さない」。ルソーは古代に関する知識――それは学問的ではなかったが、非常に深いものだった――を利用した。これは、なぜ古代の思想を偉人たちが役に立たせるのか、という理由を示す完璧な見本である。偉人たちは、ニーチェが言ったように、時宜をえていない。それゆえ、自分の方位を見定め万人のなかで最も時宜をえた者になるために、彼らは視点を必要とするのである。人々が危機に際して、時宜を失する者になるのも、時宜をえた者になるのも、古代ギリシア人次第である。そこには空想的なものはひとつもなく、外界を果てしなく調査する必要もない。人間の本性が同じであり続けるかぎり、書物は基本的にはつねに理解できるものである。ギリシアの作家たちは、書物をものして以来激しく変転した時代を越えて、偉人たちに時宜を得させるという役割を果たしてきた。消費し尽くされ、ただ灰のみが学者たちによって守られていると思われたとき、彼らはつねに不死鳥のように蘇ったのである。

ルソーは近代人に向けて熱烈に訴える。古代の都市を振り返れ、なぜならそれは全体であり、真の共同体であるからだ、と。この訴えは、ギリシアの新鮮な空気をもう一度吸いたいという、ロマン主義的な憧れの源であった。その道徳的、美学的健康さを、ルソーはあれほどの確信をもって伝えたのであった。彼は、ロベスピエールからオーウェン〔ウェールズの社会改良家。一七七一―一八五八〕、トルストイやキブツ〔イスラエルの農業生活共同体〕にいたる、新しい共産社会を始めようとするあらゆる種類の試みに刺激を与えた。この刺激は現代思想においてもまだ生きている。しかしなによりもまず、私が前に論じたように、ルソーは啓蒙主義とりっぱな政治とのあいだの緊張を観察し、そこから文化という観念を生み出したのである。ルソーの反省から導かれたのは、もろもろの文化の手本としてのギリシアやスパルタやアテナイの研究であった。この研究――それはとりわけドイツで花開いた。ドイツではまさにカントとゲーテが支配していたせいで、ルソーの影響はどこよりも強く感じられた――の動機は、文化というものを理解し、そのことによってドイツの文化を基礎づけようという意図であった。文化とは第一にギリシアやローマの詩であり、第二に歴史――ドイツの思想家たちはインスピレーションをうるためにそれらに赴き、学者もそれに続いた――であった。それは明らかに、ギリシアの哲学ではなかった。この点はルソー本人においても明白である。ルソーにとってその理論的反省が不可欠であった哲学者はベーコン、デカルトそしてニュートンであって、プラトンやアリストテレスではなかった。最後の二人は、自然に関する真理をまったく知らなかった。後代の学問は彼らに対してギリシア文化の一部としてしか、その典型的表現としてしか関心を抱かなかったし、文化の創始者である詩人ほどの関心はもたれなかった。ギリシアの哲学者たちは、正式な話相手ではなかったのである。ルソーはプラトンが人間に対する深い洞察をもっていたと考え、彼を称賛したが、それは哲学者または科学者としてではなく、詩人としてであった。プラトンはなるほど愛する者たちにとっての哲学者であった。しかしルソーは、プラトンの意見を聞くことなく、エロスは性と想像力の子供であると教えた。エロスの活動は詩である。詩は、ルソーが生を創造し高める幻想と見なしたものの源泉であり、またそのことによって、国民というものを産み出す民族精神を究極的に根拠づける源である。プラトンにおいては、エロスは哲学へ通じていた。そしてその哲学が今度は最善の政体、すなわち多数の文化に対立する唯一の善い政治秩序を理性的に希求することに通じていた。ゆえに、ギリシア「文化」の発見はギリシア哲学とは相容れなかった。とくにこの、文化に対置される唯一最善の政体に関する見解の相違は、理性にとって致命的であることが判明した。われわれはこの点を、さしあたりウェーバーの次の仮定のうちに認めることができる。すなわち彼は、共同体を基礎づけ支えているのは理性ではなく価値である、と仮定したのである。

　このように、この第二のルネッサンスの最初から、学者たちがギリシアの哲学者を扱うやり方は、自然科学者が他の自然科学者を扱うやり方よりも、自然科学者が原子を取り扱う仕方に近かった。ギリシアの哲学者は、学者たちの真剣な討論に参加するよう招かれることはなかったからである。ギリシアの事物はすべて、近代哲学の見方に基づく分析にかけられた。この手続きは、ギリシア人から学ぶことが期待されるものを根本的に変えてしまう。啓蒙時代の人々は、ギリシアの思想家を見下していた。ギリシア人は間違っていると思っていたからである。ロマン主義者はギリシア人を尊敬した。彼らが正しかろうと間違っていようと、どちらでもよくなったからである。

　シラーは素朴文学と情感文学を区別したが、これはよく知られるようになった範疇の一例である。ホメロスの魅力は、われわれには見えるものが彼には見えなかったこと、彼が深淵に気づかなかったことに起因する。彼はまだ魔法のかけられた地上を歩いていた。ホメロスの詩には、神々が死ぬこともあるのだと知っているわれわれに課せられた、あの内省が欠けていた。子供が人間の死を意識しないように、ホメロスは神々と文化の死を意識しなかった。彼は世界の青春時代に生きた。もしわれわれが完全かつ幸福であろうとするなら、人間がかつてもっていた事物との直接的関係を回復しなければならない。しかし、われわれは事物がこわれやすいという意識につねにつきまとわれながら、回復を試みなければならない。芸術家には、ホメロスが知っていたよりも大きな責任がともなう。芸術家はたんに自然を模倣するだけでなく、自然を創造するからだ。成功した近代の芸術家であるならば、ホメロスよりも深いより完全な自意識をもっているだろう。

　素朴なホメロスは、情感的なシラーの文化とは異なった文化に属していた。それゆえ、ホメロスは、彼自身が属した文化の文脈に即して理解されねばならない。素朴さとは「歴史意識」が欠けていることに大幅に基づく。すなわち、素朴さとは、偉人も一人の人間なのであり、どんな時代にも同じ仕方で、一人の人間として理解されなければならない、という信念である。プルタルコスは、自分が偉大さそのものを具現して見せているのだと信じていたが、実際には、彼の英雄はまさにギリシア人でありローマ人であった。彼らは自らの文化の高度な表現であり、その文化から切り離しえないのである。この点に気づいたところに、近代に特有の卓越性、ないしは洞察がある。

もちろんシラーは、並みはずれて深いまた鋭敏な読者であった。だが、シラーのようなホメロスの読み方が、ホメロスについて多くを教えてくれるかどうかは疑問である。彼の読みは、ロマン主義的偏見であると現在信じられているものに、あまりにも邪魔されているからである。しかし、シラーによって解釈され誤解されたホメロスは、シラー自身の芸術的創造——それはドイツ文学とドイツ文化を創始しつつあった——に寄与した。これは「創造的誤解」とでも呼べるものの一例である。自分自身の見方は、おそらく他人の見方に触発されて養われるものだろうが、この自分の見方を信頼することは大切なことである。重要なのは、学識を吹き込まれていない行為である。わたしが暗に言おうとしているのは、シラーの見方は正しくはないが生産的であるのに対して、おそらく学者の知っている正しい見方というものがあって、それは生産的ではない、ということだ。これは、ゲーテが言わんとしたことである。学者は客観的な理性の行使者だが、詩人は主観的な創造者なのである。

ここでニーチェが登場する。彼は比類なく明晰にまた元気よくこう論じる。もし「歴史意識」というものをまじめに受け取るなら、客観性などというものはありえない。また、われわれの知る学問は、たんなる妄想、それも危険な妄想である、というのも客観性が主観性を侵食しているからだ、と。ドイツにおいて古典に関するあらゆる学問は、精神が歴史によって決定されるという事態に鋭敏な感覚をもっていたにもかかわらず、ドイツの学者の精神だけは歴史に決定されてはいないかのように営まれた。文化と民族精神の発見が意味するのは、理解のための普遍的原理はありえないということである。理性自体がひとつの神話であり、しかも神話がなぜ制作されるかを理解し難くするような神話なのである。人間事象がもつ創造性と、人間事象に関する科学とは共存しえない。そして、人間事象に関する科学は人間が創造的であることを認めるのだから、勝ちをおさめるのは創造的人間のほうである。しかし、学者は創造的にふるまうことができない。

文化とは人間が自分自身になるための場所《エレメント》であるという発見によって、文化を建設し、維持せよという命法が生み出される。学者にはこれをおこなうことができない。文化はたんなる生活の条件ではなく、知識活動の条件である。ドイツ文化なしには、ドイツの学者は他の文化に立ち向かえないのである。

ドイツ思想における偉大な時期――それは、カント、ゲーテ、シラーそしてヘーゲルの時代であって、ギリシアの再発見が非常に重要な役割を果たした――の後、ギリシアの学問は大学へ隠遁した。大学でギリシアの学問は、ふたたびひとつの死んだ知識となり、人間を変革しうるような、人を動かさずにはおかない理想像を鼓舞したり生み出したりはできなくなった。ギリシアの学問はブルジョア学生に教えるブルジョアの教授によって研究されるようになった。教わる者にとっては、アッシェンバッハと同程度に、ギリシア人はたんなる「文化」にすぎなかった。ギリシアの輝きは、わずか半世紀前にはあのようなもろもろの英雄像を作り上げたのに、いまは謎になってしまった。この輝きとその退場に鋭く気づいていたニーチェは、学者を、あるいはむしろ学問に浸透しているものを非難した。哲学へ呼び招かれなかったら、ニーチェは古今の古典学者のなかでも必ずや最も偉大な学者の一人となっていただろう。その古典学者としての彼は、ギリシア人へ最後の大きな回帰を試みた。ドイツの先人たちのように、彼はとりわけギリシアの詩へと回帰した。しかしニーチェは、悲劇に対する自らの鑑識力をいとも新しいものと――すなわち、ソクラテスに対する徹底した攻撃と組み合わせた。ソクラテスは大学の本質をなす合理主義の創始者である。ニーチェの攻撃は、哲学者がソクラテスに加えたおそらく最初の攻撃であって、ニーチェの全生涯をつうじて続けられた激しいものである。ここでわれわれにとって魅力的なのは、ニーチェが、そして彼の後に続いたハイデガーが、ホッブズ、スピノザやデカルトの時代以来、近代思想家としては初めてソクラテスを――あるいはいかなる古典的な哲学者の教えをも――文化によって造り出された人工物としてではなく、敵として、まだ生きている敵として実に真剣にとらえた、という点である。[8] ソクラテスは生きているのであって、克服されねばならない。大事なのは、これがニーチェにとって唯一の問題であることを認識することである。それは歴史的問題でも文化的問題でもない。まったく古典的な哲学的論争である。すなわち、ソクラテスは正しかったのか、まちがっていたのか、この問いをめぐる論争なのである。ソクラテスに対してニーチェは、ソクラテスの合理主義、功利主義が貴族の本能であるあの偉大な愚かさを腐敗させ、簡単な説明で片づけてしまった、と告発する。ソクラテスは生に対する悲劇的な感覚を破壊した――この悲劇的感覚によってこそわれわれは、既存の形式ないし型を押しつけられたり、そうした形式や型によって導かれたりせず、事物のただなかにおかれた人間の真の状況を直覚し、存在の恐怖に抗して生を創造的に形成することができたというのに。本能ないし運命は理性に先行し、また理性による攻撃を受けやすい。しかし、健康な理性が守らねばならない法典や評価の表を打ち立てるのは、本能や運命である。虚無にくわえて暗黒が生と創造の条件であるのに、この暗黒は、理性的分析の光によって追い散らされてしまう。詩人は創造行為の際にこのことを知る。だが科学者や学者はそれを決して知らない。ソクラテスが信じたような、歴史を超越した純粋精神などありえない。この信念は、科学の根本的な前提であると同時にその根本的な誤りである。この誤りは、人間事象を扱うときに明らかに致命的となる。科学の方法は、いたるところにあるもの、そしてつねにあるものだけを見ることを目論む。一方、特殊なもの、そして新たに生まれ出てくるものは、すべて歴史や文化の領域に入れられる。ホメロスはたんに叙事詩の一例ではなく、また聖書はたんに啓示された書の一例ではないのに、科学はそうだと見なしており、またそれゆえにこそ科学はそれらに興味をもつ。学者はホメロスや聖書のもとを去って、比較宗教や比較文学に向かう。すなわち、無関心か、しまりのないエキュメニズム〔すべての宗教間の相互理解を推進する運動〕——これはさまざまの古くて両立しえない産物の最小公分母から合成されている——のいずれかに向かうのである。学者は、自分が解釈し説明しようとしている文献を理解できない。シラーならば、創造者であるという点でホメロスに近縁であるから、『イーリアス』の本質を理解できるかもしれない。しかしシラーは、ホメロスが自分自身を理解しているようにはホメロスを理解できないだろう。というのもシラーの精神は、異なった歴史時代に属するからだ。けれどシラーは、詩人であるとはどういうことかを理解できるだろう。学者にはこのどちらもできない。生の観点から、そして真理の観点からは、近代の学問は失敗なのである。アレキサンダー大王は病的な権力愛をもっていた、と説明する典型的なドイツのギムナジウム教師を、ヘーゲルは嘲笑っている。この教師は、アレキサンダーが世界を征服したという事実をもちだして自分の主張を証明する。教師自身がこの病を免れているという点は、彼が世界を征服しなかったという事実によって立証される、というわけだ。この話は、ニーチェがドイツの大学とその古典学に向けて放った批判を要約している。学者は権力への意志——科学によっては認識されない原因であり、アレキサンダーを他の者から区別するもの——を理解できない。なぜなら、学者は権力への意志をもっていないし、彼の方法は、それをもつことも理解することも許さないからだ。学者は決して人間精神を征服しえないだろう。

（8）　もちろんヘーゲルは、古代哲学を非常によく研究した。が、彼はそれを近代の中に組み込んだのである。ヘーゲルにとって、古代哲学は敵ではなかった。また、友としては不十分ないし不完全であった。

ニーチェは古代人という手本へ回帰し、またドイツの人文科学が真に信じるものから厳格に帰結を引き出した。このことは、ドイツの大学生活に、またおよそドイツ人の理性尊重に、いちじるしい影響を及ぼした。芸術家は新しい免許状を得た。哲学でさえ、自らを芸術の一形式として解釈し直すことを始めた。哲学と詩との昔からの戦争――ソクラテスはずっと哲学の側の闘士であった――は、詩人の勝利に終わった。ニーチェが大学を相手に起こした戦いは、二つの方向に行き着いた――まじめな者なら大学を棄ててしまうか、大学を改革して文化の創造に役割を果たせるようにするか、このいずれかに。近代のアリストテレスであるヘーゲルに支配された大学は、再編成されねばならなかったのである。信用を失った中世の大学が、いまでは信用を失っている啓蒙主義の大学によって作り直されねばならなかったように。

ニーチェの影響は、ただちに西欧のあらゆる国の芸術家に感じとられた。彼は一八九〇年以降大流行した。重要な画家、詩人あるいは小説家で、彼の魔力を免れた者はほとんどいなかった。しかし、彼のヘレニズムは、そうした芸術に比較的小さな影響しか及ぼさなかった。芸術家たちは、ニーチェによる近代文化の特徴づけと、その退廃の原因に関する彼の論証の結論を受け容れ、それらを大衆化するか、さまざまな流派において新しい文化を基礎づけようと試みるか、開けたばかりに着手した。彼らは新しい形式を模索しつつ、いずれかのイドの領野を探検した。大学ではニーチェの最初の影響は、社会学あるいは心理学のような、いずれもギリシアやローマという模範の影響を深く受けていない、比較的周縁の、あるいは新しい学問分野に見ることができた。古典研究の内部では、新世代の学者はソクラテス以前のギリシアに、また作品の中の非合理的な要素に集中し、以前にもまして宗教と詩の研究に転じていった。哲学では、ニーチェは現象学と実存主義のさまざまな学派の源であり、最後にはアカデミーからも尊敬されるようになった。

しかし実際には、ギリシア哲学の研究を真に活動の中心とし、存在についての思索に切迫した関心をもち続けたのは、ハイデガーただ一人であった。ハイデガーはニーチェに続いて、近代の哲学と科学の企て全体に最も徹底した疑いを投げかけた。新たな出発はどうしても避けられなかった。ハイデガーはとらわれない心で古代人に向かった。しかしハイデガーは、プラトンやアリストテレスに――彼らについて熟考したし、二人のきわめて独創的な解釈者であったけれども――焦点を合わせはしなかった。ニーチェが、ソクラテスを通して、すでにプラトンやアリストテレスを論じていたからである。ハイデガーはそのかわりにソクラテス以前の哲学者に惹かれ、彼らから存在に関する別の理解を見出せるのではないか、という希望をもった。こうした新たな存在理解が、プラトン、アリストテレス以来受け継がれ、使い古された存在理解――ニーチェとハイデガーは、この存在理解がキリスト教と近代科学の根にあると考えた――の転換を助けてくれる、とハイデガーは考えたのである。

不思議なことに、ハイデガーのヘレニズムはギリシア哲学の研究に強い刺激を与えなかった。これは戦争の及ぼした結果とハイデガーの不名誉に、いくらか関係がある。ハイデガーもまた、文学という裏口を利用し、またごりっぱな大学の左翼に便乗して、体面を取り戻さねばならなかった。どちらの経歴も、古代人についての深い反省――この反省によって彼は現代の情況への視野を得たのだが――にたいした関係はなかった。ハイデガーのこの大衆化は、現代人の置かれた状況に関する彼の記述を混乱させた。ハイデガーを賞賛する知識人は、当然のことのように、プラトンとアリストテレスはわれわれが真剣に関心を寄せるに値しない人物だとしたが、こんなことはハイデガーもニーチェも言わなかった。しかし問題はそこに横たわっている。ニーチェとハイデガーは、プラトンとアリストテレスについて正しいのだろうか。まさに、問題がここにあることを彼らは正しく知っていた。そして、二人ともとりつかれたかのようにソクラテスに回帰した。われわれの合理主義はソクラテスの合理主義である。おそらく、ニーチェとハイデガーは近代合理主義者によって惹き起こされた変化を十分真剣に受け止めなかったのだろう。したがって彼らはまた、ソクラテスのやり方によって近代の袋小路が回避されたかもしれないという可能性を、真剣に受け止めなかったのだろう。しかし、あらゆる哲学者、すなわち理性を唱道する者が、あるものを共有していることはたしかである。そのかぎりで彼らは、ソクラテスの精神的な孫であるアリストテレスに多少とも直接に遡る。きわめて深く近代に根ざすものとは何か――この問題をめぐる真剣な議論は、ソクラテス問題の研究ほど必要欠くべからざるものはない、という結論に否応なしに行き着く。(9) ソクラテスこそ、ニーチェとハイデガーにソクラテス以前の哲学者の門をたたくようにさせた張本人であった。四百年このかたいまはじめて、プラトンが何を語っていたのかを一から出直して理解しようとすることが可能のように見える。また是が非でもそうしなければならないと思われる。こうすることがおそらくわれわれに手の届く最善策であるからだ。

(9) Werner J. Dannhauser, Nietzche and Problem of Socrates, Cornell, 1974 を参照。

ルネッサンス以来の古典の歴史は、どこでもいつでも存在する人間の本質にとってギリシアが重要であることを、一瞬かいま見ることから成り立っていた。ついで、この動向には、それをおこなう十分な理由などないのにたんに学問的な研究をするだけの長い時代が続いた。そのようにして、当初の哲学という発電機によって供給されたエネルギーは次第に消費され失われていった。プラトンおよびアリストテレスを無視し軽蔑するという、ニーチェまで続いた態度は、彼らがやろうとしたことなどもっとうまくやれる、という信念から生まれたものだった。そういうわけで、ソクラテスはつねに評判がよかった。ソクラテスは何ものにも頼らない理性によって知識へといたる道を求める懐疑的探求者であった。彼は、いかなる解決にも体系にも縛られず、したがって、後代の人々の自由を束縛しない創始者、霊感を与える者と目された。現在おこなわれているプラトンとアリストテレスに対する軽蔑は、右のものとはまったく種類を異にする。というのも、この軽蔑は、ソクラテスに対する軽蔑と同類だからである。それによると、ソクラテスが彼らを堕落させたのであって、彼らがソクラテスを曲解したのではない。われわれはソクラテスから進歩しなかったが、堕落の始まりをしるしたのは彼である。哲学自体が理性そのものを拒否するのだ。こうして、伝統全体を貫く糸が断たれ、それにともない、われわれが知るような大学の〈存在理由〉も崩されてしまったのである。

したがって、フライブルクにおける大学共同体の新しい学長として、ハイデガーがフライブルクにおける大学共同体の新しい学長としてついた直後、ハイデガーが国民社会主義への帰依《コミットメント》を力説したのは偶然ではない。ハイデガーのその主張には、微妙な表現や独特な皮肉が欠けてはいなかった。しかし要するに、彼が促したのは、存在の新たな出現——これは大衆運動において具体化される——に精神生活を根底から捧げる決意であった。彼がそうしたのは政治的無知のせいではなく、彼が合理主義に対して提起した批判の当然の結果なのである。こういう理由で、私は本節を「ソクラテスの『弁明』からハイデガーの『学長就任演説』まで」と題したのである。大学は、次のようなソクラテスの精神に始まった。すなわち彼は、アテナイ市民に対して侮蔑的で傲慢な距離をとった。「正義とは何か、知識とは何か、神とは何か」と問うのをやめよ、それゆえそのような問いについての一般の意見を疑うのをやめよ、というアテナイ市民の命令を拒絶した。そして（『国家』に見るように）民衆の「文化」を尊敬せず、気の進まぬ民衆に哲学者の支配を押しつけようとする真剣な勝負に取り組んだのである。ハイデガーがドイツの民衆——とりわけ、彼らは未来に対し撤回できない帰依をすでになした、とハイデガーが語ったその最も若い層——と結合し、哲学をドイツ文化の僕《しもべ》としたとき、大学は死に瀕していたのかもしれない。ハイデガーの教えは現代における最も強力な知的な力である、という私の信念がもし正しければ、誰の眼にも明らかだったドイツ大学の危機は、いたるところの大学の危機なのである。

大学に固有のこうした歴史に紙数を費やしすぎではないか、と思われる読者もあるかもしれない。しかし、大学は、あらゆる制度のなかでも、その特異な生活に与っている人々が胸の奥底に抱いている信念に強く依存している制度である。現在の教育問題をまじめに考えるなら、この問題を、おそまつな行政官、意志の弱さ、しつけの欠如、資金不足、読み・書き・算術といった基礎学科への留意の不足のせいにはできない。あるいは、われわれ教授がしっかりしさえすればものごとは正しくおさまるとほのめかす、この種の通俗的な説明はすべてまちがっている。こうしたことはすべて、そんなことより奥深い、大学の使命に対する信念の欠如の結果なのである。学問の自由を支えている諸原理にゆゆしい疑いがあるときに、学問の自由を守らねばならない、とは言えない。大学の代表として戦いに乗り出すのは気高いことだろう。しかし、それはたんなる愛国の身振りにすぎない。そうした身振りは国家にとっては必要であり有益であるが、大学に資するところはほとんどない。大学にとって何よりも大切なのは思想である。今日大学に関する思想はまずないに等しいし、現にある思想は、大学の伝統的役割を明らかに支持してはいない。われわれがなぜこういう困難な時代に落ち込んでしまったのかを見出すためには、最高の知性の持ち主にとって大学の基盤がきわめて疑わしくなっている、ということを認識しなければならない。われわれの取るに足りない苦難には大きな原因がある。三〇年代にドイツの大学で起こったことは、どこでも起こってきた事態であるし、いまも起こりつつある。その本質は、社会学、政治学、心理学、経済学のいずれに属するものでもなく、哲学に属するのだ。そして、ことの本質を見ようとする者は、すぐにもソクラテスについて熟考するという課題にとりかからねばならない。本来これがアカデミーの仕事なのである。

六〇年代

「諸君は私たちを脅迫するには及ばない」と有名な哲学教授は言った。一九六九年の四月、相手は黒人学生のグループを支援する、勝ち誇った一万人の学生であった。彼らグループは、コーネル大学の教授陣である「私たち」の説得に成功し、自分たちの意志を通したところであった。教授一人ひとりの命を脅かすばかりではなく、銃の使用も辞さないと脅迫して。当時、大学は最も刺激的な記事の対象であって、それをもっぱら取材するために大報道陣が新たに特別編成されていた。その中の一人が低い声でつぶやいた。「ごもっともですよ、大先生」。この記者は、教授たちの道徳的、知的資質に対してもっともな軽蔑を覚えるようになっていたのである。教授たちのもとに奴隷根性、虚栄心、信念の欠如を見分けるのは難しいことではない。

教授たちは、われわれの最良の伝統と最高の知的向上心を担っているはずなのに、烏合の衆同然の学生たちのごきげんを伺っていた。教授たちは自分の罪を公けに告白し、最も重要な道徳的問題——これにどのように対処すべきかを彼らは暴徒から学びつつあったわけだが——を理解しなかった、と言って謝罪していた。そして、大学の目標と彼らが教える内容を変える意向を表明していた。この見せ物を眺めているさなかに、マルクスの濫用された格言が、思いもかけず私の心に浮かんできた——歴史はつねに繰り返す、最初は悲劇として、二度目は喜劇として。六〇年代のアメリカの大学は、三〇年代ドイツの大学と同じ経験をしていた。すなわち、理性的探究をおこなう組織が解体するという経験である。どちらの国の大学も、より高い使命をもはや信じられなくなって、イデオロギーにはなはだしく毒された学生どもに道をゆずった。そしてイデオロギーの中身も同じだった——価値への傾倒《コミットメント》である。当時すでに大学は価値を研究する、あるいは価値について教えるあらゆる権利を放棄していた——大学で教えられることがもつ価値に対する感覚を衰弱させるその一方で、価値についての決定を民族、〈時代精神〉、時事問題に委ねていた。ニュールンベルクであろうとウッドストックであろうと、原理は同じである。一九三三年のドイツでヘーゲルは死んだと言われたように、アメリカの啓蒙主義は、六

○年代にいまにも息絶えようとしていた。大学が、現在もはや動乱の渦中にないからといって、健康を取り戻したことにはならない。ドイツでそうだったように、哲学の分野で価値が危機に瀕した結果、大学は大衆を動かすあらゆる強烈な情念の餌食にされた。大衆が道徳の発作をおこすまでは、大学は気楽にやってゆけたのだが、やがて大学は何ものにも寄与していないことに気づくようになり、世間から距離をおいたために非道徳的になってしまったのだ、という罪の意識に説き伏せられてしまった。世間に対する大学のこの距離は、何か真実で必然的なものに基づいている——こうまじめに信じている者など、大学の構成員のなかにはほとんどいなかった。しかし、世論の外にでて自信をもってさまざまな見方をしたおかげで、ソクラテスは、アテナイの人々の信心ぶった狂信主義——彼らは、アルギヌサイ島沖の海戦後、勝利して帰った軍事委員を死刑にしようとした——に容易に抵抗できるようになったのである。あるいは、彼がアテナイの専制政治家と共同して働くことを拒否するのも同じく容易になったのである。正義に関する偏った見解が時代の情念をたまたまかき立てることがある。偏った見解を唱えることにたずさわるよりも、正義を論じ、正義とは何かを知ることのほうが重要だ、とソクラテスは考えた。観想生活を送る者が不正で不敬だと呼ばれたのは、彼がこうした考えをしたせいである。

格が高くて給料もよい仕事にたずさわっている職業的な思索家で、同時に思索すべきものは何もないと信じてもいる者が、自分自身に対して、また共同体に対して難しい立場にあることは、言うまでもないだろう。平等を促進せよ、人種差別、性差別、(現代の民主主義的社会に特有な罪である)エリート主義、それに戦争を粉砕せよ——このような命令は、守るに値する利害を他にひとつも明らかにできない者にとっては、すべてに優先する。ドイツでは政治は右翼のものであり、合衆国では左翼のものであったという事実によって誤解をしてはならない。どちらの国でも、大学は大衆運動の圧力に道を譲ったし、しかも大幅に譲った。その理由は、大衆運動がもつ道徳的真理は、大学がもたらしうるどんな道徳的真理よりもすぐれている、と大学が考えたからである。傾倒《コミットメント》は学問よりも深いと見なされた。情念は理性よりも、歴史は自然よりも、若者は老人よりも、深いと見なされた。実際、すでに論じたように、この思想はドイツでも合衆国でもまったく同じだった。アメリカの新左翼は、ニーチェとハイデガーにかぶれた左翼だった。「ブルジョア社会」に向けられた無分別な憎悪は、どちらの国でも正確に同じだった。これが証明されたのは、ある名高い政治学の教授が、何をなすべきかを急進派の学生に向かって演説したときである。学生たちの熱狂は、その演説がムッソリーニの書いたものだ、と教授が告げてようやく静まったのである。ハイデガー自身、晩年には新左翼に好意を示した。一九三三年の彼の学長就任演説で述べられた、以下のこよなく不吉な提言は、ほんの少し表現を変えれば、六〇年代の学生運動と協同したアメリカの教授たちのスローガンそのままである。「決意のときは過ぎ去った。決意はすでに、ドイツ帝国の若者たちによってなされてしまったのだ」。

　コーネル大学でも、合衆国のどこでも、それは喜劇だった。なぜなら――われわれの政治形態が遠い未来にはどうなるにせよ――わが国の大衆は（実際には大衆などいなかった。いたのは市民にすぎない）当時つねになく大学に敬意をはらい、大学はアメリカ人を変革する源だと見なしていたし、学問は邪魔をせずに放っておくべきだという考えを受け容れていたからである。また真剣かつ寛容に取り扱うべき、さまざまな見解が彼らから生まれて来そうだったからである。国は大規模な社会変動に対する用意ができておらず、大学に関しては大学教授がそれについてはこう思うと明言する事柄をそのまま信用していた。教授たちは学生に学問の自由の教義をもったいぶって教えていた。だが彼らをちょっと突いてやると、こちらの意のままに踊り出す熊に仕立てあげられることを見破った学生も何人かいた。大人が子供を見るよりも、子供のほうが大人の性格をよく観察しているものである。子供は大人に対して依存度が大きいので、年長者の弱点を見つけるのに大いに関心があるからである。教師たちは思想の自由が必ずしも善いもの、有益なものだとは心底から信じてはいないこと、彼らはみな思想の自由とはわれわれの「体制」の不正を守るイデオロギーではないかと疑っていること、圧力をかければ、このイデオロギーを暴力的に変えるという善行を彼らにおこなわせることもできること――右の学生たちはこうしたことを見抜いたのである。ハイデガーは、学問の自由の理論的根拠が弱められてきたことを完全に自覚していたし、すでに述べたように、自分の直面した大衆運動をある種の皮肉なやり方で扱った。これに対して、アメリカの教授は、自分たちがもはや何を信じなくなっているかを自覚しておらず、自分たちの巻き込まれた運動をクソ真面目に受け取ったのである。

　私が以上の事情を完全に悟るようになったのは、当時のコーネル大学の事務局長に会いにいったときである（彼はのちに学長になった。その頃、好ましくない世評が続き、ふだんは受け身な理事たちが現職の学長の辞職を求めていた。銃をめぐる事件が全国に知れわたったせいで、大学の評判が損なわれつつあるように思われる、というのがその理由であった）。用件は一人の黒人学生のことであった。彼は、デモに参加するのを拒否したために、一人の黒人教師から命を脅かされていたのである。もと自然科学者だった事務局長は、悲しげな表情で私を迎えた。もちろん彼は、その若者の窮状に全面的に同情していた。しかしながら、事態は悪く、黒人学生連合の脅迫行動を止めるには彼にはなす術がなかった。事務局長は個人的には、急進派の黒人学生たちとやがてもっとよく意思を通じ合えるようになるだろうと思っていた（この数週間後に銃が登場し、もっとはっきりした意思疎通が可能になった）。しかしさしあたり、大学当局は黒人学生たちの言い分を聞くために待たねばならなかった。(10) 緊張を和らげることができるだろうと期待していたのである。事務局長はこうつけ加えた。この国の大学で、急進派の黒人学生を駆逐したり、彼らを煽動する教師を解雇できたところはないが、それはたぶん一般学生が許さないからだろう、と。

(10) その時点までには、事態に関して以下のような兆候しか見られなかった。経済学科の学科長は、秘書といっしょに数時間人質になったままだった。これは、学生たちが、人種差別論者と目された助教授を解雇せよ、という要求を促進するためにおこなったことである。社会学科の一部が入っていた建物は力づくで占拠され、備品だけでなくそこの職員も追い出された。学長は身の安全を脅かされていた。これらの意思表示に対して、以下に述べるような〈善意〉の証しが学生たちに示された。助教授は構内から姿を消した。おまけとして、黒人の学生副部長が解雇された。彼女はブラック・パワーが勢いを得たとき、運悪く人種融和論者だったのである。学芸科学部〔the College of Arts and Sciences、一般教養教育を受けるためのコーネル大学の組織。一般に学部(undergraduate)をこう呼ぶ例は多い〕の教師たちは、学部長から覚え書きを受け取ったが、そこにはこう書かれてあった。われわれは誰一人表立ってはっきりした人種差別論者ではないけれども、実は全員が制度上の人種差別論者なのだ、と。黒人だけのクラスが作られた。征服の権利をたてに占領されていた建物は、同意のもとに新しい住人に譲り渡された。資金を惜しみなくつぎこんで、黒人研究センターが学部の教師を任命して設立された。黒人学生はこの任命に対して当然、口を出した。このようなさまざまな兆候は、望ましい「対話」の確立にまだ成功していなかった。

この会見の企ては私には徒労だったと分かった。事務局長の態度には、臆病風と道義とがないまぜになっていたが、これは当時としては珍しくなかった。彼は面倒を望まなかった。学長は、カリフォルニア大学のクラーク・ケアの免職をしばしば引き合いに出し、ああいう処置は非常に危険だと言っていた。彼に言わせるとケアは学生を懐柔する方法を知らなかったのだ。同時に、事務局長は、自分が携わっているのは、黒人になされた歴史的な不正を正すという偉大な道徳的事業だ、と考えていた。彼は自分のこうむっている屈辱を、この事業にともなう避けられない犠牲として正当化することができた。(11) この黒人学生の特定事例は、明らかに彼の頭痛の種だった。しかし彼は、暴力で脅迫する過激派を恐れると同時に、称賛してもいた。明白な問題がもはや明白ではなくなっていた。黒人学生が道を誤り、大学共同体を成り立たせている規則に従わないのなら、なぜ白人学生と同様に、追いだせなかったのか。秩序が脅かされているのに、なぜ学長は警察を呼べなかったのか。どんな有力者でも、学生の命を脅かすような教授はお払い箱にしただろう。問題は複雑なものではなかった。優柔不断とイデオロギーの詭弁が、問題を複雑にしただけである。ふつうに体面を重んじるなら、なすべき正しい対応は明らかだった。大学が何たるかを知り、それを憂慮していた者なら、誰もこの漫画を黙って見ていなかったろう。驚くには当たらなかったが、数週間後——教授団が、数日前に拒否されたばかりの法外な要求を、銃をつきつけられながら圧倒的多数で可決した直後——大学当局の指導的メンバーと多くの著名な教授たちが、集まった学生に我先に祝辞を述べ、学生の賛同をえようとした。私は前からわかっていたことが万人の前にさらされるのを見た。そしてこれら似而非大学人たちに、世間で彼らがどう思われているかを正確に言ってやっても、少なくとも無礼にはならなかった。

(11)　学長自身の頭には、自分の身を守ること、黒人学生連合や他のいかなる急進的なグループとも対決する羽目にならないようにすることしかないように思えた。彼は、ポーランドがヒトラーに抵抗しているせいで戦争が早まったといって腹を立てた人々と同じ類いの道徳的気質の持ち主だった。

　またこれも驚くべきことではなかったが、大学の尊厳について最も雄弁にお説教をし、自らが大学の良心であるという顔をして見せた教授の多くは、当時の出来事に対して、喜んでではないにしても、少なくとも気弱に反応した者のうちに入っていた。彼らは、学問の自由の侵害に対してドイツの教授たちが示した対応がいかにまずかったかを語って出世した連中であった。これはみな軽々しいお喋りであり、馬鹿げたお芝居であった。なぜなら右の教授たちは、大学に対する潜在的な脅威を測ったことがなかったし、学問の自由というものの根拠の疑わしさを的確に判断しなかったからである。何よりも彼らは、学問の自由が左翼から、あるいは大学の内部から攻撃されうるなどとは考えなかった。しかし、ハイデガーが指摘したように、理論的根拠に基づいて古い教育に幻滅するようになったのはまさに大学の若者であって、同じようなことがここアメリカでもたくさん起こっていたのである。ドイツで起こった出来事を真剣に検討すれば、教授らにもそれが分かったはずである。社会全体が、知的活動の自由に関しては寛大《リベラル》な考え方をするのが正しいことをしだいに納得するようになっていた。ちょうどその頃、そうした考え方を疑う波が、ヨーロッパからわが国の岸に最初に打ち寄せたのである。啓蒙主義の原理は自明だとあらゆる思想家が確信していたこと、またこの確信が過度に単純化された経済学的、心理学的説明と結びついたこと――これらが因《もと》となって、アメリカの教授たちはドイツの経験を誤解した。そしてその結果、彼らは次の事実を避けて通るはめになった。すなわち、二〇年代のドイツである種の演説が受け容れられたのは、あらかじめあらゆる形式の道徳に対して理論的な批判がなされたという条件があったからだ、という事実である。これらアメリカの教授たちは、自分たちに支持者がいるのは当然だとし、また自分たちは彼らから独立だと正直に信じていた。だから、人々が自分たちを見捨てて敵対したとき、ドイツの教授たちの多くと同じように、まったくなす術がなかった。学生や同僚の教授たちは、大学を急進化し政治化しようとしていた。聖書地帯〔とくに米国南部の根本主義の盛んな地域〕の伝道者に非難を浴びせたのもその一例であった。こうした教授たちが重きをなしていた世界では、こうすれば賛同をうることは間違いがなかった。しかし大学で孤立し、自分の学生や同僚から口汚くののしられることは――これらはすべてである抽象的な理念のためになされたのだが――、彼らにはかなわなかった。彼らは、自らの安易なレトリックのせいで、自分たちを強い人間だ――文明の防壁となるのは自分たちだけだ――と思い込んでいたけれども、一般にそうではなかった。彼らの挫折はたんにみじめなだけだった。彼らの弱々しい自己正当化のやり方は、しばしば激しいものになったけれども。ドイツでは、沈黙を守った教授たちには、他にしようがなかったというまことに結構な弁解があった。声をあげれば、投獄か死だったろうから。法は彼らを守らなかったばかりではなく、不倶戴天の敵であった。ところでコーネル大学にはそんな危険はなかった。二人の教授は（人種差別論者――これは大昔の異教徒と同じ称号だが――と称された(12)彼らを、りっぱな直観をもった数人をのぞいて誰もが完全に見捨てていたのだから、そして学長が自分以外の誰も守ろうとしなかったのだから）危害を加えられたとしてもおかしくはなかった。しかし、銃弾が一発でも放たれたなら、官憲当局者が大学へ引き入れられただろう。これら当局の介入を押しとどめたのは、大学のもつ特別な自律的地位だけであった。そしてこの地位を悪用して、一般人が守らねばならない法ばかりか学問の自由をも侵害するような者が保護され励まされたのだ。大学の高潔さを外部に対して守るのにもともと危険はなかった。なぜなら、危険はすべて大学内部にあったからである。欠けていたものといえば、大学の目的を自覚し、それに一身を捧げる教授陣だけであった。そのおかげで、降伏があれほど情けないものになったのである。脅された教授にはじつは危険は何もなかった（それゆえ彼らと連帯する必要はない）という認識が、また同時に、暴力と死という重大な危険が（したがって降伏の必要が）あるという認識が公認のイデオロギーになった。

(12)　大学のラジオ放送をつうじて脅迫された者のなかには、おそらくコーネル大学の誰にもまして、公民権運動のときに行動し危険な目にあった教授がいた。

声をあげ損ない、自分は政治哲学者だとうぬぼれている偽善的な小言幸兵衛の一人が、『ニューヨークタイムズ・マガジン』に寄稿し、コーネル大学でなぜ降伏が必要だったかを世間に説明した。彼の断言によると、「社会契約」は破産寸前だったのであり、そうなれば、われわれは「自然状態」に、万人の万人に対する闘争に、最もひどい邪悪に戻ってしまっただろうから、それを避ける手立てなら何でも正当化された、というのだ。これによって、彼が自分の教えてきたことを全然理解していなかったことが露見した。というのも、社会契約論者（彼らの教えから、アメリカの統治形態が導かれた）はみな、法は決して破ってはならないということ、法の威力によってのみわれわれは自然状態から脱出できるということ、それゆえ、法のためには危険や賭けを受け容れなければならないことを教えたからである。法を破ってもとがめられないことになれば最後、どんな手段でも適切で必要だと各人が考えさえすれば、その手段に訴える権利を、各人は取り戻すだろう。そうした手段に訴えて、彼は新たな専制君主、すなわち法を破りうる者に対抗して自らを守るだろう。理性に基づく政治秩序が存在しうるならば、社会契約の教えを理解しなければならない。しかし、右の教授のようにこの教えを軽薄に利用することのうちに、いままで述べてきた大学生活の崩壊すべての背後にあるほんとうの問題が象徴されている。政治問題や政治思想の真剣な論議は、ほとんど忘れ去られていた。そうした論議を委ねられていた者たちはまもなく論議に関心を失ってしまった。伝統は、一群のスローガンあるいは引用句辞典からの引用にしか認められなかった。市民社会、およびそこで大学が果たす役割を反省するといういとなみは、まったく枯れてしまった。

キャンパスの崩壊によって二つの結果がもたらされた。大学は、民主主義的な世論の体系に以前よりもずっとしっかりと組み込まれることになった。そして、繁栄のさなかに生じる、洞窟のような暗黒状態――これはトクヴィルが恐れたものだ――が、苦痛が感じられるほど間近なものになったのである。騒ぎが鎮まったとき、次のような事実を見てとることができた。すなわち、アメリカでは教育のある者とない者とに設けられた区別すら廃されてしまった。こうした区別は教養が高い《ハイブロウ》者と低い《ロウブロウ》者との対立に、哀れな名残りを止めていたのに、それさえなくなってしまった。キャンパスの崩壊のほんとうの産物は、第一部で述べた等質化された人間であった。われわれが行動する際、見かけだけでなく真に異なった目的や動機があって、われわれはそれらを実際に真剣に選ぶことができる――他ならぬこうした考えがなくなり始めていた。このような目的や動機は、かつては思想の体系においてだけでなく、現実的モデルや詩的モデルにも具体化されていたのに。

自由は最も効果的なやり方で――すなわち、選択肢を減らすことによって――制限されてきた。圧倒的多数――アメリカでは、これが結局唯一の権威である――を成す者が知っていたり、経験したりするものなら何でも現実性をもっていた。有名な「批判理論」〔ホルクハイマー、アドルノ、マルクーゼらを中心とするフランクフルト学派の理論の総称〕は民主主義がもつ最も危険で俗悪な誘惑への迎合として機能した。このように、以上の破滅的な成り行きには、私が第二部で論じた思想の代用をする抽象観念がことごとくともなっていた。これらの代用観念は、知的刺激に取って代わる模造品を提供し、われわれの道がありうる唯一の道だと断言した。こうした代用観念は、その圧倒的な人気が示唆するように、われわれにとって必要なものだった。六〇年代のあらゆる急進主義は、われわれの運動をすでに歩み始めていた方向に促進するばかりで、これらの方向をほんとうに疑おうとは決してしなかった。平等主義でよいという自己満足にふけっているうちに、その時代の人々に特有の情念や好みにおもねらない課目が、大学のカリキュラムから一掃されてしまった。要するに、ヨーロッパに向かって開かれていた窓は、アメリカではつねに自由な精神と抑圧された精神双方が頼みとしたものだったのに、それがぴしゃりと閉ざされてしまったのである。そのやり方には念が入っていた。なぜなら、ヨーロッパ人は、窓を開けておくと請け合っておきながら、われわれが窓を閉ざすのを助けていたからである。当時、大学の知識人の間でのみ通用する「エリートの」意見と思われたものは、実際は翌日に大衆雑誌の記事となった。ヨーロッパへの憧れは、若者のあいだではほとんど死に絶えていた。

六〇年代にはなるほど行き過ぎはあったが、よいものもたくさん生まれた、という意見が現在はやっている。しかし大学に関するかぎり、あの時代から生まれたもので肯定しうるものなど私はひとつも知らない。六〇年代は大学にとっては、紛れもない災厄だった。聞くところによると、あの時代がもたらしたよいものとは、「それ以前より寛大になった」、「硬直性がうすれた」、「権威からの自由」などといったことらしい――しかし、こうしたことには内容がないし、大学教育に何を望むかについての見識を示してもいない。六〇年代当時、私はコーネル大学のさまざまな委員会に席をもち、つぎつぎと降りかかる要求に対して間断なく反対票を投じたが、無駄であった。旧来のコア・カリキュラムは――それによれば、全学生は、学問の主要な部門にそったさまざまな科目を生《なま》かじりしなければならなかった——放棄された。比較文学のある教授——彼はパリの最新流行をせっせと輸入していた——の説明によると、こうした必修科目はほとんど何も教えないし、学生をさまざまな学問分野へほんとうに導くものではない。そうした科目は彼らを退屈させる、というのだった。私はその通りだと認めた。するとこの教授は驚いて、なぜ私がその廃止をしぶるのか分からないと言った。そこで私はこう答えた。なぜなら、こうしたカリキュラムは、かつて知識がもっていた統一を思い起こす手がかりとなる、すり切れた記憶であるからだ。そして、そもそも学生に教育をさずけることが必要ならば、学生が知らずにはすまされない事柄があることを、かすかに、しかし執拗に暗示するからだ、と。現にある何ものかを無で置き換えることはできない。もちろん、それこそまさに六〇年代の教育改革がやろうとしていたことである。その帰結は、今や語学が衰退しつつある点に歴然としている。しかし、あらゆる人文研究の分野で、こうした趨勢は同じくらい、あるいはもっと深く進んでいる。古いものを批判することは、新しいものへの展望がなければ何の価値もない。その種の批判は、悪徳を妨げるものを取り除くひとつのやり方であり、徳を衰弱させることによってもたらされる。六〇年代には、教授たちはテントをまさに大急ぎでたたんで、総崩れが起きて踏みつけられる前に引き上げようとしていた。「自分のことをやる」のに人々は寛大だった。権威主義的な人物を確実に見分けたいと思うなら、教育を受けた人間とはどうあるべきかという問題について大学は見識をもとうとすべきだ、と彼が信じているかどうかを見ればよかった（私はこれが適切な見分け方だといまでも思っている）。「成長」または「個人の発展」だけが許された。そしてこれはアメリカでは次のことしか意味しなかった。すなわち、卑俗さとは違う種類の肥料を必要とする人々のために、大学という温室はひよわで小さな植物を育てていたのに、この植物が、社会一般に見られる卑俗さに飲み込まれてしまったのである。

改革は無内容だった。それは「内部指向型」人間のためになされた。改革は傑出したものが平均化されるのを黙認し、アメリカの教育構造全体を崩壊させた元凶であった。あらゆる党派が「基本に帰る」必要を説くいまになって、この点は彼らすべてに認められている。こうした崩壊の直接の原因は、六〇年代の大学の教育と行動の双方にある。劣悪な教師や勝手気ままな教条よりも、——たとえば——「キングズイングリッシュ」を教える理由やその模範が失われてしまったことのほうが重大であった。最高のものを自覚することによって、低いものは向上しようとする。多くの努力をはらい政治闘争をおこなうことによって、読み・書き・算術なら以前の達成水準に戻すことはできるだろうが、くずもの扱いされた哲学、歴史、文学の知識を回復するのはそれほど簡単ではないだろう。こうした知識は決して土着の植物ではなく、われわれはそれをヨーロッパに負っていた。われわれのもつ傑出したものは、すべてヨーロッパから伝来した。その移入はまったく自覚的におこなわれたのであって、恥じるところは何もなかった。そのうちに、つまずいたときには頼りにできたヨーロッパ自体が、わが国と同じような展開を経たので、われわれはかつてのようにそこへ行って自分を鍛えることができなくなってしまった。このような傑出したものと接触し続けようと思うなら——この国で独力で発生し、西欧の遺産に取って代わろうとした、偉大な新しい理論上の、また芸術上の推進力をのぞけば——その手段は伝統をおいてない。そして伝統とは、汽車のように飛び乗ったり飛び降りたりできるものではない。伝統とのきずながいったん切れてしまったら、それを繋ぎ直すのはむずかしい。学者の頭に貯えられた本物の学識の蓄積だけでなく、何が意味あることかを本能的に悟る能力もまた失われてしまう。貴族であれ僧侶であれ、高い知的伝統を生まれながらに継承する者は、アメリカにはどんな意味でも存在しない。わが国の最も偉大な思想は、われわれの政治原理のなかにあった。しかし、それは一階級の人々のうちに決して体現されることがなく、それゆえ生きていなかった。アメリカでは偉大な思想の住みかは大学であったのに、六〇年代はそうした住みかを侵害するという犯罪をおかした。大学を鎮静化し、評点のインフレをなくし、学生に勉強をさせる——こうしたことはすべて、有益かもしれないが、問題の核心には迫っていない。大学ではいまや勉強すべきものがずっと少なくなっているのである。

大学構内の混乱と学生運動をめぐり、ひとつの神話が育ってきた。それは『世界をゆるがした十日間』〔ロシア革命を描いたジョン・リードの著作〕で描写された雰囲気のほうが、ベルリン大学のヘーゲルの講義室がもっていた雰囲気よりも刺激的だという人々の好みを表現している。そうした神話のひとつに、五〇年代は知的順応主義と浅薄さの時代であったのに対し、六〇年代にはほんとうの刺激と問いかけがあった、というものがある。マッカーシズムは——スターリニズムに言及されるときにはこれが引き合いに出される。それは、二つの超大国が犯した不正義をおあいこにするためにだ——五〇年代という灰色の、ぞっとするような年代の象徴である。一方、燃え立つような六〇年代は「運動」の時代であって、その生き残りに言わせれば、彼らが独力で黒人を、女性を、そして南ヴェトナム人を解放した時代だった。厳密な意味の政治的な問題には立ち入らないとしても、ここに投影された知的景観は、まさに真実とは正反対である。六〇年代は教条的な答えと、どうでもいいようなパンフレットの時代だった。運動の中でも、その周囲でも、長く重要だと目されるような本は一冊として生まれなかった。ノーマン・O・ブラウン〔一九一三年、メキシコ生まれのアメリカの古典学者〕とチャールズ・ライク〔一九二八年生まれのアメリカの法学者。統合国家を批判し真の自己実現を唱えた『緑色革命』（一九七〇）は大きな反響を呼んだ〕がすべてであった。六〇年代には正真正銘の順応主義が大学に打撃を与え、神から映画にいたるまであらゆるものを題材に意見が述べられたが、その内容がすみずみまで予想できるようなものになった時代だった。六〇年代がどういう実情にあったかを示すために大衆文化からもちこまれた証拠――五〇年代にはラナ・ターナー〔アメリカの女優。一九二〇―〕がトーチ・ソング〔失恋などを扱った感傷的なブルース・ソング〕にあるような、不誠実な浮気女を演じたのに対し、六〇年代にはジェーン・フォンダ〔アメリカの女優、反戦運動家。一九三七―〕が本物の自堕落な女として登場したということ、六〇年代以前はポール・アンカ〔アメリカの歌手、作曲家。一九四一―〕がおり、以降はローリング・ストーンズ〔英国のロック・グループ。ミック・ジャガーら五人で一九六二年に結成〕がいたというようなこと――には何の重要性もない。たとえこうした性格づけがほんとうだとしても、それが証明するのに役立つのは、大衆文化は高級な文化とは何の関係もなく、大衆文化とは現在の流行に影響を与えているもののすべてである、ということにすぎない。

事実はといえば、五〇年代はアメリカの大学の最も偉大な時期のひとつだった。これはもちろん理想と現実のあいだにある永遠の不均衡を考慮に入れた上での話である。マルクーゼ、アーレントやミルズ〔アメリカのラディカル社会学の典拠とされる社会学者。著書『ホワイト・カラー』、『パワー・エリート』。一九一六―六二〕のような「運動」にとって最も生産的な人物でさえ、その真剣な仕事は一九六〇年以前になされたものであった。一九三三年以来ずっと、アメリカの大学はヨーロッパからの移住者の恩恵を受けてきた。彼らのなかには、アメリカの知識人のあずかり知らぬほどに洗練された才気ある多くの知識人だけでなく、最も偉大な学者や科学者も含まれていた。彼らの大部分はドイツの大学の伝統を継承しており、すでに論じたように、その伝統は、公衆に支持され是認された理論的生活の表現の中でも最も偉大なものであった。そのすべてに、カントとゲーテが鼓吹した人間教育に関する一般的見識が、深く浸透していたのである。彼らの思想や才能は世界史的な重要性をもっていた。また彼らは、新たに与えられた民主主義的な秩序の内部で、最も高い道徳や芸術上の達成を、妥協も折衷もおこなうことなく目指していた。彼らは生きている伝統をわれわれに教え、その伝統は社会全般の嗜好や標準に浸透した。この伝統を受け取った人々は、そのインスピレーションのまわりに群なす進歩的なさまざまの思想だけでなく、伝統が始まったときから蓄積されてきた膨大な学問を身をもって知った。よかれあしかれ、ドイツの思想は、伝統が存在したところ――そしていまでもあるところ――にあった。この点は、マルクス、フロイト、ウェーバーあるいはハイデガーのいずれの思想であれ変わりはない。ドイツの大学における哲学講座では、ほんとうの才能と社会的な尊敬とが驚くほど一致していた。ヘーゲル、フッサールそしてハイデガーは、それぞれの時代に尊敬された人物であったが、彼らが重要だったのはたんに大学に講座をもっていたからではなかったのである。こうしたことすべてが自覚されたのは、合衆国へ亡命者がやってきたおかげである――また多くの場合、彼らはこうした自覚だけではなく、それをはるかに越えたものをもたらした。合衆国は、ヨーロッパと比較すれば遅れた社会であり、文化の消費国だった。それなのに、アメリカ人が以前にはよその場所に探し求めていったものの多くが、いまやこの国で手に入るようになった。これは多くの点から見て、大いに有利であるがまた大きな不利ももたらす事態であった。しかし、あれほど多くの最良の物理学者、数学者、歴史家、社会学者、古典学者や哲学の教師が、合衆国にいたという事実が意味するのは、とりもなおさず学ばなければならないことが自国で学べる、ということであった。あるいはむしろ、この国にあるものがいかに不完全であろうとも、学問を求めて旧世界へ航海しても、もはやこれ以上の満足は得られない、ということであった。ひとことで言えば、ダムが決壊する前に、アメリカの大学は、同時代のヨーロッパの大学からおおむね独立するようになっていたのである。亡命者がこの国で教えた者たちは、しだいに師の地位を占めるようになっていった。

もちろん、この独立が可能だったのは、ひとつには大陸の大学が衰退し、とりわけドイツの大学が崩壊して、その知的伝統が破綻した結果、そうした大学がかつてもっていた内的確信と高貴な使命感が失われたからである。しかし原因がどうであれ、一九五五年当時、一般教養教育と、学生に自分の知的欲求を気づかせることに関しては、アメリカの最良の大学に優る大学はひとつもなかった。そしてこれは、西欧文明にとってきわめて重要なことであった。もし一九三〇年に、アメリカの大学がまったくなくなってしまったら、なるほどわれわれにとっては良いことではなかっただろうけれども、普遍的意義をもつ学問の蓄積全体にとっては、たいした打撃ではなかっただろう。しかし一九六〇年には、知的生活の大部分が大学に据えられてから久しく、なかでもアメリカの大学が最良のものだったので、それが衰退ないし崩壊すれば破滅的な損害となった。偉大な伝統の多くは、ここアメリカの大学では、外国産の弱々しい移植植物であった。それは飛び領土内にしっかり植え付けられてはいなかったから、土着の大衆主義と卑俗さに傷つきやすかった。六〇年代中頃に、その土着思想が学生の姿を借りて攻撃を始めたのである。

神話にはまた別の側面がある――マッカーシズムは大学に

きわめて否定的な衝撃を与えた、というのだ。現実には、マッカーシーの時代は、大学が自らを何らかの意味での共同体――それは、共通の敵をもつことで定義される――だと感じていた最後の時期であった。マッカーシー、彼を好む連中、彼らの尻馬に乗る連中は、明らかにアカデミーには属さず、アカデミーに敵対していた。彼らは城門の外にいる野蛮人であった。主要な大学では、彼らはカリキュラムの内容にも、教師の任命にもどんな影響ももたなかった。大学の内部でいとなまれている思想や言論の範囲に影響が及ぶことはなかった。学問の自由は、あの最後の時期には、研究とその発表に関して抽象的な意味以上の内容をもっており、その内容については一般的な合意があった。はやらない思想を雄弁を使って擁護することが意味をもった。というのも、ひとつには、公衆にははやらない思想も大学内ではそれほどはやらないわけではなかったからである。今日、大学内で考えることができない、語りえない事柄は当時よりも多い。また急進的な運動から怒りを買った人々を守る用意はほとんどない。古い自由主義――すなわち、思想の自由市場と進歩を信じる立場――にとって、当時が最後の活動期であった。六〇年代にものごとが一見正しい方向に進みつつあるように思えたとき、じつは古い自由主義は、ブルジョアのイデオロギーの一部であって、進歩の声に敵対する反動の声に味方し擁護しているのだ、とますます見なされるようになった。五〇年代には、キャンパスは平穏で、たいていの教授はマッカーシーに反対していた（もっとも、民主主義社会の場合に予想されるように、彼に賛成する者もいた。またこれも予想されるように、人間の本性および教授たちのつねとして、マッカーシーに反対する者たちはあまりに臆病で声をあげられなかった）。教授たちは首にはされなかったし、教室で自分の思うとおりのことを教えていた。少なくともその時点では、大学は世論の侵入から保護された禁猟区という特殊な地位にある、という高度な自覚があった。それは非常に健全なことだった。六〇年代には、多くの教授が――そのうち何人かはマッカーシーの時代をつうじて目立って沈黙していたのだが――自分たちの与する意見がはやるようになったとき、右の自覚を失ってしまった。学問の自由という障壁は、状況がよくなったいまとなってはもはや必要がなかったのである。米国大学教授協会のコーネル大学支部は、教授の権利を侵害した黒人活動家に拍手喝采をし、全国組織は学問の自由を守るために何もしなかった。そのような教授グループは、実質的な主義主張を支持するためにたんなる形式的自由を放棄したのである。要するに、五〇年代には教授のかなりの部分が、ベーコン、ミルトン、ロックやジョン・スチュアート・ミルによって推進された、思想の自由に関する見解をまだ保持していた（当時は、こうした思想家たちに対する大陸での批判が、アメリカで成功する直前であった）。それ以外の教授は左翼であって、右のような見解によって自分たちが保護されることには個人的な利害関係があった。前者の教授グループが自信を失い、後者のグループが自信を得たとき、学問の自由の力はいっぺんに衰えたのである。

六〇年代神話の最後の部分は、いわゆる学生たちの卓越した道徳的「関心」である。六〇年代末期に、前の時代の抜け目のない現実主義の後をおそって道徳が大流行した。しかし何がいったい道徳とされていたのかを、はっきりさせなければならない。道徳に関するある控えめな見方がある。それによると、道徳とは、ほんとうのことを言う、借金を返す、親をうやまう、他人にわざと害を加えない、といったことにほかならない。これはみな言うは易く、行うには難しいことばかりである。やってもたいして注目はされないし、世の誉れにもほとんどならない。カントが述べたように、善意とは、どんな子供にでも分かるつつましい観念である。けれども、それを成就しようとすれば、善意の命ずる単純な義務を生涯遂行しなければならない。こうした道徳はつねに犠牲を要求する。ときにはそこに危険と対決が含まれることもある。といっても、そうしたものは道徳の本質ではなく、それに付随して生ずるものであるが。このような道徳が道徳でありつづけるためには、それは道徳自身を目標とせねばならず、道徳を超えた何らかの結果を目標としてはならない。道徳には、それをするとよい気持ちがしたり、拍手を受けたりするという誘惑に抵抗することが必要である。六〇年代にはやった道徳は、以上のようなものではなく、ずっと芝居がかった類いの道徳的行動であり、極限状況におかれた英雄のもちまえであるような種類のものだった。トマス・モア〔英国の政治家、著述家。一四七八－一五三五〕が専制君主の命令に対して見せた抵抗が、常日頃学生たちが心に思い描いている道徳的行動であった。そのような挑戦――めったに起こるものではなく、義務と動機の点から見るとつねに両義的であり、正しく提起されるためには他の高い徳ばかりでなく、精妙をきわめた推理をも必要とする――が、学生たちの道徳上の糧だった。幼い獣である学生たちはそれによって牙をといだのである。学生たちにとって魅力的だったのは、もちろんこうした事例がもつ複雑さではなく、その輝かしさ、見せかけの高貴さであった。ともかく学生たちは、法を守るという日常の務めなどには決して関心がなかった。もっと上位の法を口実にして法律を破るほうをおもしろがっていたのである。関心の対象はつねにアキレウスとアガメムノン〔ギリシア伝説で、ミケーネの王。トロイア戦争の総大将〕だったのである。良心は、近代政治思想や近代道徳思想においてはまったく信用を失っていたし、とりわけマルクスが軽蔑した機能であったのだが、それが一大復活をした。そして、良心は道徳的決断の根拠なき根拠、したがって万能の根拠となり、良心がちょっと声をあげるだけでそれ以外の責務あるいは忠誠が信用を失うには十分であった。ヒトラーが良心の規制原理となった。「きみはヒトラーに従ったりしないだろうね」というのが脅し文句だった。道徳的弁別の能力が非常に緻密になったおかげで、えり抜きの国家公務員、正式に承認された連邦政府や州や地方の法律には、ヒトラーと同様もはや何の権威もなかった。コーネル大学で学生たちは、ダニエル・ベリガン牧師の説教に接する栄に浴した。彼の説明によると、徴兵委員会で秘書として働いている老婦人たちは、ベルゼン〔ナチの強制収容所があった西ドイツの村〕のけだもの〔イルマ・グレーゼをいう〕に等しい輩であり、同じように敬意をもって扱うに値しない人物である。これが道徳復興の気質であった。そのお手本は、行きわたった束縛から新しい道徳を解放して触れ回る革命の製造家と、道徳とは自己確認だとする通俗的な実存主義文学の主人公とを混ぜ合わせたものであった。新しい道徳とは、道徳は抑圧だと考えた前世代の道徳反対の考え方に新しい衣装を着せたものにすぎないのではないか。こういう疑いが頭をもたげ始めていた。

この道徳の内容は、近代民主主義思想の指導理念を絶対化し急進化して、そこから引き出されたものにすぎなかった。平等、自由、平和、コスモポリタニズムは善、しかもこれだけが善であった。それらはたがいに衝突し合うことはなく、いますぐこの場でわれわれの手に入るものだった。天賦の才にも徳を実行する際の習慣にも自然な相違があること、自由には課さなければならない制限があること、（解放戦争は別として）民主主義を守るためには戦いが必要なこと――これらのことは考慮されなかった。道徳の形式としての家族ないし国家への献身は、反動の最後の逃げ場であった。絶対的な個人の自己開発と、全人類の兄弟愛という二つの極があり、この両者は完全に調和しているとされた。こうした善、あるいはむしろ価値がでっちあげられた。これらの善ないし価値は学生が推理したり研究したりして生みだされたものではなかった。それらはわれわれの政体にもともと備わっており、その地平をなすものであった。それには新しいものなどひとつもなかった。新しいと言えば、彼らの思想のなさ、論証あるいは証明しようとする欲求のまったくの欠如こそそうだった。代わりになる見解はあったとしても、こけ威しでしかなかった。

これは、幾世代にもわたってあのような教育がなされたことを考えれば、ほとんど避け難い結果であった。というのも学生たちは、あらゆる問いの中でも最も本能的な問い――善とは何か――は大学にはふさわしくない、と教えられたからである。彼らはまた、唯一研究に値するのは、この問いを見くびりあざける、あまりに冷笑的すぎる教条とそれを活気づける本能だ、と教えられたからである。大学の教師が善について教えられないのなら、学生が教えていけないという法があるだろうか。事実と価値を区別することによって、人生にとって本質的なのは価値であり、事実をどのように見、どのように利用するかを定めるのは価値である、と言えるようになる。それゆえ、価値こそ第一のものなのである。そして価値が理性から出てこないとすれば、それは道徳の本質である情熱的な傾倒《コミットメント》から出てくるのだ。言うまでもないが傾倒によっては価値は実際には生み出されなかった。それゆえ、あの時代に採用された価値は古い推理の残りかす、支えが崩れ落ちた価値であって、情熱的な傾倒が要求するままにまたぞろ肯定されたのである。教師たちは最初、この古い粗悪な考え方への回帰にぎょっとした。しかし、彼らもまた道徳的人間であったし、主張された価値は彼らがひそかに信じていた価値であったから、最後には彼らもいそいそとして賛同した。以上のすべてを物語っているのは、デイヴィッド・イーストン〔アメリカの政治学者。一九一七－〕が一九六六年に全米政治学協会でおこなった恥ずべき議長演説である。行動科学（すなわち、事実と価値の区別に基づき、事実の研究に専念し、哲学をばかにする社会科学）は、これまで道徳問題に十分敏感だとは言えなかった、とイーストンは認めた。いまや彼はポスト行動科学の将来を請け合うのだった。将来において社会科学は正しい価値の助けを借りて偉大な達成を成し遂げるだろう、というのだ。笛吹きは今後学生が望む通りの曲を鳴らすだろう。しかし学生はその演奏に金を払おうとさえしなかったのである。

新しい道徳的経験のとりこになっていた連中を特徴づけていたのは、義憤ないし憤怒という強烈な情念であった。義憤は最も高貴な情念であるかもしれない。それは、戦いをおこない、不正を正すのには必要な情念である。しかし魂のあらゆる経験の中でも、義憤は理性と、それゆえ大学と最も折り合いが悪い。怒りが持続されるには、自分は正しいのだという揺るぎない確信が必要である。アガメムノンの役を演じた教授たちに対する学生の激怒が、アキレウスを正しく踏襲していたかどうかには疑問の余地がある〔アカイア人の英雄アキレウスは王アガメムノンの暴言に激怒し一度は彼に背を向けるが、トロイア戦の際には力を貸す〕。しかし、義憤こそ学生たちの戦いの旗じるしであり、帰属の証明であったことは疑いがない。

さて、つねづね考えられてきたように、道徳的行動が道徳にかなっているためには必ずしもそれが苦痛である必要はないけれども、もしそれがたんなる戯れであるなら道徳にかなったものではありえない。どう解釈しようとも、道徳的行動は克己に結びついている。この点で道徳的行動は、賢明であることや美しいこととは――あるいは、人間がそれをもっていれば人から羨ましく思われるどんな性質とも――対照的である。これらは克己を必要としないからだ。こういうわけで、道徳行動には特別の敬意を払わなければならない。また、みせかけの道徳行動をしようという強い傾向がわれわれにあるのも同じ理由による。人生を正義にささげる人は、たいていの人よりもすぐれた動機を、あるいは彼らには理解できない無私の心を明らかにもっている。人々はこれに感銘を受けざるをえない。モンテスキューは次のようなみごとなことばで、学生の指導者たちが示した道徳的嗜好――これが彼らの行動の基盤であった――を要約していた。「人間は一人ひとりはごろつきだが、集まるときわめて気高いものになる。つまり彼らは道徳を好むのである」。これはタルチュフ〔モリエールの戯曲『タルチュフ』の主人公で偽善家〕の信条である。学生の道義は一種のタルチュフ現象であるが、そのまったく新しい突然変異であった。他の革命運動――一六八八年にイングランドで最初に起こった真に清教徒的な革命を嚆矢とする――は、厳粛で純粋なものになりがちであった。ところが、これらの革命運動とは違って、この運動は清教徒主義に反していた。その標語は「戦うのはやめて、愛し合おう」(Make love, not war) であった。ことばづらの類似が利用されているけれども、これは「汝の隣人を愛せよ」(Love thy neighbor) とは非常に異なる。後者は実行するのがたいへん難しい命令である。「愛し合うこと」〔make love は字義的には「性交すること」〕は肉体的行為であり、実行がいとも簡単で、楽しいものと考えられる。「けしからぬ」(obscene) ということばがセックスから政治へと持ち込まれた。ともかく学生たちは、以前にはいかがわしいとされた欲望に残りなく手をつけた。そうした欲望はあえて名をつけることがほとんどできないものであったけれども、それを解放し合法化する機が熟していたのである。革命のイデオロギーがすでにその所を得ていた。無限の肉体的欲望を節制することは、自然の「抑圧」になってしまった。それは支配形態のひとつだというのである。進歩思想家や良心を掲げる者は、仲間うちでしきりにそうしたことば遣いをした。民衆がすぐにも現実として受け容れようとしている幻想を、進んで実行してくれる英雄だけが必要だった。すなわち、快楽主義者としての英雄、民衆が見たいと思うことを公然とやってくれる英雄だけが必要だった。それは〈ブルジョアノ度胆ヲ抜ク〉ことであり、そうすることがブルジョアの強い衝動だった。ローマ帝国末期のさまざまな実際行動を促進したのは、初期キリスト教の道徳的情熱と、のちにロベスピエールが抱いたような政治的理想主義であった。この二つを組み合わせるのは、もちろん不可能である。それはふりをすること、芝居をすることであり、学生たちはそのことを知っていた。しかし、絶えずつきまとうこの感情は、これがテレビ向けになされた最初の革命であるという事実によって静められた。その姿がテレビに映っているのだから、彼ら学生は現実のものであった。全世界が舞台となり、彼らは主役を演じていた。ブルジョアの病気に対してもち出された治療は、ほんとうはその病気の最も進んだ症候だったのである。

学生が自分たちの道徳に対して払った犠牲のリストを一部でも見れば、彼らの道徳の性格を見てとるにはそれで十分だろう。大学が〈親代ワリニ〉責任をとる体制が放棄されたので、学生は大学内で好きなように生活できた。麻薬が大学当局にほとんど邪魔されることなく、ふつうの生活の一部になった。一方、官憲当局は、大学が自ら構内を取り締まるという権利を主張したおかげで大学にははいれなかった。規則や不許可でがんじがらめにされていたあらゆる性の拘束はひっくり返された。必修科目はおよそ考えられるかぎりゆるめられた。評点のインフレのせいで学生を落第させるのは難しかった。兵役忌避がひとつの生き方であり原理となった。こうした特権はすべて、個人の責任、経験、成長、発達、自己表現、解放、関心といったありがたいレッテルによって偽装されていた。歴史上、善と快楽がこれほど驚くべき一致を示したことはなかった。リチャード・ニクソンは、高い道徳的根拠を求める的確な本能を、また意見の一致を目指すという高貴な動機をもっていたので、自分の敵である学生のもてる力を評価し徴兵をやめた〔一九七〇年四月の志願兵制度の提案を指すか〕。摩訶不思議なことに、学生運動は終息に向かった。もっともヴェトナム戦争はそれからほとんど三年も続いたのだが。

学生たちを動機づけたものの一面について、最後に注意を与えておこう。この面はこれまで十分注意されてこなかったからである。すなわち、好きなように生きたいという欲望に加えて、彼らのあいだには隠れたエリート主義が働いていたのだ。慣習によるものか本性に属するかは問わず、いかなる種類の優越を要求することも抑えようとする傾向——これが民主主義のいつどこでも変わらぬ特徴である。本質的にいって、これはとりわけ支配権を優先的に与えられている者はいない、という主張である。プラトンの対話篇には、政治的栄光を熱烈に欲し、自分には支配の才があると信じている若者がひしめいている。プラトンは、自分もかつてはそういう若者であったと認めている。ところが、そういう若者たちの住む都市は、彼らに特別の支配権はない、としていた。だから、彼らには都市では支配の任にあたるのは難しいと分かっていただろう。支配したいと思えば、彼らは民衆の欲するものに自分たちを合わせなければならないだろう。若者たちは、あの義憤——すなわち、自分に対して不正がなされたときのためにとっておくようなあの特殊な義憤——に心を燃え立たせた。自分たちの潜在能力は民主主義体制をとるアテナイでは満たされないと思ったからである。彼らは都市における破壊集団を成していた。その政体の維持に敵意をもっていたのである。ソクラテスの仲間の多くはこのような若者たちだったのであり、ソクラテスが彼らに施した教育の本質的な部分は、こうした支配の本能を飼い馴らすことであった。しかしソクラテスは、若者たちの憧れが正当であることを少なくとも部分的には認め、多数は少数を支配する正真正銘の権利をもたない、とすることから始めた。彼は若者たちの不満に知的満足を与えたのである。そしてさらに重要なことなのだが、ソクラテスは、若者たちに野望を抱かせる、魂の中の要因を非常に真剣に受け取った。第一人者になろうとする、また名誉を得ようとする大志は、どちらも人間にとって自然なものであって、正しくしつければ魂の強大な力のひとつになる。民主主義そのものは、こうした旺盛な精神には敵意をもち、その成就を妨害するものだ。あらゆる古代の民主主義にとってこの点が問題であった。コリオラヌス〔古代ローマの半伝説的貴族。前六世紀末－五世紀初〕は次のような人物の極端な例である。すなわち、自らが支配する権利の根拠を民衆の――この場合、彼の支配権を認める用意のある一国民の――雑多な同意に置くことを拒否する人物である。しかし彼はまったく賞賛に値しない男だというわけではない。彼の魂のある部分が、彼を誇り高く野望を抱く人間にしている。その部分のおかげで、彼の魂は強くなるのだし、彼は他人の意見にも意志にも依存しない自律を求めるのである。

　民主主義における功名心の問題は、近代民主主義の場合ははるかに深刻なものとなる。古代民主主義はじっさい強力であったが、誇りや野望をもつ者に対して、多数の支配が正しいという考えを納得させるだけの力はなかった。彼らの内的確信は、支配者である多数の側に正義があるという意識によっては弱められなかった。平等の宗教も平等の哲学も存在しなかったからである。才能ある若者は、最高位の獲得を望み、ときにはそのために罪悪感を抱かずに行動を起こすこともできた。この状況をキリスト教は部分的に、ただし部分的にのみ変えた。キリスト教は神の前での平等を主張し、高慢を非難したけれども、現世の不平等はそのままにしておいた。それよりもっと重要だったのは、近代哲学の仕事であった。それは合理的教育を確立したのである。その結果、政治的平等が唯一正しい社会制度になった。民主主義以外の政体には知的な根拠は残されていない。いまや魂の憧れを励ましてくれるものはどこにも見出せない。さらに、近代の思想家が展開した体系の中では、個人の野望には成功の望みがほとんどないだろう。この体系の概要は、論文集『ザ・フェデラリスト』第十篇に見られる。わが国の組織や安定性のみならず、そのとてつもない大きさも、潜在的支配者を落胆させる効果をもっている。さらに重要なのは、誇りや大きな野望を魂から根こそぎにしようとする近代哲学の努力であった。はじめにホッブズはその心理学において、彼が自惚れ（vainglory）と呼ぶものを病的状態として扱い、それが人間の弱さに対する無知と正当化されない確信に基づくとした〔『リヴァイアサン』第六章〕。彼によると、この病的状態は恐怖をたっぷり服用すれば治すことができる。今日教育家のあいだで、また新聞で、競争について言われていることを聞き、関連する問題についてルソーとフロイトを読みさえすれば、いかに多くの近代思想がこの野心という性向を去勢するのに腐心しているかが分かる。「エリート主義」という語は万能の表現である。それは、自尊心と欲望がなによりも重要であるということにわれわれが不賛成の意を表わすためにいつでも引き合いにだされる。

しかし、支持されず激しい非難にさらされても、魂のこうした部分は魂を昇華する教育を受けないまま、ひそかに生き永らえる。あらゆる抑圧された衝動のつねとして、魂のその部分は人格に日々影響を与え、ときにはまたさまざまに変装し、奇怪な形をして表に飛び出してくる。近代史の多くは、正当な自己表現に逸《はや》る心とプラトンが呼んだものを吟味すれば説明できる。あわれみと前衛という観念が、もともとエリート主義者が自己主張するときの隠れ蓑であったことは確実である。ルソーが最初にあわれみ（compassion）を民主主義的感情の基礎とした。その彼は、支配される者よりも優れているという意識があわれみという人間経験を構成する要素であることに、完全に気づいていた。ルソーは実際に、不平等主義の衝動を平等主義の水路に流し込もうと試みたのである。同様に、アヴァンギャルド（この語はふつう芸術に関して使われる）と前衛《ヴァンガード》（この語はふつう政治に関して使われる）とは、民主主義の原理を否定せずに、民主主義的なやり方で自らを際立たせ、先頭に立ち、指導するやり方である。前衛に属する者が優越するのは、ほんの束の間だけである。彼らは、民衆がほどなく知るようになることをいま知っているというだけなのだ。この前衛という態度によって、野心的な本能と民主主義の原理とが調停される。そしてこの態度は、民主主義的人間に同化してしまうことを恐れる学生たちの採用したものであった。そうした学生がいたのは少数のいわゆるエリート大学であったが、当時これらの大学では急速に民主化がおこなわれつつあった。そして彼らの政治的未来は寒々としたものだった。彼らが受けた教育は、公選による職につくためには有利ではなかったし、教育から得られる見通しといえば、リンドン・ジョンソン〔第三六代合衆国大統領。一九〇八－七三〕やリチャード・ニクソンのような見下げ果てた人物がとったような殺伐としたやり方で自分の道を切り開かねばならない、ということでしかなかったからである。しかしこうした大学は、民主主義的な新聞によって尊敬され、頼りにされており、多くの力のあるエリートの出身校であった。ちょうど都市国家《ポリス》が簡単に掌握できたように、こうした小さな場所は簡単に掌握できた。このような場所を舞台に利用した学生たちの悪名は、たちまちあがった。コーネル大学で私が知っていた若い黒人学生たちは、全国的なニュース雑誌の表紙に登場した。政治的影響力をもつのにエリートの行く近道をとる、ということがそもそもいかに抵抗し難い誘惑であったことか。大学の外のふつうの世界なら、このような若者は人の注意を惹く術をもたなかっただろう。彼らは、毛沢東、カストロやチェ・ゲバラといった者たち——お望みなら平等の主唱者と呼んでもよい——を手本にしたが、まちがいなく彼らは誰とも平等ではなかった。彼ら自身、あわれみの革命の指導者になりたがっていた。彼らの軽蔑と憤激の主な対象は、アメリカの中産階級に属する者、専門家、労働者、ホワイトカラーやブルーカラー、農民——つまりアメリカ人の多数派を構成し、学生たちのあわれみも指導も必要とせず、また望みもしない俗人のすべてであった。彼ら俗人が生意気にも自分たちが学生と対等であると考えようとし、彼らによって自分たちの意識が高められるのに抵抗しようとしたからである。アメリカでは自分を目立たせるのは非常に難しいので、そうするために学生は、親の世代がおこなった誇示的消費〔富や地位を誇示するための消費、ヴェブレンの用語〕に代えて、誇示的あわれみをもってしたのである。彼らは、彼らの優越感に異議を申し立てないアメリカや第三世界の人々を、また自分たちの指導を受け容れると彼らが思い込んでいる者すべてをもっぱら擁護した。平等主義の虚栄というこの上ない快感は、どれひとつとして、彼らに無縁ではなかった。

満たされない気持ち、公認されえない栄誉に対する愛着、優越を認めてもらおうとすること——六〇年代のキャンパスで展開された政治はこうした感情を明るみに出した。この種の感情を認めること、いやそれに同情することさえできるだろう。しかしながら、そうしたこと一切には偽善がまつわっており、また政治にかかわるために知らねばならぬことや冒さねばならぬ危険に学生たちは無知だったので、その見世物は感動的な面よりも胸が悪くなる面の方が多かった。専制を好む衝動は民主主義的あわれみという仮面をつけ、また栄誉の追求は平等愛に変装した。このような学生たちは自己認識をまったく欠いており、彼らはやすやすと大学を征服した。エリートならほんとうに選ばれた者であるはずだが、こうしたエリート主義者たちは、欲しくてならなかった栄誉を、努力して得たわけでもないのに与えられた。大学は、一種の「積極行動」エリート主義をもたらした。民主主義社会は卓越した個人にとって、とりわけ支配の才と情念をもった個人にとっては問題があるという事実を否定する陰謀が、長いあいだ大学にあった。お前たちは支配の罪という点では共犯だ、と告発する潜在的支配者に、大学は突然直面したのである。大学にはそれも当然の報いだった。

まさにこの問題に関連して、私は教師として最大の満足のひとつを味わった。ある教授グループが時流に抗して設けたちょっとしたギリシア文明に関する授業は、まさに危機の年を迎えようとしていた。このクラスは約十二人の熱心な一年生から成り、まる一年を通じてプラトンの『国家』を読んでいた。まだ読み終わらないうちに、大学が混乱状態に陥ったのである。学生も教師も一様に革命を起こすという真剣な仕事をやり始め、構内をうろついて気違いじみた会合に次から次へとおもむいていたので、ほとんどあらゆる授業が中止になった。私が参加していた教授グループは、銃が構内から締め出され何らかの正当な秩序が回復するまでは授業はしない、と宣言していた。しかし先の授業に参加した学生たちは、ソクラテスに助けられて都市を興そうとしていた、野心的なグラウコンの物語に深い関心をもつようになっていた。それでわれわれは非公式に集まりを続けることにしたのである。彼らは実際、革命よりも『国家』のほうに興味をもっていた。そのこと自体、目前の情勢が発する警報に接した場合、大学はそれに抗してどんな種類のものによって学生を惹きつけるべきかを明らかにしていた。この学生たちは、進行しつつある事態をむしろ蔑んでいた。それは彼らが重要だと考える営みを邪魔するからだった。彼らは、グラウコンがソクラテスとすごしたすばらしい夜に、彼に何が起こったのか知りたいと思った。彼らは教室から外部の血迷った活動を文字通り見下ろした。自分たちには特権が与えられていると思い、ほとんど誰一人として群衆に加わろうとはしなかったのである。後に私は、この学生たちの何人かが図書館のセミナー室から、政治活動がおこなわれている広場へと実際に降りてゆくのを目にした。彼らは以下のような『国家』の一節のコピーを作り、他のパンフレット類を配っている者たちと競ってそれを配った。

「いったい、君もやはり多くの人々の考えと同じように、ソフィストたちが一部の青年たちを堕落させているとか、個人的な能力をつかって——言い立てるに値するほど——彼らを堕落させていると考えているのかね？　むしろ実際にはそういうことを言っている人々こそが最大のソフィストなのであって、相手が青年であれ老人であれ男であれ女であれ、最も完全に教育をおこない、まさに自分たちの思い通りの人間に仕上げているのではないかね？」

「それはどんな場合のことでしょうか？」とアデイマントスは言った。

ソクラテスは言った、「次のような場合のことだ。——

たくさんの人が、国民議会だとか、法廷だとか、劇場だとか、兵営地だとか、あるいはその他公けに大勢が会合するならどこにでもだが、そこに集まり、腰をおろし、大騒ぎしながら、そこで言われたりおこなわれたりすることを、あるいは賞賛し、あるいは非難する――どちらの場合も、叫んだり手を叩いたりしながら極端な仕方でね。そのうえ、回りの岩や彼らのいる場所までがその音声を反響して、非難と賞賛の騒ぎを倍の大きさにするのだ。さてそういう状況では、ことわざに言うように、青年はどのような心になると思うかね？　あるいは個人的に受けたどんな種類の教育が、彼のために抵抗してくれると思うかね？　そんな教育などは、このような非難・賞賛の洪水のためにひとたまりもなく呑みこまれて、その流れのままにどこへでも流されていってしまうとは思わないかね？　そして彼は、群衆が高貴であると言うものをそのまま高貴であると言い、卑しいと言うものをそのまま卑しいと言うようになり、彼らがおこなう通りのことを自分の仕事とし、かくて彼らと同じような人間となるのではなかろうか。」

（『国家』491e–492b）

右の学生たちは、いま何が起こっているかをこの古い書物から学び、それに対して真の距離をとり、解放の経験をえた。ソクラテスの魔術はまだ効いていた。彼は野心ある若者の不満を診断し、それをどう始末したらよいかを示したのである。

いまや六〇年代は現在の学生の想像力からは薄れてきている。残っているのは、六〇年代の運動に参加した人々のある種の自己宣伝である。いまや四〇代の彼らは「体制」と折り合うようになったけれども、メディアに郷愁の香りをまき散らしている。メディアの中では、彼らの多くはまだもちろん栄えており、六〇年代の運動は現実的ではなかったと認めつつも、あれは重要な時期だったと主張している。彼らは善いものを代表していた。彼らは、自分たちが白人と黒人のさまざまな関係を大きく進歩させることに責任があったし、公民権運動では要となる役割を果たした、と考えているようである。一九五〇年から一九七〇年のあいだに、白人と黒人の関係に生じた歴史的変化のうち、何が決定的だったかを議論するまでもなく――法廷における行動、公選の職員の行動、黒人共同体の内側からマーチン・ルーサー・キング〔米国の宗教家、黒人運動指導者。一九二九－六八〕が表わしたような霊感、これらのいずれが最も重要であったにせよ――、北部の大学生がこれらの関係の変化を熱狂的に支持したことが、古い過ちの是正を促進する雰囲気を作り出すのに何らかの役割を果たしたことは否定できない。しかし私の信ずるところでは、学生の役割は取るに足らぬものだったし、その役割にはこれまで述べてきた芝居じみた道徳の気味が少なからずあった。それは主として、ふつう学期の間じゅう続く、まるで休暇の日のような行進やデモに加わることだった。またそれには、自分たちは重要な行動に参加しているのだから、課題を果たせなくても教授から罰せられることはないだろう、という無遠慮な期待がともなっていた。学生が行進やデモをしていた場所は、彼らが一度も来たことがなく、将来決して戻ることもない場所だった。それゆえそこは、そこにとどまり住まなければならない人々と違って、立ち入るのに一銭も払う必要のない場所だったのである。学生たちはまた、憲法を研究し、訴訟の書面を準備する者たち——彼らは人生を心から大義のために捧げ、孤独で満たされない年月をすごす——がする、困難で目立たない仕事も共にしなかった。私は学生の努力を軽視するつもりはない。また、安易でほとんど犠牲のいらなかったものに自己満悦をしすぎるのは禁物だけれども、ほんとうによい性向であるなら、そのゆえに人々を咎めだてすべきではないと思う。私の論点はむしろ、学生が公民権運動へ参加したせいで、キャンパス内に直接行動主義が台頭するのが早まったということである。また、学生は古い劣悪な大学を破壊するためにそこへ戻ってきたのだが、学生の意見は他ならぬその古い劣悪な大学において形成されたのだ、ということである。公民権運動に学生が意義ある参加をした最後の例は、一九六四年、ワシントンでの行進であった。その後、ブラックパワーが顕著な勢力となり、南部の人種差別体制がこわされた。白人学生はブラックパワーによるさまざまなゆきすぎをけしかけることにしか貢献しなかったが、ブラックパワーの煽動者は白人学生の助けなど求めていなかった。学生たちは、平等の教え、独立宣言の約束、憲法の研究、アメリカ史の知識やさらに多くのことが、苦心して獲得され蓄積された資本であり、それが自分たちを養っているのだ、ということに気づかなかった。民族の正義がわれわれの理論と歴史的実践の命ずるところであり、それなしには問題もなければその解決もなかっただろう。「体制」に仕えるひどく堕落した制度だと学生たちが呼んだものから、彼らは認識と学問を学んだのであり、これらを学んだおかげで彼らの行動は可能になり、善いものになったのである。学生が抱いた自負の中でも、自分たちの傾倒《コミットメント》は自分たちの手で作り出したものだ、というものこそ最も不埒な自負であった。大学の宝庫にはアメリカとは何か、善とは何であり悪とは何かを教える真剣な思想と信念が蔵されていた。そうした思想と信念から、あらゆるものが——実にあらゆるものが借用された。彼らが資本を浪費できたのは、それを糧にしているとは知らなかったからである。学生たちは大学に戻り、大学は破産したと宣言した。そして、そうすることによって実際に大学を破産させたのである。彼らは、アメリカの学問がもつ偉大な自由主義的伝統を放棄した。学生たちの圧力のもとで、合衆国の建国者たちは人種差別をおこなったと解されるようになり、その結果、他ならぬ奴隷と人種差別を糾弾する手立てがこわされた。北部の大学におけるもろもろの人種隔離は、六〇年代以降さらに進められた。人権についての理論がもはや研究されなくなった、あるいは心から信じられなくなった後をおって、この理論の実践も被害を受けた。アメリカの大学は気高い政治的行動を知的に鼓舞してきた。だが、正義について教え、人種の平等を目指す運動のようなものを再び生みだせる教育が、いま大学の中にあるかどうか、非常に疑わしい。六〇年代の学生が自ら誇っていたまさに当のものが、彼らが最初の餌食としたもののひとつだったのである。

学生と大学

一般教養教育

初めて家を離れ、一般教養教育という冒険に乗り出す十代の若者にとって、今日一流の大学はどんな姿に映るのだろうか。彼は自分を発見するために四年間の自由を得る。それは、彼が後にしてきた知的に未開墾の土地と、学士号を得た後の彼を待ち受けている、どうしようもなくわびしい職業的訓練とのあいだの空白の時間である。彼はこの短い期間に、自分の知っているちっぽけな世界を越えた大きな世界があることを学ばなければならない。また、その世界から活力を与えられ、十分に消化したうえで、やがて横切ることになる知的砂漠で耐えられるようにしなければならない。もっと高尚な人生を少しでも望みたいというなら、若者はそうしなければならない。この四年間は魅力にみちた年月である。このあいだに彼は、自らの選択次第で望みどおりになることができる。またこのあいだに彼は、同時代に流行したり職業によって与えられたりする選択肢だけでなく、人間としての彼が手に入れられる選択肢をも調べてみる機会をもつ。アメリカ人にとってこの四年間の重要さは、いくら評価してもしすぎることはない。この年月は、文明が若者に影響を与える唯一の機会なのだから。

こうした若者を見るにつけ、教育を受けたと言うに足る人間となるために彼は何を学ぶべきか、という反省をわれわれはしないではいられない。われわれは、人間の潜在能力を実現するとはどういうことかに思いをこらさなければならない。専攻科目に関してはそのような反省をしないですむし、それが専門化の魅力のひとつでもある。しかし当面の問題では、そもそもこうした反省は義務である。この若者にわれわれは何を教えるべきなのか。答えは明らかではないかもしれない。しかし、問いに答えようと試みるとき、すでに哲学がなされ教育が始まっている。このような問いに対する関心そのものが、人間の統一と学問の統一という問題を提起する。一部の者が言うには、誰でも自由な発達を許されなければならず、学生にある観点を押しつけるのは権威主義的なやり方だそうである。だが、これは子供じみた言い分にすぎない。もし彼らの言うとおりなら、どうして大学などというものがあるのだろうか。「学問的雰囲気をもたらすため」というのが答えであるなら、ふたたび最初の問いに戻ってしまう。それはどんな雰囲気なのか。どうしても選択は避けられないし、この選択を理性に基づいて省察することも避けられない。大学は何ものかを代表する必要がある。一般教養教育の内容について積極的に考えることを嫌がっていると、二つの実際的な結果が生じる。一方では、大学の外部の世界のあらゆる卑俗さが大学の内部で確実に栄えるだろう。他方では、はるかに苛酷で自由主義にいっそうもとる強制が学生に押しつけられるだろう。そうした強制は、専門化したさまざまな学問分野がすべてを統一する思考によって吟味されないまま、てんでに傲慢で横柄な要求をおこなう結果もたらされる。

若者にとっていまや大学は、特徴ある風貌をまったくもっていない。彼の目に映るのはさまざまな学問分野の民主主義である――これらの学問分野が大学にあるのは、元来大学で生まれたものであるからか、大学に要求された仕事を果たすために最近大学に迷い込んだからか、このどちらかである。この民主主義は、実は無政府状態である。学問分野の市民権のための公認された規則などないし、支配のための正当な資格もないからだ。要するに、教育を受けた人間とはどういうものかについて、何の展望もなければ、競合する一連の展望もないのである。この問いはすでに姿を消した。それを提起すると、平和が脅かされるからである。さまざまな学問の組織化、言いかえれば知識の樹は存在しない。混沌状態では人は意気消沈するほかはない。というのも理性的な選択ができないからである。一般教養教育についてはあきらめて、専攻科目と折り合ってゆくほうがましである。専攻科目には少なくとも、指定されたカリキュラムと将来の職業の見込みがあるからだ。途中で学生は、自分に教養を与えると考えられるものなら何であれ、選択科目から少しずつ拾いあげることのできるできる。けれども、大いなる神秘が学生に明かされるかもしれないこと、新しくていっそう高い行動の動機が彼の中に見つかるかもしれないということ、あるいはまたいままでとは違ったもっと人間的な生き方を、彼の学びつつあることでもって調和的に構築できること、――これらについては学生は何も知らされない。

簡単に言えば、大学には特色がない。われわれにとって平等は、誰も優越を要求しようとしないし要求できないという域にまで達したように思える。とりわけ、優越をつねに要求してきたような領域――芸術、宗教や哲学――においてこの傾向が見られる。ある種の高度に対立するもの同士――理性対啓示、ブッダ対イエス――のあいだでは選択をおこなえないことを見出したとき、ウェーバーは、だからといってすべてが平等に善いのだとか、高貴なものと低俗なものとの区別がなくなるとか結論しはしなかった。実はウェーバーは、これらの大きな選択肢の考察をよみがえらせようとした。そのために彼は、選択肢を選ぶに際してのことの重大さと危険性とを明らかにした。深遠な問題と向き合うことによって魂の弓は引き絞られる。ところが、近代生活についてのありふれた考察が大きくなりすぎて、深遠な問題の見分けがつかなくなる恐れがあった。そこで、これらのありふれた考察と対照させて、そうした選択肢を際立たせることが必要だったのである。真摯な知的生活とは、ウェーバーにとっては偉大な決意の戦場であった。こうした決意はみな、魂のなす選択、あるいは「価値」の選択である。教育を受けた人間あるいは文明化された人間とは何か。この問いに対しあれこれの特定の見解を権威あるものとして差し出すことはもはやできない。それゆえ教育とは、このような見解のうちのごく少数を全体として知ること、しかも真に知ることにある、と言わねばならない。深遠なものと皮相なもののあいだにウェーバーが設けたこうした区別――これが善と悪、真と偽の区別に取って代わる――は、真摯な研究に焦点を与えた。しかしこの区別は、もともと締まりのない民主主義の傾向――「でもいったい何の役に立つんだ」と言いたがる傾向である――にほとんど抵抗できなかった。バークレー校で起きた最初の大学紛争は、明らかにマンモス大学に見られる雑多な科目に反対しようとしていた。私も一時、部分的にはそれに共感していたことを告白しなければならない。学生連中の動機の中には教育への憧れという要素さえ少しはあったかもしれない。しかし彼らのエネルギーを導いたり、それに形を与えたりするようなことは何もなされなかった。その結果、多数の学問分野に多数のライフスタイルを、さまざまな専攻科目にさまざまなひねくれ者をつけ加えるだけで終わってしまった。ふつうよく目にする事態がここでも起こったのだ。いっそう大きな共同体を強く求めた挙げ句に、分裂が拡大された。古い合意、古い習慣、古い伝統は、そうたやすく置き換えられなかったのである。

こうして、学生が大学にやってきたとき目にするのは、あきれるほど多種多様な学科、あきれるほど多種多様な科目である。そして学生が何を研究するべきかに関して、大学側のおこなう指導も大学全体の合意もない。そのうえ、学生にせよ教授にせよ、その中から、大学の知的財産を総合的に利用している者としてすぐに挙げられる模範となる人物が、彼にはたいてい見つからない。就くべき職業の選択をおこない、その職業の準備に取り組むだけならいかにもたやすいことだ。そうした選択をした者のために組まれたプログラムのせいで、世間で尊敬される職業から自分たちを遠ざけかねない学問の魅力を学生は感じなくなってしまう。大学では現在セイレーンたちが〈低イ声デ〉歌っているが、若者たちはすでに耳にたっぷり蜜蠟をつめているので、歌を聞き流して危険を免れている〔セイレーンの歌声に引き込まれないよう、蜜蠟で耳をふさぎ体を帆柱にくくりつけて航海したという『オデュッセイア』の話をふまえる〕。これらの専攻科目に含まれる科目はたいへん多いので、これだけで四年間という時間のほとんどが費やされてしまうし、これが、いずれはやらなければならない大学院の勉強の準備になる。残されたわずかの科目を相手に、学生はあちらをちょっとかじり、こちらをちょっとかじりしながら好きなことができる。今日の公の職業——医者、法律家、政治家、ジャーナリスト、実業家、芸能人——のどれも、人文研究とはたいして関係がない。純粋な専門教育や技術教育以外の教育は、障害であるようにさえ見える。こういう理由で、学生が知的喜びの味を覚え、そういう喜びが育ちうることを学ぶには、大学内に時流に抗した雰囲気が必要なのである。

ほんとうの問題は、自分がどんな職業に就きたいかを見つけようと期待してやって来る学生、あるいは自分相手の冒険を無邪気に探し求めてやって来る学生である。彼らがなすべきことはたくさんある——科目や学問分野の数は多く、生涯を費やしても足りないほどだ。大学の各学科あるいは大部門〔人文科学、社会科学、自然科学のこと〕はことば巧みに自らの売込みをはかっている。それぞれが提供する教科課程は、学生を秘伝の伝授者にしてくれるだろう、というのだ。しかし、科目をどうやって選んだらよいのか。おのおのの科目はたがいにどんな関係にあるのか。実のところ、各科目にたがいの交流はない。それらは競い合い対立し合っており、しかもそれに気づいていない。専攻科目があるからこそ全体をどのように統合するかという問題が浮かび上がってくるのに、この問題は一度も体系的に提起されたことがない。大学便覧をたまたま手にした学生は、ただ当惑するばかりだ。そして非常にしばしば、意気阻喪してしまうのである。教育に関する偉大なヴィジョンに、あらゆる文明化した国家の特徴をなす要素である。しかし、これらのどれかのヴィジョンへの洞察を自分に与えてくれる教授を、一人でも二人でも、学生が見出せるかどうかは、まったく運次第だ。たいていの教授は専門家であり、自分の分野にしか関心がない。彼らの興味は、自分の分野を専門的立場から前進させたり、専門に秀でることによってあらゆる報酬が得られるような世界で個人的に昇進したりすることにある。彼らは、大学の古い構造からはすっかり解放されている。この構造は、彼らが不完全であり、まだ吟味も発見もされていない全体の部分にすぎないことを示すのに、少なくとも役立っていたのに。こういうわけで学生は、巡回見世物《カーニヴァル》の客引きがそれぞれ自分の見世物に彼を誘い込もうとして群がる中を進まなければならない。まだ心を決めていないこうした学生は、たいていの大学にとって困りものである。というのも、彼はこう言っているように思えるからだ。「僕は、全体としての人間だ。僕が全体として自己形成をするのを助け、僕のほんとうの潜在能力を発揮させてほしい」。しかし大学には彼に返すことばがないのである。

　コーネル大学は、数多くの問題の場合と同じく、この問題に関しても時代に先んじていた。とりわけフォード財団の潤沢な資金援助に支えられた六年間の博士課程（The six-year Ph.D. program）は、すでに「しっかりした職業選択」をした高校生を対象としたもので、彼らが職業に就くまで詰め込み教育をすることを目論んでいた。見捨てられた人文科学の教授たちにはお慰みが与えられた。こうした若い出世主義者が学芸科学部で勉学する道すがら人文系の演習を取れるようにし、その財源が提供されたのである。後は、教育専門家たちが教育プログラムを整え、見栄えがするようまとめあげることに精力を注げばよかった（だが、それに中身を与える必要は必ずしもなかった）。そのせいで教育専門家はたいへん忙しくなり、自分たちの努力が何の役にも立たないことについて考えるのを避けるほどだった。これは従来、「密林の獣」〔ヘンリー・ジェイムズの同名の小説への示唆か〕と顔をつき合わさないために好まれたやり方――内容ではなく機構をいじるというやり方――である。一般教養教育の問題を取り扱うためにコーネル大学が打ちだした計画は、一般教養教育を求める学生の憧れを押さえつけるものだった。というのもこの計画は、学生の専門職業意識と貪欲さを助長し、金と大学が与えうるあらゆる威光とを彼らに提供することによって、出世主義を大学の目玉にするものだったからである。

　コーネル大学の計画は、次のような根本的な真理（それは、しっかり守られた秘密であった）をあえて明言しようとはしなかった。すなわち大学《カレッジ》が学生に教えるのに十分な材料をもっていないという事実、四年間、いやおそらく三年間でさえ彼らを繋ぎとめておくのを正当化するのに十分な材料をもっていないという事実である。職業が関心の中心である場合、自然科学《ハードサイエンス》のなかでも最も堅実《ハード》な学科――そうした学科には、大学院における研究に先立つ二年以上の準備訓練が要求される――をのぞいて、専攻科目などほとんどひとつもなくなる。残りの期間は、学生が大学院に入れる年齢に達するまでの、たんなる時間の浪費、あるいは成熟の期間である。多くの大学院コースにとって、ほんとうに必要な準備期間はずっと短い。計画もなく問題意識もなしにどの科目を取ろうかと調べ回り、大学の年限をたんに科目で満たしてゆく大学生がいかに多いか、驚くほどである。実際、稀な例外はあるにせよ、科目はすでに専攻科目の一部であって、一般教養向けにも現実の人間にとって重要な問いを探究するようにもできていない。いわゆる情報の爆発や専門化の増大は、大学時代を充実させるどころか空虚にしてきたのだ。大学の数年間は障害である。人はそれを飛び越してゆきたいと思っている。そしてもし人間が、彼の好み、勉学の蓄積、ないし興味のありかによって判断されねばならないのなら、一般的に言って、職業に就いている人間が大学に行く必要はなかったのである。彼らは大学時代を平和部隊とかこれに似たところですごしてもよかっただろう。コーネルをはじめとする大きな大学は——核分裂の実験ができ、難病の治療施設があり、全人口の調査をおこない、失われた言語の厖大な辞書を作れるような大学は——大学生のために一般教育（general education）のささやかなプログラムを作り出すことができない。これは現代の寓話である。

既存のものをさまざまな意匠で飾り立て、一般教養教育の空虚を埋めようとする苦労知らずの試みがある。海外留学を折り込んだ選択科目、主専攻〔多くの科目を広く習得する場合にも、学生は「主専攻」majorおよび「副専攻」minorをもつことを求められる〕の個性化などがそれである。それから、「異文化研究」と並んで、「黒人文化研究」、「女性問題研究」あるいは「ジェンダー研究」もある。「平和研究」も同じように流行しつつある。これらはすべて、大学にそうした時流にかなう科目や伝統的な専攻科目以外の科目があることを示す目論見である。なかでも最新のものは、コンピュータ・リテラシー〔コンピュータ言語を理解し、パーソナル・コンピュータを操作できる能力のこと〕というやつで、これがどれだけちゃちなものかは、リテラシー（読み書きの能力）とは何かをちょっと考えてみさえすれば誰にでも分かる。今日たいていの高校卒業生がなかなか読み書きができない以上、読み書きの力を増進するのにも意味があろう。またこのやりがいのある仕事を黙ってやっている機関もある。しかし、そうした機関はそれを声高に吹聴したりはしない。なぜなら、こういう仕事はもともと高校がやることにすぎず、ただ教育事業の悲しむべき現状がこうした機関に押しつけているのであって、そんなことを自慢しようとは思わないからだ。

六〇年代の狂乱が去った現在、大学教育はふたたび以前より重要になってきた（なぜなら、専門職養成の大学院はおくとして、その他の大学院は教師の職が不足して困っているからだ）。大学当局者は、入ってくる学生がものを知らず、それゆえ大学は彼らにものを教える責任がある、という否定できない事実を何とか処理しなければならなくなってきた。もし学校側の動機に俗な解釈を与えねばならないとするなら、学校が示している関心は羞恥心と私的利害から出てくる、と主張してもよいだろう。なぜなら、これはあまりにも明らかになりつつある事実だが、一般教養教育——これは少数の有名大学が施すとされている教育である。これに対して大きな州立大学は、複雑な社会の実際的な要求に答えるべく、ただ専門家だけを養成すると考えられている――には内容がないのであって、現在はある種の欺瞞がなされているからである。有力な大学が学生のうちに育んだとされる偉大な道徳意識（とりわけ戦争と人種差別と戦う闘士としての彼らの使命）は、一時は大学全体の良心の要求を満たしていると思われた。そうした大学は、医者や法律家になるための予備訓練とは別のことをやっていたのだ。他者に対する関心とあわれみは定義しえない要素Xであると考えられた。この要素が学芸科学部のキャンパスのあらゆる部分に浸透していた。しかし、薄れてゆく霧が七〇年代に晴れたとき、教授陣は知的嗜好をまったくもたぬ――そんなものがあることさえ気づかず、人生を見つめる前に職業で成功することばかりを気に病んだ――ろくに教育を受けていない若者を目の前にした。そのとき大学は、学生の空虚さを満たすものも、学生のものとは異なる目標も与えなかった。こうして反動が始まった。

一般教養教育はずいぶん長い間うまく定義されないできたから、すっきりとした明快な姿をもたないし、専門教育のような制度化された権威ももたないが、にもかかわらずたゆまず営まれている。また、資金とそれに結びついた敬意を相も変わらず受けている。一般教養教育はつねに専門からいくぶんはずれた者にとっての戦場であった。それは、たとえば病院に対する教会の状況に似ている。宗教的機関に何かができるとはもはや誰も信じていないが、現実の人間の欲求に応じるある種の役割をそれは果たしている。あるいは、それはかつて必要とされたものの名残りなのである。そのために宗教的機関は、山師、冒険家、奇人、狂信者の食い物になっている。しかし同時に、宗教的機関は、独特の厳粛さと深さをそなえた人々に対して最も心暖かく雄々しい努力を求めてもいる。一般教養教育の問題についても、最悪の者と最善の者とが、すなわちペテン師と信ずべき者、詭弁家と哲学者とが、世論に気に入られようとして、また現代における人間の研究を左右しようとして闘っている。この闘争に加わっている者で最も目立つのは次の三者である。まず大学当局。彼らは、大学が提供する教育について一般に抱かれたある種のイメージに、公式に責任がある。次に、政治的計画に携わる者、あるいは専門家の知識を一般に普及させようとする者である。そして人文系学科の真の教師。彼らは全体と自分との関係を実際に知っており、学生の意識にそうした自覚を留めておきたいと切に願っている。

だから大学は、六〇年代に学生に課せられる要求を取り除こうと躍起になっていたように、八〇年代にはそうした要求を取り戻そうとして忙しくしている。これはずっと困難な仕事である。現代を表現することばは「コア」〔未来設計の中核となる計画〕である。「六〇年代には少しゆきすぎがあった」こと、いまやわずかな微調整が明らかに必要になってきたことには、広く意見の一致がある。

一般教養教育という問題に対する典型的な反応は二つある。いちばん簡単で大学当局にとって満足のゆく解決は、独立した学科にすでにあるものを利用し、学生をひたすら強制していろいろな分野をカバーするようにさせることである。すなわち大学の一般的な学問の区分である自然科学、社会科学、人文科学のおのおので、ひとつずつあるいはそれ以上の科目を取らせる、というやり方である。かつての放縦の時代に寛大（openness）というイデオロギーが支配的だったように、ここでは広さ（breadth）というイデオロギーが支配している。これらの科目にはほとんどつねに既存の入門用の科目があてられ、大部分の教授の興味をまったく惹かない。その学ばれるべき内容には価値や現実的意義が当然あるはずだ、と見なされているにすぎない。それはよろず屋が万能家《ジェネラリスト》だという意味で一般教育《ジェネラルエデュケーション》なのだ。よろず屋はなんでも少しずつ知っているが、各分野でその専門家より劣っている。学生はさまざまな分野を試食してみたいと思うことがあるだろうし、まだ経験していないもので自分を惹きつけるものはないか、まわりを見回して捜すように彼らを促すのはよいことかもしれない。しかしこんなものは一般教養教育ではないし、学生がこの教育に抱いている憧れを満たしてくれはしない。一般教育で学生が教わるのは、水準の高い一般的知識などないこと、自分たちがやっていることは、ほんとうの研究への準備段階であると同時に、いま離れつつある子供時代の一部であるということにすぎない。こういうわけで、学生はこんな教育は片づけて、教授が真剣にやっている仕事に自分も取りかかりたいと思っている。誰にでも関心のある重要な問題の認識なくしては、真剣な一般教養教育はありえない。そうした問題意識がなければ、一般教養教育を確立しようとする試みは、実際の結果をともなわない身振りにしかすぎないだろう。

コア・カリキュラムのこういう作り方は不十分だと、多少とも明確な自覚がなされるようになり、これが動機となって、第二のカリキュラム編成が試みられる。それは「混成科目」とでも呼べるものから成っている。これは特に一般教育を目指して作り出されたカリキュラム構成であって、いくつかの学科から引き抜かれた教授の協力をふつう必要とする。こうした科目は、「自然における人間」、「戦争と道徳的責任」、「芸術と創造性」、「文化と個人」などと題されている。もちろん、すべては企画を担当する者や実際に教える者にかかっている。混成科目には、教授が学生の一般的な欲求をいくらか熟考しなければならないという明らかな利点があり、専門課程の教授は、少なくとも一時的にしろ視野を広めることを強いられる。危険な点は、流行にひきずられること、たんなる大衆化であること、内容に厳格さの欠けることである。一般に、自然科学者はこうした努力に協力しないことが多い。したがって、これらの科目はバランスを欠く傾きがある。要するに、混成科目は自らの枠を越えることを目指してはいないし、たとえばかつてアリストテレスやカントの研究が全体としてやったように、恒久的な問いを独力で追求するための、独立した手段を学生に与えるものではない。この種の科目は、あれこれの事項からなる断片的なものになりがちなのだ。一般教養教育は学生に、学問は全体を通観するものであると同時に精密でなければならないし、またそうでありうる、という感覚を植えつけるべきである。このためには、非常に小さな問題を詳しく論究するのが最善の方法である。ただし、この問題は全体に開かれたかたちで組み立てられねばならない。このような科目は、明確な意図——恒久的な問題に至ろうとし、学生にそうした問題を自覚させ、それを扱うという重要な仕事をする能力をつけさせようという意図——をもたなければならない。さもないとそれはややもすると楽しい気晴らしになり、行き詰まってしまう——なぜなら、その場合、学生に想像できるもっと進んだ研究のどんなプログラムともこの科目が関係を失ってしまうからである。もしこの構想に大学の最良の人々の最良の労力が約束されるなら、それは利益をもたらすだろう。教授にとっても学生にとっても失われた知的興奮をいくらかもたらしてくれるだろう。しかしそうしたことはめったに起こらない。この種の構想は、最高の研究からも、さまざまな学部がそのほんとうの仕事と見なしているものからもまったく切り離されている。組織全体の生命を決定するのは、権力のある場所である。そして上層部で解決されない知的問題は、行政上の下部組織では解決できない。問題はさまざまな学問の統一の欠如であり、問題点を論議する意志も手段さえもないということである。上層部の病気は下部組織の病気の原因なのだ。この病気に対しては、一般教養教育を誠実に担当する者の好意によるどんな努力も、せいぜい一時抑えにしかならない。

　言うまでもなく、唯一の真面目な解決とは、ほとんど誰からも拒絶されるような解決である。すなわち、あの懐かしい〈偉大なる書物〉〔古典のこと、第Ⅰ部「真白なノート」参照〕を教授するという方法である。この方法に則った一般教養教育とは、一般に認められた古典文献を読むこと、とにかく読むことである。そして問題が何かを、また古典に近づく方法を、テクスト自身に語らせることである——つまり古典を出来合いの範疇に押し込んだり、歴史の産物として扱ったりせず、作者が望んだとおりの読み方をしようとすることである。私は古典崇拝に対する反対意見のことはこと細かに知っているし、実際それには同意する。たとえば、古典崇拝は素人のやることで、能力のない独学者の自信を増長させる。また、あらゆる古典を熟読することなど不可能だ。古典だけしか読まないでいたのでは、偉大な書物が平凡な書物とはどう違うのかも決して分からない。何が古典なのか、あるいは何が規準になるのか、それを決めることができる者を決定する方法があるだろうか。古典崇拝は、書物を手段ではなく目的視する。古典を奨励する運動全体には粗野な伝道の調子があり、これは趣味の良さとは正反対だ。そして古典崇拝は、偉大さに対して見せかけの親密感を生み出す、等々。しかし確かなことがひとつある。古典がカリキュラムの中心部を形づくっているところではどこでも、学生は夢中になり、満足しているということ、自分たちが独自な、自らの希望に副ったことをやり、他のどこからも得られない何ものかを大学から得ていると感じている、ということである。この特別な経験という事実がまさに——学生はこの経験を越えたどこかに導かれるわけではないが——学生に新しい選択肢と研究そのものに対する敬意をもたらすのである。学生の受ける利益は、古典についての自覚である——これはとりわけ、いま問題にしている何も知らない学生たちにとっては重要な点だ。古典に対する自覚とは、すなわち、大いなる問題が依然として存在するときに、何が大いなる問題であるかを知っていることである。また学生は、少なくとも、大いなる問題に答えるのにどのように取り組んだらいいか、そのやり方の模範を手に入れる。そしておそらく何よりも重要な利益は、共有された経験や思想といういわば資金であって、これを元手にして学生たちのたがいの友情が育まれるのである。古典の賢明な利用に基礎を置くプログラムは、学生の心に王道をもたらしてくれる。アキレウスや定言命法について学んだことに対し、学生は限りない感謝の念をもつものだ。物故した科学史家アレクサンドル・コアレ〔ロシア生まれのフランスの科学史家。一八九二—一九六四〕は、私にこう語った。アメリカ亡命当初の一九四〇年に、彼がシカゴ大学の最初の課程で教えていたときのこと、一人の学生が、自分の論文でアリストテレス氏について言及した。彼はアリストテレスが同時代人ではないことに気づかなかったのだ。「私はアメリカという国に大いに感心しました」。コアレはまたこう言った——アメリカ人のみがアリストテレスを生きた思想と見なす素朴な深さをもちうるのであって、これはたいていの学者には考えられないことだ、と。一般教養教育のすぐれた計画は、学生の真理への愛や善く生きようとする情熱を養う。各大学の個別の条件にあわせて、それを取る学生をわくわくさせるような教科課程を案出することは、このうえもなく簡単なことである。難しいのは、学部にそうした教科課程を受け容れさせることである。

当今の大学では三大部門のいずれも、古典による教育法に熱心ではない。自然科学者が他の分野や一般教養教育に好意をもつのは、自分のところの学生を盗られたり、その準備のための研究に時間をとられすぎたりしなければの話である。しかし自然科学者自身は、自分の学問分野でいま重要な問題の解決にまずもって興味をもっており、そうした問題の基礎を論議することには——それが明らかに好結果を生むのでないかぎり——とくに関心をもたない。自然科学者は、ニュートンが時間についてどう考えたかとか、微分をめぐってライプニッツとどんな論争をしたかとかいうことには無関心である。また、アリストテレスの目的論は、彼らにとり考慮にも値しない馬鹿げた考えである。彼らの信念によると、科学の進歩は、ベーコン、デカルト、ヒューム、カントやマルクスといった人物が科学の本性に加えたような総合的反省にはもはや依拠していない。こうした反省は歴史的研究の対象にすぎず、最も偉大な科学者でさえ、久しくガリレオやニュートンについて考えるのをやめてしまっている。彼らにとり、科学の進歩に疑いの余地はない。実証主義が提起した科学の真理をめぐるさまざまな難問は、さらにまたルソーとニーチェが提起した、科学が善でありうるかという問題をめぐるさまざまな難問は、科学的意識の核心にまで実際には浸透しなかった。だから、古典ではなくて、日々なされる進歩が、自然科学者にとっていちばんの関心事なのである。

一般に社会科学者は、古典教育に敵意をもっている。なぜなら、古典文献は社会科学者が扱うのと同じ人間的事象を扱う傾向にあり、また社会科学者は、古典に表現された昔の思想の足枷から解放され、自分たちが真に科学的になった点を誇りにしているからである。また、社会科学者は自然科学者とはちがって、自分たちの成果に確信がないので、昔の思想家たちの仕事には脅威を感じている。学生が誘惑されて古くてまずいやり方に落ち込むのを、彼らはたぶん少し恐れているのだ。さらに、おそらくウェーバーとフロイトを例外として、古典と呼ぶに足るような社会科学の書物はない。もっともこの点は、自然科学と比較すれば社会科学に好意的に解釈できるかもしれない。自然科学は小さな細胞がつけ加わることによって発達する生きた有機体になぞらえることができる。自然科学は、まさにこのほとんど意識されない成長という事実によって、自らが文字通りの知識の組織体であることを証明する。そしてこの組織体の何千という部分は、全体のことなど念頭にないにもかかわらず、全体に寄与している。これは想像力ないし哲学がする仕事とは正反対だ。哲学ではただ一人の創造者が自らの手で全体を造り、それを探究するからである。しかし、社会科学には古典がないという指摘を社会科学へのお世辞と解釈しようとすまいと、古典がないという事実は社会科学者を不安にさせる。私はある教授のことを思い出す。彼は社会科学の方法論を大学院の入門課程で教えていた有名な歴史家であったが、トゥキュディデスについて私が無邪気にした質問に、腹を立て蔑むようにこう答えたものだ。「トゥキュディデスは馬鹿だった！」

古典教育に対する人文科学者の煮えきらない対応は、社会科学者の場合よりも説明しにくい。古典と呼ばれる書物はいまでは「人文科学」(humanities) と呼ばれている分野にほとんどもっぱら属するのだから、人文科学の世俗的な力が最低になっている現在、古典に対する高い尊敬は人文科学の精神的力を強めると考えられるだろう。なるほど一般教養教育と古典文献研究の最も積極的な提唱者は、ふつう人文科学者である。しかし人文科学者にもいろいろある。人文科学の学問分野のいくつかは、古びてひからびた専攻科目になってしまった。というのも、その地位を古典書のおかげによっているにもかかわらず、それらの科目はあるがままの古典書にほんとうに興味があるのではないからである（たとえば文献学の大部分は言語を相手にしているが、言語が語っている内容にはかかわらない）。また自らの土台を支えるために何もしようとはしないし、またできないからである。また、ある人文科学の専門分野は一群の「本物の科学」に参加して、いまでは克服されてしまった神話的過去のなかの自らの起源を越え出ようと躍起になっている。さらに、古典を教授したり学んだりする能力が不足している、ともっともな苦情を言う人文科学者もいる。もっとも彼らの批判は、しばしば足元を崩される。彼らは、古典解釈を擁護しているにすぎないからである。学者の最新の古典解釈は真の理解ではなく、学者の生き生きとした真の理解ではなく、その反応には、専門家の嫉妬と偏狭さという要素が多分に含まれている。最後に、以上の出来事の大部分はまさしく人文科学の全般的衰弱に基づいている。この衰弱はわれわれの現状の兆候でもあり、原因でもある。

繰り返して言えば、一般教養教育の危機は学問のさまざまな頂きの危機を反映している。またそれは、世界を解釈するのに用いられるさまざまな第一原理が不整合をきたし、たがいに両立しえないという事実——知性の最大規模の危機（これが現代の文明の危機をなす）——を反映している。しかし、おそらくこう言うほうが真実なのかもしれない。危機はこのような不整合にあるのではなく、むしろわれわれが危機を論じることができず、認識さえできない点にある、と。一般教養教育が自然と自然における人間の地位に関する統一された見解——それをめぐって最良の精神の持ち主が最高の水準で論争した——を論議する道を用意したとき、一般教養教育は栄えた。一般教養教育を修めた後には、ただきまざまな専門科目だけしかなかったとき、一般教養教育は衰えた（それら専門科目の前提は、どんな一般的なヴィジョンにも到達しない）。最高の知性とは一面的な知性である。すべてを概観することなどに意味はない。

大学の解体

すべてこうしたことは、コーネル大学で銃が使われるという騒動の余波の中で、歴然となった。大学が解体してゆくちょうどその過程で、私は大学の組織について多少とも学ぶ機会をもった。一般的に言って、学問の自由と大学の保全に対する攻撃には、どの学問分野もそれほどうまく対応しなかった――うまく対応したのは、個々の人間だけであった。しかし、さまざまな学問分野の反応の仕方には、それぞれの特徴があった。大学院――工学、家政学、産業労働関係や農業の専門教育をする大学院の場合、人々はただ家に帰り扉を閉ざしただけだった（法学校の教授には憤りを実際に表明する人もいたし、彼らのあるグループはとうとう学長の辞任を求めて公式声明を出した）。一般にこうした大学院は保守的だと見なされていた。しかし、実は彼らはたんに面倒を望まず、始まった戦いが自分たちが参加すべき戦いだと感じなかっただけである。黒人学生の不満が向けられていたのは、こうした大学院ではなかった。思想にどんな変化がおきたとしても、右のような大学院は影響をうけないであろう。学問分野がきわめて多種多様であることには、多くの人が共通に不満を抱いている。そのために大学は平衡をなくし焦点を失っている。しかし、こうした不満にもかかわらず、行動のなされる場は学芸科学部であって、他の学部はこの学部に付随していること、学芸科学部が学問と権威の中心であることは周知の事実である。こうした古い秩序の大部分はそのまま温存された。六〇年代を通じてどこでもそうだったように、コーネル大学でも学芸科学部が挑戦にさらされた。したがって、自然科学、社会科学それに人文科学が問題に直面しなければならなかった。この三分野はその内容と基準を変えるよう求められると同時に、学生が「知覚した」ようなエリート主義、人種差別、性差別を排除するよう求められた。しかし、その結果、学者の共同体は何ら共同体ではないという事実が明らかになった。彼らは連帯して、こうした要求から真理の追求を守ろうとはしなかったからである。

自然科学者は闘争を下界に置き去りにし、自分たちだけの島に向かったので〔ベーコン『ニューアトランティス』の空飛ぶ島の示唆〕、脅威を感じることはなかった。私の信ずるところでは、コーネル大学の自然科学者のうちで銃の登場や教授に対する威嚇を非難した者はたった一人であった。コーネル大学で最も有名な教授で、ノーベル賞受賞者であるこの物理学者は、学長を擁護する指導的な代弁者になった。しかし彼は、生命を脅かされていた教授たちに意見を求めたり、何が大事な問題なのか、という疑問を出したりすることは一度もなかった。彼は暴力を嘆いていたが、行動は何ひとつ起こさなかったし、どこで一線を引くべきかを指し示すようなことばを一言も発さなかった。私の知るかぎり、自然科学者の誰一人として、社会科学者や人文科学者の何人かのように、暴漢と共謀した者はいなかった。彼らの仕事が大学における他の分野の活動から完全に独立しており、自分たちの仕事は重要だという信念があったからこそ、彼らは無関心でいられたのである。自然科学者たちは、自分たち以外の学者と共通の善を分かち合わなかった。私の友人の一人は、あからさまな脅迫を受けたのち家を出て家族とともに身を隠すという屈辱を負わされていた。彼とつれ立って、学部が学生に降伏した会議——この降伏はまったく恥ずべき出来事であり、小規模ながら紛れもない専制の確立に、臆病にも黙って従うことであった——にでかけてゆくとき、生物学の教授がおそらくわれわれに当てつけて、声高に訊ねているのが耳に入った。「こちらの社会科学の先生方は、ほんとうに危険があると思っていらっしゃるんですか」。友人は私を悲し気に見てこう言った。「あんな同僚がいるんだから、敵なんかいらないくらいだな」。

　アメリカにおける学生運動はひどく理論を重んじなかったから、かつてファシズムや共産主義がその全盛期にそうしたように、自然科学を攻撃の標的にはしなかった。レーニンのように実証主義、相対性理論、遺伝学を弾劾する者も、ゲッベルス〔ドイツ第三帝国の宣伝相。一八九七－一九四五〕のようにユダヤ人の科学は誤りだと警告する者もいなかった。科学者が産軍複合体と協同することに対する攻撃のみならず、科学者の役割に対する攻撃は以前から始まっていた。資本主義の手助けをし環境を汚染するテクノロジーを、科学者が生み出すからである。しかし、こうした攻撃のいずれも、真面目な科学者の研究の急所には達しなかった。科学者は、自分たちの知識の不人気なある種の応用から遠ざかり、自分たちを支えてくれる政府を軽蔑し、自分たちが平和と社会正義の徒であると宣言することによって、学生運動の猛威を免れることができた。予想されるように、この点についてもまた、コーネル大学のあの大物理学者は、熱核兵器を生み出した物理学者の役割を繰り返し弁護する点で、かねて有名だった。しかしいずれにせよ、右のような科学者たちは、彼らの研究室、教室、あるいは実験室で何ひとつ変えるよう求められなかった。だから彼らは騒ぎにかかわらないことに決めたのである。

　自然科学者のこの行動は、誰もが自分のことだけを考えるといった、たんなる利己心や自己防衛本能のあらわれではなかった。もっともそういうものはたくさんあったし、それにはありきたりの不快で説教じみた美辞麗句がともなったけれども。危機にみちた雰囲気のせいで、自然科学と大学との関係が——完全に意識的にではないが——見直された。学問の世界における危機も政治の世界と同じで、緊張や関心の変化を表面化するのに役立つ。事態が平静であるかぎり、こうした緊張や変化には直面しないでいるほうが容易だからである。たとえば、冷戦の初期に自由主義者がスターリン主義者と交わりを絶ったときのように、古い同盟を破り新しい同盟を形成する作業には、つねに痛みがともなう。科学者は、自分たちが大学の他の成員とほんとうに結びついていない事実、かと言って彼らと運命を共にするのは犠牲が大きいという事実に直面していることに気づいた。もし化学がどういうわけか文化大革命の標的になり、若い紅衛兵がその教えを監視し、化学に携わる者を威嚇するとしたら、それでも生物学者が平気でいられるとは想像できない。化学者は生物学者の血縁であり、彼らの知識は生物学の進歩には絶対に不可欠である。しかし、物理学者が物理学者であるままで、比較文学や社会学の教授から何か重要なことを、いやそもそも何ごとかを学べるとは、現代ではもはや考えられない。自然科学者と他の人文研究との結びつきは、家族のような親密な結びつきではなく抽象的なつながりであって、われわれと人類全体との結びつきに少し似ている。ここでは、万人に適用できる権利を決まりきったやり方で発動することはできる。しかし、共有された確信や利害のような、ただちに激しく人を動かすようなものはない。「私はあなたがいなくても生きてゆける」ということばにならない思想が、そのような関係が苦痛になるとき、研究者の心に忍び込む。

重要な自然科学者でもあった最後の哲学者カントと、最後の偉大な文学者であり、自分の貢献は文学よりも科学に対するほうが大きいかもしれないと信じることができたゲーテ以来、自然科学とそれ以外の学問との分離は現実に存在していた。しかし、次の点は心に留めておかねばならない。すなわち、彼らはたまたま科学に面白半分に手を出した哲学者や詩人ではなく、彼らの著作は自然の鏡であったということ、また彼らの科学は、存在、自由そして美の思索によって導かれ、形成されたということである。彼らは、さまざまな学問的問いがもつあの古い統一の最後のあえぎを表現した。その後、自然科学は学問のスイスになり、薄暗い平原でおこなわれる闘争に対して、無事に中立を保っている。ヘンリー・アダムズは、——ジェファーソンのような要人たちが、科学は自分たちに手が届くものであり、有益なものであると考えた最後の時代と、科学者が一般の人々に理解不可能な言語（人生については何ひとつ教えてくれないが、情報としては生活に必要である言語）で語っている時代のはざまで、彼は生涯を送った——一風変わったやり方でこの変化に注目している。若い頃アダムズは自然科学を勉強していたが、後にやめてしまった。年をとってからもう一度その方面に目をやってみて、彼は自分が新しい世界にいるのを発見した。古代のきずなが衰え婚姻関係がこわれていたという事実は、古い大学の伝統と理想によって隠されていたのだ。十九世紀と二〇世紀の偉大な科学者は、一般に教養のある人間で、他の学問分野の経験をいくらかもち、そうした分野を心から尊重した。自然科学と自然科学者の専門化がますます進むにつれて、真相を隠していたこの霧はしだいに薄れていった。六〇年代このかた、科学者が社会科学や人文科学の同僚に語りかけ、ともに仕事をすることはますます少なくなってきた。大学はかつてそなえていたポリスのような性格をことごとく失った。たとえて言えば大学はひとつの船になってしまった。その乗客はたんに旅行者として乗り合わせただけで、すぐに船を降りてばらばらな方角へ散ってゆく。自然科学、社会科学、人文科学の関係は、まったく行政上のものであり、実質的な知的内容を全然もっていない。この三領域は大学教育の最初の二年間の段階で出会うだけで、そこで自然科学者が主に関心をもっているのは、やがて自分たちの道に進むことになる若者との利害関係を守ることなのである。

　こういう状況は、数年前、『ニューヨークタイムズ』にのったある記事に完璧に描写されていた。一人の音楽教授がロックフェラー大学を訪問したというのである。そこに勤務する生命科学者たちが、音楽学者の講義に弁当持参でやってきた。この試みは、「二つの文化」に関するC・P・スノーのばかげた思いつきに刺激されたものだった。彼は二つの文化の裂け目を、人文科学者に熱力学の第二法則を学ばせ、物理学者にシェイクスピアを読ませることによって、埋めようと提案したのである。もちろんこの試みが精神を高揚させる訓練以上のものとなるのは、物理学者がシェイクスピアから自分の物理学にとって何か重要なことを学び、同様に人文科学者が熱力学の第二法則から利益をうる場合だけである。実際には、こうした類いのことは、何ひとつ起こらない。科学者にとって、人文科学は気晴らしであり（科学者はこうした気晴らしをしばしば深く尊重する。というのも、彼らは自分が与えるものよりも多くのものを人々が要求することが分かっているのに、どこにそれを見つけたらよいのか頭を悩ましているからである）、また人文科学者にとって自然科学はせいぜい関係ないもの、悪ければ相容れないもの、敵対するものなのである。

　『タイムズ』はロックフェラー大学学長――この大学では最近哲学の科目が廃止された――ジョシュア・レーダーバーグ〔アメリカの微生物遺伝学者。一九二五－〕が、講義のあとでこう語ったのを引用している。C・P・スノーの考えは妥当であるが、「数をまちがえた」——つまり二つの文化ではなく、多くの文化があるのであり、そのひとつの例がビートルズ文化である、と。彼はこう言って、あるつまらぬ思いつき——それは下り坂に設けられた休息所でしかなかった——をこの上なくつまらなくして見せたのである。レーダーバーグは人文科学の中に自然研究を補う人間についての知識を見たのではなく、世界で起こりつつあることに関するたんにもうひとつの表現しか見なかった。結局、すべてこうしたことはことごとく、多少とも洗練されたショービジネスなのである。レーダーバーグは聴衆に一種のウィンクを送ってみせ、この民主主義的相対主義という海で、自然科学は難攻不落の要塞ジブラルタルのようにそびえ立っていることを知らせる。それ以外のことはすべて好みの問題にすぎない、というわけである。

こうした性向は、コーネル大学や他のどの大学でも、自然科学者の行動に影響した。学生の入学や教授の任命を、あれこれの社会的目標を達成する手段として使おうとする試みは、大学の水準を下げ、その目的を曖昧にした。そのような試みがなされるなか、自然科学者は彼らなりのやり方で新しい計画に協力した。自然科学者は、一方で反エリート主義、反性差別、反人種主義のレトリックを採用しながら、自分たちの領分の問題に対して何らかの手を打つことには黙って抵抗した。彼らは社会科学者や人文科学者に責任をなすりつけた。社会科学者や人文科学者のほうが与しやすく、たやすくいじめることができるとわかったからである。自然科学者もアメリカ人だから、一般に時代の雰囲気に好意的である。しかしまた彼らは自分の仕事には強い確信をもっている。自分たちが科学を教えてもいないときに、そうしていると自分を欺くことはできない。自然科学者は能力を測る強力な操作的尺度をもっている。そして、少なくとも私の経験では、彼らは科学的知識こそ唯一の真の知識である、とひそかに信じている。彼らはジレンマに直面した。たとえば、数学者はもっと多数の黒人や女性が教職に雇われるのを見たいと望んだが、その任に耐える人材をほとんど見出せなかった。そのようなとき彼らは、人文科学者や社会科学者がこれらの黒人や女性を雇うべきである、と実際に言ったりした。自然科学以外の領域にはほんとうの規準はないと信じているので、人文科学や社会科学の分野で学生の成績を補正することなどたやすくできて当たり前だと思っていた。自然科学者は「積極行動」のさまざまな局面に心底から無責任な態度で協力した。たとえば、適切な資格がないのに入学を認められた少数者《マイノリティ》集団の学生は、もし科学の分野でうまくやってゆけないのなら、他の学部が世話をするのが当然だというわけである。科学者はそうした学生がよもや多数落第するとは予期せず、そうなったらどんなに恐ろしい結果となるかも考えなかった。こういう学生は大学の他の学部でうまくやるだろうと頭から思い込んでいたのである。ある意味で、自然科学者は正しかった。人文科学と社会科学は堕落させられ、評点のインフレが著しくなったのに対して、自然科学はまだ大幅に白人男性の領分である。こうして大学の真のエリート主義者は、歴史の力の優勢な側にひきつづき立つことができ、どんな不都合な結果をこうむる必要もないのである。

　改革のヒステリックな支持者を見つけるためには、驚くにはあたらないが、人文科学に赴かなければならない。冷静さ、理性、客観性とは正反対の情念と傾倒《コミットメント》がそこに住みついている。大学紛争劇には、もし大学がただちに降伏しないなら建物を乗っ取る、という脅しの声明を人文科学のある教師グループが出す一幕もあった。ある学生から聞いたのだが、彼の教わっている人文科学の教授の一人は、その教授自身ユダヤ人なのに、ユダヤ人は黒人に対する仕打ちのために収容所に入るに値する、と言ったそうだ。とうとう、こういう男女の連中が図書館や教室でぶらぶら時間をつぶすのを止めて行動に出た。しかし、彼らは自分たちの破滅に向かって進んだのだ。というのも、人文科学こそ、最もはなはだしく変化をこうむったのだから。それは六〇年代のひとつの帰結であった。学生は勉学の関心を失った、語学教育はほとんど消滅した、博士号取得者のための職がなくなった、国民一般の大学への共感が失われた——これらのことは、それらの地位を保証していた古い秩序をひっくりかえしたために起こった。連中は分相応なものを得たが、われわれは不幸にもすべてを失ったのである。

　多くの人文科学者がこうした行動をとった理由は明白であって、これこそが本書の主題である。コーネル大学は、政治の面でそうだったように、人文科学においてもある潮流の最前線にあった。比較文学における急進的なフランスの左翼思想を合法化しようとする動きが始まって数年が経っていた。サルトルからゴルドマン〔フランスの哲学者、文学理論家。一九一三―七〇〕をへてフーコー〔フランスの哲学者。一九二六―八四〕やデリダ〔フランスの哲学者。一九三〇―〕にいたるまで、あいつぐ波がコーネル大学の浜に打ち寄せた。これらの思想は、古い書物に新しい生命を与えようと目論んでいた。読書の技法、解釈の枠組み——マルクス、フロイト、構造主義などなど——が、こうした疲弊した古い書物を自らの体系に組み入れ、その結果こうした書物は改革をめざす意識の一部になった。人文科学者は、以前はただの骨董研究家であり、年老いていまや魅力をなくした高級淫売のハーレムを守る宦官にすぎなかったのに、ついに活動的で進歩的な役割を与えられた。さらに人文科学のほとんど全面に蔓延している歴史主義が、新興勢力へ献身する精神を準備した。これに加えて、こういう変化では科学の場合よりも文化の場合のほうが勝れているだろうという期待があった。すでに述べた知的な反大学イデオロギーは、このような状況に自らの表現を見出した。というのも、大学は歴史の舞台にすぎないと考えることができたからである。リュシアン・ゴルドマンは、その死の数ヵ月前に私にこう語った。「私は幸せ者だ。というのも、九歳の私の息子が六八年のパリで、店の窓に石を投げるのをこの眼で見るまで生きていられたのだから」と。ラシーヌとパスカルに関する彼の研究は、ついにこうした形で完結した。〈人間性ハ回復サレタ！〉学生は行動にふけったが、書物にはふけらなかった。過去や教師の助けを借りずに、未来に働きかけることができた。にもかかわらず、革命は創造性の時代を導きいれるだろう、骨董趣味ではなく芸術が花開くだろう、想像力がついに理性に取って代わるだろう、というアヴァンギャルドの甘い期待は、すぐには満たされなかった。

人文科学の教授はいまや容易ならざる状況におり、自分自身も自分のすることも信じていない。人文科学者は、好むと好まざるとにかかわらず、古い書物の解釈と伝達に本質的にかかわっており、伝統が優遇されない民主的秩序のさなかにいて伝統と呼ばれるものを守っている。彼らは、明らかに有用であるということがそこへの唯一のパスポートであるような場所で、有用性を離れた美しいもののために戦うパルチザンだ。彼らの学問領域は、永遠と観想にかかわるものなのに、いまここに存在するものと活動だけを要求するような境遇に置かれている。人文科学者は平等主義的正義を信じていながら、稀少なもの、洗練されたもの、優れたものの代理人である。定義上、彼らは平等主義的正義からは逸脱している。それにもかかわらず、その民主主義的傾向とある種の罪の感情によって、そうした正義に就くよう強いられる。結局のところ、シェイクスピアやミルトンが、現代の問題の解決にどういう関係があるというのだろう。人文科学とは、調べてみたら、われわれが克服しようとしているエリート主義、性差別、国家主義の偏見の宝庫であるとわかった場合、この疑念はとりわけ深くなる。

事柄の本質上、教授たちは心底いだいたことなどそうたびたびはない確信や献身を要求されただけでなく、彼らには観客が次第にいなくなっていた。学生は、自分たちに与えられたものが重要だとは端的には納得していなかった。孤立感と自分には価値がないという意識に打ちひしがれて、これら人文科学者は、未来を最も速く目指す最新式の急行列車に飛び乗った。もちろん、人文科学に敵意をもつあらゆる傾向が過激になった結果、人文科学は容赦なく列車から放り出されてしまったが。自然科学と社会科学は、自らが何らかの形で有用であることを明らかにすることによって座席を見つけた。人文科学にはそれができなかったのである。

人文科学には政治に無関心な性格が見られたせいで、また古典文献の政治的内容——これは政治教育に取り入れられるべきものである——を歪めたり、削除したりする習慣のせいで、魂に空洞が残された。この空洞を埋める政治学ならどんなものでもかまわなかった。とりわけ、最も卑俗で、極端で、流行している政治学で埋めることができた。人文科学は自然科学とちがって失うものを何ももたなかった(あるいはもたないと考えられた)し、また社会科学とちがって手に負えない政治問題に関する知識もまるでなかった。人文科学者は、自らを一新し、生き返らせようと思って、レミング〔北欧産の動物。繁殖が極に達したとき、海に大移動して溺死する「レミングの集団自殺」で知られる〕のように海の中へ走り込んだ。そして溺れ死んでしまったのである。

以上のような事情から社会科学が戦場として残された。それは攻撃地点であると同時に、どんな種類のものであれ抵抗の唯一の拠点であった。社会科学は大学で最も新しい分野であった。それゆえ、かつて偉大な業績をあげたとか、人間の英知の貯えへ寄与するところがあったとかいう誇りが最も少ない分野であり、まさに自らの正当性が問題となり、天才がきわめて謙虚に参加する分野であった。しかし、社会科学は主として人間事象にかかわり、社会生活に関するさまざまな事実を所有すると見なされていたし、事実を報告することに関してはある種の科学的良心と誠実さをもっていた。計画を立てる者なら誰でもが、また繁栄、平和、あるいは戦争、平等、人種差別、性差別を気遣う者なら誰でもが、社会科学に関心をもっていた。この関心は二つのかたちをとることができた。まず、人々は事実を知りたいと思った——あるいは人々は、この事実を彼らの計画にぴったり合うようにし、公衆に影響を及ぼそうとした。

以上のような社会科学の諸分野において、事実を変えようとする誘惑は非常に大きい。報酬、懲罰、金、賛辞、非難、罪の意識や善いことをしたいという欲求、こういったものがことごとくこれらの学問分野を取り巻いており、それにたずさわる者を幻惑する。誰もが、社会科学の語る物語が自分たちの欲望や欲求に合うよう望んでいる。ホッブズが言ったように、もし二足す二は四という計算が政治的に重要な事柄になったとしたら、計算の正しさを否定する党派が出てくるだろう。社会科学のもてるものは、イデオローグや山師がその分け前にあずかっても、なおそれ以上だった。しかし、社会科学は非常に誠実な学者をも生みだしてきた。不正直な政策が勝利を得にくくなったのは彼らの仕事のおかげである。

こうして、他ならぬ社会科学が、過激派の最初の攻撃目標となった。黒人活動家の一団が、ある経済学の教師の授業を中断させ、ついで学科長室へ向かい、学科長と秘書(彼女は心臓病だった)を十二時間にわたって人質に取ったのである。

もちろん告発の理由は、先の教師がアフリカの経済活動の有効性を判断するのに、西欧の規準を用いている人種差別論者だ、ということであった。この道の権威者が問題に注目するように仕向けたというので学生は称賛され、学科長は学生の懲罰処分を拒否し、件の教師は、不思議なことにキャンパスから姿を消したまま、二度と姿を見せなかった。

こういった種類の問題解決が典型的であった。だが、社会科学の教授にはそれを好まない者もいた。歴史家は、世界史、とりわけアメリカ合衆国史を書き直し、国家がつねに支配と搾取をたくらむ制度であることを示すよう要求されていた。心理学者は、不平等と核兵器の存在によって受けた心理的損傷を証明せよと、またアメリカの政治家はソ連について妄想に囚われていることを示せ、と無理強いされていた。政治学者は、北ベトナム人を民族主義者と解釈し、ソ連に押しつけられた全体主義の烙印を一掃するよう急き立てられた。国内政策あるいは対外政策にかかわる、およそ考えられるすべての急進的見解が、社会科学の支持をとりつけようとした。とりわけ、エリート主義、性差別、人種差別の罪を、社会科学から祓い清めるべきだと言われた。社会科学は、こうした罪とさらに第四の大罪、すなわち反共主義と戦う道具として利用できるというのである。もちろんあえてこれらの罪を認めようとする者が誰もいなかったのは当然のことだが、根本にある問題、すなわち平等そのものについての真剣な討論は、すでに長い間舞台から退場させられていた。中世においては、恐れを知らない少数の狂信者は別として、あらゆる者がキリスト教の信仰を告白し、正統教義にかかわる討論しかおこなわれなかった。これと同じように、社会科学の学生たちの主要な活動とは異教徒を見つけだすことであった。異教徒とは、性差を真面目に研究したり、強制バス通学〔人種的融合をはかるため生徒を居住区域外の学校へ通学させること〕の教育的価値について疑問を提出したり、限定核戦争の可能性を考えたりした教師であった。中傷をうけたり、授業を中断されたり、教育に必要な信頼や敬意を失ったり、同僚の敵意を買ったりする危険を冒さずに、過激な正統教義を疑うことはほとんど不可能になった。「人種差別論者」や「性差別論者」というレッテルは――これらは、別の偏見がはびこっていた時代の「無神論者」または「共産主義者」というレッテルに匹敵する――非常にたちの悪いものであったし、いまでもそうである。これらのレッテルは気紛れに人に貼りつけられ、いったんつけられると取りはずすのはほとんど不可能だ。無事には何も言えなかった。こういう空気は、私心のない、感情に動かされない研究を不可能にした。

このような事態は多くの社会科学者にはお似合いであった。ところが、この闘争から新しい、もっと頑強な種族が生みだされた。自分たちの客観性が脅かされているのに気づく者が出てきたのである。学問的探究への敬意や擁護がないのだから、研究者の誰もが危険にさらされてもおかしくなかった。こうした圧力が、かつての自由主義と学問の自由が大切だ、という意識を復活させた。誇りと自尊心、脅迫と侮辱に屈しまいとする反抗が姿を現わした。これらの社会科学者が知っていたように、情念によって眼前の事実が一掃できるようになれば、民主主義社会におけるあらゆる人々が党派を問わず危険にさらされる。何よりも、政治宣伝をがなりたてる拡声器に対する本能的な厭わしさが、彼らのうちに呼び起こされた。このような社会科学者は、必ずしも全員が個人的に同じ政治的信条をもっているわけではなかった。彼らはつねにたがいに意見が一致していたわけではなくて、同僚との不一致から利益を得ることもあった。しかし、彼らの連帯感は、同僚が抱いている動機に対するたがいの敬意と、自分たちの研究を守ってくれる制度への愛着とに支えられていた。コーネル大学には左派、右派、そして中道派の社会科学者がいたが——といっても、アメリカの大学でよく見られるようにそれぞれは狭い範囲内にすべて収まってしまう——彼らは学問の自由や同僚に対する非道な行ないに協同して抵抗した。かつてはコーネル大学でそうした非道がなされたが、いまでも微妙な形態のちがいこそあれ、あらゆる大学でおこなわれつづけている。大学に対する挑戦が、その最も政治的な部局で始められ、そこで最もよく理解されたのは偶然ではない。学問を道徳によって統一することが自然に人々の関心の焦点となり、科学の価値が判断されるためには、政治的視野が必要だからである。

この危機が社会科学にその関心を広げさせた原因であったとか、他の学問分野に自らの置かれた状況を反省する気にさせたとは、残念ながら、私には確言できない。しかし、真理への愛と自分の研究のために心から喜んで犠牲を払おうとする一群の学者としばしのあいだ行動を共にし、敬愛は敬愛以上のものでありうることを発見し、確信に基づく共同体を感得することは、勇気づけられる体験であった。他の学問分野の研究者も、自分たちは自由な研究に献身していると公言したが、ほんとうにそうなのかを吟味したことは一般になかった。それらの分野がこのような吟味を免れたという事実は、アメリカの大学の組織にひびが入ったことを説明するこの物語で大きな役割を演じている。

さまざまな学問分野

大学という学問のねぐらを支配し、知識とは何かを規定するあの三大部門は今日どうなっているのだろうか。自然科学はまことに立派にやっている。一人暮らしだが幸せであり、ゼンマイをきっちり巻いた時計みたいに動きっぱなしで、あい変わらず成功しているし、役に立つ。最近も物理学者のブラックホール、生物学者の遺伝暗号のように大きな発見があった。自然科学の対象と方法に関して人々のあいだで意見の相違はない。自然科学は、非常に知能の高い人にはわくわくするような生涯をもたらし、一般の人々には測り知れない利益を提供する。われわれの生活様式は自然科学者にすっかり頼っており、自然科学者は、約束したことを全部実現したうえ、それ以上のこともやってのけた。ただその周縁部でのみ、自然科学者の理論上の平静さを脅かしかねない次の三つの疑問が生まれる。すなわち、まず、アメリカは全体を通観できるような天才科学者を生んでいるかどうかという疑問、次に、核兵器のような科学の産物の利用に関する疑問、最後に、生物学の実験と応用に「倫理学者」の参加が必要になるのではないか（にもかかわらず、彼らは倫理学者のような学者が一人もいないことを科学者の立場から知っている）という疑問である。しかし一般にすべては順調にいっている。

しかし、自然科学が終わるところで悶着が始まる。自然科学の領分は人間、すなわち科学の視界を超える唯一の存在の手前で終わる。あるいは正確には、何であれ身体に属さない人間の部分ないし側面の手前で終わる。科学者はその側面のもとでしか科学者であるとは見なせないというのに（この事情は、政治家、芸術家、預言者でも同じである）。人間的なもの、われわれにとって重要なものはことごとく自然科学の埒外にある。このことは自然科学の問題であるはずなのだが、現状ではそうはなっていない。この側面が何なのか知られていないということ、身体に属さず、還元不可能な、人間のこの小部分につける名前についてすら一致していないということ、これはまちがいなく現代の問題である。ともかくこの捉えどころのないもの、または側面が、科学、社会、文化、政治、経済、詩、音楽を生みだす。われわれは、この側面の産物であるこれらのものが何であるかを知っている。しかし、それらを生みだすものを知らないとしたら、この側面の地位を、そもそもそれが存在するかどうかを、真に知ることができるのだろうか。

この問題の難しさは次の事実に反映されている。このひとつの主題、すなわち人間、あるいは〈何カ分カラナイガ〉人間に属するこのもの、そして人間の活動と産物を研究するために、大学には二つの大きな部門――人文科学と社会科学――がある、という事実に（ところが身体に関しては自然科学しかない）。こうした事態も、もしこの分業がちょうど物理学、化学、生物学のそれのように、主題の一致に基づいており、主題内部の自然な分節を反映していて、相互に尊重し合い協力し合うようになるのであれば、まったく問題ないだろう。社会科学は人間の社会生活を扱い、人文科学はその創造的生活——偉大な芸術作品など——を扱うと信じることもできるし、主として学位授与式の演説でのことだが、現にそう言われてもいる。そしてこの種の区別にも一理はあるが、実際には適切なものではない。この事実はいろんな形で明るみに出る。社会科学も人文科学も自然科学に対しては多少とも進んで畏敬の念を抱くのに、おたがいは軽蔑し合っている。社会科学は人文科学を非科学的だと見下し、人文科学は社会科学を俗物的だと見なしている。この二つの学問はおたがい協力し合わない。きわめて重要なのは、両者は同じ土地の大部分を共有しているという事実である。いまでは人文科学に属する古典書の多くが、社会科学者が語るのと同じ対象について語っている。だが、両者は異なった方法を用い、異なった結論を引き出している。また社会科学の各分野は、多種多様な芸術家の活動をなんとか説明しようと試みているが、そのやり方は人文科学で芸術家が取り扱われる仕方とは反対である。つまるところ両者の違いは、社会科学は予言をおこなおうと心から望み、人間は予言可能なものだと言うのに対して、人文科学は人間は予言不可能だと言う、という事実に帰着する。二つの陣営のあいだのさまざまな区分は、科学的な区別というよりも休戦ラインに似ている。それは人間の存在に関する、古くて、決着のついていない闘争を秘めているのである。

十八世紀末近く、人間——あるいは人間から身体を除いて残るもの、または身体に対して余分なもの——が自然から、それゆえ自然科学または自然哲学の視野から決定的に放逐されたために、危機が惹き起こされた。社会科学と人文科学はこの危機に対する二つの応答である。一方の道は、人間を新しい自然科学に同化させ、人間の科学を自然科学のはしごの横木である生物学のひとつ下の横木にしようとする雄々しい努力に至る道であった。もう一方の道はカントによって新しく開かれた領土、すなわち自然に対立し、自然とは別であるが対等な自由の領土に至る道であった。この領土は、自然科学の方法の猿まねを必要とせず、精神性というものを身体と少なくとも同じくらい真摯に受け取る。どちらの学問も、哲学から新しく解放された自然科学というチャンピオンには挑戦しようとはしない。つまり、社会科学は恐れいって、自然科学が支配する宮廷内に自分の居場所を見つけようとし、一方、人文科学は得意になって自然科学の隣に店を開くのである。その結果、人間に関してたがいに調和し合わない、連綿と続く二つの思想の系統が出てくる。その一方は、人間を本質的にもう一匹の獣として扱う傾向にある。人間は、精神性、魂、自我、意識、あるいはその他これに類したものをもたない獣だというのである。もう一方は、あたかも人間が動物ではなく、身体をもたないかのように扱う。この二つの道に合流点はない。どちらかの道を選ばなければならない。しかし、それぞれの道は非常に異なった場所に行き着く。たとえば『ウォールデンⅡ』〔ソーローの『森の生活』（一八五四年刊）にちなみ、行動主義心理学者スキナーが著わした小説（一九四八年刊）〕の描く世界は、反対側からは『すばらしき新世界』〔オルダス・ハックスリーの未来小説（一九三二年刊）〕として知られているし、「至福の島々」（ツァラトゥストラお気に入りの隠れ家）は反対者には「闇の王国」として知られているのである。

どちらの解決もこれまで完全には成功していない。社会科学は自然科学から認知されていない[13]。社会科学は自然科学の模造品であって、その一部ではないからである。また人文科学の店では、次第に朽ち果てますます埃にまみれてゆく雑多な骨董品を販売しているが、明らかに売り上げがますます悪くなっている。社会科学は人文科学よりはたくましく、自然科学に支配された世界と人文科学よりも調和していることを示した。なるほど社会科学は霊感と福音主義的熱情を失いつつある。しかし、たんに経済学と心理学を引き合いに出すだけでもわかるとおり、社会科学が近代生活のさまざまな側面にとり有用であるのははっきりしている。人文科学は衰えているが、この事実が示すのは、人文科学が近代世界には適していないということにすぎない。人文科学の衰退はひょっとしたら近代なるもののどこが不都合なのかを指示しているのかもしれない。そのうえ、学問の外の世界で今日の生活にはなはだ強力な影響を与えている言語が、自由の領土で遂行された探究から出現した。社会科学はどちらかと言えばロックが創始した学派に、人文科学はルソーが創始した学派に由来する。社会科学は自然科学を期待の目で眺めているが、しかし最近では現に、大部分の刺激を下界から受け取っている。マルクスやフロイトでも似たようなものだが、ウェーバーのことを考えるだけで十分である。断言はできないが、人間を把握するには、自然科学のもたらしえないものが必要なのである。人間こそが問題であるのに、われわれはこの問題に直面しないためにさまざまな策略をめぐらしている。現在の大学に見られる知識の三部門のあいだの奇妙な関係は、それに関してすべてを物語っている。

(13)　自然科学は社会科学にはたんに関心がないにすぎない。つまり、自然科学以外の領域でおこなわれていることに（それが自然科学に挑戦するのでないかぎり）何の敵意もないのである。自然科学は実際、自足している、あるいはほとんど自足している。他の学問分野は、自然科学の厳密さと証明の基準を満たしていることを自ら証明できれば、自動的に承認されるだろう。自然科学は自慢をしないし、スノッブでもない。純粋なのである。このような自然科学が本来の領域から習慣的に、また明らかに必然的に打って出る領域がただひとつある。スウィフトが指摘したように、それは政治の領域である。政治の領域において自然科学は、自らがもっと大きな企ての一部であること、この企ては自然科学の方法が生み出したものではないのに、自然科学はこれに依存していることを、混乱した仕方でしかないが認識する。ソクラテスが最初に言ったように、蔑まれた政治は、謙遜して哲学の必要を指摘する。科学者でさえ哲学を認めなければならない、と言って。自然科学者は政治学を科学として認めて敬意を払うことはしない。ところが、政治には熱い関心をいだいている。これこそ、あらゆる問題を考え直す出発点である。核戦争の危険、あるいはサハロフの投獄は、偶然のできごとにすぎないのだろうか。

そこでまず社会科学から見てゆこう。そこには少なくとも社会科学という領域の一般的な輪郭と、そのさまざまな部分がとりうる体系的秩序、つまり心理学から、経済学、社会学、そして政治学へといたる秩序があるように思えるだろう。残念ながら、この外見はまったくのまやかしである。第一に文化人類学が抜けている。もっとも、ひどく無理をすれば、文化人類学を体系に押し込む方法は見つかるかもしれないが。またこの秩序からは歴史も抜けている。歴史については、社会科学と人文科学のどちらに属するのかをめぐって論争がある。さらに重要なのは、これらさまざまな社会科学は、自らをこうした相互依存の秩序の中に置かれたものとして見てはいない、という点である。だいたいにおいて社会科学の諸学はそれぞれ独立に営まれる。そもそもこれらの学問が「インターフェースで触れ合う」(この箸にもかからぬ表現を用いれば)としても、それぞれに陰日向のあることがしばしば判明する。たいていの専門科目で、それに従事する者の約半数が、たとえいっしょに働いていても残りの半分の者を信じていない。そしてどこか同じような状況が、社会科学の学問分野全体に蔓延している。経済学に自前の単純な心理学をもっている。それゆえ、心理学という学問から経済学にもたらされるものは、実際には生物学の一部で経済学にはたいして役に立たないか、経済学が最優先して申し立てる動因とまったく矛盾するか、いずれかである。同様に、経済学は、政治学が政治的出来事についてふつう下すような解釈を覆しがちである。経済学に導かれた、あるいは経済学に制御された政治学はありうるが、そういう政治学は別に必要ではない。そして心理学に導かれた政治学もやはり可能であろうが、それはいまの政治学とは別物だろう。まるで、さまざまな自然科学のなかでどれが首位を占めるかをめぐり、論争がなされてでもいるかのようである。実際、社会科学のそれぞれは自分こそが出発点であって、そこから他の社会科学も理解できるのだと主張しうるし、現にそうしている——経済学は経済ないし市場が出発点だと論じ、心理学は個人の魂がそうだと論じ、社会学は社会が、文化人類学は文化が、政治学は政治秩序が出発点だと論じる(もっとも政治学は自らの主張について、この中ではいちばん断定的ではないが)。問題は何が社会科学の中核なのかという点である。おのおのの専門科目は自分こそ全体を代表しており、当然ほかの専門科目はその部分なのだと論じることができる。それだけでなく、おのおのは、相手が抽象、構成、あるいは絵空事を表わすにすぎないと非難する。そもそも、社会あるいは文化が市場を形づくっているのだから、ある社会やある文化に属さないような、純粋市場などがあるだろうか。文化あるいは社会とは何だろうか。いったいある種の政治秩序の側面以上のものなのだろうか。州あるいは国の実在性は否定しえないから、この場合、政治学が最も強い立場にある。もっとも今度は州や国も、うわべだけのもの、あるいは複合現象だと考えられなくもないが。社会科学は実際、われわれの周囲をとりまく人間界に対する、一連のさまざまな切り口を表現している。そしてこの一連の切り口のあいだには調和がない。なぜなら、人間界の現象を説明するのはどんな種類の原因なのかに関してはもちろん、何が人間界に属するのかについてさえ一致点がないからだ。

社会科学内部の論争には以上とは別の源がある。それは「科学」という用語の意味をどう理解するかにかかわる。科学は理性に導かれなければならないし、何らかの検証基準をもたねばならず、体系的研究に基づく必要がある、という点には誰もが同意する。さらに、自然科学の領域で認められた原因は、社会科学の領域でもどうにかして適用されるはずだ、ということにも多少とも同意が表明されている。これはすなわち、目的論は成立しないし、「精神的」原因などないということである。たとえば、救いの追求は、抑圧された性欲といった他の原因に還元される必要があるだろう。一方、金銭の追求にはその必要はないだろう。物質的原因を探究し、高次のまたは複雑な現象を低次のまたは単純な現象へ還元するという手続きは、一般に受け容れられている。しかし、近代自然科学のなかで最も成功した例、すなわち数理物理学を社会科学の内でどの程度まで踏襲しうるか、あるいは踏襲されるはずかという問題は、はてしない論議と争いの的になっている。予言ができれば近代自然科学のお墨つきがもらえるので、実際にあらゆる社会科学者が、頼りになる予言ができるようになりたいと思っている。だが、事実こうした予言をなしえた者は誰もいない。自然科学では、現象を還元して数学的に定式化された表現に従うようにする。自然科学における予言はこのようにして可能になったと思われる。それでたいていの社会科学者は、自らの学問分野でも同じことが起こるのを望む。問題は、そういう方向でのさまざまな努力が、社会現象の歪みを生じさせないかどうか、あるいは容易に数学化されないものの無視や、数学化されるものの優先に通じないかどうかである。あるいは、その努力が、現実の世界と何の関係もない、絵空事の数学的モデルの構成を促さないかどうかである。何よりもまず科学を熱烈に信奉する者と、何よりもまず自らに特有の主題に重きをおく者とのあいだで、一種のゲリラ戦が絶え間なく続いている。

社会科学のなかで最も成功しているとされる経済学は、数学化がいちばん進んでいる——その対象が計算されるという意味でも、また少なくとも仮説を用いて予言するために数学的モデルを構成できるという意味でも。しかし、たとえば政治学者の中には次のように言う者もいる。「経済人」はいっしょに経済ゲームをするには申し分のない相手だろうが、所詮は存在しない抽象である。これに対して、ヒトラーやスターリンは、いっしょに政治ゲームはできないが実在の人物なのだ、と。彼らの言うところでは、経済学的分析は、こうした政治上の演技者を理解する助けにならない。そればかりでなく、彼らに特有な動機を体系的に排除したり歪めたりして、社会科学の視野のうちにいっそう取り込みにくくしてしまう。経済学者は数学上の便宜をもとめるあまり、われわれの注意を最も重要な社会現象の考察からそらせてしまう、と反対者は主張する（反対者には、マルクス主義経済学者の騒々しい小集団が含まれる。彼らは経済学という学問の中核から厳しく排除されているが、こんなことが起こった社会科学の分野は経済学だけである）。それゆえ、さまざまな学問分野のあいだで、断絶が進行している。また、異なった研究方法を信奉しているので研究者のあいだに共通な話の場がないいくつかの学問分野の内部でも、同様の事情にある。

宣伝や売り込みはさておき、社会科学にはじめて出会う学生が今日現実に目にするのは、たくましく、自足的で自信に満ちた二つの社会科学、すなわち経済学と文化人類学である。この両極端な学問は対蹠点をなしており、たがいにほとんど関係をもたない——これに対して政治学と社会学とは、それぞれの内容が（混沌としているとは言えないまでも）きわめて異質なものから成っているから、この両極のあいだで双方から強く引っ張られている。[14] この二つの学問分野（経済学と文化人類学）の創始者が、他の社会科学よりもはっきりしていることは、驚くにはあたらない（一方はロックとアダム・スミス、他方はルソーによって創始された）。というのも、この二つの学問は、二つの自然状態のどちらか一方を、明確な前提としているからである。ロックは、原初に人間が置かれていた状態に理性的に対処するためには、人間は労働によって自然を征服するしかなかった、と論じた。ロックは貪欲を解放し、対抗しあう動機が人を惑わす性格をもっていることを示した。生命、自由、そして財産の追求は、基本的な自然権であり、こうした権利を守るために社会契約がなされる。もし以上のような原理が承認されるなら、人間に固有の活動を研究する唯一の科学として経済学が登場し、自然で理性的な秩序として自由市場が登場する（この自然的秩序は、他の周知の自然的秩序とは異なる。というのも、この秩序は人間が確立する必要があるからだし、経済学者が始終実地に示しているように、人間はほとんどいつもそれを間違って解するからである）。概して経済学者はこうした見地に固執しつづけてきた。彼らは一般に何らかの種類の古い自由主義者である。彼らが自由な民主主義社会を支持するのは、この社会に市場があるからである。他方、ルソーは、自然は善であるのに人間は自然から遠くはなれてしまった、と論じた。だから、そうしたはるかな起源を追求することが緊急の責務となり、まさにこの事実から人類学が創始される。レヴィ＝ストロースはこの点について明快である。文明は自由市場とその産物に事実上等しいから、それは幸福をおびやかし、共同体を解体する。この考え方からただちに、緊密な古い文化への称賛が導かれる。というのも、このような文化は経済的動機を方向づけ昇華し、自由市場が生まれるのを許さないからである。経済学者が非合理な過去の遺物だと信じているもの——経済学者はこれを「低開発社会[15]」というかたちでしか知らない——が、正しい人間研究となり、われわれの病を診断し、未来から呼びかけてわれわれを導く声となる。文化をはじめとしてさまざまなものに関する省察が大陸でなされたが、経済学者は、こうした省察の多くの側面に対して完全に門戸を閉ざしていた。これと対照的に、人類学者はそれらの側面に対してこれまで非常に開放的な傾向にあった（すでに五〇年以上も前の、ルース・ベネディクト〔『菊と刀』で知られるアメリカの人類学者。一八八七－一九四八〕のアポロン的文化とディオニュソス的文化の区別にはニーチェの影響が歴然としていた）。人類学者は左翼に傾きがちであり（なぜなら極右も人類学者の学説のなかに左翼と同様育つこともできたのだが、アメリカには根を下ろしていなかったからだ）、自由主義的な民主政体を改めたり別の政体に置き換えるのに役立つ実験にのぼせあがりやすい。経済学者は、市場こそ根本的な社会現象であり、その現象のきわまった形態が貨幣であると教える。人類学者は、文化こそ根本的な現象であり、それがきわまった形態が聖なるものであると教える。[16] ここでわれわれが眼のあたりにしているのは、言及されてはいないがいまだに存在している古い哲学教義のあいだの対立——消費財を生みだすものとしての人間と文化を生みだすものとしての人間との対立、利益を最大化する動物と聖なるものをあがめる動物との対立——である。この二つの学問分野はまったく異なる世界に住んでいる。たがいに周縁では利用し合うが、共同体意識はもちあわせていない。たとえば、多くの政治学者と社会科学者の場合と同じく、経済学者と人類学者の境界は交差している。にもかかわらず、自分を人類学者でもあると見なす経済学者も、逆に自分を経済学者でもあると見なす人類学者もほとんどいない。経済学者は社会科学という船から飛びおりてすぐにも自分の力で進む用意のある者であって、ほんとうの科学を達成するという目的に他の社会科学者よりも近づいていると考えている。経済学者はまた、公けの政策に実質的な影響をおよぼしている。人類学者は学問の世界の外にそのような影響力をまったくもっていない。しかし、彼は最新思想に通じているとともに、見解の深さと広さという魅力を備えている。

(14) 不可解なことだが、心理学は社会科学の分野から姿を消しつつある。現実世界でおさめた前代未聞の成功にそそのかされて、心理学は理論的生活を放棄してしまったのかもしれない。心理療法家はホームドクターと並ぶ地位を確立したので、彼の教育はいまではたぶん自然科学系の大学よりも医科大学にあるような学部に属している。そして心理療法家にとって意味のある研究は、魂の理論の基礎づけよりも、患者の個々の問題の処理に向けられている。フロイト理論は、社会学、政治学や人類学のいくつかの側面に組み込まれてきた。というのも、自己のみでは、社会科学に対してそれほど訴える内容をもたなかったように思われる。こうして、心理療法はどのような堅固な基盤のうえに立っているのか、またその新しい考え方はどこから来るのか、といった疑問が未解決のまま残されている。まじめな学問的心理学に残されるのは、生理学とほとんど融合してしまった一部分である。

(15) 未開発は悪であり、発展途上のものはそれより善く、発展したものは善い――経済学をやる人間と経済学はこんな考え方をするのである。

(16) つけ加えておきたいのだが、心理学は性こそが初次的な現象だと教えている。性を反応を惹き起こす刺激として解すればこの教えは経済学に近づき、コンプレックスとして解すれば人類学に近づく。心理学にこれ以上を望むと、「人文科学へゆけ」という道路標識に出くわすことになる。

政治学とその特異性について、もう二、三言を費やせば、社会科学全体の問題を明確にする助けとなるだろう。まずはじめに、政治学は医学と同じく、われわれの根元的な情念を惹きつけるものであり、その研究はこうした情念を確実に満足させるためになされると解すことができる。純粋にアカデミックな学問分野のなかにあって、このような分野は経済学と並んで政治学だけである。政治学には、正義への愛、栄光への愛や支配への愛がともなっている。しかし、健康や富とのかかわりをきわめて率直に自認するばかりか、それを吹聴さえする医学や経済学とちがって、政治学はそのような公言を謙虚にもさし控え、こうした体裁の悪いかかわりを断ちたいとすら思っているようである。これは、政治学が実はひどく年老いた婦人であり、自分の年を明かしたくないと思っていることに関係がある。政治学は古代ギリシアにまで遡る学問であり、ソクラテス、プラトン、アリストテレス――彼らはみな近代科学という国土では評判が悪い――が不確かながらその生みの親なのである。他の社会科学は近代に起源があり、近代の企ての一部である。これに対して、政治学は近代化を試み、時代に遅れないように努めながら生き永らえてきた——古い本能を完全には制御できていないけれども。アリストテレスが言ったように、政治学は棟梁的な学問であり、全体にとっての善または最善の政体にかかわる支配の学である。しかし、ほんとうの科学は善や悪については語らないのだとすれば、アリストテレスの定義は放棄されなければならない。とは言え、医学と経済学はともに善や悪について現に語っているし、政治学が古いもろもろの善を放棄した結果はと言えば、共通の善（公益）や正義という観念を取り消し、道徳の領域を健康と富にゆだねることになっただけであった。これはまさしくロックが意図したとおりのことである。ロックの意図は「価値からの自由」ではまったくなかった。彼は、古典が提案してきた善を、もっと低いが、いっそう堅固でいっそう容易に達せられる善に替えようとしたのである。政治学は近代的な社会科学へと転換したが、その結果、社会科学は先へ進められはしなかった。先へ進められたのは、近代の創始者の政治的意図であった。近代においては、とりわけ政治的動機を、経済学で提唱されるような、政治的レベル以下の動機に還元しようとしてきた。ほんとうの動機は名誉ではなく利益の獲得だ、というわけである。

　もちろんロック自身は、経済学者であるよりもはるかに政治学者であった。というのも、社会契約（契約を守るという合意および契約を調停し守らせる裁判官の確立）がなければ人間は戦争状態におちいるのだから、市場（財の獲得を目指す平和裡の競争）が成立するには、社会契約があらかじめ存在しなければならないからだ。市場が前提するものは、法が存在し戦争がないことである。戦争は、市民社会が存在する以前の人間の条件であった。それゆえ、人間はいつでもそこに戻る可能性がある。戦争を終わらせるのに必要な暴力と欺瞞は市場には無関係であり、市場のなかでは違法である。マキアヴェリがきわめて説得的に指摘したように、平時における人間の理性的行動——これを専門に扱うのが経済学である——は戦時における人間の理性的行動とは同じではない。政治学は経済学よりも包括的である。というのも、それは平和だけでなく戦争を、さらには両者の関係をも研究するからである。政治組織が市場にだけ関心をもつことはありえない。というのも、市場は政治組織に依存しているし、政治組織を確立し存続させるには、「非経済的な」または「非効率的な」推理や行為がたえず要求されるからだ。政治行為は、それが市場にもたらす結果いかんによらず、経済行為に優先しなければならない。こういうわけで、経済学者は対外政策について語る際、頼りになるものをほとんどもっていない。というのも、かつて個々人が社会契約以前にそうであったように、国家はたがいに原始的な戦争状態にあるからである——

すなわち国家は、たがいの抗争を解決するために頼れるような、共通に認められた裁判官をもたないからである。ヴェトナム戦争中、何人かの経済学者が次のような政策を助言した。それは合衆国と北ヴェトナムとのあいだに一種の市場を設立し、合衆国が南ヴェトナムの値段を北ヴェトナムが手がだせないほどひどく高くつりあげる、という試みであった。しかし北ヴェトナム政府はゲームへの参加を拒否した。政治学は、経済学と反対に、戦争というものをそれにつきもののじつにさまざまな危険、恐怖、スリル、そして重大さとともにつねに熟視しなければならない。クーリッジ〔合衆国第三〇代大統領。一八七二―一九三三〕が二〇年代のイギリスの戦争債務の免除を拒否したとき、それを評してチャーチルは、政治的視点と経済的視点とのちがいを的確に述べた。クーリッジは「イギリス人はアメリカから金を借りたのではないかね」と言った。チャーチルはそれにこう応えた、「そのとおり。だがそれはすべてを言いつくしてはいない」と。政治学はすべてを言いつくさねばならない。そうであるからこそ、政治学を改革して科学の抽象的企てに合致させたいと思っている人々にとっては、政治学は厄介な学科になっているのである。意識的にしろ無意識的にしろ、経済学が相手にするのはブルジョアだけ、狂暴な死の恐怖に行動を左右される者だけである。戦争好きの人間は経済学の理解の範囲をこえている。社会科学の学問分野で戦争とまともに向かい合うのは、政治学だけである。

人間についての新旧のさまざまな見解ともろもろの人間科学の領域に広くまたがっているために、政治学は、社会科学のなかでこれまでずっといちばん魅力に乏しく、いちばん印象が薄かった。政治学は、数ヵ国語で記された書物のような性格をもっている。政治学の一部は、包括的秩序と見なされた政治秩序を分解し、それを政治的レベル以下の原因の結果として理解しようとする努力に嬉々として加わってきた。その結果、経済学、心理学や社会学だけでなく、あらゆる種類の診断の方法論が、喜んで迎え入れられてきた。しかし、政治学には非科学的だとされている領域、しかも政治学には抑えきれない領域がある。政治学におけるこれらの領域に携わる者は、説明のない、また説明がつかない自らの政治本能を――政治は実際の善や悪がぶつかりあう正式の闘技場《アレーナ》だという意識を――克服できない。それゆえ彼らは政策研究にたずさわる。そして政策研究の目的は、彼らがそう明言するか否かにかかわらず、政治行動なのである。自由の擁護、戦争の回避、平等の促進は――これらは政治行動における正義のさまざまな側面だが――焦眉の研究主題である。このような領域にたずさわる政治学者の主題は――たとえ彼らは表立ってそれに気づかないにせよ――善い政体でなければならない。また、彼らは「何をなすべきか」という問いによって活気づけられる。そして、現実の政治的有為転変のなかで明らかになるのは、数学が最も大きな成功をおさめてきた政治学の領域が選挙だということである。選挙は民主主義生活の中で最も刺激的で決定的な部分であり、選挙をつうじて世論は政府や政策に転化してゆく。選挙は、政治学のなかで最も科学的な要素である。選挙をつうじて、それに携わる者は現実の政治家を啓蒙したり彼らから学んだりしながら、その友となり同盟者となる。ここでは科学が最も大きな政治的スリルと手をたずさえている。とはいえ、対象を科学的に研究するために、政治学がその対象の認知された本性を変えるには及ばない。

このような次第で、政治学は、雑多な人間が経営する店が並んだ、かなりごたごたしたバザールに似ている。これは、政治学の雑種的性格や、それが古代と近代とに二重の起源をもつことに関係がある。政治学が扱う現実は、他のどんな社会科学の分野が扱うものよりも、抽象化しにくいし、より差し迫った要求をともなっている。その一方で、そこに見られる客観性と党派性とのあいだの緊張はずっとはなはだしい。近代の自然科学や社会科学はこぞって、政治が他の種類の人間関係から質的に異なるという主張に反対している。だが、政治の現実の営みは、その反対が真実であることを繰り返し肯定している。政治学内部の異質性はおそらく衰えつつある。そこに見られるのは、経済モデル学派に属する理論家、流行遅れの行動主義者、マルクス主義者（彼らは経済学には決して安住できない）、歴史家、そして政策研究員――である。なかでもひどく異常なのは、政治学が、（哲学科をおそらく例外として）大学において哲学という学科をもつ唯一の学問分野だということである。これが長い間政治学を困らせてきたのであり、政治哲学は四〇年代および五〇年代に終わりにされる予定であった。「われわれは真の社会科学者になりたい」と、その終わりを目論んだ者は憤激のあまり足を踏み鳴らして叫んだ。しかし、何人かの思想家の側で示された真剣で情熱的な学識と、六〇年代に反乱をおこした学生の腕力が結びついた結果、政治哲学に執行猶予が与えられた。その猶予はいまや永久に続くように見える。理由が最善だったか最悪だったかはともかく、政治哲学は、没価値的な社会科学や新しい社会科学全体に対抗する反動の要塞になった。政治哲学がいやしくも真剣な姿をとっているかぎり、それは大学院生にとっても学部生にとっても、政治学という分野でたえず最も魅力的な学科でありつづけることが明らかになった。科学への新たな信仰は推進力をあらかた失い、政治学の分野は、政治現象に対して少なくとも部分的に忠実であろうとすれば取らざるをえないさまざまな方向に沿って断片化された。これにつれて、かつて政治哲学の猛烈な敵であった者の多くが、その同盟者になってしまった。政治哲学はまったく支配的な役割を演じてはいないが、少なくとも善悪に関するかの古い問いを思い起こさせてくれるし、近代の政治学と政治生活の隠れた前提を検討する方策をもたらしてくれる。そこではアリストテレスの『政治学』が、ロックの『市民政府論』やルソーの『人間不平等起源論』とともに、いまもなお生きている。人間は本性上政治的動物である、とアリストテレスは主張する。これはすなわち人間が市民社会を目指す衝動をもっている、ということだ。アリストテレスを読めば、人間は本性上孤独な存在である、という近代政治学の下にある隠れた前提をあばく助けになり、この前提についてもう一度論議する土台をつくることができるだろう(17)。

(17) 政治学と並んでギリシアに起源を持つ歴史学もまた、厳密に近代的な社会科学のもつ諸問題に加えて、古代人と近代人とに分裂したアイデンティティの危機という要素を抱え込んでいる。すでに言及したように、歴史学にたずさわる者も、それを傍で眺めている者も、歴史学が社会科学なのか人文科学の一分野なのか確信がもてない。歴史学の問題は、行動科学の研究技法を受けつけない。というのも、歴史学は個別的なので容易には一般化されず、過去にかかわるので統制された実験を越えているからである。しかし、歴史学はたんなる文学であることも欲してはいない。私の考えでは、他の社会科学の分野で、歴史学を社会科学の体系のうちに含めているところはひとつもない。ただし、政治学のうちで、社会科学に対置される政治的実践、たとえばアメリカ政治とか国際関係とかのいくつかの側面にかかわる領域は例外であるが。十九世紀までは、歴史学と言えば、まず政治史のことであった。そして政治史は、政治学と違って近代初期に基礎づけのし直しをしなかった。その伝統的役割は、さまざまな新しい基礎づけがおこなわれるあいだに高められた。なぜなら、古い政治学は何が起こるべきだったかを語ったのに対して、政治史は何が起こったかを語ったからである。それゆえ歴史学は、ものごとの真理により近いと解された。歴史学は十九世紀をまって初めて、歴史主義によって近代化された。歴史主義は、存在、とりも直さず人間の存在は、いわば本質的に歴史的だと論じた。歴史主義は歴史学に多大の恩恵をもたらし、またその地位向上の根本的段階だったように見える。しかし、このような見かけは、いくぶん人を欺くものである。歴史主義は、歴史上の教えではなく哲学上の教えであり、歴史学が見出したものではない。では哲学の威光が歴史学に受け継がれたかというとそうではなく、起こったのは逆の事態である。人文科学のあらゆる分野がいまや歴史的になってしまった――つまり人文科学に見られるのは、哲学ではなくて哲学史、芸術ではなく芸術史、科学ではなく科学史、文学ではなく文学史なのである。このように、歴史学はこれらの分野のすべてであるが、同時にそのいずれでもない。これらの分野は人文科学の個別の学問分野だからである。歴史学はあらゆる人文科学を抱え込む、空虚で、普遍的な分類項目になってしまった――その穏健で、狭い政治的自己に止まらぬかぎり。しかし政治学とちがって歴史学は、政治的情念という錨をもっていないので、流行の風に影響され、停泊地から流されやすいだろう。それはちょうど、政治学が政治学に属さない非常に多くのものによって、とりわけ歴史主義によって評価を下げたのと同じようなことである。それゆえ、歴史学は驚嘆すべき有用な研究であり、こよなく学識ある研究者に満ちているが、全体としては、さまざまな方法と目的の寄せ集め、自らの定義を探し求めている六つの学問分野の寄せ集めなのである。

このように考えてくると、一般教養教育という観点から見れば、社会科学の栄光の日々は明らかに終わったのである。マルクス、フロイトやウェーバーが、また哲学者や世界の解釈者が、アメリカが迎えるはずの知的成熟の先駆者であった時代、若者が学問と自己認識の魅力に接した時代は過ぎ去った。人間に関する普遍的理論が登場するだろう、そしてそれはヨーロッパの知的深さとその遺産とをアメリカの活力に結びつけることによって大学を統合し、進歩に貢献してくれるだろう、と人々が期待した時代は過ぎ去った。自然科学は、人間科学において頂点を極めるはずだった。もしそうなれば、ダーウィンやアインシュタインは自然科学について語ったが、それと同じくらい社会科学についても語るようになるだろう。そして近代文学――ドストエフスキー、ジョイス、プルースト、カフカ――が表現した時代の雰囲気やそれがもたらした洞察は、社会科学が体系化し証明することになるだろう。精神分析は、私的な経験と公的な知的努力とのつながりをもたらした。そうした経験はきわめて一様だったので、個人の欲望が事物の全体的秩序の直観に緊密に結びつけられた。この経験は、哲学とは生き方であると見なした古い理解のまやかしであった。洗練度はずっと劣るが、同じエトスをいくぶんか表わす水準で、マーガレット・ミードは新しい科学を手に入れた。この科学は、人を異文化の地へと誘い、彼がそこから社会の新しい理解をもち帰るようにし、彼の抑圧された性的欲望の正当性を証してもくれた。若者の眼には、大学の構内を行く社会学者や心理学者が精神生活の英雄のように見えることがあった。彼ら教師たちはさまざまな秘儀を伝授されていて、われわれが秘儀を伝授された者になるように手助けしてくれるかもしれなかった。古いスタイルの哲学は克服されてしまったが、ヘーゲル、ショーペンハウエル〔ドイツの哲学者。一七八八－一八六〇〕、キルケゴール〔実存主義に影響を与えたデンマークの哲学者。一八一三－五五〕のような人物は、われわれの冒険に必要な経験をいくらか与えてくれると見なされた。

四〇年代の社会科学を取り巻いていた以上のような雰囲気は、学生にとっても教授にとっても明らかに両義的な価値をもっていた。アメリカの学生にとって一般教養教育の思想は魅力があるはずだ。また、大学のおかげで学生が自らのうちに新しい能力を見つけ、それまで学生には隠されていた生活の別の次元を明らかにできるということを知るのは、彼らにとり魅力ある知識であるはずだ。もしそうであるはずならば、何か以上のような雰囲気に類したものが、不可欠なのである。思い起こす必要があるが、アメリカの学生は、ハイスクールでそもそも何かを学んだとしたら、自然科学を学んだのである。ただしそれも、生き方あるいは人生を発見する手段としてではなく、技術として。決まりきった専門知識以外の何かが学生の心を動かすはずだとしたら、彼らにはショック療法を与えなければならない。とはいっても、大学に入る前に彼らが受けた訓練の重点が適性の発見よりも彼らを教化したり順応させたりすることにあるかぎり、彼らに自然科学に対する自分たちのかかわりとその意味について考えさせるという効果しか、この療法はもたないかもしれないが。私の信ずるところでは、四〇年代の社会科学の有頂天は本物ではなかったが、理論上の新しい出発にともなう知的興奮をいくぶんか生みだした。それは多くの学生や学者にとって実り豊かなものであることが判明した。社会科学に付属するボヘミアを生みだし、人々の生活の実質に影響を与えた。当時、社会科学を教えることはたんなる職業ではなかったのだ。

社会科学を統一するという希望は薄れてしまったので、いまでは社会科学は共同戦線をはることができない。社会科学は、一連のばらばらな学問分野や、それより小さな分野から成っている。その大部分は謙虚であり、そこには無意味なものもたくさんあるけれども、高度な能力をもった専門家によって実践されるほんとうに有用な部分もかなりたくさんある。人々が社会科学に寄せる期待は恐ろしく低くなっている。経済学という専門学科は、あらゆることを説明し取り込もうとする普遍的な自負をもっているが、そうした自負はあまり信用されていない。また経済学の人気はそういう自負によるものではない。政治学は、政治学こそ全体的な学であるという先人たちの主張の実現を試みさえせず、特別に——またそれは正しいのだが——政治的情念に訴えている（ただそれも、ひそかに部分的にそうするにすぎない）。人類学は、全体が可能であるという魅力をいまなお振りまいている、社会科学のなかでは唯一の学問分野である。この魅力には「文化」という人類学的概念が与かっていて、この観念は経済学者の「市場」という観念よりも実際に申し分ないように見える。政治を越えた文化の領域も、政治的レベル以下の経済の領域も自らが全体であると唱えている。一方、社会学も政治学も、ある学者個人の主張は別として、社会科学全体の企てに関して何の主張も実際にしていないように思われる。棟梁的な学問であるような社会科学は存在しない。社会科学には部分があるだけで全体が欠けているのだ。

同様に、人間のモデルたろうとするコンピュータ科学、それに社会生物学が例外となる可能性はあるが、自然科学と社会科学を実質的に統一しようという期待は薄れている。社会科学は依然として自然科学の方法を消費するものであるにすぎない。人間を宇宙のなかに位置づけようとする、宇宙論の意図にも望みがなくなった。人文科学の方面はというと、やはり人類学だけが、ある種の門戸を開放し続けている。それはとりわけ比較文学において行商されている商品に対してそうであるし、しかし同時に、たとえばギリシア宗教のような真面目な研究に対してもそうである。十九世紀および二〇世紀の芸術や文学から多くが得られると期待している社会科学者は、人類学者以外にはいない。これら文学や芸術は、一世代前には多くのすぐれた社会科学者の魂を奪ったというのに。これらのものに個人的にせよよく親しんでいる社会科学者は、いまではますます少なくなっている。社会科学は、大学において他の二つの島の傍らに浮かぶひとつの島になった。そこには重要な情報や大いなる問いという隠れた宝が埋もれていて採掘できるはずなのだが、実際には誰も掘ろうとしない。とりわけ、ドイツないしフランスの伝統をふまえた社会科学によって形成された知識人――人々は彼らを人生に関してあらゆることを語れる一種の哲人ないしは賢者と見なした――はほとんどいなくなってしまった。

学生はこのことを知っているから、自らを一新するような経験を求めるために、一般に社会科学には向かわない。個々の主題あるいは一人ひとりの教授が、何らかの理由で学生の関心を惹くことはある。しかし、たまたま人生の意味を探そうとしている者にとって、あるいは人生の意味こそ自分たちが探すべきものだということを学びうる者にとって、いまや社会科学は赴くべき場所ではない。繰り返しになるが、人類学はやや例外である。社会科学が知的なアメリカの若者に対して最初大成功を収めた秘密は、大学のなかでは社会科学だけが、人はいかに生きるべきかというソクラテスの問いに――いかに間接的であろうと――答えようとする場であるように思われたからである。価値は知識の主題ではありえない、と社会科学がきわめて精力的に教授していたときでさえ、まさにその教えは同時に人生についての教えでもあった。そのことは、ウェーバーが唱えた心情倫理と責任倫理の区別のような、かつての刺激的な着想に示されている。これは教科書的な知識ではなく、人生の実質であった。こういったものを、今日、社会科学のうちに見出すことはできない。

さらに重大な災厄が生じた。それは、経営管理学修士(MBA：Master of Business Administration)が医学あるいは法学の学位に匹敵する社会的信用を、ここ十年くらいのあいだに打ち立てたことである。経営管理学修士は、その免状をもっているというだけで有利な生活が保証される手段である(しかし、この免状は学問上の業績を証しはしない)。機会を得て一般教養教育をうけている学生は、目指す職業をまだ決めていない、少なくとも大学は彼らにとってたんなる職業訓練の場ではない、というのが通例である。しかし、そのような目標を現にもっている者は、ときたま気晴らしに心を惹かれた選択科目を受けたりもするが、彼が選んだ学問分野が押しつけるものを脇目もふらず勉強しながら大学を通過してゆく。真の一般教養教育には、それを受けることによって学生の人生全体が根本的に変わってしまうこと、彼の学んだことが、彼の行為、嗜好、選択に影響を与えること、以前彼につけ加えられたものがすべてあらためて吟味され、それゆえ再評価されることが必要である。一般教養教育は、あらゆるものを危険に晒すものであるし、またあらゆることを敢行できる学生を要求する。[18] 言い換えれば、一般教養教育はすでに目標を定めている学生たちのなかにある、まだ決定されていないものだけに影響を与えることができる。経営管理学修士のせいで、経営学大学院（business school）〔経営管理・財務・経済学など、ビジネスに関する分野を研究し、会社の幹部を育成する。ふつうは二年制で、修了すると経営管理学修士号が与えられる〕へ入りたがっている学生の大群は、囲いに閉じ込められ目隠しをされてしまった。そして、最初から彼らのために定められた学部公認の授業計画を与えられるようになった。これはちょうど、医科大学志望の学生の場合と同じである。彼らはふつう必修科目のなかに姿を消してゆき、二度とそのうわさを聞くことがないのだ。目標もそれに達する方法も決定されているので、学生を悩ませるものは何ひとつありえない（法学校（law school）志望の学生は、さまざまな一般教養科目を受けている学生のなかで、他学部の者よりも目立つ。なぜなら、法学校は必修科目を他の学部ほど固定しておらず、頭の切れる学生だけを求めているからである）。医科大学志望の学生や法学校や経営学大学院志望の学生は、明らかに一般教養科目を見物する観光客である。こうしたエリートの専門課程に入るという関心に、彼らはつきまとわれその心を縛られている。

(18) 注目すべきことだが、自然科学の研究をするつもりで大学に入ってくる多くの学生が、学部にいるあいだに志望を変えてしまう。大学に上がる前に自然科学に興味のなかった学生が、学部に入ってから自然科学に目を開かれるということは、決して、ほとんど決してない。これは、アメリカの高等学校教育一般、とりわけ科学教育に関する興味深い反省材料である。

経営管理学修士の効果は、経済学部に登録する学生の爆発的な増加となってはっきりと表われた。経済学は経営学大学院進学に必要な科目だからである。まともな大学では、学部生の約二〇パーセントが経済学を主専攻にしている。経済学はその他の社会科学を圧倒し、社会科学――その目的、人間的事象に関する知識のなかでそれが占める相対的な重み――に対する学生の認識を歪めている。これと対照的に、医科大学志望の学生は、生物学を尊重しても物理学の地位を見失ったりはしない。それは物理学が生物学に与える影響が明らかであり、誰でもがその地位を認め、生物学者も物理学を尊重しているからだ。以上のことは、どれも経済学を専攻している経営学大学院志望の学生にはあてはまらない。彼は、社会学にも人類学にも政治学にも関心をもたないばかりではなく、これらの学問に属することは自分の学んでいることによってことごとく始末できると思い込んでいる。さらに、彼は経済学という学問に対する愛情が動機となって経済学を学んでいるのではなく、経済学が関係するもの——すなわち金銭への愛情を動機としている。富に対する関心、すなわち否定しようもなく現実的で堅固なものに対する関心のせいで、経済学者はある印象的な知的な堅実さを身につけるが、それはたとえば文化によってもたらされる知的な堅実さとは違う。なるほど経済学者が語ることには何の内容もないというわけではない。しかし、富に関する学問は別にして、富そのものは動機としても最も崇高なものとはいえないし、学問と強欲とがこれほど完全に一致している例は、大学では他のどこを捜してもない。かりにまじめで真に学問的な教授がたずさわる性科学という学問があって、これを学ぶ者はあり余るほどの性的満足を約束されるならば、これが経済学に比肩する唯一の例だろう。

大学に浮かぶ第三の島は、ほとんど水没してしまった古きアトランティス、すなわち人文科学である。そこには秩序らしきものの影さえない。本来何が人文科学に属し何が属さないのか、それに属するさまざまな学問分野は何をどうやってなし遂げようとしているのか、こうした点について立ち入った説明は何もないのだ。他の誰もが自分自身を発見しようとするのを諦めてしまったいまもなお、人文科学はともかくも人間を、あるいは人間性を回復しようとする。それはわれわれが自らを発見するために赴く場所である。しかしそのためには、多くの学問分野がごちゃごちゃとうず高く積まれたこの山のどこを捜したらよいのか。どこを捜したらよいのかすでに知っている者にとっても、人文科学から少しでも満足を得ることはとても難しい。学生が人文科学で満足を得るには、強い直覚力と多分に運が必要である。私の筆はさまざまな類比を抑えることができない。人文科学はパリの古くから栄えたノミの市のようなものだ。そこは、目の利く人々が、ガラクタの山のなかから宝をよりわけた場所である。その宝で彼らは金持ちになれた。あるいは人文科学は、難民キャンプのようなもので、敵意にみちた政体によって仕事や祖国から追放されたあらゆる天才たちが、失業するか卑しい仕事をするかして無為に暮らしているところである。大学の他の二大部門は、過去には用がなく前方を向いている。それらには、祖先崇拝をしようとするつもりはない。

人文科学の問題——それゆえ、これは知識の統一の問題でもあるのだが——は、おそらく次の事実に最もよく表わされているだろう。もしガリレオ、ケプラーやニュートンが現在大学のどこかに居場所をもつとしたら、それは人文科学の領域である。ただし、そこで彼らは何らかの種類の歴史——科学史、思想史、文化史——の一部として登場する。大学に彼らの場所を設けるためには、彼らをかつてのありのままの姿——全自然を探究する偉大な観想家であり、自然に関する真理を語ることにこそ自らの真の面目があると考えた人物——とは別の姿で理解しなければならない。もし彼らがまちがったり、あるいは完全に乗り越えられたなら、そのときに彼らは自ら、自分は取るに足らない者だと言うだろう。彼らを人文科学のなかに置くことは、彼らにちなんで街路に名をつけたり、公園の一角に銅像をたてたりするのと同じようなものである。彼らは名実ともに死んでしまった。プラトン、ベーコン、マキアヴェリやモンテスキューも、政治学におけるあのわずかな飛び地〔政治哲学のこと〕を除けば、同じ状態にある。人文科学は、いまやすべての古典の貯蔵庫である——しかし、多くの古典文献は、自然全体の秩序と自然における人間の位置を探究し、自然全体のために法を制定し、それについて真理を述べると主張した。もしこのような主張が否定されるなら、これらの著述家とその著作を真剣に読むことはできないし、人文科学以外の領域で彼らが無視されても、それは仕方ないだろう。彼らはこれまでミイラの状態でしか取っておかれなかった。人文科学が彼らを喜んで受け容れたので、自然科学や社会科学からは厄介払いされてしまった。それらの分野で彼らが問題を提起しても、もはや誰も相手にしない。人文科学の正門には、さまざまな文字とことばでこう記されている。「真理は存在しない——少なくともここには」。

　人文科学という専門分野が現在所有する書物は、もっぱら専門化されない書物、全体に関する問いを、すなわち大学の他の学科からは排除された問いを問うと主張する書物である。大学の他の分野は、文字通り専門科目に支配されている。そしてソクラテスの時代と同じように、これらの専門科目は自己吟味をしようとしないうえに、いまではうるさくつきまとうアブ〔ソクラテスの示唆〕もいない。勝ち誇った自然科学と戦い抜くだけの気力を、人文科学はこれまでもったことがなく、たんにひとつの専門科目にすぎないかのようにふるまいたがっている。しかし私がこれまで何度も繰り返して述べてきたように、現在営まれ理解されているような自然科学との本質的な軋轢を、人文系の学問分野がどれだけ忘れたいと思っても、この軋轢はしだいに人文科学の土台を掘り崩しつつある。古い哲学文献こそがいまとなっては認められない問いを提起し、古い文学作品こそが高貴なものや美しいものの存在を前提しているとしても、唯物論、決定論、還元主義、均質化（近代自然科学をどのように記述するかはさておき）は、それらの文献や作品の重要性と可能性そのものを否定する。自然科学は次のように主張する。自然科学は、形而上学的に中立であり、それゆえ哲学を必要としない、また想像力はどのような意味でも実在を直観する機能ではない——それゆえ芸術は真理と何の関係もない、と。神はいるのか、自由はあるのか、悪い行ないは罰せられるのか、確実な知識はあるのか、善い社会とはどんなものなのか、といった子供が問うような種類の問いは、かつては科学と哲学が提出した問いであった。しかしいまでは大人は仕事に忙しすぎるので、子供を人文科学と呼ばれる託児所に置き去りにしている。人文科学の場で子供がやっている討論は大人の世界にはまったく反響してゆかない。そのうえ、そうした問いに、またそれらを探究するように思われる書物にもちまえの本性によって惹きつけられた学生は、たちまち肘鉄砲をくらう。というのも、人文科学の教師には、そうした書物を使って学生の欲求に応えようとする望みも、またその能力もないからだ。

　古い書物にまつわるこうした問題は、新しいものではない。スウィフトの『書物の戦争』の中には、近代人に味方した十八世紀の第一級のギリシア学者、ベントリー（イギリスの古典学者。一六六二—一七四二）が出てくる。彼は、ギリシア思想よりも近代思想のほうが優っていることを認めた。ではなぜギリシアの書物を研究するのか。この問いに、古典学科はまだ答えないままでいる。あらゆる種類の言い抜けがある。それは純粋な哲学的分析から、これらの書物を利用して思想と経済的条件との関係を示すという手口にまで及んでいる。しかし実際には、誰もかつて読まれたような仕方で——すなわち、こうした古い書物が真理を語っているかどうかを見出すために——これらの書物を読もうとさえしない。アリストテレスの『ニコマコス倫理学』からわれわれが学ぶものは、どういう人間が善い人間かということではもはやなく、ギリシア人が道徳について何を考えていたかということにすぎない。しかし、そんなことについて、実際に大いに気遣っている者などいるだろうか。真面目な人生を送ろうとしているふつうの人なら、誰もそんなことを気にかけない。

　現代における書物について私がこれまで述べてきたことはすべて、人文科学の状況を特徴づけるのに役立つ。人文科学は、大学の中でまったく防護なしにさらされた部門である。人文科学は、歴史主義や相対主義によって他の分野よりいっそう容赦なく攻められてきた。また、民主主義社会が伝統を尊敬せず有効性を強調するという現実から、最も被害をこうむっている。人文科学が創造性を扱う学問だと見なされるかぎり、教授に創造性が欠けているのは不利な条件となる。そのうえ人文科学は、この領域に属する文芸作品の多くがもつ政治的内容に困惑している。人文科学は、異文化に対して寛大であろうとして、そうした作品の内容を変えなければならなくなった。そして古い大学の習慣が変わったとき、人文科学は「なぜ」という問いに自らが少しも答えることができず、学生を基準に合わせるように強制することも、学生が学ぼうとするものを明快に説明して彼らを惹きつけることが少しもできないことも自覚した。以上のすべての点に関して自然科学の状況を一瞥しさえすれば、人文科学の直面する問題の重大さがわかる。他の時代あるいは他の文化は自然現象の説明について自然科学とは別のやり方をしたし、いまでもしている、という事実に自然科学はまったく関心がない。アインシュタインとブッダの関係などまったく教育テレビ用の主題であり、人文科学者が構想する番組に取り上げられるにすぎない。自然科学にたずさわる者が口で何を言おうと、彼らは自然科学の説明が真であると、あるいは真理そのものだと確信している。彼らには「なぜ」という問いの理由づけをする必要はない。というのは、答えは明々白々であるように思われるからだ。

自然科学は自らが重要な真理を追求しているのだ、と主張できるのに、人文科学にはそのような主張はまったくできない。これがつねに決定的な点なのである。これを主張できなければ、いかなる研究も生命を保ちえない。人文科学がなければ、われわれはもはや教養を身につけられないだろう、という漠然とした主張はきわめて虚ろに響く。「教養を身につける」(civilized) ことが何を意味しているのか誰も言えないし、また多くの文明社会 (civilizations) がありそれらがすべて平等であると言えるからである。古典が真理を語るとは誰にも信じられないとき、「古典」がなす要求は正当性をまったく失う。真理という問題は、哲学文献を扱う者にとって最も切実でひどく彼を困惑させるが、純然たる文学作品を扱う者にとっても問題をかもす。かつての教師たちのように、「諸君はホメロスやシェイクスピアのように世界を見ることを学ばなければならない」と言うことと、現在の教師たちのように、「ホメロスとシェイクスピアは諸君と同じ関心をいくらか抱いていたから、諸君の世界観を豊かにしてくれる」と言うことのあいだには、途方もない違いがある。前者のやり方にしたがうなら、学生は新しい経験を発見し、古い経験を評価し直すように要求される。ところが後者のやり方では、学生は書物をどうとでも好きなように利用できるのである。

私はここで、関係はしているが異なった二つの問題を区別している。第一に、古典書の内容を擁護するのは、現代ではとりわけ難しくなってきた。第二に、現在古典書を教えている教授たちは、それを擁護しようとはしないし、それが真理かどうかには興味がない。後者の事例は聖書の場合に最もはっきりと見ることができる。聖書を人文科学で取り扱うことからしてすでに神への不敬であり、聖書そのものの主張を否定することだ。人文科学における聖書の取り扱いは、ほとんど否応なしに二つの方法のうちのどちらかになる。一方では聖書は、「高等批評」と呼ばれる「科学的」分析に委ねられる。この方法では、聖書は分解され、もろもろの「聖なる」書物がひとつにまとめられた過程が、またそれらの書物のほんとうの姿はそこに主張されているものとは異なることが示される。聖書は、多くの死滅した文明の足跡が記されたモザイクとして有用なのである。他方で、聖書は「聖なるもの」に対する欲求のひとつの表現として、また「神話」の構造に関するきわめて近代的できわめて科学的な研究に貢献する素材として、比較宗教学のコースで利用される（この場合、聖書研究者は人類学者と提携して実に生き生きと研究に従うことができる）。聖書を素朴に扱い、聖書をそのことばどおりに、すなわち「神のことば」として理解するような教師は、科学的能力と洗練さを欠くという理由で非難されるだろう。そのうえ、そのような教師は大学に波風を立てるかもしれない。大学内部で理性と啓示の争いを始めるばかりか、宗教戦争をもう一度起こしかねないのだ。そうなれば人文科学と他の諸学との気楽な協定はくつがえされ、最後には人文科学に恥をかかせることになるだろう。現代の聖書研究には啓蒙主義の政治的企ての痕跡が見られる。この企ては聖書を、また他の古い書物をまさに危険でないものにしようとしていた。この企ては、人文科学を無力にした根本的な原因のひとつである。なしうる最善の方策は、聖書が主張する「啓示としての聖書」に対立する「文学としての聖書」を教えることだと思われる。このようにして、たとえば『自負と偏見』〔ジェイン・オースティンの小説、一八一三年刊〕を読むように、ものを歪める学問的装置とは多少とも独立に聖書を読むことができる。こうして、他の聖書研究法には何かまちがったところがあると感じている数少ない学者が、自らの良心に従っている。

人文科学の教授は長いあいだ、近代に挑むかわりに、自分たちの学科を近代と調和させようと躍起になってきた。プラトンの『国家』のポール・ショーリー版の脚注にはそれがたわいのない形で見られる。これは私の使い慣れた版だが、そこでショーリーは、一九一一年にアメリカの心理学教授によってなされたあれこれの発見を、プラトンがすでに予言していたことを示そうと一生懸命である。その一方で、ショーリーは、プラトンと現代のものの見方との困った不一致についてはわざと言及しないでいる。人文科学でおこなわれている多くの研究は、洗練さに違いはあるが、これと同じ類いのものにすぎない。少なくとも何人かの教授は、自分の研究し教えている作品を愛していることを、私は否定しない。しかしそうした作品を現代に即したものにするために、すさまじい努力がなされている。たいていの場合、問題の作品は、何らかの――文化的、歴史的、経済学的、あるいは心理学的な――現代理論が形態を与える素材と見なされることになる。著者がそう読んで欲しいと意図したように書物を読む努力は、「意図偏重の誤謬」〔新批評の用語のひとつ。文学作品を読む場合に作者の意図を尊重しすぎる誤謬を指す〕が設けられて以来、犯罪にされてしまった。他方、方法をめぐって――フロイト流の批評、マルクス主義的批評、新批評〔C・ブルックスらを代表とする。主として作品自体の分析に集中し、歴史的、伝記的研究を非本質的とする立場〕、構造主義や脱構築主義や他の多くの主義の間で――果てしのない論争がある。これらの主義はことごとく、プラトンまたはダンテが現実について語らねばならなかった内容は重要ではない、という前提を共有している。こうした批評の学派は、作者を近代の学者が造園した庭に植えられた植物にしてしまい、その一方で作者自身の造園計画作業を許さない。本来は作者が学者を植えるべきであり、あるいは葬りさえすべきであるのに。ニーチェが言ったように、近代の学問がさまざまな解釈をおこなってからというもの、『饗宴』ははるかに縁遠くなり、もはやわれわれを魅了できない。その直かに感じられる魅力はすっかりなくなってしまった。結局のところ人文科学者は、内的必然性によって、また切実な要求によって動機づけられた者ではなくなる。彼が古い書物の指図に従う者でないのは確実である。ソポクレスの研究を選ぶ学者は、エウリピデスを選んでも全然さしつかえなかっただろう。さらに言えば、なぜ哲学者や歴史家ではなく、詩人を選んだのか。あるいはつまるところ、なぜトルコ人ではなくギリシア人を研究するのか。

大学における人文科学の中には、考古学や語学のある側面および言語学のように、科学に体裁よく逃げ込むことのできた学科が若干ある。こうした学科は、書物の内容との関係をほとんど完全に絶ってしまった。それにもちろん、美術や音楽は、書物の意味内容からは大幅に独立している。もっとも美術や音楽をどう扱うかは、少なくともある程度、芸術とは何か、そこでは何が重要なのかに関する有力な見解次第である。最後に、人文科学には中立的で有用な、純粋に学識が問われる研究もたくさんある。そうした研究は、何かを主張しようとする人々に利用されることを目指している。たとえば、辞書の作成や、テクストの校訂といった研究である。

学科の一覧表は、語学や文学のさまざまな学科の長々しい要覧で占められている。ふつうは西欧の諸国語のおのおのにひとつの学科があてられ、他の諸国語については、それらを寄せ集めた学科がいくつかある。英語学科を除いて、これらはみな外国語教育の責任を負う。教師は難しい外国語を十分に習得しなければならず、ほんとうは外国語などたいして学びたいとも思っていない大勢の学生にそれを教えなければならない。さて外国語に加えて、その国のことばで書かれた書物もあり、外国語を学ぶことには外国語の書物の講読が含まれる。したがって、外国語を習得した教師に与えられるのは、実際にはこうした書物の内容を教える資格である。とりわけいまでは外国語の書物が他のどの分野にも属していない、という理由でそうである。しかしながら、これらの書物に対する教師の知識や好みが本物かどうかは、外国語を習得したからといって保証されはしない。こういう書物は重要である。ところが、外国語は本来文学に服するべきなのに、逆に文学に対して采配をふるう傾向がある。これらの学科は、なによりも古典文学の守護者であり、自分の作業に対する自らの支配を猛烈に守ろうとする。大学の慣習がことの本性を覆い隠す。大学が発行する免許をもたずに狩りをすることは禁止されている。さらにこうした慣習のせいで、教授はおたがい、外部の者の声よりも内部の者の声により多く注意を払って耳を傾ける。一方外部の者は、他の者よりも教授の声に注意して耳を傾ける。それはちょうど、健康に関しては素人にとって門外漢よりも医者の言うことのほうが重みがあるのと同じである。こうして、専門家の安易な自己満足がやすやすと生ずる（六〇年代に起こったような、外部からの不作法な揺すぶりがないかぎり）。ギリシア語の教授が忘れている、あるいは自覚していない事実がある。トマス・アクィナス〔十三世紀最大のスコラ哲学者。一二二五？–七四〕はギリシア語を知らなかった。しかし彼は、優秀であると認められたギリシア語教授の誰よりもアリストテレスの優秀な解釈者であった。その理由は、アクィナスが彼らよりも頭が切れたからだけでなく、アリストテレスをより真剣に受け取ったからである。

外国語と文学をひとつの学科に配列することには、また別の組織上の難題が含まれている。ギリシアの詩、歴史そして哲学は、いっしょになるだろうか。言い換えれば、内容の区分を決めているギリシア語はむしろここでは二次的な事柄ではないのか。そして適切な結びつきは、プラトンとファーラービー、あるいはアリストテレスとホッブズのような対を作りだし、ギリシアという枠を越えてゆくこともありうるのではないか。これらの学科は、否応なしに歴史的前提を採用せざるをえない。この前提によると、ギリシアの哲学者たちはひとつながりのものである。さらに適切に言うなら、ギリシア文化または文明の全体は、緊密に織りあわされた全体であり、それを織ったのは哲学者でも詩人でもなく、ギリシア学者なのである。最初からこの配列は、精神と歴史との関係についての重大な問題に——提起もされないうちから——答えを出している。そしてそれは、おそらくプラトンやアリストテレスが出した答えには反するのだ。

何より興味深いことだが、哲学はこうした学問分野の集まりのただ中で途方にくれ、控えめに座している。哲学は、政治的、理論的民主主義によって王座から追われ、支配の情熱も能力も奪われてしまった。哲学の来歴そのものが、われわれの問題全体を明瞭に示している。哲学はかつて誇らしげに宣言したものだ。哲学こそが最善の生きかたであり、勇敢にも全体を踏査し、あらゆる事物の第一原因を追求しようとする、と。また、哲学は個々の学問に規則を指図するばかりでなく、諸学を構成し、それらのあいだに秩序を設けるのだ、と。古典的な哲学書はいわば活動する哲学にほかならず、まさにこれらのことをおこなっている。しかし、これはすべて不可能であったし、〈傲慢《フユブリス》〉であった、とその衰弱した後継者は言う。真の科学は哲学書など必要としなかった。ではそれ以外に哲学に残ったものと言えば、イデオロギーか神話である。いまや古典的哲学書は、たんに書架に収められているにすぎない。民主主義が哲学の特権を奪い去った。そして、哲学はそのまま姿を消すか他の仕事を得るか、どちらとも決心できなかった。かつて哲学は棟梁的な学問であって、建築全体の計画をもっていた。大工、石工、配管工はその計画に従った。彼らは哲学の計画を欠いては無意味な存在だったからである。哲学はかつて大学を創始したが、もはやそれもできないだろう。われわれはいま哲学の遺産を食べて生きている。漠然と万能家《ジェネラリスト》と専門家《スペシャリスト》が対比されて話題になるとき、万能家とは哲学者のことを言っているにちがいない。あらゆる専門科目を包括する、あるいはかつて包括した知者は、哲学者しかいないからである。彼は、もろもろの専門科目に不可欠なほんとうの主題——存在あるいは善——をもっていた。この主題はたんにさまざまな専門科目の問題を寄せ集めたものではなかった。哲学はいまではもはや生き方ではないし、諸学の王でもない。アメリカの大学において哲学を取り巻く状況は、今日の世界における哲学の絶望的状況と関係している。また、アメリカにおいて、哲学が一学問分野として辿ってきた特異な歴史にも関係がある。前者に関して言えば、理性はいま重大な脅威を受けているが、しかしニーチェとハイデガーは本物の哲学者であって、現代における哲学の二大敵対者である自然科学と歴史主義の双方にひるまず堂々と立ち向かうことができた。哲学はまだ可能なのである。そしてヨーロッパ大陸では、学童はいまでも哲学を教わっているが、彼らにとり哲学は何かしら現実的なものであるように思われる。だが、アメリカの高校生は「哲学」ということばしか知らない。彼にとって、哲学はヨガよりまさった、人生上の真剣な選択であるようには思えない。とにかくアメリカでは、誰もがすでに哲学をもっている。重要な例外はあったにしても、大学ではかつて哲学はたいして強力な存在ではなかった。われわれは大衆向けの哲学から出発し、それで十分だったし、哲学は要するに常識だと考えた。トクヴィルが言ったように、アメリカでは誰もがデカルト主義者だが、誰もデカルトなど読んだことはないのである。プラグマティズムを例外として、われわれはほとんど全面的に哲学の輸入業者であった。哲学書など一行も読んだことがなくても、この国では教育を受けたと見なされる。人文科学の他の分野にもその傾きはあるが、人は哲学をどの分野に比べてもはるかにたやすく法螺話と同一視する。だから哲学はつねに骨を折って闘ってきた。しかしながら、実際に哲学を求めた学生は、その源泉で自分が何か清新にされたような感じを味わうことができた。

しかし哲学は屈伏してしまった。おそらくたいして注意されもせず、消え去る可能性もあるだろう。哲学には科学的な部門、すなわち論理学がある。これは科学に所属しているから、哲学から容易に切り離しうるだろう。論理学は、能力のある専門家によって実践されるまじめな学問であるが、哲学上の永遠の問いに答えるものではない。哲学史、すなわちいまは亡き哲学者たちの主張の概説は、かつては学生にいつも最も生き生きした印象を与えた。しかし、今日では、哲学史は無視されつづけている。学生はさまざまな他の学問分野のほうが哲学史をよく扱っていることを見出す。実証主義と日常言語分析は長いあいだ君臨を続けてきたが、しかしいまは衰退の途上にある。とはいえ、それに取って代わるものは明らかに何もない。たんに中途半端な方法がいろいろあるにすぎず、それらは人間に深くかかわる問いを携えてやってくる学生に嫌気を起こさせている。さまざまな学派の教授は、重要なことについて語る気持ちも能力もまったくなく、学生に哲学的生活というものを身をもって示してもいない。いくつかの場所では実存主義や現象学が足場を得ているが、これらは学生には、実証主義や日常言語分析よりもずっと魅力がある。カトリックの大学は、つねに中世哲学と、したがってアリストテレスと何らかの接触を保ち続けてきた。しかし、結局のところ、哲学の風景はおおむね寒々としている。そういうわけで、アメリカの哲学的本能の非常に多くは、新しい社会科学へ向かうのをつねとしていた。だが、その潮流はいまでは文学と文芸批評の何らかの部門に流れを変えている。現状では、哲学はたんに人文科学の一学科、それもかなり無内容な学科にすぎず、大学の危機に際して指揮を取ろうという考えをもっていない。実際、哲学における気分を浮き立たせるような伝統の要素は、哲学よりも他の人文科学の分野のなかに含まれている。一般教養教育を再活性化する試みにいちばん積極的でないのは、人文科学者のなかで哲学の教授である。日常言語分析にはある種の謙虚さがあった――「われわれは、あなたがすでにやっていることを明晰にするのを手伝うだけだ」。けれども、そこには独り善がりもあった――「哲学における伝統全体の何がまちがっていたのか、われわれは知っている。だから、もはや伝統などいらないのだ」。それゆえ、伝統は哲学の領域から消え失せてしまった。

本書の第二部で目録に載せた用語はすべて、哲学の生み出したものであった。ヨーロッパでは哲学がそれらを生み出してきたことが知られていたので、これら用語から哲学に道が通じていた。アメリカでは、これら用語の来歴はまだ誰にも知られていない。われわれは結果を引き継いだが、そうした結果にいたる知的経験を何ひとつしてこなかった。アメリカ人はそれらの用語の起源を知らないし、アメリカの哲学科も自分たちがそれらを生んだとは主張していない。実際、それらの学科は、一般の公衆と同じくたんにその起源を知らないのだ。この事実は、われわれの用いる言語や生活の哲学的内容が、われわれを哲学へと導いてくれない、ということを意味している。ヨーロッパとアメリカとのほんとうの違いはこの点にある。ここアメリカでは、哲学の言語はふつうの人にはわからない専門語《ジャーゴン》に他ならない。

文学をそれが書かれた国語に基づいて区分することには、明白な弱点がある。この点に気づいたことが、半世紀前、文学をふたたび統合しようとする思慮のある企てを招いた。こうして比較文学が創始された。しかし現代のこうした事業のすべてに見られるように、この新しい学問分野がしようとしたことには重大な混乱があった。比較文学が生みだした比較の体系は、文学作品を支配しがちであった。そしてこれらの体系は、作品を恣意的な拘束から解放してその姿を明らかにしうるような端緒とはならず、これらの体系を創り出した者の巧妙な才に対する称賛を招いただけだった。比較文学は現在では、パリにおけるサルトル以降のハイデガー信奉者の世代、とりわけデリダ、フーコーやバルト〔フランスの批評家、社会学者、記号学者。一九一五－一九八〇〕に影響された、一群の教授の手におおむね落ちてしまった。この学派は、脱構築派と呼ばれており、哲学の名において理性を抑圧し、真理の可能性を否定する、最後の、予想通りの段階に達している。脱構築派によると解釈者の創造的活動はテクストよりも重要である。テクストなど存在せず、あるのは解釈だけだ。こうして、われわれに最も必要なこと、つまりこうしたテクストが読者に語るべき内容を知ることは、これらの解釈者の主観的、創造的な自己にゆだねられる。解釈者は、テクストもそれが指示する実在もないと語る。ニーチェに関する安あがりの解釈は、テクストが客観的に命じることからわれわれを解放してくれる。テクストそのものが、ますます低くますます狭くなるわれわれの思想の視界から、われわれを解放してくれたかもしれないのに。伝統がわれわれにつきつける要求を何もかもが緩和する傾向にある。しかしこの学派は伝統をまったく解消してしまうのだ。

この一時的流行はいずれ過ぎ去るだろう。パリではすでにそうであるように。しかし、この流行はわれわれの最悪の本能に訴える。そしてわれわれを誘惑するものがどこにあるかを教えてくれる。それは、わたしが第二部で論じた「ライフスタイル」の科学に対する文学的補足である。ドイツ哲学が発明した風変わりなお話はわれわれを魅惑し、ほんとうに真剣なものの議論に取って代わっている。そのために住みかを奪われた人文科学が、想像上の帝国、大衆の民主主義的嗜好にへつらう帝国を求めて企てたこの種の試みは、これで終わったわけではないだろう。

結　論

以上のような学問分野は、大学に入学してくる学生に大学のさまざまな頂きから投げかけられる影である。そのさまざまな影はひっくるめると、大学が人間とその教育について語るべき内容を表わしているが、首尾一貫した像を結ぶことはない。おたがい同士の相違と無関心が大きすぎるのである。教育を受けた人間という理念を構成ないし再構成して一般教養教育をもう一度確立しようとする手段、エネルギーのいずれかが大学の内部にあると想像することは難しい。

しかし、こうした光景に目をすえ思いをこらすこと、それ自体が本来の哲学的活動である。大学という事業は明白に全体性を要求しているのに、大学にそれが歴然と欠けているという事実は、大学の成員の何人かを悩まさずにはいない。すべての問題はこの点にある。一般教養教育が存在するためには、そうした問題をたえず真剣に問いかけさえすればよい。というのも一般教養教育は、答えのなかよりもむしろ、終わることのない対話のなかにあるからだ。このような困惑を抱いている教授のなかにこそ、一般教養教育という理念が少なくとも生き続けるだろう。そして、知に飢えている若者の何人かをわれわれの戸口にまで導く助けとなるであろう。大学にはいまなお実質がある。消えたのは実質の外形だけである。全般的な改革は望めないし、また望むべきでもない。希望があるとすれば、それは残り火が消えてしまったわけではない、という点なのだ。

プラトンやシェイクスピアを読むとき、人々はよりいっそう真実にまた完全に生きることができるかもしれない。なぜなら、そのとき人々は本質的存在に与り、自らの偶然的な人生を忘れるからである。この種の人間性が存在する、あるいは存在したという事実、また手を差し伸ばせば指先でいままでも何とかそれに触れることができるという事実のおかげで、もはや耐えられないほど不完全なわれわれの人間性は、我慢できるものになる。書物はその客観的な美を身にまとってまだそこにある。そして、学生の魂という育ちにくい土壌から芽をふいたかぼそい蔓が、そうした書物にまで達している。われわれはこのかぼそい蔓を、守り育てる手助けをしなければならない。人間の本性は、昔とはひどく変化した現代の環境にあってもやはり変わらぬままであるように思える。なぜならわれわれに、見かけの違いにかかわらず同じ問題に依然として直面しており、たとえわれわれの自覚や力が弱められたとしても、こうした問題を解決しようとするはっきりと人間的な欲求をもっているからである。

『饗宴』の講読のあと、一人のまじめな学生が、深く憂鬱そうな面もちでやってきてこう言った。僕には、魅力的なアテナイの雰囲気がふたたび生み出されるとは想像できません。アテナイの人々は和気藹々とむつまじく、教育があり、にぎやかな、たがいに対等な身分を基礎にして、教養はあっても気どらない――こういう人々が集まって、自分たちの憧れの意味に関するすばらしい物語をするというのですから、と。しかし、このような経験はいつでもわれわれの手に入れることができる。実際、この愉快な議論は、アテナイ市民が敗れる運命にあった恐ろしい戦争のさなかにおこなわれた。宴に集まった人々のうち少なくともアリストパネスとソクラテスは、これがギリシア文明の崩壊を意味することを見越していた。しかし、だからといって彼らは文化に絶望しはしなかった。この恐るべき政治状況にあっても、彼らが自然に根ざした愉悦にふけったことは、さまざまな出来事や状況から独立した、人間のうちにある最善のものがもつ生命力の証しであった。現在われわれは、自分たちが歴史と文化にあまりにも依存しすぎていると感じている。先の学生にはソクラテスのような師がいなかったが、ソクラテスを論じたプラトンの本は携えていた。彼にはこの方がよかったのかもしれない。彼は聡明な頭脳と友人をもち、幸いにも、彼らが集まり思いのまま話すのを許す自由な国家に住んでいる。『饗宴』という対話篇の眼目、あるいはプラトンのどの対話篇の眼目も、ほとんどあらゆる時代と場所でよみがえらせることができる。あの学生と彼の友人たちは、いっしょに考えることができる。こうした思索がそもそも対話篇の眼目であることを学ぶには、多くの思考を必要とする。まさにそこでわれわれはつまずき始める。しかし、こうした思索はわれわれのつい目と鼻の先に――実現しにくいけれど――つねに現前しているのだ。

本書をつうじて、私はプラトンの『国家』をたえず参照した。これは私にとって教育に関する唯一の書物なのだ。なぜなら『国家』は、一人の人間でありまた教師である私が経験するものを実際に説明してくれるからだ。また私は、われわれが何を望むべきでないかを教示してくれる中庸と諦念の教えとして、この書をほとんどいつの場合も用いてきたからだ。しかし『国家』が不可能だと述べたことはすべてフィルターの働きをし、そこを濾過された可能性だけが最高の、幻覚でない可能性として残されるのである。自己矛盾をはらんだ数あるまやかしの交わり（共同体）のただなかにあって、人間の真実の交わりは、真理を求める者との、潜在的な知者との、すなわち、知りたいという欲求をもつかぎり、原理的にはあらゆる者との交わりである。しかし実際は、そうした交わりに入れる真の友人はほんの少ししかいないものだ。たとえば、プラトンはアリストテレスに対して、善の本性に関して意見の不一致をきたした折りにさえ友人であった。善に対する共通の関心が二人を結びつけていた。善に関して二人が一致しなかったという事実がまさに、善を理解するためにたがいに相手が必要であることを明らかにしたのだ。彼らは、善の問題を凝視していたときにまったくひとつの魂になっていた。プラトンによると、これが唯一の真の友情であり、唯一の真の共通の善である。ここにこそ、人々がそんなにも絶望的になって捜し求めている触れ合いが見出される。他の種類の結びつきは、自己以外のものに頼ろうとしないこの結びつきの不完全な反映にすぎない。そしてその他の結びつきの正当性は、この真の友人同士の結びつきに対して究極的にどう関係するか、ということからしか得られない。これが、ありそうもない哲人王という謎の意味にほかならない。哲人王は、真の交わりに入っているのであり、それが他のあらゆる交わりの模範となるのである。

これは徹底した教えであるが、おそらく、われわれ自身が生きている徹底した現代にふさわしいものである。現代では、ほどほどの愛着は疑問視されるようになっており、われわれは別のやりかたを知らないからだ。現代は哲学の健康にひどく悪い時代というわけではない。われわれの問題ははなはだ大きく、その源ははなはだ深い。だからこれらの問題を理解するには、以前にもましてわれわれには哲学が必要である。もしわれわれが哲学に絶望しておらず、哲学が現代のさまざまな挑戦に立ち向かい、そのことによって花開くならば。大学は、正しく理解されれば、現代にあっても交わり（共同体）や友情が存在できる場所であることを、私はいまなお信じている。われわれの思想や政治は、分かち難くすでに大学に結びつけられてしまった。そして、人間はつねに変わらぬ人間であるから、大学は大いにわれわれの役に立ってきた。しかしそれにもかかわらず、またたとえ大学がわれわれのたゆまぬ努力に値するものであっても、ソクラテスは大学教授ではなかったということ、彼が処刑されたこと、さらに英知への愛が生き続けたのはひとつにはソクラテスという個人が身をもってその愛を例証したからこそだということも、決して忘れてはならない。これこそ真に重要なことであり、大学をどうやって守るかを知るためには、われわれはこれを覚えておかなくてはならない。

現代は世界史におけるアメリカの時代であり、この時代によってわれわれはこれから先ずっと判断されるだろう。政治の分野では、世界における自由の運命は、これまでその責任がアメリカの政体にかかっていた。同じように、世界において哲学がどういう運命をたどるかは、われわれの大学次第であった。そして二つの運命はかつてないほど結びついている。われわれに与えられた仕事の重さはとてつもないものであり、未来がわれわれの手際をどう判断するか、確実なことは何もわからない。

訳者あとがき

一九八七年、アメリカの出版界は、ほとんど無名のある大学教授が書いた一冊の本の話題でもちきりだった。アメリカの大学教育の現状を真正面から取り上げ批判した真面目な内容の、それも四〇〇頁近い大著が、ノン・フィクションの部門で突如としてベストセラー入りしたからである。その後、この本の売れ行きは一向に衰える兆しもなく、とうとう六月には、各種のベストセラーリストで一位を独占するにいたった。これを称して世間は「現象」と呼び、また書評紙は「ベストセラー裏話」なるものを掲載した。出版元のサイモン・アンド・シャスター社すら、こんなに売れるとは夢にも思っていなかったというし、誰よりもことの成り行きに驚いたのは、著者アラン・ブルームその人であったろう。

なぜこれほど多くの読者に本書は迎えられたのだろう。この問いには本を書いた当人が先回りして、こう言っている。「この本が成功したことを説明するために持ち出される理由は、みんな事後的なもの（ex post facto）にすぎない。たしかに、そうした理由がそろえば現象を生み出すのに十分かもしれないが、それらはすべて説明のために創作されたのさ」と。ただ、少なくとも注目しておいていいのは、書評が今回の現象に果たした役割である。ある人に言わせれば、本書は明らかに書評によって作られたベストセラーなのだ。たとえば、五月に『ニューヨーク・タイムズ』がこの本を褒めちぎった書評を掲載したすぐその後を追って、東海岸では売り上げが急上昇している。これがその歴然とした証拠のひとつだ、というわけである。たしかに本書には数多くの批評家たちが、賛否こもごもの書評を寄せている。訳者の知るかぎり、ブルーム自身はそうした批評にいちいち応じてはいない。だが、書評が多く書かれ、読者のあいだにさかんな意見のやりとりがされたことは、一冊の本をめぐるきわめて健全な状況である。夥しい部数を売ったことより、この状況のほうが本書にとっては重要な意味をもつ。つまり本書は、それまではことばにならなかった事態を言い当て、わだかまっていた潜在的な見解をそそのかし、声をあげさせることによって、言論の火種としての役割をりっぱに演じた。この意味で、この本は幸福な本だ、と評すべきだろう。

本書はさまざまな顔をもっている。

もちろん、第一に、これは政治哲学の専門家による現代の大学教育批判の書である。とくに第一部で著者は、アメリカにおいて昨今の大学の教育水準が低下し、西欧の文化遺産が多くの学生たちに受け継がれていない実情をきびしく指摘している。しかし著者は、議論をたんなる消極的な批判にとどめてはいない。現状を打開するための具体的な提案もおこなわれている。一般教養教育をほんとうに充実させるために、もっと古典教育に工夫をこらし努力を傾けるべきだ、という。そのために大学は、社会が直接大学にもちこむさまざまな現実的要請を拒否すべきだ、というのである。この構想に、あるいは大方の読者は旧弊な教養主義を認めるだけかもしれない。だが、そうした批判の声があがるかもしれないことなど、著者ははじめから百も承知のように見える。古代ギリシアにまで遡って大学論をあとづけようとしている著者の姿勢に、大学人としてのブルームの覚悟のようなものを、読者は感じとらないだろうか。著者は序文で、この試論が「教師の見方」から書かれている、と明言している。彼はたんなる評論家や思想家の資格で語っているのではない。本書の初めから終わりまで、彼は大学で長年教えてきた教師の視点から考察し、判断し、語っている。このことを読者は忘れるべきではない。彼は大学を信じているのだ。そのかぎりで、真正面から大学の存在を弁護している。そして、彼自身も自認するように、ブルームはある種の「保守主義者」だといってよい。

本書のもうひとつの顔は、大学を越えてひろく今日のアメリカの精神状況のほうを向いている。ブルームは本書で、現代のアメリカ人が体験している精神のありように、深刻な内省を加えようとする。第二次大戦以後、西側の指導的な大国としての地位を終始保ってきたアメリカは、ながらく一定の信念と価値の体系のもとで、精神的には比較的に安定していた。この安定が根元から揺り動かされたのが六〇年代である。本書でも詳しく述べられる大学紛争、ベトナム反戦運動、公民権運動などが、旧来の信念と価値の体系をずたずたにした。そして、嵐の吹き荒れた六〇年代が終わってみると、アメリカ社会の様相ないし文化は一変していた。アメリカが現在国内にかかえている多くの問題は、基本的にはこの大きな変化がもたらした帰結である。他方で、国際政治におけるアメリカの覇権にも大きな影がさし、国の経済力も衰えを見せた。

こうした背景のなかに身をおきながら、著者は議論を展開する。しかし、ブルームはアメリカのいわば没落を直接政治や経済とのかかわりで論じているわけではない。本書の議論はあくまでも、学生や大学、そしてそこで教えられる学問に集中している。たとえば著者は、政治学の不振を嘆き、経済学の横暴を戒める。そしてブルームによれば、学生が無教養であること、セックスや結婚に歪みが生じていること、価値の相対主義がはびこっていることなどを含めてさまざまな事象が、アメリカの精神がいまや閉塞していることの証しなのだ。著者はときには深い憂慮を、ときには怒りを口吻に交えながら、現在アメリカが立ち至った精神状況に内省を加える。なぜ本書が多くの読者をもつことができたのか、という先の問いへのひとつの答えが、ここにあるのではないだろうか。今日のアメリカそのものがいわば内省の時代にさしかかっているのだ。いまアメリカでは多くの人々が、あらためて自らの国、社会、自己の在り方を顧みようとしている。本書は、広汎な人々がこころのうちに感じていたこの欲求に、正面から応えたのである。

さらに、この本はまた別の顔ももっている。本書が著者ブルームの思想的自叙伝の趣をもつのに、読者は気づくだろう。彼は議論の随所に、自分が見聞きした出来事をおりこんでいる。大学にちなんだ逸話や回顧が巧みに議論のあちこちに挿入されているのだ。とりわけ印象に残るのは、十五歳の少年の著者が初めてシカゴ大学を自分の目で見たときのことを、彼が回想する件である。「私はそれまでそのような建物群を見たことがなかったし、少なくとも注目して見たことがなかった。それは、必要性や有効性とは異なる、明らかにもっと高貴な目的のために捧げられた建物であって、たんに雨風をしのいだり、ものを作ったり、売買したりするために奉仕するのではなく、何か目的それ自体とでもいえるものに捧げられた建物だった」。そのとき彼は自分の人生を発見したような感じがした、という。後に彼はこの大学に学び、そこで博士号をとり、いくつかの大学で教壇に立った後、ふたたびシカゴ大学に戻ってくる。その他南部から来た学生と語りあったことなど、記憶に残る記述は多い。自分が学生であった頃、大学がどうであったか、当時といまとで大学がどう変化してしまったか。著者はこれらの個人的経験を語りながら、同時にアメリカの大学教育の思想的背景と現状に、さまざまな考察を加える。この手法はほぼ成功していると言えるだろう。

しかし、六〇年代終わりの大学紛争に話が及ぶと、とたんに彼の口調は辛辣をきわめるようになる。当時著者はコーネル大学で教えていた。その時代に大学に起こった出来事は、ブルームによれば、大学に深い痛手を、ほとんど恢復しえない傷を負わせた。そのことで大学は良くなるどころか、いま目のあたりにする大学教育の崩壊は、まさにこの時代に始まったのだ。この断定に関しては、ブルームに一歩もゆずる気配はない。

ブルームの記述をそのまま日本へあてはめることはできないが、他の西欧諸国（たとえば、イギリス、フランス）との比較の問題としていえば、日本の大学の状況はある程度アメリカの場合と似ていると言えなくはない（周知のように、日本の戦後の大学制度はアメリカの制度の影響のもとにスタートした。これは類似をもたらす一要因であろう）。日本の大学教育の現状、いまの日本の学生気質などとひき比べて本書を読むことも、この本の興味ある読み方のひとつになると思う。日本の大学もやはり同じ頃紛争を経験した。はたしてその後の大学の在り方に、この出来事はどのような効果を生んだのだろうか。ブルームの見方が正しいか否かはしばらくおくとして、われわれのあいだには、まだわれわれのブルームが現われていないように思われる。

本書を迎えたのは、必ずしも好意的な声ばかりではなかった。また、本書を歓迎した者の見地も一通りではなかった。一方からは、ブルームは鼻もちならぬエリート主義者だ、とんでもない性差別論者だ、という非難の声もあがった。この本が新たな保守主義を代弁しているとして、本書を持て囃す風潮に警戒を示す向きもある。たしかに、本書には平等主義者やフェミニストにとってひどく刺激的な言辞が多分に含まれている。しかし、少し注意して本書を読む者は、きっと次の点に気づくだろう。ブルームに何か出来合いのレッテルを簡単に貼れるほど、そんなに粗雑で単純な議論を、彼が展開しているわけではないことに（彼のことばはしばしばアイロニカルであり、その論証は微妙な言い回しに満ちている）。この本の限界を見定めそれを克服するためにも、さまざまなイズムの押し合いへし合いするただなかからひとまず本書を救い出すべきだろう。そうした上で、理論的・哲学的な水準で、本書をめぐる議論をいわば本格的に、きっちりおこなうことが必要だと思われる。

そこで思想史の観点からは、ブルームのいわゆる「ドイツとのコネクション」が大きな問題になるだろう。彼の主張を手短かに言うと、現代のアメリカを知的な閉塞に陥れた犯人は誰かといえば、それは前世紀のドイツの哲学者ニーチェだという。ニーチェは、いっさいの価値や道徳の源泉であるキリスト教の「神が死んだ」として、ニヒリズムを出現させ、このおおいなる空白を新たな価値の創造によって埋めようとはかった。この思想が、ブルームによれば、ウェーバーとフロイトという二人の学者の学問の導入というかたちでアメリカへもたらされた、という。ウェーバーは価値判断を理性によって基礎づけることはできないとし、価値の相対主義に与した。何かというとアメリカ人が「ライフスタイル」を口にすること、とくに学生たちが理論や思索よりも「傾倒」を重んじること、これらはいずれもウェーバーの影響にほかならない。また、ニーチェの非合理主義のある側面は、フロイトの精神分析に受け継がれた。精神分析は、芸術や宗教を性欲によって解釈して見せると同時に、道徳をきわめて手軽で功利的なものに変えていった。今日のアメリカ人は何か心の問題が生じるにつけ、教会にゆく代わりに、精神分析医のもとを訪れる。こうして、現代のアメリカ精神は、圧倒的にドイツ思想の支配下にあり、アメリカが病んだ原因もそこに横たわっている。これがブルームの診断である。

はたしてこの診断は正しいだろうか。ブルームによる思想史の解読を、われわれは改めて批判的に吟味する必要があるだろう。ちなみに、日本の大学におけるドイツ思想の受容と研究はかなりの厚みと蓄積をもっている。アメリカには特別な背景（ナチに追われた研究者のアメリカ移住ないし亡命）もあり、日本の場合と単純に比較できないことはいうまでもない。しかし、日本における「ドイツとのコネクション」を跡づけ、日米の精神状況を、この視点から比較する作業も興味深いと思われる。

もうひとつの問題点をあげておこう。ブルームは現代の若者から真理や善に対する憧れが失われ、魂がすっかり疲弊してしまったことを指摘している。現代の大学教育が、若者をこうした状態に追いやったのだ。しかしブルームは、ソクラテスの対話の原理であった「理性」を信じ、若者の魂に理性の力を取り戻すことを願っているように見える。それも、哲学を中心とする古典教育によって。彼が歴史主義や相対主義の非を鳴らすのは正しいだろう。だが、そのときに彼はいかにも古風な本質主義者としてふるまっている。歴史の推移にはいっさい関係のない「本性」が人間にはそなわっている、と彼は考える。道徳の退廃を最後に押しとどめるのは、いつに変わらぬ人間の本性（自然）なのである。

しかし、歴史と理性、歴史と本性という対立は、近代思想の大きなテーマのひとつである。一例として、戦後のフランスにおける実存主義（サルトル）と構造主義（レヴィ＝ストロース）の対立を思い起こしてみてもよい。あるいは、ヘーゲル、ないしマルクスの抱えた問題を考えてみればよい。もしも「理性」と「本性」が本書の最後の拠り所だとすると、ブルームは肝心な点について何も言っていない、という批判を免れない。あるいは、あまりに安易に考えている、というそしりを免れないだろう。本書で展開された議論が首尾を遂げるためにも、この議論のすきまを埋める必要がないだろうか。問題をめぐって盛んな討議がなされることを、訳者として期待したい。

アラン・ブルーム（Allan Bloom）の経歴について、そう詳しいことはわからない。これまで訳者が知ることができたいくつかの事項をつなぎあわせると、次のような履歴が浮かびあがってくる。

ブルームは、一九三〇年に、インディアナポリスでユダヤ系社会事業家の息子として生まれた。少年時代に家族ともどもシカゴへ移住、そこで成人した。シカゴ大学を卒業後、同大学の大学院へ進学して、古代ギリシアの修辞家イソクラテスに関する論文で学位を取得した。その後、イェール大学をへて、最終的にコーネル大学で教鞭をとった。しかし、一九七〇年に同大学を辞職して、トロント大学へ赴任。ほどなくそこを辞め、母校のシカゴ大学へ戻ったかたちで現在に至っている。

学問上の業績としては、単行本に限っていうと、以下のものがある。まず、本書の他にプラトンの『国家』、ルソー『エミール』の翻訳を刊行している（本書でこの二冊の書物から引用する場合、ブルームが自分の翻訳を使用していることは、言うまでもない）。またその他にも、『政治と芸術――ダランベールに宛てたルソーの書簡』と題する翻訳を手がけている。著書としては『シェイクスピアの政治学』（*Shakespeare's Politics*）がある。

本書の底本としては、Allan Bloom, *The Closing of the American Mind*, New York: Simon and Schuster, 1987 を使用した。

なおこのテクストには、フランス語訳とドイツ語訳がいちはやく出ている。すなわち、

L'Âme désarmée, Paris: Julliard, 1987

Der Niedergang des amerikanischen Geistes, Hamburg: Hoffmann und Campe, 1988

である。前者は原典に忠実な翻訳というよりはフランス語で書かれた原典のひとつのヴァージョンと言うほうが適切な内容である。大幅な省略があり、訳のスタイルはしばしば説明的でいわゆる意訳に属する。後者はこれに比べふつうのいわば字義的な翻訳である。どちらも、日本語訳を検討するために折りにふれて利用した。

原題は必ずしも一義的ではない。アメリカを覆っている相対主義は、ブルームによれば、ほんとうの寛大を意味するものではない。それはむしろ、他者への本質的無関心なのである。この趣旨を生かして、邦題を、「アメリカ精神の閉塞」とか、「閉ざされたアメリカの心」などとすることも一案であろう。同時に本書では、自由と平等を謳歌し、生き生きとした魂の憧れに導かれてきた若きアメリカの終焉が顧みられている。おそらくこの見地にたって、ドイツ語版は『アメリカ精神の没落』と題されたのだろう。今回訳者は、みすず書房編集部による最終的な題名の選定に従った。

本文および原注に角括弧をもちいて挿入した部分は、すべて訳者による注である。テクストに斜字体で登場する英語以

外の語句（たとえばラテン語の語句）は、かぎ括弧に入れた（なお、語句を強調するためにかぎ括弧を用いた場合もある）。

索引に関しては、テクストに掲載されているものをそのまま翻訳する方針で臨んだが、どうしても日本語とぴったり適合しない面が生じるので、日本語版にふさわしいものにするためにある程度の手直しを加えてある（なおこの索引の作成は中村雅之氏が担当した）。

翻訳のプロセスに関しては以下の点をお断りしておきたい。なにぶん原著が大部の書物なので、純然たる単独訳では、できるだけ早く日本の読者に本書を提供したい、というみすず書房の意向に応えることができないように思われた。そこではじめに、複数の諸氏に依頼して、次のとおりの分担で下訳を準備してもらうことにした。

第一部　松本洋之（東北学院大学講師）

第二部　細見和之（大阪大学人間科学部大学院生）

第三部　中村雅之（大阪大学人間科学部助手）

そして、出来上がった下訳をもとに菅野が単独で訳の検討を全体にわたっておこない、全訳を一応完成した。ゲラがでた段階で、下訳に当たった諸氏に自分の担当部分以外のゲラを読んで意見を提出してもらった。これを菅野のもとに集めてふたたび検討し、必要な箇所に訂正や書き入れをおこない最終稿をつくった。このようなやり方で複数の人間が翻訳に関与したことから、逆に種々の翻訳上の問題が生じ、かつ菅野の作業がかなり繁雑になったのは事実である。しかし、この三人の協力なしには、この程度の水準の翻訳も不可能だったろう。下訳を作成し訳の検討に協力してくれた三人の諸氏に心から感謝したい。それでもなお見落としや誤り、あるいは不明確な訳文が残されていることが懸念される。二、三の人名など明らかにできなかった事項も残してしまった。これらに関しては、読者にあらかじめお詫びをすると同時に、ご指摘やご教示をお願いする次第である。

ここで、英語の表現に関する質疑に気軽に応じていただいたリー・トンプソン氏（大阪大学人間科学部）にお礼を申し上げたい。

本文で引用されたプラトン、ルソーその他の文章については、定評のある邦訳がすでに幾通りもあり、それらを適宜利用させていただいた。訳者の方々に感謝するとともに、ブルームの本文との関連でそれらの訳に手を加えた場合があることをお断りしておきたい。

訳者は、ブルームとは従事している学問の傾向が違う上に、アメリカの大学教育の現状にもうとく、また古今の学問を縦横に論じた本書の博識ももちあわせない。はじめ、みすず書房から本書を翻訳してほしいという依頼があったとき、ためらいがあったのは事実である。しかし、人文科学のなかで小さな孤塁を守っている観がある哲学を大学で教えている訳者は、ブルームが本書一冊をあてて語っている問題が、じつは訳者の問題でもあることに気がついた。それは簡単に言えば、大学に学ぶ若者たちに、何をどのように教えるべきか、という問題である。必ずしも適任ではないと思いつつ、依頼をお受けしたのはそのためである。

最後になるが、編集部の守田省吾氏からは、訳をすすめる上でさまざまな力添えをいただいた。心から感謝したいと思う。

一九八八年十月十五日

菅野　盾樹

〔第三刷への付記〕

今回、本書が増刷されるにあたり、訳文にできるかぎりの手直しをほどこした。ご指摘やご協力をいただいた関係各位にお礼を申し上げたい。

一九八九年三月十日

訳　者

索　引

サ　行

タ　行

ナ　行

ハ　行

マ　行

ワ　行

著者略歴

(Allan Bloom, 1930-1992)

1930年生れ．コーネル，トロント，イェール，パリ，シカゴなどの各大学で政治哲学を教えた．著書に『シェイクスピアの政治学』，訳書には，プラトン『国家』，ルソー『エミール』などがある．1992年歿．ヨーロッパ思想の古典への沈潜と現代アメリカ社会の変化への憂慮の念から，本書は成った．

訳者略歴

菅野盾樹〈すげの・たてき〉1943年東京に生れる．東京大学文学部哲学科卒業．同大学院人文科学研究科博士課程修了．東京大学文学部助手，山形大学教養部助教授，大阪大学大学院人間科学研究科教授をへて，現在，同大学名誉教授．著書『我，ものに遭う』(新曜社，1983，サントリー学芸賞)，『メタファーの記号学』(勁草書房，1985)，『いのちの遠近法』(新曜社，1995)，『増補版・いじめ』(新曜社，1997)，『恣意性の神話』(勁草書房，1999)，『人間学とは何か』(産業図書，1999)，『示しの記号』(産業図書，2015)．訳書　スペルベル『象徴表現とはなにか』(紀伊國屋書店，1979)，レカナティ『ことばの運命』(新曜社，1982)，スペルベル『人類学とはなにか』(紀伊國屋書店，1984)，マーク・ジョンソン『心のなかの身体』(共訳，紀伊國屋書店，1991)，『サルトル／メルロ＝ポンティ往復書簡』(みすず書房，2000)，グッドマン『世界制作の方法』(筑摩書房，2008) など．

アラン・ブルーム
アメリカン・マインドの終焉
文化と教育の危機
菅野盾樹訳

1988 年 12 月 8 日　初　版第 1 刷発行
2016 年 11 月 8 日　新装版第 1 刷印刷
2016 年 11 月 18 日　新装版第 1 刷発行

発行所 株式会社 みすず書房
〒113-0033 東京都文京区本郷 5 丁目 32-21
電話 03-3814-0131（営業） 03-3815-9181（編集）
http://www.msz.co.jp

本文印刷所 理想社
扉・表紙・カバー印刷所 リヒトプランニング
製本所 松岳社
装丁 安藤剛史

Printed in Japan
ISBN 978-4-622-08586-7
［アメリカンマインドのしゅうえん］